HISTÓRIA DA LITERATURA BRASILEIRA

MASSAUD MOISÉS

HISTÓRIA DA LITERATURA BRASILEIRA

Volume I

Das Origens ao Romantismo

Editora Cultrix
SÃO PAULO

História da Literatura Brasileira, vol. I.

Copyright © 2001 Massaud Moisés.

1ª edição 2001.

4ª edição 2012, revista e atualizada.

1ª reimpressão 2019.

Todos os direitos reservados. Nenhuma parte desta obra pode ser reproduzida ou usada de qualquer forma ou por qualquer meio, eletrônico ou mecânico, inclusive fotocópias, gravações ou sistema de armazenamento em banco de dados, sem permissão por escrito, exceto nos casos de trechos curtos citados em resenhas críticas ou artigos de revistas.

A Editora Pensamento-Cultrix Ltda. não se responsabiliza por eventuais mudanças ocorridas nos endereços convencionais ou eletrônicos citados neste livro.

Coordenação editorial: Nilza Agua e Poliana Magalhães Oliveira
Revisão: Liliane S. M. Cajado
Diagramação: Fama Editoração Eletrônica

Dados Internacionais de Catalogação na Publicação (CIP)
(Câmara Brasileira do Livro, SP, Brasil)

Moisés, Massaud
    História da literatura brasileira , volume I: das origens ao roman-tismo / Massaud Moisés. – 4ª ed. rev. e atual. – São Paulo: Cultrix, 2012.

    ISBN 978-85-316-0697-7
    1. Literatura brasileira — História e crítica I. Título.

12-01023   CDD-869.909

Índice para catálogo sistemático:
1. Literatura brasileira : História e crítica 869.909

Direitos reservados.
EDITORA PENSAMENTO-CULTRIX LTDA.
Rua Dr. Mário Vicente, 368 — 04270-000 — São Paulo, SP
Fone: (11) 2066-9000
E-mail: atendimento@editoracultrix.com.br
http://www.editoracultrix.com.br
Foi feito o depósito legal.

Para
Maria Antonieta

SUMÁRIO

NOTA PRÉVIA 11

INTRODUÇÃO 13

ORIGENS (1500-1601) 27
    I.   Preliminares 29
    II.   Literatura Jesuítica 35
         Manuel da Nóbrega, 38; José de Anchieta, 44; Fernão Cardim, 60
    III. Informação da Terra 64
         Pero de Magalhães de Gândavo, 67; Gabriel Soares de Sousa, 69; Pero Lopes de Sousa, 75

BARROCO (1601-1768) 77
    I.   Preliminares 79
    II.   Poesia 94
         Bento Teixeira, 95; Gregório de Matos, 104; Manuel Botelho de Oliveira, 129; Frei Manuel de Santa Maria Itaparica, 143; Outros Poetas, 145; Bernardo Vieira Ravasco, 146; Eusébio de Matos, 146; Gonçalo Soares da Franca, 147; João de Brito e Lima, 147
    III. Prosa Doutrinária 148
         Ambrósio Fernandes Brandão, 150; Diogo Gomes Carneiro, 158; André João Antonil, 164

IV. Historiografia 172
Frei Vicente do Salvador, 173; Frei Manuel Calado, 181; Diogo Lopes de Santiago, 186; Sebastião da Rocha Pita, 192; Outros Historiadores, 199; Pedro Taques de Almeida Paes Leme, 200; Frei Gaspar da Madre de Deus, 202; Frei Antônio de Santa Maria Jaboatão, 204; Domingos do Loreto Couto, 207

V. Oratória.. 213
Antônio Vieira, 213; Eusébio de Matos, 227; Antônio de Sá, 230

VI. Prosa de Ficção 235
Alexandre de Gusmão, 236; Nuno Marques Pereira, 241

VII. Academias... 253

ARCADISMO (1768-1836) 263
I. Preliminares.. 265
II. Poesia.. 275
Cláudio Manuel da Costa, 277; Tomás Antônio Gonzaga, 288; Alvarenga Peixoto, 297; Silva Alvarenga, 303; José Basílio da Gama, 314; Santa Rita Durão, 324; Outros Poetas, 332; José Elói Ottoni, 333; Francisco Vilela Barbosa, 333; Bento de Figueiredo Tenreiro Aranha, 333; Luís Paulino, 333; Manuel Joaquim Ribeiro, 333; José da Natividade Saldanha, 333; Francisco de Melo Franco, 333; Sousa Caldas, 35; Frei Francisco de São Carlos, 342; José Bonifácio, 345; Domingos Borges de Barros, 348

III. Prosa Doutrinária.. 351
Hipólito José da Costa, 352; Mariano José Pereira da Fonseca (Marquês de Maricá), 357; Monte Alverne, 364

ROMANTISMO (1836-1881)... 373
I. Preliminares.. 375
II. Primeiro Momento Romântico 398
1. Poesia, 400; Gonçalves de Magalhães, 400; Gonçalves Dias, 405; Casimiro de Abreu, 416; Epígonos, 424; Araújo Porto Alegre, 425; Maciel Monteiro, 428; José Maria do Amaral, 429; Dutra e Melo, 430; Firmino Rodrigues Silva, 430; Bernardino Ribeiro, 430; Moniz Barreto, 431; Joaquim Norberto, 431

2. Prosa, 431; Lucas José de Alvarenga, 432; Justiniano José da Rocha, 434; Pereira da Silva, 436; Varnhagen, 437; Gonçalves de Magalhães, 438; Joaquim Norberto, 439; Teixeira e Sousa, 441; Joaquim Manuel de Macedo, 454; José de Alencar, 464

3. Teatro, 478; Gonçalves de Magalhães, 479; Gonçalves Dias, 479; Araújo Porto Alegre, 480; Joaquim Norberto, 481; Teixeira e Sousa, 481; Agrário de Meneses, 481; Quintino Bocaiúva, 481; Pinheiro Guimarães, 481; Martins Pena, 481; José de Alencar, 493; Joaquim Manuel de Macedo, 498; Qorpo-Santo, 505

III. Segundo Momento Romântico 512

1. Poesia, 514; Álvares de Azevedo, 516; Fagundes Varela, 530; Junqueira Freire, 549; Outros Poetas, 560; Aureliano Lessa, 561; Bernardo Guimarães, 563; José Bonifácio, o Moço, 566; Francisco Otaviano, 568; Barão de Paranapiacaba, 569; Laurindo Rabelo, 570; Teixeira de Melo, 572; Pedro de Calasãs, 573

2. Prosa, 574; Bernardo Guimarães, 574; Manuel Antônio de Almeida, 588

IV. Terceiro Momento Romântico 602

1. Poesia, 605; Castro Alves, 607; Sousândrade, 624; Epígonos e Precursores, 643; Tobias Barreto, 643; Luís Gama, 645; Paulo Eiró, 646; Pedro Luís, 648; Vitoriano Palhares, 651; Franklin Dória, 652; Trajano Galvão, 653; Juvenal Galeno, 653; Bruno Seabra, 655; Bittencourt Sampaio, 655; Gentil Braga, 656; Quirino dos Santos, 656; Joaquim Serra, 656; Narcisa Amália, 657; Carlos Ferreira, 658

2. Prosa, 661; Taunay, 663; Franklin Távora, 681; Apolinário Porto Alegre, 690

BIBLIOGRAFIA 693

ÍNDICE DE NOMES 713

NOTA PRÉVIA

O presente livro sai agora em nova edição, em três volumes, de acordo com o plano inicial. Para tanto, além de revisto cuidadosamente, o texto recebeu emendas formais de vária ordem e foi atualizado com o acréscimo de novas informações biográficas e bibliográficas. E visando a esclarecer melhor alguns pontos de vista ou a facilitar a leitura, algumas passagens foram refundidas ou sofreram mudanças de estrutura.

Durante esse trabalho, em mais de um momento me vieram à memória as várias circunstâncias que haviam atuado na sua redação. Sendo impossível e mesmo desnecessário relatar em pormenores os vários anos de pesquisa, em bibliotecas do País e do estrangeiro, satisfaça-nos mencionar que a história deste livro começou no remoto ano de 1951, quando entrei a ensinar literatura brasileira em vários colégios de S. Paulo, bem como na Universidade Mackenzie e na Faculdade de Filosofia, Ciências e Letras "Sedes Sapientiae" da Pontifícia Universidade Católica de S. Paulo. Até 1962 se desenrolou esse período de contato intenso com a disciplina, quando as circunstâncias acadêmicas determinaram que passasse a dedicar-me em tempo integral à docência e à pesquisa na Universidade de S. Paulo. Não obstante, além dos trabalhos de pesquisa nessa área que viria a publicar nos anos subsequentes, ainda ministrei cursos de Literatura Brasileira em universidades norte-americanas, de 1962 a 1987, e mesmo agora me chegam convites para lecionar o mesmo assunto em universidades europeias.

Em mais de um passo, este livro recolhe as ideias que ia expondo, ao longo daqueles anos, dentro e fora das aulas, para estudantes que mais tarde, em não poucos casos, se engajaram na docência universitária. Espero que alguns deles, caso percorram estas páginas, possam reconhecer a sua procedência e, quiçá, possam recuperar, tanto quanto eu, a memória do que foram aqueles dias distantes de fértil atividade em conjunto na análise e interpretação das obras relevantes da nossa literatura.

M.M.

INTRODUÇÃO

1 O primeiro problema com que se defronta quem pretenda escrever história literária diz respeito ao método a empregar. Parece óbvio que tenha de ser histórico, mas há métodos e métodos históricos, variáveis conforme as predileções ideológicas e estéticas de cada um. A presente obra fundamenta-se na ideia segundo a qual os eventos histórico-literários e os textos constituem, solidariamente, um binômio. Desse modo, o produto literário torna-se objeto duma análise que o vincula ao contexto histórico-sociocultural, e ao mesmo tempo o considera preso a uma continuidade específica.

Em suma, procurar-se-á divisar a obra literária, sempre que possível, a um só tempo como *documento* e como *testemunho*: o discurso literário é divisado como uma prova, um texto que nos transmite conhecimento, saber, ensinamento, um espelho onde se reflete a realidade concreta e dos fatos, e como a expressão de um modo particular de ver o mundo, mas que serve de apoio ao estabelecimento da verdade. Como documento, o discurso literário reproduz com a objetividade possível o contexto que o suscita; como testemunho, refrata-o, graças à intervenção da subjetividade. Quando pende para a primeira alternativa, aproxima-se da fotografia; na outra hipótese, para a pintura. Na superfície do texto, o leitor encontra a transposição simétrica da realidade concreta, como uma imagem em espelho plano, e a visão pessoal que o autor do texto tinha do mundo, como uma imagem em espelho côncavo.

Admitindo-se, pois, que o texto literário participa ao mesmo tempo da condição de documento e de testemunho, evitam-se os maniqueísmos ideológicos que põem o acento tão somente num dos seus dois polos.

Da perspectiva linguística, o discurso literário corresponderia a uma cadeia de *significantes* e *significados* entrelaçados, mutuamente implícitos, assim como, do prisma filosófico, equivaleria à fusão do *realismo* com o *idealismo*, da *teoria do reflexo* com a *teoria do analogon*, da *representação* (objetiva) com a *recriação* (subjetiva). Esse era, de resto, o sentido da *mimese* aristotélica quando se propunha como a imitação da natureza (humana): captar os dados da realidade humana tendo em vista, não a sua cópia, mas a sua transfiguração, a sua recriação num objeto novo, constituindo uma pararrealidade.

O resultado é um discurso onde a realidade não se deixa ver na sua totalidade caótica, mas como um microcosmos, a sua condensação numa síntese razoavelmente ordenada, graças à intervenção da sensibilidade e da inteligência. Razão por que a mesma porção da realidade pode ser recriada de mil formas diversas, de acordo com os sujeitos do discurso em que se coagula. É que o discurso literário não é inteiramente objetivo ou neutro, nem é integralmente subjetivo ou parcial, por não ser meramente documento ou apenas testemunho. Mesmo quando de autoria anônima ou desconhecida, o "eu" presente ou implícito garante o seu caráter testemunhal, sob pena de abandonar o recinto da literatura. Impossível um texto sem autor, assim como é impossível um texto completamente vazio de indícios documentais.

Eis por que a historiografia se ocupa do exame do discurso literário no curso do tempo, visando a acompanhar e a avaliar as mudanças que progressivamente se vão operando nele como documento e como testemunho do que se passa na realidade concreta. Por certo, trata-se duma tentativa de consolidar uma aliança entre a desejada objetividade do historiador descritivo e analítico e a intuição peculiar ao crítico literário. Se um jamais prescinde ou deve prescindir do outro, porquanto história sem crítica é relato linear, e crítica sem história corre o risco de tornar-se mera opinião, — numa obra como esta ambas caminham juntas, amparando-se e explicando-se reciprocamente.

Por outro lado, a pesquisa histórica sempre acompanhará a sondagem no texto: num panorama como o que se espera oferecer, a ênfase recai no texto, precisamente por constituir a condição *sine qua non* da historiografia e da crítica literária; e do texto procurar-se-á depreender o correspondente módulo crítico. Noutros termos, tanto quanto possível tentar-se-á uma sondagem histórico-crítica de *dentro para fora* (partindo do texto) e não *de fora para dentro*: o enfoque mudará em perspectiva, de acordo com a obra e o tempo em que se insere, e não com os preconceitos do historiador. Se o método corre o risco de enfraquecer-se por heterogêneo, o conjunto deve ganhar em verossimilhança, como se a história se estivesse montando por conta própria e nós constituíssemos tão somente o seu cronista. Ou espectadores críticos que não lhe deformassem o processamento com base em extremistas interpretações pessoais, ou em apriorismos metodológicos e ideológicos de discutível valia, — e apenas buscassem a identidade de cada acontecimento, obra ou corrente literária. Assim, a unidade geral se estabelecerá por meio do diagnóstico duma persistente metamorfose dos eventos e da matéria literária, pois unidade não implica obrigatoriamente uniformidade.

2 Foram estrangeiros os primeiros que chamaram a atenção para a Literatura Brasileira, considerando-a, com razão, caudatária da portuguesa, uma vez que ainda éramos colônia.

Em 1805, Friedrich Bouterwek publica uma *História da Poesia e da Eloquência Portuguesa* ("Geschichte der portugiesischen Poesie und Beredsamkeit"), seguida, pouco depois, por *De la Littérature du Midi de l'Europe* (4 vols., 1813), de Simonde de Sismondi.[1] Anos mais tarde, em 1826, Ferdinand Denis lança um *Résumé de l'Histoire Littéraire du Portugal suivi du Résumé de l'Histoire Littéraire du Brésil*, dentro da mesma concepção dos historiadores mencionados; e Garrett dá a lume um *Bosquejo da História da Poesia e Língua Portuguesa*, onde já se notam algumas observações acerca do processo de autonomização por que passava a atividade literária entre nós.

Em 1835, o processo de autonomia, que se iniciara em 1822 com o gesto de D. Pedro I, reflete-se no título do *Bosquejo Histórico, Político e Literário do Brasil*, de José Inácio de Abreu e Lima, confirmado no ano seguinte com a publicação do *Discurso sobre a História da Literatura do Brasil*, de Gonçalves de Magalhães. Mas é só com o *Curso Elementar de Literatura Nacional* (1862), de Joaquim Caetano Fernandes Pinheiro, que pela primeira vez se procurou erguer uma interpretação global de nossa atividade literária; quase ao mesmo tempo, surge o *Curso de Literatura Portuguesa e Brasileira* (5 vols., 1866-1873), de Francisco Sotero

---

1. Guilhermino César, *Bouterwek*, Porto Alegre, Liv. Lima, 1968; *Simonde de Sismondi e a Literatura Brasileira*, Porto, Liv. Lima, 1968.

dos Reis. De lá para cá, notadamente graças a Sílvio Romero, com *A Literatura Brasileira e a Crítica Moderna* (1880), *Introdução à História da Literatura Brasileira* (1882), *História da Literatura Brasileira* (1888), *Evolução da Literatura Brasileira* (1905), etc., a historiografia literária veio ganhando ascendente impulso, de cujo volume se pode fazer uma ideia pelo exame da bibliografia *in fine*.

Por ora, basta salientar que as análises compreendidas em tais obras, algumas de largo fôlego eruditivo e interpretativo, não raro se fundam em problemas historiográficos menores. Em decorrência dum conjunto de fatores, tem-se constituído a historiografia literária entre nós num esforço de rever os conceitos e as afirmativas dos predecessores, num trabalho simultaneamente analítico e sintético, eivado das limitações que lhe são inerentes. De onde o apego a problemas marginais, da pequena história literária, ignorando a literatura como cenário e expressão de mundividências, reduzindo a historiografia literária a mero exercício impressionista do gosto ou da inteligência apostada na defesa de uma ideologia, quando não ao desfilar de informações colhidas pelas vias ambíguas da erudição.

Dentre tais problemas, destacam-se os seguintes: o do início da nossa atividade literária; as relações entre Brasil e Portugal durante os séculos XVI, XVII e XVIII; o conceito de literatura brasileira; a periodização da nossa literatura, etc. Constitui lugar-comum em historiografia literária que as datas não passam de pontos de referência para demarcar zonas de encontro entre correntes literárias, apenas com o objetivo de organizar em ordem cronológica a progressão histórica, que, sendo concomitantemente linear e múltipla, avança em grandes vagas de complexa e multiforme estrutura.

Se por literatura brasileira entendermos a atividade literária dum povo autônomo politicamente, economicamente, etc., é preciso começar a sua história no século XIX, com o lance libertário de D. Pedro I. Sabemos, no entanto, que o gesto deu origem a uma independência relativa, e, embora deixássemos de ser colônia, ainda mantínhamos com Portugal estreitos laços no gênero. Do ângulo literário, tais vínculos permaneceram até começos do século XX; aos poucos rompemos a sujeição aos moldes portugueses, mas a sua influência perdurou até a eclosão do Modernismo. Mesmo depois da Semana de Arte Moderna, não poucos liames ainda se mantinham, como atesta o impacto do romance queirosiano e da poesia pessoana, do lado português, e a permeabilidade a essa força irradiadora manifestada por Cecília Meireles, Ribeiro Couto, Carlos

Drummond de Andrade, Graciliano Ramos, Jorge Amado, do lado brasileiro. Assim, o início de nossa identidade literária teria de ser transferido para 1922, quando entram a surgir temas e motivos literários autóctones, paralelamente a um estilo nosso de os tratar.

O problema não pode ser analisado detidamente que logo deixa entrever a sua inconsistência. E note-se que abstraímos aspectos adjacentes, mas indispensáveis, como o da língua empregada, o do lugar de nascimento dos autores, etc. Assumindo ponto de vista diametralmente oposto ao daqueles historiadores das primeiras décadas do século XIX, chegou-se a considerar brasileiras todas as obras que, após a descoberta da terra de Santa Cruz, se voltaram para a nossa realidade social ou geográfica. Assim procedeu Sílvio Romero ao seu tempo, tal como em nossos dias preconizava Afrânio Coutinho em *Conceito de Literatura Brasileira* (1960) e, mais recentemente, advoga José Aderaldo Castello, chegando mesmo a discernir "a partir do Período Colonial, o traço de unidade, constituído por constantes e frequências temáticas e por atitudes críticas que se revigoram a partir do Romantismo".[2]

Bem analisadas, as duas perspectivas escudam-se, cada qual ao seu modo, em razões ponderáveis. Enquanto colônia, a nossa atividade literária era tão portuguesa quanto a que se observava na Metrópole. Com a independência, o passado mudou de face: o novo estatuto político determinou a ressignificação da nossa literatura entre os séculos XVI e XVIII, de forma a nacionalizar o que antes era produção colonial. Por outras palavras: embora o designativo da época continue a ser o mesmo, o seu conteúdo deixou de pertencer à literatura portuguesa. Salvo, obviamente, em casos pontuais.

Um símile ilustrativo podemos encontrar no caso das ex-colônias de Cabo Verde, Angola e Moçambique, cujas literaturas passaram justamente a designar-se "literaturas africanas de língua portuguesa", abrangendo os autores e os movimentos que até 1974 eram estudados no âmbito da literatura portuguesa.

Neste caso, a questão reside em saber qual teria sido a nossa primeira obra literária. Com esta indagação, divisa-se o fulcro de todos os problemas críticos e historiográficos: que é Literatura? Tendo em vista os quadros em que se desenrola este panorama das nossas letras, a resposta a esta questão será ampla até o ponto de não se desfigurar, abarcando

---

2. José Aderaldo Castello, *A Literatura Brasileira. Origens e Unidade (1500-1960)*, 2 vols., S. Paulo, EDUSP, 1999, vol. I, p. 51.

obras acidentalmente literárias ou apenas tangenciais a uma cosmovisão literária, que é por definição de base imaginativa. Numa literatura como a nossa, fruto da integração do homem num vasto território e numa variada conjuntura social, econômica e cultural, muitas vezes torna-se difícil separar a ficção da atividade utilitarista que emprega instrumentos literários para se comunicar. Movem-na com frequência outros intuitos que não a chamada emoção estética, embora dela se valha para alcançar objetivos extraliterários. Se bem que noutras perspectivas merecessem diverso tratamento, essas obras ganharão realce nestas páginas pelo aspecto literário. Enquadra-se no caso grande soma da produção escrita dos séculos coloniais.

Encetaremos nossa jornada, por conseguinte, com a *Carta* de Pero Vaz de Caminha, embora saibamos que não a informa qualquer intenção de criar beleza, mas, ao contrário, de noticiar à Corte o achamento da terra. Ao longo do século XVI, correndo paralelo com a colonização e exploração do solo, apenas ocasionalmente a prática intelectual assume caráter literário. O senso pragmático dos primeiros habitantes repudiava as manifestações culturais desinteressadas. No século XVII, presencia-se o surgimento de obras literárias, sintoma da fase em que ia o Brasil, de crescimento e progresso de sua reduzida população.

3 O problema das relações literárias luso-brasileiras conecta-se ao precedente. Genericamente, tendemos a considerar os séculos coloniais prolongamento da literatura na Metrópole, ou, ao inverso, expressão duma brasilidade mais ou menos idílica e utópica. Se, na primeira alternativa, esquecemos o "caráter brasileiro" que já pulsaria, embrionariamente, nas obras produzidas entre os séculos XVI e XVIII, na segunda, viramos as costas à nossa real dependência de Portugal. Na verdade, trata-se de uma equação paradoxal, inerente ao estatuto de colônia. De um lado, os escritores coloniais não raro se postavam como súditos da Coroa, encaravam o Brasil como América Portuguesa, e mesmo quando "acadêmicos esquecidos" ou "renascidos", não perdiam de vista a subserviência a Portugal. O próprio ufanismo de seus escritos decorria mais de fatores imediatistas, visando à exploração da terra, que do amor ao solo de nascença.

De outro lado, sem prejuízo da situação anterior, tínhamos o caso de Gregório de Matos, a mais alta voz lírica do tempo em vernáculo. A par do talento incomum, trazia um canto novo, brasileiro pelo menos nos motivos e modos de expressão. Nele se estampa um langor, um contraste violento entre extremos de misticismo e de erotismo desbragado, que se explicaria não só pelo Barroco, mas também por seu temperamento, jogado pelas forças de uma ambiência tropical de paradisíaca coloração. Nada há que se lhe compare no século XVII em Portugal, seja em qualidade, seja nos aspectos mais originais. No cotejo com os poetas portugueses do tempo, o "Boca de Inferno" salienta-se por traços que se diriam já brasileiros. O conflito peculiar ao escritor colonial — dividido entre a sujeição e a rebeldia — encontrou nele o seu mais típico representante. E se a balança semelha pender para o lado "brasileiro", em Basílio da Gama, não obstante situado uma centúria depois e em pleno universo iluminista, advertimos oposta inclinação: ali, a dualidade; aqui, a rendição; num caso e noutro, a síndrome colonial.

Na verdade, os liames que nos prendiam a Portugal, resultantes de sermos colônia, e por isso recebermos desde a língua até valores, uma visão do mundo, etc., não se romperam totalmente com a independência. Em certa medida, nossos poetas românticos e, sobretudo, parnasianos, avizinharam-se mais da Europa que Gregório de Matos: pense-se, por exemplo, no quanto a poesia dum Vicente de Carvalho deve à de Camões. E se caminhássemos para a primeira metade do século XX, toparíamos com poetas como Alphonsus de Guimaraens e Olavo Bilac, ferindo notas que os equiparam mais aos líricos portugueses que aos brasileiros.

4 É fora de dúvida que todas as divisões periodológicas são passíveis de ressalvas, já que constituem um modo algo arbitrário de organizar o fluxo histórico, e guardam uma visão particular da arte literária. No caso presente, tentaremos dissociar a segmentação histórica de rígidos compromissos doutrinários. Quando não se puder alcançar tal distinção, restará eleger um critério *aberto* para definir os limites fugidios dos "momentos" e "processos" históricos. Análogo critério presidirá a análise das obras e fatos, sempre no encalço de visualizá-los nas suas múltiplas facetas. Cogita-se, em suma, de examinar o fluir histórico com o máximo possível de elasticidade, de modo que nos adaptemos dinamicamente a cada época, corrente, autor, obra, etc., sem perder de vista uma interpretação *atual* dos fatos. Evitam-se, assim, os extremos do historicismo esquematizante e os da tendência a projetar nos eventos do passado a nossa visão do mundo e dos problemas socioculturais.[3]

5 Grande como um continente, o Brasil apresenta *sui generis* variações geográficas, climáticas e sociais. País de contrastes, como tantas vezes já se apontou, nele coexistem diferentes climas, desde o subequatorial até o temperado, e as principais diferenciações topográficas, desde a planura desértica até a mata virgem. Do ângulo sociológico, observam-se as mais imprevistas e flagrantes gradações, da favela ao palacete senhorial, do miserável ao potentado, dos que se extinguem por inanição aos que tombam de enfarte por superalimentação. País de extremos, mal ultrapassou a fase colonial em matéria de agricultura, e já marcha para a superprodução industrial. Resultante duma especial conjuntura, o Brasil representa o mais insólito exemplo dum país que se vem mantendo uno ao longo dos séculos apesar de sua impressionante diversidade.

A atividade literária, que reflete, porventura mais do que as outras formas de conhecimento, o estado duma nação, acompanha desde a primeira hora essa multiplicidade cultural sempre convertida em milagrosa unidade. Tudo se passa como se os focos energéticos regionais se irradiassem para um centro único, em torno do qual gravitam e com o qual permutam automaticamente os seus principais estímulos.

Colcha de retalhos, o Brasil corresponde a "um vastíssimo arquipélago de ilhas humanas que só acham contacto pelo caminho do mar", no dizer de João Ribeiro.[4] O mesmo seria asseverar que constitui um arquipélago cultural, ideia-matriz que se tem prestado a não poucas análises da nossa realidade literária, como é o caso de Viana Moog e sua *Uma Interpretação da Literatura Brasileira*,[5] ou de Alceu Amoroso Lima e sua proposta de periodização "segundo o critério espacial".[6] Ao ver deste, o Brasil estaria fragmentado em "três grandes regiões culturais, se deixar-

---

3. Para o problema da periodização, consultar: Afrânio Coutinho, *Introdução à Literatura no Brasil*, Rio de Janeiro, S. José, 1959, pp. 19-36 e Bibliografia; e Alceu Amoroso Lima, *Introdução à Literatura Brasileira*, Rio de Janeiro, Agir, 1956. Ver também José Aderaldo Castello, *op. cit.*, pp. 20 e ss.

4. João Ribeiro, *História do Brasil*, Curso Superior, 19ª ed., rev. e ampl. por Joaquim Ribeiro, Rio de Janeiro, Liv. Francisco Alves, 1966, p. 257.

5. Viana Moog, *Uma Interpretação da Literatura Brasileira*, Rio de Janeiro, Casa do Estudante do Brasil, 1945.

6. Alceu Amoroso Lima, *op. cit.*, pp. 129-169.

mos de lado uma quarta que se caracteriza, precisamente, pela incultura. É a zona do extremo Oeste e do extremo Norte, zona do empirismo cultural, a ser incorporada às outras de formação cultural mais avançada, que podemos chamar de cultura atlântica, com o centro nas grandes capitais; de cultura mista, baseada nos pequenos centros urbanos, e de cultura caipira, baseada nas fazendas.

As três regiões culturais mais adiantadas do nosso país são, como todos sabemos, o Norte, o Centro e o Sul. A primeira, abrangendo naturalmente o Nordeste, vai do Amazonas, fronteira do Norte, à Bahia, soleira do Norte, tendo como centro Pernambuco. A segunda, que vai do Espírito Santo ao Estado do Rio e deste a Goiás e Mato Grosso, tem como centro Minas Gerais. A terceira vai do Rio Grande, fronteira do Sul, a São Paulo, tendo este como centro. (...) Dentro de cada uma destas regiões culturais, cada sub-região representa por sua vez outro centro de cultura, em que o Rio Grande ou o Ceará, o Paraná ou a Bahia, Mato Grosso ou Sergipe, os maiores e os menores, representam um dado cultural próprio, que se articula harmoniosamente no conjunto, com maior ou menor destaque".[7]

Arquipélago determinado sobretudo pelas condições geográficas, subsistiu graças à persistência dum traço caracterológico apontado por José Veríssimo. Ao afirmar que a nossa literatura "não possui a continuidade perfeita, a coesão, a unidade das grandes literaturas", argumenta que lhe faltou "sempre comunicabilidade, isto é, os seus escritores, que enormes distâncias e a dificuldade extrema das comunicações separavam, ficaram estranhos uns aos outros".[8] Não obstante o progresso das comunicações, notadamente por meio do avião, da televisão e da Internet, o Brasil permanece um conglomerado de ilhas culturais.

No curso da evolução de nossa literatura, tais ilhas assumiram, cada qual a seu modo e em certo momento, o papel de núcleo gravitacional, segundo o eixo Norte-Sul: Bahia, Minas Gerais, Rio de Janeiro, S. Paulo. De ordem econômico-social são as causas desse deslocamento para o Sul: a mudança da capital do País para o Rio de Janeiro, a descoberta do ouro em Minas Gerais, o fomento da cultura cafeeira, tornada esteio da economia nacional, constituem fatores concretos do tropismo na direção dos climas temperados ou sulinos. Por outro lado, cumpre lembrar que se trata dum deslocamento predominantemente litorâneo, que des-

---

7. *Idem, A Missão de São Paulo*, Rio de Janeiro, Agir, 1962, p. 18.

8. José Veríssimo, *Estudos de Literatura Brasileira*, 2ª série, Belo Horizonte/S. Paulo, Itatiaia/EDUSP, 1977, p. 12.

de logo põe em segundo plano a atividade literária do interior, e mesmo dos outros centros à beira-mar, em obediência a um compreensível processo de substituição. Assim, a vida cultural na Bahia e Pernambuco do século XVIII declinou a olhos vistos com o *rush* desencadeado pelo ouro mineiro, o mesmo acontecendo a Vila Rica quando o Rio de Janeiro se tornou sede do Reino com a vinda de D. João VI, em 1808.

Em virtude dessa sístole e diástole histórica, criou-se uma espécie de cisma óptico: cada centro detentor da hegemonia não era de fato nacional, não representava todas as variedades de brasis então existentes, mas apenas a si próprio. Com isso, uma produção circunscrita a uma específica área geográfica erguia-se, pelo acaso, ao nível de soberana e modelo para as demais regiões, ainda que tivesse apenas expressão regional. Note-se, porém, que a regionalização da atividade literária em momento nenhum significou ruptura com a Europa, senão que os padrões culturais haviam mudado.

Em resposta a esse mecanismo de repulsão e mudança, as várias regiões e sub-regiões tenderam à autossuficiência ou à introversão: repelidas ou substituídas, ou simplesmente condenadas a situar-se em esfera secundária, tentaram bastar-se a si próprias, o que alimentou ainda mais o isolamento e agravou as discrepâncias de grau e densidade. Enquanto um centro empolgava o poder da cultura, os restantes, submissos à condição de reflexos, vincavam os seus traços provincianos e regionais. Gerava-se, consequentemente, uma disposição de ânimo no sentido de reagir contra o desnivelamento cultural, dando azo a que as ilhas se arvorassem em detentoras dum patrimônio válido e tão somente menosprezado por sofrerem de hipermetropia os moradores dos grandes centros.

O meio empregado por essa "insatisfação" regional tem sido o de seus nativos comporem panoramas literários dos Estados em que nasceram. Com o tempo, um natural sentimento bairrista — acentuando ainda mais a visão provinciana dos fenômenos literários — veio servindo de acicate para semelhante rebeldia cultural. Assim se explica que tenhamos hoje, a par de manuais panorâmicos, histórias literárias locais, dedicadas a Sergipe, Bahia, Pernambuco, S. Paulo, Maranhão, Minas Gerais, Rio Grande do Sul, Ceará, Piauí, Santa Catarina.[9] Elaboradas segundo uma óptica regional, constituem aspecto típico da nossa

---

9. Otto Maria Carpeaux, *Pequena Bibliografia Crítica da Literatura Brasileira*, 4ª ed., Rio de Janeiro, Edições de Ouro, 1968, pp. 30-31.

cultura: aí reside, inquestionavelmente, uma das marcas da nossa identidade literária.

Compreende-se, assim, que não podemos deixar de ver a Literatura Brasileira de outro prisma que não seja o núcleo formado pelo eixo Rio-S. Paulo. Por irradiação, e considerando o movimento rumo ao Sul, os demais centros serão analisados, sempre tendo em vista delinear a imagem do Brasil como um todo. O escritor regional dispensará análise circunstanciada enquanto não alcançar repercussão nos grandes centros, embora possa merecer com justiça lugar relevante na literatura do seu Estado. Somente interessam numa história geral os que lograram renome nacional, ainda quando continuem fiéis ao chão primitivo, como é o caso, por exemplo, dum Jorge Amado, na Bahia, dum Dalton Trevisan, no Paraná, e dum Moacyr Scliar, no Rio Grande do Sul. História como seleção, pois doutra forma acabaríamos imersos num rol incaracterístico de nomes e de obras; história como julgamento retrospectivo, porquanto duma literatura há obras que vale a pena ler e conhecer ou mesmo reavaliar para lhes fazer a justiça que merecem, e outras esquecidas ou esquecíveis, ou de parca presença nacional. Estas últimas transbordam duma visão crítica da Literatura Brasileira, como a que se intentará nas páginas seguintes.

ORIGENS
(1500-1601)

I. Preliminares

1 Comecemos por lembrar um truísmo: se não todos, pelo menos alguns valores que enformaram a vida e a cultura medievais persistiram ao longo do processo que se convencionou denominar de Renascimento. O advento dos tempos modernos, graças à revivescência do espírito greco-latino, às descobertas geográficas, às invenções, etc., não significou a morte definitiva da Idade Média. Se essa interpretação, perfilhada hoje pela maioria dos historiadores, se presta ao entendimento da cultura europeia dos séculos XV e XVI, mais foros de verdadeira possui quando referida ao caso português: provavelmente mais do que qualquer outro país da Europa, Portugal manteve-se fiel a certas estruturas socioculturais herdadas da Idade Média. Somente no século XVIII, com o racionalismo iluminista, é que tal estado de coisas começou a dissipar-se.

Compreende-se, assim, que as naus cabralinas, aportando em terras de Santa Cruz em 22 de abril de 1500, nos trouxessem uma visão do mundo de tipo medieval, amparada em padrões correspondentes de cultura. Como mais adiante se procurará mostrar, os navegantes portugueses, falando na voz do seu cronista oficial, Pero Vaz de Caminha, interpretaram de modo pré-renascentista o mundo novo que acabavam de revelar, precisamente porque ainda homens da Idade Média, por ideologia e formação. Guiava-os uma cosmovisão em que a tônica incidia sobre Deus, não sobre o homem, como postulava o Humanismo e como em Portugal já se principiava a conceber. Lançados na aventura transoceânica, enfrentavam mil perigos e superstições motivados por uma crença humanística muito relativa: os seus estereótipos mentais permaneciam medievais, religiosos e espiritualistas; lutavam antes pelo reino de Deus que do Homem; o seu dinamismo expansionista levava como endereço certo a "dilatação da Fé e do Império".[1] Conquistar, explorar, dominar, apresar escravos, comerciar gananciosamente, eram verbos que conjugavam em nome de Cristo. Desse modo, a difusão do Catolicismo, tornada, à primeira vista, ideal único, justificava perante a consciência dos navegantes e exploradores todos os atos, ainda os mais desumanos.

É que o idealismo com que alimentavam a fé nos valores cristãos, e na aglutinação dos povos sob a inspiração deles, não impedia, antes condicionava, que se atirassem com vigor, ao mesmo tempo cavaleiresco e interesseiro, à batalha do alargamento do território português e do Catolicismo. O pragmatismo assentava num sentimento de extração medieval e numa generalizada disposição para o aumento das áreas portuguesas de influência: "dilatação da Fé e do Império". Por outro lado, a prática proselitista do nome de Cristo em terras de infiéis determinou o aparecimento de obras literárias e historiográficas paralelas, de caráter pragmático e ideologicamente dirigidas. Em mais de um passo, conforme aponta Hernâni Cidade na mencionada obra, as crônicas, os poemas, as peças de teatro e as cartas deixam transparecer ligação com o clima cavaleiresco-medieval, como também serviam de estímulo e guia para a ação ecumênica do Império e da Fé.

Doutra forma não se compreende, por exemplo, a tresloucada arremetida de D. Sebastião contra os mouros em Alcácer-Quibir: o seu delírio de grandezas épicas nutria-se da leitura de obras e duma atmosfera carregadas de espírito evangelizador e cavaleiresco. Desse modo, gerou-se um autêntico círculo vicioso: as empresas de expansão, iniciadas com a tomada de Ceuta em 1415, condicionavam obras literárias e historiográficas que as refletiam, como é o caso de *Os Lusíadas* ou das *Décadas* de João de Barros, e as obras de apologia da grandeza pátria espicaçavam novos cometimentos, os quais, por sua vez, originavam novas louvaminhas, é assim por diante.

Espírito de cruzada simultaneamente teológica e comercial, acabou sendo trazido para cá, e marcando a progressão de nossa literatura, ao

---

1. Hernani Cidade, *A Literatura Portuguesa e a Expansão Ultramarina*, vol. I, séculos XV e XVI, 2ª ed., rev. e aum., Coimbra, Armênio Amado, 1963.

menos até os fins do século XVIII e princípios do XIX: efetivamente, a Literatura Brasileira dos séculos coloniais desenvolveu-se desde o início segundo estruturas culturais de nítido contorno medieval. Entretanto, é sobretudo durante a centúria quinhentista, e nos seus prolongamentos posteriores, que deparamos mais inequivocamente tal fenômeno. A chamada atividade literária das primeiras décadas de nossa formação histórica caracterizou-se por seu cunho pragmático estrito, seja a circunscrita ao parâmetro jesuítico, seja a decorrente de viagens de reconhecimento e informação da terra. No primeiro caso, constituía-se em instrumental de catequese do gentio e de educação do colono, conforme normas pedagógicas de padrão escolástico. No segundo caso, tratava-se de simples reportagens ou de registros de viagens com o fito de melhor conhecer a terra, e, dando-a a conhecer aos superiores em Lisboa, possibilitar-lhe a exploração e, com isso, colaborar na empreitada expansionista da Metrópole. Em ambos, porém, a feição literária dos escritos era aleatória, ou resultava do emprego, quiçá involuntário, de recursos estilísticos animados de estesia. De qualquer maneira, essa massa documental articulava-se às metas concretas que a expansão portuguesa teve em mira no Brasil, assim como em toda parte. Por isso, os documentos do nosso Quinhentismo carecem de maior relevância literária; em contrapartida, encerram inestimável riqueza sociográfica e historiográfica, que os especialistas no assunto timbram em reconhecer e vasculhar. Como é imediato entender e aceitar, tão importante repositório de informações culturais não pode deixar de ser considerado mesmo quando, como no caso presente, pretendemos montar um painel das nossas origens e formação dum ângulo basilarmente literário.

2 O sentido pragmático da atividade literária e historiográfica durante os anos da expansão ultramarina portuguesa está patente já no primeiro documento que o Brasil provocou, e que nos serve de ponto de partida: a *Carta* de Pero Vaz de Caminha. Datada de Porto Seguro, "da vossa Ilha da Vera Cruz, hoje, sexta-feira, primeiro dia de maio de 1500",[2] e escrita em forma de diário de bordo, a *Carta* relata os acontecimentos relacionados com o "achamento desta vossa terra nova", desde quarta-feira, 22 de abril, até o dia em que o escrivão da

---

2. Tomamos por base a edição preparada por Jaime Cortesão, *A Carta de Pero Vaz de Caminha*, Rio de Janeiro, Livros de Portugal, 1943.

frota cabralina deu por encerrada sua missão de reportar o extraordinário evento, a mando de D. Manuel I. Redigida com o pressuposto de informar o monarca português, Pero Vaz de Caminha atribui à *Carta* antes de tudo funções de mensageira da verdade. Como ele próprio declara, o seu intuito era dar uma "informação da terra". Desse modo, teve de ater-se às funções de fiel cronista de tudo quanto os seus compatriotas experimentavam no contacto com a terra nova. "Mas o escritor, que ele é, alvorece na pele do escrivão. Seus raros dotes de narrador, sua profunda intuição humana não conseguem libertar-se dos vincos profissionais e limitações do ofício."[3] Tais dotes de narrador, abafados pelo desejo de relatar com exatidão e objetividade os acontecimentos, revelam-se pela naturalidade, fluência e certa ironia maliciosa, fruto do deslumbramento em face da terra recém-descoberta, como se alcançasse ter uma Visão do Paraíso":[4] "E uma daquelas moças era toda tingida, de baixo a cima daquela tintura; e certo era tão bem feita e tão redonda, e sua vergonha (que ela não tinha) tão graciosa, que a muitas mulheres da nossa terra, vendo-lhe tais feições, fizera vergonha, por não terem a sua como ela". Noutro passo, Pero Vaz arma igual trocadilho com a palavra "vergonha". Aliás, o cronista insiste em referir-se às partes pudendas das mulheres indígenas, que andavam completamente despidas. E o faz como em êxtase, admirado por tamanha inocência, análoga à dos seres expulsos do Éden: "a inocência desta gente é tal, que a de Adão não seria maior, quanto a vergonha".

Compreende-se: homem de formação medieval, impregnado de superstições ou preconceitos morais de base religiosa, é natural se encantasse com o à vontade indígena, puro e amoral. Como se, de súbito, descobrisse um mundo fantástico ou inverossímil. Antes de consequência de impulsos frascários, a reiterada descrição da nudez feminina (e masculina) denota o fascínio do homem medievo em trânsito para o mundo moderno, renascentista, livre e humanizado, evoluindo do teocentrismo para o antropocentrismo. O espetáculo surpreende-o porque fora do âmbito em que aprendera a equacionar a existência. Tanto assim que se demora no espetáculo humano, numa "gente de tal inocência que, se homem os entendesse e eles a nós, seriam logo cristãos, porque eles, segundo parece, não têm, nem entendem em nenhuma crença", muito mais do que na Natureza. É o homem como espécie animal que lhe atrai

---

3. Jaime Cortesão, *op. cit.*, p. 23.

4. Sérgio Buarque de Holanda, *Visão do Paraíso. Os Motivos Edênicos no Descobrimento e Colonização do Brasil*, Rio de Janeiro, José Olympio, 1959.

obsessivamente a atenção, pois o indígena lhe ofertava uma dimensão nova, inusitada e perturbadora, a ele que vinha duma sociedade estratificada segundo preconceitos teológicos, em que a criatura humana se arrastava neste "vale de lágrimas", estigmatizada pelo pecado, curtindo-o até à morte. Não estranha, portanto, que deixe de avaliar toda a extensão da primitividade em que jazia o gentio, a ponto de concluir que dois nativos, porque "nunca mais aqui apareceram", eram "gente bestial, de pouco saber e por isso tão esquiva". Pré-juízo típico de homem branco, civilizado, europeu e medieval. Observe-se que o escrivão, via de regra, se exime de comentar, visto pretender ser impessoal e imparcial; e quando o faz, é para manifestar compreensível deformação cultural.

Pero Vaz foge de imaginar ou de inventar, estribado sempre em cautelas de cronista probo. Não obstante, por vezes permite aflorar o seu pendor literário, como quando emprega a oração intercalada "disse ele", de evidente recorte novelesco. Aqui, a preocupação pela verdade se identifica com um recurso que trai o escritor sufocado pelo ofício de escriba régio. No mais, relata o que vê. Entretanto, deixa transparecer que pouco saiu da nau capitânia, certamente ocupado em compor o relatório, pois seu ângulo visual se restringe quase tão somente à amurada do navio ou a breves sortidas na praia para se relacionar com a população nativa. Fora daí, quando o seu olhar dá a impressão de recobrir espaço mais vasto na orla marítima ou no interior da mata, é por mercê do que lhe contam e não do que observa diretamente. Para o levar a cabo, apoia-se num bordão único: "segundo diziam esses que lá foram", "segundo eles diziam", "diziam", e assim por diante. Na verdade, a terra foi "vista do mar".

Tão imbuído estava o cronista das matrizes culturais e sociais da Idade Média que vinha despreparado para o descobrimento do mundo primitivo. Dir-se-ia um homem ingênuo, embora menos do que os habitantes da terra virgem, e essa ingenuidade revela-se nitidamente em assuntos de religião. Diz Pero Vaz: "E quando levantaram a Deus, que nos pusemos de joelhos, eles se puseram assim todos, como nós estávamos com as mãos levantadas, e em tal maneira sossegados, que, certifico a Vossa Alteza, nos fez muita devoção". O duplo caráter ingênuo do narrador está em, de um lado, acreditar no significado e na importância do ato que praticavam os indígenas, pois tratava-se de pura imitação infantil, e de outro, a própria ingenuidade do cronista em matéria de prática religiosa. Talvez por consequência dessa mesma ingenuidade, ou duma intuição mais ou menos divinatória, o escrivão parece antecipar-

-se a Rousseau no elogio do bom selvagem:[5] "esta gente é boa e de boa simplicidade". É bem certo que o seu encômio vem condicionado pelas crenças religiosas, mas parece conter um sentimento humanitarista que chega a desfazer o halo pedantescamente culto que as suas palavras assumem algumas vezes, quando dá a impressão de os indígenas constituírem gente inferior. A apologia do bom selvagem implica, nele, uma disposição anímica para aceitar e viver coerentemente os dogmas cristãos: "esta gente não lhes falece outra coisa para ser toda cristã, senão entender-nos, porque assim tomavam aquilo que nos viam fazer, como nós mesmos, por onde nos pareceu a todos que nenhuma idolatria, nem adoração têm".

Assim, para além da sua importância histórica, "quase toda a *Carta* é uma esplêndida página de antologia, cujas qualidades literárias um Oswald de Andrade sabe sentir ao retirar dela sugestões poéticas transpostas para *Pau-Brasil*, e um Mário de Andrade ao parafraseá-la em *Macunaíma*".[6] *Pau-Brasil* é de 1925, e Mário de Andrade glosa a Pero Vaz de Caminha na "Carta pràs Icamiabas", inserta na referida obra, publicada em 1928.

---

5. Afonso Arinos de Melo Franco, *O Índio Brasileiro e a Revolução Francesa. As Origens Brasileiras da Teoria da Bondade Natural*, Rio de Janeiro, José Olympio, 1937, pp. 34 e ss. O historiador ainda refere, como documento mais relevante que a *Carta*, "a célebre 'carta do Piloto Anônimo'", publicada na coleção dos *Paesi Novamente Retrovati* (1507), de Francesco de Montalboddo, e restituída ao vernáculo em 1812. O Piloto Anônimo, também pertencente à frota cabralina, relata, no dizer de Afonso Arinos de Melo Franco, que "os homens e as mulheres formosos de corpo, andavam nus, com toda a inocência. Pescavam, caçavam, dormiam suspensos em redes, cercavam-se de aves lindas e multicores. No meio do clima doce, viviam em pleno estado natural".

"Sucede, no entanto, que mal passado esse encantamento inaugural, a serena confiança parece mudar-se, entre eles, numa espécie de obstinação desencantada" (Sérgio Buarque de Holanda, *op. cit.*, p. 344). Disso são testemunha as cartas jesuíticas e demais obras contendo informação da terra.

Outra notícia do achamento da terra ainda se encontra na "Carta do Mestre João", ou Joan Faras, médico e astrônomo da esquadra de Cabral, espanhol de nascimento. Publicada em 1845, a carta a D. Manuel I, de quem o autor era "físico e cirurgião", distingue-se por descrever pela primeira vez a constelação do Cruzeiro do Sul.

A respeito dos três documentos alusivos ao descobrimento do Brasil, ver: Paulo Roberto Pereira, *Os Três Testemunhos do Descobrimento do Brasil*, Rio de Janeiro, Lacerda Ed., 1999; Henrique Campos Simões, *As Cartas do Brasil*, Ilhéus, Editora da UESC — Editus, 1999.

6. José Aderaldo Catello, *Manifestações Literárias da Era Colonial*, vol. 1 de *A Literatura Brasileira*, 2ª ed., rev. e aum., S. Paulo, Cultrix, 1965, p. 34.

II. Literatura Jesuítica

1 Um capítulo acerca da literatura jesuítica deve, necessariamente, começar por uma reflexão, sucinta embora, a respeito do sentido e da importância da Companhia de Jesus na colonização e na história da cultura do Brasil. Capistrano de Abreu foi o primeiro a colocar a questão, e duma forma que se tornou presença constante entre os estudiosos que se interessaram por ela: "uma história dos jesuítas é obra urgente; enquanto não a possuirmos será presunçoso quem quiser escrever a do Brasil".[1] Escritas em 1906-1907, tais palavras tiveram de esperar até 1938-1950 para serem concretizadas.[2] Ainda assim, permanece aberta a "questão jesuítica", caso aceitemos tal rótulo para enfeixar tudo quanto, com espírito polêmico velado ou não, se vem escrevendo a propósito dos soldados de Loyola no Brasil. Na verdade, "da Companhia de Jesus, de sua ação considerável e em muitos pontos decisiva sobre nossa formação nacional, não é fácil falar serenamente. Seus inimigos foram sempre rancorosos, — mais rancorosos e enérgicos do que seus partidários desinteressados. E o mesmo cuidado que põem ainda hoje os primeiros em desacreditar a obra dos jesuítas, aplicam os segundos em aplaudi-la irrestritamente. O resultado é que uma atitude intermediária corre o risco de parecer suspeita ou indecisa a uns e outros".[3] Entretanto, nenhum outro caminho melhor parece existir quando se procura, tão imparcialmente quanto possível, a verdade dos fatos.

A ação dos jesuítas entre nós durante os séculos coloniais precisa ser encarada em dois planos: um, referente ao expansionismo geográfico da Metrópole, posto em prática desde a tomada de Ceuta em 1415; outro, referente à cultura que os informava e que se propuseram disseminar nesta parte do Mundo. No primeiro plano, é inegável que colaboraram eficazmente para o alargamento e fixação das nossas fronteiras; procuraram atrair o indígena para um trabalho sistemático e rendoso (embora com discutíveis intuitos), exerceram sobre o nativo e o colono uma

---

1. Capistrano de Abreu, *Capítulos de História Colonial*, 4ª ed., Rio de Janeiro, Briguiet, 1954, p. 278.

2. Serafim Leite, *História da Companhia de Jesus no Brasil*, 10 vols., Lisboa/Rio de Janeiro, Portugália/INL, 1938-1950.

3. Sérgio Buarque de Holanda, *Cobra de Vidro*, São Paulo, Martins, 1944, p. 90.

influência que se desejava benéfica;[4] foram dos primeiros a ultrapassar as barreiras interpostas pela Serra do Mar, atirando-se a mil perigos em plena mata, não raro como os únicos homens brancos em vastas extensões de floresta virgem.

No plano cultural, porém, o panorama muda ou apresenta-se menos claro. Sabe-se que "desde a entrega do Colégio das Artes, por D. João III, em 1555, aos jesuítas, eles mantêm o seu domínio sobre a cultura portuguesa".[5] Em consequência, graças a uma pedagogia de base escolástica, os jesuítas impedem que Portugal se beneficie da filosofia natural e humanística e do experimentalismo lançados em voga com o Renascimento.[6] Dessa forma, a cultura portuguesa, medievalizada, atrasa-se em relação à Europa, e tão fortemente se deixa marcar por um ensino livresco, artificial e cego às realidades vivas do tempo, que levará séculos para tomar consciência do retrocesso e tentar acertar o passo. Pois esse foi o padrão de cultura que os sacerdotes inacianos trouxeram para o Brasil. Aqui chegados em 1549, com Tomé de Sousa, primeiro governador-geral, nas principais regiões do País (Rio de Janeiro, Bahia e Pará) instalam colégios semelhantes ao Colégio das Artes, para, através do ensino da Filosofia, Teologia e Humanidades, preparar vocações para a Ordem. Fora daí, mas com idêntico espírito e idênticos valores de cultura, tudo simbolizado na irradiação da Fé e do Império, dedicam-se à educação do colono tacanho e do indígena boçal. Por isso, "a *retórica*, o *gramaticismo*, a *erudição livresca* são traços que herdamos da formação, dita humanista, derivada do século XVI português".[7] Por outro lado, foram eles promotores de cultura durante os séculos coloniais, a tal ponto que, sem a sua atividade pedagógica, é provável que a situação cultural do Brasil-Colônia fosse ainda mais desalentadora. Devemos-lhes as primeiras escolas que tivemos, embora num nível que pressupunha, como regra geral, a manutenção dum estado de coisas semibárbaro:[8]

---

4. Reportando-se aos indígenas e aos portugueses, José de Anchieta afirma numa carta (8/1/1565) que "em nós outros têm médicos, boticários e enfermeiros" (*Cartas, Informações, Fragmentos Históricos e Sermões*, Rio de Janeiro, Civilização Brasileira, 1933, p. 240).

5. João Cruz Costa, *Contribuição à História das Ideias no Brasil*, Rio de Janeiro, José Olympio, 1956, p. 45.

6. *Idem, ibidem*, p. 35.

7. *Idem, ibidem*, p. 36.

8. Serafim Leite (*op. cit.*, vol. I, p. 98) informa-nos que "em 1583, o Pe. Miguel Garcia receou que se elevasse o Colégio a Universidade e comunicava para Roma os seus temores: 'Com darem-se neste Colégio graus em Letras, parece que querem meter res-

Origens (1500-1601) • 37 •

havia que isolar o "brasiliense" numa relativa ignorância, que somente lhe permitisse assimilar os ensinamentos dos padres inacianos, e nada mais. Desse obscurantismo — de que, afinal de contas, não eram os devotados sacerdotes em missão nas selvas brasílicas os responsáveis diretos — é sinal decisivo o capítulo de nossa história relativo aos livros postos no *index*: estavam proibidas, entre outras, a *Diana*, de Jorge de Montemor, e as obras de Plauto, Terêncio, Horácio, Marcial e Ovídio, salvo quando expurgadas ou adaptadas aos fins colimados pelo Colégio Romano.[9] Inclusive, era proibido o costume de recitar "sonetos e coplas espirituais" nas festas religiosas. Não obstante, devemos-lhes as primeiras manifestações poéticas, teatrais e pictóricas.[10] Apesar do seu caráter pragmático, essas atividades culturais eram únicas na terra havia pouco descoberta. Em conclusão: os jesuítas deram-nos a cultura que puderam dar, limitada pela formação e pelo espírito que possuíam e que os faziam caudatários duma tradição cultural, a portuguesa, sensivelmente descompassada em relação à dos demais países europeus. Suas limitações filosóficas e científicas, que nos transmitiram como pesada herança, constituíam o reflexo do que se passava além-Atlântico: os inacianos eram, ao mesmo tempo, causa e efeito do ultramontanismo vigente na Metrópole.

---

saibos de Universidade; e assim uma vez se matricularam os estudantes, pagando cada estudante um tanto a um homem de fora, que serviu de escrivão. Eu avisei, mas foi tarde. Determinou-se que não se fizesse mais. Queria saber, pelo que se tem cá tratado, se, para dar grau de doutor em Teologia a algum estudante externo neste Colégio, é necessário que os examinadores sejam doutores em Teologia. Por que a bula do Papa *innuit* (parece dizer) que sim'". Mais adiante, adverte que o Pe. Marçal Beliarte, então Provincial da Ordem no Brasil, "ergueu os estudos quanto pôde e, se não transformou o Colégio em Universidade de fato, foi porque o contrariaram na Bahia e em Roma". Como se nota, as raras vozes discordantes e lúcidas eram logo abafadas pelo obscurantismo que grassava endemicamente nos meios jesuíticos do tempo.

9. *Idem, ibidem*, vol. II, p. 543.

10. Segundo Serafim Leite (*op. cit.*, vol. II, pp. 533, 593, 599), "o poema latino de Anchieta *De Beata Virgine Dei Matre Maria* é o primeiro grande poema literário escrito no Brasil; (...) o teatro foi introduzido no Brasil pelos colonos, que representavam nas igrejas, à moda portuguesa, os seus autos, arranjados ali mesmo, ou, mais provavelmente, levados de Portugal. Os portugueses já representavam autos no Brasil, quando os jesuítas começaram os seus. (...) Mas é igualmente certo que os padres escreveram no Brasil as primeiras peças conhecidas e deram à arte dramática, na colônia nascente, o primeiro desenvolvimento e arranco; (...) a primeira amostra da pintura no Brasil, achamo-la em 1552, por ocasião da festa do Anjo Custódio, enlaçando logo, num só efeito, a dupla influência portuguesa e indígena".

2 A atividade cultural dos jesuítas norteava-se em dois rumos pragmaticamente bem definidos: a catequese do indígena, a fim de torná-lo socialmente útil e convertê-lo ao Cristianismo, e a educação dos colonos, embriagados com a liberdade paradisíaca que desfrutavam na terra ainda inexplorada. A massa livresca que servia de suporte a essa empresa pedagógica, ou que dela resultava, fragmenta-se em epistolografia, ânuas, relatórios, informação da terra, gramática, poesia e teatro. As três derradeiras espécies literárias visavam apenas à catequese e à educação, ao passo que as demais nasciam do escopo de melhor conhecer a terra e, em decorrência, informar devidamente os superiores na Metrópole dos negócios missionários em solo brasileiro. De todas somente a poesia e o teatro encerravam substância literária: as outras pertencem antes à historiografia, à sociografia, à etnografia, etc.[11] Todavia, não há dúvida que em qualquer dos casos é escasso o valor estético dessas obras, conquanto inestimável do ângulo historiográfico, sociográfico, etnográfico, linguístico, etc. Grande o número de jesuítas que deixaram, notadamente em cartas, o registro das suas observações acerca da realidade sociogeográfica do Brasil e de suas peregrinações missionárias: Antônio Blásques, Leonardo do Vale, João de Aspilcueta Navarro, Leonardo Nunes, Luís da Grã, Francisco Pires, Manuel da Nóbrega, José de Anchieta, Fernão Cardim e outros. Os três últimos, porque os principais, merecem análise detida.

MANUEL DA NÓBREGA

Nasceu em Portugal, a 18 de outubro de 1517. Estudou em Salamanca e em Coimbra, tendo recebido grau em Cânones (1541). Em 1544, ingressa na Companhia de Jesus, e vem para o Brasil em 1549, juntamente com Tomé de Sousa, primeiro governador-geral, chefiando a primeira missão jesuítica, que para cá foi enviada com o propósito de instalar a Companhia e principiar os trabalhos de catequese. Acompanham-no os padres Leonardo Nunes, João de Aspilcueta Navarro e Antônio Pires, e os irmãos Vicente Rodrigues e Diogo Jácome. Nomeado primeiro Superior e primeiro Provincial da Ordem no Brasil, colabora eficazmente na

---

11. Almir de Andrade, *Formação da Sociologia Brasileira*, vol. I, Rio de Janeiro, José Olympio, 1941.

fundação da cidade do Salvador (Bahia) e, seguindo para o sul do País, concorre para fundar a cidade de S. Sebastião do Rio de Janeiro e abre ali um colégio da Companhia. Em 25 de janeiro de 1554, funda S. Paulo de Piratininga, auxiliado pelo Padre José de Anchieta, que chegara no ano precedente com a frota de Duarte da Costa, novo governador-geral. Dedicou o mais de seu tempo à conversão e catequese do gentio, e à educação do colono. Faleceu no Rio de Janeiro, a 18 de outubro de 1570, no dia mesmo em que completava 53 anos.

Deixou as *Cartas do Brasil*, estampadas pela primeira vez em conjunto em 1886, e posteriormente acrescidas de outras, e um *Diálogo sobre a Conversão do Gentio*, composto entre junho de 1556 e começos de 1558, e impresso em 1880, na *Revista do Instituto Histórico e Geográfico Brasileiro*, do Rio de Janeiro, com base numa cópia, defeituosa, do códice de Évora (e que ainda serviu para a edição inserta nas *Cartas do Brasil*, publicadas pela Academia Brasileira de Letras, em 1931), e em 1954, por ocasião do Centenário de S. Paulo, utilizando o manuscrito eborense. Com introdução e notas de Serafim Leite, a *opera omnia* de Manuel da Nóbrega publicou-se em Coimbra, em 1955.

As *Cartas do Brasil*, Manuel da Nóbrega endereçou-as a vários destinatários em Portugal (a sacerdotes superiores da Companhia de Jesus, a seus mestres em Coimbra, a irmãos da Ordem, ao Rei D. João III, ao Padre Provincial da Ordem, a Tomé de Sousa, após o seu regresso à Pátria, ao Infante D. Henrique) e "aos moradores de S. Vicente". As missivas continham informações da terra e da gente do Brasil, e notícias acerca das tarefas de conversão do indígena e educação do colono: o escritor põe ênfase nas qualidades do solo, fértil e rico, e na falta de bons sacerdotes, pois "é a escória que de lá vem",[1] a tal ponto que, "vindo Bispo (...) venha para trabalhar e não para ganhar". Impressiona-o a edênica existência que levam os indígenas, sobretudo a promiscuidade sexual, logo compartilhada por sacerdotes e colonos. Para pôr cobro ao descalabro, julga "mui conveniente mandar Sua Alteza algumas mulheres que lá têm pouco remédio de casamento a estas partes, ainda que fossem

---

1. "Os clérigos desta terra têm mais ofício de demônios que de clérigos: porque, além de seu mau exemplo e costumes, querem contrariar a doutrina de Cristo, e dizem publicamente aos homens que lhes é lícito estar em pecado com suas negras, pois que são suas escravas, e que podem ter os salteados, pois que são cães, e outras cousas semelhantes, por escusar seus pecados e abominações, de maneira que nenhum Demônio, temo agora que nos persiga, senão estes." (*Cartas do Brasil*, 1549-1560, Rio de Janeiro, Publs. da Academia Brasileira de Letras, 1931, p. 116. V. ainda p. 80.)

erradas, porque casarão todas mui bem, contanto que não sejam tais que de todo tenham perdido a vergonha a Deus e ao mundo".

Comenta ainda os costumes antropofágicos dos silvícolas e de alguns portugueses aderentes a tais práticas, metidos em plena mata virgem, como que recambiados a estágios pré-civilizacionais. Informa de suas vagas crenças religiosas (Deus, Pai Tupã, o dilúvio, S. Tomé) e da facilidade com que acediam ao batismo e se apegavam aos missionários, notadamente quando crianças. Dá notícias do solo e do clima, de seus variados frutos e riquezas naturais; dos costumes da gente local, do governador-geral, dos padres da Ordem, das dificuldades vencidas ou a vencer no cometimento missionário, da fundação de cidades, aldeias, escolas e igrejas, das conversões levadas a efeito, do progresso operado pela catequese na relação entre o índio e o branco, dos franceses no Rio de Janeiro, etc., — tudo emoldurado por um lema: "Esta terra é nossa empresa, e o mais gentio do mundo".

Pelo simples enunciar dos assuntos tratados, percebe-se a importância das *Cartas do Brasil* do ponto de vista histórico e sociográfico. Embora circunscritas pelo espírito da Ordem a que o missivista pertencia, as suas informações constituem material algumas vezes insubstituível para os historiadores do nosso Quinhentismo, entre outras razões porque contêm as primeiras notícias relativas à terra nova. O ar de novidade e o entusiasmo idealista que transpiram acerca do Brasil e o seu povo correspondem a outros aspectos merecedores de consideração.

Do ângulo literário, as *Cartas* ostentam menor significação, a partir do fato de serem missivas-relatórios, isentas de carga imaginativa, ao menos conscientemente. Entretanto, a análise da evolução do estilo epistolar do jesuíta pode conduzir-nos a desvelar uma face inédita do problema. Nas primeiras cartas, mercê da obrigação e do intuito de informar com objetividade, o estilo é pobre e impessoal, posto que direto e eloquente, em razão de o missivista adotar atitude "científica" perante as notícias que remete. Com o tempo, a linguagem veio a modificar-se e a adquirir contornos literários, 1) porque a repetição das mesmas informações o compelia a dar vaza aos dotes estilísticos e estéticos sopitados anteriormente, 2) porque a frequência de redigir com clareza lhe foi apurando e definindo o talento de escritor, 3) porque o amadurecimento dos anos e a experiência acumulada lhe trouxeram o entendimento e o gosto das sentenças bem talhadas, sem lhe comprometer o significado e a austeridade.

Realmente, a partir da carta "Aos Moradores de S. Vicente" (1557) e acima de tudo na missiva dirigida "A Tomé de Sousa" (1559), a escrita de Manuel da Nóbrega ganha colorido antes desconhecido. Como se o missivista de súbito se libertasse das coibições do sacerdócio, a sua linguagem passa a exibir desenvoltura e brilho que se diriam oratórios. A incaracterização dos relatórios impassíveis é substituída por um à vontade coloquial ou discursivo, de que resultam soluções estéticas sonoras e veementes, inclusive em relação com os propósitos que sempre teve em mira:

> E assim está agora a terra nestes termos que, se contarem todas as casas desta terra, todas acharão cheias de pecados mortais, cheias de adultérios, fornicações, incestos, e abominações, em tanto que me deito a cuidar se tem Cristo algum limpo nesta terra, e escassamente se oferece um ou dous que guardem bem seu estado, ao menos sem pecado público. Pois dos outros pecados que direi? Não há paz, mas tudo ódio, murmurações e detrações, roubos e rapinas, enganos e mentiras; não há obediência nem se guarda um só mandamento de Deus e muito menos os da Igreja.[2]

Obviamente, as qualidades literárias de Manuel da Nóbrega são ainda insuficientes para lhe conferir relevo maior, quando cotejadas com as de escritores portugueses contemporâneos, ou com o Pe. Antônio Vieira, pertencente à mesma Ordem. De uma perspectiva rigorosa, devem ser aferidas relativamente ao teor das primeiras cartas; só assim manifestam a importância, malgrado escassa, que possuem.

À segunda fase estilística da carreira do jesuíta pertence o *Diálogo sobre a Conversão do Gentio*, cuja redação se deu "em 1558, e talvez, melhor, em 1557".[3] Manuel da Nóbrega imagina um diálogo entre Gonçalo Álvares, "uma espécie de curador dos índios" a serviço da Companhia,[4] e o Irmão Mateus Nogueira, acerca do tema que vai proposto no título da obra: a conversão do indígena à fé cristã, efetuada em três etapas, a catequese, o batismo e a perseverança.

O *Diálogo* encerra especial interesse: a par de informações, oferece-nos uma ideia do pensamento do autor e, mesmo, da Companhia de Jesus no Brasil, visto ter sido ele seu primeiro Superior e Provincial.[5]

---

2. *Cartas do Brasil*, p. 194.
3. Serafim Leite, preliminares e anotações históricas e críticas ao *Diálogo sobre a Conversão do Gentio*, Lisboa, 1954, p. 48. (Publs. do IV Centenário da Fundação de S. Paulo.)
4. *Idem, ibidem*, p. 47.
5. *Idem, ibidem*, p. 24.

Mais liberto das obrigações de noticiar e de solicitar a ajuda reinol para as tarefas ecumênicas entre nós, o jesuíta põe-se a fazer doutrina em torno dum problema pragmático de suma relevância para o destino da Ordem e, por tabela, da Nação que desponta: a educação do gentio segundo os princípios cristãos, o que significa considerá-lo humano e igual ao branco, pois "tanto vale diante de Deus por natureza a alma do Papa, como a alma do vosso escravo Papaná", segundo diz Mateus Nogueira.[6] Por isso, "a sujeição do gentio nada tem que ver com a sua escravidão. Se à sombra da sujeição se cometeram abusos, Nóbrega condena-os e a sua condenação estabelece com clareza o que era a sujeição que propunha no Diálogo ('sujeição da doutrina'), puramente negativa, com índios livres, não com índios escravos", no dizer de Serafim Leite.[7] No tocante a esse ponto, vê-se que o autor do *Diálogo* era mais avançado e aberto do que o comum dos membros da Companhia,[8] prenunciando o desassombro com que Antônio Vieira trataria da questão dos indígenas.[9]

Correspondendo à fase melhor da carreira intelectual de Manuel da Nóbrega, o *Diálogo* mostra evidentes intuitos literários, a partir da utilização do diálogo como recurso expositivo. O fato de contracenarem dois interlocutores vivos não deve perturbar: o jesuíta não fazia obra de ficção, mas de doutrina. Afinal, Platão já fizera uso desse expediente para expor as suas ideias. Todavia, desobriga-se, aparentemente, de conferir maior verossimilhança ao diálogo, isto é, despreocupa-se de construir diálogos equivalentes à fala de um "curador de índios" e a de um Irmão da Companhia. Ao contrário, inventa a linguagem de um e de outro, como se fossem personagens imaginárias e não vivas. Tanto faz, na verdade, que tenham existido ou não, pois o autor parece menos interessado em "fotografar" a realidade que em colaborar para a sua mudança através das ideias que exibe: as personagens constituem transposições dramáticas, como de uso no tempo (Frei Amador Arrais, Frei Tomé de Jesus e outros), cujo nome o escritor, levado pelos mo-

---

6. Manuel da Nóbrega, *Diálogo sobre a Conversão do Gentio*, p. 88.
7. Serafim Leite, *ibidem*, p. 29.
8. *Idem, ibidem, loc. cit.*
9. Aliás, não é o único aspecto que lembra o autor do *Sermão da Sexagésima*, como se pode ver no seguinte passo do *Diálogo sobre a Conversão do Gentio* (p. 76): "Pois que razões mais vos movem a desconfiar de nossos Padres, que a isso foram mandados do Senhor para lhes mostrarem a fé? Não farão fruto nestas gentes? Por demais!"

Origens (1500-1601) • 43 •

tivos referidos, tomou emprestado de dois companheiros de missão. O estilo e o conteúdo das falas mostram coerência, cada personagem articula sempre os pensamentos numa dicção apropriada, mas o fato deve antes atribuir-se ao talento teatral de Manuel da Nóbrega que à simples anotação das peculiaridades linguísticas de Mateus Nogueira e Gonçalo Álvares.

No relativo à vontade com que se movimenta o autor do *Diálogo*, ainda importa considerar a cultura geral inserta nas falas, servindo de abono ao caráter literário das personagens. Notadamente evangélica, como não podia deixar de ser, plasma-se num estilo viril, forte, atento não só à unidade da doutrina a transmitir como à objetividade que deve manter em face dos argumentos. Dir-se-ia que, por momentos, a sintaxe de Manuel da Nóbrega antecipa-se a certos torneios dialéticos do Barroco, mas conservando as qualidades de estilo conquistadas ou reveladas depois de 1557:

> E o que dizeis das ciências, que acharam os filósofos que denota haver entendimento grande, isso não foi geral beneficio de todos os humanos dado pela natureza, mas foi especial graça dada por Deus, não a todos os romanos nem a todos os gentios, senão a um ou a dois, ou a poucos, para proveito e formosura de todo o universo. Mas que estes, por não ter essa polícia, fiquem de menos entendimento para receberem a fé, que os outros que a têm, me não provareis vós nem todas as razões acima ditas; antes, provo quanto esta polícia aproveita por uma parte, tanto dana por outra, e quanto a simplicidade destes estorva por uma parte ajuda por outra.[10]

O *Diálogo sobre a Conversão do Gentio*, apesar das ressalvas que se lhe possam apontar e as limitações de que padece, constitui o primeiro documento literário em prosa escrito no Brasil e com os olhos voltados para a sua específica realidade social.[11]

---

10. Manuel da Nóbrega, *ibidem*, p. 94.
11. Serafim Leite, *ibidem*, p. 7.

JOSÉ DE ANCHIETA

Filho de João de Anchieta e Mência Dias de Clavijo y Llerena, José de Anchieta nasceu a 19 de março de 1534 em São Cristóvão de la Laguna, capital de Tenerife, no arquipélago das Canárias, antes chamadas Ilhas Afortunadas. "Depois de destro em ler, escrever e alguns princípios de gramática que cabiam em seus tenros anos, — informa seu biógrafo Simão de Vasconcelos —, foi enviado com outro irmão seu de maior idade, à celebérrima universidade de Coimbra (que então florescia no mundo), para que ali se aperfeiçoasse na língua latina e atendesse a maiores ciências!"[1] Do curso de Filosofia, passa com dezessete anos para a Companhia de Jesus (1551). Em 1553, incorpora-se à missão jesuítica chefiada pelo Pe. Luís da Grã, que acompanha o 2º governador-geral do Brasil, Duarte da Costa. Apesar de doente e disforme, Anchieta de pronto se entrega a intenso labor catequético; seis meses depois de chegado, aprende a língua nativa e redige a *Arte de Gramática da Língua Mais Usada na Costa do Brasil*, para facilitar aos sacerdotes a missão de catequese e educação do gentio. Afora isso, colabora eficazmente com Manuel da Nóbrega na fundação, a 25 de janeiro de 1554, do colégio de Piratininga, núcleo inicial da cidade de S. Paulo. Ainda na companhia de Nóbrega, esteve como refém em Iperoig. Em 1569, torna-se reitor do Colégio de S. Vicente, mas apenas em 1577 faz profissão de fé. No ano seguinte, é nomeado Provincial da Companhia. Em 1595, a *Arte de Gramática* saí impressa em Coimbra. A 9 de junho de 1597, falece em Reritiba, hoje Anchieta, no Estado do Espírito Santo.

Além da *Arte de Gramática*, Anchieta deixou numerosas obras, algumas delas ainda hoje desconhecidas. As *Poesias*, numa edição integral e uniforme, incluindo as composições em Português, em Latim, em Espanhol, em Tupi e as polilíngues, somente vieram a lume em 1954, por ocasião das comemorações do IV Centenário da Cidade de S. Paulo;[2] incompletas ou irregulares tinham sido as edições anteriores, mesmo a preparada por Afrânio Peixoto em 1923, sob o título de *Primeiras Letras*. O longo poema elegíaco, em Latim, *De Beata Virgine*

---

1. Simão de Vasconcelos, *Vida do Venerável Padre José de Anchieta*, Porto, Lello, 1953, p. 9.

2. Maria de Lourdes de Paula Martins foi quem realizou a empresa, partindo dum manuscrito do século XVI existente no Arquivo da Companhia de Jesus em Roma: transcreveu-o, traduziu-o e anotou-o com exemplar acuidade e método.

Dei Matre Maria, publicou-se inicialmente em 1663, apenso à *Crônica do Brasil*, do Pe. Simão de Vasconcelos, e apenas foi traduzido para o vernáculo pelo Pe. Armando Cardoso, em 1940, com o título de *Poema da Bem-Aventurada Virgem Mãe de Deus — Maria*. O poema épico em torno dos feitos heroicos de Mem de Sá, escrito em Latim, foi dado como perdido até 1934, quando se localizou o manuscrito em Algorta, Espanha, inserto num caderno que incluía ainda o *De Beata Virgine*. Em 1954, numa comunicação ao II Colóquio Internacional de Estudos Luso-Brasileiros, efetuado em S. Paulo, Luís de Matos revelou que a obra afinal tinha sido impressa em 1563, sob o título de *Excellentissimo Singularisque Fideiac Pietatis Viro Mendo de Saa, Australis seu Brasillicae Indiae Praesidi Praestantissimo, Conimbricae. Apud Joannem Alvarum Thypographum Regium*. Em 1945 e 1949, o Pe. Armando Cardoso traduziu alguns fragmentos do poema com base no códice de Algorta. Edições integrais do poema houve duas: a de 1958, preparada por E. Vilhena de Morais, incluía o texto latino, tradução, prólogo e notas eruditivas; a de 1970, organizada pelo Pe. Armando Cardoso, nos mesmos moldes, constituía o vol. I das *Obras Completas* do autor. Em 1997, dentro das comemorações do IV Centenário de Falecimento de Anchieta, veio a público, sob os auspícios da Fundação Biblioteca Nacional, e com apresentação de Eduardo Portela e introdução de Paulo Roberto Pereira, uma edição fac-similar do poema. A prosa de Anchieta foi reunida no vol. III das *Cartas Jesuíticas*, preparado por Afrânio Peixoto e publicado em 1933, com o título de *Cartas, Informações, Fragmentos Históricos e Sermões do Padre José de Anchieta* (1554-1594). Na verdade, determinados escritos aí englobados pertencem a Fernão Cardim e a Luís da Fonseca.[3]

José de Anchieta, mais do que qualquer outro jesuíta do tempo e dos séculos XVII e XVIII, foi senhor de autêntica vocação literária. Além disso, a sua atividade intelectual, embora mesclada à catequese e ao ensino religioso, ostenta o mérito de ser pioneira no alvorecer do Brasil-Colônia. Suas obras poéticas, teatrais e em prosa, denotam sempre talento estético, cujo despertar a tarefa missionária não abafou, antes, permitiu e estimulou. Por isso, tornaram-se as primeiras, historicamente, com genuíno, ainda que relativo, interesse literário.

---

3. Serafim Leite, *História da Companhia de Jesus no Brasil*, 10 vols., Lisboa/Rio de Janeiro, Portugália/INL, 1938-1950, vol. VIII, p. 18.

Anchieta escreveu poesia em Português, Espanhol, Tupi e Latim. Obviamente, só podem ser considerados como partes integrantes da Literatura Brasileira poemas em vernáculo, embora os escritos nas outras línguas mereçam análoga atenção, de diversa ordem e em diverso sentido. Entretanto, impõe-se desde logo recorrer ao número de composições em cada idioma, pois a sua estatística ajuda-nos a compreender melhor o sacerdote das Canárias: em Português, 12; em Castelhano, 35; em Latim, 2 (afora os dois longos poemas acerca de Mem de Sá e Nossa Senhora); em Tupi, 18; polilíngues, 6.[4] Que se pode inferir dos números?

Primeiro que tudo: prevalecem os poemas em Castelhano. Por quê? Não simplesmente porque Anchieta fosse originário de Tenerife, ilha de fala espanhola. Valer-se-ia da língua materna para recepcionar algum visitante espanhol depois da anexação filipina em 1580? Provavelmente, mas nesses casos o instrumento mais usual e prestante seria, como decerto foi, o teatro. E este constitui, na obra anchietana, minoria. Em vista disso, temos de recorrer a um pormenor classificatório para deslindar a questão: na verdade, a poesia de Anchieta apresenta duas configurações fundamentais, segundo o seu conteúdo e o público a que se destinava. De um lado, enfileiram-se poemas com intuito catequético, pedagógico e ecumênico; de outro, os de natureza pessoal e confessional. Ora, os poemas espanhóis pertencem via de regra ao segundo tipo, e neles parece que Anchieta é mais poeta do que no resto da sua produção lírica. O fato não deve estranhar: o jesuíta procurou expressar na língua de origem as suas inquietações, evidentemente de ordem religiosa. E tais inquietações sobrelevavam, no plano intelectual, as preocupações de catequista e padre-mestre: na catequese e no ensino necessitaria mais da presença viva e da voz que da poesia, indefectivelmente reduzida à condição de ancilar dos trabalhos missionários. Buscou extravasar o seu pendor literário, por conseguinte, do melhor modo possível, — em Espanhol.

Todavia, essa predileção pelo idioma castelhano correspondeu a uma fase da sua vida, pois o exame do caderno manuscrito de próprio punho revela que "à medida que o caderno avança, menos subjetivas se tornam as poesias. Elas perdem o aspecto meditativo para se tornarem didáticas, servindo a celebrações religiosas e festivas". E "abandonam o Castelhano pelo Português, de preferência, a princípio, e pelo Tupi, depois".[5]

---

4. José de Anchieta, *Poesias*, S. Paulo, Comissão do IV Centenário da Cidade de S. Paulo, 1954 (transcrição, tradução e notas de Maria de Lourdes de Paula Martins), pp. XIII-XIV.

5. Maria de Lourdes de Paula Martins, "Notas Prévias" às *Poesias*, p. 12.

O Anchieta moço vive conturbado por questões religiosas, vazadas em Espanhol, decerto porque ligadas a todo um passado canarino e a uma formação que lhe pesavam fortemente na memória. A proporção que se liberta dos conflitos íntimos, vai-se tornando homem prático, voltado para a conversão do aborígine e a educação do português emigrado. É certo que destilará muitas das suas palpitações religiosas no *Poema da Virgem*, mas pareceu-lhe que um canto em louvor a Maria tinha de ser em Latim. E ao fazê-lo, nem por isso deixou de igualmente criar poesia de confissão, como mais adiante veremos.

Esclarecida fica, desse modo, a divergência numérica entre os poemas castelhanos e os restantes, a ponto de sozinhos somarem aproximadamente tanto quanto os demais: 35 contra 38. Os números falam por si, mas valia a pena entrar na intimidade de alguma composição para ilustrar a evidência com outra evidência. No poema "Jesus e o Pecador", basta a primeira estrofe, que lhe serve de mote:

> Yo nací porque tú mueras,
> porque vivas moriré,
> porque rías lloraré,
> y espero porque esperas,
> porque ganes perderé.[6]

Percebe-se que se trata duma sincera vocação poética: fluência, elegância, naturalidade, oralidade, musicalidade, incluindo um jogo agudo de antíteses. Idênticas qualidades e características podemos surpreender nalguns poemas em vernáculo, sobretudo no conhecidíssimo "Do Santíssimo Sacramento", onde topamos logo de entrada com uma estrofe que lembra Gil Vicente:

> Ó que pão, ó que comida,
> ó que divino manjar
> se nos dá no santo altar
> cada dia!

seguida de outras no mesmo tom suave e plangente de ladainha:

---

6. José de Anchieta, *Poesias*. Todas as demais citações serão extraídas desta edição.

O lirismo anchietano, em vernáculo ou Espanhol, entronca-se na poesia castelhana quinhentista voltada para "lo divino" (Dámaso Alonso, *Poesia Española*, Madri, Gredos, 1950, pp. 229 e ss.). Devo a José Paulo Paes, a quem fico agradecido, esta observação.

Ó que divino bocado,
que tem todos os sabores!
Vinde, pobres pecadores,
  a comer!

....

Ó entranhas piedosas
de vosso divino amor!
Ó meus Deus e meu Senhor
  humanado!

Quem vos fez tão namorado
de quem tanto vos ofende?
Quem vos ata? Quem vos prende
  com tais nós?

e mais adiante com uma estrofe bem lograda e simétrica daqueles versos espanhóis:

Morra eu, por que viver
vós possais dentro de mi.
Ganhai-me, pois me perdi
  em amar-me.

Observe-se a antítese *ganhar x perder* que, embora inserida no filão português iniciado no *Cancioneiro Geral de Garcia de Resende* (1516), sob o influxo da poesia petrarquiana, anuncia rasgos da poesia barroca, especialmente de índole religiosa, como a de Gregório de Matos. Aliás, a dialética conceptista parece ensaiar os seus primeiros passos em determinadas estrofes, como a seguinte, pertencente a uma "Cantiga":

¿Como puedo yo vivir,
pues que se muere mi vida?
Y, con muerte tan sentida,
¿como vivo sin morir?

Compreende-se, pois, que a melhor poesia anchietana é a de caráter lírico, pessoal, não pragmático, em Castelhano, Português e Latim. Em certos casos, o jesuíta, no afã de perfeição como pedagogo e missionário, acabou escrevendo poemas menos canônicos, de cunho popularesco, à moda de "rimance" medieval, como em "O Pelote Domingueiro", glosa do seguinte mote:

> Já furtaram ao moleiro
> o pelote domingueiro.

A tal ponto "que não parece original de Anchieta, mas adaptação por ele feita de alguma composição anterior".[7] Ou resvalou para a poesia de circunstância, de reportagem, ou narrativa, como os poemas "Ao Pe. Bartolomeu Simões Pereira" e "Dois Irmãos Mártires".

Quanto à poesia em Tupi, há pouco que dizer: poesia de catequese, de funções pragmáticas, em que a doutrina moral e religiosa prevalece sobre a emoção estética e individual, com ela o sacerdote-poeta pretende simplesmente iniciar os indígenas nos dogmas católicos. Os intuitos literários, quando presentes, identificam-se com os objetivos ensinantes da Companhia de Jesus. Como o jesuíta se dirigia a silvícolas, teve de recorrer ao emprego do verso graças ao seu ritmo mnemônico, assim facilitando a assimilação dos passos doutrinários. Embora importantes para os estudos de Linguística e Etnografia, os poemas tupis ultrapassam as fronteiras da literatura brasileira, entendida como a soma de obras escritas em português.[8]

Diverso caráter apresenta a poesia latina de Anchieta: religiosa, pessoal, enquadra-se na segunda "maneira" poética do sacerdote de Tenerife. Poesia de autoedificação, quando muito poderia servir também ao aperfeiçoamento moral de padres e neófitos da Ordem. No fundo, nada tem que ver com a catequese nem com o estrito ensino nos colégios jesuíticos, embora pudesse igualmente, por acaso e num amplo sentido, prestar-se ao último objetivo. Lirismo individualista, traduz a ebulição interior do presbítero, concentrado nos arroubos místicos ou nas purgações por via da autoanálise intelectual. Próximo do cantochão, hino litúrgico ou prece, interessaria mais do que a poesia em Tupi, mas o fato de não estar expresso em vernáculo e de não remeter à nossa realidade sociocultural o coloca fora do circuito brasileiro, e reenvia-o para a literatura da língua em que se exprimiu, a latina.

---

7. Maria de Lourdes de Paula Martins, *Poesias*, p. 399n.

8. Não passe despercebido, no entanto, que Anchieta foi o primeiro escritor a redigir na língua dos ocupantes pré-cabralinos da terra e possuir um público certo para os seus textos. Devo igualmente esta observação a José Paulo Paes, a quem reitero meus agradecimentos.

Cabe, no entanto, resenhar o significado e a substância das obras latinas mais longas. O *De Beata Virgine Dei Matre Maria*, conhecido como *Poema da Virgem*, narra a vida, paixão e morte de Maria, Mãe de Cristo. Na carta "Ao Geral Diogo Lainez, de São Vicente, janeiro de 1565", Anchieta relata os fatos que lhe determinaram a promessa de elaborar um poema em louvor a Maria: preso como refém entre os tamoios, então "levando continuamente os escravos, mulheres e filhos dos cristãos, matando-os e comendo-os",[9] promete erguer um hino de graças a Nossa Senhora caso o ajudasse a executar com êxito a missão pacificadora entre os indígenas e o livrasse da tentação. Na dedicatória do poema, Anchieta alude abertamente a tal fato:

> Eis os versos que outrora, ó Mãe Santíssima,
> te prometi em voto
> vendo-me cercado de feroz inimigo.
> Enquanto entre os Tamoios conjurados,
> pobre refém, tratava as suspiradas pazes,
> tua graça me acolheu
> em teu materno manto
> e teu poder me protegeu intactos corpo e alma.
> A inspiração do céu,
> eu muitas vezes desejei penar
> e cruelmente expirar em duros ferros.
> Mas sofreram merecida repulsa meus desejos:
> só a heróis
> compete tanta glória!

O poema, segundo a lenda, teria sido composto nas areias de Iperoig, e depois, de memória, transcrito no papel. Se o fato não passa de fantasia, autêntica é a impressão de que o poeta manipula um considerável repertório de conhecimentos e lembranças literárias do tempo em Coimbra, pois é improvável que tivesse à mão todas as obras que dum modo ou doutro lhe serviram de base. Malgrado utilizasse como fontes a Bíblia e o Breviário, afigura-se patente o influxo dos autos religiosos de Gil Vicente, da poesia de Virgílio e Ovídio, da *Vita Christi*, de Ludolfo da Saxônia, e de S. Bernardo. "A maior parte, porém, das referências

---

9. José de Anchieta, *Cartas, Informações, Fragmentos Históricos e Sermões*, Rio de Janeiro, Civilização Brasileira, 1933, p. 197.

pertence ao âmbito de suas leituras de outrora, ao tesouro de sua memória, que era, no dizer de seus biógrafos, invulgar".[10]

Mesmo dotado de prodigiosa memória, parece inverossímil que guardasse de cor um poema da extensão do *De Beata Virgine*, que, "incluindo a dedicatória final e as 'Piae Petitiones' que se costumam colocar entre uma e outro, conta 5.786 versos ou seja 2.893 dísticos",[11] estrofes formadas da união do hexâmetro e do pentâmetro clássico.

Inicialmente editado em 1663 como apêndice à *Crônica da Companhia de Jesus*, do Pe. Simão de Vasconcelos, este não titubeou em reimprimi-lo nove anos mais tarde na vida de José de Anchieta, o que autoriza supor que o poema foi lido nos séculos XVII e XVIII.[12] Foi ainda republicado em 1865 e 1887, antes que Armando Cardoso o pusesse em vernáculo pela primeira vez (1940).

O *Poema da Virgem* transpira desde os primeiros versos profunda comoção, inalterável ao longo das estrofes, e que de imediato se transmite ao leitor. Tudo se passa como se contemplássemos o poeta em êxtase místico diante de Maria, com um vigor que jamais desce ao piegas nem perde temperatura; ascetismo enérgico, varonil, otimista, proposto numa relação que lembra o culto marial do lirismo trovadoresco, talvez subjacente na inspiração anchietana, e que permanecerá no curso da poesia religiosa dos séculos seguintes, até Alphonsus de Guimaraens (*Setenário das Dores de Nossa Senhora*). Maria substituiria a dama a quem o poeta dirige o "serviço" amoroso, transposto em termos ascéticos, como se nota no trecho subordinado ao título "Colóquio Amoroso", na primeira parte do poema. Prolongado ato de contrição, purgação e confissão místico-lírica, realizado com dramaticidade e veemência quase oratória, comunica por vezes conflitos íntimos e pensamentos julgados pecaminosos, os do pecador que se regenera no encontro com a Mãe de Cristo:

> não deixes de aguentar-me com o ardor do teu peito,
> para que a chama desta carne
> arrefeça vencida em tuas labaredas,
> e reflita sem sombra

---

10. Armando Cardoso, introdução a *De Beata Virgine*, Rio de Janeiro, Arquivo Nacional, 1940, p. XXVII.

11. *Idem, ibidem*, p. XXV.

12. *Idem, ibidem*. p. XXXII.

> a castidade que te consagrei um dia,
> conservando sempre assim meu juramento.[13]

Inclusive, o poeta lança mão de diálogos exclamativos para fazer escutada a voz que alça para a sua interlocutora. Mais adiante, o suplicante adquire mansuetude e quietação resignada e comungante, decerto porque os seus arroubos foram sentidos, para logo depois reapossar-se do entusiasmo inicial, agora centrado noutra direção: retrucar a Helvídio, que nega a virgindade de Maria, e a Calvino, que lhe refuta o voto de castidade. Entrando a historiar a vida de Maria, o poema volve-se narrativo até o epílogo, posto não perca a eloquente comoção do princípio.

"De fato, o valor do poema é, em primeiro lugar, humanístico-ascético",[14] quando considerado na perspectiva da história da cultura. Literariamente, a sua valia encontra-se no lirismo: "Anchieta é um poeta lírico, não um narrador épico, cuja voz se ouve e cujo rosto se esconde atrás do cenário. Ele é um dos personagens principais do seu poema".[15]

Quanto ao poema em torno dos feitos de Mem de Sá, encerra 3.058 versos e vale "pelo fundo de ideias clássicas, rico depósito da cultura ocidental", com manifesta influência de Virgílio, e traindo um típico homem da Renascença pelas "descrições frequentes de combates, de viagens, de paisagens, os discursos postos na boca de heróis, as comparações tradicionais das epopeias antigas, a determinação de datas por meio dos astros. (...) Mas Anchieta foi acima de tudo um humanista original, pelos assuntos novos que trouxe à literatura latina do Renascimento. É todo o mundo americano, que ele revela ao mundo antigo, na língua de Virgílio, tão desembaraçadamente como se um romano fosse o espectador dessas cenas exóticas", sobretudo observações acerca do gentio: descrição das armas e adornos dos índios na guerra, instrumentos musicais, bebedeiras, torpezas e atos de antropofagia, valentia e destreza, etc.[16]

Muita da poesia catequética e pedagógica de Anchieta se transformava em cenas teatrais, primeiro em razão dos objetivos pragmáticos

---

13. *De Beata Virgine*, p. 175.

14. Armando Cardoso, *op. cit.*, p. XXIX.

15. *Idem, ibidem,* p. XXXI.

16. *Idem,* "Um Poema Inédito de Anchieta", *Verbum*. Rio de Janeiro, t. I, fasc. 3, 1944, pp. 289-298, e "O Humanismo de Anchieta no Poema de Mem de Sá", *ibidem*, t. II, fasc. 4, 1945, pp. 416-428; introdução à edição de 1970.

que o jesuíta tinha em mira, e segundo porque também dotado de vocação para a dramaturgia. Uma coisa implica a outra, em se tratando de Anchieta, como, aliás, de Gil Vicente, com o qual as suas peças ostentam evidente parentesco: a sua poesia, na vertente pedagógica (e mesmo nalguns passos de caráter pessoal), funde-se com o teatro, e este é sempre criação poética. Em Anchieta, poeta e dramaturgo mesclam-se à perfeição, numa simbiose que repele a separação de um e outro sem o desmoronamento do todo.

Oito peças dramáticas se conhecem como de Anchieta: *Quando, no Espírito Santo, se recebeu uma relíquia das Onze Mil Virgens*, em Português; *Dia da Assunção, quando levaram sua imagem a Reritiba*, peça em Tupi, destinada à recepção da imagem de N. S. da Assunção "num 15 de agosto: o de 1579, talvez, ou posterior a ele, mas anterior, por certo, a 1597";[17] *Uma Festa de São Lourenço*, escrita em Espanhol, Tupi e Português, e encenada em 1583, a mais longa e complexa das escritas por Anchieta, além de ser "o mais longo documento de Tupi da costa até agora conhecido e efetivamente praticado em fins do séc. XVI";[18] *Na Festa de Natal*, adaptação da peça anterior e nas mesmas línguas; *Na Vila de Vitória*, escrita em Português e Espanhol, data do biênio 1584-1586, é a mais extensa composição de Anchieta, e comparável em significação a *Na Festa de São Lourenço*;[19] *Recebimento que fizeram os índios de Guaraparim ao Padre Provincial Marçal Beliarte*, escrita em Português e Tupi, e "deve datar de entre 1587 e 1594, ou, exatamente, talvez, de 1589";[20] *Na Aldeia de Guaraparim*, em Tupi, representada entre 1589 e 1594, mais provavelmente em dezembro de 1589; *Na Visitação de Santa Isabel*, última peça de Anchieta em Espanhol, teria sido representada a 2 de julho de 1595.

Faltaria acrescentar o *Auto de Pregação Universal*, em vernáculo e Tupi, do qual apenas se conhecem fragmentos, e que, encenada pela primeira vez entre 1567 e 1570 e depois em vários lugares e datas, teria assinalado o começo da atividade cênica de Anchieta.[21] Envolvida de lenda, e enquanto dessa peça restarem apenas trechos, tudo que se disser a respeito não passa de conjectura.

---

17. Maria de Lourdes de Paula Martins, *op. cit.*, p. 563.
18. *Idem, ibidem*, p. 681.
19. *Idem, ibidem*, p. 778.
20. *Idem, ibidem*, p. 665.
21. Serafim Leite, *op. cit.*, vol. II, p. 606; vol. VIII, p. 29.

Em qualquer hipótese, não foi Anchieta quem introduziu o teatro no Brasil, mas, sim, os "colonos, que representavam nas igrejas, à moda portuguesa, os seus autos, arranjados ali mesmo, ou, mais provavelmente, levados de Portugal. Os portugueses já representavam autos no Brasil quando os jesuítas começaram os seus (...). Mas é igualmente certo que os padres escreveram no Brasil as primeiras peças conhecidas e deram à arte dramática, na colônia nascente, o primeiro desenvolvimento e arranco".[22]

O teatro jesuítico ramifica-se em duas espécies, embora sempre com propósitos moralizantes: autos, levados à cena nas aldeias, com vistas à catequese, e autos, comédias e tragédias, nos colégios, fundindo a preocupação pedagógica e formativa com o esmero literário.[23] Anchieta dirigiu-se também ao público das aldeias, cidades e colégios, quem sabe reunido às vezes para assistir a representações de caráter variado. Peças há mais simples que outras, e peças mais orientadas no sentido da catequese, ou do prazer estético. Assim, *Na Vila de Vitória* parece destinar-se a auditório seleto, capaz de apreciar uma obra de arte dramática: as personagens evidenciam teor estético (Satanás, Lúcifer, S. Maurício, Vila de Vitória, Governo, Ingratidão, Embaixador do Rio da Prata, Vítor, companheiro de S. Maurício, Temor de Deus, Amor de Deus, dois companheiros de S. Maurício). Auto alegórico, como, em princípio, as demais peças anchietanas, não se destinava ao indígena, tanto mais que está vazada em Português e Castelhano.

As peças de Anchieta apresentam um denominador comum: objetivando o ensino e a catequese, tiveram de arrimar-se a primários e primitivos recursos teatrais, não obstante adotem, por vezes, expedientes mais requintados em matéria de encenação, como a "marcação" e a caracterização dos figurantes, malgrado permaneça o caráter rudimentar. Primitivo e popular, seja pela forma e conteúdo; seja pela audiência a que se destinava, o teatro anchietano "deveria filiar-se à tradição religiosa medieval. Nenhuma outra forma se ajustava mais que o auto aos intuitos catequéticos. A análise das peças não revela apenas um parentesco ou derivação: os milagres dos séculos XIII e XIV e os autos vicentinos, passando por exemplos ibéricos, entrosam-se para formar a fisionomia dos textos anchietanos. Todo o universo religioso, presente na dramaturgia medieval, se estampa nas oito obras

---

22. *Idem, ibidem*, vol. II, p. 599.
23. *Idem, ibidem, loc. cit.*

mais caracteristicamente teatrais conservadas do canarino".[24] E como no teatro de "milagres" e mistérios", defrontam-se o Bem e o Mal: o primeiro, sempre vencedor, representado pelos santos, anjos e querubins, e o segundo, por Lúcifer e sua corte diabólica.

Para nós, importa sobretudo rastrear a presença dos autos religiosos e profanos de Gil Vicente, dos quais Anchieta guardava reminiscência, a tal ponto que o Anjo, a Virgem, a Prudência e a Humanidade, personagens do *Auto de Mofina Mendes*, parecem reencarnar-se no colóquio da Anunciação, pertencente ao *Poema da Virgem*.[25] Doutro lado, a fluência e naturalidade, a par duma relativa variedade, dos versos dramáticos de Anchieta; a pobreza e o convencionalismo do texto dramático, reduzido a um roteiro para a encenação; o apoio da música e da coreografia; o senso de improviso e de liberdade na arrumação das cenas e no agrupamento de personagens história e culturalmente distanciadas (como aproximar pessoas vivas do tempo a figuras históricas, Dario e Valeriano, e alegóricas, Anjos, Lúcifer, etc.), numa inverossimilhança que só a intenção de criar um mundo alegórico pode justificar; a rudimentaridade da técnica de apresentação dos fatos; a ingenuidade da tese segundo a qual o Bem sempre derrota o Mal, e este seria fruto do equívoco ou do desconhecimento (razão suficiente para se exercer maciçamente a catequese e a educação); a movimentação das personagens num tempo e num espaço supostos; os fins éticos sempre vivos, implícita ou explicitamente; — tudo isso lembra Gil Vicente. Um exemplo basta para ilustrar a filiação: *Na Visitação de Santa Isabel*, em que contracenam o Romeiro, Santa Isabel, Nossa Senhora, Anjos e Quatro Companheiros do Romeiro, a primeira cena abre com uma situação muito semelhante à entrada da *Farsa de Inês Pereira*:

> Estando Isabel sentada numa cadeira, na capela, antes de começar-se a missa, entra a visitá-la um romeiro castelhano,

É óbvio que Anchieta está longe da altura e do brilho alcançados por Gil Vicente, mercê do seu especial talento e não da técnica dramática empregada. Entretanto, no julgamento do teatro anchietano impõe-se

---

24. Sábato Magaldi, *Panorama do Teatro Brasileiro,* Rio de Janeiro, MEC/DAC/FUNARTE/SNT [1980], p. 17.

25. Armando Cardoso, *op. cit.,* p. XXVIII. Teófilo Braga inclui, na sua *Escola de Gil Vicente e o Desenvolvimento do Teatro Nacional* (Porto, Chardron, 1898), um capítulo acerca dos autos de Anchieta e outros jesuítas.

considerar que "as limitações de seus autos, obras de circunstância, são menos oriundas de deficiências próprias do que do primarismo quase genérico da literatura medieval",[26] em matéria de teatro.

A prosa de Anchieta, além da *Arte de Gramática* (que somente ostenta importância linguística e etnográfica), está toda reunida num volume, composto de *Cartas, Informações, Fragmentos Históricos e Sermões*. Tanto quanto na poesia e no teatro, aqui também se lhe manifesta o talento literário, embora com os altos e baixos de quem levava uma vida cheia de atividades práticas, e às quais subordinava o melhor da sua capacidade intelectual.

Analisando-se a prosa anchietana pela ordem do livro em que se encontra abrangida, comecemos pelas *Cartas*. Sua importância inicial e primacial, no mesmo diapasão da literatura jesuítica em sua totalidade, é de ordem historiográfica, linguística, etnográfica e sociográfica. No entanto, mesmo nesse particular extraliterário parecem valer mais como documento que as missivas de Manuel da Nóbrega: o simples cotejo de umas e outras evidencia saldo favorável a Anchieta. Rica e por vezes original informação da flora e da fauna brasileiras, incansável preocupação de noticiar o modo de vida silvícola (doenças, hábitos alimentares e sexuais, crenças e usanças religiosas, etc.), afora conterem vivaz crônica dos trabalhos missionários da Companhia de Jesus entre nós, — eis em suma o conteúdo e o núcleo de interesse das *Cartas* do jesuíta. Encerram, ainda, preciosas informações autobiográficas.

O mais relevante, porém, é o aspecto literário, a começar do estilo, superior ao de Manuel da Nóbrega: Anchieta revela-se, nas mínimas referências, ainda quando apenas interessado em noticiar corretamente, um escritor nato, a ponto de suas *Cartas* se lerem com agrado, o que não sucede com as do seu companheiro de missão; possui o dom natural de redigir com brilho, colorido, justeza, propriedade, variedade e senso inventivo; sempre diz com elegância aquilo que Nóbrega diria de modo baço, impessoal e frio. Mais ainda: não se atém à crônica protocolar dos fatos, mas diligencia penetrar-lhes o âmago e interpretá-los em nome da verdade, cônscio de a sua exegese constituir também valioso dado de informação. Os fatos adquirem dimensão subjetiva, quase fictícia, tal a carga de intuição literária

---

26. Sábato Magaldi, *op. cit.*, p. 16.

presente: "A este respeito contarei cousas estupendas e não sei se serão críveis".[27]

Anchieta apaixona-se pelo que relata e acaba emprestando às palavras um entusiasmo emotivo que logo se comunica ao leitor. E a fim de alcançar o seu desiderato, não titubeia em convocar típicos expedientes novelescos, como o diálogo, direto e indireto, e a técnica de composição em vários planos narrativos e simultâneos, reconhecíveis pelos interstícios sinalizados por expressões do gênero de "Neste meio tempo" e semelhantes. Tal contemporaneidade da ação — ação, sim, pois o missivista transforma tudo em relatos coerentes, com início, meio e fim —, faria lembrar as crônicas de Fernão Lopes, não fosse mais verossímil julgá-la fruto dum espontâneo pendor narrativo, quem sabe vinculado ao filão novelesco ibérico de fundo popular. Contudo, a sua privilegiada intuição não acusava um nefelibata, mas um homem com os pés apoiados na terra: "eu não creio em sonhos".[28] Daí a linguagem ganhar com frequência caráter agreste, primitivo, não erudito, de quem não tem papas na língua, aliando à riqueza imaginativa apurado senso de observação e memória incomum. Sobretudo nos trechos concernentes aos gentios é que a sua pena exibe colorido vivo, agudo, resultante de buscar a expressão própria, mesmo quando as palavras pudessem denotar menos piedade, tal é o passo em que afirma deverem os índios ser tratados a "espada e vara de ferro".[29]

A riqueza e o cromatismo novelescos das *Cartas* se observam em qualquer delas, notadamente nas duas mais longas, e porventura as mais valiosas, "Ao Padre Geral, de São Vicente, no último dia de maio de 1560", e "Ao Geral Diogo Lainez, de São Vicente, janeiro de 1565" já mencionada. Na primeira, o missivista narra, com um dinamismo e um vigor dignos da *Peregrinação*, de Fernão Mendes Pinto, uma tempestade no mar:

> quando no entanto se começava a descansar, eis que tudo se perturba na ameaçadora escuridão da noite, os ventos sopram com violência do Sul, caem imensos aguaceiros, e, revolvido em todos os sentidos, o mar abalava violentamente a embarcação, a qual, já gasta pelo tempo, pouca resistência oferecia: aberta embaixo para as ondas, estava tudo coberto d'água; esgotava-se o porão em cima para as chuvas quatro ou cinco vezes por hora e,

---

27. José de Anchieta, *Cartas, Informações, Fragmentos Históricos e Sermões*, p. 111.
28. *Idem, ibidem*, p. 226.
29. *Idem, ibidem*, p. 186.

para dizer a verdade, nunca se esvaziava; ninguém podia conservar-se a pé firme, mas andando de gatinhas e para dizer corriam uns pelo tombadilho, outros cortavam os mastros, aqueloutros preparavam as cordas e amarras: neste comenos, a lancha, que estava atada à extremidade do navio, foi arrebatada pelo mar, partindo-se o cabo que a prendia; então começamos todos a tremer e a sentir veemente terror: via-se a morte diante dos olhos; toda a esperança de salvação estava posta em uma corda e, quebrada esta, a nave ia inevitavelmente despedaçar-se nos baixios que a cercavam pela popa e pelos lados; corre-se à confissão: já não vinha cada um por sua vez, mas dois a dois e o mais depressa que cada qual podia. Em uma palavra, fora fastidioso contar tudo que se passou; rompeu-se a amarra: "Está tudo acabado!" gritaram todos.[30]

É evidente, nessa passagem, a plasticidade ficcional servida por um estilo nada empalhado. O fato é tanto mais relevante quanto mais sabemos que a tempestade ocorrera a 240 milhas de Salvador, na altura de Abrolhos, na noite de 20 para 21 de novembro de 1553, quase sete anos antes de a carta ser escrita, embora o jesuíta declare que

Convém relatar aqui algumas cousas que vêm a propósito e que, escritas há mais de dois anos, pelo mau êxito da incerta navegação, julgo não terem chegado aí.[31]

Inegavelmente, Anchieta era senhor duma memória literária capaz de reconstituir os mínimos pormenores da tormenta e o grito que todos deram no momento de maior pânico.

O mesmo, todavia, não ocorre com as *Informações* acerca "do Brasil e suas Capitanias" (1584); dos "Primeiros Aldeamentos da Bahia"; das "Coisas Relativas aos Colégios e Residências da Companhia nesta Província Brasílica, no ano de 1584"; da "Província do Brasil para nosso padre", 1585; dos "Casamentos dos Índios do Brasil"; do "Padre Gonçalo de Oliveira". No conjunto, as *Informações* parecem constituir uma tentativa de resumir os principais acontecimentos das décadas iniciais da história do Brasil, uma espécie de ensaio para o trabalho de Frei Vicente do Salvador, em 1627. Seu próprio enunciado patenteia a preocupação de Anchieta no sentido de noticiar fatos e ocorrências não só relativos à atividade missionária da sua Ordem, como também a outros aspectos da

---

30. *Idem, ibidem*, pp. 108-109.
31. *Idem, ibidem*, p. 108.

vida e da cultura na alvorada de nossa colonização. Desse modo, é imediato compreender a valia e o alcance historiográfico das *Informações*.

Diverso, porém, o panorama do ângulo literário: não sendo a historiografia o forte de Anchieta, o seu estilo entumesce-se, tornando-se menos brilhante e mais enunciativo, ainda que continue límpido e fluente. O escritor trai-se quando se obriga a trabalhar com material diverso, ofertado pela memória e pelos relatos orais em mescla com algum pouco de observação direta dos fatos: cronista das coisas vivas e em que participou ao menos como espectador, perde o pé na realidade quando se vê compelido a historiar com base na experiência alheia, arrefece e impessoaliza-se.

Semelhante raciocínio vale para os *Fragmentos Históricos*, talvez com mais ênfase até, porquanto aqui Anchieta ensaia biografar militantes da Companhia de Jesus: Manuel da Nóbrega, Diogo Jácome, Manuel de Paiva, Salvador Rodrigues, Francisco Pires e Gregório Serrão. Nos *Sermões*, a inclinação novelesca manifesta-se por contraste com a precária disposição para o convívio tribunício. Suas peças oratórias são das primeiras, cronologicamente, da literatura brasileira, mas o feitio introvertido de Anchieta não se coadunava com o dirigir--se às massas do alto do púlpito: a sua voz queria-se velada para atingir, entrecortada para agir sobre indígenas e colonos. Não obstante, os *Sermões* ressaltam pelo estilo castigado, culto, clássico, embora menos vivo que o das *Cartas*.

Anchieta constitui a maior figura da época de formação de nossa literatura, a despeito de os seus dotes literários terem estado a serviço da causa catequética, que por si só lhes coartava o desenvolvimento. Comparada com a de Antônio Vieira, pertencente à mesma Ordem, ou a de Gregório de Matos, a sua obra se empana; entretanto, parece insofismável a sua relevância histórico-literária: nela tem início a história das nossas letras, seja no teatro, seja na poesia, seja na oratória ou na historiografia. Depois dele, abre-se um "vazio de dois séculos",[32] em matéria de teatro. Sua poesia de acentos elegíacos inaugurou uma tendência que varou os séculos, enquanto a sua poesia em geral e o teatro de catequese introduziram o tema do indígena, de larga carreira nos séculos posteriores. Se a oratória e os escritos historiográficos não subiram tão alto, ao menos sobressaem como as primeiras manifestações no gênero, além de serem documentos imprescindíveis ao historiador da cultura brasileira no século XVI.

---

32. Sábato Magaldi, *op. cit.*, p. 25.

Anchieta é a primeira voz de nossa literatura a exprimir o diálogo entre a cultura mediterrânea e a ecologia tropical, numa bipolaridade que acabou sendo a marca do que somos como povo e civilização.

FERNÃO CARDIM

De vida quase totalmente desconhecida, sobretudo antes de vir para o Brasil, Fernão Cardim teria nascido em 1548, em Viana de Alvito (arcebispado de Évora). Entrou para a Companhia de Jesus em 1555. Era ministro do Colégio de Évora quando, em 1582, foi designado para acompanhar ao Brasil o visitador Cristóvão de Gouveia e Manuel Teles Barreto, primeiro governador-geral nomeado sob domínio espanhol (1580). Embarcaram a 5 de março do ano seguinte, e chegaram à Bahia em maio de 1584. Juntamente com o visitador, percorreu a Bahia, Ilhéus, Porto Seguro, Pernambuco, Espírito Santo, Rio de Janeiro e S. Paulo. Em 1590, torna-se reitor do Colégio de S. Sebastião, no Rio de Janeiro. Eleito Procurador da Província do Brasil em Roma, seguiu para lá em 1598. De regresso, em Lisboa embarcou na nau *San Vicente*, a 24 de setembro de 1601. Mas pouco haviam navegado quando dois barcos de piratas ingleses lhes interceptaram o caminho. Fernão Cardim foi preso e conduzido para a Inglaterra, onde furtaram os manuscritos que levava consigo, indo acabar em mãos dum colecionador, Samuel Purchas. Em 1604, retornou ao Brasil, como provincial, cargo que exerceu até 1609, ocasião em que reassumiu a direção do Colégio da Bahia, e mais adiante o governo da província durante a invasão holandesa. Faleceu na aldeia do Espírito Santo (depois Abrantes), na Bahia, a 27 de janeiro de 1625.

Apossando-se dos manuscritos de Fernão Cardim, e reconhecendo-lhes o valor, Purchas mandou traduzi-los para o Inglês, e publicou-os na famosa coleção *Purchas His Pilgrimes* (Londres, vol. VI, 1625, pp. 1289-1320), com o título de *A Treatise of Brasil written by a Portugal! which had long lived here*. "Como nas últimas folhas estivessem algumas receitas medicinais assinadas pelo irmão Manuel Tristão, enfermeiro do Colégio da Bahia, deu-o Purchas como autor dos tratados".[1] Em 1847, Francisco Adolfo de Varnhagen publica em Lisboa um manuscrito

---

1. Rodolfo Garcia, "Introdução" aos *Tratados da Terra e Gente do Brasil,* 2ª ed., S. Paulo, Nacional, 1939, p. 23.

encontrado em Évora, com o título de *Narrativa Epistolar de uma viagem e missão jesuítica pela Bahia, Ilhéus, Porto Seguro, Espírito Santo, Rio de Janeiro, S. Vicente (S. Paulo), etc., desde o ano de 1583 ao de 1590, indo por visitador o Padre Cristóvão de Gouveia. Escrita em duas cartas ao P. Provincial em Portugal, pelo Padre Fernão Cardim, Ministro do Colégio da Companhia em Évora, etc., etc.* Imediatamente, os louvores dirigidos à *Narrativa* por vários estudiosos atraíram a atenção dos historiadores para a figura do autor.

Todavia, foi preciso aguardar até 1881 para que o seu nome voltasse à baila: baseando-se numa cópia dum manuscrito de Évora, Capistrano de Abreu faz público um tratado acerca *Do Princípio e Origem dos Índios do Brasil e de seus costumes, adoração e cerimônias.* No prefácio à edição do apógrafo, o historiador argumenta em favor de Fernão Cardim como sendo o autor das obras publicadas por Purchas: para tanto, aduz fatos extraídos da *Narrativa Epistolar* e confronta o estilo em que é vazada com o empregado em *Do Princípio e Origem dos Índios.* Cotejando os resultados com o *Treatise*, Capistrano não teve dúvida em concluir que o jesuíta era o autor do texto editado pelo colecionador inglês, o qual enfeixava num só o tratado acerca dos índios e outro que começou a estampar no ano de 1881, mas que apenas se completou em 1885. Por fim, o próprio historiador levou a cabo a publicação integral duma cópia dum manuscrito de Évora, sob o título de *Do Clima e Terra do Brasil e de algumas cousas notáveis que se acham assi na terra como no mar.* Posteriormente as três "informações" de Fernão Cardim foram reunidas por Afrânio Peixoto, na edição completa que delas mandou executar, sob o título de *Tratados da Terra e Gente do Brasil*, como passaram a ser conhecidas.

Os *Tratados* não se colocam no mesmo nível: pode-se até admitir uma evolução de conteúdo e forma entre o primeiro e o terceiro. Contudo, é indubitável a valia historiográfica do jesuíta. "De fato, entre os que em fins do século XVI trataram das cousas do Brasil, foi Fernão Cardim dos mais sédulos informantes, em depoimentos admiráveis, que muita luz trouxeram à compreensão do fenômeno da primeira colonização do País. Foi dos precursores da nossa História, quando ainda o Brasil, por assim dizer, não tinha história".[2] Curioso observar que a relevância historiográfica de Fernão Cardim promana não só do volume e variedade das informações que oferece acerca de nossa fauna e flora, e das missões jesuíticas, como também de suas qualidades literárias. Sua visão das coi-

---

2. *Idem, ibidem*, pp. 10-11.

sas brasileiras era primeiro que tudo estética, para não dizer hedonista, tantas as vezes que menciona as refeições opíparas, regadas a bom vinho, "vinho de Portugal, sem o qual se não sustenta bem a natureza por a terra ser desleixada e os mantimentos fracos".[3] Espírito aberto, jovial, sensível às coisas novas que ia observando, descontraído e desarmado em face do espetáculo inédito que lhe ofertava um povo inculto numa terra virgem, ressalta em seus escritos "a nota de constante bom humor de que estão impregnados, a vivacidade da narrativa, a graça, o imprevisto das comparações":[4] o seu olhar capta com espontaneidade e colorido aquilo mesmo que motivava noutros informantes um relato impessoal e protocolar. Lendo-o, tem-se a impressão de estar recebendo as primeiras sensações desencadeadas pela terra nova numa psicologia ainda plástica e imune a maiores preconceitos. Decorre de tal circunstância o mais que lhe caracteriza as obras: Fernão Cardim entrevê o Brasil como um éden, "um país de Cocagne".[5] Tudo no Brasil se lhe afigurava ao menos igual a Portugal ou ao resto da Europa, quando não superior, opinião essa que externava reiteradamente:

> Este Brasil é já outro Portugal, e não falando no clima que é muito mais temperado, e sadio, sem calmas grandes, nem frios, e donde os homens vivem muito com poucas doenças, como de cólica, fígado, cabeça, peitos, sarna, nem outras enfermidades de Portugal; nem falando do mar que tem muito pescado, e sadio; nem das cousas da terra que Deus deu cá a esta nação; nem das outras comodidades muitas que os homens têm para viverem, e passarem a vida, ainda que as comodidades das casas não são muitas por serem as mais delas de taipa, e palha, ainda que já se vão fazendo edifícios de pedra e cal, e telha; nem as comodidades para o vestido não são muitas, por a terra não dar outro pano mais que de algodão.[6]

Tal concepção paradisíaca do Brasil envolve ainda o próprio indígena, cuja selvageria estávamos habituados a conhecer nas cartas de Anchieta e Manuel da Nóbrega. Agora ficamos sabendo, entre outras coisas, que "são candidíssimos, e vivem com muito menos pecados que

---

3. *Tratados da Terra e Gente do Brasil*, p. 257.

4. Rodolfo Garcia, *ibidem*, p. 26.

5. Capistrano de Abreu, apenso aos *Tratados da Terra e Gente do Brasil*, p. 379.

Ver, a respeito, Hilário Franco Júnior, *Cocanha. A História de um País Imaginário*, S. Paulo, Companhia das Letras, 1998.

6. *Tratados da Terra e Gente do Brasil*, p. 91.

os portugueses".[7] Mesmo no tocante à morte, o gentio procede, segundo o cronista, dum modo heroico e soberano.[8] A idílica interpretação do indígena acentua-se pelo contraste com a maneira como Fernão Cardim julga os colonos, resumida numa única sentença: "Enfim em Pernambuco se acha mais vaidade que em Lisboa".[9] O jesuíta entregara-se de corpo e alma à terra recém-descoberta, sempre disposto a enxergar-lhe as belezas naturais, como a baía de Guanabara.[10] Mas talvez em consequência dessa rendição aos trópicos, pôs excessivo entusiasmo no que lhe era confiado oralmente ou por escrito,[11] e daí para acolher credulamente fatos inverossímeis e fantasiosos foi um passo. Dois casos flagrantes de credulidade ingênua nos *Tratados* dizem respeito aos "homens marinhos e monstros do mar"[12] e ao *uru*, cuja análise termina com afirmar que "põem tantos ovos, e tão alvos, que de longe se veem os campos alvejar com os ovos como se fosse neve".[13]

Afinal de contas, a inocência com que Fernão Cardim encarou determinados aspectos da fauna e da flora brasílicas deriva de sua visão estética da realidade e do próprio objeto de sua atenção, a terra e a gente que a habitava. Somente alguém com um olhar sem malícia poderia espantar-se, seguindo o conselho dos antigos filósofos, diante do espetáculo que lhe era dado presenciar. Na visão lírica do cronista, surpreende-se a palpitação autêntica pelas nossas coisas, interesse que superlativa tudo, e constitui por isso uma das primeiras manifestações de uma das forças motrizes de nossa literatura: o idealismo centrado antes na paisagem natural do que no homem. Fernão Cardim, deixando-se orientar por suas impressões, vazou nos relatórios um sentimento humanitário e de amor à terra que o tornou ao mesmo tempo inestimável repositório de informações para a história do Brasil quinhentista, e das primeiras vozes

---

7. *Ibidem*, p. 270.

8. *Ibidem*, pp. 160 e ss.

9. *Ibidem*, pp. 295-296.

10. *Ibidem*, p. 308.

11. Capistrano de Abreu, *op. cit.*, pp. 374-375, lembra que, "comparando os escritos nota-se que os primeiros datados de 84 só em parte podiam fundar-se em observações próprias; o autor recorreu a informações escritas ou verbais dos confrades".

12. *Ibidem*, p. 78.

13. *Ibidem*, p. 50.

Ver, a respeito das lendas e mitos que corriam pelo Brasil-Colônia, Francisco Soares, *Coisas Notáveis do Brasil*, Rio de Janeiro, INL, 1966; Afonso d'Escragnolle Taunay, *Monstros e Monstrengos do Brasil*, S. Paulo, Companhia das Letras, 1998; e *Zoologia Fantástica*, S. Paulo, EDUSP-Museu Paulista, 1999.

a erguer-se, involuntariamente é certo, para testemunhar a autonomia cultural, ainda que embrionária, da incipiente sociedade brasileira.

III. Informação da Terra

Em consonância com o próprio espírito e sentido da colonização e expansão do Brasil, o conhecimento e reconhecimento da terra ocupou as atenções de toda a gente no transcurso do século XVI, e mesmo da centúria seguinte. Desde a *Carta* de Pero Vaz de Caminha, com o seu declarado intuito de oferecer exata "informação da terra", até Antonil, nos fins de Seiscentos, é patente o interesse oficial e particular por tudo quanto contribuísse para melhor explorar e civilizar o solo inóspito.

Este capítulo inaugural de nossa literatura de país-colônia recebe o rótulo que Pero Vaz de Caminha, seu iniciador entre nós, parece sugerir em sua missiva. Malgrado com características específicas, entronca-se na literatura expansionista, iniciada por Azurara e suas *Crônicas*, acerca da conquista da Guiné e da tomada de Ceuta, e que ao longo dos séculos XV e XVI tanta relevância assumira no panorama cultural português. E, como vimos, a "informação da terra" respira idêntico ar de elogio ou de expressão do alargamento da Fé e do Império, o que significa acompanhar-lhe as grandezas sonhadas e as limitações ópticas de que padeceram os seus cultores: descobrem um eldorado nesta parte do mundo, o "paraíso perdido", mas ou se perturbam com a impressão mágica ofertada pela paisagem, ou veem-na e a seus habitantes como um empecilho para os seus desígnios expansionistas. Entre o fervor que imagina tesouros e lugares edênicos e a visão terra-a-terra, que busca melhor conhecer para ativar a exploração, — oscila o presente capítulo de "informação da terra". Ver-se-á que as possíveis exceções ainda correm por conta do ludíbrio armado por uma natureza primitiva e luxuriante sobre imaginações reduzidas aos horizontes urbanos dos burgos europeus formados durante a Idade Média.

Em qualquer hipótese, mesmo quando culto e civilizado o modo de ver, desponta sorrateira a marca dum sentimento de impacto pela terra nova, que é signo duma originalidade que o tempo apenas acentuará. Realmente, o Brasil imprime nos relatos dos informantes uma presença que condiciona alterações involuntárias na maneira de encarar as novidades da flora e da fauna que lhes era dado contemplar. Tal presença avultará aos poucos, mercê da própria força da terra e do povo que, nela vivendo e depois nascendo, vivendo, morrendo, aos poucos ganha contornos sociais específicos e diversos dos europeus. E o que se notará no fluxo deste capítulo e dos seguintes, num *crescendo* visível à medida que nos aproximamos do século XVIII.

Conquanto as notícias da terra nova fossem ciosamente mantidas em segredo na Metrópole, cedo outras nações europeias se voltaram para esta parte do globo, movidas por iguais desejos de exploração e domínio. Impedidos nos seus intentos, não raro preferiram optar pelo recurso à pirataria, que os compensava dos perigos por que passavam os descobridores da terra. Entretanto, os franceses chegaram a estabelecer, em 1555, uma cabeça de ponte em terra firme, apossando-se duma ilha na baía de Guanabara, então chamada Seregipe, mas que recebeu o nome do chefe dos invasores gauleses, Villegagnon. Nutriam veleidades de fundar a França Antártica, para asilar os calvinistas que em solo pátrio buscavam debalde condições para o exercício de suas ideias reformistas. Na verdade, estavam mais interessados em auferir grandes lucros no comércio com os índios do que em fugir às perseguições religiosas na Europa. Villegagnon voltou à Pátria em 1559, mas os seus compatriotas resistiram, inclusive graças à aliança com os tamoios, até 1567, quando foram dizimados por Mem de Sá.

Dois cronistas conheceu o malogrado sonho da França Antártica: o frade André Thévet, autor de *Les Singularitez de la France Antarctique, autremment nommée Amérique, et de plusieurs terres et isles...* (1558), e o calvinista Jean de Léry, autor duma *Histoire d'un voyage faict en la terre du Brésil, autremment dite Amérique...* (1578), conhecida entre nós pelo título de *Viagem à Terra do Brasil*. Ambos acompanharam Villegagnon durante a sua estada no Rio de Janeiro, e em razão de divergências religiosas e do talento literário de cada um, legaram testemunhos contrapostos. Thévet, espírito crédulo e enfartado de literatura greco-latina, viu preconceituosamente a realidade brasileira, numa atitude polêmica e incompreensiva para com o indígena e os fatos ocorridos à sua volta.

Guiando-se tão somente pelos dados etnográficos e linguísticos que recolheu, Thévet acabou por se comprometer como informante das terras do Brasil, a ponto de Léry, no prefácio à sua *Viagem*, não titubear em asseverar que vai "demonstrar que [Thévet] foi um refinado mentiroso e um imprudente caluniador", num tom agressivo que não esmorece até as linhas finais do epílogo. O calvinista opõe-se diametralmente ao franciscano: idoneidade intelectual, espírito crítico, simpatia pelo aborígine (que o leva mesmo a desapreciar certos aspectos da vida europeia, sobretudo no tocante ao comércio matrimonial), argúcia na observação, sensatez, liberdade no exame dos fatos, larga diversificação de pontos observados, e, acima de tudo, um estilo límpido e corrente, vivo e saltitante, que se acompanha com agrado. Por fim, Léry encerra interesse historiográfico e etnográfico, mas ultrapassa o âmbito estrito da literatura brasileira.

Em igual plano se colocam os demais viajantes estrangeiros que percorreram a terra e a gente brasílicas na quadra quinhentista. Embora copioso o número de informantes alienígenas, se levarmos em conta a restrição apontada e o valor intrínseco das notícias transmitidas, somente alguns poucos merecem referência especial. Dentre eles, Hans Staden, aventureiro germânico que empreendeu duas viagens ao Brasil e foi aprisionado pelos indígenas. Em 1557, publicou um relato de suas andanças e experiências "entre os antropófagos do Novo Mundo", num livro que passou a ser conhecido por *Viagem ao Brasil. A* naturalidade da sua linguagem e o tom despretensioso tornam-no mais uma narrativa de aventuras que um documento de caráter científico. Além dele, outros vários podem ser mencionados, conquanto de menor categoria:[1] Ulrich Schmidel, Peter Carder, Robert Withrington, Christopher Lister, Thomas Candish, Antonie Knivet, James Lancaster e outros.

Não obstante parcos de relevo literário, interessam-nos mais de perto os relatos de viagem e observação da terra e da gente escritos por colonos ou viajantes portugueses: Duarte Fernandes, Domingos d'Abreu Brito, Mem de Sá, Cristóvão de Barros, Baltazar Ferraz, Feliciano Coelho de Carvalho, Lopes Vaz, Pero de Magalhães de Gândavo, Gabriel Soares de Sousa e Pero Lopes de Sousa. Excetuando o primeiro e os três últimos, a obra dos restantes permanece inédita em sua maioria, ou publicada em Inglês.[2] E os mais significativos desses escritores ocasionais são os indicados em último lugar.

---

1. Almir de Andrade, *Formação da Sociologia Brasileira*, vol. I, Rio de Janeiro, José Olympio, 1941, pp. 188-213.

2. *Idem, ibidem*, pp. 124-138.

PERO DE MAGALHÃES DE GÂNDAVO

Natural de Braga (Portugal), filho de pai flamengo, "moço da câmara d'El-Rei", Provedor da Fazenda Real, no Brasil, — eis o que se conhece a seu respeito. Escreveu a *História da Província Santa Cruz, a que vulgarmente chamamos Brasil* (1576), as *Regras que ensinam a maneira de escrever a ortografia da Língua Portuguesa* (1590) e o *Tratado da Província do Brasil* (publicado apenas em 1826, mas talvez redigido em 1569, ou mesmo 1568, antes, pois, da *História da Província Santa Cruz*).

Num confronto capítulo a capítulo, tópico a tópico, a *História* parece constituir o desenvolvimento do *Tratado*: as mesmas questões e aspectos da colônia interessam a Gândavo, que os analisa de idêntico ponto de vista, só variando nas linhas dedicadas à Companhia de Jesus, nos pormenores acrescidos à *História* e no fato de a descrição das capitanias ter merecido mais espaço no *Tratado* que na outra obra. O *Tratado* constitui uma espécie de rascunho da *História*: o conteúdo de ambos, e a circunstância de o primeiro manter-se inédito por dois séculos e meio, autorizam a levantar semelhante hipótese. Como se não bastasse, um terceiro argumento pode ser lembrado em corroboração à possibilidade aventada: o intuito de Gândavo era comum às duas obras. Desse modo, o material que empregava para evidenciá-lo só podia ser o mesmo, — suas observações da realidade brasileira, — embora dirigisse a pessoa distinta cada um dos relatos:[1] o *Tratado*, ao Cardeal D. Henrique, a *História*, a D. Leonis Pereira, "governador que foi de Malaca e das mais partes do Sul da Índia".

Sua intenção, Gândavo confessa-a no oferecimento ao Cardeal D. Henrique, e no "Prólogo ao Leitor" da *História*, e enfatiza-o reiteradamente no corpo das duas obras: nas palavras com que ofertava o *Tratado* a D. Henrique, afirma Gândavo que o escreve "pera que nestes Reinos se divulgue sua fertilidade [do Brasil] e provoque a muitas pessoas pobres que se vão viver a esta província, que nisto consiste

---

1. O que o simples cotejo dos textos revela, parece confirmado pelas pesquisas de Emanuel Pereira Filho: no prefácio à sua edição do *Tratado da Província do Brasil* (Rio de Janeiro, INL, 1965), informa que, "embora não seja propriamente uma obra diferente da anterior [*Tratado da Terra do Brasil*], é todavia, como texto, rigorosamente inédito; e (...) praticamente desconhecido", e que a *História da Província Santa Cruz*, dada a público em 1576, "representa o momento final e decisivo de uma elaboração criativa, que, tendo passado por duas fases nitidamente definidas e bem caracterizadas, tinha-se desenvolvido através de quatro redações sucessivas e diferentes", as duas primeiras sob o título de *Tratado da Província do Brasil* e *Tratado da Terra do Brasil*, e as outras, sob o de *História da Província Santa Cruz*.

a felicidade e aumento dela". Igual ideia comparece nas páginas prologais da *História*: "parece cousa decente e necessária terem também os nossos naturais a mesma notícia, especialmente pera que todos aqueles que nestes Reinos vivem em pobreza não duvidem escolhê-la para seu amparo: porque a mesma terra é tal, e tão favorável aos que a vão buscar, que a todos agasalha e convida com remédio por pobres e desamparados que sejam". O diapasão persistirá até o fim dos relatos: a terra "mui salutífera e de bons ares", onde "nenhum pobre anda pelas portas a pedir como neste Reino...", presta-se para abrigar à maravilha os que para ela desejarem emigrar. Em suma: "um hino de louvor ao Brasil",[2] a fim de atrair para ele as correntes imigratórias. O objetivo é, como se vê, pragmático: propaganda da imigração.

Para levar a cabo seu intento, Gândavo procede inicialmente a uma súmula descritiva da situação geográfica e da história das capitanias, seguida dum minucioso relatório acerca da flora, fauna e, sobretudo, riquezas minerais brasílicas. O caráter geral é de informação da terra, caráter esse que o título das obras pode obscurecer à primeira vista. Na verdade, "conquanto chame história ao trabalho publicado em vida, o nome assenta-lhe mal; (...) sua história é antes natural que civil; o mesmo se pode afirmar do *Tratado*", o que se explica "tanto pela insignificância do que era então o Brasil, como pelo fim visado pelo autor".[3]

As obras de Gândavo caracterizam-se por conter valiosas informações do Brasil quinhentista, elaboradas com um declarado desejo de não fugir à verdade, ainda que impregnadas dum contagiante entusiasmo ufanista, vazadas num estilo simples e direto: "pera cujo ornamento não busquei epítetos esquisitos, nem outra fermosura de vocábulos", assevera no "Prólogo ao Leitor" da *História*. Aliás, o próprio Camões, que para esta obra escreveu tercetos e um soneto a modo de cooperar com Gândavo em suas pretensões junto a D. Leonis Pereira, declara que

> Tem claro estilo, engenho curioso
> Pera poder de vós ser recebido.

---

2. Luís de Matos, "Pero de Magalhães de Gândavo e o *Tratado da Província do Brasil*", *Boletim Internacional de Bibliografia Luso-Brasileira*, Lisboa, Fundação Calouste Gulbenkian, vol. III, nº 4, out.-dez. 1962, p. 630.

3. Capistrano de Abreu, introdução ao *Tratado* e à *História,* Rio de Janeiro, Anuário do Brasil, 1924, p. 18; *Ensaios e Estudos*, 2ª série, Rio de Janeiro, Briguiet, 1932, p. 300.

Seu amor à correção manifesta-se em tudo quanto lhe chama a atenção, inclusive pela maneira ponderada como divisa o nosso indígena, considerando-o sempre um indivíduo com qualidades e defeitos. Em resumo: não idealiza o selvagem, inversamente à tendência coeva para vislumbrar nele o homem do Paraíso. Contudo, ao descrevê-lo, Gândavo emprega o melhor de seus recursos estilísticos em matéria de colorido e senso de observação. As frutas da terra merecem-lhe também descrições entre ingênuas e plásticas, próprias de quem aderia efusivamente ao objeto descrito. Resultado provável do seu ufanismo imigratório, ou de não poder manter-se totalmente isento perante a natureza tropical, Gândavo acaba contando a história "do monstro marinho que se matou na Capitania de São Vicente, ano 1564", conquanto não tivesse presenciado o fato. O narrador procura em vão disfarçar a emoção que experimenta ao relatar o episódio, mas ela o engolfa e chega a comunicar-se ao leitor. Assim, talvez a contragosto, Gândavo escreve uma página de autêntica ficção, que revela dotes apenas parcialmente desenvolvidos ao longo das obras. Com estas, Gândavo tornou-se não só o primeiro autor de obra publicada em Português acerca do Brasil, como o primeiro escritor ufanista de nossas letras: nele tem início uma linhagem que se manterá firme no curso dos séculos, a ponto de constituir uma das características fundamentais de nossa cultura literária. Ao mesmo tempo, mas com menos relevância, pode ser tido como o precursor da atividade historiográfica entre nós, cujos começos efetivos datam da centúria seguinte.

GABRIEL SOARES DE SOUSA

Nasceu em Portugal, em 1540 ou em data pouco posterior. Por volta de 1570, vem para o Brasil e instala-se na Bahia, onde enriquece. A primeiro de março de 1587, está em Madri, oferecendo a Cristóvão de Moura, personagem influente junto à Corte espanhola, um tratado acerca do Brasil. Com ele, pretendia alcançar direitos à exploração de minas situadas nas cabeceiras do Rio S. Francisco, conforme o roteiro que lhe deixara João Coelho de Sousa, seu irmão, falecido quando as investigava. Obtidas as concessões, parte de Lisboa a 7 de abril de 1591, conduzindo cerca de 360 homens e 4 padres carmelitas. Mal chegado, embrenha-se na mata, a cumprir funções de "capitão-mor e governador da conquista e descobrimento do Rio S. Francisco", como reza a carta régia autorizando-o a trabalhar as lavras achadas por seu irmão. Todavia, falece assim que chega ao ponto onde João Coelho tombara.

O memorial descritivo que Gabriel Soares de Sousa apresentou à chancelaria madrilenha constava de duas partes: a primeira, denominada *Roteiro Geral*, abrangia 77 capítulos; a segunda, sem título próprio, 196. Apesar do seu considerável valor como informação do Brasil na segunda metade do século XVI, a obra manteve-se inédita até princípios da centúria passada. Em 1825, a Academia de Ciências de Lisboa publicou-a, mas com numerosas falhas textuais. Em 1879, Varnhagen deu a público outra edição, agora merecedora de fé: o historiador, além de expurgar as gralhas mediante o cotejo de mais de vinte cópias esparsas pelo Brasil, Portugal, Espanha e França, descobriu o verdadeiro autor da obra e atribuiu-lhe o título pelo qual passou a ser conhecida, *Tratado Descritivo do Brasil em 1587*. Mais ainda: apensou-lhe estudos e comentários considerados desde então indispensáveis a quem pretenda enfronhar-se no seu estudo.

Malgrado permanecer inédito mais de duzentos anos, o *Tratado* se tornou conhecido em curto espaço de tempo, uma vez que já em 1599 Pedro de Mariz o menciona e o transcreve parcialmente na segunda edição de seus *Diálogos*. Daí por diante, até à sua publicação, foi lido e aproveitado por uma série de historiadores e cronistas, como Frei Vicente do Salvador, Frei Antônio de Santa Maria Jaboatão, Simão de Vasconcelos, Martius, Aires do Casal e outros.

"A primeira parte do *Tratado*, contendo um Roteiro geral com largas informações de toda a costa do Brasil", alterna a descrição da geografia das capitanias com o seu histórico e a narrativa dos principais eventos, e com breves capítulos a respeito dos indígenas. Em geral, o aspecto descritivo e informativo predomina, já que o cronista pretende oferecer notícia completa do litoral brasileiro, desde o Amazonas ao Rio da Prata.

A segunda parte, visto conter um "memorial e declaração das grandezas da Bahia de Todos os Santos, de sua fertilidade e das notáveis partes que tem", e tratar, portanto, de matéria diversa, Varnhagen subdividiu-a em várias epígrafes conforme o assunto dos capítulos.[1] Assim,

---

1. Gabriel Soares de Sousa, *Tratado Descritivo do Brasil em 1587*, edição castigada pelo estudo e exame de muitos códices manuscritos existentes no Brasil, em Portugal, Espanha

temos: história da colonização da Bahia; descrição topográfica da Bahia; da enseada da Bahia, suas ilhas, recôncavos, ribeiros e engenhos; da agricultura da Bahia; das árvores e plantas indígenas que dão fruto que se come; das árvores e ervas medicinais; das árvores reais e paus de lei; das árvores meãs com diferentes propriedades, dos cipós e folhas úteis; das aves; da entomologia brasílica; dos mamíferos terrestres e anfíbios; da herpetografia e dos batráquios e vários outros; de vários himenópteros etc.; dos mamíferos marinhos e dos peixes do mar, camarões, etc.; dos crustáceos, moluscos, zoófilos, equinodermes, etc. e dos peixes d'água doce; notícia etnográfica do gentio tupinambá que povoava a Bahia; informações etnográficas acerca de outras nações vizinhas da Bahia, como tupinaé, aimorés, amoipira, ubirajara, etc.; recursos da Bahia para defender-se; metais e pedras preciosas.

Como se vê, 1) Gabriel Soares de Sousa apenas se refere à Bahia, e só de raro em raro aventura alguma observação acerca de outras regiões do País, 2) é impressionante a variedade e a massa de informações colhidas e oferecidas. O fato é tanto mais digno de nota quanto mais sabemos que o cronista trabalhava sozinho, embora estimulado pela obra de Pero de Magalhães de Gândavo.[2] A tal ponto que Varnhagen não teve meias medidas quando precisou julgar o *Tratado*, e conferiu-lhe a importância que ostenta: "como produção literária, a obra de Soares é seguramente o escrito mais produto do próprio exame, observação e pensar, e até diremos mais enciclopédico da literatura portuguesa nesse período".[3] Chega mesmo a exagerar-lhe o valor e a perder a noção de perspectiva e proporção das coisas, ao afirmar sublinhadamente que a obra é *"talvez a mais admirável de quantas em Português produziu o século quinhentista"*, de forma que "se esta obra se houvesse impresso pouco depois de escrita, estaria hoje tão popular o nome de Soares como o de Barros".[4]

É compreensível semelhante entusiasmo partindo dum historiador: na verdade, o *Tratado* possui inestimável relevância como repositório de ensinamentos historiográficos, etnográficos, sociográficos, etc., muito mais do que as outras obras que se escreveram no século. Como se não

---

e França, e acrescentada de alguns comentários por Francisco Adolfo de Varnhagen, 3ª ed., S. Paulo, Nacional, 1938.

2. Varnhagen, nas notas prefaciatórias à ed. cit., p. XXXIV, opta pelo estímulo de uma obra sobre outra.

3. *Idem, ibidem,* p. XXXIII.

4. *Idem, ibidem,* pp. IX, XV-XVI.

bastasse o saber enciclopédico posto na observação da realidade colonial, Soares acrescenta-lhe as seguintes qualidades: é discreto, honesto e verdadeiro em suas afirmações; evidencia sempre a preocupação de ser preciso e justo; para atingir o seu objetivo, assume tom impessoal, informativo, quase se diria científico, que só abandona em certos momentos, sobretudo quando se trata de chamar a atenção do destinatário para a necessidade estratégica de colonizar ou defender o território brasílico da sanha dos corsários estrangeiros.[5] Compreende-se, assim, a importância do *Tratado* como noticiário rico e fidedigno do Brasil quinhentista, transmitido por quem o conheceu de perto durante dezessete anos e o amou a ponto de fazer questão de ser enterrado na Bahia, a cujo mosteiro de S. Bento legou todos os seus bens.

Tal sentimento de amor à terra onde enriqueceu por sua "indústria e trabalho" transparece ao longo de todo o manual descritivo, mas sem jamais lhe comprometer a disposição de relatar a verdade observada, somente a verdade. O próprio intuito que o moveu na exaustiva empresa de compilar dados tão díspares duma natureza inóspita e selvagem, e depois no ingente esforço de reduzi-los a palavras, — o próprio intuito testemunha-o limpidamente. Por certo que o espicaçava o sonho mirífico de encontrar as minas de metais preciosos e pedras preciosas descobertas por seu irmão, mas era um espírito cristão (como se observa pelo testamento transcrito por Varnhagen) para se ater apenas à volúpia da riqueza e do poder. Agitava-o um sentimento de apego à terra, que o torna desde logo um "brasileiro" e lhe comanda a mente durante a demorada espera de seis anos junto à Corte em Madri, e ainda nas palavras liminares à obra. O cronista fala como alguém acionado por um entranhado apreço ao solo tropical e, talvez em consequência disso, por um sentido premonitório que não deixa de impressionar. Quase se diria que se trata da primeira vez que um europeu "viu" o Brasil em toda a extensão da sua exuberância vegetal, mineral e animal. Visionário, sem

---

5. "E pareceu-me decente arrumar neste capítulo..." (ed. cit., p. 301). "O que se tem por verdade, por se ter tomado disto muitas informações dos índios e das línguas que andam por entre eles no sertão, os quais afirmam assim" (*ibidem*, p. 305). "Como não há ouro sem fezes, nem tudo é à vontade dos homens, ordenou Deus que entre tantas cousas proveitosas para o serviço dele, como fez na Bahia, houvesse algumas imundícias que os enfadasse muito, para que não cuidassem que estavam em outro paraíso terreal" (*ibidem*, pp. 314-315). Gabriel Soares de Sousa refere as aranhas, os lacraus, a saúva, formigas, carrapatos, pulgas, piolhos, bicho-do-pé, etc., "mas fundado tudo na verdade" (*ibidem*, p. 125).

dúvida, sobretudo tendo em conta as condições gerais do Quinhentismo brasileiro, porém um visionário de olhos escancarados, que se dirige ao monarca espanhol nos seguintes termos:

> minha pretensão é manifestar a grandeza, fertilidade e outras grandes partes que tem a Bahia de Todos os Santos e o demais Estado do Brasil, do que se os Reis passados tanto se descuidaram. (...) Em reparo e acrescentamento estará bem empregado todo o cuidado que Sua Majestade mandar ter deste novo reino; pois está capaz para se edificar nele um grande império, o qual com pouca despesa destes reinos se fará tão soberano que seja um dos Estados do mundo, porque terá de costa mais de mil léguas, como se verá por este Tratado no tocante à cosmografia dele, cuja terra é quase toda muito fértil, mui sadia, fresca e lavada de bons ares, e regada de frescas e frias águas. Pela qual costa tem muitos, mui seguros e grandes portos, para neles entrarem grandes armadas com muita facilidade; para as quais tem mais quantidade de madeira que nenhuma parte do mundo, e outros muitos aparelhos para se poderem fazer.[6]

Observe-se que Soares de Sousa declara: "para se edificar nele um grande império". Mais adiante, no capítulo XV da segunda parte, retoma o mesmo tema, recordando que "El-Rei D. João III de Portugal, que está em glória, estava tão afeiçoado ao Estado do Brasil, especialmente à Bahia de Todos os Santos, que se vivera mais alguns anos, edificara nele um dos mais notáveis reinos do mundo".[7] Tão denso fervor pela terra de eleição arrasta-o a afirmações menos impessoais, notadamente quando compara aspectos da natureza brasileira com a europeia, acentuando sempre a vantagem da primeira. Nesses momentos, a voz da imaginação fala mais alto que a da razão, e por isso acaba exibindo mais interesse estético que o resto da obra.

Assim, ao fazer o encômio da Ilha de Maré,[8] a apologia do ananás,[9] das abóboras "façanhosas de grandes",[10] aponta-nos a gestação dum sentimento nativista que impregnará a poesia barroca dum Manuel Botelho de Oliveira e dum Frei Manuel de Santa Itaparica. Aliás, trata-se da gênese, ainda vaga, do que viria a ser a modalidade tropical da inclinação barroca para o delírio plástico: adaptando-se à realidade subequatorial,

---

6. *Idem, ibidem*, pp. 1-2.
7. *Idem, ibidem*, p. 144.
8. *Idem, ibidem*, p. 148.
9. *Idem, ibidem*, p. 223.
10. *Idem, ibidem*, p. 184.

o Barroco transferiria para os motivos locais a tendência para a metaforização e o descritivismo cromático que lhe era inerente. Desse ângulo, parece imediato concluir que o destino duma literatura produzida no hemisfério sul tinha de ser, forçosamente, o Barroco, ainda que este inexistisse no resto do mundo. Assim se explica que se tornasse constante na literatura brasileira uma linha de força identificada substancialmente com a estética barroca: a própria natureza condicionaria o entumescimento da palavra que a descrevesse, à custa de provocar o pasmo no contemplador mais distraído; e sobre tal condicionamento recaiu o influxo do Quinhentismo, onde pululavam germes barrocos, e da cultura seiscentista, já então apresentando características barrocas. Tanto que o capítulo CL da segunda parte, "em que se declara o modo e linguagem dos Tupinambás", se nos afigura uma pausa narrativa com evidente sabor pré-barroco, expresso no gosto da agudeza: Soares de Sousa joga com o fato de os indígenas não terem três letras no alfabeto, F, L e R, para dizer que são carentes de Fé, de Lei e dum Rei.

Por outro lado, menciona a lenda de Caramuru,[11] o que desde logo testemunha ser-lhe impossível manter-se imperturbável o tempo todo em face da natureza brasileira. E acaba assimilando superstições comuns naquela quadra, como a relativa às Amazonas,[12] ou para ingenuamente acreditar que na Bahia existiam "algumas minas descobertas sobre a terra de mais fino aço que o de Milão",[13] ou para afirmar "que se encontram na Bahia e nos recôncavos dela, muitos homens marinhos".[14] Quando não, avoluma as dimensões duma baleia "e de outro peixe não conhecido que deu à costa".[15]

Inegavelmente, tais deslizes, conquanto ofensivos à precisão científica, encerram mais relevância do ponto de vista literário, inclusive porque o estilo em que são vazados ganha certa versatilidade, sem dúvida por consequência do ingrediente fantasioso que neles o cronista instilou. No contexto do *Tratado*, constitui um pormenor digno de nota, sobretudo porque a linguagem de Soares de Sousa prima por ser desataviada, como ele próprio admite: "queremos satisfazer com singelo estilo pois o não temos grave, mas fundado tudo na verdade".[16] Se

---

11. *Idem, ibidem*, p. 127.
12. *Idem, ibidem*, p. 413.
13. *Idem, ibidem*, p. 428.
14. *Idem, ibidem*, p. 330.
15. *Idem, ibidem*, pp. 328, 329.
16. *Idem, ibidem*, p. 125.

insuficientes tais aspectos para conferir ao *Tratado* o relevo, posto relativo, que possui, bastava considerar que nele se respira qualquer coisa dum sopro épico: o memorial de Gabriel Soares de Sousa seria uma espécie de *Metamorfoses* dum povo no instante do seu despertar histórico vindo das sombras do Caos para a realidade no tempo e no espaço. Gesta do novo mundo português, criada com amor e zelo, amor nascido da integração do cronista na terra selvática, zelo gerado pelo temor de que o conteúdo da obra caísse em mãos de senhores estrangeiros,[17] — eis em síntese o núcleo do *Tratado Descritivo do Brasil*.

PERO LOPES DE SOUSA

Nascido em princípios do século XVI, em Portugal, acompanhou em 1530 o seu irmão, Martim Afonso de Sousa, na expedição ao Brasil. No ano seguinte, foi incumbido de chefiar uma frota a fim de proceder à exploração do Rio da Prata. Em 1532, regressou à terra natal, e faleceu num naufrágio, em 1539, ao largo de Madagáscar.

De sua experiência na costa brasileira e no Rio Paraná e Uruguai, que conheceu por ocasião de explorar a baía do Prata, deixou minucioso relato — *Diário da Navegação da armada que foi à terra do Brasil em 1530, sob a capitania mor de Martim Afonso de Sousa, escrito por seu irmão...*, — publicado por Varnhagen em 1839. Diário de bordo, nele Pero Lopes de Sousa registrou pormenorizadamente o que lhe foi dado observar durante a viagem na companhia do seu irmão e depois por conta própria até o Rio da Prata. Ao mesmo tempo que fixa dia a dia as circunstâncias referentes à arte de marear (ventos, longitude, latitude, etc.), vai narrando episódios vividos no contacto com os índios, na batalha contra os franceses no litoral pernambucano e baiano, na fundação de S. Vicente e na sua expedição em terra. Não se esquece de anotar aspectos do solo e da sua gente, da fauna e da flora, e de proceder com interesse, embora sempre num ritmo que somente lhe permite deter-se muito pouco em

---

17. "Confiamos que [Deus] deixará estar estes inimigos da nossa santa fé católica com a cegueira que até agora tiveram de não chegar à sua notícia o conteúdo neste tratado, para que lhe não façam tantas ofensas estes infiéis, como lhe ficarão fazendo se se senhorearem desta terra, que Deus deixe crescer em seu santo serviço" — são as palavras finais do *Tratado*.

cada objeto. A despeito de ser dos mais recuados documentos da nossa historiografia sociogeográfica, nesse plano ostenta menos valor que o de Pero de Magalhães de Gândavo e de Gabriel Soares de Sousa. Literariamente, reduz-se ainda mais o significado do *Diário*: seu estilo apenas em raros momentos ultrapassa o sentido de mera notação de bordo e ganha quilate menos impessoal e mais colorido, o que se traduz em nítida limitação estética.

BARROCO
(1601-1768)

Índios da Missão de São José.
Jean Baptiste Debret,
Viagem Pitoresca e Histórica ao Brasil.

I. Preliminares

1 Não obstante a existência das obras e dos escritores assinalados no capítulo anterior, a literatura brasileira entra rigorosamente a florescer como atividade mais ou menos orgânica no século XVII. Correspondendo ao predomínio da estética barroca entre nós, constitui uma época literária encetada com a publicação da *Prosopopeia* (1601), de Bento Teixeira, e terminada com as *Obras* (1768), de Cláudio Manuel da Costa. Abrange, como se depreende, um século e meio de produção literária: bastava a minúcia cronológica para nos induzir a suspeitar da complexidade que encerra a perquirição de nosso Barroco. Por isso, toda tentativa de sintetizá-lo esbarra com uma série de percalços, alguns deles apontados nas considerações subsequentes, e no geral interpostos ao olhar do estudioso, em razão de ainda estar por se fazer o levantamento e o exame dos principais documentos literários e não literários elaborados durante a centúria e meia do apogeu barroco. Se nem possuímos uma edição correta das obras de Gregório de Matos... Esta situação começa a mudar, como se verá na altura própria. Quando não reside aí a enorme e clamorosa lacuna, temos de considerar o ineditismo ou o desaparecimento de numerosos textos, cuja matéria certamente modificaria a visão truncada e parcial que nos oferecem os séculos coloniais.

2 Quais são as características gerais da época do Barroco brasileiro? Primeiro que tudo, a forma de cultura que lhe confere denominação, a estética barroca, cuja complexidade se evidencia desde o problema posto pela origem do vocábulo "barroco": designaria uma pérola de forma irregular ou um silogismo escolástico, medieval, o silogismo da segunda figura (silogismo hipotético, em que a premissa menor é sempre particular e negativa e a conclusão, sempre negativa), de sentido confuso ou falso, representado pelas letras b A r O c O, em que o A designa juízos universais afirmativos e o O, particulares negativos: *bAr*: Todo homem é vertebrado. *Oc*: Ora, algum ser vivo não é vertebrado. *O*: Logo, algum ser vivo não é homem.

A complexidade avulta à medida que vamos detendo os olhos noutros aspectos da questão, como o das fontes de que proviria o Barroco. Os especialistas no assunto divergem, ora optando por uma, ora por outra das matrizes plausíveis.[1] Como sempre ocorre no trânsito entre estéticas literárias contíguas, a arte barroca nasceria do movimento cultural imediatamente anterior, a Renascença. E se se caracteriza, pelo menos no país em que primeiro eclodiu o Barroco (Espanha), por nítida bipolaridade, é fácil compreender o quanto lhe deve a nova corrente literária: o bifrontismo renascentista, — configurado pela coexistência de valores medievo-cristãos e novidades pagãs e terrenas trazidas pela ressurgência do espírito greco-latino, por desenvolvimento interno e progressiva consciencialização, — gera a estética barroca. Tipicamente seiscentista e meridional, orienta-se pelo empenho, frustre, de neutralizar e unificar a dualidade renascentista. Aliança identificadora entre o teocentrismo medieval e o antropocentrismo quinhentista, eis a geratriz fundamental do ideário barroco. Fusão do velho com o novo, dos padrões de cultura vigentes na Idade Média com os revivificados durante o apogeu da Idade Moderna, estes últimos não sem o impacto de imprevistas realidades e experiências, como as navegações, as

---

1. Para o exame deste e dos demais tópicos concernentes à questão do Barroco, podem prestar bons serviços as seguintes referências: Afrânio Coutinho, *Aspectos da Literatura Barroca*, Rio de Janeiro, Ed. do Autor, 1950; Xavier Placer, bibliografia acerca do Barroco, *in A Literatura no Brasil* (dir. de Afrânio Coutinho), 3 vols., Rio de Janeiro, Sul-Americana/S. José, 1955-1959, vol. I, t. II, pp. 984-993.

descobertas marítimas, as invenções, etc. Neste sumário de uma das teorias da gênese do Barroco já se revelam algumas de suas características básicas.

Entretanto, a essas ideias de Heinrich Wölfflin, expressas em *Renascença e Barroco* ("Renaissance und Barock", 1888) e *Conceitos Fundamentais da História da Arte* ("Kunstgeschichtliche Grundbegriffe", 1921), outro estudioso alemão do problema, Werner Weisbach (*O Barroco como Arte da Contrarreforma*, "Der Barock als Gegenreformation", 1921; *A Arte Barroca Espanhola*, "Spanish Baroque Art", 1941), acrescenta uma perspectiva mais restrita e definida: o Barroco estaria intimamente relacionado com o movimento da Contrarreforma. Esta, em verdade, não originou o Barroco, mas tê-lo-ia encampado, dando-lhe rumos precisos e matizes não estéticos. A campanha antirreformista encontrou na arte barroca um instrumental riquíssimo, que se amoldava perfeitamente à estratégica ideológica praticada pelo Vaticano contra a dissidência luterana. A feição mística e pragmática assumida pelo movimento barroco decorre desse ajuste entre a forma barroca e a matéria da Contrarreforma. Assim se compreende que a Companhia de Jesus, exército avançado da reação católica contra o protestantismo, organizado segundo as mesmas diretrizes do Concílio de Trento (1545-1563), tenha utilizado as armas de persuasão e envolvimento sugeridas pelo Barroco enquanto arte, para a missão evangelizadora e catequizadora que se impôs realizar. Todavia, para que se harmonizassem devidamente o equipamento metafórico barroco e a substância doutrinária contrarreformista, era forçoso que entre ambos houvesse afinidade profunda e radical: cada qual, a seu modo, prolongava, pela lei da inércia e da obstrução do progresso das consciências vigilantes, os padrões de cultura herdados da Idade Média em sua vertente supersticiosa e cavaleiresca.

Pois é justamente de um tal consórcio entre entidades por natureza associáveis que advém a configuração multitudinária e polifacetada do Barroco. Por isso, constitui empresa ingente examiná-la em todas as máscaras; além do que, escaparia por completo à perspectiva em que se coloca a presente história da literatura brasileira. Outra razão, e não menos importante: somente em determinada circunstância podemos falar em movimento barroco entre nós, entendendo-se pela palavra "movimento" o mínimo de espírito corporativo entre escritores próximos no tempo e no espaço (e isto acontece, como veremos, da segunda metade do século XVII em diante). Entretanto, tomando a época em conjunto e levando em conta as condições em que nossos escritores barrocos produziam o seu artefato, verifica-se antes a existência de autores isolados, e numericamente reduzidos, que uma continuidade de intenções e propósitos, assinaladora duma lúcida visão de caminhos estéticos.

Porque busca fundir as duas linhas de força que marcam a cultura quinhentista — a medieval e a neoclássica, — o Barroco caracteriza-se, em síntese, numa batalha desesperada por concilia-las numa unidade perfeita e maciça. Daí a sua fisionomia dilemática e o mútuo intercâmbio, em que o espírito tende a ser considerado matéria, e a carne, a transcendentalizar-se: corpo e alma coligados inseparavelmente. Como se iniciou em artes plásticas, ou nelas vicejou primeiro, o Barroco identifica-se pelo jogo do claro-escuro, da luz e da sombra, pela assimetria, pelo contraste, pela abundância de pormenores formais (o torcicolamento escultural e arquitetônico, o rebuscamento das metáforas, etc.), e de conteúdo (a "agudeza", os conceitos, conforme estatuía Baltasar Gracián em sua *Agudeza y Arte del Ingenio*, 1642), pela obscuridade, pelo sensualismo (sobretudo óptico), pela tensão entre razão e fé, entre misticismo e erotismo, entre o gozo dionisíaco de viver e a morte com os seus mistérios, entre a ordem e a aventura, entre a sensação de miséria da carne e de bem-aventurança do espírito, entre a racionalidade e a irracionalidade, etc. Estética das oscilações, das dualidades, dos conflitos, dos paradoxos, dos contrastes, das antinomias, que lutam por equilibrar-se e unificar-se, o Barroco assenta numa cosmovisão que pressupõe análoga teoria do conhecimento. De onde, conceituar a arte barroca corresponde a sondar a ideia que os seus adeptos faziam do problema gnosiológico.

De dois modos concebiam ou praticavam o ato de conhecer: primeiro, considerando que a apreensão cognoscitiva do objeto se processaria por intermédio da sua descrição externa, enumerando-lhe os aspectos plásticos (de contorno, forma, cor, volume, etc.), dum jeito tal que, ansiando fixar-lhe todos os detalhes, acabava tombando num verdadeiro delírio ou êxtase cromático. Voltado para as perspectivas sensíveis, sobretudo as visuais, este modo de conhecer fundamentava-se no *como* dos objetos. Em arte literária, tal descritivismo determinava o uso de metáforas e imagens para todos os sentidos, equivalentes às notações plásticas ocorrentes na Arquitetura, na Escultura e na Pintura. Visto que o luxo metafórico é atributo essencial da poesia, segue-se que tal modo de conhecimento barroco encontrava adequado terreno expressivo na poesia, *representativa* por excelência. Para denominá-lo, recorre-se ao vocábulo Gongorismo, porquanto foi Góngora quem melhor encarnou tal processo de conhecimento literário da realidade, através dum arsenal imagético que se tornou lugar-comum no tempo, composto de neologismos insólitos e forjados, hipérbatos e todas as formas de inversão da ordem sintática (anástrofe, prolepse, sínquise), trocadilhos, elisões e demais figuras de linguagem (antítese, litotes, apóstrofe, etc.), tudo convergindo para um estilo opulento, afetado e hermético.

O segundo modo de relacionamento gnosiológico implicava não mais a descrição dos objetos, mas a pesquisa da sua íntima essência, situada para além da superfície oferecida aos sentidos. Numa palavra, apreender-lhes a face interior, dimensão apenas redutível ao pensamento, à linguagem dos *conceitos* e das ideias. Agora, os sentidos, predominantes na esfera gongórica cedem lugar à inteligência, à lógica e ao raciocínio. E ao luxuriante e desconexo cromatismo gongórico sucede a concisão e a ordem de base racionalista e silogística. Em consequência de tais atributos semelharem antipoéticos ou apoéticos, o segundo modo barroco de conhecer ajustou-se nos limites da prosa. Para distingui-lo, emprega-se o vocábulo Conceptismo. Quevedo foi seu representante mais acabado.

Noutras literaturas, diferentes denominações se empregam, ou para definir as duas tendências mencionadas, ou para considerá-las inseparáveis. Na Espanha, recebem os rótulos de Cultismo e Culteranismo (também incidentalmente utilizados em Português); na Itália, Marinismo (do poeta Giambattista Marino) ou Seiscentismo; na Inglaterra, Eufuísmo (de *Euphues*, 1578, novela de John Lyly); na Alemanha, Silesianismo (da região da Silésia, onde se agruparam, durante o século XVII, aficionados da literatura barroca); na França, Preciosismo (de estilo *precioso*, rebuscado).

Retornando aos dois "ismos" correntes em vernáculo, é óbvio que não constituem movimentos estanques e puros; ao contrário, guardam entre si numerosos pontos de contacto e permutam frequentemente, inclusive num mesmo escritor e num mesmo texto, os seus recursos diferenciadores: enquanto o Gongorismo também recorre às agudezas conceptuais, o Conceptismo acolhe os expedientes imagéticos e plásticos. Nalguns casos, torna-se mesmo difícil, se não impossível, sinalizar com precisão a fronteira entre os dois territórios estéticos.

Afora o lastro comum que os aproxima, ainda importa considerar um aspecto, provavelmente vinculado às raízes ou às configurações contrarreformistas da literatura barroca: trata-se duma arte dirigida, norteada por intuitos pragmáticos, às vezes bem nítidos. Oferecendo espetáculos de estesia plástica à fruição sensível do leitor, e por isso objetivando envolvê-lo num clima de ludismo verbal, o Gongorismo parece encerrar uma intenção moralizante que desde logo o afasta de qualquer forma de arte pura ou de arte pela arte: a educação pelos sentidos, a anestesia conseguida pela orgia de cores e formas, faz do entretenimento um fim calculado e certo, espécie de processo entorpecedor das consciências, para impedi-las de tomar contacto com perigosas e heterodoxas realidades. Conquanto indireto e limitado, o intuito pragmático fundamenta a visão gongórica do mundo.

Quanto ao Conceptismo, em vez do calidoscópio das imagens, utiliza-se do labirinto das ideias, numa dialética cerrada e igualmente narcotizante, visando a convencer e a ensinar. Pelo pensamento, pelo silogismo ainda que sofismático (qual o da segunda figura, tido como origem do vocábulo "barroco"), os conceptistas, notadamente os filiados à Contrarreforma, procuravam guiar a inteligência do leitor para um objetivo predeterminado. Enredando-o numa lógica compacta, perturbando-o com o brilho raciocinante de doutrinas expostas em labirinto, era fácil torná-lo vulnerável a qualquer pensamento, ainda quando, destituído de impregnação maquiavélica, apenas buscasse ofertar um fragmento de beleza intelectual à sua ilimitada curiosidade.

3 Tal vaga de cultura chegou até nós dum modo incerto e irregular, em parte por sugestão dos espanhóis, presentes em nosso território em consequência da anexação de Portugal aos domínios de Felipe II e seus sucessores durante sessenta anos (1580-1640). Desnecessário sublinhar que a arte barroca experimentou modificações em sua transferência para os trópicos, e numa quadra em que o Brasil despontava ao olhar cobiçoso do europeu como terra de infinitas riquezas vegetais e minerais, e ganhava as primeiras condições de nação autônoma. Ensaiar um sumário dessas mudanças, e do painel sociocultural em que transcorreram, constitui o objeto principal das considerações que se seguem.

Nos capítulos consagrados à atividade literária quinhentista, frisamos dois aspectos que precisam ser novamente aduzidos: primeiro, somos um arquipélago cultural; segundo, a evolução da nossa geografia literária acompanha os ciclos da nossa vida econômica. No tocante ao fato de formarmos um agrupamento de núcleos regionais de cultura, parece contingência que ainda por muito tempo há de prevalecer. Imagine-se, porém, o que seriam naqueles recuados tempos as comunicações entre os vários focos de colonização e exploração disseminados ao longo da costa. Apenas como exemplo dum estado de coisas que só entrou a diminuir no século XIX, selecionemos alguns dados de ordem topográfica e urbanística. Entre o norte e o sul do País, o contacto era feito por mar, o que delongava qualquer tentativa de relacionamento íntimo das numerosas e distantes regiões. A Serra do Mar, erguendo-se como obstáculo natural, desestimulava as veleidades de estender para o interior a faixa litorânea de conquista: tornamo-nos caranguejos escarvando as praias, no dizer sugestivo e arguto dum cronista do tempo, Frei Vicente do Salvador, em sua *História do Brasil*, escrita em 1627,

Por outro lado, os primeiros colonizadores precisavam localizar-se no litoral para sentir-se mais próximos da Metrópole, de cujo contacto não podiam prescindir, pois a sua sobrevivência dependia, em larga escala, da outra margem atlântica: "de Portugal vinham os tecidos para o seu vestuário, os mantimentos com que se havia(m) acostumado, as armas e as munições essenciais à sua defesa, os modestos instrumentos de uso comum ou para a lavoura, as sementes e as cabeças de gado; de lá vinham as notícias dos membros de sua família e os ecos amortecidos dos acontecimentos registrados no país, quando não no próprio continente".[2] Mais ainda: o embrenhamento na mata representava imensos perigos, povoada que estava de feras, caminhos ínvios e de selvagens antropófagos, tudo isso amplificado pela imaginação do europeu afeito a diversa ecologia.

Os rios dificultavam ainda mais as comunicações, já por serem pouco navegáveis, já porque o colonizador desconhecia a importância das pontes bem como das estradas. "O Brasil foi o grande país sem pontes", e para completar o quadro, "a administração portuguesa não cuidou metodicamente da civilização material do Brasil. A colônia não teve estradas carroçáveis e grandes obras d'arte. O caráter agreste das populações sertanejas ressentiu-se do isolamento e das dificuldades com que lutavam para comunicar-se, através de caminhos tormentosos. A viagem para as regiões montanhosas representava um penoso sacrifício de tempo, recursos e animais. E porque as regiões mais procuradas eram as mais fechadas, os governos das capitanias preferiam tê-las confinadas na sua abrupta topografia, fazendo colaborar com os

---

2. Aroldo de Azevedo, *Vilas e Cidades do Brasil Colonial*, S. Paulo, Faculdade de Filosofia, Ciências e Letras da Universidade de S. Paulo, Geografia nº 11, 1956, p. 15.

acidentes naturais as autoridades dos 'registos', ou postos de duana interior".[3]

Liga-se estreitamente a tal conjuntura o condicionamento econômico da evolução geográfica de nossas letras: embora não se deva inferir que exista um rígido determinismo orientando a localização e desenvolvimento da atividade literária colonial, nem que existam nexos de causalidade entre prosperidade material e riqueza literária, — temos de convir em que houve, e de certo modo continua a haver, correlação entre ciclos econômicos e ciclos literários. Por outras palavras: o meridiano de nossa literatura acompanha a trajetória percorrida pelo nosso arraigado vezo da monocultura. Assim, quando foi o açúcar o sustentáculo de nossas finanças, a vida literária situava-se em Pernambuco e Bahia. Tendo Minas prosperado no século XVIII, para lá se deslocou o centro cultural do País. Com o Romantismo transferiu-se para a região meridional, do Rio de Janeiro e S. Paulo para baixo, em virtude do café e da industrialização. A época do Barroco desenvolveu-se principalmente durante a hegemonia do açúcar como fonte de renda pública, e concentrava-se nas áreas em que a cana, já cultivada em meados do século XVI, começou a vicejar, no curso da centúria seguinte: Pernambuco e Bahia. Tal foi a importância socioeconômico-cultural do engenho de cana que "a gênese do mundo atlântico está ligada ao que Braudel denominou a dinâmica do açúcar",[4] ou, de modo mais específico, "durante o período decisivo da formação brasileira, a história do Brasil foi a história do açúcar".[5]

No entanto, para bem compreender o panorama socioeconômico--cultural em que se projeta o nosso Barroco, é preciso abrir parênteses a fim de ponderar um aspecto que, nem por ser evidente, podemos menosprezar. Trata-se de que a época barroca, totalizando mais de um século e meio de nossa história (1601-1768), está longe de ostentar uniformidade e incaracterização. Ao contrário, há que divisá-la evoluindo ao longo de três momentos mais ou menos diferenciados: o primeiro ocuparia os cinquenta anos iniciais do século XVII, relativamente contemporâneos da dominação filipina e da ocupação holandesa do nor-

---

3. Pedro Calmon, *História Social do Brasil*, t. I. Espírito da Sociedade Colonial, S. Paulo, Nacional, 1935, pp. 233-234.

4. Eduardo D'Oliveira França e Sônia A. Siqueira, *Segunda Visitação do Santo Ofício às Partes do Brasil*, Sep. dos Anais *do Museu Paulista*, t. XVII, 1963, p. 279.

5. Gilberto Freyre, *Nordeste*. Aspectos da Influência da Cana sobre a Vida e a Paisagem do Nordeste do Brasil, 2ª ed., rev. e aum., Rio de Janeiro, José Olympio, 1951, p. 42.

deste; o segundo, desdobrar-se-ia na outra metade de Seiscentos; e o terceiro, abrangeria as décadas finais, já no século XVIII. Assim como o quadro socioeconômico-cultural se alterou no decurso dessas três mutações, a literatura barroca não é, nem pode ser, a mesma em todo o seu desenvolvimento. Pernambuco e Bahia apresentam consequentemente fisionomia diversificada em cada um desses momentos, seguida de perto pela atividade literária.

No começo, "Pernambuco era então a mais adiantada das capitanias, quer no cultivo e produção das terras, quer na polidez dos costumes e conforto da vida".[6] Todavia, não foi menor a importância da Bahia, que a partir da segunda metade do século XVII assumia decisiva e nítida dianteira. Um complexo de causas agindo interdependentemente justifica o franco predomínio baiano durante o apogeu barroco: "a História calcada nos papéis oficiais focalizou a Bahia do século XVII, numa preeminência hierárquica de capital, sede do Governo-Geral, da Diocese, da Relação, do principal Presídio de tropas, situação privilegiada na constelação das capitanias e em face dos poderes da Metrópole. Certo, estas funções político-administrativas, atraindo uma elite de servidores da Coroa, marcava uma projeção no complexo nacional. Todavia, a impulsão de sua vitalidade provinha da trepidação de seus engenhos, da movimentação de seu porto, da densidade dos negócios de sua praça. Enfim, de sua articulação com o Atlântico, com a Europa, com a África e com o Prata".[7] Bem por isso e por outros motivos, ventilados nas considerações subsequentes, o primeiro momento barroco é mais pernambucano que baiano, ao passo que os seguintes pertencem à Bahia. As condições culturais de Pernambuco no transcorrer dos séculos XVII e XVIII não eram de molde a propiciar uma atividade literária contínua e significativa. Quase afirmaríamos que, não fosse Bento Teixeira e sua *Prosopopeia*, Pernambuco perderia a importância, relativa embora, que ostenta.[8]

---

6. M. de Oliveira Lima, *Pernambuco. Seu Desenvolvimento Histórico*, Leipzig, F. A. Brockhaus, 1895, p. 31.

7. Eduardo d'Oliveira França e Sônia A. Siqueira, *op. cit.*, p. 337.

8. M. de Oliveira Lima, *Aspectos da Literatura Colonial Brasileira*, Leipzig, F. A. Brockhaus, 1896, pp. 76 e 79: "Apesar do luxo pernambucano (...), malgrado porém a relativa quietação e a verdadeira riqueza, apesar das esboçadas parciais feições de urbanidade, o adiantamento e a difusão da educação ainda não chegavam para permitir uma larga, definida e metódica progressão intelectual. Os casos esporádicos de atividade literária, como o de Bento Teixeira Pinto, sumiam-se na boçal estagnação ambiente: não logravam honras epidêmicas, muito menos a apetecível qualificação de endemia".

O espírito de exploração e ganância grassava pela colônia: todos queriam enriquecer e regressar à Metrópole, a fim de lá gozar regaladamente a fortuna arrancada do solo virgem.[9] E como prosperavam na extração do açúcar, desdenhavam a cidade pelo campo, e confinavam-se nos limites da casa-grande e das senzalas. "A riqueza, a pompa, a fartura da casa campestre contrastavam com a humildade da casa urbana. A arejada e orgulhosa vida da casa-grande, com a pobreza dos portos atestados de africanos do tráfico, pestilentos e mesquinhos. A cidade tinha uma aparência feia de feitoria d'África; o engenho, a vaidade aparatosa de pequenas cortes independentes e agrícolas".[10] Tal estado de coisas predominava no Brasil-Colônia, inclusive na Bahia, mas se confrontarmos as duas zonas geográficas entre si, veremos que a segunda conheceu o privilégio de atenuantes desse exclusivo apego à terra com finalidades lucrativas.

Assim, na segunda porção do século XVII a Bahia congrega um punhado de homens de letras, fazendo pensar num ambiente mais estimulante que o pernambucano para o cultivo da inteligência. Tudo, bem entendido, dentro da relatividade das coisas e do rarefeito cenário cultural do País no segundo século de colonização. Seja como for, trata-se dum organismo vivo, em transformação, posto que coartado em seu crescimento por toda sorte de limitações.

4 Comecemos pelos meios de difusão cultural, e em primeiro lugar a tipografia. Contrariamente aos demais países das Américas, os prelos chegaram atrasados à Colônia, visto a Inquisição reconhecer que por meio deles se ganharia uma liberdade de pensamento perigosa aos interesses da Coroa e da Igreja. Durante a sua estada entre nós, Nassau procurou baldadamente instalar uma gráfica.[11] Nova tentativa foi levada a efeito, ainda em Recife, por "um obscuro negociante; tão obscuro que até o nome perdeu", mas não alcançou melhor destino, porquanto a carta régia de 8 de junho de 1706 determinava "sequestrar as letras impressas e notificar os donos delas e os oficiais da tipografia que não imprimissem nem consentissem que se imprimissem livros ou papéis

---

9. M. de Oliveira Lima, *Pernambuco*, p. 37.

10. Pedro Calmon, *op. cit.*, p. 38. Ver ainda: Gilberto Freyre, *Casa-Grande e Senzala*, 6ª ed., rev. e acrescida de notas, 2 vols., Rio de Janeiro, José Olympio, 1950.

11. Carlos Rizzini, *O Livro, o Jornal e a Tipografia no Brasil (1500-1822)*, Rio de Janeiro, Kosmos, 1946, p. 309.

avulsos":[12] vigilância compacta contra o progresso mental da Colônia. Passados quarenta anos, em 1746 presenciamos renovado ensaio de implantar a arte gráfica entre nós. Desta vez, o fato aconteceu no Rio de Janeiro, protagonizado por um tipógrafo português, Antônio Isidoro da Fonseca. Não obstante nutrisse modestos propósitos, pouco demorou para que a carta régia de 10 de maio de 1747 ordenasse o confisco da oficina, alegando que no Brasil "não é conveniente se imprimam papéis no tempo presente, nem pode ser de utilidade aos impressores trabalharem no seu ofício, aonde as despesas são maiores que no Reino, do qual podem ir impressos os livros e papéis no mesmo tempo em que dele devem ir as licenças da Inquisição e do Conselho Ultramarino, sem as quais se não podem imprimir nem correrem as obras".[13] Pondo-se de lado a alegação das despesas, a ordem régia é explícita no lembrar as condições de censura que proibiam qualquer progresso na Colônia. Às vésperas da transladação da Corte para o Rio de Janeiro, em 1807, em Vila Rica, o Padre José Joaquim Viegas de Meneses publica, sem tipografia, um opúsculo de dezoito páginas, das quais quinze impressas, recorrendo a chapas de cobre. Ato contínuo, a 15 de maio de 1808, entrou a funcionar a Impressão Régia.[14]

Em suma: praticamente não houve tipografia entre nós ao longo dos séculos coloniais,[15] *ipso facto*, não se publicaram livros no Brasil nesse lapso de tempo. Nem jornais: o primeiro periódico, a *Gazeta do Rio de Janeiro*, apareceu a 10 de setembro de 1808, por consequência da Impressão Régia.[16] E como os livros que pudessem vir da Metrópole eram submetidos à censura e se destinavam precipuamente ao ensino religioso, segue-se que, "de um modo geral, afora uns quantos compêndios escolares de Latim e de Lógica, catecismos e vidas de santos, uns raros romances inocentes de cavalaria e um outro ripanço de leis, não havia o que ler na Colônia. Mesmo a circulação manuscrita, supletiva do inexistente comércio livresco, tornava-a inexequível a carestia

---

12. *Idem, ibidem*, p. 310.

13. *Idem, ibidem, loc. cit.*

14. *Idem, ibidem*, pp. 313, 319.

15. Quanto à tipografia, "só em 1808, no quarto século do Descobrimento e às portas da Independência, viríamos a conhecê-la. Fomos dos últimos americanos a usá-la. E, se excetuarmos os cabindas e assemelhados da África e da Ásia, que teriam dependurado à orelha as letras de imprimir, fomos mesmo dos derradeiros povos do Universo a fruir o prodigioso invento" (*idem, ibidem*, p. 309).

16. *Idem, ibidem*, p. 332.

do papel".[17] E nem se fale das bibliotecas: "quando muito as casas religiosas juntavam uma centena de volumes hagiográficos e apologéticos. A única coleção apreciável parece ter sido a dos jesuítas da Bahia, avaliada numa pequena fortuna, 5:499$050, cerca de 800 contos de hoje".[18]

Com base em tais informes, podemos concluir: eram precários os meios de comunicação ao longo dos séculos coloniais, e quando existentes, enfeixavam-se nas mãos das ordens religiosas e circunscreviam-se às obras que lhes serviram para o proselitismo e catequese dos indígenas. Numa palavra: o obscurantismo, de resto espelhando a situação vigente na Metrópole, alastrava-se por toda a Colônia. Não surpreende, em vista disso, a pobreza qualitativa de nossa produção literária na época do Barroco. Para tanto, concorriam outras causas, estreitamente vinculadas à pouquidão dos meios transmissores de cultura.

Dentre elas, ressalta a situação escolar da Colônia. Até a expulsão da Companhia em 1759, por mandado de Pombal, os jesuítas detiveram nas mãos o monopólio do ensino nas novas terras. Mas como o espírito militante dos inacianos preconizava o alargamento da Fé e do Império, dentro do cânone antirreformista, e como isso implicava ser uma derivação dogmática do pensamento escolástico, a instrução obedecia a uma estrutura medieval, refletindo, por seu turno, as condições do sistema de ensino vigente na Metrópole. Se um povo, reduzido em número, mal podia proceder à exploração da terra, menos ainda reunia meios para oferecer escolaridade diversa daquela que julgava adequada à conjuntura do momento. Por outro lado, a prevalência duma orgânica escolar fechada, de base religiosa, coadunava-se com o empenho de manter a colônia abúlica em relação a qualquer veleidade insurrecional e libertadora: a estreiteza dos horizontes educacionais manteria o *status quo* indefinidamente, e a Coroa conservaria tranquila a posse da terra.

Um relancear de olhos sobre o ensino jesuítico esclarecê-lo-á devidamente: regido pela "Ratio Studiorum", organizada em 1586 e reformulada em 1599, dividia-se em três cursos ou períodos, o de Artes, abarcando a Filosofia e a Ciência, o de Teologia e o de Ciências Sagradas. Os estudos de Letras, em cinco anos, faziam-se nos colégios de Pernambuco e Rio de Janeiro, e os de Filosofia e Teologia, que exigiam sete anos, realizavam-se no Colégio da Bahia. Os primeiros constituíam o curso

---

17. *Idem, ibidem*, pp. 227-228.
18. *Idem, ibidem*, p. 228.

secundário, e os demais, o superior, visando a formar sacerdotes para a Companhia. E a despeito de o currículo prever o estudo da "Física e Ciências Naturais, em todas as modalidades exploradas pela observação ou pelo cálculo", e da "Física especial, ou aplicada, (...) não concorriam as Ciências com as Letras; (...) as humanidades, culminando em Teologia, revestidas de Latim, tendendo à religião, por fim transcendente, habituavam as 'classes' (e 'clássicos' foram os autores lidos) à contemplação da beleza literária, à meditação da velha poesia, ao sentimento da moral antiga".[19]

Donde o caráter "literário" e retórico do ensino jesuítico, desdenhoso dos comportamentos científicos e técnicos perante a realidade, infenso a toda manifestação artística que escapasse ao âmbito vocabular e oral. Quando não diplomávamos sacerdotes, já de si integrados num sistema anulador das apetências de renovação e livre-exame, fabricávamos bacharéis em Letras, já desde 1575, ou mestres em Artes, desde 1578. O bacharelismo de que enferma nossa cultura vem de longe, do começo de nossa história: em vez de homens com os pés na terra, orientados por conceitos e doutrinas de ciência positiva ou exata, acoroçoávamos um ensino anódino, que nenhum perigo podia trazer à permanência do reinol no eldorado inesgotável. Ao invés de estimular as consciências na investigação dos problemas vivos e concretos propostos pela realidade nova que se lhes descortinava, os jesuítas preferiram omitir as formas de comportamento lúcido, deixando como herança uma das fraquezas mais entranhadas em nossa cultura, ainda hoje a debater-se com os mesmos problemas. Legaram-nos "o interesse pela vernaculidade e o pendor para dar a tudo expressão literária, como também o amor à forma pela forma, o requinte e os rebuscamentos, e o gosto das disputações".[20] E como fosse exclusiva a instrução jesuítica, somente restava aos colonos abastados (únicos em tais condições) encaminhar os filhos para as Artes ou o hábito sacerdotal. Num caso e noutro, o educando fazia-se "letrado" e retórico. E quando pretendesse realizar curso superior, devia deslocar-se para a Metrópole, pois a tentativa quinhentista de fundar uma Universidade na Bahia malograra

---

19. Pedro Calmon, *op. cit.*, pp. 116-120.

20. Fernando de Azevedo, "A Escola e a Literatura", *in A Literatura no Brasil*, vol. I, t. I, pp. 132-133; *A Cultura Brasileira,* 3 vols., 3ª ed., rev. e ampl., S. Paulo, Melhoramentos, 1958, vol. III, pp. 9 e ss.

completamente.[21] Fechando o circuito, em Portugal teria acesso a um ensino que constituía o modelo do que vigorava na Colônia.[22] Assim, formava-se escolástico, medieval e jesuítico.

Entretanto, nem por ser literário e oratório o método jesuítico propiciou o surgimento de grandes vocações literárias na época do Barroco. Sabe-se que Gregório de Matos, a maior figura seiscentista de nossas letras, deve parte da sua formação aos seguidores de Loyola, mas a magnitude da sua obra poética resulta do talento pessoal. Mais ainda: o ingente esforço oclusivo do ensino jesuítico pouco a pouco ia apresentando frinchas, por onde penetravam, às vezes sorrateira, às vezes escancaradamente, os apelos da terra nova e a metamorfose que se manifestava no âmago da sociedade emergente: a força de atração do meio tropical, mais a consciência que os agrupamentos humanos, mestiçados ou não, iam tomando da sua diferenciação, acabaram modificando algo do compacto sistema de vigilância pedagógica exercido pelos jesuítas. O atrito entre os valores importados e as sugestões libertárias oriundas de um solo ainda inóspito, onde começava a florescer uma sociedade com pruridos de autonomia,[23] constitui a grande marca da nossa literatura colonial. O ensino dos milicianos de Loyola podia manter, e manteve até onde pôde, a hegemonia da terra e das gentes, mas ignorava os meios de sobre-restar a marcha da História. Bem por isso, "a evolução da Literatura Brasileira é, em grande parte, a intensificação da influência da terra e do homem novo, com os seus múltiplos problemas novos, novas situações e novas ideias, sobre correntes e influências de atuação e origem transoceânicas. Toda a nossa literatura, desde ou antes de An-

---

21. Segundo noticia Serafim Leite (*História da Companhia de Jesus no Brasil,* 10 vols., Lisboa/Rio de Janeiro, Portugália/INL, 1938-1950, vol. II, p. 495), o Pe. Marçal Beliarte, quando Provincial da Ordem no Brasil (1587-1594), "procurou, com todo o empenho, elevar a cultura literária e científica nos Colégios e no Brasil, mandando vir livros de Portugal e dando todo o brilho aos estudos da Bahia, que ele teria elevado a universitários, se lho tivessem consentido".

22. "Tão numerosos eram já os brasileiros em Coimbra (foram por vezes trezentos num ano), que tinham padroeira e lhe prestavam homenagens: em 1718 o Padre Bartolomeu Lourenço pregou na última tarde do tríduo encomendado pelos 'acadêmicos *ultramarinos* da Universidade, em honra a Nossa Senhora do Desterro'"* (Pedro Calmon, *História do Brasil,* 7 vols., Rio de Janeiro, José Olympio, 1961, vol. III, p. 943).

* A. Taunay, *Obras Diversas de Bartolomeu Lourenço de Gusmão,* S. Paulo, 1934, p. 38.

23. A primeira manifestação de separatismo veio de S. Paulo: subindo ao trono D. João IV, com a Restauração portuguesa de 1º de dezembro de 1640, os paulistas, insubordinados contra os jesuítas e contra o Governador do Rio de Janeiro, Salvador Correia de Sá, resolvem aclamar Amador Bueno seu Rei. Este, fiel à Coroa, recusou a honraria, mas o fermento permaneceria ativo doravante.

chieta, até os poemas mais atuais e os romances mais modernos, está penetrada, ora mais ora menos, de preocupações nacionais e mesmo nacionalistas".[24]

Em razão dessa conjuntura, ia-se processando, ainda que lentamente, visível simbiose entre a cultura ministrada nos colégios, de feição medievalizante, e as propostas do meio, da natureza e da sociedade. Como vasos comunicantes, as posições foram-se invertendo, indo culminar no século XVIII: apesar das profundas marcas deixadas em nosso psiquismo pelos jesuítas, a terra e a sua nova gente acabaram cobrando, posto que tarde, o direito de impor-se e predominar.

Nesse clima cultural estreito e policiado, merecem registro outros aspectos. Em primeiro lugar, o fato significativo de a duplicidade linguística, o emprego do Português e do Tupi, persistir até meados do século XVIII: o vernáculo, decerto porque ensinado nas escolas e cercado duma aura de artifício e civilização, era instrumento utilizado principalmente no contacto com os professores, ao passo que a "língua geral" se empregava no ambiente familiar. Somente a partir de 1755 entrou a preponderar a Língua Portuguesa.[25] A predominância da "língua geral" deve-se ao forte contingente indígena e africano que havia em circulação durante o primeiro e o segundo séculos de colonização;[26] ao afã jesuítico de se aproximar do gentio por meio de sua fala (recorde-se que Anchieta escreveu uma *Arte de Gramática da Língua mais falada na costa do Brasil*), e, possivelmente, ao sentimento nativista que já se ia difundindo entre os membros da segunda e terceira gerações. Mas no século XVIII, mercê da corrida para o ouro das Minas Gerais, atraindo uma multidão de reinóis sequiosos de riqueza fácil, a "língua geral" começa a cair em desuso.[27]

Em tais condições, era inevitável que faltasse estímulo para o desabrochar duma contínua e sistemática atividade literária, porquanto as relações entre escritor e público, durante o fastígio barroco, refletiam o ambiente mental que imperava na Colônia: "durante cerca de dois séculos, pouco mais ou menos, os públicos normais da literatura foram

---

24. Alceu Amoroso Lima, *Introdução à Literatura Brasileira*, Rio de Janeiro, Agir, 1956, p. 43.

25. Fernando de Azevedo, *A Cultura Brasileira*, vol. I, p. 161.

26. "Até os negros recém-importados compreendiam e falavam, não o Português, mas a *língua geral*. Aliás, a sua condição de escravos identificava-os com as massas aborígines, a quem estava confiado esse papel" (Serafim da Silva Neto, *Introdução ao Estudo da Língua Portuguesa no Brasil*, 2ª ed., aum. e rev., Rio de Janeiro, INL, 1963, p. 65).

27. *Idem, ibidem*, p. 58.

aqui os auditórios — de igreja, academia, comemoração. O escritor não existia enquanto 'papel social' definido; vicejava como atividade marginal de outras, mais requeridas pela sociedade menos diferenciada: sacerdote, jurista, administrador".[28] De resto, que se podia esperar, em matéria de criação literária, duma sociedade organizada com base no gosto desenfreado da exploração do solo, e por longo tempo igualmente voltada para a defesa do patrimônio particular ou coletivo contra o invasor holandês ou o pirata inglês e francês? Apenas quando se foram definindo as camadas dessa sociedade arrivista, e já modificado o seu primitivo caráter predatório pela adaptação à terra, é que se ofereceram condições para uma produtividade literária razoavelmente uniforme e orgânica. Chegados a esse ponto de nossa evolução histórico-literária, entrávamos na segunda metade do século XVIII, época do Arcadismo, que se prolongará até o primeiro quartel do seguinte.

II. Poesia

Nossa poesia barroca evoluiu segundo as três mutações mais ou menos diferenciadas que assinalamos como uma das características gerais do Barroco em seu processo histórico. A primeira, ocupando os cinquenta anos iniciais do século XVII, é marcada pela influência de Camões e por manifestações coincidentemente barrocas: uma, atesta a subordinação da nossa literatura aos modelos da Metrópole, enquanto as outras acusam o influxo espanhol caldeado com o português. Bento Teixeira, isolado, em Pernambuco, representa esse período.

O segundo momento da poesia barroca transcorre na outra metade do século XVII, e na Bahia. Acentuam-se as linhas de força que vinham do princípio da centúria: o camonismo de mistura com o predominante gosto pelos esquemas barrocos. Gregório de Matos constitui a figura exponencial do que se convencionou chamar de "escola baiana", porquanto ainda concorrem outros poetas para transformar Salvador num centro de sensível ebulição literária. Dentre eles, todos poetas menores, destacam-se nesse espaço em que Gregório de Matos prodigalizou talen-

---

28. Antonio Candido, "O Escritor e o Público", *in A Literatura no Brasil*, vol. I, t. I, p. 161.

Barroco (1601-1768) • 95 •

to e deu largas ao seu temperamento de pícaro contumaz, os nomes de Eusébio de Matos e Bernardo Vieira Ravasco.

O terceiro momento da poesia barroca corresponde, *grosso modo*, à primeira metade do século XVIII, quando, por influência europeia, entram em moda as academias literárias e científicas, a começar da *Academia Brasílica dos Esquecidos* (1724). Visto que tal fermentação agremiativa será objeto de exame na altura própria, basta lembrar que as academias congregavam poetas e prosadores, em grande número e via de regra secundários. O maneirismo barroco atinge o apogeu, mercê inclusive das novas condições sociais que se vão criando com a descoberta de pedras e metais preciosos em Minas Gerais. Exagerando o estilo barroco em suas linhas mestras, presencia-se o progresso no sentido duma afetação cada vez maior, correspondente ao estilo rococó. Dentre os poetas acadêmicos, citam-se João de Brito e Lima, Gonçalo Soares da Franca, Sebastião da Rocha Pita e outros.[1] Além de Bento Teixeira e Gregório de Matos, merecem destaque no perímetro do Barroco: Manuel Botelho de Oliveira e Frei Manuel de Santa Maria Itaparica.

BENTO TEIXEIRA

Durante muitos anos discutiram-se os problemas biobibliográficos suscitados por Bento Teixeira. Pesquisas mais recentes, colhendo novas informações, permitem considerá-los resolvidos. Bento Teixeira, e não Bento Teixeira Pinto, nasceu no Porto, cerca de 1561. Com seis anos de idade é trazido para o Brasil pela família, perseguida pela Inquisição por práticas judaizantes. No Espírito Santo e Rio de Janeiro, estuda com os jesuítas; em 1579 está na Bahia, a continuar sua formação escolar. Casa--se e muda-se para Olinda, a viver do magistério, e de lá se transfere para Iguaraçu, onde se dedica ao ensino das primeiras letras, à advocacia e ao comércio. Em 31/7/1589, submete-se a auto de fé, e no ano seguinte retorna a Olinda. Transcorridos cinco anos, denuncia-se e confessa-se perante o Visitador do Santo Ofício, em Olinda, e pouco depois assas-

---

1. Para notícias e contacto com textos antológicos destes e outros poetas do Barroco, ver Artur Mota, *História da Literatura Brasileira*, 2 vols., S. Paulo, Nacional, 1930; Varnhagen, *Florilégio da Poesia Brasileira*, 3 vols., Rio de Janeiro, Publs. da Academia Brasileira de Letras, 1946; José Aderaldo Castello (org.), *O Movimento Academicista no Brasil, 1641-1820/22*, 3 vols., S. Paulo, Conselho Estadual de Cultura, 1969-1978.

sina a esposa por adultério. Refugia-se no Convento dos Beneditinos; preso em 1595, é levado para Lisboa, onde abjura o judaísmo e alcança liberdade condicional, mas antes de usufruí-la, falece na prisão, em fins de julho de 1600.

A Bento Teixeira foram atribuídas a *Prosopopeia*, o *Naufrágio que passou Jorge de Albuquerque Coelho, Capitão e Governador de Pernambuco*, os *Diálogos das Grandezas do Brasil*, poemas insertos na *Fênix Renascida*, e duas peças de teatro, *O Rico Avarento* e *O Lázaro Pobre*, das quais apenas a primeira lhe pertenceria. Quanto às demais, o *Naufrágio*, integrado na *História Trágico-Marítima* (2 vols., 1735-1736, compilados por Bernardo Gomes de Brito), deve-se ao piloto Afonso Luís, de parceria com Antônio de Castro; os *Diálogos das Grandezas do Brasil* (compostos em 1618) são de autoria de Ambrósio Fernandes Brandão; e as peças, na verdade resumem-se numa só, de vez que o seu título era *História do Rico Avarento e Lázaro Pobre*, representada em 1575, em Pernambuco.

Assim, a Bento Teixeira cabe a autoria da *Prosopopeia*, dada à estampa pela primeira vez em Lisboa, em 1601, na oficina de Antônio Álvares: parece inconsistente a hipótese de ter havido uma edição anterior, de 1592, como admitiu Sílvio Romero.[1] Trata-se de um poemeto épico (ou melhor, epicizante) em louvor "a Jorge de Albuquerque Coelho, Capitão e Governador de Pernambuco", composto de 94 estâncias, em oitava--rima e decassílabos heroicos, à semelhança da epopeia camoniana. A inspiração em *Os Lusíadas* ainda se revela noutra série de aspectos, quer de forma, quer de conteúdo. O poeta dividiu o poemeto nas seguintes partes: *Prólogo*, dirigido a Jorge de Albuquerque Coelho, *Narração*, *Descrição do Recife, Canto de Proteu*. No final, agrega-se um "soneto per ecos, ao mesmo Senhor Jorge de Albuquerque Coelho".

Nas primeiras seis estâncias, que funcionam como *Introdução*, o poeta, seguindo a lição tradicional, apresenta a *Proposição* do poemeto, dizendo: "eu canto um Albuquerque soberano, / Da Fé, da cara Pátria firme muro"; e a *Invocação*: "As Délficas irmãs chamar não quero, / Que

---

1. Silvio Romero, *História da Literatura Brasileira*, 4ª ed., 5 vols., Rio de Janeiro, José Olympio, 1949, vol. II, p. 28n (no texto, lê-se 1592 por 1593, que aparece na 2ª ed. da referida obra).

Para as citações da obra de Bento Teixeira, adotamos a edição da *Prosopopeia* com introdução, estabelecimento do texto e comentários por Celso Cunha e Carlos Duval (Rio de Janeiro, INL, 1972), em confronto com a edição diplomática, de Fernando de Oliveira Mota (*Naufragio e Prosopopea*, Recife, Universidade Federal de Pernambuco, 1969).

Para a biografia, valemo-nos de J. Galante de Sousa, *Em Torno de Bento Teixeira,* S. Paulo, Instituto de Estudos Brasileiros, Universidade de S. Paulo, 1972.

tal invocação é vão estudo; / Aquele chamo só, de quem espero / A vida que se espera em fim de tudo"; ou, como ratifica na estância 24: "Não quero no meu Canto alguma ajuda / Das nove moradoras de Parnaso". Como se observa, o poeta invoca, em lugar das musas pagãs, o deus cristão, talvez sugestionado por sua condição de recém-convertido, que se apressa em alardear o novo estado, ou para lisonjear a crença do seu herói. A *Narração*, que abrange as estâncias 7 a 16, contém o encontro dos deuses marinhos, no qual se destaca "o velho Proteu". De contínuo, temos a *Descrição do Recife*, entre as estâncias 17 e 21, e o *Canto de Proteu*, que se espraia pelas demais.

Poemeto encomiástico, a *Prosopopeia* encerra escassa ou nula valia estética, seja pela pobreza do motivo histórico escolhido, seja pela inconsistência dos recursos poemáticos utilizados. O fulcro da obra, — o encômio de Jorge de Albuquerque Coelho, — só por si a compromete em definitivo. Entretanto, outros argumentos podem ser aduzidos: o poeta falha no conferir aos versos intenção bajulatória, e falha mais ainda ao voltar a atenção para uma personagem muito recente (falecida em 1597), e cujas façanhas somente na óptica de homens serviçais poderiam prestar-se a um poemeto com veleidades épicas. Não bastasse a insignificante razão histórica em que se fundamenta, Bento Teixeira igualmente sucumbe como poeta: está certo que não lhe podemos exigir a magia de transformar alquimicamente em ouro a pedra bruta que manipulou, mas seria de esperar um versejador que ao menos compensasse a indigência da matéria poética pelos expedientes técnicos ou uma dose tal de transfiguração imaginativa que acabasse gerando uma realidade nova, mesmo que apenas vinculada por acaso ao tema central. Numa palavra, faltou-lhe o que sobejava em Camões: este transfundia e inventava quando sentia frouxas as amarras históricas, então produzindo o melhor do seu estro épico (o episódio de Inês de Castro, o Gigante Adamastor, a Ilha dos Amores, etc.). Carente de inspiração, Bento Teixeira permitiu-se baixar ao papel dum cronista em verso, escriba oficial ou áulico reverente em busca das benesses do senhor. As mais das vezes frio, descritivo, prosaico e afoito, limita-se a incensar Jorge de Albuquerque Coelho, sem cogitar da beleza dos versos. Daí o parco valor do poema, posto reserve para si o galardão histórico de ter sido o primeiro documento literário de nossas letras: alta relevância histórica, quase nenhuma estética.

O exame da construção do poema o evidenciará. Situado no cruzamento entre a estética clássica e a barroca, mas acentuando a herança camoniana, Bento Teixeira inicia o *Prólogo* fazendo praça de (discutível) cultura greco-latina: "Se é verdade, o que diz Horácio, que poetas e pintores estão no mesmo predicamento (...)". Mesmo que profundos os seus conhecimentos das literaturas antigas, o poemeto atesta uma canhestra forma de empregá-los. Basta que o comparemos com o seu mestre, Camões, para que a sua bisonhice ganhe relevo. De resto, o confronto impõe-se pelo fato de o portuense-pernambucano acompanhar de perto os passos do outro. Ainda no *Prólogo* se abrigam curiosas declarações. Às tantas, confessando que pretende "dibuxar com obstardo [?] pincel de meu engenho a viva Imagem da vida e feitos memoráveis de vossa mercê", acrescenta: "quis primeiro fazer este riscunho, pera depois, sendo-me concedido por vossa mercê, ir mui particularmente pintando os membros desta Imagem, se não me faltar a tinta do favor de vossa mercê".

Atente-se para os vocábulos "dibuxar" e, notadamente, "riscunho". Modéstia? Autocrítica? Talvez uma e outra ao mesmo tempo, encobrindo, quem sabe, uma terceira. Seu rasgo de humildade e consciência de limitações se explica, sem maior dificuldade, pelo cuidado que põe em protestar respeito e reverência ao mecenas. *Precisava* declarar que a oferta, sendo desvaliosa, estava longe de corresponder à magnitude do destinatário: "e porque entendo que as aceitará com aquela benevolência, e brandura natural, que costuma, respeitando mais a pureza do ânimo que a vileza do presente, não me fica mais que desejar, se não ver a vida de vossa mercê aumentada e estado prosperado, como todos os seus súditos desejamos". Em suma, esmerava-se em diminuir a importância do oferecimento para melhor adular as fraquezas do Senhor. Não significa, em verdade, que o poeta errasse no considerar o poemeto aquém dos méritos do capitão de Pernambuco. Uma coisa é o seu aulicismo de versejador epigonal e interesseiro, outra a debilidade substancial do poemeto.

É lícito, ainda, conjecturar a existência de uma incógnita oculta nos desvãos da calculada subserviência. Bento Teixeira tinha muito vincada na memória ou diante dos olhos a lição épica de *Os Lusíadas*, porquanto visava "a *imitar* e a *superar*, o primeiro poema épico nacional".[2] Possivelmente quisesse imitá-lo na sua estrutura e composição, a ponto de sonhar com um poema tão vasto e grandiloquente como o de Camões. Nesse caso, as 94 estâncias integrariam o primeiro canto, ou uma espé-

---

2. Antônio Soares Amora, "A *Prosopopeia*, de Bento Teixeira, à Luz da Moderna Camonologia", sep. da *Miscelânea de Estudos em Honra do Prof. Hernâni Cidade*, Lisboa, 1957, p. 10.

cie de preâmbulo. Mas quando chegou ao final, viu que a matéria era mais anêmica do que havia suposto, e ficou por ali. Ou antes: a matéria era pouca em si; ele era parco de imaginação, e não dispunha de elementos documentais acerca da estada dos Albuquerques em terras africanas, ou iria empenhar-se em rastrear a governança de Jorge de Albuquerque Coelho em Pernambuco. Esta razão, mais que as outras, tê-lo-ia feito sufocar o impulso de prosseguir. Como, ao menos, encaminhar uma demonstração? Recorramos às estâncias 91 e 92:

> Mas, enquanto te dão a sepultura,
> Contemplo a tua Olinda celebrada,
> Coberta de fúnebre vestidura,
> Inculta, sem feição, descabelada
> Quero-a deixar chorar morte tão dura,
> Té que seja de Jorge consolada,
> Que por ti na Ulissea fica em pranto,
> Enquanto me disponho a novo Canto.

> Não mais, espírito meu, que estou cansado,
> Deste difuso, largo e triste Canto,
> Que o mais será de mim depois cantado
> Per tal modo, que cause ao mundo espanto.
> Já no balcão do Céu o se toucado
> Solta Vênus, mostrando o rosto Santo;
> Eu tenho respondido co mandado,
> Que mandaste, Netuno sublimado.

Conquanto os versos digam cristalinamente do conteúdo, é forçoso considerar alguns pontos: 1) Duarte de Albuquerque Coelho é que morreu no cativeiro (conforme lembra o próprio poeta na estância 89); 2) resgatado, Jorge de Albuquerque Coelho virá consolar Olinda, tornando-se governador; 3) enquanto o último "na Ulissea fica em pranto" por Olinda ("por ti"), o poeta se dispõe a "novo Canto": em continuação à *Prosopopeia*, ou um novo poema? Num caso ou noutro, teria por assunto o mesmo Jorge de Albuquerque Coelho, como deixa entrever a estância 92, em que Bento Teixeira confessa "Que o mais será de mim depois cantado / Per tal modo, que cause ao mundo espanto".

Entanto, cumpre indagar: que é que causaria "ao mundo espanto"? Por certo, a campanha do herói em África (uma vez que ela comparece sucintamente na fala de Proteu), ou/e seu governo em Pernambuco. Ainda resta acrescentar, para remate desse aspecto da *Prosopopeia*, uma afirmação do *Prólogo*: "receba minhas Rimas, por serem as primícias com que tento servi-lo". "Primícias" explicariam a falta de "engenho e arte" para extrair de tão mofino assunto a substância de um poemeto épico, mas também parecem refletir a certeza de que o canto (ou antes, a *Prosopopeia*) encerraria o prólogo duma obra que se estenderia além. "Primícias" porque primeiras, obra de estreia; "primícias" porque o primeiro canto em louvor do mecenas; "primícias" porque talvez nutrisse a veleidade de erguer-lhe um poema de longo fôlego, quiçá em dez cantos...

Passando ao corpo do poemeto, vejamos o seu débito para com *Os Lusíadas*. Como se sabe, Camões deixou considerável descendência épica, formando enorme linhagem, nos dois lados do Atlântico, desde o fim do século XVI até meados do XIX, integrando, no dizer de Fidelino de Figueiredo, o "ciclo épico camoniano".[3] A *Prosopopeia*, inserida nessa extensa linhagem poética, deve muitíssimo a *Os* Lusíadas. Na verdade, "a imitação, as reminiscências, imagens e talvez versos d*Os Lusíadas* de Camões, constituem como que a intimidade mesma da obra".[4] Pela inferior qualidade do poemeto, quase se diria tratar-se de um pastiche. Todavia, evitemos os extremismos: uma que outra estrofe consegue refugir da condição de cópia do original camoniano, e dar ideia de que o versejador por momentos era visitado pelas musas que (não) invocava. É o caso da estância 87:

> Assim dirá: mas eles sem respeito
> À honra e ser de seus antepassados,
> Com pálido temor no frio peito,
> Irão per várias partes derramados.
> Duarte, vendo neles tal defeito,
> Lhe dirá: — Corações efeminados,
> Lá contareis aos vivos o que vistes,
> Porque eu direi aos mortos que fugistes.

Afrânio Peixoto, levado pelo entusiasmo próprio dum temperamento generoso e pelo afã de sobrevalorizar o "seu autor", assevera que "a sublimidade da ideia destes dois últimos versos vale um poema:

---

3. Fidelino de Figueiredo, *A Épica Portuguesa no Século XVI*, S. Paulo, Faculdade de Filosofia, Ciências e Letras, Universidade de S. Paulo, Boletim Letras nº 6, 1950, pp. 19-31.

4. Afrânio Peixoto, prefácio a *Prosopopeia*, Rio de Janeiro, Publs. da Academia Brasileira de Letras, 1923, p. 10.

só eles bastam para fazer da *Prosopopeia* mais que um canto bastardo camoniano".[5] Se fizermos olho grosso para o transbordamento sentimental do escritor, podemos aceitar que se trata duma passagem feliz do poemeto, mas é inegável que marcada pelo sinete camoniano. Este, avulta praticamente em toda a obra, razão por que se torna dispensável rastrear todos os momentos em que a sombra de Camões faz a sua aparição.

A estrutura do poemeto, conquanto desconexa, obedece ao esquema camoniano, inclusive por uma imitação medíocre do concilio dos Deuses (estância 21). Em seu canto, Proteu adianta que "De lanças e d'escudos encantados / Não tratarei em numerosa Rima, / Mas de Barões Ilustres afamados" (estância 23), o que lembra de pronto o verso inicial de *Os Lusíadas*. E como sucede nesse poema, considera que "A fama dos antigos, coa moderna, / Fica perdendo o preço sublimado" (estância 25), de forma que o seu herói acabará "Eclipsando o nome à romana gente" (estância 29), a ponto de "Escurecer o esforço e valentia / Do braço Assírio, Grego e do Latino" (estância 44). Também Jorge de Albuquerque Coelho terá sua fala (estâncias 76 e ss.), à semelhança do que acontece no poema camoniano. Os versos derradeiros da estância 79 ("Lastima, fere, corta, fende, mata, / Decepa, apouca, assola, desbarata") refletem a estância 88 do canto I de *Os Lusíadas*. A estância 92, epílogo do vaticínio de Proteu e do poema, começa com "Não mais espírito meu, que estou cansado", de franco perfil camoniano.

Claro que não se interrompe aí o sistema de colagem poética adotado pelo cristão-novo de Pernambuco. Dentre outros pormenores, ansiava pretensiosamente ultrapassar Camões, como se observa nas estâncias 2 e 10: na primeira, dirige-se indiretamente ao mestre e modelo, na outra, diretamente:

> Do Mar cortando a prateada veia,
> Vinha Tritão em cola duplicada,
> Não lhe vi na cabeça casca posta
> (Como Camões descreve) de Lagosta.

Não obstante isso, e ainda expulsar as musas pagãs do seu convívio, o poemeto ressuma a dualidade do maravilhoso pagão e cristão que constitui nota característica de *Os Lusíadas*. Possivelmente por ser cristão-novo, quisesse o poeta enveredar pelo caminho aberto pela sua

---

5. *Idem, ibidem*, p. 15.

conversão,[6] mas o fundo judaico e o apego às formulações camonianas o punham indeciso entre as duas fontes de inspiração poética. De qualquer modo, ficou a dever a Camões quase tudo do seu poema, e somente não aproveitou a lição porque era definitivamente versejador medíocre.

Tal filiação a Camões, embora patente, põe o problema de saber até que ponto Bento Teixeira singrou nas águas quinhentistas, e em que medida assimilou os postulados barrocos, despontando na altura em que congeminou o poemeto. Questão complexa, envolve o exame das raízes da cultura barroca, que mergulham no século XVI. Bento Teixeira é um homem do Renascimento: di-lo a sua adesão entusiástica à mundividência camoniana. Mas naquilo em que essa pode ser considerada precursora da estética barroca, também o autor da *Prosopopeia* merece ser admitido na mesma categoria de prenunciador, ainda que secundário, da nova moda. E merece-o inclusive por uma minúcia relevante: a sua linguagem denuncia a liquefação da sintaxe quinhentista, traduzida num arrevesamento que já não reflete a complexa estrutura do pensamento camoniano, mas o desmoronar da ordem clássica e a incapacidade para a comunicação poética. Ora, essa tortuosidade de prosa pode ser qualificada de meio caminho até a floração gongórica, de forma a tornar Bento Teixeira precursor do Barroco e liame entre ele e o Classicismo quinhentista.

Por último, cumpre focalizar a questão da brasilidade ou nativismo: até onde a *Prosopopeia* conteria elementos que implicariam um espírito nativista presidindo à sua elaboração? À indagação, Sílvio Romero responderia que "o nosso *nativismo* tem quatrocentos anos de existência",[7] englobando, pois, o poemeto, o que se afigura demasiado enfático ou apressado. Na verdade, a obra de Bento Teixeira encerra a descrição de pormenores sociais, linguísticos ou geográficos, em que se nota apenas debilmente uma sombra de nativismo. Este sentimento pressupõe uma consciência e uma vontade: uma consciência do valor da terra em que se nasce ou em que se radicou (seja colônia ou não), e uma vontade de exaltá-la. Não se percebe qualquer laivo de interesse, por parte de Bento Teixeira, em cantar as belezas e as excelências do Brasil. E os ingredientes narrativos sugeridos por Pernambuco carecem de significado especial, tão somente servindo como acidentes necessários para compor o espaço físico e humano em que o poemeto se desenvolve.

---

6. José Aderaldo Castello, *Manifestações Literárias da Era Colonial,* vol. I de A *Literatura Brasileira,* 2ª ed., rev. e aum., S. Paulo, Cultrix, 1965, p. 67.

7. Sílvio Romero, *op. cit.*, p. 28.

Comecemos pelo herói, Jorge de Albuquerque Coelho, e, em certa medida, o seu irmão, Duarte. Embora nascido em Olinda, não parece que nos representasse naquele momento histórico; basta ver que a fração heroica da sua existência que motiva o poemeto transcorre em África, na batalha de Alcácer-Quibir, onde desapareceu D. Sebastião. Por que Bento Teixeira o teria escolhido? A resposta encontra-se no fato de tratar-se dum poemeto encomiástico escrito por um vassalo ao seu suserano e mecenas.

Vejamos outro ângulo da obra: "A Descrição do Recife de Pernambuco". Dir-se-ia, e não poucos têm-no dito, que as cinco estrofes componentes desta passagem espelham nítida intenção nativista. Se realmente aí pudéssemos admitir qualquer manifestação no gênero, teríamos de recuar até a carta de Pero Vaz de Caminha a fim de assinalar o começo do nativismo entre nós. É suficiente cotejar as duas obras para dirimir as possíveis dúvidas: ambas somente deixam transparecer o deslumbramento pela terra nova em sua grandeza edênica. Até se diria que o cronista foi mais lírico que o poeta, mais tocado pelas belezas entrevistas, mais derramado nas descrições, mais devaneante, ao passo que Bento Teixeira não consegue subir além dum desenho que mal lhe esconde a frieza ou a falta de sopro poético. Para prová-lo, basta analisar o conteúdo dessas cinco estrofes. Eis os quatro versos finais da primeira:

> Junto da Nova Lusitânia ordena
> A natureza, mãe bem atentada,
> Um porto tão quieto e tão seguro,
> Que pera as curvas Naus serve de muro.

Nativismo? Não parece, nem nas estâncias seguintes, cujo conteúdo poderia induzir a falsas interpretações:

> É este porto tal, por estar posta
> Uma cinta de pedra, inculta e viva,
> Ao longo da soberba e larga costa
> ....
> Paranambuco de todos é chamado.
> De Para'na, que é Mar; Puca, rotura
> ....
> Pera entrada da barra, à parte esquerda,
> Está uma lajem grande e espaçosa,
> Que de Piratas fora total perda,
> Se uma torre tivera suntuosa.

Escusa comentar esses trechos de má poesia e de alguma observação, longinquamente banhada de lirismo, referente à Pernambuco quinhentista. Daí para a frente, entrando a fala de Proteu, o poemeto deriva para as metáforas e as grandiloquências de efeito, e só de raro em raro volta à cena inicial, a região pernambucana. Quando menciona o governo de Jorge de Albuquerque Coelho, e mesmo de Duarte Coelho, lembra "a opulenta Olinda florescente" (estância 26). E nada mais: após demorar-se na luta contra índios e invasores, segue o seu herói até a Metrópole e de lá para a África em companhia de D. Sebastião. Somente na estrofe 91 o poeta retorna ao *hábitat* primitivo: morto Duarte Coelho em Alcácer-Quibir, diz:

> Mas, enquanto te dão a sepultura,
> Contemplo a tua Olinda celebrada

Todavia, já estamos no epílogo do poemeto, e neste assoma o derradeiro verso sem deter-se, nem de passagem, na geografia brasileira. É indiscutível que se trata dum poemeto de secundária ordem, mercê da conjunção de fatores negativos, um versejador nada inspirado, arrimado a um modelo sufocante, e um tema destituído de altitude épica. Entretanto, livra-o de total ostracismo o fato de ser o nosso primeiro documento propriamente literário. E mantém-no vivo para quantos se interessam por literatura brasileira um outro aspecto: acervo literário pobre como o nosso, não podemos dar-nos ao luxo de desfalcar nossa mitologia cultural de qualquer nome, ainda que ostentando mera importância histórica.

GREGÓRIO DE MATOS

Gregório de Matos e Guerra nasceu em Salvador, a 23 de dezembro de 1636. Filho de português e baiana, teve esmerada educação, que os haveres paternos facultavam. Após frequentar o Colégio da Companhia de Jesus, segue para a Metrópole (1650), onde se forma em Leis, por Coimbra, no mesmo ano em que se casa, em Lisboa (1661). Passa a viver da magistratura. É conhecido por sua língua viperina. Em 1672, é nomeado Procurador da Cidade do Salvador, mas passados dois anos é destituído. Fica viúvo (1678) e recebe ordens menores (1681), às vésperas de regressar ao Brasil, em dezembro de 1682. Na Bahia, casa-se pela segunda vez, com Maria de Povos, e torna-se Irmão da Santa Casa. A boêmia, porém, a que se entregara desde os anos de Coimbra, impele-o a pôr de lado as ocupações de homem sério. Aos poucos, as suas sátiras mordentes e o seu viver desregrado comprometem-no perigosamente, arrastando-o a perder a proteção de governadores e altos prelados. Até que acaba sendo exilado para Angola (1694). Retornando em 1695 para o Recife, ali falece no mesmo ano.[1]

À semelhança do que sucedeu com a maioria dos escritores coloniais, a obra de Gregório de Matos manteve-se inédita longo tempo após a sua morte. Além disso, enquanto viveu, e mesmo posteriormente, os seus poemas circulavam em cópias executadas por mãos nem sempre hábeis, que neles introduziram alterações de toda ordem. Possuímos alguns desses códices, mas nenhum autógrafo, o que afasta, quem sabe para sempre, a hipótese de uma edição crítica do legado poético gregoriano.[2] E como o caráter das cópias dependia do arbítrio individual, ainda ocorre que determinados poemas lhe são atribuídos indevidamente, ou constituem meras traduções ou paráfrases de obras alheias; ou, ao contrário, composições tidas como escritas por outros poetas do tempo poderiam ser perfeitamente da sua lavra. Como se nota, o problema ecdótico suscitado pelo espólio de Gregório de Matos está longe de ser resolvido:[3] ainda quando se cotejarem os apógrafos existentes, é de crer que a questão venha a permanecer intricada, ao menos nalguns pontos.

---

1. Para a súmula biográfica do Poeta, louvo-me em Fernando da Rocha Peres, *Gregório de Mattos e Guerra: Uma Re-Visão Biográfica,* Salvador — Bahia, Ed. Macunaíma, 1983.

Ver também, do mesmo autor, "Documentos para uma biografia de Gregório de Mattos e Guerra", *Ocidente,* Lisboa, nº 372, vol. LXXVI, abr. 1969, pp. 193-201.

É ainda necessário ver, pelas novidades biográficas, não raro em contraste com a tradição, Adriano Espínola. *As Artes de Enganar. Um Estudo das Máscaras Poéticas e Biográficas de Gregório de Mattos,* Rio de Janeiro, Topbooks, 2000.

2. James Amado, na edição que preparou das *Obras Completas de Gregório de Matos* (Bahia, Janaína, 1969, 7 vols.), arrola dezessete códices (vol. VII, pp. 1.744 e ss.).

3. A esse respeito, ver João Ribeiro, *O Fabordão,* Rio de Janeiro, Garnier, 1910, pp. 55-63, 305-315; Sílvio Júlio, *Reações na Literatura Brasileira,* Rio de Janeiro, Antunes, 1938, pp. 102-135; Segismundo Spina, *Gregório de Matos,* S. Paulo, Assunção, 1946; Clóvis Monteiro, "Gregório de Matos", *Studia,* Rio de Janeiro, vol. I, nº 1, dez. 1950, pp. 69-80; Paulo Rónai, "Um Enigma de Nossa História Literária: Gregório de Matos", *Revista do Livro,* Rio de Janeiro, vol. I, nºs 3-4, dez. 1956, pp. 55-66; Eugênio Gomes, *Visões e Revisões,* Rio de Janeiro, INL, 1958, pp. 18-28; Heitor Martins, "Gregório de Matos: Mitos e Problemas", supl. lit. de *Minas Gerais,* Belo Horizonte, 29/8/1970.

Este estado de coisas começa a mudar graças aos esforços de Francisco Topa, professor na Universidade do Porto, que se apresentou para doutoramento com uma tese em que procura encaminhar a solução do problema ecdótico proposto pelo espólio de Gregório de

A história da edição das obras de Gregório de Matos resume-se no seguinte: em 1850, Varnhagen, no *Florilégio da Poesia Brasileira*, dá a conhecer uma série de poemas gregorianos; em 1882, Alfredo do Vale Cabral lança o primeiro volume das *Obras Poéticas*, em que apenas se incluem as peças satíricas; de 1923 a 1933, sob os auspícios da Academia Brasileira de Letras, Afrânio Peixoto publica as *Obras* em seis volumes, divididas em sacra, lírica, graciosa, satírica (em dois volumes) e última; em 1943, a Ed. Cultura, de S. Paulo, republicou o texto anterior sob o título de *Obras Completas*; em 1969, debaixo do mesmo título e acrescentando novos poemas, James Amado repõe em circulação, segundo critérios não menos falíveis do que os de Afrânio Peixoto, o nome do poeta baiano. Eis aí a fortuna da obra gregoriana. Com o material vindo à luz, é possível que já tenhamos entrado na posse do essencial, mas ainda não estamos capacitados a erguer juízos de fé sobre ele, de vez que resta fazer a apuração textual. Bem por isso, toda interpretação da poesia de Gregório de Matos deve ser encarada como provisória, até que se resolva esse problema básico. Com tal cautela, podemos aventurar uma exegese da produção poética que corre em nome de Gregório de Matos.

Comecemos por assentar uma ideia acerca da falibilidade do critério divisório adotado por Afrânio Peixoto, segundo o qual a poesia gregoriana se fragmentaria em secções conforme o caráter satírico, lírico, sacro e gracioso das composições. Na verdade, trata-se duma divisão válida em conjunto, visto que em cada setor se agrupam poemas semelhantes entre si. É evidente que na "Sacra" estejam enfeixados poemas de índole *predominantemente* religiosa, que na "Lírica" se englobam composições que justifiquem o título genérico, e assim por diante. Entretanto, notemos um pormenor que enfraquece o rigor da classificação: em mais de

---

Matos: *Edição Crítica da Obra Poética de Gregório de Matos*, 4 vols., Porto, Ed. do Autor, 1999. Na introdução geral à obra, informa-nos que localizou "292 manuscritos que transmitem poemas atribuídos ao baiano. Esses documentos são de dois tipos: principais e secundários. Os primeiros são os códices integralmente dedicados à recolha da obra de Gregório e ainda as miscelâneas que lhe consagram uma secção autônoma e quantitativamente significativa; os segundos são as miscelâneas e os documentos soltos em que se encontram, geralmente em número muito reduzido, textos atribuídos ao poeta baiano. Para a primeira categoria, identificamos 34 manuscritos — que correspondem a um total de 48 volumes, — pertencentes a 13 bibliotecas, 6 delas estrangeiras. A maior parte destes documentos nunca tido sido utilizada para fins editoriais e 7 deles foram descobertos por nós. Para a segunda, localizamos 258 documentos, pertencentes a 16 bibliotecas, 5 das quais fora de Portugal" (pp. 20-21). Apesar da vasta massa documental compulsada, parte dela pela primeira vez, o pesquisador arremata as preliminares do seu estudo reconhecendo "que uma edição crítica é uma mera proposta que só muito timidamente se pode esperar venha a ser definitiva" (p. 23).

um passo encontramos poemas que deveriam estar inseridos noutras secções ou que obrigariam a abrir outras repartições ou sub-repartições. Na "Lírica" abrigam-se poemas narrativos ou encomiásticos, endereçados ao rei D. Pedro II, à Infanta D. Isabel, ao governador Antônio Luís, etc.; ou picarescos, como o protagonizado por Babu, uma das numerosas musas do poeta, em que este louva a feia "Por dar-se toda a troco de uma prosa".[4] Doutro lado, na "Graciosa" se reúnem composições de teor diverso, como aquelas em que a linguagem desabrida por vezes resvala na licenciosidade análoga da poesia sotádica que foi posta de parte pelo compilador; ou como aquelas em que o poeta assume clara posição lírica e conceptista. Também na "Sátira" se inscrevem poemas narrativos ou simplesmente não satíricos.[5]

Tal invasão de área se justifica pela dificuldade em distinguir, nalguns casos, a que rubrica pertencem as composições; e pelo fato de a diversidade da poesia gregoriana radicar numa unidade que advém da visão do mundo nela impressa, e de as várias configurações poéticas (a lírica, a sacra, a satírica, a graciosa) resultarem de um mesmo comportamento estético e humano. Primeiro que tudo, a pluralidade expressiva traduz uma experiência existencial tão ampla quanto era possível realizar e conceber no século XVII e na Bahia: cada secção assinala um modo de ser adotado ou logrado pelo poeta, desde a mais despachada e irreverente até a mais compungida e submissa. Convenhamos, porém, num ponto: divisado de relance e em conjunto, esse ciclo vital e estético denota um conflito íntimo permanente, uma tensão constante entre polos opostos, num jogo irredutível de antíteses, de antinomias, de paradoxos, de claros e escuros, de luz e sombra. Em poucas palavras, manifesta uma equação vivencial e literária barroca: o poeta erige, por meio dos muitos caminhos franqueados por sua poesia, um verdadeiro protótipo do homem e do artista barrocos.

Sua obra está aí para o atestar meridianamente: somente nos cabe estabelecer como evidência o caráter barroco de Gregório de Matos, e dela partir para a análise do seu espólio. Certamente, volta e meia teremos de

---

4. Esta citação e as demais serão extraídas da edição de Afrânio Peixoto e de James Amado, em confronto com as antologias de Sérgio Buarque de Holanda (*Poetas Brasileiros da Fase Colonial*, 2 vols., Rio de Janeiro, INL, 1953) e de Segismundo Spina, cit.

5. Decerto procurando contornar a dificuldade, James Amado agrupou as composições segundo um critério temático: I — O Burgo, II — Os Homens Bons, III — A Cidade e seus Pícaros, IV — Armazém de Pena e Dor, V — O Coronista Reçusitado, mas a sua edição deixa muito a desejar, como demonstrou Heitor Martins (V. nota 3).

remontar a essa ideia básica, porque, ao fim de contas, as características fundamentais da poesia de Gregório de Matos apenas se explicam no interior dos quadros barrocos. Por isso, o que está em causa é compreender o modo como Gregório de Matos assimilou e praticou a estética vigorante no seu tempo, em que medida se assemelha e se distingue dos seus companheiros de jornada. Em síntese: situar e avaliar-lhe a mundividência, partindo da ideia-matriz de que se inseria no contexto cultural do Barroco.

A adesão de Gregório de Matos às novidades gongóricas e conceptistas processa-se temática e formalmente. Num caso e noutro, deve-se ponderar a relevância da sua estada em Portugal, onde permaneceu cerca de trinta e dois anos, decerto em contacto com as obras dos quinhentistas locais, sobretudo Camões, e dos espanhóis contemporâneos, sobretudo Quevedo e Góngora. O afeiçoamento ao Barroco derivou antes de mais nada de longa frequência na Europa, numa área cultural francamente impregnada do novo estilo de arte e de vida. Mas, está claro, não bastaria a leitura dos poetas válidos no tempo para lhe determinar o destino literário: temos de apelar para as latências da sua personalidade, e levar em conta que entre elas e as respostas oferecidas pela estética barroca se estabeleceu profunda e espontânea simbiose. O homem certo no lugar certo. Identidade consubstancial, adequação perfeita, como se o poeta encarnasse a estética ou esta atuasse como a sua amplificação ou reflexo generalizado.

Gregório de Matos municiou-se no arsenal metafórico em voga no tempo, mas fê-lo com discrição, "agudeza" e inteligência, como de resto pediam as doutrinas barrocas. Usou do eco ("Na oração, que desaterra... a terra / Quer Deus que a quem está o cuidado... dado", etc.), do jogo de palavras:

> Se do tempo perfeito, o meu compasso
> A compasso cantar neste canto,
> Não faltara à garganta agora o passo,
> E em passos de garganta fora espanto:
> Porém se em canto nunca da mão passo,
> Como posso afinar no canto tanto,
> Que me atreva a cantar vossa ciência,
> Sem que falte ao compasso na cadência?

do trocadilho ("Ana felice foste, ou Feliciana"), da ruptura das palavras na sílaba tônica a fim de conseguir rimas agudas:

> É uma das mais célebres histó-
> A que te fez prender, pobre Tomá-,
> Porque todos te fazem degradá-,
> Que no nosso idioma é para Angó-.

Também lança mão de um recurso formal que consiste em compor o poema com palavras terminadas em idêntico fonema:

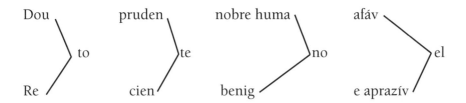

Inclusive a imagem tornada clichê dentro do Barroco, — a comparação entre a lágrima e a água em suas várias formas, ou entre a água e elementos semelhantes, — comparece:

> Desse cristal, que desce transparente,
> Nesse aljôfar, que corre sucessivo.

Embora exemplos breves, cumpre frisar que o "Boca de Inferno", como era chamado, não se deixou fascinar demasiado pelas brincadeiras formais em que se comprazi am os seguidores de Góngora. O exame da sua temática revelará, não só as forças-motrizes que lhe estruturam a visão do mundo e da vida, como as suas vinculações conceptistas.

A questão das influências recebidas por Gregório de Matos tem feito derramar mais tinta e retórica do que se devia.[6] Conquanto não se trate duma questão despicienda, gerou polêmica em excesso, como se encerrasse o aspecto fundamental da problemática gregoriana. Que assimilou as lições de poetas coevos, que os imitou, e que até chegou a traduzir poemas inteiros ou versos isolados,[7] — não padece dúvida alguma. Todavia, tal procedimento não autoriza a considerá-lo menos importante, como tantos fizeram, desde Araripe Júnior. Há que atentar para o fato de a imitação, e mesmo a paráfrase ou o aproveitamento de versos, não

---

6. V. nota 3. Ver também João Carlos Teixeira Gomes, *Gregório de Matos, o Boca de Brasa. Um Estudo de Plágio e Criação Intertextual*, Petrópolis, Vozes, 1985.
7. José Ares Montes, *Góngora y la Poesia Portuguesa del Siglo XVII*, Madri, Gredos, 1956, pp. 340-341.

constituir crime dentro das preceptivas em voga a partir da Renascença. Delito era, isso sim, imitar copiando, "furtar" mediocremente, rebaixar o *tonus* do empréstimo por falta de engenho e arte, ou de talento original. Assim procedeu Camões com referência a Petrarca e Virgílio, apenas para lembrar dois de seus mestres, e ninguém cuidará de tachá-lo de poeta menor, ou de que a apropriação lhe empana a grandeza. E com ele, outros poetas do tempo, incluindo aqueles que o imitaram rasteiramente, como, por exemplo, Bento Teixeira. A acrimônia crítica somente se justificaria nos casos em que a fonte geradora se minimiza quando transplantada para terreno impróprio ou sáfaro. Jamais, porém, quando a imagem original se enriquece ou ganha novos pigmentos nas mãos doutro poeta.

Portanto, fecha-se a questão ao levar-se em conta os hábitos estéticos em moda no Seiscentismo e o quanto o trovador baiano insulou do seu temperamento inconfundível os versos tomados de obras alheias. Tanto que o soneto iniciado pelo verso "Discreta e formosíssima Maria", citado como produto duma subtração indébita, mera tradução e justaposição de dois sonetos de Góngora, não fica nada a lhes dever, simplesmente porque o poeta brasileiro trabalhou com inspiração e originalidade o texto espanhol.

O capítulo das influências torna-se mais claro com a análise doutro aspecto fundamental da problemática gregoriana. Embora se trate de elementos extrínsecos, relativos ao modo de ser externo assumido pelo poeta, sem eles a compreensão dos ingredientes intrínsecos se obscurece ou se embaralha. Gregório de Matos foi repentista, improvisador, o que significa uma permanente disponibilidade poética ou versificatória, que decorria do seu viver airado, é certo, mas que também resultava do seu temperamento, variável, oscilante, extrovertido. Sem dúvida, o seu *modus vivendi* correspondia a determinado psiquismo. Entretanto, a sua fisionomia de cantador de viola, dono de um verbo fácil e pronto, era determinada igualmente por seu talento literário: a improvisação em Gregório promanava das raízes mais fundas do seu ser humano e estético. Toda a sua poesia, mesmo a que não parece fruto dessa poderosa e oculta força interior, ostenta uma só gênese, sem embargo de revelar-se flagrante e diretamente nos poemas satíricos e graciosos. O caráter disponível da poesia gregoriana liga-se a outro aspecto, não menos relevante: trata-se dum lirismo circunstancial, em qualquer de suas mutações. E por circunstancial entenda-se que, as mais das vezes, o menestrel baiano colhia os motivos de inspiração na própria vida errante que levava, seja nos momentos de êxtase religioso ou afetivo, seja naqueles em que põe de manifesto as matrizes faunescas do temperamento. Assim, os poemas de amor a Ângela, dos mais bem conseguidos de sua lírica, parecem tão ocasionais quanto aqueles em que vaza sua bile sarcástica ou as experiências frascárias de jogral tabernário. A circunstância é que lhe dita o arroubo poético: poeta repentista, poeta de circunstância.

De onde a poesia de Gregório de Matos figurar verdadeira autobiografia. Toda obra literária é, de certo modo, o retrato vital do autor, mas da vida por dentro, não por fora. Aqui, trata-se de poetar a experiência cotidiana, registrar em versos os acontecimentos principais do dia a dia. Se não autobiografia, pois esta envolve o desejo confesso de relatar uma existência, os poemas gregorianos equivalem a páginas dum diário, nada íntimo, levando em consideração a vida libertina do poeta e o teor histórico e social das confidências.

Na verdade, encerram a crônica de seus amores, tanto os petrarquianos (por exemplo, a Ângela), como os espúrios e de ocasião. Típica poesia de conquista amorosa, com as limitações que o processo envolucra, porquanto o impulso lírico se desenvolve coibido pelo afã de alcançar a anuência da interlocutora. Diga-se de passagem que o constrangimento era parcial no caso de Gregório, mercê do seu invulgar talento poético, que transubstanciava a menor ocorrência diária em motivo de superior beleza lírica. De qualquer modo, poesia donjuanesca, crônica rimada dos vários amores do poeta, embora com elevação e singularidade.

No outro extremo, colocam-se os motivos não amorosos, mas equivalentes aos primeiros, e que originam uma poesia bajulatória, de franca adulação, endereçada a governadores e potentados, de quem recebia ou esperava favores. Como se vê, persiste o móbil da conquista, malgrado variando seu objeto, sempre em benefício próprio: entrar na posse da mulher ou do apadrinhamento de homens influentes. François Villon do Recôncavo, "poeta maldito" antes que Baudelaire deitasse a correr a voga do satanismo em poesia, Gregório punha sempre a pena a serviço, não de qualquer pessoa ou entidade, mas de si próprio, a fim de suportar ou neutralizar por seu intermédio as agruras com que o obsequiava um viver desregrado e inconsequente.

O retrato que se acabou de esboçar do poeta baiano se tornará mais visível com a análise dos aspectos fulcrais do seu universo lírico, a começar daquele que lhe está intimamente vinculado, relativo à visão da sociedade do tempo. Como bom barroco e oportunista que era, Gregório de um lado lisonjeia a vaidade dos fidalgos e poderosos, numa submissão que estranharia caso não estivéssemos prevenidos contra as manhas do poeta para sobreviver: por exemplo, na décima "Ao Capitão Francisco Muniz de Sousa, chegando a Madre de Deus", etc., termina afirmando que "em conclusão / Protesto com viva fé, / Ir-me pôr a vosso pé, / Para beijar-vos a mão", e em "Chegando à Bahia o Arcebispo D. João Franco de Oliveira", que havia sido Bispo de Angola, confessa desejar que "como Arion, que a doces tratos / Uma pedra atraiu endurecida, / Atraísse eu, Senhor, vossos sapatos!"

De outro, investe desabridamente contra os potentados, os governadores, os nobres, os unhates (= reinóis gananciosos). Seus poemas satíricos constituem um vasto painel das mazelas da sociedade baiana do tempo, erguido com azedume e senso de oportunidade ainda hoje vivos. Seu feroz inconformismo não perdoa ninguém, e a todos atinge no ponto nevrálgico. Do governador Antônio de Sousa de Meneses, alcunhado o "Braço de Prata", diz: "Da Pulga acho que Ovídio tem já escrito, / Luciano do Mosquito, / Das Rãs Homero, e destes não desprezo, / Que escreveram matéria de mais peso / Do que eu, que canto cousa mais delgada, / Mais chata, mais sutil, mais esmagada". E ao governador Antônio Luís da Câmara Coutinho dedica um "romance" duma graça contagiante, em que declara ser o herói do poema detentor dum "Nariz de embono / Com tal sacada, / Que entra na escada / Duas horas primeiro que seu dono". Ao desembargador Belchior da Cunha Brochado chama de "Lobo cerval, fantasma pecadora, / Alimária cristã, selvage humana, / Que eras com vara pescador de cana, / Quando devias ser burro de nora"; "Ó selvagem cristão, ó besta crua!"

Mas não estanca aí o derrame biliar do poeta: toda a sociedade baiana, em suas várias camadas, lhe mereceu indignação. Seu intuito, — sendo o de todos os satíricos, a reforma do mundo pelo riso, a moralização dos costumes pelo ridículo e a chacota, — consistia em apontar as falhas dos contemporâneos fossem quais fossem, a ninguém perdoando, a ninguém beneficiando com um olhar indulgente, salvo nas ocasiões em que ele próprio necessitava de socorro. E embora os magnatas lhe merecessem atenção especial, nem por isso deixou de voltar-se para outras classes e grupos sociais: essencialmente um moralista, é natural que às tantas "Satiriza alegoricamente a vários ladrões da República", com um senso de observação que torna os seus retratados figuras de hoje, sem tirar nem pôr. Mas a sua generosidade patenteia-se reiteradas vezes, sobretudo quando faz o "Juízo Anatômico dos Achaques que padecia o corpo da República em todos os membros, e inteira definição do que em todos os tempos é a Bahia". Aqui, a indignação do poeta sobe a pontos extremos, num desbragamento vocabular e numa irreverência causticantes, que não ignoram nenhum aspecto reprovável da Bahia. Basta a primeira estrofe para dizer dessa corrosiva biliosidade:

Que falta nesta cidade?.. Verdade.
Que mais por sua desonra?... Honra.
Falta mais que se lhe ponha?.. Vergonha.

Nesse diapasão, zurze o povo da terra, "Povo maldito", identificado ou não com a Bahia, de quem afirma que é "tão vil / Que o que em ti quiser campar, / Não tem mais do que meter-se / A magano, e campará", pois "Que os Brasileiros são bestas, / E estarão a trabalhar / Toda a vida, por manterem / Maganos de Portugal" ("Despede-se o poeta da Bahia, quando foi degredado para Angola"). A xenofobia, posto que contrabalançada pela sátira contra as misérias que enfermavam a Bahia e as demais terras brasílicas, não esconde um sentimento antilusitano, que chega ao paroxismo, de resto avançado para o tempo, de acoimar os crentes no sebastianismo de Bestianistas ("Por outro cometa que apareceu na era de 1690; quimereavam os Sebastianistas a vinda do Encoberto", etc.).

O poeta não perdoa quem quer que seja, visto todos terem culpa no cartório; a sua retina surpreende o erro onde estiver, e o seu talento aproveita a intuição de vária forma, direta ou indiretamente, em sonetos, décimas, epigramas, etc. Entretanto, a virulência alcança o ápice em poemas que podem ser considerados as suas obras-primas no gênero, quer como denúncia social, quer como invenção poética: os sonetos iniciados pelos seguintes versos: "A cada canto um grande conselheiro", "Triste Bahia! oh quão dessemelhante", "Neste mundo é mais rico, o que mais rapa", "Bote a sua casaca de veludo", "Faça mesuras de A com o pé direito", "Há cousa como ver um Paiaiá", "Um calção de pindoba, a meia zorra", "Quem cá quiser viver, seja um Gatão"; os poemas intitulados "Reprovações", "Marinícolas", "Epigrama sobre Vários Assuntos", "Milagres do Brasil São". Nestes casos, a sátira pessoal, à feição das cantigas de escárnio e maldizer (de que o senso epigramático de Gregório parece descender), contracena com a sátira de costumes ou coletiva. No primeiro aspecto, a sua indignação agiganta-se quando se trata de padres, fidalgos e mulatos. Em relação aos fidalgos, a sua pontaria certeira atinge o núcleo do pernosticismo então reinante por entre a população mestiça, afetando uma aristocracia tola e aventureira. Como fosse época em que as agudezas barrocas lhe haviam chegado aos ouvidos, naturalmente a ideia de fidalguia se tornou sinônimo de aparência, ludíbrio do próximo, vida despreocupada, irreverência perante os poderosos e, sobretudo, preciosismo vocabular:

> Bote a sua casaca de veludo
> E seja Capitão sequer dous dias,
> Converse à porta de Domingos Dias,
> Que pega fidalguia mais que tudo.

> Seja um magano, um pícaro, um cornudo,
> Vá a palácio e após das cortesias
> Perca quanto ganhar nas mercancias,
> E em que perca o alheio, esteja mudo.

> Sempre se ande na caça e montaria,
> Dê nova locução, novo epíteto,
> E diga-o sem propósito à porfia;

> Que em dizendo: "facção, pretexto, afeto",
> Será no entendimento da Bahia
> Mui fidalgo, mui rico, e mui discreto.*

Mas tais fidalgos de opereta bufa de onde procedem? Di-lo o poeta, com sua peculiar língua afiada, dirigindo-se "Aos Caramurus da Baía":

> Há cousa como ver um Paiaiá
> Mui prezado de ser Caramuru,
> Descendente do sangue do Tatu.
> Cujo torpe idioma é cobé pá?

> A linha feminina é Carimá,
> Muqueca, pitinga, caruru,
> Mingau de puba, vinho de caju
> Pisado num pilão de Pirajá.

---

* A edição de Francisco Topa apresenta divergências de pontuação: ponto e vírgula depois de "dias", vírgula depois de "veludo", "palácio", "cortesias"; elimina a vírgula depois de "montaria", "rico", e os dois-pontos depois de "dizendo"; e de leitura: onde está "Dê" leia-se "De" (p. 337).

A masculina é um Aricobé,
Cuja filha Cobé, c'um branco Paí
Dormiu no promontório de Passé.

O Branco era um Marau, que veio aqui:
Ela é uma Índia de Maré:
Cobé pá, Aricobé, Cobé, Paí.*

E no tocante aos mulatos? Gregório era de uma mordacidade violenta, desenfreada, acima de tudo se topava pela frente um sacerdote mestiço: a sua sátira chega ao ápice, como em "Milagres do Brasil São", dirigido ao "Vigário de Passé, Lourenço Ribeiro, homem pardo", a quem chama de "Cão revestido em Padre", e cujo retrato termina com uma estrofe ácida e impiedosa, onde expele toda a sua ojeriza pelo vigário:

Imaginais que o insensato
do canzarrão fala tanto
porque sabe tanto, ou quanto?
Não, senão porque é mulato;
ter sangue de carrapato,
ter estoraque de congo,
cheirar-lhe a roupa a mondongo
é cifra de perfeição:
milagres do Brasil são.

Observe-se que Gregório não manifesta intuito consciente de reformar ou moralizar os costumes, entre outros motivos porque tinha o telhado de vidro. Todavia, estamos longe de compreender o alcance e o sentido de sua sátira. A biliosidade resultava, primeiro, de que o estado de coisas da Nação naqueles primitivos tempos era verdadeiramente caótico em matéria de comportamento moral: imperava a anarquia de costumes no Recôncavo baiano. Entretanto, para a grande maioria decerto as coisas corriam à bonança, já que se beneficiavam da tendência geral para o oportunismo e o desrespeito às expectativas sociais mais

---

* A edição de Francisco Topa apresenta divergências de pontuação: vírgula depois de "caju", "aqui", "Maré"; elimina a vírgula depois de "Cobé", "Marau"; e de leitura: onde está "sangue do", "cobé pá", "pitinga", "num", "c'um", leia-se "sangue de", "cobépá", "pititinga", "em um", "um" (pp. 339-340).

exigentes: por um acordo tácito, todos compunham uma sociedade desregrada para a qual tinham sido preparados ou que as condições propiciavam. Assim, por que o poeta se indispôs, contra ela, estando envolvido no desmazelo geral?

A resposta oferece o segundo item: em razão do seu talento inato de satírico, cujas setas aceradas ganhavam agudeza diante duma sociedade que lhe fornecia tantos exemplos de corrupção e hipocrisia, ao malsinar os seus contemporâneos, talvez risse de si próprio, zombasse da própria estúrdia; de onde a energia e a altura do ataque, feroz inclusive para com aquele que o desferia.

E, terceiro, porque talvez se sentisse demasiado europeu e culto em meio a mestiços corrompidos e tafuis: em litígio com tudo e com todos, a sátira decorreria de inadaptação cultural e de a sociedade local espelhar-lhe a origem e a natureza tropical, que a educação europeia fazia repelir. É certo que a sátira proviria duma sensibilidade requintada na percepção das chagas alheias, e próprias, mas também é verdade que resultaria dum conflito irresolúvel entre o que no ambiente baiano lhe recordava a procedência e as matrizes da sua personalidade, e o *status* cultural a que o promoveu o longo estágio na Metrópole. Tal conflito é que lhe explicaria o vigor e a oportunidade da sátira, e a extensão abrangida.

Da sátira maldizente e pessoal, o poeta ascende para a crítica social, englobando o povo baiano, a cidade e mesmo o País, dum tal modo que acaba confessando:

> Querem-me aqui todos mal,
> Mas eu quero mal a todos,
> Eles, e eu por nossos modos
> Nos pagamos tal por qual:
> E querendo eu mal a quantos
> Me têm ódio tão veemente
> O meu ódio é mais valente,
> Pois sou só, e eles tantos.

Por quê? O poeta responde que "neste Brasil empestado", "Terra tão grosseira, e crassa", "Os Brancos aqui não podem / mais que sofrer, e calar, / e se um negro vão matar, / chovem despesas". E, nas "Reprovações", parece declarar, no curso de uma série de estrofes condicionais, que a situação é irremediável, pois a decomposição social chegara a um ponto extremo. Basta uma estrofe para ilustrar o pensamento do poeta:

> Se não compondes, sois néscio,
> Se escreveis, sois censurado,
> Se fazeis versos, sois louco
> E se o não fazeis, sois parvo.

Vê-se que, tanto na sátira pessoal, como na coletiva, o poeta estadeia as mesmas qualidades de censor atrabiliário, e o mesmo antagonismo básico: a lassidão de costumes que reinava na Colônia o chamava para os seus braços, mas incitava-o à rebeldia, pois os seus pendores estéticos e a formação europeia não encontravam ressonância no círculo social primitivo do Recôncavo. Assim, atacando o Brasil, satirizava a própria gênese, que o fazia dissoluto e desbocado e lhe contrariava os sinais de homem lido e viajado.

Por via desse inconformismo generalizado pode-se compreender o pensamento político de Gregório de Matos, ou aquele pouco de extravasamento que receberia tal nome. O problema já foi posto e discutido pelos críticos,[8] mas não creio que ainda possa considerar-se fechado, sobretudo tendo-se em conta a questão textual levantada pelo poeta baiano. Examinada no todo, a produção literária de Gregório autoriza a crer que o seu inconformismo era o dum instintivo, dum sensitivo, ao menos como ponto de partida. A rebeldia contra tudo e todos radicava antes numa reação contra os desmandos e mazelas existentes na Colônia, que numa reação intelectual, fruto de conceitos ou amadurecida em longas vigílias de leituras ou de meditações profundas: revoltado e insatisfeito por temperamento. Sua intolerância, que não perdoava a ninguém, embora utilizasse por vezes a indireta ou as referências encobertas, decerto revelava uma natural disponibilidade para a anarquia, não como forma de pensamento político, mas de procedimento social.

E se o termo "anarquia" envolve anacronismo ou parece demasiado forte, podemos afirmar que a sua poesia, entendida como reflexo da vida diária, nasce dum impulso que se diria "liberal", descontando--se-lhe ainda a conotação moderna. Liberal, não porque Gregório fosse conduzido por doutrinas correspondentes, mas porque agia como livre--pensador. Pela existência boêmia que levava, e pelas posições tomadas na poesia, dá a impressão de um pré-romântico, que somente por acaso viveu no século das agudezas barrocas. E o visceral liberalismo, evi-

---

8. Araripe Júnior, "Gregório de Matos", in *Obras Críticas,* 3 vols., Rio de Janeiro, Casa de Rui Barbosa, 1958-1963, vol. II, pp. 430 e ss.; José Paulo Paes, *Mistério em Casa,* S. Paulo, Conselho Estadual de Cultura, 1961, pp. 16 e ss.

dente no conjunto dos poemas, em determinadas circunstâncias parece traduzir-se numa confissão que só não era mais direta porque convocava para dentro dos versos uma noção política e social ainda hoje distante do seu pleno desenvolvimento:

> Que aqui honram os mofinos,
> E mofam dos liberais.

É verdade que os dois segmentos, extraídos do contexto originário, podem não oferecer a evidência que salta aos olhos quando percorremos o poema todo: "Despede-se o poeta da Bahia, quando foi degredado para Angola". Mas também é verdade que, mesmo descontando o fato de o vocábulo "liberal" possuir diversa conotação política no tempo, assinala um comportamento livre ou libertino, que pressagia o sentido adquirido nos séculos subsequentes. Mais ainda: como o vocábulo se refere à vida desregrada em que se consumia, e não no pensamento político consciente, obviamente recusaria uma conotação rigorosa ou preconcebida. De qualquer modo, ao seu liberalismo de fauno às soltas apenas faltava a retaguarda doutrinária para se equiparar ao pensamento iluminista criado pela revolução industrial e a ascensão da burguesia.

Por outro lado, a compreensão desse liberalismo espontâneo exige que tornemos o olhar para outros aspectos da mundividência de Gregório: cada parte do todo se beneficia com a luz derramada pelas demais frações, e o todo somente cobra relevo quando as partes estiverem satisfatoriamente iluminadas. Um aspecto estreitamente vinculado ao anterior diz respeito ao que se denominaria de *igualitarismo*: lúcido, inconformado ante o meio tacanho e desleixado em que lhe foi dado viver, Gregório orienta-se por uma expressa clarividência da igualdade radical entre os seres. Para ele, os homens seriam substancialmente idênticos; daí a sátira "Aos Vícios":

> Uma só natureza nos foi dada;
> Não criou Deus os naturais diversos;
> Um só Adão criou, e esse de nada.
>
> Todos somos ruins, todos perversos,
> Só nos distingue o vício e a virtude,
> De que uns são comensais, outros adversos

Daqui decorrem algumas forças-motrizes da cosmovisão de Gregório: primeiro que tudo, o seu conceptualismo. O arsenal imagético empregado pelos gongóricos, como vimos, não lhe foi de todo estranho, mas não permite classificá-lo entre os seguidores de Góngora. Ao contrário, alinha-se junto dos conceptistas, êmulos de Quevedo. Seu conceptismo centrava-se em vários temas, desde o mais corriqueiro até o mais transcendental; tudo se transformava, por meio de suas poderosas antenas líricas, em matéria de pensamento ou conceito, pois sentir e pensar lhe constituíam ações simultâneas.

Reportando-nos aos versos citados, observamos outras constantes de sua visão do mundo, derivadas desse dom para a casuística, a primeira das quais é o maniqueísmo: o poeta parece admitir a existência do bem e do mal como princípios cósmicos perenes, de tal forma que a opção entre ambos resultasse do livre-arbítrio, não da Providência divina, já que "todos somos ruins, todos perversos". Doutrina heterodoxa, e mesmo herética, mas antijansenista naquilo em que rejeita o providencialismo, o poeta aceita-a e defende-a por experimentar na própria carne a verdade que encerrava: a sua vida devassa constituía um estigma, força cega para o mal, oposta àquilo que o destino parecia ter-lhe preparado. Sua heterodoxia de feição maniqueísta, decerto oriunda das próprias matrizes do espírito barroco, implica necessariamente um deísmo, mas um deísmo laico, indiferente ou antagônico às postulações jesuíticas e contrarreformistas imperantes no tempo. A esse deísmo voltaremos mais adiante.

De momento, importa compreender que o seu pensamento herético não significa ausência de lastro religioso: na verdade, Gregório de Matos era um temperamento religioso, que tanto poderia ter-se voltado para o caminho da santificação como do seu extremo oposto. Preferiu deixar-se fascinar pelas facilidades da "queda", como uma espécie de "poeta maldito" prematuro, mas a sua indignação contra a deliquescência que lavrava em derredor documenta a aspiração de alguma coisa melhor para a espécie humana: sem o saber, preconizava um mundo diverso daquele em que vivia.

Para tanto, recorria à sátira, ao deboche, à esgrima verbal, talvez crente de que aí estivesse o único rumo a seguir; como esquecesse que o caminho do bem deveria ser antes escolha e realização pessoais, para depois se tornar exemplo das gentes, acabou incidindo nos erros que acidamente combatia. Com isso, o conflito permanecia latejante e vivo, e a conciliação entre o terreno e o divino, que morava na raiz do Barroco, ia sendo adiada para sempre como ideal utópico ou impossível.

Ao menos o consolaria a certeza de haver tomado consciência de que o povo baiano estagnava inconsciente, bovinamente arrastado para um viver sem grandeza.

Pois essa mesma consciência aguda do contexto social é que justifica, como imediato corolário, o inconformismo perante a batina. Seu anticlericalismo, em que também se incluem as religiosas (que chama de "canalhas" e "lascivas freiras"), encontrava farto material comprobante na vida irregular que os clérigos levavam então: é lugar-comum na historiografia respeitante aos séculos XVII e XVIII a referência aos maus costumes que grassavam no interior dos mosteiros e conventos, em quase tudo análogos ao que ocorria fora deles (o contato de sacerdotes e freiras com gente profana traduzia-se em "outeiros" ou reuniões literárias, e a cela das monjas não raro parecia alcova). Basta a didascália de dois poemas para dizer do teor da sátira anticlerical e do quanto Gregório colhia na fonte direta o motivo das diatribes: "A uma briga que teve certo vigário com um ourives por causa de uma mulata"; "A um frade, a quem uma freira pediu o hábito para fazer um entremez, deixando-o nu na grade, onde sucedeu o caso".

Sátira impiedosa e chocarreira, não perdoa a nada e a ninguém, e as mais das vezes alia belicosidade a um racionalismo implacável, pré-iluminista, ou pré-voltairiano; e acionada por uma autonomia de espírito e uma coragem moral, que desde logo o aproximam de Antônio Vieira, seu contemporâneo. Ambos representam o melhor da cultura portuguesa e brasileira durante a quadra barroca: na ação, desempenadamente antiobscurantista, eram faces da mesma moeda, e na visão do mundo, com exigências de rigor intelectual e ético, individualidades de semelhante calibre e porte, embora o poeta houvesse conduzido ao extremo da licenciosidade a insatisfação azeda e revoltada.

A aproximação dos dois escritores, além de exigir uma análise que transbordaria deste livro, não é ocasional: encontra-se na poesia de Gregório uma composição que registra o seu conhecimento do padre-orador, como se pode ver da didascália, que nos informa tratar-se do seguinte: "Na era de 1686 quimereavam os Sebastianistas a vinda do Encoberto por um cometa que apareceu. O poeta pretende em vão desvanecê-los traduzindo um discurso do Pe. Antônio Vieira que se aplica a El-Rei D. Pedro II".

É o momento de examinar um pouco mais detidamente o deísmo laico de Gregório. Como autêntico barroco, convocava a mitologia para o magma dos poemas, mas dessacralizando-a, trazendo-a para o plano humano. Ao contrário do Renascimento, que atribuía aos deuses função ora transcendental, ora ornamental, o Barroco baixou-os à dimensão humana, fazendo-os conviver com toda a gente como se vivos fossem.[9] Curioso é observar que semelhante destino acabaram tendo as representações cristãs dentro da arte barroca: Cristo e os vários santos, não poucas vezes descritos ou pintados, eram encarados como seres possuidores de uma transcendência situada *aqui*, par a par com a gente de carne e ossos, burgueses, aristocratas ou alegres convivas de taverna.

Gregório, em consonância com os representantes do Barroco europeu estudados por Helmut Hatzfeld, sobretudo Velásquez e Cervantes, também humaniza os motivos mitológicos e religiosos dos poemas. Mas como a mitologia, reduzida às proporções terrenas, perdia considerável parte da razão de ser, é bem menos frequente e atuante na poesia gregoriana que as figuras da hagiografia cristã. Seu deísmo, tornado laico por via dessa antropomorfização, caracteriza-se por uma ambiguidade tipicamente barroca, evidenciadora do homem conflitivo que era Gregório: "Afirma da fortuna não ser outra cousa mais que providência altíssima de Deus" e julga "Que há Deus mais poderoso, que Deus Marte" ("Ao Ouvidor do Cível da cidade da Bahia, o Desembargador Dionísio de Ávila").

Entretanto, a sua crença na Providência equivale à crença na força mágica de algum órgão ou instituição humana, como se acreditasse nas ordens do monarca em Lisboa ou do Papa em Roma. E considerar Deus mais poderoso que Marte, era o mesmo que depositar mais confiança no poder de um chefe militar do que no de outro. Por isso, entende-se que o poeta tomasse Nossa Senhora do Rosário como objeto de "uma academia". Como se não bastasse o fato de erigir a santa em matéria de assembleia literária, dedica-lhe atenção e respeito pouco ou nada diversos daqueles que endereça a Ângela na poesia lírica.

A fim de melhor situar o deísmo laico e terrenal de Gregório, é necessário rastrear-lhe um aspecto adjacente e dos mais relevantes, inclusive para a compreensão do fenômeno barroco em geral. Diz respeito ao tema do desprezo do mundo e da fugacidade do tempo: neste ponto, Gregório mostrava o reverso grave e compenetrado da sua visão do mundo, espelhando uma das grandes linhas do pensamento e da arte vigentes na época, porquanto "os motivos barrocos mais sérios se referem a reflexões sobre a vida, o homem e a passagem do tempo".[10] O tema do desprezo

---

9. Helmut Hatzfeld, *Estudios sobre el Barroco*, tr. espanhola, Madri, Gredos, 1964, pp. 106 e ss.

10. *Idem, ibidem*, p. 116.

do mundo assume na poesia gregoriana uma primeira metamorfose, à *Eclesiastes*: a vaidade, interpretada como universal e onipotente, ressurge numerosas vezes na obra de Gregório de Matos, especialmente nos poemas sacros:

São neste mundo império de loucura,
Posse, engenho, nobreza e galhardia,
Os padrões da vaidade em que confia
A presunção dos homens sem cordura.

Ou, indo na direção oposta, o poeta confessa: "sou nada". Para reagir contra a vaidade, Gregório levara a extremo a licenciosidade, um comportamento libertino, à maneira dos barrocos em geral, que "consiste em recorrer a um compromisso, aparentemente neutro, entre o lúgubre e o sensual, isto é, a *tranches de vie*, ou quadros no gênero, assim como a naturezas mortas ou a comestíveis".[11] No entanto, tal compromisso não consegue adiar por muito tempo a insinuação dum sentimento depressivo perante a fragilidade da vida humana, enevoada pelo espectro da morte: todos sentem, no rastro de Gôngora, também glosado por Gregório, que as vaidades se transformam, cedo ou tarde, "en tierra, en humo, en polvo, en sombra, en nada". A Gregório, a morte se afigura com semelhante conotação na décima "A uma Caveira", cujo *mote* reza o seguinte:

Ó tu, que me estás olhando,
Olha bem, que vivas bem;
Porque não sabes o quando
Te verás assim também.

À presença iniludível e apavorante da morte, fruto de os barrocos se sentirem imersos no tempo histórico e num "cenário finito que reflete o infinito",[12] acrescenta-se o sentimento da fugacidade das coisas. Helmut Hatzfeld lembra que Jean Rousset, em sua *Anthologie de la Poésie Baroque Française* (1961), alinha uma série de "símbolos de movimento, de mudança e de fragilidade", dentre os quais a água, o mar, a onda, a fonte, a espuma, o vento, o voo, a nuvem, o raio, a chama, a chispa.[13] Gregório

---

11. *Idem, ibidem*, p. 115.
12. *Idem, ibidem*, p. 120.
13. *Idem, ibidem*, p. 121.

optou por um símbolo que se diria universal da passagem inexorável do tempo, ao menos a partir de Malherbe: a flor. No soneto gregoriano, composto de outros dois de Góngora ("A Maria de Povos, sua futura Esposa"), já se manifesta o emprego da flor no sentido malherbiano, como símbolo da beleza perecível e da transformação de tudo rumo à morte. Noutros passos, de fúnebre inflexão surpreendemos o poeta socorrer-se do mesmo símbolo para glosar situação análoga:

> Para que é mais idade, ou mais um ano,
> Em quem por privilégio, e natureza
> Nasceu flor, a que um sol faz tanto dano!?
>
> Vossa prudência, pois, em tal dureza,
> Não sinta a dor, e tome o desengano
> Que um dia é eternidade da beleza.*

Ou quando "moraliza o poeta na seguinte obra a sua decadência no amortecido desmaio de uma pomposa flor". Noutro poema, introduz, anti-heraclitinianamente, outro símbolo para lhe caracterizar a debilidade e a contínua metamorfose: o rio. Sentindo que o destino *para a morte* se opõe ao eterno retorno do rio, "moraliza, mui dessemelhantes, o curso da vida humana e a corrente caudalosa de um furioso rio". E pelo contraste chega a estabelecer o seguinte paralelo entre si e o rio, plasmado no mote do poema:

> Vás-te, mas tornas a vir,
> Eu vou, e não torno mais,
> Nascemos mui desiguais,
> Hemo-nos de dividir;
> Em ti tudo é repetir,
> Vazas, e tornas a encher:
> Em mim tudo é fenecer,
> Tudo em mim é acabar,
> Tudo em mim é sepultar,
> Finalmente hei de morrer.

---

* A edição de Francisco Topa apresenta divergências de pontuação: elimina a vírgula depois de "idade", "privilégio", "dureza", "dor", antes e depois de "pois"; e de leitura: elimina o sinal de exclamação depois de "dano" (p. 203).

O tema do desprezo do mundo e da fugacidade do tempo vincula-se estreitamente a um outro que lhe serve de corolário imediato: o tema da confissão religiosa e da contrição, presente nas composições sacras. Como vimos, a multiplicidade temática em Gregório de Matos, repartido entre vários e desencontrados apelos, que vão originar o esgalhamento de sua poesia em sacra, lírica, satírica, graciosa e sotádica, decorre da íntima adequação do poeta ao ideário barroco. A. sua poesia sacra é tão sincera como a lírica e as demais, tomando-se o vocábulo "sinceridade" não no sentido de registro do mundo da consciência "civil" do poeta, mas o do universo da sua imaginação e da sua inteligência. Por outras palavras: enquanto poeta, Gregório era *sempre* sincero, fosse qual fosse o estímulo de momento, uma vez que tudo se convertia em manifestação da sua mundividência.

Doutro lado, tais expressões poéticas (a lírica, a sacra e as demais), apesar de igualmente válidas e sinceras, colocam-se em planos diversos, que lembrariam o lirismo trovadoresco. A poesia sacra e a poesia licenciosa morariam em polos opostos: a sacra constitui a esfera transcendental do "eu", ao passo que a poesia sotádica resultaria da projeção do "eu" para fora de suas balizas, à maneira da cantiga de escárneo e maldizer. A poesia sacra revelaria o "eu profundo" do poeta quando se recolhesse para meditar acerca da existência, o tempo e o Cosmos, ou/e para se penitenciar da vida dissoluta que gerava a poesia licenciosa. Por trás da capa de estroina e vadio impenitente morava, como sempre, um hipersensível que tinha instantes de queda e recolhimento, de meditação e arrependimento.

Entretanto, terminada a incursão interior, e esgotada a emoção correspondente, o poeta voltava à extroversão boêmia e inconsequente. Exausto dela, deprimia-se, refluía para dentro do "eu", contrito e emocionado, e vivia em silêncio outro hiato de transcendência e renúncia, findo o qual, regressava ao viver anterior, e assim por diante, num movimento pendular ininterrupto até o fim. Vida e obra descrevem um percurso sob o signo da oscilação, em que o descair num dos polos impelia para o outro.

No entanto, o apego à poesia sacra, como a qualquer outra, longe está de provir exclusivamente da moda barroca e do influxo dos poetas europeus: a vida de Gregório, num jogo de espelhos paralelos com a sua obra, documenta-o nitidamente. Em verdade, o afeiçoamento à religião decorria antes dum pendor inato que da conjuntura literária coeva: era tão religioso, como libertino, ambos com a mesma "sinceridade".

Religioso por dentro, devasso por fora. Contraditório? Paradoxal? Tão somente barroco, e uma singular organização lírica, análoga à de poetas como François Villon, Baudelaire, Camões.

Acrescente-se que a poesia sacra não desponta no derradeiro ato da existência de Gregório, ao contrário do que nos levaria a induzir a quadrinha que o poeta teria perpetrado "Na hora da morte, vendo o Autor nas mãos de um sacerdote um Crucificado com os olhos cobertos de sangue". Ainda que indiscutível, a ocorrência não permitiria supor que os demais poemas sacros tivessem vindo à luz nos seus últimos anos de vida. Além disso, a estrofe ostenta um conteúdo nada canônico, levando-se em conta o momento em que teria sido improvisada:

> Quando os meus olhos mortais
> Ponho nos vossos divinos,
> Cuido que vejo os meninos
> Do Gregório de Morais.

Ainda que o poema fale por si, como interpretar o fato de Afrânio Peixoto o inscrever entre as composições satíricas? A meu ver, a poesia religiosa de Gregório de Matos, sendo de foro íntimo, não se compadecia com a divulgação pública, mesmo estando ele em artigo de morte: ao comum das gentes, o poeta primava em manifestar o verniz satírico que lhe cobria a sensibilidade, reservando a confissão íntima para as horas de recolhimento. A quadrinha, fruto de um repente e anotada por um espectador do momento, somente poderia ser de índole satírica. Ressalve-se a hipótese de o poeta haver-se refeito da enfermidade que ameaçava de o levar à morte, e depois transcrito no papel o improviso maledicente.

O tema da confissão religiosa afina-se com o da confissão amorosa. O poeta baiano não escondia as facetas que poderiam revelar aspectos menos viris ou despachados da sua personalidade. Dentre elas, ressalta a confissão das desditas no terreno afetivo, que contrabalançam as experiências com mulheres desqualificadas. Estão no caso os sonetos a D. Ângela, "de tão rara formosura, que D. João de Alencastro, quando foi deste governo para Lisboa, levou consigo um retrato seu". Os vários poemas determinados pela incendida paixão fornecem uma história da requestação infrutífera, embora o poeta a pretendesse para fins casamenteiros.

Desprezado e malferido nos seus brios, escreve as peças de amor mais bem conseguidas, algumas delas sem favor colocáveis junto às obras-primas no gênero em língua portuguesa. A posse desejada e inalcançada aguçou-lhe a espiritualidade latente ou converteu os apelos sensoriais numa visão transcendental do objeto amado. Basta relancear os olhos pelo primeiro soneto da série para se perceber o teor de sublimação atingido por um poeta que nos habituamos a encarar como fauno desbragado:

> Não vira em minha vida a formosura,
> Ouvia falar nela cada dia,
> E ouvida me incitava, e me movia
> A querer ver tão bela arquitetura.
>
> Ontem a vi por minha desventura
> Na cara, no bom ar, na galhardia
> De uma mulher, que em Anjo se mentia,
> De um Sol, que se trajava em criatura:
>
> Matem-me, disse eu, vendo abrasar-me,
> Se esta a cousa não é, que encarecer-me
> Sabia o mundo, e tanto exagerar-me.
>
> Olhos meus, disse então por defender-me,
> Se a beleza heis de ver para matar-me,
> Antes, olhos, cegueis, do que eu perder-me.

Decerto, o poeta amparava-se também nos modelos oferecidos pelos mestres barrocos, mas é Camões quem lhe fornecia o contingente maior do arsenal imagético e filosófico de que lançava mão para retratar a mulher amada e descrever o sentimento que lhe despertava. Dada a frequência e a densidade com que surge na poesia de Gregório, especialmente nas composições líricas, Camões constitui, sem dúvida, o guia do vate baiano. A rigor, o brasileiro inscrevia-se entre os continuadores do português, medíocres e talentosos, d'aquém e d'além-Atlântico, durante os séculos XVI, XVII e XVIII: nem por ter sido dos mais inspirados deixou de alistar-se entre os êmulos de Camões. E a sua filiação patenteia-se desde a assimilação de procedimentos formais ou estéticos até à glosa pura e simples, de resto em obediência aos cânones clássicos em voga:

> Alma gentil, esprito generoso,
> Que do corpo as prisões desamparaste,

E qual cândida flor em flor cortaste
De teus anos o pâmpano viçoso.

Hoje, que o sólio habitas luminoso,
Hoje, que ao trono eterno te exaltaste,
Lembra-te daquele amigo, a quem deixaste
Triste, confuso, absorto, e saudoso.

Tanto tua virtude ao céu subiste,
Que teve o céu cobiça de gozar-te,
Que teve a morte inveja de vencer-te.

Venceste o foro humano, em que caíste,
Goza-te o céu não só por premiar-te,
Senão por dar-me a mágoa de perder-te.

Embora dedicado "À Morte de Afonso Barbosa da França, mancebo generoso, da principal nobreza da Bahia, e muito amigo do poeta", salta aos olhos a imitação do poema camoniano. A consanguinidade com o autor de *Os Lusíadas* ainda se processa noutros aspectos, como, por exemplo, no tocante ao conceito do amor. Para Gregório,

(...) amor só vive, quando em seus ensaios
Ao incêndio do gosto se resiste,
E aos fulgores do sol fomenta os raios.

Ou, ainda, discutindo "Se é maior a perda do bem, que chegou a possuir-se, ou o do que faltou na esperança. Defende o bem já possuído" e assevera que

Quem perde o bem, que teve possuído,
A morte não dilate ao sentimento,
Que esta dor, esta mágoa, este tormento,
Não pode ter tormento parecido.

Quem perde o bem logrado, tem perdido
O discurso, a razão, o entendimento:
Porque caber não pode em pensamento
A esperança de ser restituído.*

---

* A edição de Francisco Topa apresenta divergências de pontuação: ponto e vírgula depois de "entendimento"; elimina a vírgula depois de "bem", "tormento" (p. 83).

e pondera que:

> O bem, que não chegou a ser possuído,
> Perdido causa tanto sentimento,
> Que faltando-lhe a causa do tormento,
> Faz-se maior tormento o padecido.*

Creio dispensável sublinhar quão camoniana (ainda que igualmente barroca) essa casuística amorosa. Entretanto, guardemo-nos de inferir a existência duma identidade profunda entre Camões e Gregório de Matos. Na verdade, separava-os um fosso, a principiar do fato de o primeiro possuir uma respiração poética mais vasta que a do segundo, tanto assim que lhe serviu de mestre. Além de Gregório de Matos ter-se dispersado em várias e esgotantes modalidades poéticas, faltou-lhe, no plano específico do lirismo amoroso, a densidade trágica alcançada pelas intuições camonianas. Mais ainda: o poeta português, posto se refira a numerosas musas ou a todas as mulheres em geral, carrega uma só no espírito e uma só convida para integrar o plasma de seus poemas. Ao passo que Gregório canta mais de uma inspiradora, de vária casta e diferenciada no nome e nas feições. Num, a concentração; noutro, a dispersão: Ângela, Inês (também cantada sob o anagrama de Nise), Babu, Clóris, Arminda ou Maria, Floralva, uma Freira, Catarina, Vicência, Antonica, Teresa, Brites... Claro, a cada uma o poeta distingue com o tratamento que merece, mas por vezes outras que não Ângela lhe inspiram versos enternecidos. É o caso, por exemplo, de D. Brites, a quem dedica um bem-achado poema em oitavas, em que a descreve pormenor a pormenor, segundo rezava o figurino de época. Da descrição resulta um acabado retrato da mulher barroca:

> Sei que o sol vos daria o seu tesouro / Pelo negro gentil desse cabelo; Tão belo (...) // os vossos olhos o que são? / São de todos os olhos um portento; / Um portento de toda a admiração: / Admiração do sol, e seu contento (...) // A boca para cravo é pequenina; / Pequenina, sim é; será rubi (...) / Mas creio, que não quer a vossa boca, / Pelo rubi, nem cravo fazer troca (...) // Ver diamantes em golpes de escarlata, / Em pingos de rubi puro cristal; / É ver os vossos dentes de marfim / Por entre os belos lábios de carmim (...) /

---

*A edição de Francisco Topa apresenta divergências de pontuação: elimina a vírgula depois de "bem", "possuído", "sentimento"; e de leitura: onde está "chegou a", "Faz-se" leia-se "chegou", "Faz ser" (p. 85).

/ Encanto é ver o Amor em tal ardor, / E arder também o peito por espanto, / Tendo de vivo fogo por sinal, / Duas vivas empolas de cristal (...) / / Ao dizer eu das mãos não me aventuro (...) / A cuja neve, prata e cristal puro / Se apurou o cristal, a neve e a prata: / Celíssimas pirâmides formando (...) / / a vossa cinta é tão distinta / Que o céu se fez azul de formosura, / Só para cinto ser de tal cintura (...) / / descrever um pé tão pequenino, / Se loucura não é, é desbarate.

A problemática da poesia de Gregório de Matos não se interromperia aqui: outros aspectos demandariam análise, mas os ângulos focalizados dizem com nitidez da sua complexidade e altitude. Quanto à complexidade, o seu debate transborda destas páginas e implica determinadas premissas, como a solução do problema textual. E a sua grandeza fica ao menos assinalada: dentre os poetas do tempo, em língua portuguesa, ninguém se lhe iguala, e em outras literaturas poucos se lhe equiparam em talento genuíno, em valor e em largueza de visão do mundo.

MANUEL BOTELHO DE OLIVEIRA

Nasceu na cidade do Salvador (Bahia), em 1636. Contemporâneo de Gregório de Matos no curso de Direito em Coimbra, teve oportunidade de aprimorar os conhecimentos da língua latina, espanhola e italiana. De regresso à cidade natal, dedicou-se à advocacia e à política (vereador). "Combateu os mocambos de Papagaio, Rio do Peixe e Gameleira, em Jacobina, e obteve o cargo de capitão-mor desses distritos por ter emprestado 22.000 cruzados de sua fazenda para a criação da Casa da Moeda da Bahia".[1] Em 1705, publicou, por intermédio da Oficina de Miguel Manescal, Impressor do Santo Ofício (Lisboa), *Música do Parnaso*, cujo título inteiro, como de hábito naqueles tempos, se desdobra por minuciosas explicações: *Música do Parnaso, dividida cm quatro coros de rimas, portuguesas, castelhanas, italianas e latinas, com seu descante cômico reduzido em duas comédias.* Ou seja: contém poemas nos referidos idiomas e duas peças de teatro cômico, *Hay Amigo para Amigo* e *Amor, Engaños y Celos*. Faleceu na Bahia, a 5 de janeiro de 1711.

---

1. Rodolfo Garcia, nota 125 ao t. III da *História do Brasil,* de Varnhagen, 7ª ed., 3 vols., S. Paulo, Melhoramentos, 1962, vol. II, t. III, p. 271.

Para quem já se familiarizou com Bento Teixeira e Gregório de Matos, soa evidente a afirmação segundo a qual entre eles e Manuel Botelho de Oliveira, apesar dos óbvios pontos de contacto, existem diferenças substanciais, ora decorrentes da própria evolução sofrida pelo Barroco, ora de razões específicas: o autor de *Música do Parnaso* parece levar às últimas consequências a estética barroca, e no menos válido de seus aspectos.

A parte portuguesa de *Música do Parnaso* compreende 42 sonetos, 23 madrigais, 12 décimas, 3 redondilhas, 14 romances, 1 panegírico, 1 poema em oitavas, 6 canções e uma silva. A fração castelhana enfeixa 21 sonetos, 4 canções, 18 madrigais, 6 décimas, 20 romances. A parte italiana: 6 canções, 7 madrigais. O contingente latino: um poema descritivo, 6 epigramas e uma elegia dialogada.

Primeiro que tudo, cumpre observar que a poliglota poética era frequente no século XVII: decerto, Manuel Botelho de Oliveira teria diante dos olhos, entre outros, o exemplo fornecido por D. Francisco Manuel de Melo através das suas *Obras Métricas* (1665), divididas em três secções, das quais somente a segunda escrita em Português ("Las Tres Musas del Melodino", "As Segundas Três Musas" e "El Tercer Coro de las Musas del Melodino").

Em segundo lugar, a discrepância numérica, em ordem decrescente, entre os quatro "coros" em que se fragmenta a obra, testemunha as possibilidades do talento do poeta baiano: revela-se à vontade no emprego da língua materna, ainda verseja com fluência em espanhol, entra a petrificar-se em italiano e termina por artificializar-se nas rimas latinas. É que não só estava à mercê de influências mais ou menos desencontradas, como preconizava um conceito de poesia que traduzia carência duma autêntica vocação poética. No ofertório da obra "ao excelentíssimo Senhor D. Nuno Alvares Pereira de Melo", aponta quais eram os seus numes tutelares: o "grande Tasso", o "delicioso Marino", o "culto Góngora", o "insigne Camões", Jorge de Montemor, Gabriel Pereira de Castro, "e outros que nobilitaram a língua portuguesa com a elegante consonância de seus metros".[2]

Percebe-se que o critério de seleção não primava pelo rigor, nem quanto à qualidade, nem quanto às características estéticas dos seus autores de cabeceira: compreende-se a presença de Góngora e Marino,

---

2. Manuel Botelho de Oliveira, *Música do Parnaso*, 2 t., pref. e org. do texto por Antenor Nascentes, Rio de Janeiro, INL, 1953, t. I, pp. 2-3. As demais citações serão extraídas desta edição.

mestres do estilo barroco, e a de Camões, foco inspirador da poesia em vernáculo durante o século XVII e os seguintes; ainda seria de aceitar a referência a Tasso, inclusive porque pré-barroco numa série de aspectos,[3] mas não se justifica a menção, no mesmo pé de igualdade, dum prosador quinhentista e bucólico, Jorge de Montemor, e dum epicizante menor, êmulo de Camões, Gabriel Pereira de Castro.

Da multiplicidade de línguas empregadas e de figuras literárias tomadas como exemplares, resulta a ideia de estarmos perante um habilidoso versejador, filiado convictamente à moda do tempo, em que o engenho metrificador tantas vezes substituía a inventividade. Di-lo ele próprio no ofertório: "Ao meu [engenho], posto que inferior aos de que é fértil este país, ditaram as Musas as presentes rimas, que me resolvi expor à publicidade de todos, para ao menos ser o primeiro filho do Brasil, que faça pública a suavidade do metro, já que o não sou em merecer outros maiores créditos na Poesia".[4]

Além da consciência de pioneirismo, a confissão insinua outro aspecto relevante: o conceito de Poesia. No "Prólogo ao Leitor", assevera que "a Poesia não é mais que um canto poético, ligando-se as vozes com certas medidas para consonância do metro".[5] Doutrina um tanto pleonástica, equivalia a declarar que poesia é poesia. Na verdade, Manuel Botelho de Oliveira, barroco extremado, defendia a aliança da poesia e da música, como se pode verificar a partir do título de *Música do Parnaso*. Tal consórcio, entretanto, distingue-se daquele observado na lírica trovadoresca e do que viria a imperar no Simbolismo, na medida em que implica uma aproximação artificiosa, mecânica e deliberada, entre as duas artes, coerente com o mais da noção de poesia abraçada pelo autor: os vocábulos "vozes" e "consonância", ao mesmo tempo que remetem para a música, atestam a prevalência do formalismo, a perfeição externa dos versos, sobre os aspectos emotivos, sentimentais ou ideológicos. Tudo se passa como se a poesia constituísse apenas um arranjo harmônico de vocábulos, e a sua validez residisse no equilíbrio formal. No tocante às ideias, interessam à proporção que se identificam com os poemas que integram a obra e denotam conter a expressão dum vício: a volúpia da forma. Por isso é que sabia "ser o primeiro filho do Brasil, que faça pública a suavidade do metro".

---

3. Afrânio Coutinho, *Aspectos da Literatura Barroca*, Rio de Janeiro, Ed. do Autor, 1950, pp. 89-90.

4. *Música do Parnaso*, t. I, p. 3.

5. *Ibidem,* p. 9.

Agora podemos compreender melhor o vezo de redigir em quatro línguas: correspondia a uma tendência imanente na sofística barroca, mas a convicção com que o poeta a pratica sugere algo mais que imitação. À ostentação verbal agrega-se o gosto de conhecer idiomas estrangeiros, Manuel Botelho de Oliveira foi o primeiro a denunciá-lo publicamente, ao adiantar que "também se escreveram estas Rimas em quatro línguas, porque quis mostrar o seu autor com elas a notícia, que tinha de toda a Poesia, e se estimasse esta obra, quando não fosse pela elegância dos conceitos, ao menos pela multiplicidade das línguas".[6] Repare-se que, mesmo em se tratando de conceitos, o que lhe escorrega da pena é o vocábulo "elegância", não "justeza" ou "propriedade". Ainda vale sublinhar que, com o emprego dos quatro idiomas, "quis mostrar o seu autor com elas a notícia, que tinha de toda a Poesia", ou melhor, que era versado noutras literaturas, erudito, "culto".

Divisada intrinsecamente, a poesia de Manuel Botelho de Oliveira, além de revelar um esteta, ou um retórico, parece antes fruto da operação cerebrina de conjugar imagens de pronto efeito, que duma sensibilidade autenticamente poética. É raro detectar a presença da emoção, e, assim mesmo, com reduzida amplitude e densidade, para não dizer afetada e comprometida pelos excessos barrocos. Veja-se a segunda estrofe da canção VI, "Saudades de um Esposo Amante pela Perda de Sua Amada Esposa":

> Qual flor em flor cortada
> Te murchaste meu Bem (ah morte feia!)
> Oh como desmaiada
> A florida república se afeia,
> Pois perdeu toda a flor na morte dura,
> O âmbar leve, a grã bela, a neve pura!

Registre-se que o exemplo foi colhido a dedo: é ocasional que a frieza marmórea dos poemas de Manuel Botelho de Oliveira se estremeça com algum frêmito de emoção. Tenha-se em mente, ainda, que o poeta faz, no citado "Prólogo ao Leitor", defesa do anticerebralismo e do anti-intelectualismo, assegurando que "melhor se exprimem os afetos amorosos com experiências próprias".[7] Desculpar-se-ia ou justificar-se-ia a ausência de emoção caso o poeta fosse um conceptista, debruçado sobre os

---

6. *Ibidem*, p. 10.
7. *Ibidem*, p. 9.

preciosismos da razão. Por outro lado, não transparece qualquer conflito entre o cerebralismo e a inapetência ideativa: artificioso, forjava os versos com o auxílio do intelecto e das leituras, mas desconhecia a perplexidade inerente à reflexão em torno de sua "situação no mundo". Pensa para edificar os versos, mas sem lhes pensar o conteúdo ou a matéria. E quando sucede de o fazer (tão raro quanto a presença da emoção), provavelmente motivado por algum dos modelos preferidos, quem sabe Camões, o poema exibe diversa qualidade poética:

> Que doce vida, que gentil ventura,
> Que bem suave, que descanso eterno,
> Da paz armado, livre do governo,
> Se logra alegre, firme se assegura!
>
> Mal não molesta, foge a desventura,
> Na primavera alegre, ou duro inverno,
> Muito perto do céu, longe do inferno,
> O tempo passa, o passatempo atura.
>
> A riqueza não quer, de honra não trata,
> Quieta a vida, firme o pensamento,
> Sem temer da fortuna a fúria ingrata:
>
> Porém atento ao rio, ao bosque atento,
> Tem por riqueza igual do rio a prata,
> Por aura honrosa tem do bosque o vento.

Como se vê, é um raro momento de reflexão, ilha perdida num oceano de esteticismo gélido, a-emocional e a-filosófico. O autor de *Música do Parnaso* criou poesia de circunstância, derivada mais da cultura e da ambiência que de inquietações pessoais: metrificava como quem joga xadrez. Impõe-se discernir, porém, o que resulta do intuito de agradar ou incensar amigos e poderosos, do que é preconcebido, afetado. Neste particular, o poeta ainda faz praça de lucidez, pois divide as "rimas portuguesas" em duas grandes secções, das quais a primeira encerra "versos amorosos de Anarda", e a segunda, "escritos a vários assuntos".

Posto que esta contenha poemas lírico-amorosos (não endereçados a Anarda), a grande maioria, excetuando a "À Ilha de Maré", envolve textos de ocasião. Poesia de entretenimento, ludo verbal, exercício de rima, brincadeira de salão, bastam alguns títulos para dizer da sua pobreza de inspiração e da sua riqueza "noticiosa" ou mundana: "A Morte Felicíssima de um Javali pelo tiro, que nele fez uma Infanta de Portugal", "Panegírico ao Excelentíssimo Senhor Marquês de Marialva, Conde de Cantanhede, no tempo que governava as armas de Portugal", "A uma Dama, que tropeçando de noite em uma ladeira, perdeu uma memória do dedo", etc.

Os "versos amorosos de Anarda" abrangem a parcela mais significativa, numérica e qualitativamente, da *Música do Parnaso*, e têm como apêndice poemas laudatórios ou gratulatórios, descritivos, e dois "descantes cômicos", igualmente centrados na problemática passional. Cônscio do que fazia, o poeta afirma no soneto inicial das rimas castelhanas: "No canto hazanãs de Mavorte impío, / Canto vitórias de Cupido airado". Aqui, sem dúvida, o núcleo da lírica de Manuel Botelho de Oliveira. Seu intento, declarado no "Prólogo ao Leitor", consistia em celebrar "uma dama com o nome de Anarda, estilo antigo de alguns poetas". Anarda é pseudônimo ou criptônimo que mascara (ou desvela?) o nome da verdadeira destinatária.

Camões empregou anagramas para encobrir as mulheres que cortejava, mas todas se equivaliam na idealidade platônica a que buscava ascender o gênio do poeta. Ao contrário, o lírico baiano seleciona uma dama para receptora de suas pulsações idílicas, ou endereça à mulher de seus cuidados versos lírico-amorosos. Num caso e noutro, o resultado deixa a desejar, pois a escolha pressupõe afetação, e ao poeta pouco se dava fosse esta ou aquela a dama exaltada, ou existisse de verdade. Ou, a existir, Anarda seria limitada em beleza para que o poeta a descrevesse como tal: neste caso, finge que ela possua méritos, e tudo volta à equação original, — um objeto carente de atributos (Anarda) diante de um sujeito carente de talento (o poeta).

O horizonte poético de Manuel Botelho de Oliveira também avança pouco porque a sua concepção do mundo e, portanto, do amor, assenta em simples bases retóricas. Anarda é vislumbrada não como ser vivo, mas como urna de metáforas sugeridas por uma eloquência as mais das vezes autoalimentada: ao invés de procurar uma nova linguagem para representar uma experiência amorosa inédita, emprega, na rotulação do sentimento corriqueiro, imagens envelhecidas pelo uso que delas fizeram os mestres europeus, notadamente Góngora, como, por exemplo, atribuir a Anarda indefectível e permanente superioridade. Mas o fato ganharia menos relevância se o poeta recusasse as metáforas correntes na poesia coeva ("Anarda Doente"):

Faltam flores, faltam luzes,
Pois ensina Anarda bela
Lições de flores ao maio,
E leis de luzes à esfera.

Tal retórica amorosa, aplicada automaticamente, embora com mestria, a um objeto virtual (Anarda), acaba arrastando o poeta às especiosidades vulgares entre os barrocos, como na série de madrigais enfeixados sob a rubrica de "Navegação Amorosa", ou o madrigal intitulado "Doutoramento Amoroso", exercícios, ocos e campanudos, à semelhança de tanta versificação seiscentista. Retórica amorosa, esgrima verbal ("Navegação Amorosa"):

É meu peito navio,
São teus olhos o norte,
A quem segue o alvedrio,
Amor piloto forte;
Sendo as lágrimas mar, vento os suspiros,
A venda velas são, remos seus tiros.

E como o discurso amoroso de Manuel Botelho de Oliveira somente se entende no plano da sua visão do mundo, e como as partes que a estruturam se iluminam mutuamente, para lhe compreender a afetação ao tratar de Anarda é preciso levar em conta o seu conceito de Amor. Para ele, "Amor é sol no sujeito / Que belos incêndios cria" ("Que há de ser o Amor um só"). Estamos longe da dialética amorosa camoniana: o retoricismo compromete a poesia de Manuel Botelho de Oliveira, mercê de a sua cosmovisão, sendo estética, pressupor a pose e a artimanha como expedientes fundamentais. O amor conceitua-se por meio duma imagem fácil e desataviada, tornando-se batalha de afetação e palavreado amoroso tortuoso: deixa de ser um sentimento inefável para se transformar num tema de parlamento mundano. É que o mundo e os valores apareciam ao poeta como imóveis e perenes, justificando que se despendesse o mais do tempo em agudezas rutilantes. Por certo, singrava a correnteza em voga no tempo, mas exagerando, em razão do escasso talento, as falhas que apresentava.

Pouco ou nada resta para concluir que o poeta de Anarda vincou o flanco negativo do Barroco. Em Gregório de Matos, a morte aliava-se à transitoriedade do tempo e consistia numa das matrizes da arte e do pensamento barrocos. Enfrentando a vida como uma viagem de prazer, destinada a dirigir galanteios empolados à sua musa, o autor de *Música do Parnaso* reduz a única menção à morte, ao longo dessa obra, ao seguinte ("Anarda ameaçando-lhe a morte"):

> Da morte já me contento.
> Se por nojo de mal tanto
> Derrames um belo pranto,
> Forces um doce lamento.

O assunto, decisivo nos quadros da cultura barroca, cifra-se a um trivial acontecimento de salão, idêntico a outros a que o poeta recorre para atestar o "sofrimento" pela dama eleita. Atente-se no adjetivo "belo" para qualificar "pranto". Versejador fraquejado, ágil e plástico, mal esconde não ter o que dizer nem altura filosófica e estética compatível com os temas que glosava, não raro tomados de empréstimo.

O rastreamento dos demais aspectos de *Música do Parnaso* confirma-o. Comecemos pelo mitológico, que, no Barroco, sofrera um processo de antropomorfização. No universo poético de Manuel Botelho de Oliveira este fenômeno acontece, como bem ilustram o romance VI ("Anarda cingindo uma espada") e o soneto III das "rimas castelhanas" ("Adônis convertido em flor"), mas as ficções mitológicas, mesmo em tais casos, parecem desempenhar função meramente ornamental, constituindo mais um pano de fundo metafórico que uma representação conceptual ou superestrutura significativa. Na mundividência do poeta, a mitologia afigura-se antes um aparato amplificador ou cenográfico que uma fantasia dotada de conteúdo: necessitando de imagens para expressar determinadas equações emocionais, o poeta lança mão da mitologia, como procedia com as flores, o céu, a água, etc.

Armado de tais recursos, delineia um retrato de Anarda segundo o molde mais difundido na época. Por vezes a descreve consoante os padrões clássicos, então em crise, como ao emprestar-lhe cabelos loiros ("Anarda passando o Tejo em uma barca"; "Pintura de uma Dama Conserveira"); predomina, todavia, o desenho barroco da mulher, morena, de cabelos escuros ("Pintura de uma Dama Namorada de um Letrado"):

> O cabelo, que por negro,
> E por lustroso comparo,
> É muito Nigro nas cores,
> E muito Febo nos raios.

Tanto prepondera a concepção barroca da mulher que o poeta chega ao extremo de voltar-se para habitantes das zonas quentes como exemplares de beleza: "Bela turca de meus olhos, (...) Argel de esperanças minhas" ("A uma Dama, que tropeçando de noite em uma ladeira, perdeu uma memória do dedo"); "Un Portugués Africano, (...) A un tiempo prende, y desata / Con una Africana bella, (...) Tienes el alma Africana, / Tengo el alma Portuguesa" ("Despedida Amorosa").

Como interpretar tamanho entusiasmo pela cor escura? Afora a explicação semijocosa que se poderia extrair dos últimos versos citados, é forçoso indagar do conceito de Beleza adotado pelo poeta ("À Ilha de Maré"): "E na desigual ordem / Consiste a fermosura na desordem." O contraste entre a escuridão do turco ou do africano e o branco da pele desencadeia a almejada "fermosura na desordem". Que ainda aqui o poeta continua obediente às coordenadas do Barroco, não há dúvida alguma; ao enfatizar, porém, os preceitos estéticos da época, tomba no exagero.

Doutro lado, para bem lhe equacionar a noção de Belo, há que fortalecê-la com o exame da natureza, pois constituem a base da sua mundividência. Já no "Prólogo ao Leitor", deparamos uma assertiva esclarecedora: "e assim como a natureza se preza da variedade para a fermosura das cousas criadas, assim também o entendimento a deseja, para tirar o tédio da lição dos livros". E no corpo de *Música do Parnaso*, a natureza surge com evidente frequência e significação, segundo dois vetores: arsenal imagético; termo de comparação. Ao retratar a beleza de Anarda, o poeta não tem como fugir às metáforas sugeridas pela natureza, por concebê-la reservatório de beleza.

E se Anarda ostenta formosura soberana, apenas lhe resta confrontá-las. ("Ponderação do Rosto e Olhos de Anarda"):

> Quando vejo de Anarda o rosto amado,
> Vejo ao céu e ao jardim ser parecido;
> Porque no assombro do primor luzido
> Tem o sol em seus olhos duplicado.
>
> Nas faces considero equivocado
> De açucenas e rosas o vestido;
> Porque se vê nas faces reduzido
> Todo o império de Flora venerado.
>
> Nos olhos e nas faces mais galharda
> Ao céu prefere quando inflama os raios,
> E prefere ao jardim, se as flores guarda:

> Enfim dando ao jardim e ao céu desmaios,
> O céu ostenta um sol, dous sóis Anarda,
> Um maio o jardim logra; ela dous maios.

O soneto ainda ilustra os tópicos da afetação por meio de imagens estereotipadas e o da superioridade de Anarda. Este, vincula-se ao segundo modo como a natureza se apresenta em *Música do Parnaso*: termo de comparação com Anarda, mas sempre inferior a ela. E sendo a natureza paradigma de beleza, se Anarda a transcende, é porque tem predicados inigualáveis: "Anarda mais que as flores é fermosa" ("Rosa, e Anarda"); "Ya por Reina de las flores / (Perdone la Rosa aquí) / La aclama el vulgo frondoso, / La jura el noble pensil" ('Anarda saindo a um jardim"). Ou por outra: ser mais bela que todas as mulheres não é nada; há que superar a natureza para se singularizar ("Encarecimento da Fermosura de Anarda"):

> Mas con Anarda dulcemente hermosa
> No puede hallarse en todo el anelo alguna
> Hermosura, que brille luminosa.

Não se reduz a tais aspectos a relevância da natureza na obra de Manuel Botelho de Oliveira. Falta considerar que, no geral, se localiza fora da paisagem brasileira. No ofertório a Nuno Álvares Pereira de Melo, gabava-se de "ser o primeiro filho do Brasil, que faça pública a suavidade do metro". Do prisma cronológico da publicação, toda razão lhe assiste. Não, porém, do conteúdo: no mais de suas composições, ainda raciocina como se estivesse em Portugal, ou porque as houvesse escrito durante os anos de Coimbra, ou porque se julgasse antes português que brasileiro.

Uns poucos exemplos bastam para lhe evidenciar o portuguesismo também no tocante à paisagem natural dos poemas: no romance I ("Anarda passando o Tejo em uma barca"), é o rio que serve de cenário ao poema (seria Anarda transposição lírica de amores lisboetas do poeta?); no romance V ("Anarda colhendo neve"), insiste no fenômeno meteorológico expresso no título, despropositado entre nós, salvo em condições especiais, no sul do País; no soneto XIV ("À Morte do Reverendo Padre Antônio Vieira"), celebra o conhecido pregador como "de Europa portento esclarecido", mas não do Brasil. Aliás, a lusofilia do poeta ainda se denuncia no atribuir a Anarda, dentro da sequência de imagens que a natureza suscita, um "brio à portuguesa", sem falar no "pico à castelhana" ("Anarda saindo fora").

O sentimento de apreço a Portugal, explicável pelo nosso estatuto de colônia, mas denotando retrocesso em confronto com o brasileirismo pletórico de Gregório de Matos, — conduz obrigatoriamente à peça mais comentada de *Música do Parnaso*, inclusive por seu toque de nativismo: "À Ilha de Maré". A extensa silva descritiva dos encantos da Ilha de Maré, "termo desta cidade da Bahia", contém pouca ou nenhuma vibração lírica. Mais prosa metrificada que poesia, não chega a despertar emoção; o seu mérito restringe-se às notas paisagísticas. Após desenhar a natureza da Ilha, passa a exaltar-lhe a fartura de peixes, plantas, frutas e legumes, dizendo que o solo "em si perfeito quatro AA encerra", sendo "os quatro AA por singulares / Arvoredos, Açúcar, Águas, Ares". Além de enaltecer a exuberância da terra, põe-na em paralelo com a Europa, notadamente Portugal, e conclui sempre pela supremacia de cá. O ufanismo induz o poeta a julgar que as laranjas "de Portugal entre alamedas / São primas dos limões, todas azedas", e que, no caso dos limões, "Ah se Holanda os gozara!", e culmina ao exclamar que as mangavas, "se Jove as tirara dos pomares, / Por ambrosia as pusera entre os manjares!"

O decantado nativismo de Manuel Botelho de Oliveira não deve enganar-nos: se por nativismo entendermos apenas o interesse pela terra, sem conotação de ordem política ou ideológica, e sem apelo à cidadania do escritor, não saberemos como deixar de admitir que "À Ilha de Maré" se aparenta, substancialmente, a todas as referências encomiásticas feitas desde a *Carta* de Pero Vaz de Caminha.

A descrição que Manuel Botelho de Oliveira empreende da natureza brasileira pode até provocar entusiasmo, mas previnamo-nos de atribuir--lhe sentido diverso daquele que as obras de viajantes e missionários oferecem desde 1500. Conquanto possamos acreditar que o seu nativismo se apresenta mais lúcido, mais objetivo, manda a justiça não lhe conferir qualidades de pioneiro ou de exclusivo: integra uma tendência tão arraigada em nossa cultura quanto o primeiro relato exaltado que a terra motivou, a missiva do seu achamento. O interesse pelo Brasil ultrapassava a condição de brasileiro nato de Manuel Botelho de Oliveira, e constituía manifestação espontânea de todo intelectual esclarecido, brasileiro ou reinol, que conhecesse nossa realidade geográfica.

Na verdade, o poeta revela, mais do que nativismo, a impressão que a luxuriante natureza brasileira deixava nos europeus, como atestam as informações dos primeiros cronistas, deslumbrados pela "visão do Paraíso": o enfoque do poeta barroco é o dum europeu, e dum europeu que vibra ante as novidades ofertadas pela natureza edênica da Bahia, mas sem a carga emocional ou ideológica que pressuporia um autêntico nativismo. Basta considerar que é o paladar o sentido eleito para captar as delícias naturais do Brasil.[8] E pelo paladar jamais venceria o plano dum descritivismo pitoresco, análogo a vários outros, anteriores e posteriores. De onde, "o que há de nacional na silva à Ilha de Maré resume-se apenas em alguns vocábulos indígenas, que por si sós não revelam espírito de brasilidade, como se tem procurado salientar".[9]

Mesmo considerando o progresso havido no conhecimento das nossas belezas e riquezas naturais, desde Pero Vaz de Caminha até Afonso Celso (*Por que me ufano do meu País*, 1900), a ideia subsiste: o nativismo constitui um fluxo de amor à terra encetado na manhã do descobrimento. Somente se distingue nas gradações evolutivas através dos séculos e dos talentos dos autores, e no fato de serem brasileiros ou não os seus cultores.

A publicação da *Lyra Sacra*, por iniciativa de Heitor Martins, sob os auspícios do Conselho Estadual de Cultura de S. Paulo (1971), não alterou o quadro esboçado; antes, reforçou-o. Edição paleográfica, calcada num manuscrito da Biblioteca Pública e Arquivo Distrital de Évora, compõe-se de cinco secções: a primeira, compreende sonetos alusivos a passagens bíblicas; a segunda, "Sonetos da Vida de Cristo até sua Divina Ascensão"; a terceira, "Sonetos a Vários Santos"; a quarta, oitavas, canções, redondilhas, décimas e silva a vários santos; a quinta, "Romances"; sendo que a primeira e a quarta carecem do subtítulo que precede as demais.

Poesia álgida, sem problemas: falto de crise religiosa, o poeta limita-se à metrificação, em vernáculo e castelhano, de lugares seletos bíblicos, sem maior emoção, tanto mais digno de nota quanto mais a confrontamos com a sacra de Gregório de Matos. Poesia baseada em "advertido estudo" (soneto XXXI da segunda parte), norteada por um intuito (oitavas a S. Francisco):

> Pregando doutamente a lei sagrada
> com tanta perfeição, com tanto exemplo,
> deixa o Poeta a Musa celebrada
> e busca o canto do celeste templo.

---

8. Eugênio Gomes, "O Mito do Ufanismo", *in A Literatura no Brasil* (dir. de Afrânio Coutinho), 3 vols., Rio de Janeiro. Sul-Americana/S. José, 1955-1959, vol. I, t. I, p. 403.

9. *Idem, ibidem*, p. 406.

que se cumpre à risca, aponta um crente a versificar, "com tanta perfeição", os passos da Cristandade que julga mais eloquentes. É certo que se observa alargamento dos temas, como, por exemplo, a morte, objeto do romance VI, e duma forma ortodoxamente barroca:

Já não sou nobre da terra
        porque na terra metido,
        sou da podridão parente,
        sou da geração dos bichos.

        ....

Finalmente a vida acaba
        e acabando este perigo
        outro perigo me assombra
        que vem a ser o Juízo.

ou o dia do Juízo Final, o Inferno e o Paraíso, também expressos em romances. É verdade, ainda, que a folhagem metafórica da *Música do Parnaso* cede vez a tentames conceptistas; mas o resultado continua insatisfatório, mesmo quando, como no soneto CXV ("Ponderação da Vida Humana"), o experimento formal resulta em sugestivo efeito plástico:

Homem que queres? vida regalada:
        vida que solicitas? larga idade:
        idade que procuras? liberdade:
        liberdade que logras? prenda amada:
        prenda que conta fazes? conta errada:
        conta que somas já? pouca verdade:
        verdade que descobres? a vaidade:
        vaidade que pretendes? tudo e nada:
        tudo que ganhos dá? perda notória:
        perda que vem a ser? de Deus eterno:
        Deus que vida nos presta? transitória:
        transitória que aspira? ao Céu superno:
        Céu que nos oferece? a eterna glória:
        glória que nos evita? o triste inferno:

Quanto às comédias apensas a *Música do Parnaso*, bastam rápidas considerações para situá-las devidamente do ponto de vista crítico. Acentuando as inflexões observadas no mais da obra, sobretudo o europeísmo e a ortodoxia barroca, foram escritas em versos, e em espanhol, de acordo com "modelos hispânicos, e não parece que tenham sido representadas",[10] decerto por se destinarem mais à leitura que à encenação. Como poesia, ou como teatro, não passam além da mediania, a começar da falta de originalidade no tema e no tratamento: *Hay Amigo para Amigo* inspirou-se em *No Hay Amigo para Amigo*, de Francisco de Rojas Zorrilla, e *Amor, Engaños y Celos*, em *La Más Constante Mujer*, de Juan Pérez de Montalbán.

Para mais agravar a situação, as peças gravitam ao redor da mesma equação dramática, apenas variando o sexo dos protagonistas. Em *Hay Amigo para Amigo*, D. Diego e D. Lope, amigos fiéis, amam D. Leonor. Aquele, para deixar o campo aberto a este, finge estar prometido em casamento. Por outro lado, Isabel, irmã de D. Lope, gosta de D. Diego, que passa a cortejá-la, mas ela, a fim de pô-lo à prova, resolve disfarçar-se. Finalmente, D. Lope autoriza Isabel a casar-se com D. Diego, e consegue a anuência de D. Leonor. Em *Amor, Engaños y Celos*, o Duque e Carlos estão enamorados de Margarida, mas apenas o primeiro é correspondido. Violante, irmã do Duque, passa-se por Margarida, com o seu prévio consentimento, e engana Carlos, a quem amava. Desfeitos os enganos e mal-entendidos, o Duque casa-se com Margarida e Carlos com Violante. Já que não visavam à representação, os "descantes" devem ser lidos, mas não resistem à mais benevolente leitura: razões de ordem histórica e de constituírem das raras expressões de cultura no tempo, justificam-lhes o interesse. Sua desvalia estética manifesta-se facilmente quando as comparamos com o teatro coevo de que hauriram ensinamentos, — o espanhol.

Poeta medíocre, salvo honrosas exceções, e comediógrafo canhestro, Manuel Botelho de Oliveira merece atenção pelas facetas histórico--literárias e culturais da sua obra: da perspectiva em que nos colocamos e considerando o ineditismo e a fragilidade de grande massa da produção literária colonial, é que *Música do Parnaso* e *Lyra Sacra*, sobretudo a primeira, ganham relevo. Do ângulo do valor, diverso seria o juízo, ainda quando o cotejo se estabelecesse apenas com os poetas coloniais, barrocos e arcádicos.

---

10. Sábato Magaldi, *Panorama do Teatro Brasileiro*, Rio de Janeiro, MEC/DAC/FUNARTE/SNT [1980], p. 25.

FREI MANUEL DE SANTA MARIA ITAPARICA

Nasceu na Ilha de Itaparica (Bahia), em 1704, e faleceu por volta de 1768. Professou na Ordem de São Francisco, no convento de Paraguaçu, aos dezesseis anos de idade. Afora composições extraviadas ou perdidas, deixou *Eustáquidos, poema sacro, e tragicômico, em que se contém a vida de Santo Eustáquio Mártir, chamado antes Plácido, e de sua mulher, e filhos.* Por um anônimo, natural da Ilha de Itaparica, Termo da Cidade de Bahia, Lisboa, 1769(?). Em apêndice ao poema, encontra-se a *Descrição da Ilha de Itaparica, Termo da Cidade da Bahia, da qual se faz menção no Canto Quinto.*

A primeira ideia que nos ocorre, no exame de *Eustáquidos*, diz respeito à patente ligação do poema com *Os Lusíadas*. Sendo desnecessária maior comprovação, limitemo-nos a alguns aspectos dessa filiação, de resto comum nos poetas do tempo. O poema consta de 6 cantos, em oitava-rima, versos decassílabos heroicos e sáficos. Apresenta inicialmente uma *Introdução*, composta de invocação a Deus (c. I, est. 1) e a N. Senhora ("Sede a minha Calíope invocada", est. V e VI) e *proposição*: a obra gira em torno da "vida de um famoso Herói Romano, / E de um Varão fortíssimo, e valente (...) // Plácido digo (...) // E também os seus filhos e a consorte" (est. II, III e IV). Para completar a *Introdução* dentro dos moldes clássicos, falta o *oferecimento*.

A *Narração* começa na estância VII do canto I: estando numa caçada, o soldado Plácido vê Cristo surgir-lhe por "Entre chamas de luzes espargidas, / Luzes, que a alma fazem também clara" (c. I, est. XIII), e exortá-lo a converter-se. De volta à casa, Plácido comunica a boa nova à mulher e filhos, e já mudado o nome para Eustáquidos, em sua companhia abandona a morada para seguir o rumo apontado pelo Nazareno. Em pleno mar, a esposa de Eustáquidos é raptada pelo piloto do navio. Este, ainda inspirado por Lúcifer, e sentindo insaciada a sua maldade, obriga Eustáquidos a desembarcar com os seus filhos. Em terra estranha, "ao vadear um rio caudaloso" (c. IV, est. 1), seus filhos são arrebatados por um "leão fero" (est. VII) e por "um tigre hórrida fera" (est. VIII). Imerso em profundo desalento, Eustáquidos procura lenitivo na agricultura. Passados anos, vai para Roma, guiado pela Providência Divina, e lá reencontra a esposa e os filhos. Como recusasse render homenagem aos deuses pagãos, Trajano condena-o a morrer às garras dos leões, na arena, juntamente com os seus entes queridos. Mas os animais se amansam diante deles. Vendo baldados os esforços de supliciá-los ou de abalar-lhes a fé, Trajano manda torturá-los no boi de metal (c. VI, est. XL). E o poema termina.

O entrecho do poema confirma o propósito não literário do autor, declarado no prólogo: "escrever um livro particular, e em metro", para glória "acidental para o Santo, e mover os que lerem à devoção, imitação, paciência, fortaleza, e conformidade nos contratempos, e infortúnios desta miserável vida". Por certo, o intuito devoto e a sujeição ao figurino camoniano restringem o valor estético de *Eustáquidos*. Entretanto, se nem tudo é poesia de primeira água, também nem todas as estrofes atestam mais talento versificatório que inspiração genuína. Aqui e ali despontam estâncias de melhor qualidade, como a seguinte (c. II, est. XXXV):

> A pobre peregrina, que roubada
> Se via, e exposta a alguma feridade,
> Qual açucena branca desmaiada
> Perdeu do rosto a cor, e claridade:
> Triste, queixosa, e em lágrimas banhada
> De sua sorte sentia a crueldade,
> Porém de ser Aurora não deixava
> Ainda quando pérolas chorava.

ou esta (c. III, est. LIV):

> Se à força de suspiros eu pudera,
> Filhos, remediar vossa agonia,
> E se com muitas lágrimas fizera,
> Que pudesse ir em vossa companhia,
> Um novo mar dos olhos me correra,
> De meu peito mais vento exalaria,
> Se é, que em meus olhos pode haver mais água,
> Ou se meu peito pode ter mais mágua.

Malgrado transparecer o impacto da lição camoniana, é evidente que Itaparica possuía mais cabedal de intuição e gosto literário que Bento Teixeira.

Semelhante juízo pode ser defendido na comparação da *Descrição da Ilha de Itaparica* com a *Ilha de Maré*, de Manuel de Botelho de Oliveira: o cotejo favorece o autor do primeiro, ao menos como poeta. O "Canto Heroico", como é subintitulado, monta-se em 65 oitavas-rimas, que denotam a persistência do modelo camoniano. Aliás, aqui também esse vínculo não chega a comprometer demasiado, e em que pese o caráter encomiástico do poema, Itaparica pôde escapar das armadilhas metafóricas em uso no Barroco. A descrição da Ilha gravita em torno de objetos análogos aos da composição de Manuel Botelho de Oliveira: peixes, açúcar, relva, gado, frutas, legumes. No entanto, as imagens permanecem num equilíbrio, numa contensão, realmente rara na *Ilha de Maré*, decerto fruto da vigilante adoção do magistério camoniano e do talento de Itaparica.

Não se conclua, porém, que se trata de poeta superior, nem que o seu poema seja obra-prima: trata-se apenas de verificar que Itaparica recusou o constrangimento barroco e caldeou ingredientes pessoais com outros, de extração neoclássica. Em verdade, a sua poesia revela progresso na direção do neoclassicismo arcádico, ou daquela busca de verismo afetado que seria moda no último quartel do século XVIII. A *Descrição* evidencia ultrapassamento dos modelos barrocos, mas torna-se eloquente nos dois versos que, reiterando a estância XLIV do canto V de *Eustáquidos*, arrematam o poema, onde a referência negativa aos metrificadores gongóricos ("Poeta esperto") faz coro com uma nota de fidelidade histórica:

> Não usei termos de Poeta esperto,
> Fui historiador em tudo certo.

Ao dizê-lo, no mesmo ano em que o Arcadismo se instala (1768), a poesia de Itaparica ganha foros de anunciadora e superadora a um só tempo: anúncio do neoclassicismo já reinante na Europa e superação do alambicamento barroco.

OUTROS POETAS

Além de Bento Teixeira, Gregório de Matos, Manuel Botelho de Oliveira, Frei Manuel de Santa Maria Itaparica, numerosos poetas houve nas últimas décadas do século XVII e primeira metade do XVIII. A emulação, o luxo imperante na Bahia, o prazer do lustro poético e, sobretudo, a proliferação dos "outeiros" literários e das academias, estas a partir de 1724, com a fundação da Academia Brasílica dos Esquecidos, — são algumas das causas do aparecimento de tantos versejadores durante o apogeu do Barroco. No geral, entretanto, carecem de talento e por vezes atestam ausência irremediável de vocação para a poesia. Relativamente aos outros, não passam de mediocridades, mesmo considerando apenas aqueles de parcos recursos estéticos, Bento Teixeira, Manuel Botelho de Oliveira e Frei Manuel de Santa Maria Itaparica. Cotejados com Gregório de Matos, a discrepância seria por demais notória e quase impiedosa: basta que os situemos comparativamente com os outros três para lhes atestar a mediania de inspiração. Há-os menos e mais medíocres, tudo tendo em conta o pouco que deles superou o ineditismo geral e se fez conhecido das gerações posteriores.

Dentre os primeiros, cumpre salientar nomes como BERNARDO VIEIRA RAVASCO (1617-1697), irmão do Pe. Antônio Vieira: deixou obra copiosa, quase totalmente inédita, da qual as Poesias Portuguesas e Castelhanas "podiam formar quatro tomos de justa grandeza";[1] legou ainda manuscritos em prosa, contendo uma *Descrição Topográfica, Eclesiástica, Civil e Natural do Estado do Brasil.* Impressas, apenas se lhe conhecem as décimas "À Senhora D. Isabel, Primeira de Portugal, havendo morto em Salvaterra de um tiro a um javali" e a "Glosa" a um soneto provavelmente de Camões ("Horas breves de meu contentamento"), estampados na *Fênix Renascida* (vol. V, 1746, pp. 270-271 e 273-277), e um soneto a um papagaio, saído na *Coleção Política de Apotegmas Memoráveis* (part. I, liv. 2, p. 80),[2] que justificam, até certo ponto, o encômio de Diogo Barbosa Machado, ao considerar que "teve natural gênio para a poesia que praticou com tanta felicidade que os seus versos eram conhecidos pela elegância do metro, e fineza dos pensamentos, sem que tivessem o seu nome".[3]

EUSÉBIO DE MATOS (1629-1692), irmão de Gregório de Matos, professou na Companhia de Jesus e na Ordem do Carmo; músico, pintor, matemático, orador e poeta; de sua eloquência, na qual granjeou nomeada, daremos notícia na altura própria; de sua produção poética, tida como volumosa, considera-se autêntica a paródia a um poema de Gregório de Matos dedicado a D. Brites, publicada no *Postilhão de Apolo* (vol. I, pp. 252-255); Varnhagen incluiu-lhe "dez estâncias" no *Florilégio da Poesia Brasileira* (vol. I, 1946).

---

1. Diogo Barbosa Machado, *Biblioteca Lusitana*, 4 vols., 2ª ed., Lisboa, s.c.p., 1930-1935, vol. I, p. 528, 2ª col.

2. *Idem, ibidem, loc. cit.*

3. *Idem, ibidem*, p. 528, 1ª col.

GONÇALO SOARES DA FRANCA (1676?-?) nasceu na Bahia e estudou no colégio dos Jesuítas. Pertenceu à Academia Brasílica dos Esquecidos (Bahia, 1724). Tomou ordens e especializou-se em história eclesiástica. Segundo Diogo Barbosa Machado,[4] "teve natural propensão para a poesia, assim lírica, como heroica", e as suas "obras poéticas foram compostas à morte d'El Rei D. Pedro II, e saíram impressas no *Breve Compêndio e Narração do Fúnebre Espetáculo, que na Cidade da Bahia (...) se viu na Morte Daquele Monarca*, Lisboa, por Valentim da Costa Deslandes, 1709". Teria deixado manuscrita uma longa composição em 1.800 oitavas, intitulada *Brasília, Poema Heroico do Descobrimento do Brasil*, cujo primeiro canto leu na Academia Brasílica dos Esquecidos.[5] Integrante do ciclo épico camoniano, que se estendeu até o século XVIII, a sua poesia ressuma a lição aprendida em *Os Lusíadas*. Ainda que habilidoso no emprego do decassílabo heroico, os poucos exemplos existentes de sua obra não sugerem que tivesse ultrapassado a sufocante influência de Camões, de mistura com os clichês gongóricos em voga no tempo.[6]

JOÃO DE BRITO E LIMA (1671-1747) somente realizou estudos elementares. Pertenceu também à Academia Brasílica dos Esquecidos. Vereador três vezes, estreou-se em letra de fôrma quando beirava os cinquenta anos, ao publicar um *Poema Elegíaco* (1718) em quatro cantos de 293 oitavas, dedicado ao primogênito do Conde de Vila Verde Neto. Ainda viu estampado um *Poema Festivo* (1729), um *Poema Panegírico* (1742), composto de 37 oitavas, e outro *À Morte de D. Leonor Josefa de Vilhena, Mulher de D. Rodrigo da Costa, Governador do Estado da Bahia* (1721). Deixou inédito um poema heroico, *Cesária*, de 1.300 oitavas, e uma série de composições menores.[7] Embora carente de maior inspiração e coartada pelos modismos barrocos e pelo influxo de Camões, sente-se pulsar às vezes na poesia de João de Brito e Lima, ao menos na amostra oferecida por Varnhagen e nos poemas elaborados no clima da Academia Brasílica dos Esquecidos,[8] fluência e autenticidade confessional que poderiam conduzi-lo a resultados mais satisfatórios, não fossem

---

4. *Idem, ibidem*, vol. II, p. 373, 1ª col.

5. *Idem, ibidem*, vol. IV, p. 138, 1ª col.

6. Varnhagen, *Florilégio da Poesia Brasileira*, 3 vols., Rio de Janeiro, Publs. da Academia Brasileira de Letras, 1946, vol. III, pp. 267-270; José Aderaldo Castello (org.), *O Movimento Academicista no Brasil. 1641-1820/22*, 3 vols., S. Paulo, Comissão Estadual de Cultura, 1969-1978, vol. I, t. I, *passim*.

7. Diogo Barbosa Machado, *op. cit.*, vol. II, p. 566.

8. Varnhagen, *op. cit.*, vol. I, pp. 245-249; José Aderaldo Castello, *op. cit., passim*.

as condições artificiosamente acadêmicas em que poetava. Ostentava mais qualidades estéticas que Gonçalo Soares da Franca.

Além desses, outros nomes podem ser mencionados, como Prudêncio do Amaral, autor de *De Sacchari Opificio*, acerca da "lavoura do açúcar", publicado postumamente (1780), a que logo se seguiu uma segunda edição, tendo anexos os poemas *De Rusticis Brasiliae Rebus* (1781), a respeito das "coisas rústicas do Brasil", de José Rodrigues de Melo: os cinco cantos foram traduzidos em 1850 por João Gualberto Ferreira dos Santos Reis, sob o título de *Geórgica Brasileira*, alterado na edição da Academia Brasileira de Letras (1941), para *Geórgicas Brasileiras*; e Diogo Grasson Tinoco, "que viveu em São Paulo e entre paulistas na segunda metade do século XVII",[9] autor de um poemeto acerca do *Descobrimento das Esmeraldas* (1689), de que se conhecem apenas quatro estâncias, transcritas por Cláudio Manuel da Costa em nota ao seu poema *Vila Rica*.

III. Prosa Doutrinária

Como reflexo da literatura que então se produzia na Metrópole, e resposta aos estímulos do meio tropical com a sua problemática diversificada e específica, muito se cultivou a prosa doutrinária entre nós durante a hegemonia da estética barroca.[1] Entretanto, considerável parte dos escritos dessa natureza acabou sofrendo as vicissitudes por que passava a atividade cultural na Colônia. Nem por constituir-se, as mais das vezes, em documentos acordantes com a política de além-Atlântico, puderam vencer as barreiras interpostas a toda atividade intelectual, fosse qual fosse. As obras, ou se perderam irremediavelmente, ou permaneceram manuscritas e relegadas ao esquecimento. Por outro lado, as obras de doutrina teológica predominam sobre as de erudição ou pensamento laico, o que as afasta duma história literária estrita. Todavia, o seu

---

9. Varnhagen, *op. cit.*, vol. I, p. 52.

1. Artur Mota, *História da Literatura Brasileira*, 2 vols., S. Paulo, Nacional, 1930; Rubens Borba de Morais, *Bibliografia Brasileira do Período Colonial*, Instituto de Estudos Brasileiros, Universidade de S. Paulo, 1969.

conhecimento poderia esclarecer desvãos ainda obscuros da nossa vida literária ao longo do século XVII e princípios do XVIII.

Dentre os vários nomes, valia a pena lembrar o do Pe. Alexandre de Gusmão, autor da *Arte de Criar Bem os Filhos na Idade da Puerícia* (1685), *Meditações para Todos os Dias da Semana, pelo Exercício das Três Potências da Alma* (1689), *Eleição entre o Bem e o Mal Eterno* (1720), etc., e que será estudado com mais detença no capítulo da ficção; e o de Feliciano Joaquim de Sousa Nunes (1734?-1808?), autor dos *Discursos Político-Morais* (1758) e de *Política Brasílica*, ensaio inédito que, segundo um historiador, "é um tratado de moral, no feitio dos *Deveres do Homem*, de Sílvio Pellico".[2] Da primeira obra, apenas restaram três exemplares: o autor, instigado por amigos, fora a Lisboa mandar imprimir o livro, que se distribuiria por sete volumes, mas cometeu a imprudência de não solicitar autorização ao Marquês de Pombal para lhe oferecer a obra. Este, em represália, ordenou que se queimasse a edição do primeiro volume e o manuscrito dos demais, sob a alegação de que continham "doutrinas anárquicas". Por acaso, três exemplares escaparam da queima e vieram parar no Rio de Janeiro,[3] onde se fez nova edição, em 1931, sob os auspícios da Academia Brasileira de Letras.

Engajado na corrente doutrinária em moda no Barroco ibérico, Sousa Nunes não espelha a realidade tropical: os sete discursos que integram o único volume livre da sanha pombalina apontam um lusófilo, seja pela doutrina intemporal preconizada, seja pela linguagem, onde ressoa a vernaculidade seiscentista à Vieira, à Bernardes e outros clássicos do idioma. À semelhança dos mestres, entremeia *exemplos* na doutrina, sempre fundado em copiosa erudição, confessa no título extenso da obra, como era vezo no século: *Discursos Político-Morais, comprovados com vasta erudição das divinas, e humanas Letras, a fim de desterrar do mundo os vícios mais inveterados, introduzidos, e dissimulados.* Ideias aprendidas no convívio com os clássicos da Antiguidade e os moralistas do século XVII, identificam um "discreto", de linhagem católica, mas desempenado a ponto de parecer anárquico aos olhos de Pombal, não tanto, quem sabe, pelo volume impresso senão pelos manuscritos destruídos. De qualquer modo, o longo discurso, — a fim de provar que "não se pode negar que sejam as mulheres iguais aos homens na parte intelectual e discursiva, ainda que ordinariamente pareçam mui diversas,

---

2. Artur Mota, *op. cit.*, vol. II, p. 168.

3. Alberto de Oliveira, "Um Nome Esquecido", *Revista de Língua Portuguesa*, Rio de Janeiro, ano V, nº XXX, jul. 1924, pp. 5-8.

pelas suas puerilidades; (...) não só têm as mulheres a mesma aptidão e capacidade de entendimento e discurso, que nos homens se acha, senão também que sem comparação os excederiam, se as aplicassem às artes e ciências, a que eles ordinariamente se aplicam; e que *ex vi* disto, seriam tanto mais úteis e admiráveis, quanto nas operações do discurso melhor fossem instruídas",[4] — seria considerado hoje francamente feminista. Interesse maior despertam, pelo conteúdo, as obras de Ambrósio Fernandes Brandão, Diogo Gomes Carneiro e André João Antonil.

AMBRÓSIO FERNANDES BRANDÃO

De biografia ainda incerta (ignoram-se as datas e os locais de nascimento e morte), provavelmente cristão-novo e português, teria vindo para o Brasil em 1583 e aqui permanecido até 1618, de início nas funções de arrecadador de dízimos do açúcar, sob as ordens de Bento Dias de Santiago, e mais tarde como senhor de engenho na Paraíba. Segundo Capistrano de Abreu, pode ser considerado o autor dos *Diálogos das Grandezas do Brasil*, durante muito tempo atribuídos a Bento Teixeira.[1]

A obra, composta em 1618,[2] manteve-se inédita até 1848, quando José Feliciano de Castilho Barreto e Noronha lhe publicou um trecho, no semanário *Íris* (Rio de Janeiro, jan. 1848 — jun. 1849, t. III, n°s 24, 25 e 26). "Não encontrando o apógrafo de Lisboa, teve Varnhagen a sorte, em 1874, de encontrar outro, na Biblioteca de Leyde, em Holanda, de onde extraiu um manuscrito. Desejou que publicação dele se fizesse no Brasil, e em Pernambuco, que supunha terra de origem do autor. Para isso, em 77, confiou sua cópia a um amigo, José de Vasconcelos, redator do *Jornal do Recife*, que nessa folha estampou o 'Diálogo I', pondo em efeito a integral publicação deles na *Revista do Instituto Arqueológico Pernambucano*, com longos intervalos, durante quase um lustro, nos números 28 (de janeiro-março 83), 31 (de outubro 86), 32 (de abril 87), e

---

4. Feliciano Joaquim de Sousa Nunes, *Discursos Político-Morais*, Rio de Janeiro, Publs. da Academia Brasileira de Letras, 1931. pp. 173, 188-189.

1. Capistrano de Abreu, "Introdução" aos *Diálogos das Grandezas do Brasil*, Rio de Janeiro, Dois Mundos, 1943, pp. 21-34.

2. A data da redação da obra é-nos comunicada pelo próprio escritor: "Não há nela engenhos de fazer açúcares mais de um até este ano de 1618" (*Diálogos das Grandezas do Brasil*, p. 56).

33 (de agosto 87)".[3] Mais adiante (1900), é reeditado no *Diário Oficial* do Rio de Janeiro, graças às diligências de Capistrano de Abreu, a quem se deve também a primeira edição em livro, sob a chancela da Academia Brasileira de Letras, em 1930.

Quanto à autoria da obra, Capistrano de Abreu fundamenta-se nos seguintes argumentos para atribuí-la a Ambrósio Fernandes Brandão: primeiro, Brandônio, um dos interlocutores, diz-se arrecadador de dízimos em Pernambuco por volta de 1583, época em que atuava como contratador de dízimos Bento Dias de Santiago; "um documento de 1582 permite-lhe nomear escrivão para assistir à saída dos açúcares, outro de 1583 fala em seus feitores"; ora, "o autor dos *Diálogos das Grandezas do Brasil* pode ter sido seu feitor ou escrivão: pode ter sido seu parente"; segundo, "Brandônio afigura-se criptônimo de Brandão, e entre os Brandões coevos, "o que tem mais probabilidades, ou antes o único a ter probabilidades a seu favor, chamava-se Ambrósio Fernandes Brandão"; terceiro, este, residia em Pernambuco em 1585, e combateu os franceses e os gentios em posto de capitão de infantaria; "antes de 1613 possuía dois engenhos próximos à sede da Capitania", e "em 1613 pediu para fazer outro engenho na ribeira de Gurgaú, uma sesmaria, que de fato lhe foi concedida a 27 de novembro de 1613".[4] Posteriormente, Rodolfo Garcia agregou novos elementos à hipótese: a condição de feitor ou escrivão de Bento Dias de Santiago foi confirmada pela "denunciação do Padre Francisco Pinto Doutel, vigário de São Lourenço, perante a mesa do Santo Oficio, na Bahia, a 8 de outubro de 1591, em que como tal foi qualificado". Mais ainda: "outro foi Nuno Álvares, incluído na mesma denunciação". Assim, pode-se "concluir sem maior esforço que o outro interlocutor, *Alviano*, bem pode ser Nuno Álvares".[5]

À semelhança de tantos moralistas portugueses do século XVI, Ambrósio Fernandes Brandão estruturou a obra em diálogos, seis ao todo, travados entre Brandônio e Alviano, a respeito dos seguintes assuntos, subordinados à ideia inserta no título: descrição das capitanias, descobrimento e povoação da terra, clima e salubridade, riqueza, fertilidade e abundância, a fauna e a flora, costumes das gentes, portugueses e indígenas.

---

3. Afrânio Peixoto, "Nota Preliminar" à referida edição dos *Diálogos das Grandezas do Brasil*, p. 19.

4. Capistrano de Abreu, *op. cit.*, pp. 33-34.

5. Rodolfo Garcia, "Aditamento" à "Introdução" de Capistrano de Abreu, *op. cit.*, pp. 35-36.

Na interpretação e julgamento dos *Diálogos das Grandezas do Brasil*, há que tomar em conta dois aspectos, o doutrinário e o estético, o primeiro referente ao conteúdo de pensamento, e o segundo, à sua dimensão literária. Num caso ou noutro, impõe-se começar por uma reflexão em torno das duas personagens: mais do que criptogramas de Ambrósio Fernandes Brandão e Nuno Álvares, "parecem (...) personagens simbólicos: um representa o reinol vindo de pouco, impressionado apenas pela falta de comodidade da terra; o segundo é o povoador, que desde 1583, veio para o Brasil, e, com as interrupções de várias viagens além-mar, ainda aqui estava em 1618, data da composição do livro. Tão abstratos são os personagens, que às vezes saem dos lábios de um palavras que melhor condiriam nos do outro".[6] Ou, por outros termos, simbolizam as duas correntes de opinião, em voga no tempo, acerca da terra que os portugueses colonizavam a duras penas. Alviano encarna o pensamento pessimista, que defende o processo civilizador dos compatriotas e combate a "ruindade" da terra:

> o lançarem-se no Brasil seus moradores a fazer açúcares é por não acharem a terra capaz de mais benefícios: porque eu a tenho pela mais ruim do mundo, aonde seus habitadores passam a vida em contínua moléstia, sem terem quietação, e sobretudo faltos de mantimentos regalados, que em outras partes costuma haver.[7]

Por seu turno, Brandão representa a ala otimista, ufanista, que, preconizando ideias contrárias às de seu interlocutor, julga defensáveis as técnicas colonizadoras adotadas pelos portugueses em terras de Santa Cruz, mas faz a apologia rasgada do Novo Mundo:

> porque não tenhais aos nossos portugueses por pouco inclinados a conquistas, abraçando-vos com essa errônea opinião, vos afirmo que, de quantas nações o mundo tem, eles foram os que mais conquistaram (...); a terra é disposta pera se haver de fazer nela todas as agriculturas do mundo pela sua muita fertilidade, excelente clima, bons céus, disposição do seu temperamento, salutíferos ares, e outros mil atributos que se lhe ajuntam.[8]

---

6. Capistrano de Abreu, *op. cit.*, p. 22.
7. *Diálogos das Grandezas do Brasil*, p. 44.
8. *Ibidem,* pp. 42, 45.

Afora a mudança de posição que Capistrano de Abreu observou entre os dois interlocutores, assinale-se que Alviano vai aos poucos cedendo à cerrada argumentação de Brandônio, e ao fim se deixa convencer da tese sustentada pelo opositor. A explicação reside no fato de que a defesa que Brandônio empreende dos seus pontos de vista, apesar do seu evidente ufanismo, está longe de cega ou preconceituosa. Com efeito, ao referir-se às causas do pouco aproveitamento do solo tropical, Brandônio assevera peremptoriamente que "é culpa, negligência e pouca indústria de seus moradores".[9] Na explanação da sua ideia, adianta que "este estado do Brasil todo, em geral, se forma de cinco condições de gente": a marítima, mercadores, "oficiais mecânicos", "homens que servem a outros por soldada", lavradores.[10] E no comentário acerca do modo como tais gentes procediam, Ambrósio Fernandes Brandão ergue um retrato de flagrante atualidade: quando pouco, ensina a ver desde quando o País padece de males crônicos e a quem ou que se deveria a sua inoculação em tempos recuados:

> porque se ajunta a isto o cuidar cada um deles que logo em breve tempo se hão de embarcar para o reino, e que lá hão de ir morrer, e não basta a desenganá-los desta opinião mil dificuldades que, a olhos imprevistos, lhes impedem podê-la fazer. Por maneira que este pressuposto que têm todos em geral de se haverem de ir pera o reino, com a cobiça de fazerem mais quatro pães de açúcar, quatro covas de mantimento, não há homem em todo este Estado que procure nem se disponha a plantar árvores frutíferas, nem fazer as benfeitorias acerca das plantas, que se fazem em Portugal, e pelo conseguinte se não dispõem a fazerem criações de gados e outras; e se algum o faz, é em muito pequena quantidade, e tão pouca que a gasta toda consigo mesmo e com sua família. E daqui nasce haver carestia e falta destas cousas, e o não vermos no Brasil quintas, pomares e jardins, tanques de água, grandes edifícios, como na nossa Espanha, não porque a terra deixe de ser disposta pera estas cousas; donde concluo que a falta é de seus moradores, que não querem usar delas.[11]

Como se não bastasse tal mostra de clarividência, ao delineamento fiel da situação social na Colônia Ambrósio Fernandes Brandão acrescenta outros males que a enfermavam, e que ainda hoje perduram com análoga, se não maior, virulência, autêntica endemia de não fácil erradi-

---

9. *Ibidem,* p. 46.
10. *Ibidem, loc. cit.*
11. *Ibidem,* p. 47.

cação: as formas várias de burlar as leis com empenhos pessoais, advindos de cunhas interpostas "por parentesco ou amizade"; assim, antes de os processos chegarem à Relação da Bahia, "se metem amigos e parentes de permeio, que os compõem, e concertam; de maneira que põem fim às suas causas, e daqui nascem ir poucas por apelação à Bahia".[12]

No confronto entre a terra e os seus moradores, Brandônio procura invariavelmente desculpar aquela, mas não os outros.[13] E na cadeia de razões aduzidas para persuadir Alviano, a ênfase posta nas excelências do Brasil acaba por se transmutar em ufanismo, tanto mais digno de nota quanto mais sabemos que se trata de um português. O solo, a fauna e a flora são generosamente enaltecidos em comparação com outras terras e gentes, ao longo da obra. E aqui e ali, o próprio Brandônio oferta-nos sínteses lúcidas desse ufanismo, como a seguinte:

> as terras do Brasil (são) (...) de maravilhosa habitação para a natureza humana, porque tem tão bom céu e goza de tão bons ares toda a terra do Brasil, que nenhuma das causas que costumam fazer dano por outras regiões o fazem nela, nem cobram forças para o poderem fazer.[14]

ou esta outra, igual a tantas "visões do Paraíso" em circulação nos séculos XVI, XVII, e XVIII:

> não faltam autores que querem afirmar estar nesta parte situado o paraíso terreal.[15]

Na verdade, a intenção ufanista percorre os *Diálogos*, do começo ao fim, a ponto de constituir-lhe a principal mola: o seu autor propunha-se uma espécie de poema épico em prosa à fartura e formosura do solo tropical. Contudo, o seu hino de louvor jamais se perde em derramamentos estéreis ou meramente retóricos, decerto porque sustentado num conhecimento ao mesmo tempo direto e livresco da ecologia brasileira.[16]

---

12. *Ibidem*, p. 69.
13. *Ibidem*, pp. 213, 249.
14. *Ibidem*, p. 116.
15. *Ibidem*, p. 96.
16. Rodolfo Garcia, em nota ao segundo diálogo (*Diálogos das Grandezas do Brasil*, pp. 128-129), assevera que as ideias de Ambrósio Fernandes Brandão, "mais curiosas do que interessantes, refletem, como é natural, as lições da ciência de seu tempo, aceitas ou rejeitadas com o discernimento e a independência de quem já conquistara sob o sol dos trópicos 'um

Sua cosmovisão identifica-se por um verdadeiro realismo, baseado nos frutos da experiência e num permanente senso de equilíbrio; ufanismo sóbrio ou ponderado, caso não houvesse maior colisão entre os termos.

Como interpretar a serenidade com que Ambrósio Fernandes Brandão enfrenta as numerosas facetas do seu tema? Afora o contingente de faculdades pessoais, resultará da lição recebida dos moralistas quinhentistas, como Frei Amador Arrais, Frei Heitor Pinto, Frei Tomé de Jesus, e outros, que aliavam paixão e moderação no exame dos problemas: a paixão brotava do sincero e acendrado sentimento que os animava; a moderação provinha de submeter as intuições ao crivo do raciocínio. De fato, sensatez e vibração aparecem frequentemente nos Diálogos:

> Eu não disse absolutamente que no Brasil não havia doenças, porque isso seria querer encontrar a verdade; mas o que quis dizer é que as doenças, que há nele, são tão leves e fáceis de curar, que quase se não podem reputar por tais, etc.[17]

O discernimento de Ambrósio Fernandes Brandão funda-se em cautelas científicas, próprias de quem deseja separar o fantasioso do verdadeiro: sempre que alguma ideia resulta de testemunho alheio, que a sua experiência não comprovou, é indefectível o emprego de perífrases relativistas ou atenuantes, como ao dizer que "os naturais da terra querem que" ou "pelo que tenho ouvido contar a um Peruleiro, homem nobre e rico, e não pouco ciente".[18] Tais reservas apontam um temperamento objetivo, lúcido, embora passional, típico homem de Quinhentos, empunhando a pena com a mão direita, e a espada com a outra: o seu espírito prático e independente repelia tudo quanto implicasse pura especulação e fantasia. Desse modo, refuta as autoridades antigas e medievais, como Ptolomeu, Lucano e Averróis, que "afirmaram ser a tórrida zona inabitável".[19]

É possível que tais precauções estivessem a serviço dum intuito, que Ambrósio Fernandes Brandão nem sempre dissimula por completo: os *Diálogos das Grandezas do Brasil*, redigidos em 1618, quando Portugal sofria o jugo de Espanha, visariam a alertar a Coroa (espanhola) acerca

---

saber de experiências feito', de que fala o épico imortal"; e relaciona as numerosas fontes, antigas e modernas, de que se nutria o saber livresco do escritor.

17. *Diálogos das Grandezas do Brasil,* p. 117.
18. *Ibidem,* p. 50.
19. *Ibidem,* p. 95.

da melhor política de colonização e exploração da terra. Volta e meia Brandônio dirige-se a Sua Majestade, como a sugerir-lhe medidas imprescindíveis ao cabal aproveitamento do solo americano:

> era necessário que Sua Majestade mandasse lavrar três equipações de barcos, etc. (...) Digo que devia fazer Sua Majestade o que fez El-Rei D. Manuel de gloriosa memória (...) Sua Majestade devia de mandar uma caravela à Índia, pera que somente lhe trouxesse de lá muita semente de pimenta, etc.[20]

A modo de corroboração e fecho das ideias, Ambrósio Fernandes Brandão parece clamar à Coroa que despreze a Índia pelo Brasil, graças à riqueza que encerra:

> minha tenção que o Brasil é mais rico e dá mais proveito à fazenda de Sua Majestade que toda a Índia.[21]

Escritor cristão e já consciente da noção de progresso,[22] que apenas entraria em moda no século XVIII, Ambrósio Fernandes Brandão está aberto às novidades que a sua lucidez descortina, orientado por uma mundividência em que as conquistas do Barroco começam a preencher considerável função. Mas penetrar nesse terreno equivale a sondar os aspectos ficcionais da sua obra.

Obra doutrinal, de informação e apologia da terra nova, os *Diálogos das Grandezas do Brasil* ostentam reduzido interesse estético, o qual, porém, se tornaria ainda menor caso estivessem ausentes certos recursos literários, profusamente utilizados no século XVII. O primeiro aspecto a notar está relacionado com a arte da persuasão: conquanto afeiçoado às verdades provadas, Ambrósio Fernandes Brandão recorria a um modo de apresentá-las e defendê-las que traía a sua preparação nas manobras de convencer o oponente também pelo rigor lógico da forma que reveste o pensamento.[23] Por momentos, temos a impressão de ler o Pe.

---

20. *Ibidem*, pp. 52, 147 e 148.

21. *Ibidem*, p. 141.

22. *Ibidem*, p. 39.

23. José Veríssimo (*História da Literatura Brasileira*, 3ª ed, Rio de Janeiro, José Olympio, 1953, p. 52) chega ao seguinte juízo: "Pela língua e estilo, embora não sejam nem um nem outro primorosos, são estes *Diálogos* o que melhor nos legou a escrita portuguesa no Brasil nesta primeira fase da produção literária aqui".

Antônio Vieira numa de suas proposições dialéticas plenas de sutilezas silogísticas:

> Certamente que tenho paixão de vos ver tão desarrezoado nessa opinião; e porque não fiqueis com ela, nem com um erro tão crasso, quero-vos mostrar o contrário do que imaginais. E pera o poder fazer como convém, é necessário que me digais se o ser o Brasil ruim terra é por defeito da mesma ou de seus moradores?[24]

Verdadeiramente, a "agudeza" serve o propósito que norteia os *Diálogos*: obra de doutrina e apologética. Ambrósio Fernandes Brandão tinha disso absoluta consciência, a ponto tal que, desde os fins do primeiro diálogo, Alviano deixa de responder para apenas motivar, com as suas intervenções, as falas de Brandônio. O expediente literário implícito nessa mutação funcional da personagem liga-se a um outro, mais palpável: como a arquitetar uma novela dialogada, o prosador suspende o problema em pauta e adia para o capítulo seguinte sua análise ou solução:

> Isto vai já sendo tarde, e a dúvida que agora me moveis é dificultosa de soltar: pelo que me parecia acertado que reservássemos a sua prática pera o dia d'amanhã, que neste mesmo lugar vos esperarei pera tratar dessa matéria, que não deve de ser pouco curiosa.[25]

Mais relevante, porém, do que tais procedimentos, é introduzir histórias ou casos no fluxo do diálogo, o que denota um pendor de ficcionista por parte de Ambrósio Fernandes Brandão.[26] Não poucas vezes o escritor lança mão de *exemplos*, que parecem súmulas de contos:

> e, pera prova disto, vos quero contar uma história assaz galante, a qual foi que nos tempos passados houve um feiticeiro destes, que afirmou aos índios que a terra, pera adiante, havia de produzir os frutos de por si, sem nenhuma cultura nem benefício; portanto que bem podiam todos folgar e

---

24. *Diálogos das Grandezas do Brasil*, p. 44.
25. *Ibidem*, p. 78.
26. Decerto conduzido pela satisfação de encontrar uma obra deste jaez em meio à insulsez da prosa quinhentista e seiscentista, José Veríssimo afirma que "literariamente estes *Diálogos*, sem serem romance ou novela, são uma ficção, a primeira escrita no Brasil" (*op. cit.*, p. 52).

dar-se à boa vida com se lançarem a dormir, porque a terra teria cuidado de lhes acudir com os mantimentos a seu tempo. Tanto crédito lhe deram os pobres índios, que o fizeram da maneira que lhes ele aconselhou, com virem a padecer, por esta via, a mais trabalhosa fome, que nunca se sabe haver neste Estado: em tanto que chegaram, obrigados da necessidade, a se venderem a si e as mulheres e filhos por uma espiga de milho, que não pode ser maior miséria.[27]

Observe-se que a "história assaz galante" exibe patente de veracidade tanto quanto o mais dos *Diálogos*: é que a intenção apologética predomina na mente de Ambrósio Fernandes Brandão. De onde a obra importar mais à historiografia econômica e social que propriamente à literária; nesta, somente cabe pelo tributo que rende à estesia da forma numa viva demonstração de que os limites entre doutrina moral e Literatura eram tênues naqueles tempos remotos. De qualquer modo, em sua área específica os *Diálogos das Grandezas do Brasil* são obra de insofismável relevância, como documento e testemunho de um estado de coisas ainda não de todo desvanecido.

DIOGO GOMES CARNEIRO

Pouco se sabe da vida de Diogo Gomes Carneiro. Nascido provavelmente a 9 de fevereiro de 1618, teria realizado os seus estudos em Portugal, até alcançar o título de Doutor em Leis pela Universidade de Coimbra. Graças ao seu notável saber, que incluía o tirocínio de línguas, como o Latim, o Italiano e o Espanhol, "chegou a gozar de muito conceito nos círculos intelectuais da Metrópole, onde desempenhou elevadas funções públicas",[1] dentre as quais a de secretário de D. Afonso de Portugal, Marquês de Aguiar. Logrou ser nomeado cronista-mor do Estado do Brasil, com a pensão de trezentos mil-réis. Faleceu em Lisboa, a 26 de fevereiro de 1676.

Deixou a tradução da *História da Guerra dos Tártaros* (1657), de Henrique Valente d'Oliveira, feita do latim; da primeira parte da *História do Capuchinho Escocês* (1657), de João Batista Renuchino, feita do toscano; das *Instruções para bem crer, bem orar, e bem pedir* (1658), de

---

27. *Diálogos das Grandezas do Brasil*, pp. 282-283.

1. Laudelino Freire, nota introdutória a *Diogo Gomes Carneiro*, vol. XIV da *Estante Clássica da Revista de Língua Portuguesa*, Rio de Janeiro, nov. 1924, pp. 10-11.

João Eusébio Nieremberg, feita do castelhano. De sua lavra, registra-se: *Oração Apodíxica aos Cismáticos da Pátria*, dada à estampa em 1641, o *Memorial da Prática do Montante*, cujo manuscrito, segundo consta, estaria no colégio da Companhia de Évora, e um *Epigrama Latino*, inserto nas *Memórias Fúnebres de D. Maria de Ataíde* (1650).

A *Oração Apodíxica*, único de seus escritos que merece atenção, tem sido considerada a primeira obra em prosa impressa da literatura brasileira.[2] Como o título declara abertamente, o intuito do opúsculo de 76 páginas (incluindo as licenças eclesiásticas, a errata, a dedicatória e o prefácio) era tratar do "pernicioso vício da traição, que com ser o pior fruto, sempre se deu melhor na melhor terra" (no preâmbulo, sob o título de "A Todos").[3] Apontado o alvo da obra, restava determinar o sentido da palavra "apodíxica": no mesmo passo, Diogo Gomes Carneiro informa que assim intitulou a sua obra "por ser demonstrativa com reprovação e documento, que isso quer dizer apodíxica".

Com efeito, o livro destinava-se a examinar a traição dos portugueses, bandeados para o lado castelhano enquanto durou a hegemonia dos Filipes de Espanha (1580-1640), ou que ainda porventura nutriam sentimentos em favor dos estrangeiros. Para o bom entendimento da intenção que anima o escritor, há que ponderar algumas datas: as primeiras licenças favoráveis à edição da *Oração Apodíxica* são de 15 de março de 1641; segue-se outra de 17 de março, e 18 de abril, e 19 de abril, e 1º de setembro, e 3 de setembro do referido ano. Ora, essas licenças permitem deduzir que a obra foi cuidadosamente redigida. Tê-lo-ia sido às vésperas daquelas primeiras datas? Salientemos outros pormenores: tendo em vista que Diogo Gomes Carneiro nasceu em 1618, e fez estudos em Coimbra, na altura da redação orçaria pelos vinte e três anos e ainda se demoraria em Portugal, a cumprir funções oficiais. Assim sendo, a despeito da ou graças à sua juventude, teria composto a obra entre 1º de dezembro de 1640 e 3 de março de 1641? É possível, mas o mais provável é que houvesse pelo menos iniciado o texto antes do primeiro acontecimento, e eventualmente buscado inspiração na atmosfera moral e política que o precedeu. Neste caso, teríamos de aceitar como autor de

---

2. O *Diálogo sobre a Conversão do Gentio,* inédito até 1888, exibe maior carga literária que a *Oração Apodíxica,* e se o critério não fosse o de publicação, o escrito de Nóbrega poderia perfeitamente ser considerado o primeiro livro em prosa da Literatura Brasileira e não o de Diogo Gomes Carneiro.

3. Esta referência, bem como as demais, são extraídas da edição de 1641, saída em Lisboa, "na oficina de Lourenço de Anveres".

um documento obviamente solene e determinado um jovem de pouco mais de vinte e dois anos. Todavia, a diferença é mínima para ser tomada em linha de conta.

Pela análise interna, a confirmação impõe-se: destinando-se ao exame da síndrome da traição por parte de portugueses, é lícito supor que a redação teria principiado nos meses ou semanas anteriores à revolução de 1º de dezembro de 1640, que libertou Portugal do jugo espanhol e entronizou o Duque de Bragança como D. João IV. A conjectura ganha plausibilidade quando deparamos a seguinte passagem:

> abaixastes a cerviz ao jugo estranho, de que vos resultou tanto labéu, e abatimento: agora que o Céu vos meteu nas mãos a ocasião de vosso desagravo, tornai por vossa honra, e opinião: ou confesse o traidor que a não tem, porque mal a pode ter quem afrontoso à honra, injurioso à natureza, pernicioso ao bem comum, pretende sujeitar sua pátria ao cetro alheio.[4]

É no clima de resistência contra o senhor alienígena que a obra teria sido pelo menos congeminada. O tom de patriótica e indignada diatribe permite enfileirar a *Oração Apodíxica* no rol das obras de cunho autonomista elaboradas durante o domínio filipino:[5] a mocidade do autor e o amor à Metrópole explicariam o opúsculo e o seu sentido. Não obstante, o libelo acusatório ressuma de maturidade, tanto mais digna de nota quanto mais se considera a extrema juventude do escritor. Por outro lado, há fortes indícios de que a obra teria sido arquitetada após os eventos que repuseram a coroa portuguesa na cabeça de um nativo:

> acabai já de discorrer pela manifestação dos sucessos que quer, é servido de dar rei próprio a Portugal; (...) porque nos primeiros dias, quando as cousas estavam embaraçadas, não subiram ao castelo, animaram aos castelhanos? (...) Lembre-vos o duro cativeiro que até agora padecestes, que tanto a vossa pátria escurecia; (...) E vós, ó excelso Rei, tão querido agora, como antes desejado.[6]

Portanto, teria sido redigida entre os fins de 1640 e o primeiro trimestre de 1641. Importa ponderar esse dado externo a fim de compreender alguns aspectos internos da *Oração Apodíxica*: o parco interesse

---

4. Diogo Gomes Carneiro, *op. cit.*, p. 6v.
5. Hernâni Cidade, *A Literatura Autonomista sob os Filipes,* Lisboa, Sá da Costa, s.d.
6. Diogo Gomes Carneiro, *op. cit.*, pp. 24, 26v, 33v e 34.

estético que oferece, visto pertencer à área do ensaio político e moral; a pouca ou nenhuma presença da imaginação, a ausência de lirismo ou dramaticidade teatral ou romanesca, resultantes do intuito pragmático que orientou o autor.

E embora o opúsculo se enquadre nas coordenadas culturais do tempo, vale a pena delinear-lhe, em rápidos traços, o doutrinal político e ético. Católico e cristão, Diogo Gomes Carneiro refere-se aqui e ali à Providência divina e tem Portugal como "a mais incorruptível Cristandade do Universo".[7] Por esse lado, nada de novo. A novidade, ainda que relativa, reside no seu entranhado portuguesismo. Nascido no Brasil e provavelmente o conhecendo bem, pois o cargo de cronista-mor pressuporia um contacto prolongado com a terra, nem por isso Diogo Gomes Carneiro se alinha entre os ufanistas que descendem de Pero Vaz de Caminha. Sua visão do mundo permanece lusófila e colonialista. Referindo-se à guerra holandesa, diz que "na Bahia do Salvador metrópole do estado do Brasil, resistiram ao holandês os portugueses, moradores e filhos daquela dilatada província".[8] Ainda que na portada do livro se declare "brasiliense natural do Rio de Janeiro", nenhuma vez se dirige aos compatriotas como não portugueses. E como se não bastasse, o sentimento que nutre pela Metrópole chega às raias da hipérbole irracional, tanto mais notável quanto mais o opúsculo nos convence da lucidez e vigor silogístico do bacharel em Direito. Para ele, Portugal é

> reino o mais ínclito, ilustre, e afamado do Universo, o mais memorado das histórias, o mais celebrado da fama, o mais temido das gentes, o mais benemérito da Igreja a um reino Príncipe de Províncias, cabeça de Impérios.[9]

A bem da verdade, cumpre ressaltar que, ao dirigir-se aos portugueses, sempre utiliza as formas *vós*, *vosso*, *vossa*, etc., o que denotaria sensível distância entre ele e os nativos da Metrópole. Sucede, porém, que tal distância, fruto de jamais esquecer a terra de nascimento, não altera o tom paroxístico que assume para com Portugal.

Para atingir o alvo, repelir a traição dos lusitanos cismáticos, adeptos da sujeição ao espanhol, e estimular o sentimento em prol da pátria, Diogo Gomes Carneiro não só põe ênfase na relevância histórica do império português como lança mão de uma doutrina filosófico-moralizante

---

7. *Idem, ibidem*, p. 31.
8. *Idem, ibidem*, p. 8.
9. *Idem, ibidem*, p. 19.

em forma de máximas ou de argumentos. A seu ver, há que seguir as "razões da Natureza", pois é "claro desengano da pouquidade humana, que quanto mais abarca, tanto aperta menos", e "quem com promessas de mercês quer expugnar ou confia pouco de si, ou teme muito"; "sempre foi pior a corrupção do mais perfeito: é o maior desatino que pode a ignorância produzir"; "porque mal podem ser finos na obediência política, os que mal sabem obedecer às leis de Deus, e às dos homens"; "como se a necessidade não fosse a causa a quem o mundo deve suas glórias", etc.[10]

Como se vê, o código político e moral de Diogo Gomes Carneiro insere-se numa cosmovisão monarquista, católica e estoica ou resignada: o cisma que uma minoria de portugueses defendia, parece-lhe abominável, do ponto de vista religioso, político e moral, porque constituía desrespeito a Deus, ao Rei e à consciência ética. Em suma: visão típica do primeiro quartel do século XVII luso-brasileiro. Às vezes, porém, o ensaísta como que adota posições modernas, cujo alcance não divisa, em razão de buscar ser coerente com o pensamento político e moral que expõe. Invectivando a traição dos cismáticos, volta-se energicamente contra o rei espanhol, "monarca ambicioso",[11] preconiza o direito de D. João ao trono[12] e acaba formulando o seguinte raciocínio:

> Os poderosos reinos de Europa, que hoje resplandecem, em honra, fama, e riquezas, não se viram sujeitos ao império dos romanos? se cada um descaidamente frouxo continuara na obediência de seus imperadores, quão murchas vira hoje França as suas lises! quão cadáveres seus leões Inglaterra!, etc.[13]

Curiosamente, o moralista parece advogar, à moderna, a autodeterminação dos povos, mas não se recorda de que pertencia a um povo que estava para Portugal assim como este e outros países estiveram em relação a Roma; uma vez mais, o seu portuguesismo o faz elidir nuanças que poderiam perturbar-lhe a serenidade do discurso até comprometê-lo totalmente. Sem má-consciência notória, enredava-se nas malhas da sua própria coerência. Aliás, como tantos letrados no século XVII, quando se dispunham a perquirir a religião e as secretas razões de Estado.

---

10. *Idem, ibidem*, pp. 5v, 7v, 11, 18v, 20, 27v. V. ainda as pp. 10v, 12, 13v, 22, 23, 29v.
11. *Idem, ibidem*, p. 3.
12. *Idem, ibidem*, p. 3v.
13. *Idem, ibidem*, p. 4v.

Diogo Gomes Carneiro vaza sua catilinária numa linguagem que se afigurou a Laudelino Freire "notavelmente esmerada, elegante e revestida da opulência que só possuem os escritores de escol. A sua locução é, em regra, simples e natural, mas cheia de energia e propriedade; a frase lhe sai sempre imaginosa, sem redundância".[14] No mesmo diapasão articula-se o juízo de Artur Mota: "a sua qualidade primordial consiste na maneira por que trata a língua, no seu estilo terso e elegante. Tem a linguagem castiça e expressiva, manifesta qualidades inestimáveis de bom prosador".[15] Sem dúvida, Diogo Gomes Carneiro redige com segurança e vernaculidade, mas está longe de salientar-se pelo estilo como um dos "insignes representantes da nossa literatura clássica".[16] Por certo que ostenta merecimento desse prisma, mas o simples cotejo com os bons prosadores do tempo levaria a diverso resultado. Se Laudelino Freire o pusesse em confronto com Antônio Vieira, Manuel Bernardes, Frei Luís de Sousa, D. Francisco Manuel de Melo, ou mesmo Frei Vicente do Salvador, certamente não se abalançaria à generosidade de julgá-lo "prosador de estilo dos mais elegantes, tersos, corretos e opulentos de que podia glorificar-se naquele século o idioma comum".[17] Tudo faz crer que apenas um forte sentimento patriótico, em contrapartida à lusofilia do moralista, poderia justificar a calorosa opinião.

O estilo de Diogo Gomes Carneiro, conquanto destituído da clareza, concisão e fluência que nos habituamos a encontrar nos prosadores conceptistas, exibe tendência em moda naquela quadra. Par a par com os propósitos doutrinários, da sua pena escorrem agudezas; outras vezes, o estilo inflama-se em apóstrofes e imprecações irritadas, arremessadas aos cismáticos, como as das páginas 23-24: "Ó desatinada crueldade! ó desatino cruel! ó irracional, e desenfreado apetite de ambição!, etc."[18] Inclusive o trocadilho é convocado como recurso expressivo: "violentamente obediente a pena tem por pena descrever a baixeza vil do quarto".[19] Por fim, note-se o pendor para discretear, ou enfileirar reflexões à margem do assunto central da *Oração Apodíxica*, o que se explicaria pelo afã de

---

14. Laudelino Freire, *op. cit.*, pp. 11-12.
15. Artur Mota, *História da Literatura Brasileira*, 2 vols., S. Paulo, Nacional, 1930, vol. I, p. 491.
16. Laudelino Freire, *op. cit.*, p. 13.
17. *Idem, ibidem*, p. 12.
18. V. ainda pp. 29, 32v e 33.
19. Diogo Gomes Carneiro, *op. cit.*, p. 16v.

argumentar em favor da sua tese e de, indiretamente, exibir capacidade intelectual.

Na reduzida atividade prosística do nosso século XVII, Diogo Gomes Carneiro tem lugar de relevo, mas pertence antes à história da cultura que das Letras: oferece sugestivo contraste com os autores engajados no mito ufanista, assim revelando, quem sabe, uma corrente de opinião oposta à outra, conquanto menos relevante. Na análise das duas, podem-se depreender as linhas de força que conduzem a literatura brasileira desde o começo: ou a tônica é colocada na Europa, gerando profundo sentimento de inferioridade intelectual, ou no Brasil, determinando a brasilidade ufanista, talvez fruto do mesmo processo histórico ou da mesma visão colonialista.

ANDRÉ JOÃO ANTONIL

Pseudônimo de João Antônio Andreoni. Italiano de nascimento (Luca, Toscana, 6 de fevereiro de 1649), ingressou na Companhia de Jesus, em Roma, a 20 de maio de 1667. Antes disso, estudara Direito Civil na Universidade de Perúsia. Ensinou Retórica e Filosofia no Seminário romano. Embarcou para o Brasil em 29 de janeiro de 1681. Aqui, exerceu altos cargos dentro da Companhia de Jesus, como Mestre de Noviços e Secretário do Visitador-Geral, o Pe. Antônio Vieira (1688), Provincial (entre 1706 e 1709), Reitor do Colégio da Bahia (1698 e 1709). Faleceu em Salvador, a 13 de março de 1716. Em 1711, em Lisboa, publicou a obra *Cultura e Opulência do Brasil, por suas drogas, e minas, com várias notícias curiosas do modo de fazer açúcar; plantar, e beneficiar o tabaco; tirar ouro das minas; e descobrir as de prata*, etc. Deixou ainda várias cartas, ânuas e biografias de membros da Companhia de Jesus, em grande parte inéditas.[1]

No estudo da figura e da obra de Antonil, dois aspectos extrínsecos têm chamado a atenção dos especialistas: o referente ao verdadeiro nome oculto no pseudônimo, e às razões pelas quais o livro teria sido confiscado e destruído (com exceção de cinco exemplares), após lhe serem concedidas todas as licenças de praxe.

---

1. Serafim Leite, *História da Companhia de Jesus no Brasil,* 10 vols., Lisboa/Rio de Janeiro, Portugália/INL, 1938-1950, vol. VIII, pp. 45-54.

Quanto ao primeiro aspecto, manteve-se obscuro até que Capistrano de Abreu o deslindasse, inicialmente de modo sucinto no prefácio, datado de 13 de julho de 1886, a *Informações e Fragmentos Históricos do Padre José de Anchieta*; e mais adiante, com as suas habituais minúcias de pesquisador atento, em carta a Guilherme Studart, de 18 de junho de 1893. Escreve o historiador: "Depois de convencer-me que o autor era jesuíta, chamou-me a atenção uma parte da dedicatória ou prólogo, em que o autor, depois de ter escrito, na primeira página, André João Antonil, assina-se entretanto *Anônimo Toscano*. *Anônimo Toscano*, traduzi, significa aqui jesuíta toscano. / Comecei então a procurar jesuítas italianos entre poucas informações que temos dos fins do século XVII e princípios do século XVIII. Apareceu-me logo o nome de Andreoni, a quem Vieira refere-se com elogios em uma das suas cartas, que era reitor do colégio da Bahia quando morreu Vieira", etc. Com essa informação, dirige-se à *Bibliothèque des Ecrivains de la Compagnie de Jésus*, de Charles e Aloys Backer (11 vols., Paris, 1890-1932), e no vol. VI, p. 14, encontra a menção explícita, em latim, à obra de Antonil. "Vimos logo que, de João Antônio Andreoni era anagrama ou cousa que o valha André João Antonil; — mas uma cousa nos causava espécie: que significava o L final? Foi ainda no Backer que achamos a resposta: Andreoni era de Luca, na Toscana; L significa *luquensis*".[2]

No tocante às causas reais do sequestro da obra, alinham-se duas correntes de opinião: segundo uns, dentre os quais Afonso de Taunay, que efetuou o primeiro inquérito circunstanciado à biografia e à obra de Antonil, no "Estudo Biobibliográfico" que precede a 5ª edição de *Cultura e Opulência do Brasil* (S. Paulo, Melhoramentos, 1923), o livro foi condenado por ordens do rei em consequência de albergar informações demasiado indiscretas acerca das riquezas da Colônia, o que poderia chamar enfaticamente a atenção das nações europeias para esta parte do mundo.[3] E segundo Araripe Júnior, "Antonil pre-

---

2. *Correspondência de Capistrano de Abreu*. 2 vols., Rio de Janeiro, INL, 1954, vol. I, pp. 144-145.

3. "O livro ensinava o segredo do Brasil aos brasileiros, mostrando toda a sua possança, justificando todas as suas pretensões, esclarecendo toda a sua grandeza" (Capistrano de Abreu, *Capítulos de História Colonial*, 4ª ed., Rio de Janeiro, Briguiet, 1954, p. 267).

"A destruição do livro visava proteger contra a possibilidade da conquista inimiga, pois os roteiros poderiam facilitá-la, com o ouro a aguçar-lhe a cobiça; acautelava-se contra a evasão do metal que o acesso de estrangeiros à costa poderia propiciar, e defendia-se o comércio internacional português, na sua estrutura tradicional prestes a ser afetada mas que, juntamente com o ouro recém-descoberto, constituíam, na aurora do século XVIII, os pilares

tendera ensinar aos fazendeiros do Brasil a governarem-se pelos princípios do *Príncipe* de Maquiavel, e que seguramente fora essa a causa de ter o governo português abafado livro tão extraordinário".[4]

Do ângulo literário, parece indiferente que um ou outro motivo determinasse a impugnação da obra. No entanto, sendo o caso de ponderar a questão, poder-se-ia aventar uma hipótese conciliadora: as duas razões apontadas teriam ocasionado, a um só tempo, a retirada de circulação da *Cultura e Opulência*. Mesmo porque as licenças do Santo Ofício timbravam em assinalar que o livro nada continha "que seja contra nossa Santa Fé ou bons costumes". Note-se, porém, que as licenças "do Paço" atestam que a obra "será muito útil para o comércio, porque despertará as diligências e incitará a que se procurem tão fáceis interesses". E o censor Frei Manuel Guilherme acrescenta, como por descargo de consciência: "Vossa Majestade ordenará o que for servido". Seu depoimento data de 15 de janeiro de 1711. Dois dias após, a 17 de janeiro de 1711, outros censores proferem a sentença final: "Que se possa imprimir, vistas as licenças do Santo Ofício e Ordinário e depois de impresso tornará à Mesa, para se conferir e taxar, e sem isso não correrá". Não é exageradamente breve o prazo entre uma licença e outra? ainda para mais que Frei Manuel Guilherme semelha transferir para o Monarca a responsabilidade do *imprimatur*? E se, porventura, o texto impresso não coincidisse com o apresentado à censura? Supondo que tenha coincidido, não seria de

---

do poderio do Estado" (Alice Piffer Canabrava, introdução à 8ª ed. de *Cultura e Opulência do Brasil,* S. Paulo, Nacional, 1967, p. 29).

Em artigo a respeito da edição supra, Wilson Martins exprimia-se nos seguintes termos: "A hipótese é frágil, porque Antonil o escrevera com o deliberado propósito de proporcionar a todos os eventuais emigrantes para o Brasil o quadro exato das condições de existência e atividade, das regras não escritas da vida social na Colônia e das técnicas de trabalho ali empregadas". E acrescentava: "Antonil era um dos infratores da legislação portuguesa que proibia as atividades de estrangeiros na colônia americana; é possível que a súbita atenção concentrada sobre ele com o aparecimento do livro haja desfechado o castigo de que, até então, e por motivos igualmente desconhecidos, havia escapado" (supl. lit. de *O Estado de S. Paulo,* 9/3/1968). O crítico retomou a questão, adicionando-lhe outras informações, em sua *História da Inteligência Brasileira,* 7 vols., S. Paulo, Cultrix/EDUSP, 1976-1979, vol. I, pp. 272 e ss.

No tocante à questão do confisco da obra de Antonil, ver ainda Andrée Mansuy, "Sur la Destruction de l'Édition Princeps de *Cultura e Opulência do Brasil", Bulletin des Études Portugaises,* nouvelle série, Lisboa, t. XXVII, 1966, pp. 119-136.

4. Araripe Júnior, *Obra Crítica,* 4 vols., Rio de Janeiro, MEC, 1958-1966, vol. II, p. 481. José Paulo Paes desenvolveu a hipótese de Araripe Júnior num ensaio, "A Alma do Negócio", inserto no volume *Mistério em Casa,* S. Paulo, Conselho Estadual de Cultura, 1961, pp. 21-29.

crer que então se dessem conta do perigo que a obra representaria, quer do ponto de vista econômico (primeira corrente de opinião a respeito do confisco), quer do prisma político (segunda corrente de opinião)?[5]

Cultura e Opulência do Brasil divide-se em quatro partes, destinadas sucessivamente ao exame da "lavra do açúcar", "lavra do tabaco" "minas de ouro" e pecuária, a primeira das quais se fragmenta em três livros, enfeixando considerações em torno do senhor de engenho e sua "fazenda", "da escolha da terra para plantar canas de açúcar" e do açúcar propriamente dito.

Basta um olhar de relance às secções da obra de Antonil para sugerir a ideia — confirmada plenamente pelo texto — de que o arrazoado do sacerdote toscano pouco interessa à Literatura e muito à Historiografia, sobretudo a econômica e política. Em verdade, além de escasso, o seu contingente estético limita-se praticamente ao estilo: fluente, isento das ampulosidades barrocas, embora ainda sem a desenvoltura que, aliás, apenas encontramos no século XIX. O próprio escritor, cônscio das limitações de suas possibilidades e das sutilezas inerentes à matéria que comenta, declara-o no "Proêmio": "me resolvi a deixar neste borrão tudo aquilo que na limitação do tempo sobredito apressadamente, mas com atenção, ajuntei e estendi com o mesmo estilo e modo de falar claro e chão que se usa nos engenhos".[6] Tais características, vinculadas à intenção fundamental que domina a obra, tão somente numa passagem parecem fraquejar ante o visgo literário, e assim mesmo de modo ambíguo, porquanto o rebuscamento estilístico não compromete o teor informativo do trecho: trata-se do capítulo XII, do livro terceiro da primeira parte, intitulado "Do que padece o açúcar desde o seu nascimento na cana, até sair do Brasil". Constitui o único momento em que Antonil tomba frente aos amavios cavilosos da retórica seiscentista, mas sem perder de vista o objetivo precípuo do livro. Sua linguagem, de hábito límpida e simples, ganha um ritmo metafórico algo ofegante:

---

5. "As preocupações das autoridades laicas concentraram-se, portanto, no comércio internacional. Preenchidas as formalidades sumárias para a impressão, o manuseio mais atento da obra pôs em evidência também o seu caráter fundamental, como fonte pela qual se divulgavam as rotas do ouro e os processos de produção das mercadorias que constituíam a parte mais importante das trocas da metrópole: o fumo e o açúcar" (Alice Piffer Canabrava, *op. cit.*, p. 29).

6. *Cultura e Opulência do Brasil*, ed. cit., p. 134.

Correm suas lágrimas por tantos rios quantas são as bicas que as recebem; e tantas são elas, que bastam para encher tanques profundos. (...) Sai desta sorte do purgatório e do cárcere, tão alvo como inocente.[7]

No mais, o discurso de Antonil permanece coerente, pragmático, direto, quase de relatório ou acusando já uma consciência científica embrionária, não tão frequente na Colônia dos idos de 1711: "quem de novo entrar na administração de algum engenho, tenha estas notícias práticas, dirigidas a obrar com acerto, que é o que em toda a ocupação se deve desejar e intentar".[8] Assim, a *Cultura e Opulência* ergue-se como obra didática, na medida em que as suas "notícias práticas" visavam a instruir o senhor de engenho a explorar mais fecundamente a sua "fábrica", o lavrador a cultivar as suas terras, o minerador a extrair mais ouro das bateias, e o criador a zelar convenientemente pelo gado. Portanto, "ser de alguma utilidade aos que nos engenhos do açúcar, nos partidos e nas lavouras do tabaco, e nas minas do ouro experimentam o favor do céu com notável aumento dos bens temporais".[9] Conquanto igualmente voltada para o enaltecimento do Pe. Anchieta (é "oferecida aos que desejam ver glorificado nos altares ao Venerável Padre José de Anchieta"), salta aos olhos a proeminência dos fins pragmáticos.

Daí que o ufanismo de Antonil se distinga da efusão quinhentista e seiscentista, a tal ponto que se identifica como um ufanismo mitigado ou já não ufanismo. Em razão do espírito contido e racional do jesuíta, poucos encômios aparecem no curso de toda a *Cultura e Opulência*. E, quando despontam, jamais vêm acompanhados de qualquer erupção de deslumbramento; ao contrário, conservam o ar sereno que marca sempre as palavras de Antonil, como ao frisar que:

só o Brasil, com a imensidade dos matos que tem, podia fartar, como fartou por tantos anos, e fartará nos tempos vindouros, a tantas fornalhas, quantas são as que se contam nos engenhos da Bahia, Pernambuco e Rio de Janeiro, que comumente moem de dia e de noite, seis, sete, oito e nove meses do ano.[10]

---

7. *Ibidem*, p. 233.
8. *Ibidem*, p. 134.
9. *Ibidem*, p. 129.
10. *Ibidem*, p. 195.

Mesmo quando, no epílogo do livro, conclama o rei a dignar-se a mirar atentamente para esta fração dos seus domínios, a fleuma de Antonil persiste:

não haverá quem possa duvidar de ser hoje o Brasil a melhor e a mais útil conquista, assim para a Fazenda Real, como para o bem público, de quantas outras conta o reino de Portugal, atendendo ao muito que cada ano sai destes portos, que são minas certas e abundantemente rendosas.[11]

Sem dúvida, a *Cultura e Opulência* destila tal senso prático que dificilmente permite falar em ufanismo; o seu evidente amor à terra nunca chega a extremos, nem mesmo à temperatura passionalmente controlada de um Ambrósio Fernandes Brandão.

Como vimos, a habilidade administrativa de Antonil manifesta-se no intuito de fornecer aos senhores de engenho, lavradores, mineradores e criadores, uma espécie de carta de campo. Todavia, não se interrompe aí: ou movido pela sua condição de clérigo, ou convicto de que o resultado positivo da empresa saneadora que se propunha na *Cultura e Opulência*, determinava o exame de outros pontos, — Antonil adiciona ao seu decálogo pragmático um verdadeiro doutrinal de bons costumes, especialmente reservado aos proprietários de engenho. Decerto procurando colaborar para o revigoramento moral da Colônia, oferta conselhos de natureza prática e espiritual, uns e outros enquadrados no perímetro cristão e medieval.[12] Ora lembra que o "seu crédito (...) é o melhor cabedal dos que se prezam de honrados"; ora assevera que "não há maior peste que um mau vizinho", ou que o "dar esmolas, é dar a juro a Deus, que paga cento por um".[13] Desse modo, o interesse temporal e o religioso consorciam-se para benefício do senhor de engenho. Tudo se passa como se, a rigor, Antonil desejasse doutrinar os seus fiéis com o ardil do lucro, ou, antes, visasse a convencê-los de que a observância dos preceitos morais e cristãos é condição necessária de prosperidade material.

Nessa ordem de ideias, o jesuíta a pouco e pouco vai comentando os principais temas que dizem respeito à edificação dos homens da

---

11. *Ibidem,* pp. 315-316.

12. "São evidentes no pensamento de Andreoni os resíduos das doutrinas medievais que haviam modelado seu espírito, seja em Perúsia, seja no Seminário Romano, e que dão à sua obra certo conteúdo espiritual. Para Santo Tomás de Aquino, como para ele, a economia tinha por objeto não as leis, mas informar os soberanos e chefes, tendo em vista sua responsabilidade na administração do patrimônio" (Alice Piffer Canabrava, *op. cit.,* p. 34).

13. *Cultura e Opulência do Brasil,* pp. 142, 143, 167.

terra, e a certa altura abre todo um capítulo (X, do livro primeiro da primeira parte) para tratar de "Como se há de haver o senhor do engenho no governo da sua família, e nos gastos ordinários de casa", e um outro, imediatamente posterior àquele, acerca de "Como se há de haver o senhor do engenho no recebimento dos hóspedes, assim religiosos como seculares". Ao fazê-lo, invadia francamente, como de igual para igual, o recesso doméstico do senhor de engenho, o que lhe facultava observações minuciosas e certeiras, na linha de outras que ponteiam a obra como marcos miliários. A intimidade alcançada gera ponderações do seguinte naipe, endereçadas aos proprietários de engenho, encarados como autênticos senhores feudais:[14]

> Nada, pois, tenha o senhor do engenho de altivo, nada de arrogante e soberbo, antes, seja muito afável com todos e olhe para os seus lavradores como para verdadeiros amigos, pois tais são na verdade, quando se desentranham para trazerem os seus partidos bem plantados e limpos, com grande emolumento do engenho, e dê-lhes todo o adjutório que puder em seus apertos, assim com a autoridade como com a fazenda.[15]

Idêntico raciocínio estabelece com respeito às senhoras do engenho, no final do mesmo capítulo. Interpretando a posição assumida pelo sacerdote-burocrata, diríamos que o seu pensamento semelha propugnar pela caridade cristã, visto que se orienta na direção do humilde trabalhador do campo. Entretanto, a solução democrática guarda um conselho imediatista, no duplo sentido religioso e econômico: sendo bom cristão com os seus escravos, o senhor de engenho, encarnação brasílica do barão feudal, não só defendia as propriedades como fazia que prosperassem. Daí o elogio do escravo, sucessor do servo da gleba medieval, que não se confunde com a tese do bom selvagem vigorante na segunda metade do século XVIII, nem com a concepção romântica do cativo sofredor:

> Os escravos são as mãos e os pés do senhor do engenho, porque sem eles no Brasil não é possível fazer, conservar e aumentar fazenda, nem ter engenho corrente.[16]

---

14. "Como europeu, as vivências do passado de Andreoni o reportavam a uma sociedade senhorial de padrões aristocráticos, cujo ideal era o nobre, o fidalgo, identificado com o senhor de engenho" (Alice Piffer Canabrava, *op. cit.*, p. 41).

15. *Cultura e Opulência do Brasil*, p. 145.

16. *Ibidem*, p. 159.

Preservar a integridade física do escravo equivalia a proteger o capital e os juros provenientes da sua aplicação. Por isso julga Antonil que:

> Aos feitores de nenhuma maneira se deve consentir o dar couces, principalmente nas barrigas das mulheres que andam pejadas, nem dar com pau nos escravos, porque na cólera se não medem os golpes, e pode ferir mortalmente na cabeça a um escravo de muito préstimo, que vale muito dinheiro, e perdê-lo.[17]

Percebe-se que o sentimento de amor ao próximo é postergado em favor da visão objetiva e interesseira de uma instituição desumana como a escravidão. Antonil, coerentemente com a sua formação escolástica, aceita o cativeiro do negro africano como defendera antes o apresamento dos índios para análogos fins.[18] Tanto é assim que, ao recordar que "no Brasil, costumam dizer que para o escravo são necessários três PPP, a saber, pau, pão e pano", não verbera o castigo em si, apenas recrimina os abusos, afirmando: "prouvera a Deus que tão abundante fosse o comer e o vestir como muitas vezes é o castigo, dado por qualquer causa pouco provada, ou levantada".[19] E recrimina-os porque podiam trazer danos materiais para o senhor de engenho, não porque atentatórios à dignidade humana.

Concluindo o exame das questões principais suscitadas por *Cultura e Opulência*, fica-se com a ideia de que Antonil redigira o doutrinal em consonância com a sua dupla função de sacerdote e administrador: preconizava a aliança dos bens temporais e religiosos — a cultura do Brasil — como o meio mais apropriado ao seu progresso, — a opulência do Brasil. Para lograr tais metas, os donos da terra deveriam exibir conhecimento prático das tarefas de extração do açúcar, do tabaco e do ouro, e de tratamento do gado, alicerçado em comportamento social de origem escolástica e feudal. Em suma, ao ver de Antonil, o progresso do país dependia da eficácia dos processos extrativos e, indiretamente, do apoio religioso e moral. Fundidas, a administração e a religião provocariam o desenvolvimento geral, e a Colônia pôr-se-ia ao abrigo da sanha pirates-

---

17. *Ibidem*, p. 152.
18. "O grupo luso, representado por Vieira, defendia a liberdade dos índios, e o de Andreoni, que polarizava os estrangeiros, manifestava-se favorável ao seu cativeiro" (Alice Piffer Canabrava, *op. cit.*, p. 20).
19. *Cultura e Opulência do Brasil*, p. 162.

ca de estrangeiros que "cada ano, vêm nas frotas (...) para passarem às minas":[20] eis, em síntese, a teoria econômica e social de Antonil.

IV. Historiografia

Saber em que medida este capítulo se inscreve na história literária, eis a primeira questão que importa discutir. Por natureza, a Historiografia constitui disciplina autônoma, com técnicas, métodos, filosofia e objetivos próprios. Uma de suas faces apresenta característica científica, de vez que busca a verdade documental; a contraface, porém, dirige-se no rumo da Arte, visto que a intuição colabora sistematicamente na pesquisa e julgamento dos fatos do passado. Enquanto a primeira configuração não importa à Literatura, a outra interessa-lhe sempre que o seu influxo assume relevo maior do que o esperado. Tal desequilíbrio encontra-se no interior da historiografia barroca, o que desde logo explicaria a abertura de um capítulo especial.

Na verdade, durante o século XVII e meados do XVIII, presencia-se autêntica fusão entre conhecimento cultural e conhecimento estético, denotando o superior apreço que se devotava à arte literária. De passagem, recorde-se que d'Alembert, na introdução à *Enciclopédia* (1751-1780) concebeu a Historiografia bifurcada em dois ramos, o *civil* e o *literário*, o primeiro destinado a abranger a crônica das grandes nações, dos reis e conquistadores, e o segundo, voltado para os gênios, literatos e filósofos. No Brasil coevo, dada a conjuntura socioeconômico-cultural, as belas-artes ostentavam ainda maior relevância: o fazer cultural mesclava-se invariavelmente com a expressão verbal ou literária; o saber concreto gerava o discurso em vez do teorema ou leis e princípios positivos. Pouca ou nenhuma atenção se dispensava às Ciências;[1] as academias ou saraus intelectuais limitavam-se a debates oratórios em que a indefectível reverberação da frase nem sempre escondia o vazio das ideias.

---

20. *Ibidem*, p. 264.

1. O estudioso interessado nessa matéria pode contar com um repertório bibliográfico de primeira ordem, organizado por Rubens Borba de Morais: *Bibliografia Brasileira do Período Colonial*, S. Paulo, Instituto de Estudos Brasileiros, Universidade de S. Paulo, 1969.

As obras dos Gusmões,[2] destoando desse quadro, apenas confirmam a regra. E o destino inglório da *Cultura e Opulência do Brasil*, de André João Antonil, constitui eloquente índice do estado de coisas ideológico e cultural que predominava no Brasil seiscentista.

À primeira vista, a circunstância de a tônica da cultura não incidir sobre os aspectos científicos deveria corresponder a um recrudescimento de interesse pelos literários. Paradoxalmente, sucede o oposto, talvez em razão de a atividade literária, nos dois lados do Atlântico, atravessar uma quadra depressiva. As obras historiográficas refletem tal estado de coisas: embora indispensáveis à melhor compreensão da época e da evolução de nossas letras, oferecem pouco atrativo estético.

FREI VICENTE DO SALVADOR

De seu nome Vicente Rodrigues Palha, filho de João Rodrigues Palha e Mécia de Lemos, teria nascido em 1564, no governo de Mem de Sá, em Matoim, vilarejo do recôncavo baiano, a seis léguas de Salvador.[1] Foi batizado na cidade do Salvador, a 25 de janeiro de 1567. Após os estudos com os jesuítas, ruma para Portugal, de onde regressa em 1587, formado *in utroque jure* pela Universidade de Coimbra. Tomando ordem religiosa, em 27 de janeiro de 1599 veste o hábito de S. Francisco e professa a 30 do referido mês. Designado para a catequese da Paraíba, ali se demora até 1606. Depois de algum tempo em Pernambuco, na qualidade de professor de Filosofia, segue para o Rio, a dirigir as obras de instalação da Ordem. Em 1608, está em Olinda, e posteriormente na Bahia, onde foi "eleito guardião do convento em 1612 e logo custódio em 15 de fevereiro de 1614".[2] Três anos mais tarde, vai a Lisboa, "a fim de prestar contas da administração trienal" e "talvez desejoso de imprimir a *Crô-*

---

2. *Idem, ibidem,* pp. 181 e ss.

1. Acompanho a "Nota Preliminar", de Capistrano de Abreu, a *História do Brasil,* de Frei Vicente do Salvador, 5ª ed., Comemorativa ao 4º Centenário do Autor, S. Paulo, Melhoramentos, 1965, por sua vez calcada "no *Novo Orbe Seráfico Brasílico* e no catálogo genealógico de Jaboatão" (p. 32). Sirvo-me ainda do texto da conferência de Frei Venâncio Willeke, acerca de Frei Vicente do Salvador, publicado na *Revista de História,* S. Paulo, vol. XXVI, nº 54, abr.-jun. 1963, pp. 295-307. A esse mesmo sacerdote pertencem as notas de pé de página que atualizam ou retificam informações de Capistrano de Abreu na mencionada "Nota Preliminar".

2. Capistrano de Abreu, *ibidem,* p. 35.

nica da Custódia do Brasil que compusera".[3] Permanece no Reino pelo menos até fevereiro de 1620, ocasião em que "principiou os trabalhos preparatórios à sua *História do Brasil*, consultando autores que no Brasil dificilmente encontraria".[4] No regresso, vive algum tempo no Rio de Janeiro; em 1624, a caminho da Bahia, "foi aprisionado pelos holandeses que se tinham assenhoreado da cidade do Salvador. Prisioneiro continuou, a princípio a bordo, depois em terra, até a reconquista",[5] em maio de 1625. Terminou a redação da *História do Brasil* a 20 de dezembro de 1627. Teria falecido entre 1636 e 1639.

Frei Vicente do Salvador deixou a *História do Brasil*, inédita até 1899, quando se publicou no volume 13 dos *Anais da Biblioteca Nacional*, com equívocos e falhas que avultaram nas três edições seguintes. A mais recente edição, em que nos fundamentamos, pode ser considerada definitiva, pois está "corrigida e aumentada, segundo uma cópia procedente da Biblioteca das Necessidades e hoje existente no Arquivo Nacional da Torre do Tombo de Lisboa: códices 49 (História do Brasil) e 24 (posteriores 'Adições e Emendas') da secção 'Livros do Brasil'".[6] Inéditas, permaneceram as *Adições e Emendas que se hão de pôr na minha História do Brasil nos lugares que vão apontados aqui* (manuscrito posterior a 1627) e a *Crônica da Custódia do Brasil* (manuscrito provavelmente de 1617, desaparecido). Segundo informa Frei Venâncio Willeke, foi "possível descobrir vários trechos que Frei Vicente do Salvador transcreveu de sua primeira obra *Crônica da Custódia do Brasil* para esta *História do Brasil*" e assinalá-los.[7] A prova disso está em que "também constam, quase textualmente traduzidos para o latim, no manuscrito de Frei Manuel da Ilha O.F.M. (...) *Divi Antonii Brasiliae Custodiae Enaratio seu Relatio*, concluído em 1621, ano em que a *História do Brasil* de Frei Vicente ainda não existia e por isso não podia servir de fundamento".[8]

---

3. Frei Venâncio Willeke, *ibidem*, p. 300.

4. *Idem, ibidem*, p. 300.

5. Capistrano de Abreu, *op. cit.*, p. 36.

6. Frei Venâncio Willeke, "Duas Palavras", *in* Frei Vicente do Salvador, *História do Brasil*, ed. cit., p. 27.

7. *Idem, ibidem, loc. cit.*

O referido sacerdote acrescenta no outro estudo a respeito de Frei Vicente do Salvador: a *Crônica da Custódia do Brasil* "perdeu-se em Portugal (...) Hoje conhecemos apenas alguns fragmentos através de transcrições inseridas em outras obras, permitindo eles a conclusão de que o original continha ao menos a crônica resumida dos oito conventos e vinte missões e a descrição dos índios" (pp. 301, 302).

8. *Idem*, nota de rodapé a "Nota Preliminar", de Capistrano de Abreu, p. 35.

No estudo da obra de Frei Vicente do Salvador, impõe-se uma premissa: à semelhança de quase toda a atividade historiográfica durante o predomínio barroco, a *História do Brasil* participa pouco da Literatura, mas o bastante para que a tratemos com algum vagar, pondo de lado propositadamente aquilo que responde à reta ciência historiográfica; interessam-nos antes os aspectos discrepantes da verdade dos fatos que os passos onde parece friamente respeitada. Transcende nosso horizonte verificar a precisão matemática dos acontecimentos, pois tal preocupação constitui objeto da Historiografia. Ao contrário, sempre que a fantasia prevalece ou enforma a visão da realidade, havemos de prolongar a atenção, pois aí se localizam os domínios próprios da arte literária.

Principiando pelos dados extrínsecos, consideremos a estrutura da obra, disposta em cinco livros: livro 1º, "Do Descobrimento do Brasil", em XVII capítulos; livro 2º, "Da História do Brasil no tempo do seu descobrimento", em XIV capítulos; livro 3º, "Da História do Brasil do tempo que o governou Tomé de Sousa até a vinda de Manuel Teles Barreto", em XXVI capítulos; livro 4º, "Da História do Brasil do tempo que o governou Manuel Teles Barreto até a vinda do Governador Gaspar de Sousa", em XLVII capítulos; e livro 5º, "Da História do Brasil do tempo que o governou Gaspar de Sousa até a vinda do Governador Diogo Luís de Oliveira", em XLIX capítulos. Ao livro 4º faltam os capítulos XXVI e XXIX e o título e primeiras linhas do capítulo XXX; e do livro 5º se perderam os capítulos X ao XVII. Basta um correr de olhos para evidenciar que, como assevera Capistrano de Abreu, "na distribuição das matérias mostra habilidade incontestável".[9] E não só "na distribuição das matérias", como na proporção entre elas, de forma a haver um equilíbrio de forças entre os três primeiros livros somados e os dois restantes de per si, correspondendo o número de capítulos à quantidade e importância do material histórico. E um exame da obra capítulo a capítulo revelaria semelhante argúcia estrutural: cada fragmento exibe unidade, com início, meio e fim.

Por outro lado, o sacerdote franciscano tinha plena consciência de que elaborava um livro na sua totalidade, e não capítulos independentes, artificiosamente arrumados na sequência do calendário. Conquanto os pormenores mencionados já o denunciem, outra faceta lhe especificaria melhor a lucidez artesanal: no arranjo dos capítulos, volta e meia se reporta a capítulos anteriores ou a passagens neles contidas

---

9. Capistrano de Abreu, *op. cit.*, p. 39.

("como vimos no capítulo segundo do livro segundo"; "como disse-mos em o capítulo quarto deste livro",[10] etc.). Ainda mais relevante, porém, é o historiador manifestar-se cônscio do que há de suceder na ordem dos fatos e dos capítulos. Frequentes vezes inscreve no corpo da narração, ou a finaliza, um lembrete análogo aos precedentes, mas de caráter prospectivo: "como veremos no capítulo primeiro do livro terceiro"; "como veremos em o livro quinto desta história"; "como em o livro quarto veremos"; "como se verá em o capítulo seguinte"; "de que trataremos em o livro quinto",[11]etc. O ápice dessa lucidez arquite-tônica situa-se no epílogo do livro segundo:

> Mas hão-se aqui por fim deste de advertir duas coisas: a primeira que não guardei nele a ordem de tempo e antiguidade das capitanias e povoações, senão a do sítio, contiguação de umas com outras, começando do sul para o norte, o que não farei nos seguintes livros, em que seguirei a ordem dos tempos e sucessos das coisas. A segunda, que não tratei das do Rio de Janei-ro, Sergipe, Paraíba e outras, porque estas se conquistaram depois e povoa-ram por conta del-rei, por ordem dos seus capitães e governadores-gerais, e terão seu lugar quando tratarmos deles, em os livros seguintes.[12]

Como se nota, não só prevê qual a matéria dos livros subsequentes mas também que mudará a perspectiva: de geográfica, passa a cronoló-gica, transitando da literatura informação da terra para a historiografia propriamente dita. Bem ponderadas as coisas, o transcurso não se efe-tuou por completo, visto que os capítulos posteriores se mostram im-pregnados da tendência peculiar aos viajantes e informantes do século XVI. De qualquer modo, o escritor adianta-se a informar-nos, num rasgo louvável de clarividência, acerca do débito para com uma atividade inte-lectual patente em sua obra.

A linguagem constitui outro aspecto relevante. Sílvio Romero e José Veríssimo, cada qual de um prisma, rotularam-no de "nosso primeiro clássico".[13] Neste particular, mais razão assiste a Capistrano de Abreu, para quem "o estilo pouco preocupa o autor. Pode escrever com elegân-

---

10. *História do Brasil,* ed. cit., pp. 160, 177.

11. *Ibidem,* pp. 112, 117, 142, 144, 199.

12. *Ibidem,* p. 146.

13. Sílvio Romero, *História da Literatura Brasileira,* 4ª ed., 5 vols., Rio de Janeiro, José Olympio, 1949, vol. II, p. 33; José Veríssimo, *História da Literatura Brasileira,* 3ª ed., Rio de Janeiro, José Olympio, 1954, pp. 55 e ss.

Barroco (1601-1768) • 177 •

cia e graça, mas em geral desenvolvem-se os períodos descuidosos, à maneira de contas de rosário debulhadas maquinalmente".[14] Com efeito, o monge franciscano redige com clareza, sem arrevezamentos barrocos, mas carece de agilidade vocabular e sintática. Estilo de tabelião, ou de cronista, direto, desprovido de galas metafóricas, antes de historiador que de homem de letras. Contadas vezes lança mão de jogos de palavras que traduzem desejo de emprestar brilho à linguagem, como os trocadilhos com os vocábulos "pau" (pau brasil e "divino pau") e "estado" ("Estas são as razões por que alguns com muita dizem que não permanece o Brasil nem vai em crescimento; e as estas se pode ajuntar a que atrás tocamos de lhe haverem chamado estado do Brasil, tirando-lhe o de Santa Cruz, com que pudera ser estado e ter estabilidade e firmeza").[15] Além de parcas, são demasiado fáceis tais analogias semânticas. E quando a imagem abriga um achado em matéria de comparação, regra geral não lhe pertence, como a semelhança do Brasil com uma harpa,[16] que provém de Pero de Magalhães de Gândavo e sua *História da Província Santa Cruz*, ou com uma pomba, "cujo peito é a Bahia, e as asas as outras capitanias, porque dizem que na Bahia está a polpa da terra, e assim dá o melhor açúcar que há nestas partes", e que foi emprestada de "índios velhos".[17]

Tudo isso, ao fim de contas, vincula-se intimamente com a concepção da História esposada por Frei Vicente do Salvador, e as demais características decorrentes: medievalizante, aristocratizante, descritiva e linear. Põe ênfase nos governantes e nos que se colocam à frente dos acontecimentos; ao invés de Fernão Lopes, o povo não lhe prende a atenção, e só comparece quando protagoniza casos pitorescos ou imprevistos. Diga-se, contudo, a bem da verdade, que se mantém equânime dentro desses parâmetros: a despeito de sacerdote, não deixa predominar a ideologia católica. A rigor, as formulações religiosas dão-se a conhecer no fio da obra menos como fundamento que como reflexão à margem dos acontecimentos Dir-se-ia laica a visão da História de Frei Vicente do Salvador: registra os eventos sem declarada preconcepção eclesiástica, e os comentários sugerem a infiltração do sacerdote no universo do historiador. Este, guarda-se isento, descomprometido.

---

14. Capistrano de Abreu, *op. cit.*, p. 39.

15. *História do Brasil*, pp. 58, 59.

16. *Ibidem*, p. 60. Capistrano de Abreu apontou a assimilação involuntária nos Prolegômenos ao Livro I da *História do Brasil*, p. 49.

17. *História do Brasil*, p. 125.

• 178 • História da Literatura Brasileira - VOLUME I

Assim, por exemplo, ao introduzir uma reflexão lembrando "como diz o Santo Jó" ou "como afirma o evangelista São João",[18] estaria simplesmente rendendo tributo à paternidade da ideia exposta, se noutras ocasiões alterasse o procedimento. Entretanto, persiste. Conclui o relato de uma aparição sobrenatural num campo de batalha declarando que "creram os portugueses que era o bem-aventurado São Sebastião, a quem haviam tomado por padroeiro desta guerra".[19] Em suma: historiografia factual, com raros elementos interpretativos ou de ordem moral. E pela frieza ou distância colocada entre si e os acontecimentos, o sacerdote manifesta autêntica vocação de historiador, ou de cronista.

De onde exibir, aqui e ali, razoável cultura clássica, a tomar por base a *História do Brasil*: glosa a Cícero na Dedicatória; refere-se ao deus Pã a modo de preparar a imagem do Pão divino; lembra que "opinião foi de Aristóteles e de outros filósofos antigos que a zona tórrida era inabitável", e que "no conselho tinha um Nestor e no exército um Aquiles".[20]

Excetuando a referência a Aristóteles, a erudição do historiador desempenha função ornamental, em obediência à moda quinhentista. Obrigado a narrar sucessos contemporâneos e ocorridos nos trópicos, somente lhe restava buscar fontes de informação noutra parte e na quadra abrangida pela *História do Brasil*, o século XVI. Capistrano de Abreu rastreou-lhe as leituras: "obras gerais, que no Brasil tocavam acidentalmente, como as de João de Barros, Diogo do Couto, Pedro de Mariz, Sachino, Herrera; obras particulares sobre o Brasil, impressas umas como a história da nau *Santo Antônio*, a *História de Gândavo*, a biografia de Anchieta; inéditas outras como o *Sumário das Armadas*, relações, diários, roteiros, cuja presença o exame atento revela, mesmo quando não restam outros vestígios de sua existência; / comunicações particulares, tradições colhidas nos diversos lugares que percorreu; / documentos semioficiais, como justificações, atestados de serviços, inquirições de testemunhas".[21]

Por aí se nota não só que Frei Vicente se estribava em autores vizinhos no tempo e nos assuntos, como ainda utilizava tanto as fontes

---

18. *Ibidem*, pp. 297, 314.
19. *Ibidem*, p. 183.
20. *Ibidem*, pp. 57, 63, 168.
21. *Ibidem*, p. 38.
Frei Venâncio Willeke assevera que "o *Sumário das Armadas* do Pe. Simão Travassos S.J. foi quase na íntegra transcrito por Frei Vicente em sua *História do Brasil*" (*Revista de História,* cit., p. 307n.).

impressas, algumas delas ricas de observações objetivas, quanto as orais. E à proporção que a *História do Brasil* se aproximava de seus dias, mais e mais as derradeiras entravam a predominar. No entanto, estão presentes ao longo da obra, via de regra precedidas de um bordão linguístico que soa como estribilho. A todo momento, decerto procurando manter a idoneidade de historiador, Frei Vicente alerta-nos com lembretes semelhantes aos seguintes: "Um soldado de crédito me disse"; "também me contou uma mulher de crédito"; "estas e outras incredíveis coisas se contam deste gentio; creia-as quem quiser, que o que daqui eu sei é que nunca foi alguém a seu poder que tornasse com vida para as contar"; "somente direi o que ouvi a pessoas"; "e não hei de deixar de contar aqui o que me contou um soldado desta companhia", etc.[22]

Claro que o sacerdote deveria ter-se defrontado com um impasse: como narrar eventos da época se ainda não tinham sido registrados em livro? Apenas lhe restava arrimar-se à documentação acessível, os relatos orais. E ao fazê-lo, revelou outra faceta de caráter: a credulidade. Um historiador prevenido certamente repeliria a narração de acontecimentos em torno dos quais escasseassem informações fidedignas. Mas ele, historiador duplo de sacerdote ou vice-versa, arriscou-se, porque ingênuo. Se a sua obra constituísse o reconto de episódios que houvesse presenciado ou de que houvesse participado, como o *Valoroso Lucideno*, de Frei Manuel Calado, tudo mudaria de figura. A *História do Brasil* patenteia um esforço de coordenação e sistematização do material histórico de 1500 a 1627, que implica um distanciamento salutar entre o escritor e os fatos. E tal margem de segurança desaparece nos últimos capítulos, provocando insolúvel contradição interna. Ao menos insolúvel do prisma da historiografia científica, embora natural da perspectiva da credulidade.

Impulsionado por ela, Frei Vicente arrisca por vezes afirmações como a seguinte: "o demônio com o sinal da cruz perdeu todo o domínio que tinha sobre os homens, receando perder também o muito que tinha em os desta terra, trabalhou que se esquecesse o primeiro nome e lhe ficasse o de Brasil, por causa de um pau assim chamado de cor abrasada e vermelha com que tingem panos".[23] Ou quando comenta que "quis Deus dar-lhe um canal"; "Deus não tem outro mais fácil e eficaz remédio"; "acudiu Deus, que tudo rege e provê"; "Deus lhes daria forças"; "nem

---

22. *História do Brasil*, pp. 65, 77, 117, 166, 305.
23. *Ibidem*, p. 58.

Deus permitiu que estivesse assim muito tempo" etc., etc.[24] Ou quando supõe tratar-se de milagres religiosos ou divinos.[25]

Decerto, tais ideias correriam por conta da própria condição clerical do historiador, e neste caso nada haveria que estranhar. Por outro lado, acolhe informações antagônicas, quer a seus padrões de sacerdote, quer de historiador, como no caso das lendas e superstições que ouvia contar de pessoas nem sempre dotadas de razoável discernimento. E de tal modo se atinha às informações que chegou a tombar no servilismo, impossibilitando "distinguir o próprio do alheio".[26] Encampou a história dos homens marinhos e outras que lhe narravam pessoas "de crédito", incluindo a de Vasco Fernandes de Lucena, que mostrou aos gentios

> na sua língua brasílica que fossem amigos dos portugueses, como eles o eram seus, e não dos franceses, que os enganavam e traziam ali para que fossem mortos. E logo fez uma risca no chão com um bordão que levava, dizendo-lhes que se avisassem que nenhum passasse daquela risca pera a fortaleza, porque todos os que passassem haviam de morrer. Ao que o gentio deu uma grande risada, fazendo zombaria disto, e sete ou oito indignados se foram a ele para o matarem, mas, em passando a risca, caíram todos mortos, o que visto pelos mais levantaram o cerco e se puseram em fugida.

E, como se não bastasse, arremata:

> Não crera eu isto, posto que o vi escrito por pessoa que o afirmava, se não soubera que neste próprio lugar onde se fez a risca, defronte da torre, se edificou depois um suntuoso templo do Salvador, que é matriz das mais igrejas de Olinda, onde se celebram os divinos ofícios com muita solenidade, e assim não se há de atribuir aos feitiços senão à divina providência, que quis com este milagre sinalar o sítio e imunidade do seu templo.[27]

Apesar da evidente credulidade, tais histórias são transcritas sem nenhum apelo à imaginação. Com isso, desmancha-se a antinomia interna, porquanto aos olhos do sacerdote as lendas assumem foros de verdadeiras, erguidas ao nível de documento escrito, mas deixa o historiador mal-ferido da refrega. E como a fantasia se ausenta nesses passos em

---

24. *Ibidem*, pp. 322, 347, 357, 360.
25. *Ibidem*, pp. 114, 120, 133.
26. Capistrano de Abreu, "Nota Preliminar" a *História do Brasil*, p. 38.
27. *História do Brasil*, pp. 132 e 133.

que se tornaria natural, evidencia-se ainda uma vez a pouca significação *literária* de Frei Vicénte do Salvador: a *História do Brasil* vale sobretudo como repertório de informações e testemunho da vida brasileira no século XVI.

FREI MANUEL CALADO

Frei Manuel Calado do Salvador nasceu em Vila Viçosa (Portugal), em 1584. Professou na Ordem de S. Paulo em 8 de abril de 1607. Passou cerca de trinta anos no Brasil (Bahia e Pernambuco). Residia "a pequena distância da povoação de Porto Calvo" e "foi aí que teve o primeiro contacto com os holandeses e a primeira vista da guerra, pois não se refere à sua presença em outra ocasião da luta, antes de 1635".[1] E tão íntimo se tornou dos acontecimentos que por duas vezes esteve à beira de "ser condenado à morte pelos holandeses".[2] Processada a restauração pernambucana, a 15 de julho de 1646, regressou à Corte e apresentou à Censura a parte inicial de seu "tratado" acerca da guerra com os flamengos, *O Valeroso Lucideno e Triunfo da Liberdade*, que veio à luz em Lisboa, em 1648. Provavelmente em razão de tratar com azedume alguns sacerdotes faltosos, o livro foi posto no *Índice dos Livros Proibidos* a 24 de novembro de 1655, e assim permaneceu até 28 de março de 1667, quando se decretou a suspensão do ato. "Em consequência, os livros da edição de 1648 receberam nova folha de rosto, em 1668, e voltaram a ser vendidos".[3] Frei Manuel Calado não alcançou ver nem a interdição nem a reabilitação da obra, porquanto falecera a 12 de julho de 1654. Nova edição dela foi dada a lume em 1942 e 1945, em Recife e S. Paulo respectivamente.

Como Frei Manuel Calado houvesse sido espectador e contemporâneo dos acontecimentos, o seu livro "deve ser considerado um testemunho para a história", e o autor, não um historiador, pois "viveu uma fase histórica, tomou partido, referiu-lhe os episódios".[4] Paradoxo: o relato ostenta mais caráter literário por se tratar de um testemunho

---

1. José Antônio Gonsalves de Melo, *Frei Manuel Calado do Salvador,* Recife, Universidade do Recife, 1954, p. 29.

2. *Idem, ibidem,* p. 32.

3. *Idem, ibidem,* p. 25.

4. *Idem, ibidem,* pp. 9, 12.

participante, mas o seu fundo histórico é suficientemente denso para subtraí-lo da literatura. Quando menos, oscila entre as duas formas de conhecimento: se não integralmente historiográfico, nem por isso completamente literário.

Aliás, o próprio autor parece ter consciência dessa dicotomia, ao informar no "Prólogo ao Leitor" que tomou "a pena na mão para fazer este tratado, como testemunho de vista, pois em companhia dos tristes, e afligidos moradores daquela Província, como amigo, e fiel companheiro, [se achou] presente, com a espada em uma mão, e com a língua ocupada na propagação, e defensão da Fé Católica".[5] E mais adiante assevera que relatará "aqui verdades puras, / Porque [aprendeu] por larga experiência / A não julgar jamais por conjecturas", e que "tudo isto que aqui [tem] escrito (...) além de ser público, e notório, está qualificado por instrumentos públicos, e sumários de testemunhas, e por certidões autênticas das Cabeças que governavam o nosso exército".[6] Ao passo que a primeira declaração refletiria impulsos literários do sacerdote-escritor, a segunda pretende emprestar foros de documento ao relato. Entretanto, longe de haver equilíbrio entre as duas opções, a primeira releva da outra, não só pelo tom geral da obra, mas também por certas observações, como sublinhar a importância do testemunho ocular em matéria de verdade firmada.[7]

O assunto da obra, declara-o em verso, na "Epístola Dedicatória do Autor" ao Príncipe D. Teodósio ("O assunto é de Olinda libertada / Do tirano furor dos holandeses") e em prosa, no subtítulo do "tratado" ("Trata-se da restauração de Pernambuco, e da expulsão dos holandeses do Estado do Brasil"). Seu herói é João Fernandes Vieira, o Valeroso Lucideno, comandante da reação pernambucana contra o invasor flamengo. Para realizar o intento, Frei Calado não descura de exibir cultura profana, sobretudo a leitura assídua dos clássicos greco-latinos. Convocando-os no apropósito da narrativa dum conflito bélico, cita-os abundantemente, glosa-os, encontra analogias entre as situações coevas e as dos Antigos, e muitas vezes funde passagens extraídas de autores gregos e latinos com textos bíblicos. No entanto, obedecendo à sua condição eclesiástica, recusa as musas em favor de Nossa Senhora, como se pode ver no poema que abre o livro, nomeadamente as estrofes 10 e 11.

---

5. *O Valeroso Lucideno e Triunfo da Liberdade*, 2 vols., Recife, Edição da Cooperativa Editora de Cultura Intelectual de Pernambuco, 1942.

6. *Ibidem*, vol. I, pp. 3, 65.

7. *Ibidem*, vol. I, pp. 147, 198.

Frei Manuel Calado parece comungar da mundividência bifronte que caracteriza o século XVI em Portugal, patente na coexistência do maravilhoso pagão e do cristão. Na esteira de Camões, e outras figuras da Renascença, julga os fastos portugueses superiores aos dos Antigos: "Não me assombram de Circes, e Medeia / Transformações de seu fingido encanto, / Nem de Homero invejo a fértil veia, / Nem Sirenas me causam grande espanto; / Porque quem canta ao certo, não receia / E quem pura verdade estima tanto / Bem pode escrever glórias, e mais penas, / Tendo a intacta Virgem por Mecenas". Às tantas, o protagonista da obra fala a seus concidadãos nestes termos: "Porventura não somos nós Portugueses, filhos e netos de nossos pais e avós, que em outro tempo foram assombros do mundo?"[8]

Ainda noutros aspectos se revela a perspectiva quinhentista do autor, como, por exemplo, a fisionomia épica de *O Valeroso Lucideno*: na verdade, fosse o caso de buscar um rótulo para a obra, ter-se-ia de recorrer à historiografia encomiástica, comemorativa, ou quiçá, poética. Evidencia-o a interpolação de oitavas-rimas à Camões, ao longo do "tratado". Numa delas, o historiador pede que "Cessem Sirenas das cerúleas ondas, / As Ninfas do dourado Tejo ameno", enquanto canta as empresas "do animoso Lucideno, / Peito sagaz, valor, e (...) / Reparo do Brasil, do inferno espanto",[9] num amálgama entre a historiografia magnificante de João de Barros e a epopeia camoniana, ancorada em substrato doutrinal barroco e religioso: "cousas públicas, e manifestas, nenhuma culpa se comete em as escrever para exemplo, e emenda dos vindouros".[10] Visto que as dissertações e comentários de ordem clerical se espraiam por toda a obra, baste-nos frisar que as primeiras páginas consistem num extenso arrazoado em torno das consequências negativas do pecado.[11]

É no prolongamento dessa perspectiva do devir histórico que se situa o relevo atribuído aos preconceitos raciais[12] e aos presságios e/ou milagres, como aquilo de "um cavalo andar por cima dos telhados das casas da praia, sem se quebrarem as telhas".[13] Por outro lado, Frei Ca-

---

8. *Ibidem*, vol. I, p. 2; vol. II, p. 48.

9. *Ibidem*, vol. I, p. 327.

10. *Ibidem*, vol. I, p. 122.

11. *Ibidem*, vol. I, pp. 7-18. Outros arrazoados semelhantes podem ser lidos no vol. I, pp. 167-186, 190-196, 285-291; vol. II, livro 4º, cap. I.

12. Falando de Henrique Dias, o historiador salienta que era "negro na cor, porém branco nas obras, e no esforço" (vol. I, p. 81).

13. *Ibidem*, vol. I, p. 213. Vejam-se outros "casos" no mesmo vol., p. 208, e no vol. II, pp. 15, 16, 28, 58.

lado surpreende o leitor que dele esperar coerência maciça: a mesma pena que acolhe histórias supersticiosas desenha com acrimônia o perfil de religiosos coevos. Sirva de amostra o retrato do Pe. Gaspar Ferreira, "um clérigo idiota, o qual não sabia rezar por seu breviário, nem dizer missa, e tão desaforado em sua vida, e costumes, que não me atrevo a escrevê-lo, por não desdourar o crédito, e respeito que se deve à ordem sacerdotal".[14]

Aliando o desassombro dum Antônio Vieira com o espírito aventureiro e maquiavélico dum D. Francisco Manuel de Melo, o autor de *O Valeroso Lucideno* trazia sob o hábito um coração de espadachim e mundano, a que não seria estranha uma pitada de hipocrisia bem própria do tempo. Mente aberta, sensível às realidades concretas, assimilava ecleticamente tudo quanto lhe passava pela retina. Volta e meia, distanciava-se dos propósitos capitais da sua apologia e punha-se a narrar casos particulares, de enforcamento e análogos, em digressões não raro concatenadas, sugerindo ser o herói da obra antes Pernambuco que João Fernandes Vieira. Sem dúvida, eis aí outra reminiscência camoniana, quinhentista.

Note-se que a despeito de os assuntos serem pernambucanos, a óptica permanece sacerdotal e portuguesa, como nas reiteradas vezes em que menciona a bravura dos lusitanos, comandados por João Fernandes Vieira, e auxiliados pelos nascidos na terra, que chama sempre de "brasilianos". Dentre esses, sobressai Felipe Camarão, "um índio brasiliano, o mais leal vassalo, que Sua Majestade tem nesta América, e o mais amigo dos portugueses que todos os que até agora tem havido".[15] Mais ainda: deixa transparecer uma visão monárquica, e por conseguinte medievalesca, da realidade brasileira, que espelha a persistência de estruturas arcaicas em pleno século XVII. Exemplo flagrante se encontra no capítulo em que relata o casamento do Duque de Bragança, num tom que

---

14. *Ibidem*, vol. I, p. 140.

Parece, contudo, que o retrato do Pe. Gaspar Ferreira deriva dum intuito de vingança. Desde 1634, ou 1635, corria ordem de prisão contra Frei Calado, por "andar apóstata sem licença da sua ordem". Ainda: acusavam-no de apoiar os holandeses. Em vista disso, o bispo D. Pedro da Silva manda prendê-lo, mas Frei Calado foge. O bispo chama-o, baldadamente, à sua presença: proíbe-o de práticas religiosas, na esperança de obrigá-lo a comparecer. Em vão. Por fim, o Pe. Gaspar Ferreira, vigário-geral da Paraíba, excomunga-o. (José Gonçalves Salvador, "O Enigmático Frei Manuel Calado", supl. lit. de *O Estado de S. Paulo*, 28/11/1970.)

15. *Ibidem*, vol. I, p. 346.

lembra o das novelas de cavalaria do Quinhentismo, a começar pelos torneios.[16]

Para completar o quadro, aponte-se a tendência de Frei Calado para assumir posições subjetivas, contrárias às de um autêntico historiador. Ao circunstanciar atrocidades cometidas por holandeses e "gentios brasilianos", arremata com as seguintes palavras: era "tanto desaforo, que me não atrevo a escrevê-lo porque mo impedem as muitas lágrimas, que neste passo me caem dos olhos, e também porque não quero ofender as piedosas orelhas dos fiéis cristãos, especificando cada uma de por si, as grandes crueldades, que este lobo carniceiro executou, e fez executar nos miseráveis, e tristes moradores, homens, e mulheres, e até nos meninos inocentes".[17]

O Valeroso Lucideno afigura-se, por isso, uma crônica medieval, ou diário de guerra. Neste particular, o sacerdote trairia vocação de jornalista, ou, ao menos, confirmaria a sua inclinação literária, manifesta numa consciência artesanal e estética, que lhe sussurra o emprego de frases como: "Tornando pois ao fio de nossa história", ou "me pareceu cousa justa o torná-la a escrever em verso, para maior entretenimento dos leitores, e para dar mais alento aos nossos soldados, que cada dia andam com o inimigo às mãos".[18] Sente-se o eco distante de Fernão Lopes, ressoando numa sensibilidade mais desinibida, ou menos científica, vazada num estilo fluente, embora alongado em períodos barrocamente quilométricos, e às vezes pitoresco ou de sabor coloquial.

Do prisma literário, *O Valeroso Lucideno* encerra palpitante reportagem da guerra holandesa, levada a efeito por um cronista empenhado na exaltação do destemor português, mas que registra, como sem querer, a presença do brasileiro e a progressiva maturação da nossa linguagem literária durante o século barroco.

---

16. *Ibidem,* vol. I, pp. 200 e ss.
17. *Ibidem,* vol. I, pp. 393-394.
18. *Ibidem,* vol. II, pp. 284, 295.

DIOGO LOPES DE SANTIAGO

Escassas e controvertidas as informações acerca de Diogo Lopes de Santiago: ora o consideram nativo de Pernambuco,[1] ora "um português qualificado, natural do Porto, homem culto, bom cristão".[2] A única obra que se lhe conhece, a *História da Guerra de Pernambuco*, ficou inédita até fins do século XIX, quando a *Revista do Instituto Histórico e Geográfico* resolveu publicá-la (t. XXXVIII-XLIII). Em 1943, surgiu pela primeira vez em volume, no Recife, sob o título completo, *História da Guerra de Pernambuco e Feitos Memoráveis do Mestre de Campo João Fernandes Vidra, Herói Digno de Eterna Memória, Primeiro Aclamador da Guerra*. Ao texto faltam páginas, intervalares e finais, que reproduzem idênticas lacunas do manuscrito, existente na Biblioteca Pública do Porto, mas que não parecem comprometer o sentido geral da obra.

A primeira ideia que salta após o exame da crônica de Diogo Lopes de Santiago é de surpresa e descoberta. A tradição dos estudos relativos à historiografia colonial, ao menos no setor literário, tem sido preconceituosa com a *História da Guerra de Pernambuco*. As mais das vezes, o foco de luz converge para os outros nomes, quando, em verdade, a hierarquia poderia ser invertida, colocando Diogo Lopes de Santiago entre os primeiros.

A *História da Guerra de Pernambuco* reparte-se em cinco livros, por sua vez divididos em 26, 25, 13, 12 e 8 capítulos, respectivamente. Ao derradeiro segmento acrescenta-se um "Manifesto de Razões Poderosas", apresentado pelos "moradores das capitanias de Pernambuco" ao monarca português. Se a estrutura do volume, abarcando 737 páginas, sugere desenvolvida consciência artesanal, o estudo de outros aspectos garante que estamos perante privilegiada organização de historiador, seja no tocante à distribuição e travejamento da matéria, seja na maneira como divisa a realidade social do tempo.

Diogo Lopes de Santiago demonstra com exuberantes minúcias que possuía noção cristalina da globalidade da obra. Até faz pensar que não pode ser autor de um só livro quem tão seguramente vigia o encadeamento harmônico do relato, semeado de acontecimentos intrincados e

---

1. Artur Mota, *História da Literatura Brasileira*, 2 vols., S. Paulo, Nacional, 1930, vol. II, p. 52.

2. Cônego Xavier Pedrosa, prefácio a *História da Guerra de Pernambuco*, Recife, Secretaria do Interior, 1943, p. VI.

numerosos: a obra evidencia experiência intelectual anterior, que não chegou a documentar-se, ou cuja expressão escrita se dispersou. O primeiro expediente revelador é constituído pelo emprego, mais enfático e regular que noutros cronistas barrocos, de frases como "adiante se contará extensivamente", "temos escrito e iremos escrevendo nesta história", impostas pela complexidade dos assuntos tratados. O próprio historiador, cônscio das dificuldades enfrentadas, em certa altura abre parênteses para comunicar ao leitor o processo expositivo que vem utilizando: "para que a história vá por seu fio é necessário tornar atrás alguns passos, porque não se pode escrever tudo junto por não causar confusão ao leitor".[3]

Ao longo da obra, ainda emprega com relativa constância o diálogo, direto e indireto,[4] exclamações e interrogações,[5] discursos,[6] que, sem comprometer a feição científica da História, lhe realçam a faceta literária. Tais aspectos lembram imediatamente Fernão Lopes: teria o cronista pernambucano conhecido o escritor medieval?

Outros pontos de contacto podem ser alinhados, a começar da técnica cinematográfica do simultaneísmo da ação. Diogo Lopes de Santiago não só a manuseia repetidas vezes como adverte o leitor de agir conscientemente: "Aqui é bem que os deixemos pelejando os mais dos dias com o inimigo, porque é necessário contar outras cousas que neste meio tempo sucederam, que, como aconteceram quase todas em um mesmo tempo, é força ir fazendo delas menção distintamente".[7] O amor à brevidade e à neutralidade também se faz sentir. O primeiro, tendo em vista a extensão da obra, parece inacreditável; entretanto, a *História* poderia alongar-se livremente, a ser correta a informação de que "outros sucessos aconteceram, que por brevidade não relato".[8]

E a noção de brevidade se enriquece com a de honestidade: "aqui pudera tratar muitos exemplos, que por brevidade deixo, remetendo ao leitor ao livro que escreveu João Peres de Moio, grave engenho de nossos tempos, das famosas e valorosas mulheres de Espanha".[9] Da neutralidade, que em momento algum as exclamações dissipam, tem Diogo Lopes

---

3. Diogo Lopes de Santiago, *ibidem*, p. 110.
4. *Idem, ibidem*, pp. 116, 117, 123, 187, 233, 241, 250, etc.
5. *Idem, ibidem*, pp. 189, 204, 249, 298, etc.
6. *Idem, ibidem*, pp. 227, 233, 238, etc.
7. *Idem, ibidem*, p. 386. V. ainda pp. 110, 419, 426, 471, 472, 494.
8. *Idem, ibidem*, p. 406.
9. *Idem, ibidem*, p. 512.

de Santiago igual consciência. E também sabe que, em se tratando de historiografia, esta sobreleva a outra: "não é digno ao escritor, que há de guardar neutralidade e indiferença no afeto, dar força ao indício que até agora as não tem mais que da suspeita; só o que sei é que..."[10]

A linguagem, não obstante reflita as tendências estilísticas da época, guarda sabor especial, sobretudo em confronto com a prosa historiográfica barroca. É verdade que muita ganga retórica se insinua por entre as malhas sintáticas; que topamos aqui e ali com períodos demasiadamente extensos, incluindo parênteses derramados e retorcidos;[11] que numerosas imprecisões ou frouxidões ponteiam o fluir dos acontecimentos. E que o historiador tomba ocasionalmente na alambicada tortuosidade gongórica, ainda mais perniciosa quanto mais se apresenta irmanada a cláusulas quilométricas, como se pode observar nas páginas 575-576.

Mas também é verdade que a sua pena alcança, em dados momentos, tonalidades dignas da melhor prosa conceptista, a exemplo do que se colhe na página 431. Evidentemente, não se trata de estilo castigado, pois buscava mais a fidelidade do relato que o brilho das imagens ou o rigor lógico das orações: o historiador estaria mais preocupado em captar, espontaneamente, os sucessos históricos que em ostentar florões metafóricos. Não obstante, logra soluções felizes, como quando descreve a peste, dizendo que se manifestava por meio de "esquinências, cujo humor, descendo às pencas do bofe, matava sufocando os doentes, com que em breve morriam".[12]

O pitoresco da descrição assinala as duas áreas em que o estilo de Diogo Lopes de Santiago ganha colorido sem par no tempo: as batalhas e as cenas de crueldade. Na pintura de umas e outras, a sua linguagem esmera-se como nunca, ou antes, encontra o motivo apropriado. A vivacidade posta na figuração das batalhas denota o consórcio harmônico entre a matéria e os períodos cumulativos, como se o prolongado da luta se estampasse numa sintaxe tecida a fôlego suspenso. Ou como se o narrador a um só tempo presenciasse e narrasse os acontecimentos, de modo que os torneios frásicos refletissem a progressiva elevação de temperatura no fio da *História*, cujo apogeu se encontra precisamente na primeira batalha de Guararapes.[13]

---

10. *Idem, ibidem*, p. 546.
11. *Idem, ibidem*, pp. 442-443.
12. *Idem, ibidem*, p. 404.
13. *Idem, ibidem*, pp. 618-620.

Idênticas cores vestem as repetidas cenas de crueldade, perpetradas por holandeses, em companhia de índios potiguares e tapuias, como a seguinte: "frigiram os pés em azeite fervente, tendo-lhes metido entre as unhas e carne agulhas ardendo em fogo, e pelas partes secretas, que para aquele efeito fizeram, e lhes tiraram a pele com cruéis açoutes e pingaram com alcatrão".[14] Aqui, a trepidação das refregas muda em requinte de pormenor, mas perdura o mesmo gosto barroco pelo bizarro, o mesmo visualismo espasmódico. Perante tais passagens, acodem-nos de pronto à lembrança um pintor e um historiador: Bosch e Fernão Lopes, ambos medievais e semelhantes na predileção pelos relatos fortes, em que a verdade dos fatos concretos parece transfundida em surrealidade.

Posto tencionasse erguer, à Plutarco, um retrato exemplar de João Fernandes Vieira, como declara na portada do livro, Diogo Lopes de Santiago concede, à maneira do cronista português, amplo espaço à massa anônima no decorrer da obra, como se nota no emprego maciço do possessivo "nossos" para caracterizar vencedores e combatentes: o povo assume relevo quase moderno; para o historiador, a resistência pernambucana germinava entre os populares, e o comando dos heróis plutarquianos constituiria simples decorrência da vontade comum. Após a batalha de Guararapes, escusa-se de não fazer "menção em particular nesta história de cada capitão, alferes nem mais oficiais de como procederam nesta ocasião", frisando que o valor de "tão famosos e valentes soldados (...) se pode singularizar nas mais remotas partes do orbe", e a sua fama "ficará perpétua e sempiterna em todas as posteridades e séculos futuros".[15]

Mais ainda: pautou-se por um critério algo inusitado no século XVII, desprezando os testemunhos orais, salvo quando vinculados a fatos notórios ou proferidos por "pessoas fidedignas": "se não fora este sucesso tão patente e manifesto, e sucedera nas últimas e remotas partes do mundo, pudera recear o cronista de escrevê-lo, ainda que assim passasse, porque temeria que lhe não poderiam dar crédito, mas isto que escrevemos foi tão patente a todos, que não é necessário o retificá-lo (sic), e ainda foi com mais vantagem do que eu escrevo".[16] Também nesse particular, comparativamente à historiografia seiscentista, Diogo Lopes de Santiago dá mostras de lucidez. É evidente que recorreu à bibliografia

---

14. *Idem, ibidem*, p. 131.
15. *Idem, ibidem*, p. 633.
16. *Idem, ibidem*, p. 678. Quanto a "pessoas fidedignas", ver, por exemplo, pp. 358, 450.

referente ao assunto, mas houve-se com invulgar serenidade: além de recusar a mitificação da palavra impressa, submeteu-a sistematicamente ao crivo da análise. Basta ver que o autor de *O Valeroso Lucideno*, obra congênere, fruto de participação direta nos acontecimentos, é corrigido em mais de um passo.[17]

Em três fontes culturais se dessedentou Diogo Lopes de Santiago: a Antiguidade (Cícero, Homero e outros), a Bíblia, e a historiografia portuguesa e brasileira do tempo (João de Barros, Frei Manuel Calado, Diogo Brandão e outros). As duas primeiras compunham uma espécie de pano de fundo, ou superfície de contraste, que lhe permitia divisar melhor os transes da gesta holandesa. E a derradeira fornecia-lhe os implementos arquitetônicos adequados à elaboração da crônica.

Eclética, portanto, a formação de Diogo Lopes de Santiago, ou renascentista, com a dualidade cultural típica do século XVI, que a centúria seguinte forcejou por desfazer. E é na linha de padrões quinhentistas que se pode julgar o modo como analisa a herança clássica em face dos eventos coevos. Para ele, do mesmo passo que a "romana monarquia" caiu varada de "tantos vícios e demasias", assim também Olinda.[18] E no cotejo entre Alexandre Magno e João Fernandes Vieira, termina por surpreender mais valor no último: aquele "em uma batalha com os persas posto em frente de seus soldados, pelejando com a espada e rodela embaraçada, na qual recebeu as setas que os inimigos contra ele disparavam, ficando crivada e cheia delas. (...) Veja-se que diferença há, e que comparação de Alexandre em aguardar as setas e quão superior ficou o mestre de campo João Fernandes Vieira, porque a peito descoberto não aguardou nem esperou setas senão balas de artilharia e mosquetaria", etc.[19] O cotejo não lembra a emulação de Camões à entrada de *Os Lusíadas*?: "Cessem do sábio grego e do troiano", etc.

E na sequência desse pensamento, o cronista não hesita em equiparar os pernambucanos às grandes figuras da história de Portugal, e considerar-lhes os feitos transcendentes, porquanto batalhavam "sem o necessário sustento, nus, despidos, mortos de fome, sem terem o que lhes bastasse para a guerra", etc.[20] Fujamos de inferir de tal encômio que animava o historiador qualquer sentimento nativista: simplesmente pretende mostrar que a geração de brasileiros empenhados na expulsão

---

17. *Idem, ibidem*, pp. 82, 159, 163, 262, 379.
18. *Idem, ibidem*, pp. 21-23.
19. *Idem, ibidem*, p. 678.
20. *Idem, ibidem*, pp. 574-576.

do invasor flamengo era digna dos ancestrais, inclusive revelando, na coragem com que enfrentavam as diferenças materiais, continuar com vantagem a glória pregressa. A sua óptica permanece a de um reinol, pois rotula Pernambuco de Nova Lusitânia ou Novo Portugal. E ao dizer que os combatentes fizeram "esquecer os heróis Cipiões, Césares, os Aquiles, Camilos e outros valorosos capitães da Veneranda Antiguidade", não esquece de sublinhar que obravam pelo "nome lusitano".[21] O portuguesismo, notório ao longo da obra, ainda se manifesta ao concluir que a vitória tinha sido da "nação portuguesa".[22]

Completam o quadro as demais características de Diogo Lopes de Santiago. Católico, crente em Deus, provavelmente sacerdote,[23] não só encontra correspondência entre passos da Bíblia e a situação da guerra, ou vice-versa, a modo de Antônio Vieira,[24] como atribui francamente a Deus a vitória dos portugueses e pernambucanos sobre holandeses e indígenas, e os "miraculosos casos" que se deram durante o conflito.

Tal concepção providencialista da História, de resto acompanhando certa tendência da época, apoia-se num específico doutrinal ético. Embora o cronista observe deliberada neutralidade, parece que não o afetava derivar para a formulação de comentários moralizantes. Não raro, insere no corpo do relato notas de índole pedagógica, e em determinado ponto as suas palavras adquirem inusitada eloquência: trata-se de que o seu herói, João Fernandes Vieira, fora ameaçado de morte. O incidente faculta-lhe demoradas reflexões acerca da ingratidão, crueldade e inveja,[25] num clima de agudeza que nada fica a dever à genuína prosa conceptista, inclusive pelo fato de recender desprendimento cristão e estoicismo senequiano.

Compõe-se, assim, uma imagem da relevância de Diogo Lopes de Santiago nos quadros da historiografia barroca e, portanto, da literatura brasileira: guardadas as proporções e medidas, podemos considerá-lo dos cronistas mais equilibrados e bem dotados do tempo; o que altera sensivelmente a perspectiva oferecida pela cultura literária do nosso século XVII e metade do XVIII.

---

21. *Idem, ibidem,* p. 633.
22. *Idem, ibidem,* p. 734.
23. Diogo Lopes de Santiago elogia (*ibidem,* p. 635) o empenho cristão dos jesuítas, franciscanos e beneditinos durante a guerra com os flamengos.
24. *Idem, ibidem,* p. 575.
25. *Idem, ibidem,* pp. 536 e ss.

SEBASTIÃO DA ROCHA PITA

Nasceu na Bahia, a 3 de maio de 1660. Estudos humanísticos no Colégio dos Jesuítas da cidade natal. Formado em Cânones por Coimbra (1682). Alferes em 1678, ascende a coronel em 1694. Fidalgo da Casa Real (1701) e Cavaleiro da Ordem de Cristo, funda, com outros confrades, a Academia Brasílica dos Esquecidos (1724). Vereador em 1727. Faleceu a 2 de novembro de 1738. Publicou: *Breve Compêndio e Narração do Fúnebre Espetáculo que na insigne cidade da Bahia, cabeça da América Portuguesa, se viu na morte d'El-Rei D. Pedro II* (1709), tendo em apêndice três sonetos e um romance em Castelhano, o que lhe confere a categoria de segundo poeta brasileiro que viu estampadas as suas produções líricas; *Sumário da Vida e da Morte da Excelentíssima Senhora D. Leonor Josefa de Vilhena e das exéquias que se celebraram à sua memória na cidade da Bahia* (1721), com um romance, três sonetos e duas décimas em apêndice; *História da América Portuguesa, desde o ano de 1500, do seu descobrimento, até o de 1724* (1730); *Oração do Acadêmico Vago Sebastião da Rocha Pita presidindo na Academia Brasílica, na* conferência de 7 de maio de 1724.[1] Inédito até 1972 permaneceu um *Tratado Político*, manuscrito de 53 páginas, redigido em 1706.[2]

A *História da América Portuguesa*, sua obra capital, fragmenta-se em dez livros, dos quais o primeiro e o segundo contêm a descrição da natureza e a sua fecundidade, das cidades, províncias e gentes do Brasil. Os restantes, sem abandonar a enumeração das grandezas e excelências da terra, destinam-se à crônica da vida política e administrativa da colônia desde a descoberta até 1724, ano da instalação da Academia Brasílica dos Esquecidos, e em que o escritor pôs termo à obra. Em muitos pontos, o relato acompanha ano a ano o desenrolar dos acontecimentos; no mais, a retina do escritor fixa-se nos sucessivos governos do Brasil-Colônia.

Em consonância com a ideologia barroca, Sebastião da Rocha Pita empresta à *História* um tom hiperbolizante e ufanista, sobretudo nos dois primeiros capítulos, que mais têm chamado a atenção dos estudiosos. Prolongamento da admiração com que a terra foi encarada desde

---

1. José Aderaldo Castello (org.), *O Movimento Academicista no Brasil. 1641-1820/22*, 3 vols., S. Paulo, Conselho Estadual de Cultura, 1969-1978, vol. I, t. I — Academia Brasílica dos Esquecidos, pp. 131-140.

2. Heitor Martins, *O Tratado Político de Sebastião da Rocha Pita*, Coimbra, 1966 (sep. das Atas do V *Colóquio Internacional de Estudos Luso-Brasileiros*), p. 11; introdução ao *Tratado Político*, Brasília, INL, 1972.

a *Carta* de Pero Vaz de Caminha, a visão eufórica do historiador concentra-se na ideia — já equacionada antes — de ser o "Brasil Terreal Paraíso descoberto".[3] No mesmo clima que condicionou os *Diálogos das Grandezas do Brasil*, de Ambrósio Fernandes Brandão, e a *Cultura e Opulência do Brasil*, de Antonil, deseja expor "ao público juízo, e atenção do Mundo (...) as grandezas e excelências (...) da Região do Brasil".[4]

O objetivo, com denunciar a infiltração da literatura informativa no plano historiográfico do acadêmico baiano, manifesta-se na desproporcionada retratação do Brasil, por meio de verbos fortes, adjetivos suntuosos e superlativos que, à custa de repetidos, acabam perdendo ênfase e sentido. Segundo ele, pelo "opulento Império do Brasil (...) correm inumeráveis caudalosos rios, que em copiosas e diáfanas correntes precipitam cristais nas suas ribeiras",[5] avistam-se "dilatadíssimos campos (...), estupendas grutas (...), densos bosques (...), elevadíssimas montanhas" que "parecem ter aos ombros o Céu, outras penetrá-lo com a cabeça (...), vales tão desmedidos, (...) em larguíssimos diâmetros", "o grandíssimo rio de S. Francisco", cujas "águas fecundíssimas e medicinais", etc.

Ufanismo e hipérbole, que o impacto da terra tropical sobre o europeu habituado a outros horizontes, e a própria estética barroca ajudam a explicar. Mas, na cola do espírito quinhentista, o autor acaba por não satisfazer-se com a simples magnificação encomiástica, e põe-se a confrontar as belezas do Brasil com as da Europa e Ásia, para inferir sistematicamente que as primeiras sobrepujam as demais:

> tem no seu recôncavo, e nos de algumas das suas vilas, grandes searas de trigo, cujo grão de maior, e mais alvo que o de Europa.[6]

Tão patente é o intuito laudatório que a pena de Sebastião da Rocha Pita esmorece quando a verdade dos fatos o compele a esfriar o ardor apologético. Percebendo-o, a sua atenção pouco se demora nos aspectos maus ou negativos, e cuida logo de buscar os pormenores dignos de elogio. A breve citação anterior culmina num tópico em que a coerência o mandava lembrar que a Província de S. Vicente "de presente não conserva sombras da sua grandeza, carecendo até dos vestígios para crédito da

---

3. *História da América Portuguesa*, 3ª ed., Bahia, Progresso, 1950, pp. 23, 60.
4. *Ibidem*, p. 9.
5. *Ibidem*, p. 25.
6. *Ibidem*, pp. 92, 94.

sua memória". No mesmo passo, exalta o português, ou a gente da terra, sempre considerando um e outra superiores, ou ao menos equivalentes, às melhores estirpes da Europa.[7]

Na interpretação das demasias barrocas de Sebastião da Rocha Pita, há que ponderar duas circunstâncias. Primeiro, o ânimo hiperbolizante, descrevendo uma curva senoide ao longo da *História*, atenua-se à medida que o cronista se embrenha nos episódios e fatos de nossa evolução histórica, ou/e que a narrativa de caráter político sucede à descrição da terra e povo. E com o tempo, a própria contabilização dos primores do solo entra a moderar-se:

> Nesta entrada, que se fez ao sertão se descobriram finíssimas pedras ametistas de mui viva cor roxa, e meios topázios de perfeita cor amarela; umas, e outras mui rijas, e resplandecentes, e delas se fizeram preciosos anéis na Bahia, e se remeteram muitas a Portugal.[8]

Decerto progressivamente farto da monótona paisagem edênica, ou, a um só tempo, aprimorando o seu instrumental de cronista desejoso de fidelidade, estaria caminhando para uma concepção de historiografia mais rigorosa, que na época ensaiava os passos iniciais na Europa: graças à experiência que a redação da *História* lhe havia oferecido, aguçava a percepção rumo de alternativa mais próxima da de Antonil.

Por outro lado, o seu ufanismo não deve confundir-se com brasilidade ou nativismo. O título da obra ressalta o caráter lusitano da sua concepção e faz do Brasil não um território autônomo, mas um dos apelativos da colônia portuguesa na América: no transcurso da obra, fala-se em Portuguesa América e Nossa América, e na população como Vassalos da América e Vassalos do Brasil.[9] Não obstante brasileiro, o historiador coloca-se num prisma quinhentista, a começar da apologia da Fé e do Império.[10] A sua visão monárquica do mundo se evidencia ao longo da *História*, e não apenas por julgar que devia vassalagem ao Rei, senão por acreditar no regime como tal. Nessa mesma ordem de ideias, revela-se ferrenho aristocrata, que censura os liberais defensores da redução dos impostos sobre o ouro das Minas Gerais, e arremata a notícia da rebelião de Felipe dos Santos nestes termos:

---

7. *Ibidem*, pp. 123, 340, 352.
8. *Ibidem*, pp. 247-248.
9. *Ibidem*, pp. 95, 221, 222, 224, 235, 288, 358, 388.
10. *Ibidem*, p. 102.

Felipe dos Santos (...) nestas alterações havia obrado os maiores escândalos; mas sendo preso, lhe mandou o Conde fazer sumário, e confessando
todos os seus delitos, foi mandado arrastar, e esquartejar. Esta execução foi
a rémora, que parou o curso aos rebeldes, ficando atemorizados, e menos
orgulhosos.[11]

O aristocratismo também se revela nos comentários à Guerra dos
Palmares,[12] que findam com a seguinte observação:

Este fim útil, como glorioso teve a guerra, que fizemos aos negros dos Palmares, devendo-se não só o impulso da empresa, mas os meios da execução, ao valor, e zelos com que Caetano de Melo de Castro governou a
Província de Pernambuco.

Mas que fim era esse?

Foram levados ao Recife os negros; e tirando-se deles os quintos pertencentes a El-Rei, os mais ficaram tocando aos cabos, e soldados, conforme
as presas, que fizeram quando entraram na sua fortificação. Todos os que
eram capazes de fugir, e se rebelar, os transportaram para as outras províncias do Brasil, e alguns se remeteram a Portugal.

Para bem compreender a posição do autor, é forçoso equacionar-lhe
o método de trabalho, a noção de História, a ideologia moral e religiosa
e a cultura que o enformava. A *História*, elaborou-a desconhecendo que
Frei Vicente do Salvador escrevera cem anos antes a *História do Brasil*,
ainda inédita.[13] Em idêntica desinformação andavam os censores, a principiar por D. Antônio Caetano de Sousa, da Academia Real de História.
O fato de Sebastião da Rocha Pita ignorar a existência da *História do Brasil* não apresenta, em si, maior relevância, dado o ineditismo frequente
na época. Permite, no entanto, conjecturar que o ufanismo do prosador
baiano ainda resultaria da presunção de ser o primeiro a "poer en caro-
nica", como se dizia na Idade Média, as excelências da colônia. Convicto
do pioneirismo da empresa, ter-se-ia inflado do orgulho de revelar em
primeira mão as novidades da terra paradisíaca.
Colabora para firmar a hipótese o próprio método de trabalho seguido pelo historiador, resultante da suposta prioridade: "são seguras,

---

11. *Ibidem*, pp. 380, 382.
12. *Ibidem*, pp. 293-303.
13. *Ibidem*, p. 9.

e fiéis as notícias que escrevo; (...) por não ter visto todos os originais, fazendo a maior parte das cópias por informações; (...) as matérias, e notícias, que nela trata, são colhidas de relações fidedignas, conferidas com os autores, que estas matérias tocaram".[14] O método implicava o exame de documentos, mas vagamente referidos: "pelo que consta de antigos verdadeiros manuscritos, que se conservam em várias partes desta Província", — a ponto de só por acaso fazer menção de fonte: "Esta guerra dos holandeses no Brasil anda difusamente narrada na *Nova Lusitânia*, no *Castrioto Lusitano*, e ultimamente tocada no *Portugal Restaurado*". No mais, contudo, o fundamento do relato vinha-lhe de "particulares informações modernas (...) feitas por pessoas, que cursaram as maiores partes dos continentes do Brasil".[15]

O manuseio dos documentos e informações empresta à obra de Sebastião da Rocha Pita caráter ambíguo, e explica-lhe a teoria da História: esta se lhe afigura navegar entre a Ciência e a Arte, como deixa patente na "Advertência". Sucede, no entanto, que o "estatuto da verdade" preconizado abriga um conceito de ciência que nada tem a ver com os princípios que Vico, seu contemporâneo, defendia na *Scienza Nuova Prima* (1725) e *Scienza Nuova Seconda* (1730), preludiando o pensamento historicista do século XIX. O flanco científico da sua ideia da História, já de si reduzido pela simples e elementar busca da verdade, e a compulsação de documentos, enfraquece-se ainda mais por seu *tonus* providencialista e sebastianista, que, vinculando-se à historiografia mística dos frades de Alcobaça (*Monarquia Lusitana*, 1597-1727), remonta ao século XVI e quiçá à Idade Média escolástica e teocêntrica.[16]

Ao providencialismo, recorrente no fio da obra,[17] liga-se uma visão horizontal dos acontecimentos mais de crônica que de historiografia, na medida em que esta, não se atendo ao mero registro cronológico de eventos, busca interpretar o passado através dos nexos entre os fatos e as ações. Por outro lado, trata-se de historiografia centrada antes em indivíduos que em grupos sociais — evidente na frequência dos "retratos" — e que não recusa a presença de acontecimentos particulares, vizinhos da notícia de jornal, em meio a relatos políticos, como ao informar que "ladrões perturbam, e destroem a Capitania do Porto Seguro, e os seus moradores" ou que:

---

14. *Ibidem*, pp. 9-10, 12.
15. *Ibidem*, pp. 12, 53, 139.
16. *Ibidem*, p. 181.
17. *Ibidem*, pp. 132, 270, 377, *passim*.

neste ano foi degolado no terreiro da Bahia o Coronel Fernão Bezerra Barbalho, morador, e natural da Província de Pernambuco, e uma das pessoas da nobreza dela, por matar no seu engenho da Várzea injustamente, e sem mais causa, que uma suspeita cega, a sua esposa, e três filhas havidas dela, escapando outra, que por mais pequena, escondera uma escrava, correndo com ela, sem ser vista, para a casa de um morador vizinho daquele engenho.[18]

Eclética a visão historiográfica de Sebastião da Rocha Pita: se, de um lado, o ecletismo atribui sabor especial à narrativa, de outro, debilita-lhe o nervo científico. Acrescente-se que a disponibilidade perante ocorrências de categoria antagônica está a serviço duma concepção louvaminheira, magnificante e lusófila da História, modelada em Damião de Góis e João de Barros.[19]

Para exprimi-la, o historiador faz uso de um estilo "encarecido", rebuscado, de modo que "em algumas matérias [é] demasiado o ornato",[20] traduzindo confessada aliança entre a Historiografia e a Pintura ou/e Poesia, que os seus censores muito bem detectaram. Crivado de hipérboles e retorcimento barroco, aliteratado, ostenta galas relevantes quando o prosador escapa da rotineira crônica dos acontecimentos e dá liberdade à fantasia, que nele coexistia com o senso de rigor e verdade. Um pouco graças à prodigiosa imaginação, outro pouco ao impacto do Barroco, há momentos que se diriam de pura ficção, como no quadro seguinte, fundado na adjetivação flamejante em voga no século XVII:

A matéria de toda esta grande fábrica são brilhantes jaspes de cores diversas, que refletindo a benefícios da luz, representam o Céu. No teto parece, que descobre a fantasia com os resplandores, em que a vista se emprega, entre fermosas nuvens luzentes estrelas, dispostas em ordem de constelações várias, e diferentes figuras. Por fora na eminência da penha, em que se entranha a lapa, se descobrem muitas árvores entrechaçadas com inumeráveis, e altos corpos da mesma rutilante pedra, que mostrando ao perto informes imagens de torres, pirâmides, campanários, e castelos, formam ao longe a perspectiva de uma perfeita, e bem fabricada Cidade.[21]

---

18. *Ibidem*, pp. 273, 278.
19. *Ibidem*, p. 184; Artur Mota, *História da Literatura Brasileira*, 2 vols., S. Paulo, Nacional, 1930, vol. II, pp. 47-48.
20. *Ibidem*, p. 9.
21. *Ibidem*, p. 281.

Essas facetas conectam-se estreitamente com a postura moralizante assumida no curso da *História*: nela se abriga um autêntico doutrinal, composto de máximas e aforismos na linha da prosa edificante coeva, à La Rochefoucauld. Quando não em adágios, a tendência pedagógica estampa-se em comentários aos acontecimentos narrados. Tal propensão ainda se encontra realizada na "Oração Acadêmica" proferida na Academia Brasílica dos Esquecidos. Para o cabal equacionamento da moralidade pregada pelo historiador, temos de levar em conta a sua crença religiosa, calcada nos ensinamentos da "nossa verdadeira Religião Católica".[22] Possivelmente em razão da ortodoxia religiosa, não esconde certa ingenuidade no descortino dos fatos: o seu catolicismo apoia-se em convicções providencialistas e sebastianistas impregnadas dum fatalismo que raia pela superstição:

> Era a confusão dos moradores tanto maior, quanto mais entendiam, que piedoso o Céu, lhes bradava com aquelas línguas de fogo, e pelas vozes daqueles trovões acusando-os das culpas, e persuadindo-os ao arrependimento.[23]

Como se não bastasse a incoerência, ei-lo que acolhe "sinais" horoscópicos e astrológicos acerca dos irmãos Antônio Vieira e Bernardo Vieira Ravasco, ou recorda que a "fatalidade do contrário horóscopo em que nascera" D. Sebastião lhe anulou o "fervor, e zelo católico".[24] Resultado imediato dessa credulidade, os fenômenos atmosféricos, como o da incidência de meteoritos e cometas, são interpretados à luz duma ideia fantasista das ciências, quando não deixam extravasar o seu obscurantismo, de base religiosa, como no relato do eclipse lunar e no ataque à descoberta da pólvora.[25]

Tudo isso assinala uma visão do mundo em que ainda o livre exame dos problemas constituía pecado mortal. Eis por que a *História da América Portuguesa*, "um verdadeiro hino ao Brasil", pede ser enfocada como documento de um modo preconceituoso e datado de acompanhar nossa evolução histórica desde 1500, documento para a história da História do Brasil. Como obra literária, guarda "beleza da forma, na linguagem",[26]

---

22. *Ibidem*, p. 378.
23. *Ibidem*, p. 386.
24. *Ibidem*, pp. 122, 305-306.
25. *Ibidem*, pp. 227-228, 267-268, 292.
26. Artur Mota, *op. cit.*, pp. 48, 49.

dentro das coordenadas do Barroco: exemplo de prosa literária num período em que o estilo clássico de Seiscentos se manifestava em textos de doutrina e informação, somente no plano diacrônico exibe interesse. Do ângulo crítico, importa menos, seja como História, seja como Literatura.

OUTROS HISTORIADORES

Ao longo da centúria e meia em que perdurou a floração barroca, outros vários homens cultos se dedicaram à atividade historiográfica. Todavia, bem mais do que os três nomes destacados, sua obra pouco ou nada se inscreve no perímetro da Literatura. Tão somente a rarefação literária daqueles tempos justificaria tratamento mais demorado, do ângulo estético.

Em verdade, nem do ponto de vista do estilo, — último argumento de que usualmente se lança mão quando se pretende incluir um historiador numa panorâmica literária —, nem do conteúdo ou da influência da fantasia, apresentam razões para diverso procedimento. As mais das vezes, redigem de forma desataviada e incolor, a modo de tabelião, em nada fazendo lembrar as reverberações da prosa barroca, provavelmente porque herdeiros da literatura informativa de Quinhentos. E a sua matéria, uma sucessão de eventos históricos, pressupunha um enfoque impessoal, refratário às propostas da imaginação transfiguradora da realidade.

Note-se, por fim, que elaboravam as suas "notícias" e "informações" numa altura em que, no espaço da cultura portuguesa e brasileira, se estava longe de pensar numa concepção científica de História, uma vez que parecia imperioso estabelecer aliança entre a Historiografia e a Literatura. E se assim agiam é porque encaravam a primeira como simples contabilidade factual, relatório, crônica impassível do viver colonial; e, sobretudo, porque careciam de talento literário.

De início, caberia agrupar nomes que, mais do que outros adiante referidos, pertencem propriamente à história cultural. Pe. Manuel de Morais (1586-1651), autor das *Memórias Históricas sobre Portugal e o Brasil*, tidas como publicadas em Amsterdã,[1] *História da América* ou *História do Brasil* (inédita), *Particularidades da Fertilidade e Sítio do Bra-*

---

1. Artur Mota, *História da Literatura Brasileira*, 2 vols., S. Paulo, Nacional, 1930, vol. I, p. 393. As demais informações baseiam-se no mesmo autor e obra, em Péricles da Silva Pinheiro, *Manifestações Literárias em S. Paulo na Época Colonial*, S. Paulo, Conselho Estadual

sil, talvez impressa em Leyde, e *Resposta que deu o Licenciado Manuel de Morais a dizerem os holandeses que a paz era a todos útil mas a Portugal necessária, quando por parte deste Reino se lhes ofereceu uma proposta para a paz* (publicada no t. I dos *Anais do Museu Paulista*). Pe. Antônio Gonçalves Leitão (fins do séc. XVII-princípios do séc. XVIII), autor da *Guerra Civil ou Sedições de Pernambuco*, em torno da Guerra dos Mascates (cuja primeira parte foi publicada no t. XVI da *Revista do Instituto Histórico e Geográfico*). Simão Pereira de Sá (1701-c. 1752), autor de uma *História Topográfica e Bélica da Nova Colônia Do Sacramento do Rio da Prata*, cuja primeira parte Caspistrano de Abreu publicou (1900), além de outras obras de vário assunto, histórico, doutrinário ou religioso, e poemas, estampados nos *Júbilos da America* (1754). José Mirales (séc. XVIII), autor de uma *História Militar do Brasil, desde o ano de 1549, em que teve princípio a fundação da cidade de S. Salvador, até o de 1762* (1900), de valor "meramente informativo e documental".[2] Frei José Pereira de Santana (1696-1759), irmão de Simão Pereira de Sá, autor de *Crônica dos Carmelitas* (1745-1759) e outras obras, de doutrina religiosa. Antônio José Vitorino Borges da Fonseca (1718-1786), autor de *Nobiliarquia Pernambucana* (1935) e outras obras desaparecidas.

PEDRO TAQUES DE ALMEIDA PAES LEME nasceu em S. Paulo, "em fins de junho de 1714, mais que provavelmente a 29".[3] No colégio dos jesuítas da cidade natal tirou o grau de Mestre em Artes. Abraça a carreira das armas, e em 1737 sobe a sargento-mor. Já nessa altura, dedica boa parte do tempo à pesquisa histórica. Em 1749, ruma para Goiás, a tentar fortuna. Regressando a S. Paulo em 1754, no ano seguinte viaja para Lisboa, e perde no terremoto de 1755 documentos e haveres que conduzia. Em 1757, está no Rio de Janeiro, como tesoureiro-mor da Bula da Cruzada nas Capitanias de S. Paulo, Goiás e Mato Grosso. Sofre então grandes dissabores: em poucos meses, morrem-lhe a primeira e segunda esposas e dois filhos. Em 1763, ocupa a guardamoria das minas de S. Paulo. Acusado de prevaricador, não tem como defender-se e os bens lhe são confiscados. Volta a Portugal em 1774, onde permanece

---

de Cultura, 1961; e em Rubens Borba de Morais, *Bibliografia Brasileira do Período Colonial*, Instituto de Estudos Brasileiros, Universidade de S. Paulo, 1969.

2. Artur Mota, *op. cit.*, vol. II, p. 69.

3. Afonso de E. Taunay, Escorço Biográfico, prefácio a *História da Capitania de S. Vicente*, S. Paulo, Melhoramentos, 1929, p. 9. A mesma fonte serviu para compor o mais da notícia biobibliográfica de Pedro Taques.

dois anos. Muito doente, retoma a S. Paulo, e falece a 3 de março de 1777. Deixou as seguintes obras: *Nobiliarquia Paulistana Histórica e Genealógica* (1869-1874), *História da Capitania de S. Vicente* (1847), *Informação sobre as Minas de S. Paulo* (t. LXIV da *Revista do Instituto Histórico e Geográfico*), *Notícia Histórica da Expulsão dos Jesuítas, de S. Paulo em 1640* (t. XII da *Revista do Instituto Histórico e Geográfico*). Teria elaborado outros escritos, que se extraviaram ou desapareceram: *História de S. Paulo, Discurso Cronológico dos Descobrimentos do Brasil, Elementos da História de Piratininga, Apontamentos, Memórias de Jundiaí, Dissertação Verídica e Cronológica.* Restam-lhe, ainda, seis cartas.

Mais dos que os outros integrantes deste capítulo de nossa evolução literária, Pedro Taques pertence à história da cultura ou à historiografia propriamente dita. Afonso de E. Taunay assevera que "é o maior — e com enorme superioridade — dos tão raros escritores e cronistas de antanho; é, em suma, o Historiador dos Bandeirantes",[4] e defende a interpretação culturalista de Sílvio Romero contra a apreciação estética de José Veríssimo.[5] Em que pese a opinião dos primeiros, é o último que oferece a compreensão mais convincente de Pedro Taques. As provas, dão-nas as próprias observações de Taunay e, mais importante, as obras do historiador. À guisa de amostra das primeiras, lembremos que a *Nobiliarquia Paulistana* se lhe afigura "monumental repositório documentário"[6] e que a *História da Capitania de S. Vicente* é "sobretudo um arrazoado jurídico para provar os direitos do Conde de Vimieiro à Capitania de S. Paulo".[7]

Tais juízos revelam inclinação irresistível de historiador por parte de Pedro Taques, como bem assinala o estudo de Taunay, mas também denotam ausência de maior vocação literária. Efetivamente, o autor preocupa-se antes com transcrever os documentos e/ou resenhá-los que com analisá-los ou interpretá-los. E mesmo quando o acontecimento em pauta pudesse suscitar-lhe algum entusiasmo, o tom mantém-se imperturbável, como quem arquivasse fatos ou sumariasse informações, a exemplo do episódio da fundação do Rio de Janeiro.[8] Apenas na *Nobiliarquia Paulistana* dá largas, por chauvinismo, a uma adjetivação de cunho pessoal para

---

4. *Idem*, prefácio a *Informação sobre as Minas de S. Paulo*, S. Paulo, Melhoramentos [1929], p. 6. Desta edição utilizei apenas o prólogo. Para o texto, lancei mão da 3ª ed., sob o título de *Notícias das Minas de S. Paulo e dos Sertões da Mesma Capitania*, S. Paulo, Martins, 1954, introdução e notas de Afonso de E. Taunay.

5. *Idem, ibidem*, p. 29.

6. *Idem, ibidem*, p. 10.

7. *Idem, ibidem*, p. 20.

8. Pedro Taques, *História da Capitania de S. Vicente*, pp. 132 e ss.

caracterizar varões e damas de S. Paulo; todavia, posto que subjetivo, o processo não acusa, em si, mais que aristocratismo, como bem registra Taunay.[9] E sem chegar a ostentar interesse literário, tais rasgos superlativantes comprometem o perfil meramente referencial das averbações nobiliárquicas. Falta anotar-lhe a linguagem para completar o quadro: o estilo, descolorido e raso, como já observara José Veríssimo, faz coro com a disposição para o paciente labor de arquivar e classificar.

FREI GASPAR DA MADRE DE DEUS, de nome civil Gaspar Teixeira de Azevedo, nasceu em S. Vicente, a 9 de fevereiro de 1715.[1] Noviciado na Ordem de S. Bento. Ordena-se na Bahia. Viaja a Portugal; ocupa, no regresso, em 1743, a cadeira de Teologia no Rio de Janeiro. Doutora-se em Teologia e Filosofia em 1749. Participa da Academia Brasílica dos Renascidos (Bahia, 1759), e quatro anos mais tarde assume a direção da abadia do Rio de Janeiro. Em 1769, recolhe-se a Santos, concentrado nos trabalhos historiográficos, de que resultará, em 1797, a publicação, em Lisboa, das *Memórias para a História da Capitania de S. Vicente hoje chamada de S. Paulo*. Falece na mesma cidade, a 28 de janeiro de 1800. Deixou ainda manuscritos de menor tomo, dados a lume na *Revista do Instituto Histórico e Geográfico de S. Paulo* (t. V, XVI, XX, CXX), *Anais do Museu Paulista* (t. XLVI), *Revista do Instituto Histórico e Geográfico Brasileiro* (t. II). Um desses estudos, *Notícias dos Anos em que se descobriu o Brasil*, publicou-se também como apêndice das duas últimas edições das *Memórias*, referidas em rodapé. Inéditas permaneceram suas *Lições de Filosofia*, ministradas no Rio de Janeiro, em 1748, e existentes no Mosteiro de S. Bento, em S. Paulo. Perdeu-se o terceiro volume das *Memórias* e o *Extrato Genealógico de Numerosos Sermões*.

Divisando em conjunto a historiografia colonial, Frei Gaspar da Madre de Deus parece levar a palma, numa série de aspectos, às figuras precedentes. À primeira vista, o desnível poderia vir de ser ele o derradeiro nome, em ordem cronológica, que merece consideração no capítulo da historiografia. E, por isso, ser o mais "moderno". A uma sondagem detida, o argumento não colhe: basta cotejá-lo com Sebastião da Rocha Pita e Pedro Taques, tendo em mira as datas. Frei Gaspar da Madre de Deus

---

9. *Idem, Informação sobre as Minas de S. Paulo,* pp. 61-62.

1. Acompanho as informações biográficas contidas na introdução de Afonso de E. Taunay às seguintes edições das *Memórias para a História da Capitania de S. Vicente, hoje chamada de S. Paulo,* 3ª ed., S. Paulo, Melhoramentos, 1920; [4ª ed.], S. Paulo, Martins, 1953.

salienta-se por outras razões. Primeiro que tudo, ostenta mais cultura. Ou, ao menos, desenvolveu a inteligência no plano dos conceitos e abstrações, como permitem supor as *Lições de Filosofia*, os títulos acadêmicos e as próprias *Memórias*. Permeia-as um bom senso que não deve provir somente da experiência de vida, mas também de sólida bagagem cultural, argamassada com vagar e método.

As demais características estão-lhe intimamente associadas. Percorridas as páginas iniciais das Memórias, o historiador entra a inspirar-nos uma confiança que persistirá até o fim, tal a serenidade com que persegue a verdade dos fatos. Para tanto, não apenas transcreve ou menciona os documentos compulsados, como também os manuseia com indefectível sensatez, evidente no afastar qualquer notação subjetiva em torno das notícias que recolhe. Tomemos um exemplo, em que o confronto se processa com Frei Vicente do Salvador:

> À nova região, deu Cabral o nome de *Terra de Santa Cruz*, que depois se mudou em *Brasil*, nome próprio de certas árvores assim denominadas pelos portugueses, os quais lhes deram este nome depois que de seus troncos extraíram uma muito estimada tinta vermelha, na cor semelhante à das brasas.[2]

Passagens no gênero poderiam multiplicar-se, confirmando a ideia de o autor ser já um historiógrafo quase no sentido moderno da palavra: tratamento ponderado da documentação e interpretação rigorosa dos fatos a fim de reconstituí-los com veracidade e imparcialidade.

Pelo estilo, distingue-se dos predecessores, sobretudo Pedro Taques, contemporâneo e amigo: linguagem fluente, desenvolta, pressagiando a boa prosa oitocentista, resultante de o escritor entregar-se a lentos "processos de composição", que o exame dos manuscritos põe de manifesto: "emendava muito e copiava frequentemente os seus assuntos, duas e três vezes".[3] E se "surtos de estilo não devemos esperar nas *Memórias*",[4] também não encontramos a prosa descolorida de Pedro Taques. Frei Gaspar da Madre de Deus procura sempre escapar do mais fácil ou mecânico, decerto compreendendo que a historiografia lida a um só tempo com os fatos e com a linguagem que os expressa. Dotado de tais recur-

---

2. *Idem, ibidem,* 4ª ed., p. 32.

3. *Idem, ibidem,* 3ª ed., p. 87.

4. *Idem, ibidem,* p. 67.

sos, e de inalterável espírito crítico, não estranha fizesse acerbas restrições a Sebastião da Rocha Pita, como a seguinte:

> Julgo necessário advertir a quem escrever a história desta Capitania [Santo Amaro], que se não fie no autor da *América Portuguesa*, o qual muitas vezes claudica.[5]

Importa notar, entretanto, que o frade não resistiu de todo à sedução do estilo retórico usado pelo outro historiador. Embora a ponderação e a equanimidade o colocassem fora do alcance da síndrome ufanista que avassala os séculos coloniais, deixou-se contagiar pela adjetivação magnificante do Barroco: "serras altíssimas", "jardim ameníssimo", "providência digníssima", "o eruditíssimo Pe. D. Antônio Caetano de Sousa", "remotíssimos sertões".[6] Tal contaminação poderia sugerir, equivocamente, uma frustrada vocação literária. Na verdade, apesar de reportar-se com frequência aos leitores, num tom coloquial vanguardeiro em relação à conjuntura literária do século XVIII, nada mais avesso à criação literária que o seu equilíbrio conceptual. Movido por ele, refuta a defeituosa avaliação dos fatos e lendas, como a das pegadas de S. Tomé,[7] mas acoima pejorativamente de *novela* a opinião de que "mulatos foragidos concorreram para a fundação de S. Paulo",[8] e atribui ao termo grifado a mera significação de *fábula*.[9]

Frei Gaspar da Madre de Deus evidencia o divórcio entre a literatura e a historiografia principiado no século XVIII e completado no seguinte, quando os historiadores não mais nos chamarão a atenção, por extrapolarem das balizas propriamente literárias.

FREI ANTÔNIO DE SANTA MARIA JABOATÃO nasceu nos arredores do Recife, em 1695, e faleceu entre 1763 e 1765. Aos vinte e dois anos, professou na Ordem de S. Francisco (Bahia). Pertenceu à Academia dos Esquecidos e Academia dos Renascidos. Em 1761, publicou, em Lisboa, sob o título de *Orbe Serafico Novo Brasilico*, a primeira parte da Crônica dos Frades Menores da Província do Brasil. No século XIX, entre 1858 e 1862, o Instituto Histórico e Geográfico Brasileiro, com sede

---

5. *Memórias para a História da Capitania de S. Vicente*, 4ª ed., p. 162. V. ainda p. 51.
6. *Ibidem*, pp. 90, 91, 94, 104.
7. *Ibidem*, p. 236.
8. *Ibidem*, p. 134.
9. *Ibidem*, p. 137.

no Rio de Janeiro, reeditou a obra, em 5 volumes agrupados em 2 tomos, acrescentando-lhe a segunda parte, até então inédita, com o título de *Novo Orbe Serafico Brasilico*, pelo qual passou a ser conhecida. Jaboatão deu à estampa sermões, e deixou inéditos, um dos quais, o *Catálogo Genealógico das Principais Famílias que procedem de Albuquerques e Cavalcantis, em Pernambuco, e Caramurus, na Bahia*, veio a lume na *Revista do Instituto Histórico e Geográfico Brasileiro* (1889, t. LII, Parte I).

O *Novo Orbe Serafico Brasilico* tem caráter mais historiográfico que literário, como o próprio Jaboatão reconhece ao declarar, repetidas vezes, que escreve História, ou Crônica. E a prova de não o fazer por hipocrisia está em que se norteava por uma nítida e consciente concepção da História: "é a verdade alma da História, e é clareza a vida desta alma, e é certo que virá ser alma sem vida, história, ainda que com verdade, sem clareza".[1]

Tirante a referência a "alma", que trai o sacerdócio do autor e, portanto, uma visão transcendentalista da História, a afirmativa parece respirar modernidade e espírito científico. Noutro passo, não só ratifica tal compreensão do seu ofício de historiador como lhe apensa um detalhe metodológico: "a História, que sendo a verdade, a que lhe deve dar o ser, e alma, e devendo ela constar de notícias, e documentos certos".[2] Mal comparando, estamos em face de uma teoria da História que lembra a de Fernão Lopes. Na prática, nem sempre o ideal se realizou, como seria de esperar; e, paradoxalmente, quanto mais se avizinhou da coerência menos interesse apresenta do ponto de vista estético, e vice-versa.

Para alcançar a sua meta, Jaboatão arrimou-se a fontes impressas e manuscritas, procurando sistematicamente não se limitar a mero e insípido transmissor de informações: além de glosá-las livremente, critica-as quando necessário. Mas o seu espírito crítico, espontâneo ao tratar de notícias acerca da terra, vacilava ao enfrentar a tradição ou as conjecturas acumuladas no fio do tempo.[3] Volta e meia refere um misterioso *manuscrito antigo*, cuja autenticidade e veracidade lhe parecem suficientemente atestadas "pela frase, e modo com que (...) relata" os acontecimentos alusivos à índia Paraguaçu.[4] Mais grave, porém, se afigura a

---

1. *Novo Orbe Serafico Brasilico*, Rio de Janeiro, 1858-1862, vol. II, Parte I, p. 18.

2. *Ibidem*, "Antelóquio", vol. I, Parte I, p. II.

3. *Ibidem*, vol. I, Parte II, p. 44; vol. II, Parte I, p. 379: "Até aqui temos falado, ainda que com tanta evidência, conforme a tradição, conjecturas, e pelo que se diz, ou dizem; agora ajuntaremos alguma cousa mais com que se possa fazer de todo evidente o que dizem, e conta a tradição".

4. *Ibidem*, "Preâmbulo", Parte I, p. 36.

interpretação de alguns fatos nos quais, a seu ver, se patenteia a força da Providência ou do sobrenatural, como a vitória dos portugueses sobre os gentios e a descoberta do Brasil.[5] Tais deslizes, resultantes da condição eclesiástica do historiador, não causam surpresa maior. Acontece que, as mais das vezes comedido, embora prolixo, acabou levando a credulidade ao cúmulo de encampar a lenda das Amazonas.[6]

Parece que, ao ceder às "tentações" da fantasia, apenas deixava aflorar a *vis* literária, submersa pela batina e pelo mister de historiador. O seu estilo oscila entre polos extremos, numa gama de tons que autorizou juízos desencontrados.[7] Em Jaboatão deparamos, verdadeiramente, o mau e o bom estilo, dentro de estritas normas gramaticais: o autor confessava que não pretendia fazer estilo, mas escrever "claro, e corrente, e sem afetação natural, atendendo a que escrevemos história, e não panegírico; e por isso, correndo para o mais comum, e perceptível, fugimos de palavras esquisitas, termos peregrinos, e orações fraseadas, buscando as mais próprias e naturais vozes, e com que melhor se explique, e entenda uma História, que há de servir para todos; porque assim, nem os menos sábios a deixem de perceber por mui elevada, e culta, e nem os mais entendidos a desgostem por muito humilde, e rasteira".[8]

A despeito disso, acabou cedendo à moda do tempo e empregando, por vezes com apreciável brilho, recursos barrocos. A sua linguagem cintila aqui e ali de imagens astronômicas (estrelas, astros, etc.);[9] e ao descrever Sintra, a metaforização sideral ganha tal sentido hiperbólico que se vê obrigado a uma pausa reflexiva a fim de justificar-se: "porque nos não toque alguma impertinente crítica, sem atender à naturalidade da metáfora, permitida, e usada na história, por antigos e modernos autores, para ornato deleitável da sua locução, e nos não censurem, de que queremos passar de cronista a mitológico".[10]

E não só nesses momentos as amplificações e as demasias surgem na pena do historiador: ao relatar os feitos de confrades,[11] geralmente as suas palavras adquirem coruscâncias de encômio irrestrito. Entretanto, é na descrição das benesses do solo brasileiro que o superlativo atinge

---

5. *Ibidem,* "Preâmbulo", t. I, Parte I, p. 141; t. II, Parte I, p. 8.
6. *Ibidem,* "Preâmbulo", Parte I, p. 206.
7. Laudelino Freire, *Clássicos Brasileiros*, Rio de Janeiro, s.c.p., 1923, pp. 91-92.
8. *Novo Orbe Serafico Brasilico*, "Antelóquio", t. I, Parte 1, p. IV.
9. *Ibidem*, t. II, Parte I, pp. 315-316.
10. *Ibidem*, t. II, Parte I, p. 286.
11. *Ibidem*, t. II, Parte I, pp. 211 e ss.

o paroxismo que nos habituamos a encontrar em Sebastião da Rocha Pita. A Bahia parece-lhe um "país mui fértil, e abundantíssimo de todo o gênero".[12] O Brasil merece-lhe observações que enfileiram na tradição do ufanismo, e que sabemos ser apanágio, na época, do mesmo Rocha Pita.[13] Nem falta o mito do Paraíso, que remonta, como vimos, ao início de nossa colonização. Ufanismo barroco típico, revela um escritor sensível às tendências literárias ainda vigentes na primeira metade do século XVIII, dotado de um estilo relativamente plástico e de uma imaginação apenas sufocada por conveniência doutrinária. O pendor literário, manifesta-o nos breves relatos que intercala no texto, como o do morticínio de religiosos às mãos de antropófagos.[14]

É pouco, todavia, para lhe conferir importância literária. Registre-se, ainda, que tais extrapolações se localizam na Parte I do *Novo Orbe Serafico Brasilico*, de maior interesse que a Parte II, pois nesta a sua atenção se concentra em matéria religiosa e à maneira de relatório factual. Em confronto com Rocha Pita, Jaboatão valeria mais como historiador que como escritor, o que o afastaria do perímetro literário, salvo nos aspectos apontados, e com as devidas reservas.

DOMINGOS DO LORETO COUTO, monge beneditino, nasceu no Recife, em meados do século XVIII. Pertenceu à Academia Brasílica dos Renascidos (Bahia, 1759), e exerceu funções de visitador-geral do bispado de Pernambuco. Ao falecer, em data incerta, deixou uma única obra, *Desagravos do Brasil e Glórias de Pernambuco*,[1] de 1757, inédita até 1902-1903, quando apareceu nos *Anais da Biblioteca Nacional do Rio de Janeiro*, e em volume no ano seguinte.

Das duas partes em que o escritor planejara dividir a obra, somente a primeira, em oito livros, foi redigida ou subsistiu. As razões de tê-la composto, no-las oferece no "Prólogo ao leitor":

---

12. *Ibidem*, vol. I, Parte I, pp. 93-94.

13. *Ibidem*, vol. II, Parte I, pp. 3, 4, 5-6.

14. *Ibidem,* vol. II, Parte I, p. 14.

1. O subtítulo da obra, extenso como de hábito naqueles recuados tempos, informa que se trata de "Discursos / brasílicos, dogmáticos, bélicos, apologéticos, morais e históricos / repartidos / em oito livros, nos quais se descrevem, o descobrimento do Brasil, e conquistas das capitanias de Pernambuco, com várias notícias históricas, e geográficas do mesmo País, memórias dos seus principais habitadores, ações ilustres de seus naturais, sem razão de várias calúnias, nascidas de menos verdadeiras notícias, e outras cousas dignas de menção".

fui somente levado da justa mágoa de ver o grande descuido, que teve Pernambuco em perpetuar as virtudes de seus filhos, que com elas o ilustraram; e que insensivelmente ia o tempo consumindo a notícia de tantos esclarecidos heróis, por faltar quem se resolvesse a escrevê-las (...) pretendi romper o tenebroso caos, em que estavam sepultadas tantas glórias ilustres, para fazer patentes aquelas notícias, que o Mundo ignorava (...) refutar alguns erros, e calúnias, com que alguns Autores, que têm escrito do Brasil, mancharam a opinião dos nossos índios, e de algumas pessoas beneméritas, sem mais fundamento, que o de umas traições tão suspeitosas, como mal nascidas, e falsas.[2]

Sensato no propósito, coerente na execução, o extenso e fatigante livro realiza a apologia de personalidades históricas e o repúdio à interpretação de alguns fatos, levantada por antecessores. Tudo isso poderia falar em favor do acadêmico renascido e dizer do seu interesse para os estudos literários. Na verdade, porém, à semelhança de toda a historiografia do tempo, é reduzida a dimensão propriamente literária dos *Desagravos*. É certo que o livro V se destina ao exame da atividade literária em Pernambuco, mas o assunto foi convocado apenas para completar o quadro que o frade pretendia esboçar. Vasta relação de nomes ligados às letras, entremeada de pintores, músicos, etc., culmina com uma sequência de eclesiásticos não escritores, cujo saber lhes facultava lograr "dignidades de maior graduação nas catedrais de alguns bispados"; de "pessoas naturais de Pernambuco que pelas letras mereceram, e alcançaram dignidades seculares"; "de pessoas naturais de Pernambuco, que foram provedores da fazenda real, e juízes da alfândega"; e, por fim, a "conclusão deste livro V, com a notícia de muitos lentes de Teologia que existem no ano presente".[3]

Loreto Couto mistura, pois, duas categorias numa só, — o homem culto e o aficionado das Letras, — obedecendo, com isso, à sua condição sacerdotal e às limitações intelectuais do tempo, e evidenciando ter em mira mais a História que a Literatura. O rol de nomes, que começa à página 359, destaca-se pelos clérigos: na época, a cultura eclesiástica ainda sobrepujava a leiga, e nesse caso o beneditino somente refletia a situação de nosso estatuto colonial. Todavia, não se percam de vista os sacerdotes fora das Letras, e a rapidez com que trata de Bento Teixeira, logo à entrada do capítulo em causa. Como se não bastasse, assinala-lhe o "gênio sublime para a poesia", o que atesta a exígua capacidade crítica que possuía, e acrescenta a seguir que o versejador era "igualmente pe-

---

2. *Desagravos do Brasil e Glórias de Pernambuco*, p. 7.
3. *Ibidem*, pp. 397, 400, 406, 409.

Barroco (1601-1768) • 209 •

rito na História". A notícia dos autores consta sempre de breve resenha biobibliográfica, sem juízo de valor. E quando Loreto Couto o faz, prevalece o intuito apologético. No geral, são escritores desaparecidos, ou irrelevantes, salvo do prisma regional.

A rigor, os *Desagravos* importam mais à historiografia religiosa que à de outra natureza, como evidencia a copiosa série de biografias de sacerdotes; além dos mencionados no livro V, por toda a obra, notadamente a páginas 178 e seguintes, topamos com memórias acerca de membros das várias ordens que se embrenhavam por estes brasis fora. Em contrapartida, o livro VI constitui um rol frio de nomes de militares e índios, em que apenas chama a atenção o fato de o historiador separar os fidalgos dos negros e índios, num capítulo por sinal destinado à glorificação dos heróis pelas armas: a perspectiva mantém-se discriminatória e eclesiástica.

Mas Loreto Couto adianta-se ao seu tempo na compreensão do indígena. Neste particular os *Desagravos* encerram importância, sobretudo se tomarmos em conta a formação religiosa do historiador, os preconceitos culturais da época e o quanto ele discrepava dos predecessores. Tal relevância, assinalada por Capistrano de Abreu em 1907,[4] foi posteriormente confirmada por José Aderaldo Castello, ao qualificar a interpretação do beneditino "como precursora do indianismo romântico, alguma coisa que poderia ser considerada como a antevisão da 'bondade', ou melhor, das qualidades do selvagem americano, evidenciadas nos seus contactos e no confronto com o homem civilizado".[5]

Remando contra a maré do tempo, em que apenas surpreende o desassombro com que o Pe. Vieira equacionava o problema do nativo brasileiro, o historiador esmera-se no elogio do silvícola. E realiza-o ecoando o vezo dos escritores quinhentistas portugueses de colocar os feitos das armas lusitanas acima dos da Antiguidade; pergunta ele: "Que façanhas pode Roma, ou Grécia pôr em paralelo com as proezas dos famosíssimos potiguaçus D. Antônio, e D. Diogo Pinheiro Camarão?".[6] Mais adiante, diz encontrar-lhes uma "índole benévola, aprazível, e urbana; (...) liberais, benignos, e obsequiosos".[7] Não parece que estamos a ver multidões de Iracemas e Peris? O prosador aponta-lhes, ainda, caracte-

---

4. Capistrano de Abreu, *Capítulos de História Colonial,* 4ª ed., Rio de Janeiro, Briguiet, 1954, pp. 268-270.

5. José Aderaldo Castello, *Manifestações Literárias da Era Colonial,* vol. I de *A Literatura Brasileira,* 2ª ed., rev. e aum., S. Paulo, Cultrix, 1965, p. 123.

6. *Desagravos do Brasil e Glórias de Pernambuco,* p. 40.

7. *Ibidem,* p. 41.

rísticas que superam o "bom selvagem" à Rousseau: tem na melhor das contas o seu talento artístico e os seus conhecimentos na "ciência da medicina", onde "sem as lições de Avicena, Hipócrates, ou Galeno são peritíssimos, aplicando com grande destreza os remédios".[8] O louvor, entre objetivo e melífluo, prossegue pelo capítulo VII do livro I, em que "mostra-se como os índios não são privados das virtudes intelectuais"; no capítulo VIII, em que "mostra-se como na língua brasílica não é defeito faltarem no seu alfabeto algumas letras"; no capítulo IX, em que "apontam-se os motivos de algumas calúnias contra os índios"; às tantas, defende-os contra o "injusto cativeiro" e a "censura que os condena supersticiosos". A apologia chega ao extremo numa comparação épica, tirada à Camões.[9]

Evidentemente, a simpatia do historiador pelos indígenas só merece aplausos, considerando-se o clima restritivo em que elaborou o livro, e o interesse de tal testemunho para o estudo da gênese e evolução do nosso "bom selvagem". Sucede, porém, que Loreto Couto ultrapassou as raias da sensatez, como sacerdote, historiador e homem de Letras, ao perdoar-lhes a ferocidade irascível, tendo em vista o que predominava entre "russianos, alemães, e outros povos da Europa", e "quando sabemos que aos descendentes de Túbal e de outras nações políticas com que se povoou Portugal, se reduziram muitos de seus descendentes a tanta brutalidade, que matavam, e comiam aos que dos povos vizinhos apanhavam, ou em guerra ou em ciladas".[10] Patente deformação, decerto motivada pela circunstância de alguns indígenas auxiliarem portugueses e brasileiros na luta contra o invasor holandês, ou seja, por pertencerem à grei católica em luta com o flamengo protestante. A suspeita transforma-se em convicção quando ponderamos a distorcida exaltação do silvícola em matéria religiosa: no entender do historiador, basta a crença em Tupã como sinal de que "adoravam a Deus com um temor servil.[11] Mais ainda se lhe manifesta o partidarismo ao citar e justificar as atrocidades do gentio fiel aos pernambucanos e portugueses, e pintar de cores vivas, à Bosch e Rabelais, as barbaridades do "herege" batavo.[12]

Como seria de esperar, também os gentios inimigos praticavam crueldades análogas, que Loreto Couto descreve com fartas minúcias e

---

8. *Ibidem*, pp. 43, 44.
9. *Ibidem*, pp. 45, 53, 54.
10. *Ibidem*, p. 42.
11. *Ibidem*, p. 44.
12. *Ibidem*, p. 236.

igual pigmentação.[13] Em suma: a parcialidade do escritor ainda se estadeia no caso dos índios, embora aqui ocorresse uma espécie de ato falho, porquanto o encômio se destinava a enaltecer não o índio em si, mas o que representava ele no âmbito da comunidade católica e luso-brasileira em guerra com o intruso europeu: bom, porque e quando aliado aos católicos e pernambucanos; mau, sempre que se lhes opunha; jamais por si próprio. Corrobora essa interpretação a ideia que faz do cativeiro do selvagem, julgando-o iníquo apenas em determinadas circunstâncias, pois tem-no como decorrente do "direito natural".[14]

Percebe-se-lhe, no conjunto, um vago liberalismo, que ressoaria o do Pe. Vieira, mas a conclusão a tirar é que o seu "bom selvagem" equivalia a "bom cristão", a serviço da Fé e Império que movia os portugueses desde Quinhentos: bom porque cristão, não porque selvagem. Figurando-o assim, o historiador rendia homenagem ao seu credo e à política ainda vigente no século XVIII, ao mesmo tempo que distendia o perímetro em que se movimentavam: ao europeu católico juntava-se agora o ameríndio, e a cristandade dilatava-se um pouco mais. Numa palavra, realizava-se o ideal implícito nos prosadores precedentes que se demoraram no assunto do indígena.

Integrado nas correntes culturais do tempo, Loreto Couto assumiu posição sincrética: a sua obra participa da historiografia, da literatura informativa e da prosa doutrinal. Em qualquer dessas modalidades, era inevitável que também acolhesse a visão ufanista, segundo dois vetores: apologia aos feitos de armas dos pernambucanos e portugueses contra os holandeses; e elogio à terra. Aqui, o tom encomiástico cheira a Rocha Pita, por influência direta, ou contágio da atmosfera meio delirante que caracterizava a vida intelectual na quadra das academias:

> É terra dilatada em fertilíssimos campos, vistosos outeiros, e cortada de altíssimas serras, e por isso habitação para muitos milhares de homens.[15]

No mesmo compasso flui a descrição do Recife, digna de ombrear-se com a de Bento Teixeira na *Prosopopeia*.[16] À semelhança de Rocha Pita, o ufanismo de Loreto Couto associa-se à estética barroca: a grandiloquência, o desbordamento da imaginação plástica, a abundância da

---

13. *Ibidem*, p. 467.
14. *Ibidem*, p. 67.
15. *Ibidem*, p. 28.
16. *Ibidem*, pp. 161-162.

adjetivação paroxística em superlativo, o panegírico desenfreado, tudo isso se inscreve nos quadrantes do Barroco.[17] Talvez sentindo que faltava ao hino uma nota mais alta, adiciona-lhe, a modo de fecho de ouro, um *topos* oriundo de nosso Quinhentismo: o Brasil divisado como sem igual em todo o mundo, Paraíso Terreal.[18]

É que "o Barroco supõe riqueza, plenitude, pletora. Onde há Barroco, portanto, há evocadoras enumerações seletivas, plenas de emocionais, exageradas e imaginativas classificações que produzem um sentido de subordinação com respeito a uma unidade superior, e não um caos de elementos singulares, como é típico de certos textos renascentistas (Rabelais)".[19] Neste aspecto residiria, por certo, um condimento literário digno de interesse, ao menos estilístico, mas que não modifica o caráter historiográfico da obra. Mais ainda: é desprovida de novidade em relação à *História da América Portuguesa*, modelo acabado de ampulosidade barroca entre nós.

Do prisma do estilo, Loreto Couto apresenta clareza e fluência pouco vulgares nos historiadores do tempo, sobretudo os que, como ele, navegam a oeste do continente literário. Nota-se, contudo, a monotonia peculiar à época, em parte resultante dos hábitos linguísticos difundidos pelos colégios religiosos, e em parte pela própria matéria da obra: a historiografia da guerra holandesa de uma perspectiva eclesiástica e lusófila. O prosador torna indiferenciados os casos que certamente exibiriam diversa feição se outra pena os descrevesse, aplastando-os com preconceitos e o andamento cronométrico da linguagem de beneditino ortodoxo.

Todavia, e aqui talvez a psicanálise pudesse encontrar material de exame e reflexão, nos episódios de ofensa ao pudor, a sua sintaxe chega a inusitada vibração, como entre as páginas 478 e 481. Mas é só. A conclusão a tirar não difere da que nos permitem os demais historiadores contemporâneos: reduzida pulsação literária, mesmo levando em conta que, ainda no século XVIII, eram tênues os limites entre Historiografia e Literatura. Nossa prosa de ficção teria de esperar o advento do Romantismo para alcançar nível equivalente ao da poesia de um Gregório de Matos.

---

17. *Ibidem*, p. 36.
18. *Ibidem*, p. 37.
19. Helmut Hatzfeld, *Estudios sobre el Barroco*, tr. espanhola, Madri, Gredos, 1964, pp. 291-292.

V. Oratória

Analogamente a outras manifestações culturais no decurso dos séculos XVI a XVIII, a oratória apenas por acaso se enquadra na esfera das Letras. Não só porque se destinava a comover e persuadir, mas porque brotava num contexto social em que as urgências civilizacionais decretavam fosse empregada com propósitos imediatistas. Que se resumiam, as mais das vezes, na catequese do índio e na edificação do colono segundo as normas da fé católica: as ordens religiosas, convictas de que enfrentavam um concorrente perigoso — a natureza selvagem — utilizavam da arma oratória para manter os nativos e os reinóis obedientes a padrões éticos e culturais de índole cristã. Comunicando-se diretamente aos espectadores, o discurso permitia a fácil transmissão do catecismo; facultava, mais do que o teatro, o acesso à consciência individual e grupal, e a transfusão de doutrinas básicas. De onde a importância da atividade parenética, sobretudo nos séculos XVII e XVIII, em grande parte motivada pelo progresso da sociedade baiana e pernambucana.

Desenvolvida no interior do Barroco e mercê da atmosfera ideológica a que servia, a oratória colonial é predominantemente sacra. A vertente profana, além de minguada, restringe-se a panegíricos de ocasião ou orações acadêmicas, como a que proferiu João Alvares Soares da Franca na Academia dos Esquecidos, a 12 de outubro de 1724, e Francisco de Faria na Academia dos Seletos, reunida em 1752, para homenagear o governador Gomes de Andrada. Enquanto os oradores civis se contam nos dedos, os religiosos formam dezenas, como, por exemplo, Antônio Vieira, Antônio de Sá, Eusébio de Matos, Agostinho Bezerra, Frei Ruperto de Jesus, Frei José da Natividade, Domingos Ramos, Inácio Ramos, Antônio da Piedade, Frei Manuel da Madre de Deus Bulhões, Sebastião do Vale Pontes, Ângelo dos Reis, Frei Francisco Xavier de Santa Teresa, Frei Mateus da Encarnação Pina, Inácio Rodrigues, e tantos outros, dos quais os três primeiros sobressaem pelo volume da obra e as qualidades tribunícias que ostentam.[1] Considerável parcela da produção sermonística dessa época se encontra inédita ou extraviada.

ANTÔNIO VIEIRA nasceu em Lisboa, a 6 de fevereiro de 1608. Aos seis anos, transfere-se com a família para o Brasil, indo morar na Bahia.

---

1. Ver, a respeito da oratória sacra, Hélio Lopes, *Letras de Minas e Outros Ensaios*, S. Paulo, EDUSP, 1997.

Matricula-se no Colégio da Companhia de Jesus, e em 1623, impelido por forte vocação, abandona o lar paterno e inicia o seu noviciado com os jesuítas. Ordenado em fins de 1634, enceta atividades como professor de Teologia e pregador, que interrompe em 1641, quando regressa a Portugal. Nomeado orador régio por D. João IV, sobe ao púlpito da Capela Real pela primeira vez em 1642. Quatro anos depois, pronuncia os votos solenes de sacerdote e ruma para Paris e Haia a fim de negociar a paz com a Holanda e o casamento de D. Teodósio e a filha do Duque de Orleans. Malogra numa e noutra empresa. Em 1650, segue para a Itália em missão secreta: tentar a aproximação entre Lisboa e Madri através do enlace entre D. Teodósio e a filha de Felipe IV. Novo falhanço. Dois anos mais tarde, retorna ao Brasil, para chefiar as missões no Maranhão. Empreende viagens até o Amazonas, a procurar vencer as resistências locais contra os seus propósitos catequéticos. Desalentado, volta a Portugal em 1654, disposto a encontrar solução régia para o problema dos índios. No ano seguinte, regressa ao Maranhão, a prosseguir na campanha em favor dos silvícolas. Entretanto, as dificuldades interpostas pelos colonos, avolumando-se progressivamente, culminam na sua expulsão e de outros sacerdotes, em 1661. Em Portugal de novo, é preso pela Inquisição até 1668, sob a acusação de profetismo. Em liberdade, transfere-se para Roma em agosto de 1669, levado pela esperança de conseguir a revisão do processo que lhe movia a Inquisição. Torna-se pregador oficial dos salões literários da Rainha Cristina da Suécia, exilada na capital italiana. Em 1675, com a anulação do processo, regressa a Lisboa, e de lá para a Bahia, em 1681. Recolhido na Quinta do Tanque, dedica o mais do tempo a preparar as suas obras para publicação, mas não interrompe os afazeres de pregador. Faleceu a 18 de julho de 1697, no Colégio da Bahia, para onde se transladara um ano antes, talvez convicto do fim próximo.

Ao morrer, o Padre Antônio Vieira deixava obra de vulto, quer pela extensão, quer pela qualidade: *Sermões* (15 vols., 1679-1748), *Cartas* (3 vols. 1735, 1746), *História do Futuro* (inacabada, 1718), *Clavis Prophetarum* (inacabada), *Obras* (25 vols. 1854-1858, que enfeixam toda a sua produção, inclusive esparsos).

Dois problemas básicos devem ser colocados sempre que se pretende examinar o espólio do Padre Vieira: o do seu valor literário e o das suas relações com a literatura brasileira. O primeiro aspecto tem sido tão amplamente assinalado e discutido que se tornou lugar-comum entre os historiadores e críticos. A sua teoria acerca da parenética, de índole

conceptista e, portanto, avessa às demasias estilísticas dos oradores do-
minicanos, representados por Frei Domingos de S. Tomás, — tem sido
esmiuçada e aplaudida: o *Sermão da Sexagésima* ergue-se, deste modo,
como um breve tratado de oratória vieiriana e barroca, da melhor estirpe, já por sua doutrina, já pela forma que reveste. O vigor da sua cerrada dialética escolástica, mas livre o suficiente para abranger pensamentos de rigor que se diriam oriundos de uma consciência que houvesse
frequentado a metodologia cartesiana, — a sua dialética tem merecido
estudos tão apaixonados quão minudentes. A sua linguagem, tornada
modelo de vernaculidade, espécie de divisor entre a prosa indecisa que
se produzia antes do seu aparecimento, e a prosa madura, definida, que
despontou no século XIX. Vasta bibliografia encerra as pesquisas nessa
área, evidenciando que, apesar de tudo, se trata de inesgotável filão.[2]

No tocante às relações do Pe. Vieira com a literatura brasileira, a
sua valorização é fruto dos nossos dias: genericamente, dois momentos
percorreu a sua fortuna literária entre nós. Sílvio Romero e José Veríssimo não dissimularam a desafeição pelo jesuíta, e Ronald de Carvalho,
sulcando as mesmas águas, alija-o da literatura brasileira. Após os anos
de 1930, desde Artur Mota, o processo de revisão conduziu a situá-lo
no ponto mais alto do século XVII luso-brasileiro, em companhia de
Gregório de Matos.

Bem vistas as coisas, são problemas autônomos o seu valor e a vinculação à literatura brasileira. Se aquele aspecto constitui ponto pacífico, o
outro reclama exame. Conquanto houvesse chegado ao Brasil ainda novo
e aqui realizado os estudos, a maior parte da sua existência passou-a no
estrangeiro, voltado para questões e funções que interessavam diretamente, quando não exclusivamente, a Portugal. Tanto mais, que "dos 33
aos 73 anos (salvo os sete de atividade missionária no Maranhão)" andou
por França, Portugal, Holanda e Itália.[3] Mais cidadão do mundo, mais
português que brasileiro, — eis a resultante desse inquieto deambular
pela Europa, sem contar os anos perdidos nas masmorras da Inquisição.
Da perspectiva brasileira, a quadra europeia somente importa na medida
em que colabora para delinear o retrato completo do jesuíta. Por isso, na

---

2. Destaquem-se, dessa volumosa bibliografia, o estudo de Raymond Cantel (*Les Ser-
mons de Vieira,* Paris, Ed. Hispano-Americanas, 1959), o prefácio de Antônio Sérgio às *Obras
Escolhidas* do Pe. Antônio Vieira (Lisboa, Sá da Costa, 12 vols., 1951-1954) e o ensaio de
Antônio José Saraiva, *O Discurso Engenhoso,* S. Paulo, Perspectiva, 1980.

3. Hernâni Cidade, *Pe. Antônio Vieira,* Lisboa, Arcádia, s.d., p. 221.

presente obra, a atenção se concentrará nas três questões brasileiras em que se envolveu: os negros, os índios, a guerra holandesa.

O cabal entendimento da posição assumida pelo pregador nesses casos por certo implicaria a consideração dos elementos que lhe compõem a vida e a obra. Como o seu rastreamento ultrapassa os limites em que este capítulo se move, baste-nos assentar que estamos perante situações complexas, agravadas pela presença de certos ingredientes da multímoda personalidade do orador. Coerente com o seu humanitarismo, o que não o eximia de contradições flagrantes, o Pe. Vieira funda a sua visão do negro escravo no princípio da igualdade entre os seres humanos, já que, sobre serem devotos de Nossa Senhora, "também são seus filhos, e também nascidos entre as dores da cruz": "a fé e conhecimento de Cristo" irmanam os homens "de qualquer qualidade, de qualquer nação e de qualquer cor que seja, ainda que a cor seja tão diferente da dos outros homens como é a dos pretos".[4]

Abandonando-se ao fluir de compacta dialética, aos poucos Vieira elimina o preconceito da cor: se "a fé e o conhecimento de Cristo" são condições imprescindíveis para qualquer critério discriminatório, segue--se que a cor não é o que separa os homens, mas o serem cristãos ou não; há brancos ímpios como há pretos cristãos; os primeiros condenam-se às penas infernais, e os outros encontram salvação por meio da fé em Cristo.[5] Mais ainda: Vieira distingue o preto gentio, entregue à própria sorte e o preto submetido à lei católica. Estabelecida a diferença, que privilegia a fé em detrimento do ser humano, o jesuíta acrescenta outro raciocínio, que prepara as futuras (e paradoxais) conclusões a respeito da matéria.

Dirigindo-se à Irmandade dos Pretos, em 1633, na Bahia, afirma-lhes: "deveis dar infinitas graças a Deus por vos ter dado conhecimento de si e por vos ter tirado de vossas terras, onde vossos pais e vós vivíeis como gentios, e vos ter trazido a esta, onde, instruídos na Fé, vivais como cristãos e vos salveis". Estava preparado o silogismo (ou sofisma?) para fundamentar a inferência que serviria de fio condutor ao pensamento de Vieira acerca dos negros: "Oh se a gente preta tirada das brenhas da sua Etiópia, e passada ao Brasil, conhecera bem quanto deve a Deus e a sua Santíssima Mãe por este que pode parecer desterro, cativeiro e desgraça, e não é senão milagre e grande milagre!"[6]

---

4. Pe. Antônio Vieira, *Obras Escolhidas*, vol. XI, pp. 15, 16.
5. *Idem, ibidem*, p. 19.
6. *Idem, ibidem*, pp. 24, 26-27.

Assim, garantia-se dialeticamente o apresamento dos negros em África para servirem como escravos no Brasil: a expansão da fé cristã justificava, aos olhos do orador, a escravidão. Com o que, sintetizava o pensamento dos pares de Ordem e apoiava os colonos: religiosos e exploradores comungavam no mesmo plano de fomentar o desenvolvimento do solo por meio do braço escravo. Todavia, a adesão de Vieira não poderia ser irrestrita sem conduzir a patentes contradições, seja como sacerdote lúcido e vigilante, seja como ser humano sensato e altruísta. Concordava com trazer os aborígines africanos para o serviço rural no Brasil, mas discordava do modo como eram tratados: "Oh trato desumano, em que a mercancia são homens! Oh mercancia diabólica, em que os interesses se tiram das almas alheias, e os riscos são das próprias!" O transbordamento emocional, traindo uma empatia que perturba momentaneamente o raciocínio frio e calculado, progride num crescendo que seria falso se não refletisse uma sincera indignação:

> Os senhores poucos, os escravos muitos; os senhores rompendo galas, os escravos despidos e nus; os senhores banqueteando, os escravos perecendo à fome; os senhores nadando em ouro e prata, os escravos carregados de ferros; os senhores tratando-os como brutos, os escravos adorando-os e temendo-os como deuses; os senhores em pé apontando para o açoute, como estátuas da soberba e da tirania, os escravos prostrados com as mãos atadas atrás, como imagens vilíssimas da servidão e espetáculos da extrema miséria. Oh Deus! Quantas graças devemos à Fé que nos destes, porque ela só nos cativa o entendimento, para que, à vista destas desigualdades, reconheçamos contudo vossa justiça e providência! Estes homens não são filhos do mesmo Adão e da mesma Eva? Estas almas não foram resgatadas com o sangue do mesmo Cristo? Estes corpos não nascem e morrem como os nossos? Não respiram com o mesmo ar? Não os cobre o mesmo céu? Não os aquenta o mesmo sol? Que estrela é logo aquela que os domina, tão triste, tão inimiga, tão cruel?[7]

A discrepância de tonalidade entre os passos em que o raciocínio lógico toma as rédeas ao discurso, e aqueles em que o impulso emotivo orienta as frases em jactos repentinos e sincopados, — acusa as duas tendências principais do homem e do escritor Antônio Vieira. As mais das vezes, o temperamento vibrante cede ao intelecto, o sentimento à razão, os apelos idealistas à realidade indiscutível dos fatos. Barroco

---

7. *Idem, ibidem*, pp. 49-50.

autêntico, Vieira pende entre extremos de revolta e calmaria, mas acaba por se aquietar num meio-termo em que o poder dos raciocínios impera sobre os estímulos do coração:

> Não há escravo no Brasil — e mais quando vejo os mais miseráveis — que não seja matéria para mim de uma profunda meditação. Comparo o presente com o futuro, o tempo com a eternidade, o que vejo com o que creio, e não posso entender que Deus que criou estes homens tanto à sua imagem e semelhança como os demais, os predestinasse para dois infernos, um nesta vida, outro na outra.[8]

E é por via da meditação, nutrida de farto saber bíblico, que o jesuíta encontra as razões máximas para a escravidão do africano. Para tanto, estriba-se na ideia de que "todo o homem é composto de corpo e alma; mas o que é e se chama escravo, não é todo o homem, senão só metade dele"; vale dizer que "o domínio do senhor sobre o escravo só tem jurisdição sobre a carne, que é o corpo, e não se estende ao espírito, que é a alma".[9] Com admitir a distinção, que respeitava princípios fundamentais da Igreja, o orador ainda encontrava razão para o fato de os escravos serem chamados, animalescamente, de *peças*: se carne e espírito são partes do homem, o senhor tem o domínio do corpo, não da alma. Em coerência com os dogmas católicos e, ao mesmo tempo, encontrando argumentos para que os negros continuassem a receber passivamente, quando não alegremente, o cativeiro ignóbil, o sacerdote conclui:

> De maneira, Irmãos pretos, que o cativeiro que padeceis, por mais duro e áspero que seja ou vos pareça, não é cativeiro total, ou de tudo o que sois, senão meio cativeiro. Sois cativos naquela ametade exterior e mais vil de vós mesmos, que é o corpo; porém na outra ametade interior e nobilíssima, que é a alma, principalmente no que a ela pertence, não sois cativos, mas livres.[10]

Aqui, o jesuíta parece embrenhar-se em sofismas,[11] ou num jogo de conceitos, que só não se transforma numa logomaquia ou impiedade

---

8. *Idem, ibidem*, p. 51.

9. *Idem, ibidem*, pp. 54, 55.

10. *Idem, ibidem*, p. 57.

11. "E pior que o dos índios foi o caso dos negros, de que Vieira se saía com sofismações misérrimas. Pobre do apóstolo, sacrificado aos tempos! Pobre do benemérito, forçado à casuística!" (Antônio Sérgio, *op. cit.*, vol. I, p. XCIV).

repleta de ironia sarcástica, porque arranca de um pensamento que se desejava adstrito às leis das Escrituras. De qualquer modo, a servidão do negro se lhe afigura a liberdade, porquanto a submissão do corpo deixa livre a alma. Diabólico processo de persuadir as mentes ignaras, diríamos, se não se tratasse de um missionário que conheceu as torturas morais da prisão inquisitorial por defender causa antipática no tempo (a dos judeus). E diabólico porque alcança a incrível conciliação entre o texto bíblico e os interesses dos colonos, em suma, entre a Fé e o Império.

O consórcio, aparentemente impossível, atinge o ápice num conselho de submissão absoluta: "quando servis a vossos senhores, não os sirvais como quem serve a homens, senão como quem serve a Deus: *sicut Domino, et non hominibus*; porque então não servis como cativos, senão como livres, nem obedeceis como escravos, senão como filhos. Não servis como cativos, senão como livres, porque Deus vos há de pagar o vosso trabalho".[12] E a tal ponto vai o afã de, persuadindo os ouvintes, mantê-los dentro das prescrições religiosas e atados ao jugo escravo, que o jesuíta conclui por um surpreendente vínculo entre religião e trabalho: "Se servis por força e de má vontade, sois apóstatas da vossa religião; mas se servis com boa vontade, conformando a vossa com a divina, sois verdadeiros servos de Cristo".[13]

O circuito dialético do pensamento vieiriano percorre todos os aspectos possíveis, num vaivém de face e contraface que o leva a profligar contra os maus-tratos recebidos, pois, a despeito de sustentar os senhores com o seu trabalho, "não são admitidos os escravos à mesa, mas nem ainda às migalhas dela, sendo melhor a fortuna dos cães que a sua, posto que sejam tratados com o mesmo nome". E termina perguntando: "que teologia há ou pode haver que justifique a desumanidade e sevícia dos exorbitantes castigos com que os mesmos escravos são maltratados?"[14] Assim, busca o jesuíta equilibrar o cativeiro, que julga necessário à colonização do país, e as doutrinas que esposa. Considera justo o cativeiro quando o escravo não é maltratado, e injusto, quando o é: não a escravidão em si, mas a forma como se apresenta.

Um sermão há, o vigésimo da série do Rosário, em que a flama tribunícia e raciocinante de Vieira é posta a serviço de convencer os negros presentes ao ato religioso que a sua irmandade "é mais grata, e mais favorecida da Mãe de Deus" que a dos brancos.

12. Pe. Antônio Vieira, *op. cit.*, vol. XI, p. 80.

13. *Idem, ibidem*, pp. 82-83.

14. *Idem, ibidem*, pp. 88, 93.

Em grande parte, a matriz do ideário vieiriano a respeito dos negros permanece subjacente no tratamento que confere à questão dos índios, sem dúvida a que mais o empolgou e na qual despendeu maior dose de sabedoria e fervor proselitista:

> vim para este Estado, deixando em Portugal a quietação da minha cela e o mais que lá tinha ou podia ter, só com zelo da salvação das almas (...) e no ministério da salvação dos índios e propagação da Fé não perdoei a nenhum trabalho nem risco da vida, por mar e por terra, como a todos é notório.[15]

Entretanto, uma diferença patente afasta as duas causas: ao passo que Vieira se esmera nos raciocínios que justifiquem a escravidão do aborígine africano, o seu estado de espírito, no tocante aos silvícolas brasileiros, é antes o de um missionário votado à conversão de infiéis. O negro afigurava-se-lhe uma questão social, política, econômica, demandando solução pragmática, ainda que dentro das normas cristãs; o índio assumia perante a sua consciência o papel de primitivo que cumpria catequizar e arrebanhar para o seio da Igreja. A favor dessa hipótese milita não só a divergência quantitativa entre os escritos consagrados às duas questões, como certos testemunhos acerca dos indígenas. Num deles, perante a Inquisição, em "defesa do livro intitulado *Quinto Império*", a páginas tantas, faz a seguinte confidência:

> de idade de dezassete anos fiz voto de gastar toda a vida na conversão dos gentios e doutrinar aos novamente convertidos, e para isso me apliquei às duas línguas do Brasil e Angola, de que usam os gentios e cristãos boçais daquela província.[16]

O pormenor autobiográfico parece evidenciar, primeiro, quão precoce fora o voto de consagrar a existência à catequese do gentio, segundo, que "gentio", no caso, significa "indígena do Brasil", terceiro, que se propunha à "conversão do gentio". Seja como for, denuncia um estado de espírito em relação ao indígena que não se reproduz quando defronta o nativo de Angola. O primeiro, concebe-o destinado à conversão, o segundo, à escravidão. Se tal dicotomia reflete profundo contrassenso, não só entre o homem e o sacerdote, mas também entre as doutrinas que

---

15. *Idem, ibidem,* vol. V, p. 162.
16. *Idem, ibidem,* vol. VI, p. 165.

esse acolhia, — igualmente mostra como Vieira era incapaz de total coerência. Até porque laborava com noções ou/e situações infensas a uma redução unificadora. Conforme a ocasião, o seu pensamento oscila na direção de um dos pratos da balança, como a traduzir a impossibilidade radical de conciliar a doutrina e a ação. Assim, visando a apaziguar os colonos e restringir a captura indiscriminada de silvícolas, propõe simplesmente a vinda de escravos angolanos:

> Nem no Estado do Maranhão, que é parte do mesmo Brasil, haverá remédio permanente de vida, enquanto não entrarem na maior força do serviço escravos de Angola, como no mesmo Estado o experimentam já aqueles que têm alguns.[17]

Conselho idêntico estende ao Príncipe Regente, dizendo-lhe:

> pois não há particulares que o façam, mande meter no Maranhão competente número de escravos de Angola, os quais se vendam por preço moderado aos moradores, e com largueza de tempo, em que os possam pagar pelo rendimento dos gêneros que fabricam.[18]

Pode ser que o jesuíta estivesse longe de alimentar qualquer preconceito contra o africano — e as investidas em prol dos cristãos-novos permitem afirmá-lo, — mas ainda pode ser que vergasse a razões de ordem prática, pondo os olhos mais no Império que na Fé, buscando antes a paz podre na Colônia que o aumento da Cristandade. De qualquer modo, revela até que ponto encara diversamente o índio brasileiro, — como um ser humano destinado à doutrinação cristã, e não ao trabalho escravo.

Quer na ação evangelizadora do silvícola, quer nos escritos em que vazou seu pensamento acerca do assunto, Vieira conduziu-se por um pragmatismo que não vemos reiterado em nenhuma das outras campanhas ou missões de que participou. Era de parecer "que as entradas ao sertão se façam só a fim de ir converter os gentios, e reduzi-los à sujeição da Igreja e da Coroa de V. M." E foi na sequência de uma atividade contínua nesse particular que alcançou do Rei a promulgação da Lei de 1654, mediante a qual:

---

17. *Idem, ibidem,* vol. V, p. 299.
18. *Idem, ibidem,* p. 336.

os cativeiros feitos até àquele tempo fossem de novo examinados e julgados por pessoas que para isso nomeou, e que dali por diante se não fizessem os resgates senão com certas cláusulas de que abaixo se fará menção, esperando Sua Majestade que, examinando-se e aprovando-se os cativeiros, na forma em que o mandava dispor, não se fariam senão os escravos que justa e legitimamente o fossem [:]

Primeiro, em guerra defensiva ou ofensiva que nós dermos aos ditos índios;

Segundo, se eles impedirem a pregação do sagrado Evangelho;

Terceiro, se estiverem presos à corda para ser comidos;

Quarto, se forem tomados em guerra justa, que uns tiverem com os outros. E quando constasse que foram tomados em guerra injusta os ditos índios, ainda no tal caso concede Sua Majestade que se possam resgatar e comprar aos gentios que os tiverem por escravos, não para ficarem cativos, mas para servirem cinco anos em satisfação do preço que se tiver dado por eles.[19]

Cativeiro justo e cativeiro injusto: buscando harmonizar os interesses da Coroa, dos colonos e da Igreja, o sacerdote aceitava e preconizava a discriminação entre as duas formas de escravidão, mas não repelia o fato em si.[20] Seja como for, dava-se um grande passo no sentido de amenizar a servidão pura e simples, arbitrária e desumana.

A 6 de abril de 1654, em carta a D. João IV, expõe um longo parecer, consubstanciado em dezenove itens, defendendo, essencialmente, "que os governadores e capitães-mores não tenham jurisdição alguma sobre os ditos índios naturais da terra, assim cristãos como gentios, e nem para os mandar nem para os repartir nem para outra alguma cousa, salvo na

---

19. *Idem, ibidem,* vol. I, p. 157; vol. V, pp. 36, 38.

Quanto aos resgates, consistiam "em expedições armadas, que se faziam ao sertão, com o pretexto de remir da morte os índios, prisioneiros nas guerras das cabildas, e o objeto real de granjear escravos vendidos depois a bom preço, ou distribuídos entre os colonos favorecidos das autoridades. Estes mesmos atos, na aparência piedosos, eram estímulo das guerras, que as tribos por fim faziam principalmente pelo interesse de vender os prisioneiros aos portugueses. Em muitas ocasiões, todavia, os mesmos que iam a resgatar cativos se volviam piratas, e o resgate em caçada aos selvagens: então prisioneiros e apreensores eram juntos trazidos dos matos, atados aos mesmos cepos e juntos metidos na escravidão. Desta arte sucedeu inverter-se na língua corrente o sentido comum do vocábulo, e quem dizia resgate significava cativeiro. Assim se fez desde a primeira ocupação da terra pelos portugueses, e daí resultou o estado social e econômico existente, com todas as suas inconveniências e as perturbações conseguintes" (João Lúcio de Azevedo, *História de Antônio Vieira,* 2ª ed., Lisboa, Clássica, 1931, t. I, p. 218).

20. Pe. Antônio Vieira, *op. cit.,* vol. XI, pp. 110, 111.

atual ocasião de guerra (...) que os ditos índios estejam totalmente sujeitos, e sejam governados por pessoas religiosas (...) que as entradas que se fizerem ao sertão as façam somente pessoas eclesiásticas (...) que, para que os religiosos, que agora e pelo tempo em diante tiverem o cargo dos ditos índios, não tenham ocasião de os ocupar em interesses particulares seus, não possam os ditos religiosos ter fazenda nem lavoura de tabacos, canaviais nem engenhos, nos quais trabalhem índios, nem livres nem escravos".[21]

Em consequência do que, decreta-se a Provisão de 9 de abril de 1655, mediante a qual, primeiro, a guerra aos índios não se faria sem autorização do Rei, segundo, os índios seriam governados por seus chefes, e supervisionados pelos jesuítas, terceiro, estes, indicariam o comandante das entradas. Apesar da vitoriosa campanha junto ao Monarca, Vieira não descansa a pena, e em "Resposta aos Capítulos que deu contra os religiosos da Companhia, em 1662, o Procurador do Maranhão Jorge de Sampaio", com mais de uma centena de páginas, e no "Parecer ao Príncipe Regente sobre o aumento do Estado do Maranhão e Missões dos índios", retoma energicamente a questão, incluindo notícia pormenorizada acerca do trabalho missionário, que se iniciara pela "reformação dos costumes dos portugueses, entre os quais não só a malícia, senão também a falta da doutrina, tinha introduzido, com os vícios, muitos abusos",[22] e culminaria na educação religiosa do gentio.

As propostas monopolizantes de Vieira explicam-se, — além do projeto de abrigar sob o manto eclesiástico o máximo de ovelhas tresmalhadas, e sob a proteção régia o máximo de servidores úteis à Coroa, — pelas atrocidades que os colonos praticavam, numa série de episódios onde a crueldade irracional parece apenas contrabalançada, ironicamente, pelo brilho da linguagem. Com efeito, o estilo de tabelião, a que Vieira recorre para dar validade estatística à exposição em defesa dos indígenas, suspende-se quando se trata de relatar as atrocidades executadas pelos colonos. Como se, querendo ressaltar as minúcias, traísse gosto literário e deixasse verter a imaginação, frequentemente sufocada pela verdade contábil dos fatos. Animadas pela indignação, as palavras agitam-se, vibram, a modo de ficcionista:

---

21. *Idem, ibidem*, vol. I, pp. 184, 185, 187, 191-192.
22. *Idem, ibidem*, vol. V, p. 244.

em menos de quarenta anos, consumiram os portugueses mais de dois milhões de índios, e mais de quatrocentas povoações, tão populosas como grandes cidades, de que hoje se não vê nem o rastro onde estiveram.[23]

A enumeração tabelioa não esconde completamente a indignação subjacente, que acaba irrompendo quando o sacerdote se recorda de que:

> foram tais os meios com que os moradores do Maranhão obraram este chamado avassalar dos gentios, que desde o princípio do Mundo, entrando o tempo dos Neros e Dioclecianos, se não executaram em toda a Europa tantas injustiças, crueldades e tiranias como executou a cobiça e impiedade dos chamados *conquistadores do Maranhão*, nos bens, no suor, no sangue, na liberdade, nas mulheres, nos filhos, nas vidas e sobretudo nas almas dos miseráveis índios; as guerras as faziam geralmente sem causa justa nem injusta, e sem poder nem autoridade real que para isso tivessem, antes contra expressas leis e proibições, matando, roubando, cativando, e, nos injustíssimos cativeiros, apartando os pais dos filhos, os maridos das mulheres, assolando e queimando as aldeias inteiras, que são ordinariamente feitas de folhas secas de palma, abrasando nelas vivos os que se não queriam render para escravos, rendendo e sujeitando pacificamente a outros com execráveis traições, prometendo-lhes confederação e amizade debaixo da palavra e nome do Rei, e depois que os tinham descuidados e desarmados, prendendo-os e atando-os a todos, e repartindo-os entre si por escravos, vendendo-os ainda com maior crueldade.[24]

Embora nobre a causa perfilhada, tão somente enquanto durou o reinado de D. João IV é que pôde Vieira enfrentar os inimigos. Falecido o Monarca (1656), aqueles lhe armam uma teia de infâmias, de modo que, "coligados com os colonos, os prelados do Carmo, Santo Antônio e Mercês (...) aproveitavam o ensejo para desabafar despeitos de velha rivalidade".[25] O resultado, já conhecido, foi a expulsão dos jesuítas do Maranhão. Mais tarde, todos puderam regressar, menos Vieira, tolhido por um embaraço ainda maior: acusado à Inquisição.

Porque tanto escreveu e pensou, porque escrevia com o olhar da inteligência voltado para a conciliação de opostos, que encontrava no texto bíblico o seu núcleo central, — não raro o Padre Vieira beirava a

---

23. *Idem, ibidem*, p. 48.
24. *Idem, ibidem*, pp. 278-279.
25. Hernâni Cidade, *op. cit.*, p. 132.

contradição, e por vezes nela imergiu. Evidentemente, fosse um escritor e um pensador de ideias curtas ou simplistas, e o resultado seria outro, sem paradoxos nem contrastes, mas pobre e linear. As ambiguidades do pensamento vieiriano atestam muito mais o vigor que a fraqueza doutrinária, mais a independência de juízo que a ausência duma definição segura e conclusiva.

Visível nas duas questões analisadas, tal situação ainda se repete no caso dos holandeses. No fluxo dos raciocínios, dos acontecimentos e dos interesses em jogo, Vieira ora defende que a Coroa devia adquirir Pernambuco aos flamengos ("Parecer sobre se Restaurar Pernambuco e se Comprar aos Holandeses", 14 de março de 1647), ora advoga a entrega do território ao invasor ("Parecer que fez o Padre Vieira a favor da entrega de Pernambuco aos Holandeses", 1648): "em largarmos as capitanias de Pernambuco aos Holandeses, não lhes damos tanto como se imagina: *damos-lhes o que era seu*".[26] Nos sermões alusivos à presença dos flamengos, ou nas cartas a respeito, nota-se a hesitação própria de um espírito eminentemente político, de alguém cujas obras e escritos revelam o "predomínio do *político* sobre o *religioso*, e, também, das *razões claras e precisas sobre as fugas do sonho místico* ou sobre as *líricas efusões sentimentais*".[27]

De um lado, falando ao povo da Bahia no *Sermão pelo Bom Sucesso das Armas de Portugal contra as de Holanda* (1640), declara "que vivemos entre gentios", os quais, não possuindo capacidade "para sondar o profundo de vossos juízos, beberão o erro pelos olhos. Dirão, pelos efeitos que veem, que a nossa Fé é falsa, e a dos Holandeses a verdadeira, e crerão que são mais cristãos sendo como eles. A seita do Herege torpe e brutal, concorda mais com a brutalidade do bárbaro; a largueza e soltura da vida, que foi a origem e o fomento da heresia, casa-se mais com os costumes depravados e corrupção do gentilismo".[28] De outro, em missiva de 1626 ao Geral da Companhia de Jesus, relembra que "nenhum índio houve que travasse amizade com eles".[29]

Claro, o entusiasmo apostólico de Vieira alcançava pleno êxito quando se propunha a convocar os homens válidos no combate aos holandeses, mas as suas prédicas deixam transparecer que se moviam num espaço lógico, abstrato, ou abstrato/concreto, centrado nos ensinamentos

---

26. Pe. Antônio Vieira, *op. cit.*, vol. III, p. 47. Grifo nosso.
27. Hernâni Cidade, *op. cit.*, p. 225. Grifo do Autor.
28. Pe. Antônio Vieira, *op. cit.*, vol. X, p. 55.
29. *Idem, ibidem*, vol. I, p. 35.

bíblicos, e tendo a guerra por motivo ocasional: substituídas as breves referências à Bahia e ao conflito armado, o *Sermão pelo Bom Sucesso*, por exemplo, poderia servir a qualquer ambiente onde se travasse luta pela Contrarreforma. Diga-se, a bem da verdade, que nesse ponto o sacerdote permanecia fiel às suas ideias. Entretanto, não deixam de oferecer o espetáculo das incoerências, ainda que aparentes: no mencionado sermão, apesar de aludir às "terras do Brasil", dirige-se aos nativos como se fossem portugueses: "tirais estas terras aos Portugueses (...) tirais também o Brasil aos Portugueses",[30] etc. Nesses passos, Vieira coloca-se fora da realidade brasileira: procede como se o discurso independesse do tema e da situação histórica, voltado que está para os axiomas bíblicos que divulga e nos quais se apoia. O vasto e firme saber das Escrituras aplica-se à conjuntura baiana, produzindo a denominada "correspondência simbólica",[31] mas poderia, teoricamente, amoldar-se a qualquer situação análoga.

No balanço final, importa-lhe antes a confirmação do texto sagrado que a circunstância histórica, assim tomada mero exemplo da sabedoria perene das Escrituras. Portanto, o raciocínio de Vieira desenrola-se, primeiro, no nível da Bíblia, segundo, no nível de Portugal. Num caso ou noutro, o retrocesso no tempo e no espaço permite-lhe manipular livremente as ideias, em pura abstração. Paradoxalmente, porém, adverte, no *Sermão da Visitação de Nossa Senhora a Santa Isabel* (1640), que "o que se tira do Brasil, tira-se do Brasil; o Brasil o dá, Portugal o leva", e "tudo o que der a Bahia, para a Bahia há de ser: tudo o que se tirar do Brasil, com o Brasil se há de gastar".[32] Seria demais entrever nestas passagens um pensamento autonomista, precursor daquele que explodiria na Conjuração Mineira e se confirmaria em 1822?

Na pena de Vieira, a realidade dos fatos mostra um dualismo que se diria fruto do embate entre a razão e a emoção caso não soubéssemos do seu acentuado pendor para as disquisições puramente lógicas ou abstratas. De qualquer forma, percebe-se ali, mais que noutra parte, quem sabe devido às marcas indeléveis do contexto brasileiro no seu patrimônio moral e sensorial, — a coexistência da fantasia e do realismo, mas de molde a intercambiar os efeitos: nota-se "o *caráter realista* destas mesmas *fugas da fantasia*, tanto como o *caráter fantástico* destas *explicações*

---

30. *Idem, ibidem,* vol. X, pp. 57-58.
31. Antônio Sérgio, *op. cit.*, vol. I, p. XXIX.
32. Pe. Antônio Vieira, *op. cit.*, vol. X, pp. 107, 110.

da realidade", um *realismo fantástico*, no qual se equilibra "uma alma de homem de ação com um espírito de discípulo da escolástica".[33]

EUSÉBIO DE MATOS nasceu e morreu na Bahia, respectivamente em 1629 e 7 de julho de 1692. Irmão de Gregório de Matos, após os estudos no Colégio da Bahia, onde foi aluno do Pe. Antônio Vieira, ingressou na Companhia de Jesus, professou em 1644 e passou a ensinar Filosofia, Retórica, Teologia e Moral. Indispondo-se, porém, com os jesuítas, transferiu-se para a Ordem Carmelitana em 1680, e adotou o nome de Frei Eusébio da Soledade. Do seu espólio literário restaram, publicadas, *Dez Estâncias* (in *Florilégio da Poesia Brasileira*, de Varnhagen, 1946, vol. I); a *Oração Fúnebre nas Exéquias do Ilustríssimo e Reverendíssimo Senhor D. Estêvão dos Santos, Bispo do Brasil, a 14 de julho de 1672* (1672); o *Ecce Homo, práticas pregadas no Colégio da Bahia às sextas-feiras à noite, mostrando-se em todas o Ecce Homo* (1677), reeditado por Laudelino Freire, na sua *Estante Clássica* (vol. XI), em 1923; *Sermão de Soledade e Lágrimas de Maria Santíssima Senhora Nossa* (1681); *Sermões* (em número de quinze, 1694), primeiro e único volume de uma série de quatro que Frei João de Santa Maria, contemporâneo do autor, tencionava publicar.

Na compreensão da obra oratória de Eusébio de Matos, o primeiro ponto a considerar diz respeito ao fato de o sacerdote reunir, mais do que outro religioso qualquer do tempo, múltiplos pendores e conhecimentos. Além da Teologia, cultivava a Retórica, a Matemática, a Pintura, a Música e a Poesia, e duma forma tal que acabou emprestando características especiais aos sermões e prédicas. Nesse pormenor reside, certamente, uma das diferenças sensíveis entre ele e os demais oradores do nosso Barroco. Desses, contudo, o Pe. Vieira é o que mais importa trazer a confronto, não só pela envergadura da obra como porque Eusébio de Matos foi seu discípulo preferido, a ponto de o autor do *Sermão da Sexagésima* considerar "que Deus se apostara em o fazer em tudo grande, e não fora mais por não querer".[1] Segundo a opinião dos coevos, Eusébio de Matos perdia para o Pe. Vieira na "lógica e clareza das provas", e para

---

33. Hernâni Cidade, *op. cit.*, p. 229. Grifo do Autor.

A expressão *realismo fantástico,* Hernâni Cidade tomou-a de empréstimo a Karl Vossler, como declara na referida página.

1. Diogo Barbosa Machado, *Biblioteca Lusitana*, 4 vols., 2ª ed., Lisboa, s.c.p., 1930-1935, vol. 1, p. 745.

Ver, a respeito do autor, José Américo Miranda, "Eusébio de Matos e sua Obra", in *Sermão do Mandato*, Belo Horizonte, Faculdade de Letras da UFMG, 1999.

Antônio de Sá, na voz e nos gestos, mas a ambos excedia "em polimento de frase e sutileza".[2]

Conquanto não oposta, é bem outra a verdade que se depreende dos textos. A política e as questões sociais, que tanto ocuparam a Vieira, não lhe interessaram: a sua oratória, eminentemente religiosa, voltava-se para um auditório predisposto às ideias que divulgava. Os assuntos, extraía-os da própria Teologia, como, por exemplo, o *Ecce Homo*, práticas realizadas às sextas-feiras para tratar de Cristo e os espinhos, a púrpura, as cordas, a cana, as chagas e o título de Homem.

É de crer que a restrição temática, entre voluntária e fruto de um temperamento mais dado à contemplação que à ação, condicionasse as outras tendências da parenética de Eusébio de Matos. Propunha-se a edificar os ouvintes por meio dos textos evangélicos, profusamente chamados a corroborar os conceitos expendidos, e por meio da sua experiência, de sacerdote e cristão. Deixa transparecer que a fé, ou a aceitação dos dogmas católicos, não constituía problema para si ou para os espectadores. E nem constituía mistério a decifrar ou tese a demonstrar, uma vez que todos os presentes estavam imbuídos dela, mas uma verdade a ratificar ou/e ornamentar com as Sagradas Escrituras e o discurso do pregador, no qual se transmitiria uma vivência religiosa similar à do auditório. Tal era o escopo de Eusébio de Matos. Menos convencer que comover, menos persuadir que testemunhar, menos atingir os ouvintes pelos rasgos dialéticos que pela revelação dum fervoroso e autêntico sentimento de fé. Assim, a doutrina exposta corporifica-se no orador, que dela se torna exemplo vivo, ao contrário do Pe. Vieira, que buscava fazer brilhar, não sem apelo ao terror, a consagrada sabedoria da Bíblia. Eusébio de Matos não desejava nem mesmo inquietar a audiência, mas comovê-la com o próprio depoimento e a recordação do exemplo dado por Cristo:

> quando confesso meus pecados, faço um grande ato de virtude (...) Será chamado a juízo (quero começar por mim), será chamado a juízo o religioso, o sacerdote, etc.[3]

---

2. Varnhagen, *Florilégio da Poesia Brasileira*, 3 vols. Rio de Janeiro, Publs. da Academia Brasileira de Letras, 1946, vol. I, pp. 62-63.

3. Eusébio de Matos, *Ecce Homo*, ed. fac-similada, *Estante Clássica da Revista de Língua Portuguesa* (dir. por Laudelino Freire), Rio de Janeiro, 1923, pp. 20, 44.

Coerentemente com o seu pensamento, o orador prega a penitência como a virtude máxima, e a sua falta, o pecado maior:

> eu me persuado que a condenação eterna se não segue infalivelmente a nenhum outro pecado, senão somente à falta de penitência.[4]

Por certo que a inteligência, o raciocínio esmerado, vem à baila sempre que se torna necessário. Todavia, o pregador fundamenta-se na energia transformadora do sentimento. O coração, sinônimo de amor, em vez da razão, a comoção antes do dogma:

> Todos, Senhor, vos veneram por cabeça do gênero humano; porém eu por muitos maiores títulos vos chamara nosso coração, não só porque a dispêndio de vosso sangue se formaram os espíritos de nossa vida, senão porque de todo este corpo místico sois vós a parte mais amorosa, e sendo vós todo nosso coração, que muito que vivais entre cordas? que muito sendo tão grande vosso amor![5]

Todo esse quadro, a que se deve acrescentar a humildade do sacerdote, lembra mais o Pe. Manuel Bernardes que Vieira: a este, prendiam-no laços de afeto intelectual que o levaram a segui-lo em muitos aspectos, mas ao outro irmanava-se pelo temperamento e pela vocação ao silêncio povoado. No cômputo geral, a afinidade caracterológica prevaleceu. Os escritos de Eusébio de Matos dizem-no às claras, inclusive em matéria de estilo. Ausência de raciocínios tortuosos ou sibilinos, muito embora agudos, precisamente porque informados pelo sentimento; simplicidade doutrinária; linguagem despojada, límpida, menos plástica e metafórica que a de Vieira, conquanto mais enfática e melodiosa, por acentuar os acidentes sonoros do discurso (por exemplo, a abundância de exclamações). Em determinado passo, o próprio escritor parece sintetizar, luminosamente, o seu método, não sem recorrer a alguns dos torneios que o exemplificam:

> Contudo, já que é forçoso falar, falarei sem método, e sem discurso: o mesmo desconcerto de minhas palavras será a língua de minha dor, a mesma equivocação de minhas vozes será a voz do meu sentimento; só me ex-

---

4. *Idem, ibidem,* p. 57.
5. *Idem, ibidem,* p. 29.

plicarei com me não saber explicar; e só encarecerei a grandeza de nossa dor, não acertando a dizer sua grandeza. As lágrimas serão os conceitos, os pasmas serão as ações, o sentimento será o assunto, o desconcerto será o estilo, as suspensões serão os períodos, e os soluços serão as palavras. Oh que grave, que profunda matéria a de nossa dor, onde se rompe o silêncio, se descompõe o discurso, e onde a voz, que menos acerta, é a eloquência, que melhor se explica![6]

Observe-se que se trata de um conceptista, porventura ainda mais refinado que Vieira naquilo em que não prodigaliza farândulas imagéticas para revolver o espírito do ouvinte. Não obstante, pagou os tributos inevitáveis à moda contemporânea no uso e abuso de trocadilhos, não raro sutis.

Valioso pelo estilo vernáculo e fluente, Eusébio de Matos tem os olhos de pregador dirigidos para os fiéis, e os do intelecto, para a Europa: o desinteresse pelas causas políticas e sociais afastou-o da realidade brasileira em favor da metropolitana, através dos livros que compulsava. Faca de dois gumes, o seu esquema de vida o distanciou dos nossos problemas, ao mesmo tempo que lhe facultou criar um estilo que denuncia como havíamos alcançado, já no século XVII, um alto padrão de linguagem. E se o seu brilho é tanto mais radioso quanto mais o cotejamos com o que estava em voga no tempo, sai perdendo quando em paralelo com Vieira. Como sucede, aliás, a todos os prosadores barrocos d'aquém e d'além-mar.

ANTÔNIO DE SÁ nasceu e morreu no Rio de Janeiro; respectivamente a 26 de julho de 1627 e 1º de janeiro de 1678. Aos catorze anos (12 de junho de 1641), ingressou na Companhia de Jesus. Obtido o título de Mestre em Artes, entrou a ensinar matérias do curso de Humanidades. Em 1657 já se havia ordenado, mas só em 1660 fez profissão solene. No ano seguinte, após um estágio em Lisboa, deslocou-se para Roma. Em 1662, voltou a Portugal, onde conviveu com o Pe. Vieira, mestre e amigo, e granjeou fama como pregador da corte e da capela real. Todavia, em 1666 encontramo-lo nas missões do Maranhão e mais adiante (1669), da Bahia; por fim, no Rio de Janeiro (1671), onde retomou as atividades de sermonista. Entre 1674 e 1677, dirigiu o Colégio

---

6. *Oração Fúnebre nas Exéquias do Ilustríssimo e Reverendíssimo Senhor D. Estêvão dos Santos, Bispo do Brasil, Celebradas na Sé da Bahia em 14 de julho de 1672*, in *Revista de Língua Portuguesa* (dir. por Laudelino Freire), Rio de Janeiro, nº 25, set. 1923, pp. 118-119.

da Capitania do Espírito Santo. Adoentado, retornou ao Rio de Janeiro, e lá faleceu pouco depois.[1]

Em vida, imprimiu alguns sermões (*Sermão à Justiça na Bahia*, 1658; *Sermão no dia que Sua Majestade faz anos, em 21 de agosto de 1663, 1665*; *Sermão do Dia de Cinza*, 1669; *Sermão de São Tomé*, 1674; *Sermão dos Passos*, 1675; *Sermão do Glorioso São José*, 1675; *Sermão da Conceição da Virgem Maria*, 1675; *Sermão da 4ª Dominga da Quaresma*, 1675) que, reunidos a outros inéditos ou póstumos (*Sermão da 1ª Sexta-Feira da Quaresma*, 1690; *Sermão de Nossa Senhora das Maravilhas*, 1732; *Oração Fúnebre nas Exéquias da Sereníssima Rainha de Portugal, D. Luísa Francisca de Gusmão*, 1739), formaram um volume (*Sermões Vários*), saído em 1750, e tornado raro em consequência do terremoto de 1755, que destruiu quase toda a edição na casa do livreiro. Laudelino Freire estampou-lhe na *Estante Clássica* (vol. XII, 1924) cinco orações (*Sermão à Justiça na Bahia, Sermão do Dia de Cinza, Sermão dos Passos, Sermão da Conceição da Virgem Maria, Sermão do Glorioso São José*). Ainda escreveu *De Venerabili Patre Joanne de Almeyda Oratio*, publicada no final da *Vida do Pe. João de Almeida* (1658), de Simão de Vasconcelos. E, ao contrário do que supõe Artur Mota,[2] não lhe pertence, mas ao seu homônimo da Ordem de São Bento, Frei Antônio de Sá, o manuscrito inédito das *Memórias do Mosteiro de São Salvador da Torre da Ordem de São Bento*.

Posto em confronto com o Pe. Vieira e Eusébio de Matos, por um imperativo categórico emanado de serem barrocos, sacerdotes e oradores, Antônio de Sá exibe, como seria de esperar, características específicas a par de outras comuns aos dois escritores citados. Opostamente ao pregador de *Ecce Homo* e à semelhança de Vieira, pretende convencer o espectador por meio da sabedoria bíblica, explanada e desenvolvida com exuberância, e dos raciocínios, fortemente concatenados, embora sem recorrer a tortuosidades estilísticas ou a silogismos forçados e bizantinos. Não lhe interessa comover, mas convencer; importa-lhe antes atingir o ouvinte por meio da inteligência que da emoção. Esse o clima que se respira nos seus sermões: nalgumas passagens, o próprio orador,

---

1. Para a súmula biobibliográfica do Pe. Antônio de Sá, baseamo-nos em Serafim Leite, *História da Companhia de Jesus,* 10 vols., Lisboa/Rio de Janeiro, Portugália/INL, 1938-1950, vol. IX, pp. 106 e ss.

2. Artur Mota, *História da Literatura Brasileira,* S. Paulo, Nacional, 2 vols., 1930, vol. I, p. 435. V. Serafim Leite, *op. cit., loc. cit.,* e Rubens Borba de Morais, *Bibliografia Brasileira do Período Colonial,* Instituto de Estudos Brasileiros, Universidade de S. Paulo, 1969, p. 315.

ao chamar a atenção do ouvinte para o *entendimento*, faz questão de sublinhar o modo de compreender as coisas:

O ato da vontade, pelo qual o Espírito Santo procede formalmente Amor, regula-se de tal maneira pelo ato do entendimento, que somente quer, o que o entendimento conhece, e Amor tão conforme com a razão, Amor que só sabe querer, o que a razão chega a alcançar. (...)

Ignorância, e divindade não se compadecem juntas: nega de si que é Deus, quem confessa de si que ignora.[3]

O repúdio ao puro sentimento parece acompanhar-se de idêntico movimento no tocante à *vontade*:

A vontade como não tem olhos nunca acha o que há, senão o que quer: e assim se quer favorecer, achará méritos nas trevas: se quer condenar, achará falta na luz.[4]

e à *imaginação*:

E a razão o pede assim. Porque quem está certo, padece um só mal que é o de que tem certeza; quem vacila, padece quantos males a imaginação livremente lhe representa; e como o imaginar seja uma paixão viva, que avisa a todas as razões do sentimento, uma esponja de tristezas, que anda a chupar pesares, claro está que mais hão de martirizar os males duvidosos da imaginação, do que o maior mal certo na realidade.[5]

O traço diferençador da oratória de Antônio de Sá é-nos oferecido pelo próprio sacerdote numa expressão feliz: "sutileza piedosa".[6] Com efeito, as suas prédicas aliam a suma piedade à mais alta sutileza, sem jamais descambar nos exageros setecentistas em matéria de agudezas forçadas e gratuitos ornatos vocabulares. Como bem acentuou o prefaciador da edição de 1924, "a sua linguagem raramente reflete os vícios do Gongorismo que predominou no século em que viveu. Não se encontram nos seus sermões as antíteses enfadonhas, os trocadilhos violen-

---

3. *Sermão à Justiça na Bahia*, ed. de J. L. de Campos, *Estante Clássica da Revista de Língua Portuguesa*, Rio de Janeiro, vol. XII, jan. 1924, pp. 3, 19.
4. *Idem, ibidem*, p. 21.
5. *Idem, ibidem*, p. 8.
6. *Sermão da Conceição da Virgem Maria, ibidem*, p. 8.

tos, as comparações de mau gosto e as hipérboles arrojadas".[7] Seguindo na esteira dos prosadores barrocos, Antônio de Sá enfileirava no grupo conceptista, punha ênfase mais na razão que compreende do que no sentimento que adere: era, pois, um autêntico racionalista, que adoçava o rigor do pensamento com o mel da piedade. O seu racionalismo, todavia, distingue-se do de Vieira por não se arriscar, não se perder em labirintos dialéticos. A sua dialética arma-se sobre o conhecimento da Bíblia, mais do que sobre os impulsos da emoção ou do "saber de experiências feito", como se nota, respectivamente, em Eusébio de Matos e Vieira. Compraz-se em traduzir para o fiel do tempo o conteúdo simbólico dos textos sagrados, decerto convicto de que seria inoperante o acesso direto: escolhe, por isso, a função de mediador, num atestado de humildade tanto mais apta a sensibilizar o coração e a mente do espectador quanto mais se vale de um firme poder de persuasão. Humildade e raciocínio — "sutileza piedosa" — constitui, portanto, o emblema de Antônio de Sá.

O seu processo raciocinante identifica-se por ser silogístico e socrático: para o orador, o exercício do pensamento deve conduzir a algumas inferências capazes de fixar-se no espírito do ouvinte como ideias morais condutoras; ao mesmo tempo, o permanente recurso à indagação, além de favorecer o apoio nas passagens das Escrituras, desvela novos ângulos da questão:

> Fala ele com o Eterno Verbo; e diz assim:
> *Ex utero ante luciferum genuite*: no mais secreto da eternidade vos gerei do ventre: que quer dizer vos gerei do ventre? O Eterno Pai gera ao Eterno Verbo pelo entendimento; pois, porque não diz: *ex mente*, vos gerei do entendimento; senão: *ex utero*, vos gerei do ventre? (etc.)[8]

Como se nota, o edifício silogístico e socrático aplica-se, temerariamente, a perquirir os dogmas: não só a concepção de Maria como a humanidade de Cristo (*Sermão à Justiça na Bahia, Sermão dos Passos, Sermão de São Tomé* merecem do orador um tratamento doutrinal que visa a explicitar o sentido inscrito na verdade considerada indiscutível e fundamental.

No fluxo dessa tendência redutora do pensamento a uma lógica cerrada, o pregador vai pontilhando o texto de aforismos, por meio dos

---

7. J. L. de Campos, *op. cit.*, p. VII.
8. *Sermão da Conceição da Virgem Maria, ibidem*, p. 6.

quais concretiza não apenas a preceptiva bíblica como também o saber ético que pretende inculcar no ouvinte:

> negar logo o que se pretende, pode ser benevolência de quem ama, e conceder tarde o que se deseja, parece graça de quem zomba. (...) quem quiser uma pena diminuída, comunique-a, quem quiser um tormento aumentado, cale-se.[9]

Está-se, pois, em plena atmosfera conceptista, uma vez que o conceito, ponto de partida e de chegada, se torna a preocupação máxima do orador: convicto de a edificação do espectador depender da maior ou menor aderência desses conceitos no circuito dos seus valores morais, o sacerdote esmera-se em cunhá-los e analisá-los. Não lhe interessa, porém, o conceito pelo conceito, mas o conceito ativo, capaz de informar e/ou transformar as consciências; não a fácil reverberação dos períodos bem torneados e vazios, senão a escultura verbal que fulmine certeiramente a inteligência do espectador.

De notar, ainda, que Antônio de Sá, longe de tombar no lúgubre ou no desânimo derrotista, de quem perdeu as esperanças de modificar a mente alheia, parece ressoar o pessimismo do Eclesiastes: sem referi-lo expressamente, como revela a lista de abonações bíblicas preparadas por J. L. de Campos na mencionada edição dos sermões de Antônio de Sá, o pregador dá a impressão de o aceitar. Efetivamente, numa como antecipação de La Rochefoucauld, o tom de certas postulações declina a "sutileza piedosa" a um ponto em que a resignação substitui a esperança. Em qualquer caso, porém, o pregador conserva o gosto pela dialética socraticamente rigorosa, como no passo seguinte:

> é verdade que tanto se pode temer os que entrarão hoje como os que há noventa anos entraram, e aquele estalará primeiro, a quem primeiro fizer tiro a morte: oh vida? oh vidro?
>
> Mas que sendo esta a fragilidade da vida vivamos com tanto descuido da morte? mas que sendo esta a certeza da morte, vivamos com tanto engano da vida? [etc.][10]

Finalmente, há que observar nos sermões de Antônio de Sá a falta da clássica tripartição: cada peça semelha continuar uma fieira de reflexões,

---

9. *Sermão à Justiça na Bahia, Sermão do Glorioso S. José, ibidem,* pp. 5, 14.
10. *Sermão do Dia de Cinza, ibidem,* p. 19.

nascidas na paz do claustro e desenvolvidas no púlpito, de molde que o seu introito retomasse prédicas anteriores e o epílogo não fosse conclusivo, mas aberto a novas considerações de igual ou diverso teor. No *Sermão de Nossa Senhora das Maravilhas*, que principia pelo vocábulo "enfim", como se abrisse pelo desfecho, o sacerdote tem consciência de que deu "princípio a esta lastimosa ação sem referir Texto, nem eleger tema", mas acrescenta, como a justificar-se, que é "porque sucessos grandes não admitem leis comuns".[11] E o *Sermão no dia que Sua Majestade faz anos* termina por um falso epílogo, como se o orador, contrariamente a seus hábitos, fosse encerrar a prédica com uma peroração; todavia, as palavras seguintes retomam a cadência anterior.

Tudo se passa, portanto, como se o pregador deixasse em suspenso o fecho para exercer no espírito do fiel um impacto maior: o ouvinte poderia continuar o sermão na sua consciência e acrescentar-lhe o epílogo previsível. Não se impondo à audiência, o sacerdote decerto sabia que mais facilmente a convenceria. O seu método de aliciamento pressupõe, assim, um tempo de maturação dos conceitos na mente do ouvinte ou do leitor, como se este levasse horas ou dias para vertê-los em termos próprios.

Lembrando a Bernardes pela piedade e respeito ao espectador, Antônio de Sá assemelha-se a Vieira no gosto de raciocinar em cadeia. A ambos se avizinha pelo estilo, pulcro, despido dos excessos por vezes cometidos por Vieira, e dotado de um vigor mental nem sempre presente nos escritos místicos de Bernardes.

VI. Prosa de Ficção

A prosa de ficção, no sentido que assumiu dentro da cultura de língua portuguesa a partir do século XIX, não se cultivou durante a hegemonia do Barroco, nem mesmo na época seguinte. De um lado, a conjuntura intelectual da Colônia, refletindo o estado de coisas imperante na Metrópole, de outro, o exemplo que poderia vir da Europa latina, mais propenso a criações doutrinárias que imaginativas, — explicam a ausência

---

11. *Sermão de Nossa Senhora das Maravilhas*, Lisboa, Of. de Manoel Fernandes da Costa, 1732, p. 3.

desse capítulo em nossa vida literária ao longo dos séculos XVII e XVIII. Os contados nomes que se podem alinhar apenas se valem da fantasia como instrumento de pregação ideológica, ou de enunciação dogmática de um receituário ético dissimulado em convencionais e pobres fabulações. Ainda soava longínqua a revolução industrial na Inglaterra ou a ascensão da burguesia, institucionalizando os ócios que seriam preenchidos com o devaneio romanesco. E porque vigoram crenças absolutistas e axiomáticas, a atividade de escrever adquire perfil altruístico ou de autoedificação: a aristocracia e o clero detinham a posse do saber e os vagares para compor obras de reflexão e pedagogia, utilizando os processos alegóricos em voga, adequadamente inofensivos e funcionais; o fio do enredo, tecido de elementos preconcebidos e accessíveis ao leitor culto (único capaz de aceder às chaves do texto), servia de arcabouço ou mero pretexto de uma doutrina a expor e defender.

Em tal contexto, a ficção ocupa lugar de menor vulto, já que não se lhe reservam atribuições específicas, nem mesmo como prazer estético: entretenimento, sim, mas, acima de tudo, instrução. A época, atravessada por um preconceito generalizado contra as fábulas, exceto as poéticas, destinava à prosa os assuntos graves, assim compreendidos todos quantos apelavam para outro conhecimento que não a imaginação. Esta, quando concorria para a montagem da obra, fatalmente desempenhava papel secundário, de pano de fundo ou sugestão. Não estranha, por consequência, que rareassem os cultores da prosa de ficção no decurso da época que estamos descortinando. Sempre que uma ideia nova parecia habitá-los, preferiam explaná-la diretamente, o que os dispensava do trabalho de recorrer às narrativas exemplificantes.

ALEXANDRE DE GUSMÃO nasceu em Lisboa, a 14 de agosto de 1629.[1] Aos quinze anos, transladou-se com a família para o Rio de Janeiro e pouco depois (27 de outubro de 1646) ingressou na Companhia de Jesus, onde tomou votos a 2 de fevereiro de 1664. Exerceu intensa atividade pedagógica e administrativa: mestre de noviços, reitor do Colégio do Espírito Santo, do Colégio da Bahia, e provincial por duas vezes.

---

1. Para compor esta nota biobibliográfica, servimo-nos de Serafim Leite, *História da Companhia de Jesus no Brasil*, 10 vols., Lisboa/Rio de Janeiro, Portugália/INL, 1938-1950, vol. VIII, pp. 289-298. Não se deve confundir Alexandre de Gusmão e o seu homônimo, nascido em Santos em 1695 e falecido em Lisboa, a 30 de dezembro de 1753. Este, autor de alguns poemas, uma comédia e outros escritos reunidos em 1841, na *Coleção de Vários Escritos Inéditos, Políticos e Literários*, foi educado pelo outro, e dele recebeu o sobrenome.

Promoveu missões e chegou a ser prisioneiro de piratas. Na sua longa existência, que se estendeu até 15 de março de 1724, granjeou fama de educador e asceta. Faleceu no Seminário de Belém da Cachoeira, que fundara. Deixou larga obra pedagógica e doutrinária, parte da qual publicada em vida: *Escola de Belém, Jesus Nascido no Presépio* (1678), *História do Predestinado Peregrino e seu Irmão Precito* (1682), *Arte de Criar Bem os Filhos na Idade da Puerícia* (1685), *Meditações para Todos os Dias da Semana, pelo Exercício das Três Potências da Alma* (1689), *Rosa de Nazaré nas Montanhas de Hebron, Virgem Nossa Senhora na Companhia de Jesus* (1715), *Eleição entre o Bem e o Mal Eterno* (1720), *O Corvo e a Pomba da Arca de Noé no sentido alegórico e moral* (1734), *Árvore da Vida, Jesus Crucificado* (1754), etc.

A *História do Predestinado Peregrino e seu Irmão Precito*, sua obra principal, consiste numa parábola: dois, irmãos, Predestinado e Precito, abandonam o Egito, ou seja, o mundo, em peregrinação, cada qual num caminho: o primeiro passa por Belém, Nazaré, Betânia, Cafarnaum, Bethel, e finalmente chega a Jerusalém; o outro, estaciona em Bethavém, Samaria, Bethorón, Eden, Babel, até alcançar Babilônia, termo da viagem.

A ideia de peregrinação remonta à *Odisseia* e à mitologia clássica, se admitirmos que os trabalhos de Ulisses e de Hércules simbolizam os passos que o ser humano descreve entre o nascimento e a morte. Na Idade Média, já nas Cruzadas, já na Cavalaria, divisa-se a sua presença em roupagem teológica, que a poesia (*Divina Comédia*, século XIV) e a novela (*A Demanda do Santo Graal*, século XIII) confirmam. Entretanto, é com o cisterciense Guillaume de Digulleville (século XIV), autor dos poemas *Le Pèlerinage de Vie Humaine* e *Le Pèlerinage de l'Âme*, que a ideia avulta e se difunde: considera-se a primeira das obras a fonte provável do *Auto da Alma* (século XVI), de Gil Vicente, que gira em torno do mesmo assunto. No século XV, registra-se em vernáculo o *Horto do Esposo*, obra de caráter místico fundada na ideia da existência de dois caminhos à frente do ser humano; e "em Rennes, representou-se em 1439 a *Moralité de Bien Advisé et Mal Advisé*, com cerca de 8 000 versos e muitos atores (alegorias, almas, anjos, Deus e diabos). E aqui surge, na verdade, a parábola dos dois caminhos abertos em frente da alma peregrina".[2] Além de *L'Homme Juste et l'Homme Mondain*, de Simon Bougoinc, re-

---

2. Mário Martins, *História do Predestinado Peregrino e seu Irmão Precito*, Brotéria, Lisboa, vol. LXXVIII, nº 6, jun. 1964, p. 699.

presentada em Tarascon, em 1476, a ideia de peregrinação "constitui a coluna vertebral do *Booco Deleitoso*" (1515).[3] Ainda de notar, no século XVII, a *Peregrinação* (1614), de Fernão Mendes Pinto, a *Pèlerinage de Colombelle et Volontairette* (1625), de Boetius de Bolswert, *The Pilgrim's Progress* (1678), de John Bunyan.

Inscrito, assim, numa linhagem que remonta proximamente à Idade Média, o livro de Alexandre de Gusmão não esconde em momento algum o seu intuito, as doutrinas que defende e o alvo em mira. De certo modo, a obra se autoexplica e se autojustifica, qual um *corpus* doutrinário sujeito à fé e evidente por si próprio. Já no "Prólogo ao Leitor" se lhe anuncia cristalinamente o conteúdo:

> Contém este livro a história de dous Irmãos Peregrinos, que do Egito, donde eram naturais, com o ânimo melhorar fortuna, partiram para terras da Palestina. Vem a ser em parábola a história de todo aquele, que seguindo os passos, que nesta vida leva, e seguindo o caminho, que tomou, ou se salva, ou se condena.

e se declara o seu modo de composição:

> Vai repartido [o livro] em seis partes, porque tantas são as Cidades, que o Predestinado andou até chegar a Jerusalém, em que se representava a Bem-Aventurança: e as seis Cidades, onde passou o Precito, até chegar a Babilônia, em que se significa o Inferno.

e por fim, o objetivo do relato:

> Não há história nem mais certa, nem mais sabida, posto que a prática dela os mais a ignoram. Quem quiser considerá-la devagar, verá nela retratada a história de sua vida, ou a que vive, ou a que devia viver, e achará nela utilíssimos documentos para se salvar.[4]

Obra alegórica e doutrinária, como se observa, visa à edificação do leitor por meio da doutrina cristã alegoricamente exposta: Predestinado "era casado com uma Santa, e honesta Virgem, chamada Razão" e tinha dois filhos, o Bom Desejo e a Reta Intenção; Precito "era casado

---

3. *Idem, ibidem, loc. cit.*
4. *História do Predestinado Peregrino e seu Irmão Precito,* 2ª ed., Évora, Of. da Universidade, 1685.

Barroco (1601-1768) • 239 •

com uma ruim e corrupta fêmea, chamada Própria Vontade" e tinha por filhos o Mau Desejo e Torcida Intenção; Bethavém era "Cidade onde governava o Engano, e Mentira, e que se interpreta casa de Vaidade", enquanto Belém "era Cidade de Deus, Casa de pão, Oriente luminoso".[5] Nesse diapasão transcorre a caminhada dos dois viajantes. E aqui e ali os textos bíblicos são invocados para esclarecer a doutrina pregada: assim, o ensinamento implícito nos próprios atos que os viandantes vão praticando ao longo das cidades visitadas, complementa-se com o saber das Escrituras, de modo a oferecer ao leitor o quadro visível da sua existência, como desterrado ou peregrino nesta vida, e um "memorial de ditames" para uso diário.[6] Esse "memorial de ditames", no qual a obra de Alexandre de Gusmão acaba por converter-se, resulta da pura transcrição de passagens bíblicas ou de apotegmas nelas inspirados, como, por exemplo, o seguinte:

O ódio vence ofendido, o amor sofrendo; é o coração que ama, como a torre de David, donde somente havia escudos, e não lanças, escudos, para receber os golpes, e não lanças, para ofender a outrem.[7]

Atos dos peregrinos e "ditames" do narrador ou de outro figurante alegórico constituem, assim, o estofo do *Predestinado Peregrino e seu Irmão Precito*. Mercê da sequência de atos praticamente individualizados, a obra enquadra-se na categoria de novela: novela alegórica, porquanto a ação estrutura-se em células dramáticas subsequentes e utiliza alegorias em vez de personagens reais. Os sucessivos episódios ou células dramáticas que identificam a novela são substituídos pelos passos dos dois irmãos, cada qual numa direção, e o catecismo é ensinado parabolicamente, por meio de situações equivalentes às do viver comum, mas protagonizadas por alegorias. A doutrina é transmitida extensa e minuciosamente, como se o autor pretendesse transpor a Bíblia e outros dogmas cristãos em forma de alegoria narrativa, accessível a qualquer inteligência, ainda a menos favorecida: o tom de quem conta para ser lido em voz alta serve ao propósito doutrinador, e a ficção transforma-se em literatura engajada, a favor do pensamento católico.

Dois protagonistas realizam as façanhas ilustrativas da doutrina, num maniqueísmo que trai ideologia medieval e uma aparente dualidade es-

---

5. *Ibidem*, pp. 3. 4, 15, 18.
6. *Ibidem*, Proêmio e p. 178.
7. *Ibidem*, p. 307.

trutural: na verdade, Predestinado e Precito praticam ações paralelas, ao contrário de D. Quixote e Sancho Pança, que peregrinam juntos, mas a ênfase é posta no primeiro. Como se tratava de induzir o fiel à prática das verdades mostradas na ação do caminhante cristão, o texto sempre se detém pouco em Precito: mais de uma vez, um capítulo que parecia exclusivo de Precito passa a concentrar-se, logo volvidos os primeiros parágrafos, em Predestinado. A estrutura da obra reflete o intuito do narrador: Precito funciona como superfície de contraste para a doutrina que se pretende verbalizar. E somente não se concretiza como novela de uma só personagem porque o conflito de Predestinado apenas ganha relevo quando em confronto com o de Precito.

Barroco na concepção e na linguagem, apostado em chegar fácil e diretamente ao coração do leitor, o texto de Alexandre de Gusmão não resvala nas demasias plásticas do Gongorismo nem nas sutilezas frásicas dos conceptistas. Num estilo descritivo, límpido, unívoco, os próprios enigmas se desvendam à luz das doutrinas esposadas pelo narrador:

> Perguntando pelo mistério, responderam as duas irmãs, que aquele mancebo se chamava Recato, os óculos Vigilância, os azorragues Severidade, os rapazes se chamavam Sentidos, e as raparigas Potências.[8]

Pela ideia da vida como peregrinação, a obra de Alexandre de Gusmão entronca-se na doutrina de S. Paulo, e pela "dicotomia da história humana em Cidade de Deus, ou Jerusalém, e Cidade de Satã, ou Babilônia",[9] repercute o Salmo 137 de David e prolonga a tradição augustiniana. Tal vínculo ideológico define-lhe com precisão os limites e a importância: primeira novela escrita no Brasil, ostenta o mérito da precedência e o de vazar-se num estilo que comprova, uma vez mais, o nível alcançado pelos prosadores da Colônia em relação aos da Metrópole. Circunscrita, porém, a visualizar alegoricamente a condição humana, em momento algum espelha a nossa realidade histórica ou geográfica. Obra de um asceta entregue à contemplação das esferas transcendentais e à edificação do leitor, que se vale da ficção novelesca apenas como instrumento de comunicação, insere-se mais no âmbito da história da cultura que da atividade literária.

---

8. *Ibidem*, p. 82.
9. Mário Martins, *op. cit.*, p. 707.

NUNO MARQUES PEREIRA teve uma existência até hoje envolta em trevas. Teria nascido na Bahia, em 1652. Mas há indícios que fosse de origem portuguesa. Supõe-se que tenha estudado Direito, em Coimbra. E, "arquitetando hipóteses, pode-se admitir Nuno Marques como incurso no rol incontável dos aventureiros que a *auri sacra fames* atraía aos distritos das minas".[1] Era "homem do povo" e "pobre", como ele próprio declara.[2] Em 1728, publicou a primeira parte do *Compêndio Narrativo do Peregrino da América*. Viveu pelo menos até 1733, data da segunda parte da obra, publicada apenas em 1939, juntamente com a 6ª edição da primeira parte. Esta, reeditou-se cinco vezes entre 1728 e 1765, sinal de que gozava de prestígio entre os leitores do tempo.

Na avaliação da obra de Nuno Marques Pereira, pode-se principiar com a seguinte ideia de conjunto: o *Compêndio Narrativo do Peregrino da América* é verdadeiramente surpreendente nos quadros de nossa literatura colonial. Para quem palmilha os três séculos iniciais da atividade literária no Brasil, a obra irrompe como o imprevisível, o inaudito. De certo, uma palavra não descreve toda a impressão, mas a optar por uma, seria "enciclopédia". Com efeito, parece que estamos em face de um *corpus* enciclopédico, no sentido de reunir, em doses proporcionais, o saber humano do tempo, ou, pelo menos, uma coleção de reflexões acerca dos vários ramos do conhecimento atingido até à época. Tal complexidade estende-se a outros aspectos da obra, uma vez que participa praticamente de todos os figurinos literários ou paraliterários em moda no tempo, desde a literatura de informação até a poesia. De onde a dificuldade em selecionar um rótulo preciso e único para o *Compêndio*.

Varnhagen chama-lhe "jornada-novela", enquanto José Leite de Vasconcelos lembra que os "historiadores da literatura portuguesa subordinam a obra ao gênero novelístico, e no seu encalço vou". E como repensasse melhor a questão, acrescenta, de forma contraditória: "ela, porém, mais é narração dialogada, de viagem, ou suposta viagem, entremeada de peripécias românticas, e escrita com intuito religioso-moral, do que vero romance".[3] Paradoxalmente, a indecisão do etnógrafo lusi-

---

1. Rodolfo Garcia, Nota Biográfica, *apud* Nuno Marques Pereira, *Compêndio Narrativo do Peregrino da América,* 2 vols., 6ª ed., Rio de Janeiro, Publs. da Academia Brasileira de Letras, 1939 (com notas e estudos de Varnhagen, Leite de Vasconcelos, Afrânio Peixoto, Rodolfo Garcia e Pedro Calmon), vol. I, p. XVI.

2. Nuno Marques Pereira, *op. cit.*, vol. I, pp. 6, 13. Todas as citações serão extraídas desta edição.

3. *Compêndio,* vol. II, pp. XIV, XIX, respectivamente.

tano parece mais consentânea com a verdade que a decidida assertiva do historiador brasileiro: o primeiro captou as duas faces da obra, mas não soube conciliá-las; antes, afirma e nega a um só tempo. Ao passo que o segundo apenas lhe divisou um dos aspectos, sem embargo do epíteto "jornada", que designaria uma simples variante da fôrma "novela", como se dissesse "novela-policial", "novela-histórica", etc.

Efetivamente, o *Compêndio* movimenta-se em dois eixos: um, horizontal, inerente à novela, e outro, vertical, em que se condensariam os ingredientes que, à falta de rubrica geral mais específica, denominaríamos doutrinários. Noutra perspectiva, o fulcro linear representaria a estrutura externa, e o vertical, o conteúdo ou a estrutura interna. Assim, pela primeira, a obra partilha do plano da novela, e por seu conteúdo, da prosa moralista. Visto predominar a camada ideológica, a arquitetura novelesca somente funciona como alicerce ou veículo condutor das ideias: estas é que interessava ao escritor difundir e ensinar, empregando um método, a fábula, que atingisse subliminarmente a consciência do educando. E para mais aguçar a seta doutrinária, lança mão dos exemplos e das histórias, desentranhados de livros ou da sua e alheia experiência, não raro transpostos em termos alegóricos para mais impressionar o leitor. O *Compêndio* seria, pois, novela alegórica, ou alegoria novelesca. Alegoria da peregrinação do ser humano à face da terra.

A obra divide-se em duas partes; uma terceira, prometida no final da segunda, não chegou a ser escrita. A primeira parte contém 28 capítulos, e a segunda, 22. Embora a redação terminasse cinco anos após o surgimento da primeira parte, — o que atestaria uma patente disposição de continuá-la, — o certo é que o segundo volume do *Compêndio* parece menos bom e menos bem arquitetado. Os capítulos não se concatenam com a fluência, mesmo relativa, que presenciamos na parte inicial. É verdade que, dentro das coordenadas da obra, em que se misturam o doutrinário e o fictício segundo uma visão novelesca, não lhe escassearia material narrativo. No entanto, a segunda parte, sobre não trazer novidades maiores, denota perda de vigor e de emotividade, resultante do afã de não se repetir e de as forças começarem a faltar ao escritor, nessa altura beirando 81 anos.

Para dar corpo às ideias, o prosador imagina o encontro entre o Peregrino e o Ancião, na praia de N. S. da Vitória, na Bahia. No segundo capítulo, o Peregrino põe-se a desfiar ao interlocutor a vária fortuna da sua vida, numa sucessão de unidades narrativas que, como qualquer novela, constituem autênticas células dramáticas linearmente encadeadas.

A matéria dos episódios é dada pelas reminiscências de leitura e pelos casos que observou ou foi colhendo em sua peregrinação. E ao modo de D. *Quixote*, o narrador funciona como o elo de aglutinação entre os vários núcleos dramáticos. A semelhança entre as duas narrativas vem a propósito: no lembrete "Ao Leitor", que precede a segunda parte, Nuno Marques Pereira relaciona a obra de Cervantes entre aquelas que o inspiraram. Note-se que, ressalvados os componentes novelescos das *Cortes na Aldeia*, de Francisco Rodrigues Lobo, também arroladas, é o único livro que possui credenciais de novela. Entretanto, a estrutura diverge da do *Quixote* naquilo em que os episódios são narrados pelo Peregrino, enquanto a obra cervantina está vazada na terceira pessoa.

De onde a segunda diferença: o *Compêndio* articula-se como um longo diálogo entre o Peregrino e o Ancião. Por esse aspecto, a obra ultrapassa a circunscrição da novela para incidir no processo maiêutico das ideias, cuja origem remonta a Sócrates. Nuno Marques tem plena consciência disso, visto que, na série de obras que lhe estimularam o engenho, enumera umas tantas de composição dialética. Acompanhemos-lhe o pensamento:

> quis seguir alguns autores da melhor nota nesta minha escrita, que também usaram deste modo de escreverem diálogos, e interlocutores, como foram os seguintes: Dom João de Palafox, Bispo de Osma, no seu livro *Pastor de la Noche Buena*. O Padre Alexandre de Gusmão, no seu livro *Peregrino Predestinado*. O mesmo estilo o praticou Tristão Barbosa de Carvalho no seu livro *Peregrinação Cristã*. Frei Heitor Pinto, seu livro intitulado *Imagem de Vida Cristã*. O Padre João da Fonseca, da Companhia de Jesus, o mesmo estilo no seu livro intitulado *Satisfação de Agravos, e Confusão de Vingativos*; além de outros escritores que debaixo destas mesmas metáforas insinuaram mui sólida doutrina espiritual.[4]

Observe-se, a bem da verdade, que tais obras foram escolhidas mais por seu estofo doutrinário que pela forma. Tanto assim que, no *Compêndio*, não é o diálogo, o debate de ideias que interessa, mas a exposição de uma filosofia de vida, através de casos e "exemplos", e do discurso edificante, cautelosamente transmutado em puro enredo. A rigor, inexiste diálogo entre os interlocutores, salvo a circunstância de o Ancião representar o papel do parceiro atento e silencioso que provoca, com reparos fortuitos, a continuidade do relato. Ao final, o leitor tem noção

---

4. *Ibidem*, vol. II, p. 4.

das ideias defendidas pelo Peregrino, *alter ego* de Nuno Marques, mas nenhuma das do Ancião. Mesmo porque este, mais do que o outro, constitui verdadeira alegoria: é "o Tempo bem empregado".[5]

Analogamente à novela sentimental e de cavalaria do século XVI, o *Compêndio* transcorre num tempo e num espaço arbitrários e fantásticos. Apesar das indicações de que a ação se desenvolve no tempo do narrador e numa geografia situada entre a Bahia e Minas Gerais (a que o escritor melhor conhecia), trata-se de marcos externos: os interlocutores encontram-se num lugar determinado, mas a fabulação que lhes ocupa as horas decorre numa cronologia e num plano virtuais, — em qualquer ponto entre os dois estados do Brasil e em datas incertas.

No tocante à linguagem, descontados os estropiamentos gráficos e tipográficos, pode-se dizer que Nuno Marques redige despretensiosamente, com certa displicência até, voltado mais para a doutrina que para o brilho da frase. Aqui também lhe cintila a lucidez, pois conhece as limitações em que se move. E adianta-se a todos em dizer que possui um estilo "em parte parabólico (...) humilde", em reconhecer-se "pouco verboso; e menos elegante no estilo", simplesmente porque se "quis acomodar às regras de histórico, e deixar as de panegirista".[6] Bem vistas as coisas, o escritor acabou forçando a nota, em nome da coerência com a doutrina moral e religiosa que lhe enformava as histórias, ou seja, por amor às virtudes cristãs que se dispunha a propagar. Daí que, embora destituído das reverberações e coleamentos sintáticos encontráveis em alguns bons prosadores barrocos, suba por vezes acima da indigência confessa e ofereça rasgos conceptistas à Vieira. Leia-se, por exemplo, a passagem referente aos murmuradores:

> São também os murmuradores mui parecidos e semelhantes à tesoura, por ter esta o corte às avessas dos mais instrumentos de gume, que vale o mesmo que falar mal e às avessas do que devem falar. Fechada a tesoura, de nenhuma sorte corta; porém, em abrindo a boca, tanto corta o pano preto como o branco, o grosso como o fino, a lã como a seda, a prata como o ouro: o ponto está em se ajuntarem as duas pontas ou línguas murmuradoras. Por isso se costuma dizer quando se ouve murmurar de alguma pessoa: Bem cortaram de vestir a fulano. E só não corta a tesoura, se está fora do eixo, por se apartarem as pontas: dará um pique, mas não cortará: porém,

---

5. *Ibidem*, vol. I, p. 400.
6. *Ibidem*, vol. I, pp. 8, 26; vol. II, pp. 3, 4.

em se ajuntando ambas, tudo cortam e fazem em pedaços. Ó tesouras cortadeiras, quem vos pudera tirar os eixos ou queixos desses adjuntos, para que não cortásseis tanto pela fama e crédito de vossos próximos![7]

Evidentemente, estamos longe de uma linguagem pobre e humilde, mas não justifica os entusiasmos de Varnhagen, ao proclamar que o *Compêndio*, "dentre os da antiga literatura brasileira, é um dos que mais se recomendam, não só pela moralidade das doutrinas, como pelo estilo e a correção da linguagem (...) e, finalmente, pela instrução vasta do autor, que fora contemporâneo do padre Vieira, cuja elocução por vezes tanto imita que muitos dos seus períodos podiam passar como da pena do nosso jesuíta". Por certo impulsionado pelo sentimento de haver descoberto "o seu autor" o Visconde de Porto Seguro acrescenta enfaticamente: "Dizemos mais. Em virtude da sua extraordinária fecundidade, Vieira não nos legou uma só produção tão acabada, e filha de tanto estudo e meditação, como o *Peregrino da América*".[8]

Dentre os recursos linguísticos que mais abundantemente usou Nuno Marques, salienta-se a alegoria. O próprio escritor tinha consciência de empregá-la, ao declarar possuir estilo "parabólico". Na verdade, o *Compêndio* só pode ser devidamente interpretado como extensa alegoria, já que o processo da similitude comparece regularmente no desenrolar dos episódios e das falas: a rigor, mesmo quando extrai moralidades de histórias verídicas, a transposição metafórica persiste como embasamento. Seja mencionando diretamente a Soberba, a Inveja, a Ambição, a Avareza, etc., — o que ocorre numerosas vezes nas 700 páginas do *Compêndio*, — seja buscando na Antiguidade e no seu tempo o assunto das reflexões, norteia-o sempre uma visão alegórica do mundo, decorrente do intuito pedagógico que o alimenta. Para realizar o seu propósito, não hesitou em abeberar-se na copiosa e variada leitura que lhe fundamentava o saber, como atesta a frequente citação de nomes e obras, como Sêneca, cujo pensamento impregnou boa parte da estética barroca, Platão,

---

7. *Ibidem*, vol. I, p. 263.

A influência de Antônio Vieira, patente nesse trecho e noutros, seria um tópico a estudar, pela importância que encerra para a reconstituição da ambiência cultural coeva. Nuno Marques tinha o jesuíta em altíssima conta: "herói adornado de tantas prendas no saber, a quem se lhe tem feito tantos elogios, e epítetos, chamando-lhe Príncipe dos pregadores, sol dos oradores, e oráculo do púlpito" (*ibidem*, vol. II, p. 5).

8. *Ibidem*, vol. II, p. IX.

Aristóteles, S. Tomás, Sócrates, Plutarco, Quevedo e outros, afora os referidos em "Ao Leitor".

Todavia, a Bíblia é a sua principal fonte: como Vieira, Nuno Marques forceja por encontrar correspondência entre os males do mundo, sobretudo na Bahia de então, e os textos sagrados. Deseja, na esteira do jesuíta, que admira e cujo exemplo procura seguir, comunicar aos leitores, fiéis católicos ou não, as lições das Escrituras, com vistas a fortalecer-lhes a crença religiosa ou desviá-los do mau caminho e atraí--los para o Cristianismo. Ao fazê-lo, acompanha a tendência da época de substituir a mitologia greco-latina por ficções ou abstrações inspiradas na ética da Igreja.

Todo esse arsenal de formas centrava-se num estereótipo narrativo fundamental, visível no próprio título da obra: a peregrinação. Na verdade, trata-se mais de uma categoria que de um expediente novelesco, porquanto condensa uma multidão de sentidos. Articula-se a Cristo, às peregrinações e cruzadas durante a Idade Média, às viagens ultramarinas para expandir a Fé e o Império, à literatura de aventuras que se praticou nos séculos XVI e XVII (John Bunyan, *The Pilgrim's Progress*, 1678; etc.). Denota, por fim, a própria jornada do ser humano ao longo da existência: "Considerando, finalmente, que somos peregrinos, e que vamos caminhando para a nossa pátria, que é o Céu".[9]

Da generalidade, o prosador transita para uma noção mais específica, igualmente valiosa para o leitor brasileiro: Apelido-me por Peregrino da América, porque tenho tomado por empresa andar nesta peregrinação para ver, e observar, e escrever o que tem sucedido, e sucede neste estado do Brasil, para dar a saber aos mais, que de presente existem, e ficar por lembrança para os que de futuro vierem".[10] Dir-se-ia que o Brasil constituía o campo de provas para a ideia da peregrinação. Mas a que título? Sem dar margem a dúvidas, o escritor responde-nos ser um só o núcleo do seu pensamento: a propagação da Fé Católica. Reiteradas vezes o confessa, desde a espécie de plataforma doutrinária inserta na advertência "Ao Leitor", notadamente no trecho em que, meio indignado e meio convicto de predestinado a uma missão transcendental, afirma sem disfarce ao que vinha:

> levado do zelo, e amor de Deus, e da caridade do próximo; por ver, e ouvir contar o como está introduzida esta quase geral ruína de feitiçarias, e calun-

---

9. *Ibidem*, vol. I, p. 324.
10. *Ibidem*, vol. II, p. 188.

dus nos escravos e gente vagabunda, neste estado do Brasil; além de outros muitos, e grandes pecados, e superstições de abusos tão dissimulados dos que têm obrigação de castigar: motivo, porque o Demônio, mestre da mentira, e ciência mágica, se tem introduzido, com perda de tantas almas remidas pelo precioso Sangue de Nosso Senhor Jesus Cristo.[11]

Parece-lhe que três são os inimigos do homem, o Mundo, o Diabo e a Carne.[12] Para se defender, o bom cristão há de armar-se com os mandamentos e os demais preceitos de fé. A cada um dos mandamentos, o escritor dispensa um capítulo com várias histórias e episódios, do XI ao XX do primeiro livro do *Compêndio*. Não só os comentários reafirmam a substância filosófica e moral dos mandamentos, como se desdobram em máximas e aforismos, onde o travo de ceticismo em face das mazelas do mundo apenas é neutralizado pela implícita crença na bem-aventurança eterna. Escusa de citação abonadora, tal a percentagem dos ditos moralistas ao longo da obra. Neles se pressente algo como a gestação da filosofia desalentada de um Matias Aires, muito embora a ortodoxia católica os situe desde logo dentro do cosmos barroco.

Com efeito, o pensamento político de Nuno Marques enquadra-se perfeitamente no âmbito da monarquia e do jesuitismo, entrelaçados: reis católicos obraram façanhas de espantar e a Companhia de Jesus servia à dilatação do Império.[13] Aristotélico porque jesuítico, jesuítico porque aristotélico, Nuno Marques preconiza, com todo o ardor da dialética e dos casos narrados, não a felicidade póstuma, e, sim, o reino da terra. Aconselha o cristão a obedecer aos mandamentos não pela recompensa de paz eterna na vida ultraterrena, mas porque usufruirá aqui dos bens maiores. Em suma: moral utilitarista, dirigida ao melhor governo do mundo, satisfazendo a um só tempo o indivíduo e o Império.

De onde a doutrina acerca de matéria profana destinar-se terminantemente à boa formação do cristão. Observe-se que as ideias, neste particular, conquanto disseminadas por toda a obra, se concentram notadamente no segundo volume. Os capítulos do primeiro volume objetivariam a preparação do leitor em assuntos de fé, baseados nos ensinamentos da Bíblia e dos Doutores da Igreja e sábios que com eles alinhavam;

---

11. *Ibidem*, vol. I, p. 6.
12. *Ibidem*, vol. I, pp. 33, 402.
13. *Ibidem*, vol. I, pp. 38-43.

ao passo que os capítulos do segundo volume buscariam ampliar-lhes a zona de ação, com discutir assuntos de vária espécie, válidos por si e como exemplário vivo das "verdades" contidas no volume anterior. Bom dizer que não podemos abranger todos os aspectos ventilados: escolhemos os mais pertinentes com o enfoque histórico-crítico que comanda este livro.

Nuno Marques parte de uma concepção apocalíptica do Universo, pois considera-o um Palácio da Saúde degenerado em "hospital de loucos", mercê de "muitos, e enormes pecados, e graves culpas".[14] A seu ver, as causas da degradação residem no Mundo, na Carne e no Demônio. E se bem procure limitar-se ao texto de lei, não raro extrapola, e inclui na tricotomia abominável pessoas e instituições. Nesses casos, o doutrinal perde em precisão canônica, pois deixa transparecer relativa independência mental, polemicamente expressa, mas ganha em interesse para nós: o ajuste à letra do código eclesiástico nenhuma novidade encerra, por constituir lugar-comum no tempo. As discrepâncias é que importam, à proporção que refletem uma consciência mais ou menos livre. Diga-se a bem da verdade que nem todos os comentários de matéria profana acusam heterodoxia; antes prolongam, para terrenos escassamente frequentados nos textos pedagógicos do Brasil setecentista, os preceitos cristãos.

Posto Nuno Marques nutra veleidades de abarcar a Humanidade com a doutrina moral, seu microcosmos é a Bahia, pois a conhece melhor do que o resto do território brasileiro, e era a sede da Colônia. Tanto que "é de maior valia para a história social do Brasil a descrição que nos oferece Nuno Marques Pereira de costumes e aspectos da Bahia vistos da Praça do Palácio — ainda hoje o coração da cidade".[15] Por outro lado, a atenção do escritor converge para Salvador porque "está hoje este Estado do Brasil, e principalmente a Cidade da Bahia, pior do que esteve a Cidade de Lima, quando por semelhantes culpas foi castigada".[16] Dessa forma, atacando as imoralidades que grassavam em solo baiano, encontrava a motivação ideal para as suas doutrinas. E no paralelo com a situação

---

14. *Ibidem*, vol. I, p. 403; vol. II, p. 176.

15. Pedro Calmon, *ibidem*, vol. I, p. 384, nota 4.

16. *Ibidem*, vol. I, p. 382. Informa-nos Pedro Calmon (*ibidem*, vol. I, p. 399) que "o terremoto que arrasou Lima e Callao — às 4 horas da manhã de 20 de outubro de 1687 — durou apenas um minuto e 33 segundos (...). Morreram seiscentas pessoas na cidade e 500 desapareceram no porto".

social que precedeu o terremoto no Peru, como que vaticina o sismo lisboeta de 1755.[17]

Visando a fornecer exemplos edificantes da deliquescência de costumes imperante na Bahia, o escritor seleciona assuntos capitais. E ao tratar do que diz respeito aos judeus, acaba rompendo o círculo de serenidade que lhe aureola a fé nas prescrições católicas: em nome delas e, sobretudo, da Inquisição, julga os hebreus sem qualquer senso de caridade ou de justiça, muito ao contrário dos homens esclarecidos do século XVII. Para ele, são "os judeus uma geração de gente tão aborrecida, e excluída do mais congresso de todas as criaturas racionais",[18] o que traduz intolerância e decisivo afastamento da realidade. O furor antissemita não se estanca na objurgatória insensata, e finaliza decretando que "ser filhos dos judeus (...) vale o mesmo que filhos do demônio",[19] razão suficiente, segundo lhe parece, para justificar o castigo que lhes infligia a Inquisição.[20]

Ora, é sabido que Antônio Vieira, um dos mestres de Nuno Marques, nutria opinião antagônica, a ponto de experimentar, por alguns anos, os horrores das masmorras inquisitoriais. Também oposta ao pensar do jesuíta a postulação acerca do escravo. O *Compêndio* dedica todo o capítulo XIII do primeiro volume, consagrado ao exame do terceiro mandamento, para discutir "como devem os senhores tratar a seus escravos, e famílias, fazendo-os guardar os domingos e festas, com vários exemplos de doutrina": aos proprietários, ensina as práticas que possibilitem auferir o melhor rendimento do trabalho escravo, e aos cativos, prega a resignação cristã, visto que a cor preta, a humildade e a pobreza vilipendiada constituem vias de acesso ao Reino do Céu.[21]

Note-se que a postura mental de Nuno Marques oscila entre dois polos, representados pela doutrinação pura e simples dos dogmas católicos, e o ataque a tudo quanto lhe comprometeria a realização. Certamente, a pregação restringiu-se ao próprio livro, a palavras impressas, mas nelas corporifica-se uma ideologia e indica-se a prática que a efetivaria, dentro dos padrões culturais da época. E para atingir o alvo, não lhe faleceram recursos nem energia dialética. Dentre os assuntos que lhe provocam indignação mal-contida, releva o das Artes. A despeito de inserir poemas

---

17. Pedro Calmon, *ibidem*, vol. I, p. 388, nota 23.
18. *Ibidem*, vol. II, p. 199.
19. *Ibidem*, vol. II. p. 201.
20. *Ibidem*, vol. I, p. 258.
21. *Ibidem*, vol. I, p. 151.

no magma da Peregrinação e ostentar vigilância artesanal, nesse terreno Nuno Marques padece de flagrante obscurantismo: tudo se lhe afigura maquinação do demônio, "porque é ele grande poeta, contrapontista, músico e tocador de viola e sabe inventar modas profanas, para as ensinar àqueles, que não temem a Deus".[22] Todavia, em consonância com as regras católicas, faz rasgados elogios à Música no capítulo IV do livro segundo, porque "é insinuadora da teologia".[23] Semelhante repúdio manifesta às "comédias, passos, bailes, entremezes, toques de violas e músicas desonestas".[24]

Na verdade, Nuno Marques mantém-se ingenuamente coerente no atribuir ao teatro função deseducativa, quando sabemos que as encenações constituíam, ao longo de nossa história colonial, um dos meios mais eficazes de catequese usados pelos jesuítas. E não só rejeita as "farsas profanas", mas também as "compostas ao divino", por disfarçarem "o seu veneno tão maligno", e assim "outros muitos títulos de santos da lei escrita, e passos do nascimento de Cristo bem nosso. E outros sacramentais, que fora um processo infinito querê-los a todos relatar".[25]

Quanto à Pintura, Nuno Marques considera-a uma visão do inferno,[26] como se a arte se identificasse, diabolicamente, com as cenas que nela o prosador encontrava figuradas. Aqui também parece que desconhece, ou minimiza, a pintura barroca centrada na temática religiosa.

Restaria examinar-lhe o pensamento relativo à Poesia. Nuno Marques reservou-lhe todo o capítulo V do segundo livro, enfileirando uma série de observações que valem como testemunho da atividade poética entre nós, especialmente a Bahia, no século XVII. A mestra da poesia propõe a seguinte questão ao Peregrino: "façais a graça de dizer o que sentis desta arte da poesia, que suposto tenha sido tão estimada nos séculos passados, hoje, se não está desprezada de todos, de alguns a vejo menos estimada".[27] Em resposta, após declarar-se inepto para atender convenientemente aos reclamos da mestra, entra a relacionar os bons poetas portugueses, desde Afonso Henriques (*sic*) até o "Homero Lusitano", Luís de Camões, e a seguir afirma que

---

22. *Ibidem*, vol. I, p. 216.

23. *Ibidem*, vol. II, p. 41.

24. *Ibidem*, vol. II, pp. 100 e ss.

25. *Ibidem*, vol. II, pp. 106-107. Nas páginas seguintes o A. arrola as autoridades em que se estriba.

26. *Ibidem*, vol. II, pp. 140 e ss.

27. *Ibidem*, vol. II, p. 52.

no nosso Estado do Brasil (falo dos nacionais da cidade da Bahia, e seu recôncavo) foram, e são tantos os poetas, que bem pudera eu dizer, que nele
estava aquele decantado monte Parnaso, onde disseram os antigos existiam
as musas; porque verdadeiramente apenas se achavam, entre cem filhos do
Brasil que versaram e versam os estudos, dez que não sejam poetas, porque
os noventa todos fazem versos latinos e vulgares.[28]

Mais adiante, enumera alguns poetas da terra, pois "se de todos fizera menção fora necessário um grande catálogo".[29] Ao salientar tão poucos, Nuno Marques exibia gosto estético e apreciável senso de medida,
pois vários deles continuam lembrados até hoje, como Manuel Botelho
de Oliveira e Eusébio de Matos. Ainda mais: chama Gregório de Matos
"grande poeta (...) grande talento".[30] Chegado a esse ponto, o Peregrino
retruca à indagação da musa da poesia:

> é para sentir a multidão de poetas, que tão mal usam dela [poesia] com
> assuntos profanos tão mal soantes, como indignos de se poderem proferir
> entre católicos, e outros prezando-se de satirizar a seu próximo com infâ-
> mias e injúrias no crédito e honra.[31]

Como se nota, o Peregrino estabelece uma distinção que nada tem
de paradoxal; ao contrário, acusa o esforço de coerência que já lhe nota-
mos, no interior da qual parece ir-se efetuando mais funda transformação cultural. Examinemos a distinção proposta: a decadência da poesia
(barroca, decerto) provinha do mau emprego da palavra, dos fins profanos colimados pelos literatos do tempo. A seu ver, pecam pelo conteúdo,
não pela forma. Assim se explica que considere a Gregório de Matos
"grande poeta" posto a perder em razão da língua ferina. Do mesmo
passo, repudia as novelas e as comédias porque "ensinam a falar, para
pecar", e elogia a Quevedo pelo "relevante do estilo", mas frisa, entre
parênteses: "inda que picante".[32] Muito pragmática e jesuiticamente, recrimina o defeituoso emprego "de uma arte tão segura", não ela em si:
engajado no Barroco, Nuno Marques defendia a arte-instrumento, que
conduzisse os fiéis ao seio da Igreja.

---

28. *Ibidem*, vol. II, p. 53.
29. *Ibidem*, vol. II, p. 54.
30. *Ibidem*, vol. II, p. 58.
31. *Ibidem*, vol. II, pp. 57-58.
32. *Ibidem*, vol. I, p. 9; vol. II, p. 55.

No mesmo ritmo, conquanto mais virulenta, move-se a sua catilinária contra o mau sacerdote e o mau pregador, "que costumam ir às minas e a esses sertões, mais levados dos interesses do ouro e cabedais, que do zelo de servir a Deus, e ao bem das almas".[33] Talvez inspirado no *Sermão da Sexagésima*, do Pe. Vieira, investe energicamente contra os "pregadores de grande fama pelos subidos conceitos e floridos no estilo (...) feitos representantes de comédias, e tão presumidos de retóricos, que não há quem os entenda".[34] Compreende-se o ataque ao pregador antes preocupado com o estilo que com atingir o coração dos ouvintes: trata-se de alguém empenhado numa atividade objetiva, compromissada por natureza, votada à edificação moral e não ao entretenimento vazio. Foge, pois, aos ditames da religião o pregador que, "subindo ao púlpito (...) começa logo a dourar auroras, derramar pérolas, desperdiçar aljofres, fazendo vários elogios ao sol, lua e estrelas".[35]

Coerente com a sua formação, Nuno Marques repele a tendência gongorizante e defende, implicitamente, a conceptista. E a própria linguagem que reveste o *Compêndio* denota a adesão mais à ideia que à forma: entende-se, ainda uma vez, o porquê de o seu estilo derivar para a simplicidade metafórica, em favor dos aforismos e máximas, desprezando os ouropéis estilísticos pelos silogismos e doutrinas. Entretanto, como Antônio Vieira, Nuno Marques tropeça aqui e ali no cromatismo imagético dos gongóricos. Ao deter os olhos numa jovem, diz que viu "cintilar dous rutilantes luzeiros em um céu animado, e no breve rasgo de um rubicundo carmesi aparecer cândido marfim, burnido e lavrado por arte da natureza".[36] Típica imagem gongórica da mulher.

Visto Nuno Marques convocar para dentro da obra não só o conhecimento dos livros, mas o da experiência, como declara repetidas vezes, as suas observações acabam próximas da prosa informativa. No entanto, dado o intuito manifestante moralista, a terra interessa-lhe menos do que a gente. Nas raras vezes em que trata daquela, inscreve-se na tradição ufanista, já que as manhãs lhe são sempre de sol e alegria de viver, e a viagem lhe transcorre em "uma mui dilatada estrada e verdes campos, à vista de mui aprazíveis arvoredos, porque os da América sempre neles é primavera".[37] Mas nem por isso a paisagem lhe distrai a atenção, que se

---

33. *Ibidem*, vol. I, p. 342.
34. *Ibidem*, vol. 1, p. 406; vol. II, p. 192.
35. *Ibidem*, vol. II, p. 192.
36. *Ibidem*, vol. I, p. 282.
37. *Ibidem*, vol. I, p. 237.

concentra na meta apontada em "Ao Leitor". Justificando o "atrevimento" em tratar de "matérias espirituais", funda-se em S. Pedro Crisólogo, que julgava não ser "atrevido em falar, quem o faz por zelo de Deus e do próximo", e S. Ambrósio, que condenava o "ocioso silêncio" bem como as "ociosas palavras". E arremata: "Tal me considero eu no presente caso, levado do zelo, e amor de Deus, e da caridade do próximo; por ver, e ouvir contar o como está introduzida esta quase geral ruína de feitiçarias, e calundus nos escravos e gente vagabunda", etc.[38]

Como se vê, o prosador abstém-se de contemplar a natureza e elogiá-la, da mesma forma que recusa os excessos gongóricos: o não ufanismo em relação às gentes da Colônia ainda correria por conta do pendor conceptista. De onde o niilismo, o pessimismo acerca da natureza humana, a ressoar o *Eclesiastes* ou as máximas de La Rochefoucauld, e pressagiar a Matias Aires. Assim, colocado no limiar entre o Barroco e o racionalismo iluminista, o *Compêndio* identifica-se, pela estrutura, como novela alegórica, e pela substância e intenção, como obra de catequese e reforma dos costumes, à luz da Igreja Católica, espécie de *vademecum* para o colono. Nuno Marques pretenderia oferecer ao leitor um livro de doutrina e de práticas correspondentes, a que não fossem alheias as regras de bem viver, nos vários aspectos, incluindo a alimentação, o uso de drogas, as relações sexuais, os penteados, etc. Se conseguiu realizar os seus propósitos, é problema que escapa de nossa alçada: fora de dúvida, porém, é que o *Compêndio* deve ter causado sensação e influência, se considerarmos as várias edições que dele se fizeram em poucos anos.

VII. Academias

Representando a voga das Academias, dominante em Portugal desde 1628, com a *Academia dos Singulares de Lisboa dedicados a Apolo*, já em 1641 tivemos a *Relação da Aclamação que se fez na Capitania do Rio de Janeiro do Estado do Brasil, e nas mais do Sul, ao Senhor Rei Dom João o IV, etc.* Entretanto, é a partir de 1724, com a *Academia Brasílica dos Esquecidos*, que o gosto das reuniões literárias se impôs. Até o final do

---

38. *Ibidem,* vol. I, p. 6.

século XVIII, ascendiam a três dezenas, número expressivo se atentarmos para o precário meio cultural da Colônia.[1] No geral, os temas eram de natureza literária ou/e histórica e, por vezes, científica, como a *Academia Científica do Rio de Janeiro*, que vigorou entre 1772 e 1779, destinada ao exame da Cirurgia, História Natural, Física, Química, Farmácia e Agricultura. Dentre elas, destacam-se as seguintes: *Academia Brasílica dos Esquecidos* (Bahia, 1724-1725), *Academia dos Felizes* (Rio de Janeiro, 1736-1740), *Academia dos Seletos* (Rio de Janeiro, 1752), *Academia Brasílica dos Acadêmicos Renascidos* (Bahia, 1759), a discutida *Colônia Ultramarina* (Ouro Preto, 1768), *Academia dos Felizes* (S. Paulo, 1770), *Sociedade Literária do Rio de Janeiro* (Rio de Janeiro, 1786-1790, 1794), *Sociedade Bahiense dos Homens de Letras* (Bahia, 1810).

Dessas, cumpre examinar, porque mais importantes, a *Academia Brasílica dos Esquecidos*, *Academia Brasílica dos Acadêmicos Renascidos* e *Academia dos Seletos*, a primeira das quais se fundou a 7 de março de 1724, por iniciativa do Vice-Rei Vasco Fernandes César de Meneses,

> para dar a conhecer os talentos que nesta província florescem, e por falta de exercício literário estavam como desconhecidos, determinou instituir uma academia; a cujo fim fez chamar por cartas circulares as pessoas seguintes, o Reverendo Padre Gonçalo Soares da Franca, o Desembargador Caetano de Brito Figueiredo, chanceler deste Estado, o Desembargador Luís de Siqueira da Gama, Ouvidor Geral do Cível, o Doutor Inácio Barbosa Machado, Juiz de Fora desta cidade, o Coronel Sebastião da Rocha Pita, o Capitão João de Brito e Lima, e José da Cunha Cardoso.[2]

Reunidos naquele dia em casa do Vice-Rei e Protetor da agremiação, os futuros acadêmicos

> tomaram por matéria principal de seus estudos a História Brasílica dividida em quatro partes, a natural que corre por conta do já nomeado chanceler, a militar que se encarregou ao Douto Juiz de Fora, a eclesiástica cujo emprego se deu ao Reverendo Gonçalo Soares da Franca, e a política cuja incumbência caiu em sorte ao Ouvidor Geral do Cível

---

1. Para o conhecimento do rol completo das academias e da bibliografia a respeito, consulte-se José Aderaldo Castello, *Manifestações Literárias da Era Colonial*, vol. I de *A Literatura Brasileira*, 2ª ed., rev. e aum., S. Paulo, Cultrix, 1965, pp. 97 e ss.; *O Movimento Academicista no Brasil. 1641-1820/1822*, 3 vols., S. Paulo, Conselho Estadual de Cultura, 1969-1978, vol. I, t. I, pp. IX-XV.

2. *Idem, O Movimento Academicista no Brasil,* vol. I, t. I, p. 3.

e deliberaram que "dos sete acadêmicos principais, o primeiro se denominou com o título de obsequioso, o chanceler tomou cognome de nubiloso, o ouvidor do cível de ocupado, o juiz de fora de laborioso, o coronel de vago, o capitão de infeliz, e o último de venturoso".[3] Decidiram, ainda, escolher "por empresa o Sol com este lema — *Sol oriens occiduo*", com que pretendiam afirmar que "neste felicíssimo ocidente nasceu o Sol para a Bahia: agora lhe amanheceu, porque agora se verá a Bahia convertida em Atenas", e assentaram "entre si com louvável modéstia intitular-se os esquecidos".[4] Estatuíram, finalmente, "que em obséquio dos engenhos poéticos se dariam para todas as conferências dois argumentos ou assuntos, um heroico, outro lírico".[5]

A conferência, ou sessão, inaugural deu-se a 23 de abril de 1724, e a derradeira, a 4 de fevereiro de 1725: ao todo, realizaram-se dezoito sessões. Além das passageiras e encomiásticas referências à História de Portugal, nas conferências de abertura, a *Academia Brasílica dos Esquecidos* provocou o aparecimento de uma série de obras historiográficas, como as dez *Dissertações Altercadas e Resolutas* (que dizem respeito notadamente aos índios do Brasil); oito *Dissertações Acadêmicas, e Históricas, nas quais se trata da História Natural das Coisas do Brasil*; oito *Dissertações de História Eclesiástica do Brasil*, de autoria do Pe. Gonçalo Soares da Franca, lidas em 1724;[6] *Memórias acerca dos Pássaros da Colônia Luso-Americana*, de Caetano de Brito Figueiredo, *Exercícios de Marte, Nova Escola de Belona, Guerra Brasílica ou Dissertações Críticas Históricas do Descobrimento e Origens dos Povos e Regiões d'América, Povoações, Conquistas, Guerras, e Vitórias com que a Nação Portuguesa conseguiu o Domínio das Catorze Capitanias que formam a Nova Lusitânia, ou Brasil.*[7] É de crer, também, que as obras de Sebastião da Rocha Pita, José Mirales e Jaboatão, mencionadas no capítulo referente à Historiografia, tenham recebido estímulo, direto ou indireto, da *Academia Brasílica dos Esquecidos.*[8]

Pouco depois de chegar à Bahia (agosto de 1758), para assumir as funções de conselheiro do ultramar, José Mascarenhas Pacheco Pereira

---

3. *Idem, ibidem, loc. cit.*

4. *Idem, ibidem,* pp. 3, 9.

5. *Idem, ibidem,* p. 4.

6. *Idem, ibidem,* vol. I, t. V.

7. Max Fleuiss, *Páginas Brasileiras,* Rio de Janeiro, Imprensa Nacional, 1919, pp. 388-389.

8. José Aderaldo Castello, *Manifestações Literárias da Era Colonial,* p. 109.

• 256 • História da Literatura Brasileira - VOLUME I

de Melo tratou de ressuscitar a atividade literária na Colônia, que entrara em recesso desde a extinção da *Academia Brasílica dos Esquecidos*. A 19 de maio de 1759, reúne em sua casa trinta e nove intelectuais, recrutados entre sacerdotes, militares e magistrados, e propõe-lhes a instauração da *Academia Brasílica dos Acadêmicos Renascidos*. Aceita a proposta, decidem que se comporiam de trinta e sete sócios, dos quais trinta e dois numerários e cinco supranumerários. Acertam, ainda, que

> a empresa será a ave fênix, fitando os olhos no sol, e com esta letra "multiplicabo dies", representando-se várias aves da América e da Europa em seguimento da fênix, com as seguintes palavras de Claudiano:

> > *Conveniunt aquilae, cunctoeque ex orbe volucres,*
> > *Ut solis connitentur avem...*[9]

Dedicando-se à Poesia e à História, a sociedade abrigaria composições em vernáculo, espanhol, italiano, latim e francês, e dispunha-se a suscitar escritos acerca dos vários aspectos da História do Brasil, ou seja, estabelecer "uma Academia, que tenha por principal instituto escrever a História Universal, eclesiástica e secular da América Portuguesa".[10] A sessão inaugural realizou-se a 6 de junho do referido ano, iniciando-se às três da tarde e terminando às quatro da madrugada.[11] A última sessão ocorreu a 10 de novembro de 1759:

> a *Academia dos Renascidos* dissolveu-se com a prisão de seu diretor perpétuo, motivada, não, por ter sido acusado de inconfidente, segundo uns, ou por ter querido 'afugentar as trevas da ignorância no Brasil', segundo

---

9. *Estatutos da Academia Brasílica dos Renascidos*, Artigo 54, §XVI, *in Revista do Arquivo Histórico e Geográfico Brasileiro*, Rio de Janeiro, t. XLV, Parte I, 1882, p. 63.

10. *Ibidem*, p. 50. Mais explicitamente, a alínea 8, §1, p. 51, reza o seguinte:

Para se escrever a história eclesiástica e secular, geográfica e natural, política e militar, enfim uma história universal de toda a América Portuguesa, com mais brevidade se dividirá este laborioso exercício pelos acadêmicos, que à pluralidade de votos forem eleitos, para cada uma das províncias deste continente: porém antes que se lhes encarregue a dita história, que deve compor-se em latim (e sujeitando-se aos preceitos não dá lugar a se averiguarem os pontos duvidosos, e a grande individuação, com que o historiador deve saber todos os fatos, e opiniões para escolher a melhor), se concluirão as *memórias históricas*, que se devem imprimir na língua portuguesa.

11. Alberto Lamego, *A Academia Brasílica dos Renascidos*, Paris/Bruxelas, Gaudio, 1923, p. 26.

outros, mas unicamente por ter deixado de cumprir as ordens secretas, que levara de Lisboa, contra os jesuítas. Já antes do atentado de 3 de setembro, atrás referido, os governadores das Índias tinham recebido instruções para prender os jesuítas ali residentes e de Lisboa tinham partido para Bahia, para igual procedimento contra os jesuítas do Brasil, dois comissários sendo um destes José Mascarenhas, o fundador da Academia dos Renascidos e o seu diretor perpétuo. O motivo de não ter este seguido as ditas instruções, está perfeitamente elucidado, no *Epitome Rerum in Lusitania Gestarum*, etc., de Frei José de Santa Rita Durão, manuscrito que se conservava inédito no Arquivo de Loyola em Espanha e há pouco tempo publicado".[12]

No âmbito da *Academia Brasílica dos Renascidos* elaboraram-se ou enquadraram-se várias obras de cunho historiográfico, algumas das quais indispensáveis ao conhecimento do Brasil durante os séculos coloniais, como as *Memórias para a História da Capitania de S. Vicente*, de Frei Gaspar da Madre de Deus, *História Militar do Brasil*, de José Mirales, *Desagravos do Brasil e Glórias de Pernambuco*, de Domingos do Loreto Couto.[13] Duas obras poéticas de ambiciosa estrutura também despontaram no interior dessa agremiação baiana: *Culto Métrico, Tributo Obsequioso que às aras da Sacratíssima Pureza de Maria Santíssima Senhora Nossa*, etc. (1ª ed., 1757, com 88 oitavas; 2ª ed., 1760, em 2 cantos), de José Pires de Carvalho de Albuquerque.[14] E *Brasileida*, ou *Petreida*, do Pe. Domingos da Silva Teles, longo poema épico, de feição camoniana centrado em Pedro Álvares Cabral, de que só resta o plano geral, ou *Fábrica do Poema "Brasileida"* como declara o autor.[15]

No Rio de Janeiro, além da *Academia dos Felizes* (1736-1740), importa registrar a *Academia dos Seletos*. Organizada em homenagem a Gomes Freire de Andrada, por sua nomeação para "primeiro comissário da medição, e demarcação dos domínios meridionais americanos", realizou-se em fins de janeiro de 1752, provavelmente no dia 20. Como de hábito, os membros da corporação, em número de trinta, eram magistrados, militares e sacerdotes. Encerrado o "ato acadêmico panegírico", as composições foram reunidas em volume que se publicou em 1754, sob o título de *Júbilos da América, na Gloriosa Exaltação*,

---

12. *Idem, ibidem*, p. 116. Em nota de rodapé, Alberto Lamego remete para a obra *O Poeta Santa Rita Durão*, de Artur Viegas, publicada em Paris/Bruxelas, Gaudio, 1914.

13. V. capítulo referente à Historiografia, pp. 146-179.

14. Rubens Borba de Morais, *Bibliografia Brasileira do Período Colonial*, S. Paulo, Instituto de Estudos Brasileiros, Universidade de S. Paulo, 1969, p. 2

15. João Lúcio de Azevedo, *Novas Epanáforas*, Lisboa, Clássica, 1932, pp. 244 e ss.

e Promoção do Ilustríssimo e Excelentíssimo Senhor Gomes Freire de Andrada, etc. A presteza na publicação permite afirmar que "a *Academia dos Seletos* foi a única das diversas academias dos tempos coloniais que teve suas obras publicadas logo em seguida ao ato acadêmico".[16] Os assuntos glosados constituíam "máximas cristãs, políticas e militares em que se resumem as ações heroicas [de] Gomes Freire de Andrada", reunidas em três grupos de cinco, acompanhadas de indicações que visavam a esclarecer o acadêmico acerca do melhor procedimento em cada caso:

> Máximas Cristãs: 1. A primeira parte do tempo para Deus, 2. Fundar Casa em Deus, 3. Atribuir tudo a Deus, 4. O que se dá a Deus, dá-lo totalmente, 5. A virtude de quem governa deve ser pública; Máximas Políticas: 1. A Verdade é a alma das ações, 2. Do Povo só o respeito, 3. Fazer-se temido pela justiça, e amado pelos benefícios, 4. Vagaroso em resolver, constante em executar, 5. Merecer o prêmio, mas não pedi-lo; Máximas Militares: 1. A verdadeira glória pelas armas, 2. Amar igualmente a honra, e o perigo, 3. Na paz, e na guerra a mesma vigilância, 4. Valor, e diligência seguram a vitória, 5. Do inimigo recear sempre.[17]

As páginas finais do volume são ocupadas com poemas que não têm ligação com a *Academia dos Seletos*; de autoria do secretário da corporação e organizador da obra, Manuel Tavares de Sequeira e Sá, ou em sua homenagem, dá a impressão de ser um apêndice efetuado à última hora, e "faz pensar que o secretário da Academia ficou com pena de perder uma ocasião tão oportuna para publicar mais alguns elogios à sua pessoa".[18]

De duas perspectivas podem ser avaliadas as academias brasileiras: historiográfica e axiológica. No primeiro caso, parece inegável que o movimento academicista, além de ser manifestação de "literatura congregada",[19] sintoma da intelectualidade brasileira do tempo, é "talvez o que tenha havido de mais sério na vida cultural do Brasil-Colônia".[20]

---

16. Rubens Borba de Morais, *op. cit.*, p. 323.

17. Manuel Tavares de Sequeira e Sá, *Júbilos da América*, Lisboa, Na Oficina de Manuel Álvares Solano, 1754, pp. 49 e ss. V. José Aderaldo Castello (org.), *O Movimento Academicista no Brasil*, vol. II, t. I, pp. 75 e ss.

18. Rubens Borba de Morais, *op. cit.*, p. 321.

19. Antonio Candido, *Formação da Literatura Brasileira*. S. Paulo, Martins, 1959, vol. I, p. 69.

20. José Aderaldo Castello, *Manifestações Literárias da Era Colonial*, p. 97.

Inquestionavelmente, reside no espírito corporativo o núcleo de força das academias, mas também é fora de dúvida, pelo estudo da produção literária, que o seu valor é mínimo.

Indiscutível, ainda, o caráter meramente comemorativo dessas agremiações: contra o parecer daqueles que, como Afonso Arinos de Melo Franco, acreditam que "no Brasil setecentista as associações literárias, (...) sob a capa da prática das Letras, eram, de fato, focos de agitação intelectual (...), agitação ideológica",[21] ergue-se a dos que verificam não "passarem na realidade de fastidiosas companhias de louvaminhas insulsas e debiques anódinos".[22] Aqueles, baseiam-se em fatos isolados, como a demissão de José Mascarenhas da *Academia Brasílica dos Renascidos*, atribuída, erroneamente, a causas ideológicas,[23] estes, fundamentam-se nas obras criadas e no teor das reuniões. Na verdade, o incontestável mérito associativo das academias não parece autorizar extrapolações de natureza insurrecional: reuniam-se para e pela literatura, despreocupados de outros intuitos de ordem política.

Uma coisa é a relevância histórica das academias como sintoma da atividade cultural na Colônia durante os séculos XVII e XVIII, como atestado do nível intelectual alcançado por alguns letrados do tempo e como índice de corporativismo; outra coisa é o valor — escasso — da sua criação literária. E se o primeiro aspecto se afigura pacífico, o segundo também constitui evidência: tirante um que outro poema ou verso, o conjunto peca por falta de talento, embora manifeste engenhosidade. E a prosa segue pela mesma craveira, resumindo-se num exibicionismo provinciano de erudição gratuita, bajulação, encômios rasgados, de longe em longe roçando alguma ideia digna de registro em estudo específico.

Em favor dos acadêmicos serve de argumento o fato de confessarem reunir-se como a praticar jogos de salão. Punham seriedade aplicada na execução dos seus exercícios literários, mas não alimentavam veleidades transcendentes ou revolucionárias: ao contrário, mantinham o *status quo* da Metrópole. Embora tenham razão os que, como Fidelino de Figueiredo,[24] divisam pruridos nativistas ou nacionalistas nas academias brasílicas, os fatos demonstram que o ardor patriótico esmorece quando posto em confronto com o ufanismo espontâneo praticamente iniciado

---

21. Afonso Arinos de Melo Franco, *Mar de Sargaços*, S. Paulo, Martins, 1944, p. 40.

22. Oliveira Lima, *Aspectos da Literatura Colonial Brasileira*, Leipzig, F. A. Brockhaus, 1896, p. 129.

23. Afonso Arinos de Melo Franco, *op. cit.*, p. 40.

24. Fidelino de Figueiredo, *Estudos de Literatura;* 3ª série, Lisboa, Clássica, 1921, p. 178.

com a carta de Pero Vaz de Caminha.[25] No geral, sentem-se "portugueses do Brasil" ou "portugueses americanos",[26] indispostos porque literariamente "esquecidos" da Metrópole. A própria circunstância de Pombal ser o mecenas da *Academia Brasílica dos Renascidos* não deixa margem a pensar-se noutra relação para com Portugal. Um dos sonetos em sua homenagem, escrito por Silvestre de Oliveira Serpa, denuncia claramente o sentido dessa vinculação:

> Este Carvalho alto em que a firmeza
> Mostra as raízes na fidelidade,
> Nos há de apadrinhar com a majestade,
> Honra dos lusos glória portuguesa.
>
> Terão os renascidos, certa a empresa,
> Com pessoa de tanta autoridade,
> Que um templo consagrado à eternidade,
> Holocaustos terá tanta firmeza.
>
> Renasça hoje a lembrança, morra o olvido,
> Viva o nosso mecenas, para glória
> Particular de cada renascido.
>
> Ficará para o mundo esta memória,
> Que o parnaso baiense amortecido
> Renasceu para dar assunto à história.[27]

O poema, além de testemunhar meridianamente a sujeição dos acadêmicos coloniais ao primeiro ministro português, dá uma ideia do nível medíocre de toda a produção congênere. Os elogios ou poemas gratulatórios, a reis, fidalgos, sacerdotes, magistrados, constituem um dos lugares-comuns temáticos das academias, não raro convertidas em associações de elogio mútuo. Outro clichê temático era dado pelos motivos clássicos, mitológicos, históricos, ou, ainda, pelos assuntos funéreos, morais, cristãos, ou, finalmente, pelos "argumentos" triviais, como, por exemplo, "um cego trazendo às costas a um coxo, que o governava com

---

25. Digno de atenção, como se viu em nota 10, que os acadêmicos renascidos projetassem uma "história universal de toda a América Portuguesa" em latim, numa altura em que Sebastião da Rocha Pita já escrevera a sua, pletórico de ufania, em vernáculo.

26. *Estatutos da Academia Brasílica dos Renascidos*, alínea 6, p. 51.

27. Alberto Lamego, *op. cit.*, pp. 43-44.

a vista, ajudando-se reciprocamente para a comodidade de ambos", em que ressoa nitidamente a poesia circunstancial do *Cancioneiro Geral de Garcia de Resende*, ou uma açucena, descrita por Antônio Ribeiro da Costa:

> Em salva de esmeralda posta a neve,
> escuma em verde mar, cristal vistoso,
> um copo de diamante precioso,
> bandeira que tremula ao vento leve;
>
> Estrela reduzida a termo breve,
> de alabastro gomil aparatoso,
> arminho, ou cisne, em campo deleitoso,
> com seu pé a açucena se descreve:
>
> Se eu tiver a ciência, que alcançara
> a dizer como quero, seus louvores,
> o que a açucena é, eu mostrara:
>
> Só direi, que na vista, e nos candores,
> se de noite a encontrasse, me assombrara,
> parecendo-me ser alma das flores.[28]

Poema de evidente fisionomia barroca, montado sobre chavões que Gôngora e outros difundiram, em torno de um assunto proposto de fora para dentro, — é exemplo clássico de literatura de circunstância. Mera ostentação de talento versificatório, a indicar quão distante estava ainda o tempo em que a inspiração seria julgada fundamental ao erguimento de obras menos efêmeras e insossas. Como a generalidade das composições nascidas no perímetro das academias, atesta uma visão do mundo em que as galas literárias, o ludo verbal, a junção sonora ou plasticamente deleitável dos vocábulos, a poesia feita de palavras, e palavras vazias de conteúdo, — substitui o desejo inerente aos poetas de, criando o poema, desvendar e, a um só tempo, inventar a realidade circundante.

Por fim, anote-se nessa caudalosa proliferação versificatória, a par do ludismo, expresso em soneto quater-acróstico ou diacróstico, ou num "elogio eutrapélico, seri-faceto, joco-sério, irônico-enfático, metódico-

---

28. José Aderaldo Castello, *O Movimento Academicista no Brasil*, vol. I, t. III, p. 271; t. IV, p. 192.

-empírico, médico-jurídico, criptológico, antagonístico-erótico", a presença numinosa de Camões, sobretudo na vertente épica; e, surpreendentes e dignos de nota, os "motes para pretos", "glosados em português estropiado, entremeado de palavras africanas, como costumavam falar os escravos", ou versos em "idioma de caboclo".[29]

---

29. Rubens Borba de Morais, *op. cit.*, p. 273; José Aderaldo Castello, *O Movimento Academicista no Brasil*, vol. I, t. VI, *passim*; vol. III, t. IV, pp. 151-152.

ARCADISMO
(1768-1836)

Vista de Ouro Preto,
antiga Vila Rica.

I. Preliminares

1 Nos quadros da literatura brasileira, apenas a época simbolista apresenta complexidade semelhante à do movimento arcádico. Época de transição, para ela confluem tendências vindas do século XVII, que teimavam em permanecer, a par do ressurgimento programático de soluções quinhentistas e greco-latinas, e, sobretudo, da irrupção de ideias sugeridas pelo Iluminismo europeu. Por fim, acentua o polimorfismo cultural dessa época o fato de se desenrolarem acontecimentos historicamente relevantes, como a Inconfidência Mineira e a transladação da corte de D. João VI para o Rio de Janeiro. Trata-se, portanto, de uma quadra heterogênea e de amplas mutações socioculturais, a refletir idêntico processo histórico em todo o mundo ocidental: antessala da revolução romântica, o século XVIII prepara o advento dos tempos modernos, ao mesmo tempo que decreta a falência do mundo antigo. Ponte de ligação entre um estilo de vida genericamente denominado clássico e uma remodelação nas instituições talvez mais radical que a Renascença, a época do Arcadismo ostenta uma diversidade que o rótulo de modo algum faz supor.

As próprias fases em que pode fragmentar-se dizem bem claro dessa multiplicidade: a primeira, começa em 1768, quando Cláudio Manuel da Costa publica *Obras* e projeta a organização de uma *Arcádia*

Ultramarina,[1] à semelhança da *Arcádia Lusitana* (1756) e da *Arcádia Romana* (1690), e desenvolve-se até 1789, com a Inconfidência Mineira: vinte e poucos anos caracterizados pelo Arcadismo propriamente dito ou Neoclassicismo. A segunda, decorrida até 1808, quando D. João VI se transfere para o Brasil, assinala a propagação das ideias iluministas entre os árcades mineiros. E a terceira, até 1836, quando principia o Romantismo, exibe o aparecimento de tendências anticlássicas, que permitem divisar nesses anos uma espécie de Pré-Romantismo. Obviamente, a evolução dos fatos não acompanha de forma retilínea essa tripartição; com frequência os padrões histórico-culturais imbricam-se e confundem-se, mas a tônica em cada período é dada, respectivamente, pelo Neoclassicismo, o Iluminismo e o Pré-Romantismo.

2 Prolongando as aspirações renascentistas em favor da cultura greco-latina, parcialmente esquecida durante a Idade Média, o movimento arcádico caracteriza-se antes de mais nada pela rejeição polêmica do Barroco e o retorno ao Classicismo. Como sucede a todas as estéticas vizinhas, o repúdio das correntes em moda no século XVII significava que, apesar da força contrária, continuavam ativas. Pode-se admitir, na esteira de Carlo Calcaterra, mas sem o radicalismo da sua proposição, que sob as vestes novas perduravam os valores barrocos: os agudos conceitos persistiam no bojo das ficções pastoris, de molde a sugerir que o Barroco, "novo Proteu, havia assumido outras cores".[2]

Tal infiltração correria por conta dum mecanismo pré-consciente, fruto duma adesão involuntária e indesejada, tão mais evidente e profunda quanto mais recusada. No plano consciente, porém, aspiravam a

---

1. O problema acerca da existência ou não da *Arcádia Ultramarina*, apesar de secundário, provocou extensa bibliografia. M. Rodrigues Lapa, repondo a questão contra aqueles que, na esteira de Alberto Faria (*Aérides,* Rio de Janeiro, 1918), falam em "árcades sem arcádia", aduz um documento novo que parece clarificar a intrincada questão. Louvando-se na ode de Seixas Brandão, que localizou no manuscrito nº 1.189 da Biblioteca Municipal do Porto, conclui que José Basílio da Gama "procurou efetivamente fundar uma Arcádia Ultramarina, contando sobretudo com o apoio e com o prestígio de Cláudio Manuel da Costa", e que "tal acade mia literária não foi portanto um mito, como muitos julgam. Simplesmente, por motivos que ignoramos, mas que se devem prender às repressões da política pombalina, a nova Arcádia não teve condições de vida e morreu à nascença" ("O Enigma da *Arcádia Ultramarina* aclarado por uma ode de Seixas Brandão", supl. lit. de *Minas Gerais,* ano IV, nº 174, 27/12/1969, p. 2).

2. Carlo Calcaterra, *Il Barocco in Arcadia,* Bolonha, Nicola Zanichelli Ed., 1950, p. 4. V. ainda G. L. Moncallero, *L'Arcadia,* vol. I, Florença; Leo S. Olschki Ed., 1953, pp. 88 e ss.

libertar-se das aderências barrocas e reinstaurar o Classicismo dos gregos e latinos. Por outras palavras, reagiam contra o "mau gosto" barroco e, orientados por um pensamento que se estereotipou na divisa da *Arcadia Lusitana* — *inutilia truncat*, — propugnavam pelo "bom gosto", logo atribuído com exclusividade aos clássicos. Por "mau gosto" entendiam o transbordamento da fantasia, a surpresa como fim, a desordenada exaltação dos sentidos em várias direções e sem outro objetivo senão provocar o espanto; por "mau gosto" entendiam o paroxismo verbal dos poetas seiscentistas, a metaforização insólita, o delírio pictórico e descritivo, os desatinos imaginativos, a sugerir a mera transposição do caos real para o interior do poema; por "mau gosto" entendiam o desenfreado afã de reunir, pelo simples prazer sensorial, num ludismo inconsequente, objetos normalmente separados; por "mau gosto" entendiam, enfim, a ausência da razão no momento em que a fantasia poética se dispunha a captar e desdobrar o mundo da realidade, ou seja, no ato da criação literária.

O "bom gosto" começava por ser a recusa desse derrame da imaginação, em prol do equilíbrio entre a fantasia e a Razão. Preconizava-se a *ragion poetica*, título de uma obra teórica de Gianvincenzo Gravina, de 1708, visando a fazer da poesia "um sonho realizado em presença da Razão".[3] Como esse ideal estético, desdenhado pelos barrocos, havia sido praticado pelos Antigos, os árcades acabaram por remontar à literatura clássica da Grécia e Roma. Identificavam, pois, o "bom gosto" com a literatura clássica e, buscando imitá-la, tornaram-se neoclássicos.

Todavia, a imitação dos Antigos, em pouco tempo transformada num dos postulados diletos dos árcades, não queria dizer mera cópia servil, mas estímulo que um modelo de perfeição é capaz de provocar na genialidade latente de um poeta ambicioso de atingir o máximo de suas virtualidades. A imitação não dispensava o talento, antes, exigia-o como norma, para que a obediência a um modelo não se tornasse arremedo ou pastiche impessoal e medíocre: o modelo insuflaria no poeta o seu sopro animador, assim despertando-lhe as energias adormecidas. Nesta simples distinção entre "cópia" e "imitação" percebe-se quão diferentes eram os árcades dos mestres clássicos.

Por outro lado, imitavam os clássicos levados, sem o saber, por ingredientes barrocos que resistiam à diluição, o que alterava substancialmente a visão que tinham do mundo greco-latino. Finalmente, não conseguiam escapar de sua condição de homens do século XVIII, sujeitos

---

3. Palavras de Tommaso Ceva, em 1706, citadas por Carlo Calcaterra, *op. cit.*, p. 23.

a um contexto histórico específico: de onde o neoclassicismo implicar, no prefixo "neo", não uma identidade mas uma diferença, antes a busca de uma semelhança atmosférica ou estilística, que uma igualdade total. Ainda que nutrissem a quimera de alcançá-la, estavam condicionados ao tempo e a irredutíveis módulos culturais.

De qualquer forma, voltam-se para um espaço histórico recuado no calendário: os árcades romanos justificavam-se por buscar o regresso às fontes autênticas de sua literatura, mas ao mesmo tempo reconheciam, não sem patriotismo, que era preciso considerar o classicismo doméstico, a partir sobretudo de um Petrarca. Análogo processo ocorreu em Portugal e no Brasil, já agora sem a justificativa do retorno às raízes longínquas. Com os modelos greco-latinos, Camões e a poesia bucólica do século XVI entram em circulação. O destaque conferido à poesia bucólica resultava de que os árcades acreditavam encontrar a sonhada perfeição na obra pastoril de um Teócrito, um Virgílio, um Horácio.

Daí para considerar o Arcádia, região grega do Peloponeso, o hábitat ideal da poesia, foi um passo. Com fazê-lo, ingressavam numa linhagem estética que, encetada pelos gregos, alcançaria o ponto máximo após o Renascimento: o mito da Arcádia. Repunham, desse modo, o pastoralismo clássico e o renascentista, reuniam-se em Arcádias, ou academias, e adotavam pseudônimos pastoris, a fim de emprestar um halo de verossimilhança à ficção: Metastasio resolveu chamar-se Artino Corasio, Cláudio Manuel da Costa escolheu o cognome de Glauceste Satúrnio, Tomás Antônio Gonzaga preferiu o nome de Dirceu, Bocage escondia-se sob o anagrama Elmano Sadino, e assim por diante. A preocupação de verossilhança mais revela que dissimula a fisionomia aristocrática do movimento arcádico: pastoralismo não se confunde com rusticidade; os poetas desejavam-se vivendo, ainda que ficticiamente, como pastores ou pescadores, mas subentendendo como ideal de vida o espontâneo, o natural, não o rude ou o animalesco.

No desdobramento da sua utopia, os árcades pregavam, de acordo com Horácio (*Odes*, liv. II, nº 10, v. 5), a "áurea mediocridade" como tema literário e princípio moral: a dourada existência transcorrida sem sobressaltos, sem ambições de glórias ou de fortunas. E a poesia deveria espelhar, em versos simples, curtos, populares, o anseio de simplicidade existencial. Enfim, a fusão do homem e a natureza, expressa numa forma onde a naturalidade do ritmo poético refletisse um viver tranquilo em face da placidez campestre: a respiração verbal corresponderia à dos pulmões oxigenados pelo ar puro dos campos.

De onde defenderem uma filosofia de vida estoica, mediante a qual a suprema serenidade seria alcançada pela superação dos apetites carnais; à frugalidade na satisfação das necessidades orgânicas responderia o culto da bondade e da beleza. O seu estoicismo pressupunha, no entanto, o gozo moderado dos prazeres terrenos: assim, em nome do equilíbrio visado, o epicurismo associa-se à contensão estoica.

Idealismo ético, idealismo estético, que reaviva a mitologia clássica, mas despindo-a de conotação teológica: reduzem-na a ficções, alegorias, que participam no quadro pastoril como seres da paisagem humana e natural. Por seu turno, as entidades do mundo cristão, como Nossa Senhora, Jesus Cristo e os santos, são invocados para conviver com os mitos pagãos.

Evidentemente, o ideal arcádico de simplicidade não esconde afetação teatral, que parece substituir os exageros retóricos barrocos: fingiam-se de simples, presumiam-se de amantes da naturalidade, e acabaram cunhando também chavões morais e linguísticos. Não era sem forjadas intelectualizações que sonhavam com o bucolismo da Arcádia; nascia de um empenho mental, cerebrino, a ambição de realizar precisamente uma existência sem atividades racionais; mentalizavam um ideal de vida desintelectualizada, e daí as inevitáveis contradições. Evadiam-se do século em que viviam, ou desejavam fazê-lo, por meio das ficções pastoris, assim voltando as costas às transformações históricas em marcha no século XVIII. Reagiam contra o progresso, ideia que começava a integrar o vocabulário filosófico e científico do tempo, decerto no pressuposto de que literatura e progresso não se conciliam.

Ademais, o culto da Razão, praticado em nome de combater as extravagâncias barrocas, equivalia a uma frincha no edifício arcádico, por onde penetraram doutrinas que vieram a desintegrá-lo e a preparar o surgimento do Romantismo. Em primeiro lugar, porque a Razão estivera presente no conceptismo, o que traduzia, ainda uma vez, a permanência de vestígios barrocos no universo arcádico; em segundo lugar, porque o racionalismo consistia numa das principais linhas de força do movimento iluminista. Se, no primeiro caso, a intervenção racionalista denuncia um contrassenso no íntimo do antibarroquismo arcádico, no segundo, revela até que ponto os árcades se antecipavam no tempo, ou, quando pouco, acertavam o passo com as tendências mais avançadas do século XVIII. Exatamente na medida em que se mostravam incoerentes na execução do seu programa estético é que se tornavam precursores do Iluminismo. De modo que se torna difícil, em alguns momentos, traçar os limites entre o Arcadismo e o Iluminismo.[4] Por outro lado, clarifica-se a aparente dualidade dos árcades, oscilantes entre o sonho de uma "idade de ouro", colocada na remota Hélade, e a prática de ideias vanguardeiras, não raro de cariz politicamente democrático, antimonárquico. Tendo-o em conta, não surpreende que os nossos poetas visionassem ao mesmo tempo um paraíso bucólico e uma república: nutriam sempre um ideal de paz eterna num mundo estático, igual para todos.

Na sequência dessa visão dos problemas estéticos, o Arcadismo acabou repondo o ser humano no meio da ribalta: um humanismo clássico, e as mais das vezes artificioso, preconcebido, mas que substituía a tendência gongórica para exaltar os objetos do mundo físico. Doutro ângulo, a ênfase posta no humano em detrimento do mundo das formas deixava transparecer a sutil readmissão de propósitos éticos no plano estético. Transitava-se da sensação para o sentimento,[5] graças ao próprio racionalismo: o predomínio da sensação na teoria e prática barrocas decorria do irracionalismo gongórico, ao passo que o culto da Razão, reinstalando o homem no centro do Universo, implicava o sentimento, a flexão do "eu" para dentro de si próprio, em vez da sensação, ou o movimento da consciência para os objetos situados fora dela.

Não aconteceu, todavia, sem litígio a instauração do sentimento: entre ele e a Razão, ou entre os apelos subjetivos e os estímulos de uma consciência universal, iniciou-se persistente debate, que ocuparia toda a segunda metade do século XVIII. Desse modo, entrava-se na metamorfose derradeira do Arcadismo, e o seu canto de cisne, o chamado Pré-Romantismo. O sentimento, instado a depor a sensação, digladia com a Razão, e o seu crescente domínio aponta o advento de toda uma revolução cultural: o Romantismo. Enquanto não chega esse momento, a atividade literária mostra-se ambígua, contraditória. Entre o Iluminismo e o Pré-Romantismo as fronteiras esquivam-se a rigorosa demarcação, tanto quanto entre o Arcadismo e o Iluminismo. Somente recorrendo à noção de grau é que se pode, examinando os escritores um a um, proferir sentenças menos inseguras: no árcade ortodoxo, a Razão funciona como órgão coordenador, moderador do sentimento, em direção às ficções pastoris; no iluminista, a tensão desfaz-se em prol da Razão,

---

4. Mario Fubini, "Arcadia e Illuminismo", *in Problemi ed Orientamentl Critici di Lingua e di Letteratura Italiana* (dir. de Attilio Momigliano), 4 vols., Milão, Marzorati, 1951-1963, vol. III, pp. 503 e ss. V. também G. L. Moncallero, *op. cit.*, p. 81.

5. *Idem, ibidem*, p. 568. V. ainda Carlo Calcaterra, *Il Parnaso in Rivolta*, Bolonha, Società Editrice Il Mulino, 1961, p. 226.

voltada para o presente histórico, a Filosofia, a Ciência e o Progresso; no pré-romântico, o equilíbrio rompe-se em favor do sentimento, não sem gerar um complexo de culpa nas consciências educadas à luz da Razão.

3 No século XVIII, o eixo econômico da Nação, que cruzara a Bahia e Pernambuco durante a hegemonia do Barroco, deslocou-se para Minas Gerais, e com ele se transferiu a sede das atividades culturais. As primeiras jazidas de ouro, descobertas já no crepúsculo do século XVII, desencadearam uma corrida frenética de brasileiros, sobretudo paulistas, portugueses e estrangeiros. Tem início o "ciclo do ouro" que, robustecido pelo achamento de pedras preciosas, transformou completamente a vida em Minas Gerais. A riqueza trouxe o luxo e, por conseguinte, o gosto da cultura, evidente na quantidade de estudantes que iam a Coimbra realizar estudos universitários. A sociedade, em processo de estratificação, dispunha de ócios regulares e cultivava a música e o teatro. Ouviam-se compositores europeus do porte dum Mozart, dum Boccherini, dum Pleyel e outros, e fomentava-se a criação de música erudita, num montante ainda por avaliar, e numa qualidade que as composições dum José Joaquim Emérico Lobo de Mesquita e dum Francisco Gomes da Rocha exemplificam cabalmente: "o que pôde ser salvo até agora representa um ínfimo reflexo de uma esplendorosa atividade criadora que alcançou em diversas ocasiões uma grande beleza, em nada inferior às manifestações musicais europeias dessa época. Os trabalhos colocados em partitura serão reunidos em uma *Monumenta Musicae Brasiliae* cuja primeira série dedicada a Minas Gerais compreenderá cerca de 30 volumes dos quais quatro já se encontram prontos para impressão"; tal apogeu musical pode ser considerado "o maior já registrado nos anais da música artística do hemisfério americano".[6]

Contemporaneamente, desenvolveu-se a pintura, com Manuel da Costa Ataíde e outros, e a arquitetura e a escultura, nas mãos estropiadas de Antônio Francisco Lisboa, o Aleijadinho, e dos seus discípulos. A *Casa da Ópera* de Vila Rica, inaugurada a 6 de junho de 1770 e "considerado o mais antigo prédio teatral da América do Sul",[7] encenava toda

---

6. Curt Lange, *in História Geral da Civilização Brasileira*, (dir. de Sérgio Buarque de Holanda), vol. I — A Época Colonial, t. II, S. Paulo, Difusão Europeia do Livro, 1973, pp. 138, 139.

7. Afonso Ávila, "O Teatro na Minas Barroca", *Jornal do Brasil*, Rio de Janeiro, 23/6/1973, p. 2.

sorte de peças, inclusive óperas, como, por exemplo, *Ézio em Roma*, de Porpora. Outras casas de espetáculo se instalaram em S. João d'El-Rei, Sabará, Paracatu e Arraial do Tijuco. Entretanto, a atividade dramatúrgica, ainda que incipiente e circunstancial, teria começado em 1726, data do "mais antigo documento conhecido a registrar a ocorrência de festas públicas em Vila Rica";[8] em 1733 e 1748, novas festividades, relatadas no *Triunfo Eucarístico* (1734) e no *Áureo Trono Episcopal* (1749),[9] dão conta dum progresso ascendente nesse terreno.

Não podiam faltar, obviamente, os homens de letras: "plêiade mineira", "grupo mineiro", "escola mineira" têm sido algumas das designações empregadas para configurar na Minas Gerais setecentista uma intensa atividade literária, em uníssono com as outras. Tomás Antônio Gonzaga, Cláudio Manuel da Costa, Silva Alvarenga, Alvarenga Peixoto e outros compõem o quadro literário onde se refletem os padrões arcádicos e iluministas. Que as suas tertúlias eram literárias, parece fora de dúvida, mas também é incontestável que discutiam ideias políticas e filosóficas, além de ventilar questões relacionadas com as lutas liberais e republicanas na América do Norte e na França. Liam e debatiam Rousseau (*Le Contrat social*), Voltaire, Abade Raynal (*Histoire philosophique et politique des établissements et du commerce des européens dans les deux Indes*), Montesquieu (*L'esprit des lois*), Bielfeld (*Institutions politiques*), Réal (*La science du gouvernement*), Abade Mably (*Observation sur le gouvernement des États Unis de l'Amérique*), Burlamaqui, Vattel, Morelly, Turgot, Volney e outros.[10]

4 Nesse contexto, natural seria que aos poucos avultassem ideais revolucionários. A independência dos EUA (1776), o movimento enciclopedista francês, o Iluminismo com todo o seu culto à Ciência, ao Progresso e à Natureza, colaboravam para formar o painel onde se esbatiam as inapetências, ao princípio surdas, mais tarde explícitas. Restava apenas acender o estopim para deflagrar a insurreição, e este surgiu com a *derrama*.

---

8. *Idem, ibidem, loc. cit.*

9. *Idem, Resíduos Seiscentistas em Minas,* 2 vols., Belo Horizonte, Centro de Estudos Mineiros, 1967; *O Lúdico e as Projeções do Mundo Barroco,* 2ª ed., S. Paulo, Perspectiva, 1980.

10. Eduardo Frieiro, O *Diabo na Livraria do Cônego,* Belo Horizonte, Cultura Brasileira, 1945.

Praticamente esgotados os veios auríferos, mercê da desenfreada extração, ou diminuída a produção do minério, a coroa portuguesa via minguar os proventos decorrentes do imposto sobre as lavras. Acreditando que o decréscimo se devia à sonegação, resolveu obrigar os moradores de Minas a pagar a diferença — a *derrama* — que faltasse para completar cem arrobas, consideradas o rendimento médio anual. Em 1788, o novo governador, Luís Antônio Furtado de Mendonça, Visconde de Barbacena, chegava a Minas Gerais determinado a executar a *derrama*, incluindo os anos de 1774 a 1785, o que somava 384 arrobas de ouro. A insatisfação geral, que avultava silenciosamente, atinge o ápice, e os rumores em torno do que ia pelos demais países da América e da Europa se transformam a pouco e pouco em idêntico ideal de libertação.

Joaquim José da Silva Xavier, o Tiradentes, simples alferes, comanda a insurreição, que se levantaria por ocasião da *derrama*. Entretanto, o segredo, ou plano esboçado, transpira e chega aos ouvidos do Coronel Silvério dos Reis. Devedor de larga soma ao erário português, entreviu no fato um meio de saldar as dívidas, e a 15 de março de 1789 denuncia a inconfidência ao Visconde de Barbacena, que imediatamente ordena a suspensão da *derrama*. Tiradentes, então no Rio de Janeiro, é preso, ao mesmo tempo que Tomás Antônio Gonzaga, Cláudio Manuel da Costa, o Cônego Luís Vieira da Silva, Domingos Vidal de Barbosa, Francisco de Paula, os padres Carlos Correia de Toledo e Melo e José da Silva e Oliveira Rolim. Iniciada a devassa, que se prolongou até abril de 1792,[11] Tiradentes é sentenciado à forca e executado a 21 de abril de 1792, no Rio de Janeiro, e os demais a degredo perpétuo ou temporário; Cláudio Manuel da Costa ter-se-ia suicidado na cadeia de Vila Rica.

Conquanto abafada, a sublevação mineira inspirou outros movimentos análogos. No Rio de Janeiro, os membros da extinta *Sociedade Literária*, que funcionara de 1787 a 1790, voltaram a reunir-se, em casa de Silva Alvarenga, desde 1794. A par da literatura, discutia-se política e filosofia. Denunciados por José Bernardo da Silva Frade, foram presos e submetidos a devassa entre dezembro de 1794 e fevereiro de 1795, e finalmente postos em liberdade em 1797: um de seus integrantes era Mariano José Pereira da Fonseca, futuro Marquês de Maricá. Como a receber o facho insurrecional, a 14 de julho de 1797 funda-se na Bahia a

---

11. *Autos de Devassa da Inconfidência Mineira*, 7 vols., Rio de Janeiro, Biblioteca Nacional, 1936-1938; J. Norberto de Sousa e Silva, *História da Conjuração Mineira*, 2 vols., Rio de Janeiro, INL, 1948.

loja maçônica *Cavaleiros da Luz*; a 12 de agosto, afixam-se cartazes exortando o povo a rebelar-se, com base nos mesmos ideais antimonárquicos que grassavam em Minas Gerais e Rio de Janeiro. O movimento envolvia militares, funcionários, bacharéis, comerciantes, sacerdotes, no geral jovens, o mais novo dos quais contava dezoito anos. Presos e julgados a 8 de novembro de 1799, alguns foram condenados à forca, outros, ao exílio e três, absolvidos.

5 Em 1808, premido pelo assédio napoleônico à Península Ibérica, D. João VI transfere a corte para o Rio de Janeiro. Grandes e profundas metamorfoses sofreu, em consequência, a Colônia: vinha juntar-se às tentativas de independência no século XVIII uma série de reformas sociais, econômicas, científicas, estéticas, etc., que repercutiriam fortemente nas décadas seguintes.[12]

Já no ano da chegada, funda-se a primeira escola superior, de Medicina, na Bahia. Pouco depois, abrir-se-ia outra, no Rio de Janeiro. A Academia Militar, criada a 4 de dezembro de 1810, entra a funcionar a 23 de abril de 1811, no Rio de Janeiro. Na mesma altura, funda-se a Aula de Comércio e é nomeado seu professor, José Antônio Lisboa, futuro Visconde de Cairu, a 23 de janeiro de 1810. Funda-se a Imprensa Régia e surge o primeiro jornal brasileiro, *Gazeta do Rio de Janeiro*, que circularia de 1808 a 1822. Em 1814, franqueia-se ao público a Biblioteca Real, núcleo da atual Biblioteca Nacional. Favorece-se a pesquisa do território por parte de cientistas estrangeiros, como o Barão Guilherme von Eschwege, John Mawe, Príncipe Maximiliano de Wied-Neuwied, August de Saint-Hilaire, Spix e Martius e outros. Em 1816, chega a Missão Artística Francesa, composta de N. A. Taunay, J. B. Debret, A. Taunay, Grandjean de Montigny, C. S. Pradier, Z. Ferrez, M. Ferrez; passados quatro anos, cria-se a Academia Real de Desenho, Pintura, Escultura e Arquitetura Civil. A 11 de junho de 1808, abrem-se os portos ao comércio externo. E várias medidas saneadoras incentivam a agricultura, a pecuária, a indústria e a siderurgia: pela primeira vez, a 17 de dezembro de 1812, funde-se o ferro no Brasil. Apoia-se a instalação de tecelagens.

Não obstante o progresso geral do Rio de Janeiro e, implicitamente, da Colônia, em 1817, ressoando os ideais da Revolução Francesa,

---

12. O balanço do período em que D. João VI reinou do Rio de Janeiro está feito por Oliveira Lima, *D. João VI no Brasil,* 3 vols., 2ª ed., Rio de Janeiro, José Olympio, 1945.

estala em Pernambuco uma revolução de caráter antimonárquico, que acabou sendo sufocada pouco depois, não sem difundir-se pela Paraíba e Rio Grande do Norte. Entre os implicados na sublevação estava Frei Caneca.

A onda montante de liberalização crescia, porém. Em 1820, a revolução no Porto ecoa intensamente no Rio de Janeiro, gerando uma comoção que obriga D. João VI a regressar a Portugal, a 26 de abril de 1821. D. Pedro ascende a regente e herdeiro da coroa. No ano seguinte, é declarada a independência e começa a primeira fase do processo histórico autônomo, que termina em 1831, com a abdicação de D. Pedro I, em nome de seu filho D. Pedro II. O país abandonava o estatuto colonial e caminhava para a independência cultural, fase na qual ainda é de notar a criação dos cursos jurídicos, em S. Paulo e no Recife, em 1828. Não cessam, porém, os movimentos de rebeldia, como no Pará, Maranhão, Bahia, Pernambuco, Alagoas, em 1831, Minas Gerais, em 1833, Rio Grande do Sul — a Guerra dos Farrapos —, de 1835 a 1845.

6 A época do Arcadismo, como se vê, abrange quase oitenta anos de uma atribulada e complexa vida política, econômica, social, estética, etc. Nela se registram vestígios barrocos, a inserção do neoclassicismo em meio a elementos rococós, o impacto das propostas iluministas, o advento de um estilo de arte fundamentado no sentimento, numa evolução em espiral que não se interrompe de todo em 1836: definido o Romantismo, ainda se observa a persistência de constantes neoclássicas. Ao longo dessas décadas, cultiva-se a poesia, esboça-se uma atividade teatral, pratica-se a oratória e, pela primeira vez, o jornalismo impõe-se como capítulo digno de figurar junto aos outros, ainda que limitado pelas condições do tempo.

II. Poesia

Dados os propósitos neoclássicos e a identificação com o bucolismo, a estética arcádica moveu-se praticamente no interior da poesia: apenas por extensão semântica procede falar em teatro arcádico, ou oratória arcádica. Ainda que a incipiente atividade dramatúrgica revele pontos de contacto com o ideário arcádico, e os discursos acadêmicos exponham as doutrinas neoclássicas não sem apelar para a linguagem equivalente, — o certo é que se trata duma ampliação de sentido. A rigor, poesia e Arcadismo são sinônimos, de modo que o rótulo estético alude primeiro que tudo à poesia: Arcadismo é um movimento poético por excelência, e só o é teatral por translação de sentido e de características. O teatro produzido na vigência do Arcadismo nem sempre respeitou os fundamentos estéticos que presidiam a poesia; esta, pôde alcançar uma relativa ortodoxia, aquele, apenas em alguns aspectos obedeceu ao cânone arcádico, e quando o fez, aproximou-se da poesia, gerando algo como poemas dramáticos.

Entende-se, assim, que a poesia constitua o principal capítulo da literatura arcádica. Examinada em conjunto, apresenta toda a complexidade que caracteriza a época. O Arcadismo sofreu, na transferência da Europa ao Brasil, inevitável adaptação e mudança. Transplante artificioso, naturalmente acabaria adquirindo fisionomia demasiado literária, porquanto se impunha livrescamente, de fora para dentro, sem vínculo aparente com a realidade brasileira. De onde a diminuta parcela de cor local, ou de aspectos nacionais, nessa poesia que forcejava por imitar padrões clássicos em plena atmosfera tropical. Por certo que o meio ambiente de alguma forma se manifestaria, mas o todo da poesia arcádica respira um mundo idealizado, utópico, alheio à conjuntura brasileira. Ao contrário do Barroco, o Arcadismo oferecia uma tábua de referências estranha ao nosso passado histórico, a despeito da tradição escolástica e do vezo pelas Letras.

Para escapar da asfixiante artificialidade, os poetas de talento encontraram dois caminhos: ou superaram-na pela introspecção, anunciadora do Romantismo, ou pelo recurso à indagação platonizante, de origem quinhentista, à Camões. Num caso e noutro, projetavam um "eu" emergente contra as regras discricionárias que a imitação dos clássicos parecia conter. Rebeldia, do relativo contra o absoluto, semelhante à da Inconfidência Mineira em favor da República: dir-se-ia que a sublevação resultou do alargamento de um dinamismo próprio do "eu" para ultrapassar a couraça dos princípios clássicos. Eis por que os poetas mais valiosos dessa época foram justamente aqueles que mais longe conduziram a sua rebelião interior, e buscaram conciliá-la com o racionalismo arcádico: no consórcio tenso entre a razão e o sentimento localiza-se a melhor poesia setecentista.

Doutra perspectiva pode ser divisada a congruência entre o Arcadismo e a Poesia: nem toda espécie poética afinaria com o ideário arcádico, uma vez que este se fundava na temática bucólica. A poesia lírica é que representava a aliança entre a teoria e a prática arcádicas. Assim, quando se menciona o Arcadismo, pensa-se imediatamente na poesia, e poesia lírica, tal como se apresenta na obra dum Cláudio Manuel da Costa, dum Tomás Antônio Gonzaga, dum Silva Alvarenga, dum Alvarenga Peixoto. Entretanto, ao longo da época ainda se cultiva a poesia épica, de extração camoniana ou contrária ao modelo de *Os Lusíadas*, onde se inserem episódios líricos que revelam parcial apego às formulações arcádicas, como na obra dum José Basílio da Gama, dum Santa Rita Durão e dum Cláudio Manuel da Costa. Praticava-se, ainda, a poesia satírica, na pena de Tomás Antônio Gonzaga e de Francisco de Melo Franco: reproduzindo ideais iluministas, essa modalidade poética não só extrapola do Arcadismo propriamente dito como enferma das limitações peculiares aos textos poéticos criados com intuitos de lançar o ridículo sobre pessoas ou instituições. Para o fim dessa época, nota-se o aparecimento de uma poesia lírica pré-romântica, onde aflora um tema novo, o religioso, na obra de Sousa Caldas, Frei Francisco de São Carlos e outros.

CLÁUDIO MANUEL DA COSTA

Nasceu a 5 de junho de 1729, na Vargem do Itacolomi, cercanias de Ribeirão do Carmo, mais tarde Mariana (1745). Filho de português e de brasileira, após os estudos iniciais em Vila Rica, segue para o Rio de Janeiro, onde estuda no Colégio dos Jesuítas entre 1743 e 1749, até alcançar o título de Mestre em Letras. Formado, viaja a Portugal, a fim de cursar a Faculdade de Cânones em Coimbra. Permanece fora da Pátria cerca de cinco anos; enceta nessa altura a sua carreira poética. De regresso, em Vila Rica monta banca de advogado. Depois de exercer, em 1760, as funções de procurador substituto da Coroa e Fazenda, passa a secretário do Governo da Capitania, de 11 de agosto de 1762 a 3 de setembro de 1765. Em 1768, publica as *Obras*, e a 4 de setembro, por ocasião da posse do Conde de Valadares no Governo da Capitania, organiza uma academia, na qual recita composições encomiásticas e preconiza a fundação da *Arcádia Ultramarina* em Vila Rica. Nova sessão, a 5 de dezembro, permite-lhe encenar *O Parnaso Obsequioso*, drama musicado, de inspiração metastasiana.[1] Em 1769, é nomeado Juiz das Demarcações de Sesmarias do Termo de Vila Rica, e nas funções se mantém até 1773. Torna-se amigo de Tomás Antônio Gonzaga, e mais adiante se envolve na Conjuração Mineira. Preso a 25 de maio de 1789, enforca-se na Casa dos Contos, em Vila Rica, para onde fora recolhido, a 4 de julho do mesmo ano.

Além das *Obras*, publicou quatro plaquetes, três das quais repudiadas posteriormente: *Munúsculo Métrico* (1751), *Epicédio Consagrado à Saudosa Memória de Fr. Gaspar da Encarnação* (1753), mais tarde incluído nas *Obras Poéticas* (1903), nas quais João Ribeiro enfeixou a maior parte da produção literária do poeta; *Labirinto de Amor* (1753), *Números Harmônicos* (1753). Deixou inéditos, que vêm sendo recolhidos e dados à estampa: *Vila Rica* (1839), "Saudação à Arcádia" e "Ode ao Sepulcro de Alexandre Magno" (*in Coleção de Poesias Inéditas dos Melhores Poetas Portugueses*, 1809-1811), vários poemas revelados por Ramiz Galvão na *Revista Brasileira* (t. II e III, 1895): com exceção destes últimos, o mais figura nas *Obras Poéticas*, organizadas por João Ribeiro, edição de que nos servimos; *O Parnaso Obsequioso* e as peças declamadas no ato acadêmico de 4 de setembro de 1768, foram publicados por Caio de Melo Franco em *O Inconfidente Cláudio Manuel da Costa* (1931). Teria ainda escrito *Cataneida*, poema joco-sério, *Mafalda Triunfante*, *O Culto Métrico a uma Abadessa do Convento de Figueiró*, além de poemas dramáticos e traduções de dramas de Metastasio, como *Artaxerxes*, *Dirceia*, *Demétrio*, *O José Reconhecido*, *O Sacrifício de Abrão*, *Régulo*, *Parnaso Acusado*, desaparecidos.[2]

Cláudio Manuel da Costa destaca-se entre os poetas do tempo não só por haver inaugurado, com as *Obras*, a época arcádica: os vestígios barrocos na sua poesia, as vinculações dela com o quinhentismo português, expressas na acentuada dicção lusitana, e, sobretudo, o elevado padrão da sua inventividade lírica, — constituem aspectos a considerar no exame da sua produção poética. Quanto aos resíduos gongóricos, acusam permeabilidade típica de escritor inaugural ou que principia a sua trajetória na derradeira fase de uma estética. Os opúsculos publicados, e não coligidos nas *Obras*, deveriam conter franca adesão aos postulados barrocos, como o simples enunciado do título evidencia. Rejeitando-os,

---

1. Carla Inama, *Metastasio e I Poeti Arcadi Brasiliani*, S. Paulo, Boletim 231 da Faculdade de Filosofia, Ciências e Letras da Universidade de S. Paulo, 1961.

2. Alberto Lamego, A *Academia Brasílica dos Renascidos*, Paris/Bruxelas, Gaudio, 1923, pp. 102-103.

o poeta patenteava a consciência de que, além de primícias hesitantes, renderiam tributo demasiado alto ao Barroco agonizante. Mais ainda: não corresponderiam ao mais íntimo do poeta, quer como ser humano, quer como artífice do verso, inextricavelmente fundidos. Desse modo, os poucos remanescentes barrocos, ainda visíveis no todo da obra, atestam um impulso juvenil de simpatia para com a estética em moda. Conhecido o Arcadismo e no contacto com a realidade portuguesa durante um lustro, o poeta se revelou a si próprio e criou o melhor de que o seu engenho foi capaz.

O problema do contágio lusitano, e o reverso brasileiro, constitui o eixo em torno do qual há de girar a interpretação e o julgamento da poesia de Cláudio Manuel da Costa. E, de certo modo, por seu intermédio podemos equacionar a própria poesia arcádica como entre nós se praticou: neste caso, o acadêmico Glauceste Satúrnio funciona como índice das antinomias que marcaram a evolução do Arcadismo mineiro.

Cláudio Manuel da Costa cultivou a poesia lírica, em sonetos, epicédios, cantatas, églogas, epístolas, romances, cançonetas, odes, e a poesia épica, no poemeto *Vila Rica*. Afastada a hipótese de ter sido o autor das *Cartas Chilenas*, não teria experimentado a sátira. É hoje opinião unânime que os sonetos encerram a porção mais válida do seu espólio literário. O fato explica-se por uma série de causas, ambientais e particulares: os poemas longos prestavam-se, mais que os sonetos, para as celebrações de toda ordem, para registrar acontecimentos em versos esparramados de sonoro efeito. Poesia de circunstância, tão efêmera quanto o pretexto que a motivava. Estão no caso alguns epicédios, o romance heroico "Ao Senhor José Gomes de Araújo, Desembargador no Porto", algumas odes, cantatas e também sonetos (especialmente os declamados por ocasião da *Colônia Ultramarina*). E serviam, ainda, para abrigar a poesia gratulatória, elogiosa, que parece uma sequela do Barroco e as mais das vezes se enlaçava com a poesia de circunstância.

Por fim, na pena de Cláudio Manuel da Costa os poemas extensos ofereciam espaço à prática das convenções arcádicas, sobretudo naquilo que se refere ao bucolismo, como se pode ver nas églogas e nas epístolas. Obviamente, um poeta arcádico ortodoxo poderia, em tese, glosar os temas pastoris em composições de larga medida e ainda assim manifestar fôlego de poeta superior, uma vez que o simples fato de redigir églogas ou epístolas não configura um poeta menos brilhante, mas assinala, por contraste com os sonetos, momentos de realização inferior. E que os poemas longos pressupunham uma expansão dramática ou emocional que não condizia com as tendências mais autênticas de Cláudio Manuel da Costa, resumidas na sondagem do "eu". Com efeito, as églogas, epístolas, etc., recusando o extravasamento do "eu", levavam o poeta à terceira pessoa, não raro dramatizada através do diálogo entre dois figurantes, um dos quais poderia ser, teoricamente, o próprio poeta. A terceira pessoa, convidando para o mundo do teatro, afastava da poesia lírica, por natureza centrada no "eu". Doutro lado, autorizava a transposição alegórica implícita nas ficções arcádicas, assim caracterizando um afeiçoamento mais rígido ao decálogo estético em moda.

Consequentemente, a débil vibração lírica, ou a estratificação convencional dessas composições corre por conta de os temas e a expressão em que se materializam respirarem clichês vulgares no tempo. Quando, porém, o poeta escapa dessa limitação aceita de fora para dentro, o resultado é menos mau, como, por exemplo, no epicédio II, "À Morte de Salício". E é menos mau porque se nota a transfusão emocional do poeta: este é quem se revela ao chorar a morte do amigo. Nessa projeção do "eu" reside, portanto, a tônica poética que sustenta o poema e dá lustre a outros versos esparsos pelas composições maiores. E que constitui o núcleo dos sonetos: um "eu" que se autocontempla e se autointerroga.

Tal indagação, norteando o rumo seguido pelos sonetos e guardando a razão da sua alta tensão lírica, põe em cheque a própria estética arcádica. A ficção pastoril, não obstante o adjetivo ("pastoril") que lhe reduzia o horizonte, propunha a execução poética com fito mais alto. O "fingimento", que Fernando Pessoa equacionaria genialmente como o fulcro do ato poético, e que praticaria inclusive na vertente bucólica, por meio de Alberto Caeiro, encontra no Arcadismo ambiente ideal.

Os poetas, contudo, distorceram-no ou não souberam avaliar as possibilidades abertas pela convenção pastoril. Sabiam que fingiam e que lutavam pela criação da poesia, mas levavam o fingimento a sério; faltou-lhes compreender que fingiam de pastores sem o ser, evidentemente, mas que, com o fingimento, poderiam ser mais pastores do que os próprios, visto agregarem a consciência de ser fingidamente pastores sem perder a condição de homens do século XVIII. Faltou-lhes a intelectualização do fingimento, que, estabelecendo uma distância entre o fingimento e a situação dos pastores, permitiria algo como ironia transcendente, provinda da consciência de que "é possível fazer a realidade de tudo isso sem fazer nada disso" (Fernando Pessoa, "Tabacaria").

Por outro lado, a intelectualização apenas seria possível quando, sofrendo a dor verdadeira, a fingissem, assim engendrando a poesia; como fingiam a dor que não tinham, o resultado era a fria comunicação do fingimento pastoril. Grande parte da poesia arcádica nasceu velha ou sem calor exatamente por isso. E somente se salvou a poesia em que a ironia, a distância dialética, afastando o poeta do seu motivo, lhe dava liberdade suficiente para criar menos com respeito a verossimilhanças reais que a verossimilhanças possíveis. Em suma, a poesia brota quando a dor verdadeira é fingida, quando o poeta "finge tão completamente que chega a fingir que é dor/a dor que deveras sente" (Fernando Pessoa, "Autopsicografia"), quando o real da experiência se converte no possível da arte. O soneto IV oferece-nos um exemplo desse processo em que o fingimento coagula em poesia:

> Sou pastor; não te nego; os meus montados
> São esses, que aí vês; vivo contente
> Ao trazer entre a relva florescente
> A doce companhia dos meus gados;
>
> Ali me ouvem os troncos namorados,
> Em que se transformou a antiga gente;
> Qualquer deles o seu estrago sente;
> Como eu sinto também os meus cuidados.
>
> Vós, ó troncos (lhes digo), que algum dia
> Firmes vos contemplastes, e seguros
> Nos braços de uma bela companhia;
>
> Consolai-vos comigo, ó troncos duros;
> Que eu alegre algum tempo assim me via;
> E hoje os tratos de amor choro perjuros.

Observe-se que o poeta finge que é pastor, mas não se imagina autêntico pastor; finge que o é exatamente como fingiria morrer de amor pela mulher amada, morrer de morte lírica, que substitui a morte real que gostaria de experimentar e que vicariamente experimenta quando ama ou acredita amar.

Os sonetos sobressaem, pois, pelo fato de a dor neles estampada ser a expressão fingida de uma dor verdadeira. O próprio poeta fornece dados para se crer que tinha plena consciência do fenômeno, ao confessar que "mais acredito o fingimento" (soneto XLII) quando vê apertar o vazio em lugar de Lize, ou ao imprecar a fantasia — "Examina por dentro o fingimento; / E verás tempestade o que é bonança" (soneto LX), — que o tiraniza com a imagem da aventurança. Análoga certeza manifesta quando, na égloga III, "Albano", repudiando o Barroco, a

> frase inchada
> Daquela, que lá se usa entre essa gente,
> Que julga, que diz muito, e não diz nada.

prega que

> O nosso humilde gênio não consente,
> Que outra cousa se diga mais, que aquilo,
> Que só convém ao espírito inocente.
>
> A frase pastoril, o fraco estilo
> Da flauta, e da sanfona, antes que tudo,
> Será digno, que Albano chegue a ouvi-lo.

Bem se nota que os sonetos menos conseguidos são precisamente aqueles em que a ficção pastoril é tomada a sério (por exemplo, sonetos XVIII e XIX), ou em que a terceira pessoa comanda o poema (por exemplo, sonetos XI, XII, XXI e XXII).

O soneto conceituoso, à Camões, é outro aspecto desse fingimento poético: denuncia não só a intelectualização do motivo do poema como também um esforço no sentido de sondá-lo em abstrato. À semelhança do autor de Os *Lusíadas*, a perquirição do sentimento lírico em relação a alguém logo se torna em pesquisa do sentimento em si. A experiência individual transforma-se em conceito de validade universal. E o mecanismo da criação poética organiza-se a partir de um "eu" que se autodesvenda e termina pela conceituação, em que o "eu" se transfunde noutros "eus" ou se lança no encalço de uma Razão soberana. É lícito divisar neste processo a influência de Camões sobre Cláudio Manuel da Costa, mas talvez fosse mais apropriado falar em coincidência ou identificação: sem apelo à biografia do poeta, mas à sua obra, vemo-lo submetido a "cruel saudade", análoga à de Camões, uma saudade sincera que os versos logo transmutam em Arte. Saudade cósmica, articula-se não como memória dolorosa de uma mulher, mas de um "eu" que não mais se encontra na paisagem em que anteriormente se descobrira (soneto VII):

Onde estou! Este sítio desconheço:
Quem fez tão diferente aquele prado!
Tudo outra natureza tem tomado;
E em contemplá-lo tímido esmoreço.

Uma fonte aqui houve; eu não me esqueço
De estar a ela um dia reclinado:
Ali em vale um monte está mudado:
Quanto pode dos anos o progresso!

Árvores aqui vi tão florescentes,
Que faziam perpétua a primavera:
Nem troncos vejo agora decadentes.

Eu me engano: a região esta não era:
Mas que venho a estranhar, se estão presentes,
Meus males, com que tudo degenera!

Essa equação "eu" *versus* Cosmos aponta um rasgo quinhentista e, ao mesmo tempo, preludia o Romantismo: o "eu" fletido para dentro de si anuncia os poetas do século XIX, com a diferença de que em Cláudio Manuel da Costa a Razão universal ainda preside a sondagem no "eu". Por outro lado, parece haver nos sonetos uma sequência histórica, em razão de o estado moral do poeta ir num crescendo de poema a poema, como se a cada incursão se dilatasse o mundo interior e já não fosse precisamente a mesma a dor que o poeta "deveras sente". Ao exprimi--la, descortina-lhe novas facetas que vão gerar outros sonetos, numa interminável sucessão. No percurso, às vezes o pendor conceptualista o arrasta para a terceira pessoa do singular e o *tonus* lírico amortece, ao mesmo tempo que não se avança na investigação do "eu"; em idêntica situação se encontra a mitologia. E quando o uso da terceira pessoa envolve figuras mitológicas, o resultado deixa ainda mais a desejar: uma espécie de fingimento conceptual se propõe em vez do fingimento emocional, e a própria figuração mítica colabora no duplo fingimento.

Assim, as categorias "conceptual" e "mítico" se artificializam quando não as orienta a sincera enunciação de um "eu" atormentado: operada a separação entre o fictício pastoril e mitológico e o poeta que se debruça no emaranhado do próprio "eu", o resultado só pode ser inferior. Configurada a identificação, o poeta constrói, ainda na esteira de Camões, uma casuística do Amor e o artefato lírico melhora a olhos vistos (soneto LXXI):

> Eu cantei, não o nego, eu algum dia
> Cantei do injusto Amor o vencimento;
> Sem saber, que o veneno mais violento
> Nas doces expressões falso encobria.
>
> Que Amor era benigno, eu persuadia
> A qualquer coração de Amor isento;
> Inda agora de Amor cantara atento,
> Se lhe não conhecera a aleivosia.
>
> Ninguém de Amor se fie: agora canto
> Somente os seus enganos; porque sinto,
> Que me tem destinado estrago tanto.
>
> De seu favor hoje as quimeras pinto:
> Amor de uma alma é pesaroso encanto;
> Amor de um coração é labirinto.

Ao poeta, interessa não apenas exprimir o sentimento que o habita mas também conhecer-lhe a íntima natureza, ao longo de um trajeto que começa na vivência e termina no conceito, de onde retorna ao ponto de partida: atinge, dessa forma, os pontos supremos da sua inspiração e cria poesia digna do seu nome.

Vila Rica, "poema da fundação de Vila Rica", como o autor declara na "Carta Dedicatória" dirigida ao Conde de Bobadela, padece, amplificadamente, dos mesmos defeitos que se observam nos poemas longos e nalguns dos sonetos. Em que pese à opinião respeitável de João Ribeiro, segundo a qual "dificilmente se encontraria outro igual nas nossas crônicas, onde a realidade e o maravilhoso quase se confundem, e onde a grandeza das ações toca às vezes ao sublime",[3] a matéria do poema é pobre em si. Decerto, um poeta poderia transfigurá-la pela projeção do seu "eu" na figura do herói e gestar poesia de valor, como, de certo modo, fará Bilac com *O Caçador de Esmeraldas* (1902).

---

3. *Obras Poéticas de Cláudio Manuel da Costa*, 2 vols., Rio de Janeiro, Garnier, 1903, p. 39.

Acontece que Cláudio Manuel da Costa, lírico introvertido, voltado para as próprias inquietações, não era o poeta indicado para o caso, e nem seria de crer que outro contemporâneo o fosse. O vasto poema em dez cantos, versos decassílabos, rima emparelhada e estrofação irregular, obediente à divisão tradicional do poema épico, seguindo nas pegadas de *La Henriade* (1728), de Voltaire, o vasto poema constitui um dos pontos vulneráveis na obra de Cláudio Manuel da Costa, pelas mesmas razões que tornam inferior a poesia gratulatória e encomiástica. "Não é somente a monotonia e a pobreza de inspiração que nos desinteressam no poema; mas é o tom laudatório, o odor do incenso que se traem em versos, porventura menos movidos do amor da pátria que da lisonja".[4]

Decerto cônscio da precariedade do assunto escolhido e de, na altura da impressão do poema (1773),

> nem a lira
> Tenho tão branda já, como se ouvira.
> Quando a Nise cantei, quando os amores
> Cantei das belas ninfas e pastores.

o poeta arma uma narrativa épica em que a ação, nada retilínea, se intercala de trechos lírico-indianistas, que visam a preencher pela fantasia os claros inerentes a tão fraca matéria poética. Tais episódios líricos, protagonizados por Garcia e a "bela indiana", poderiam dar margem a estrofes mais bem conseguidas, equivalentes às árias de *O Uraguai* e do *Caramuru*, sem falar nos interlúdios líricos de *Os Lusíadas*. Não é o que ocorre: tirante alguns versos, isolados, mesmo o idílio entre o bandeirante e a indígena sofre do geral academicismo. "Como se tivesse de fazer um tema ou exercício poético",[5] o poeta ainda exibe o talento de versejar, o conhecimento dos fatos, testemunhado no "Fundamento Histórico" que precede o poema, mas não dissimula a falta de inspiração, ou melhor, não encontra no descobrimento do sertão e criação de *Vila Rica* a empatia necessária com o seu temperamento e o seu drama pessoal para elaborar poesia autêntica.

Por outro lado, se é certo que em *Vila Rica* divisamos "uma legítima antecipação da concepção, em termos românticos, da sentimentalidade

---

4. João Ribeiro, *ibidem*, p. 36.
5. *Idem, ibidem*, p. 35.

do índio",[6] também é verdade que o fazia tangido pelas mesmas razões que explicam a presença do indianismo nas obras de José Basílio da Gama e Santa Rita Durão. Mais ainda: tal sentido precursor do poema de Cláudio Manuel da Costa reveste-se de significação antes histórica que axiológica. Todavia, o indianismo coloca o problema da brasilidade, ou do lusitanismo, da sua dicção e cosmovisão.

O impacto da ambiência coimbrã sobre a sensibilidade de Cláudio Manuel da Costa foi profundo, decerto porque lhe atendia a determinadas expectativas: ao seu feitio introvertido, dado à melancolia, deveria ser benfazejo o contacto com um povo e uma literatura normalmente inclinados à sentimentalidade. Ainda que se tratasse de simples influxo recebido na adolescência, o certo é que a sua poesia espelha mais a realidade portuguesa que a brasileira, não só em quantidade como em qualidade. Nos sonetos, além da sintaxe lusitana, o tom discursivo e a gravidade clássica à Camões, a saudade, — nota-se a total ausência de pormenores brasileiros. Por certo, o portuguesismo é comum ao tempo e, de algum modo, permanecerá no século XIX, mas parece que em Cláudio Manuel da Costa o fenômeno se tornou mais agudo que em outros poetas arcádicos.

Nos epicédios e poemas extensos, o cenário organiza-se à volta do Tejo ou do Mondego e da vegetação própria (salgueiro, sovereira, etc.); uma égloga, a terceira, é dirigida em louvor do Marquês de Pombal. Para mais acentuar o lusitanismo do poeta, a "Fábula do Ribeirão do Carmo" poderia chamar-se "Fábula do Mondego" ou "Fábula do Tejo", tal o convencionalismo que repassa o poema. Como se não bastasse, afora acrescentar uma nota dubitativa ao *topos* camoniano da superioridade do português sobre os Antigos ("Albano"):

> De Meandro, e Caistro
> Cessarão as memórias;
> Do Douro aos Ganges, e do Tejo ao Istro,
> As lusitanas glórias
> Levará o meu canto,
> Se o pátrio Ribeirão me inspira tanto.

na "Saudação à Arcádia Ultramarina" estabelece uma comparação que em nada favorece a sua pátria. O fato avulta de importância por se tratar

---

6. José Aderaldo Castello, *Manifestações Literárias da Era Colonial,* vol. I de *A Literatura Brasileira,* 2ª ed., rev. e aum., S. Paulo, Cultrix, 1965, p. 183.

de uma composição destinada a saudar a *Colônia Ultramarina*, acontecimento que deveria propiciar atitude menos subserviente a Portugal:

> Mas onde irá sem pejo
> Colocar-se atrevido
> Quem longe habita do sereno Tejo,
> Quem vive do Mondego dividido,
> E as auras não serenas
> Do pátrio Ribeirão respira apenas?[7]

Tal confronto repete-se vigorosamente na égloga "Saudade de Portugal, e alegria de Minas". Restaria encarar *Vila Rica* como penhor de brasilidade: é certo que o demonstra cabalmente, mas além do que se apontou a respeito do poema e das condições em que foi redigido, percebe-se que o poeta afirma desejos de honrar a fama dos paulistas (canto VI) pondo-a em confronto com a voz do lusitano (Camões) e sem maior ênfase. Dir-se-ia fruto de consciência culposa a redação de *Vila Rica*, em parte provocada pelo entranhado portuguesismo do poeta e em parte graças ao exemplo dado pelo *Uraguai*.

Não se veja nessas observações qualquer recriminação da lusofilia de Cláudio Manuel da Costa, nem se espere do poeta manifestações mais nativistas, numa época em que os horizontes estéticos se colocavam longe no tempo e no espaço, recuando até à Grécia. Trata-se, pois, de um fenômeno epocal, que se agrava num poeta hipersensível e educado na Europa. Não há mérito ou demérito nessa formação europeia: o valor da poesia de Cláudio Manuel da Costa não decorre dessa filiação, mas de nela pulsar uma sensibilidade original expressa em versos de correspondente originalidade. A grandeza do inconfidente não há de medir-se por esses aspectos externos, e, sim, pelo que de poesia superior alcan-

---

7. No discurso "Para terminar a Academia", realizada em homenagem a D. José Luís de Meneses, Conde de Valadares, e publicada por Caio de Melo Franco (*O Inconfidente Cláudio Manuel da Costa*, Rio de Janeiro, Schmidt Ed., 1931, p. 118), assevera elucidativamente Cláudio Manuel da Costa: "Uns gênios educados em um tão bárbaro país, em um país acostumado mais a ouvir os rugidos das feras que a harmonia das musas, como poderiam produzir cadências que fossem dignas de chegar a uns ouvidos, que se criaram entre a delicadeza, ao concerto? Era temeridade esperá-lo: mas oh que este mesmo desalinho, este mesmo desmancho é em que mais nos afiançamos para devermos conceber a ideia de ver algum dia em melhor sorte trocada a rudeza que nos é tão natural". No mesmo diapasão corre o "Prólogo ao Leitor" com que o poeta abre as *Obras*. Às tantas, confessa que "a desconsolação de não poder subestabelecer aqui as delícias do Tejo, do Lima e do Mondego, me fez entorpecer o engenho dentro do meu berço" (ed. cit., vol. I, p. 100).

çou criar. Talvez o mais lusófilo dos contemporâneos, incluindo o próprio Tomás Antônio Gonzaga, a sua poesia atingiu, notadamente nos sonetos, acentos líricos poucas vezes logrados no século XVIII. Apesar das ocasionais debilidades da sua "fábrica poética", Cláudio Manuel da Costa soube criar a poesia mais densa e válida do tempo: o seu rival em grandeza seria Bocage, graças ainda aos sonetos, e não qualquer outro poeta mineiro.

TOMÁS ANTÔNIO GONZAGA

Nasceu no Porto, a 11 de agosto de 1744. De ascendência brasileira pelo lado paterno, e portuguesa pelo materno, viaja com o pai para Pernambuco em fins de 1751. Na Bahia, para onde vai em 1759, entra no Colégio dos Jesuítas. Concluído o curso secundário, em 1761 retorna a Portugal. Em Coimbra, no ano seguinte matricula-se em Direito. Formado em 1768, ingressa na carreira da magistratura, indo servir em Beja (1779) como juiz de fora. Designado ouvidor-geral de Vila Rica em 27 de fevereiro de 1782, em agosto desse mesmo ano parte para o Brasil, de onde apenas sairia em 1792. Enamora-se de Maria Joaquina Doroteia de Seixas, que imortalizaria como Marília, ao mesmo tempo que se desavém com Luís da Cunha Meneses, governador da Capitania. É nomeado, em meados de 1786, desembargador da Relação da Bahia, mas resolve adiar a tomada de posse, decerto movido pelo desejo de não se afastar de Marília. Passados dois anos, obtém licença para se casar, enquanto a mudança do governo de Minas Gerais, agora nas mãos do Visconde de Barbacena, vem sobressaltar os ânimos com a perspectiva da *derrama*. Deflagrada a Inconfidência, recebe voz de prisão a 21 de maio de 1789 e é remetido ao Rio de Janeiro. Condenado ao degredo em Moçambique, para lá segue a 25 de maio de 1792. Recebido com deferência, logo refaz a sua vida, casa-se com uma jovem de 19 anos, Juliana de Sousa Mascarenhas, analfabeta, de família relativamente abonada, e alcança ser promotor de defuntos e ausentes e mais tarde juiz da alfândega. Faleceu nos princípios (antes de 2 de fevereiro) de 1810.[1]

---

1. Acompanhamos de perto a notícia biográfica inserta no prefácio de M. Rodrigues Lapa às *Obras Completas* de Tomás Antônio Gonzaga, 2 vols., Rio de Janeiro, INL, 1957, a melhor edição existente do espólio do poeta, e na qual nos baseamos.

Em África, Tomás Antônio Gonzaga teria elaborado poemas que, infelizmente, desapareceram. Em vida, publicou vinte e três liras sob o título de *Marília de Dirceu* (1792). A segunda parte, com trinta e duas liras, saiu em 1799, e foi reeditada, com cinco novas liras, em 1802. As duas partes, com trinta e sete e trinta e oito liras respectivamente, foram reunidas e publicadas em 1811, em companhia de um soneto ("Obrei quanto o discurso me guiava"). Em 1812, publicou-se a terceira parte das liras. As *Cartas Chilenas*, que podem ser consideradas de sua autoria após a exaustiva demonstração de Rodrigues Lapa,[2] publicaram-se, incompletamente, pela primeira vez em 1843, e completamente em 1865. O *Tratado de Direito Natural*, que redigiu pensando em abraçar a carreira docente, veio a lume em 1942, por iniciativa do referido estudioso português.

Pondo de parte o *Tratado de Direito Natural*, que se enquadra no âmbito da história das ideias,[3] *Marília de Dirceu* e *Cartas Chilenas* encerram a porção válida do espólio de Tomás Antônio Gonzaga: a primeira, movendo-se no perímetro da lírica, e a outra no da satírica, constituem faces complementares e mutuamente se explicam.

A trajetória lírica de Tomás Antônio Gonzaga desenvolveu-se ao longo de três fases, a primeira das quais abrange as composições escritas antes do namoro com Maria Doroteia, incluindo o tempo de Coimbra: sonetos, uma ode e liras representam as primícias do poeta e os contactos iniciais com o ambiente de Vila Rica. Exercício versificatório, onde luz um talento à procura de assunto e/ou de experiência autêntica, é o panorama oferecido pelos sonetos e confirmado pelo tom bajulatório da ode em "Congratulação com o Povo Português na Feliz Aclamação da Muito Alta e Muito Poderosa Soberana D. Maria I, Nossa Senhora". Amores vários povoam a mente do poeta e inspiram-lhe versos sem maior vibração, submissos às convenções em moda. De escassa valia, desenrolam-se numa atmosfera recendente de artificiosidade neoclássica, de que não são estranhos certos ingredientes barrocos. A mitologia, assumida como adorno alegórico, vazio de conteúdo, colabora na exposição mecânica

---

Várias emendas foram introduzidas em nosso texto, graças à exaustiva pesquisa de Adelto Gonçalves, que culminou no livro *Gonzaga, Um Poeta do Iluminismo*, Rio de Janeiro, Nova Fronteira, 2000.

2. M. Rodrigues Lapa, *As "Cartas Chilenas". Um Problema Histórico e Filológico*, Rio de Janeiro, INL, 1958.

3. Lourival Gomes Machado, *O "Tratado de Direito Natural" de Tomás Antônio Gonzaga*, Rio de Janeiro, MES, 1953. Ver, ainda, Domingos Carvalho da Silva, *Gonzaga e Outros Poetas*, Rio de Janeiro, Orfeu, 1970, pp. 126-131.

de temas em moda, nos quais o dado livresco prevalece sobre a experiência vital. Entretanto, a utilização do verso redondilho nas liras em que o poeta ensaia os primeiros passos, manifesta um à vontade que, descontraindo-lhe progressivamente a veia lírica, lhe faria a fortuna e se adequaria à naturalidade fingida que alcançaria na segunda fase, ao confessar a sua paixão por Marília.

A segunda fase da trajetória poética de Tomás Antônio Gonzaga caracteriza-se pelo lirismo decorrente da ilusão de nutrir algum sentimento por Maria Doroteia e, simultaneamente, do empenho em conquistá-la: afinal, era um quarentão atraído por uma adolescente. Para agradá-la, elaborava os versos, como a transmitir sentimentos autênticos. Na verdade, acreditaria que os experimentava, mas o futuro viria a mostrar que eram fingidos, na acepção menor e restritiva do vocábulo: fingia alimentar uma paixão, vestia teatralmente a roupagem de apaixonado, desempenhava a sério o papel, precisamente como um ator se imbui da personagem que encarna. Terminada, porém, a encenação, o ator regressa à própria natureza e esquece a persona fingida. O encerramento do espetáculo, para Tomás Antônio Gonzaga, consistiu no desterro em África.

A par dos estereótipos arcádicos, como o tema do *carpe diem* horaciano ou o do elogio da senectude, a segunda fase das *Liras* identifica-se, antes de mais nada, pelo retrato de Marília: porventura a justificar a atenção que lhe consagra, o poeta resolve cantar-lhe as graças. Para tanto, lança mão de lugares-comuns barrocos e neoclássicos; sempre que o retrato desce a pormenores, o figurino gongórico da mulher se impõe (lira 53):

> Os teus olhos espalham luz divina,
> a quem a luz do sol em vão se atreve;
> papoila ou rosa delicada e fina
> te cobre as faces, que são cor da neve.
> Os teus cabelos são uns fios d'ouro;
> teu lindo corpo bálsamo vapora.

Excetuando a reminiscência clássica dos "fios d'ouro", o mais acompanha a moda barroca, que mandava divisar no rosto feminino "per'las mimosas, / jasmins e rosas" (lira 49). Quando se tratava de oferecer uma ideia global da mulher-amada, o ponto de referência mudava para Vênus (lira 48). Tal identificação corre por conta do que se passava no íntimo de Tomás Antônio Gonzaga. Crendo amar, ou rubricando de amor o sentimento que o invadia, dirige-se à Marília como pessoa e, ao mesmo tempo, como encarnação do próprio sentimento, de forma que dentro do poeta se processa duplo movimento, um na direção da adolescente suspirosa, outro do Amor como categoria absoluta. De certo modo, esta lhe importava mais do que aquela: demorava no poeta como ideia, digamos parafraseando Camões, à espera de um objeto no qual pudesse representar-se.

Marília torna-se, assim, o objeto do amor, ou antes, do Amor do poeta. Realmente, embora se trate de insinceridade involuntária, pode-se entrever aqui a mola fundamental do poeta, que ama na idade madura: entre concupiscente e idealizante, volta-se para a namorada juvenil como se ela materializasse a ideia que ele faz do Amor. Logo, divisa-a como ser mitológico em que a tradição clássica figurava o sentimento, "de sorte que há momentos em que, no seu êxtase lírico, não se sabe bem o que o domina, se a amante, se o deus do amor. Cupido decompõe-se em D. Maria Doroteia".[4]

No caso, o fingimento organiza-se em torno de um sentimento colhido na relação direta entre o poeta e a inspiradora: a dor verdadeira, de que fala Pessoa, existe ou parece existir, ao menos na medida em que o amador acredita sofrê-la, e como a sua crença se funda na evidência de que há um ser sobre quem se derrama o afeto, está organizado o percurso que culminará em poesia. Entretanto, a crença no sentimento advém da ideia que habita o poeta, ideia brotada da sua condição de sensitivo e de homem culto que edifica na mente uma ficção ou ideal (o do Amor), nele deposita fé e projeta-o no rumo de Marília: a donzela atualizaria um sentimento latente, fruto de uma espécie de paranoia inofensiva; o mito do Amor, aceito como verídico, apenas carecia de alguém para se concretizar. Marília respondia perfeitamente à expectativa. Jamais Laura ou qualquer outra das mulheres que pontilharam de amores fáceis, ainda que duradouros, a vida do poeta. Que o "amor" nascia de uma projeção mítica, prova-o cabalmente o casamento do poeta, em Moçambique, com uma analfabeta de posses e o quase total estancamento da produção literária após o exílio: bastou que se pusesse um oceano de permeio para que esquecesse Marília e cedesse às circunstâncias do meio, com um senso prático que faculta negar completamente a sinceridade do *affaire* mineiro.

---

4. Araripe Júnior, *Obra Crítica*, 4 vols., Rio de Janeiro, Casa de Rui Barbosa, vol. II, 1960, p. 280.

Todavia, enquanto o namoro durou, o poeta viveu suspenso, voltado para Marília, e a Natureza, como se de repente descobrisse a paisagem circundante, diversa daquela que o Arcadismo concebia idealisticamente. E, por um mecanismo automático, o desvelamento da Natureza associa-se ao do "eu", agora desperto para uma relação menos estereotipada, pela primeira vez atentando para a realidade material à sua frente: Natureza e "eu" compõem um binômio que a Renascença anunciara sem levar às derradeiras consequências. Com Tomás Antônio Gonzaga, e alguns dos contemporâneos, o par dialético aproxima-se ainda mais, no encalço do Romantismo (lira 24):

Acaso são estes
os sítios formosos,
aonde passava
os anos gostosos?
São estes os prados,
aonde brincava,
enquanto pastava,
o manso rebanho
que Alceu me deixou?
São estes os sítios?
São estes; mas eu
o mesmo não sou.

Dirigido inicialmente para a natureza vinculada à conjuntura do namoro, o movimento do poeta orienta-se para aspectos que apenas de forma indireta dizem respeito ao interlúdio amoroso (lira 54):

Tu não verás, Marília, cem cativos
tirarem o cascalho e a rica terra,
ou dos cercos dos rios caudalosos,
ou da minada serra.

Não verás separar ao hábil negro
do pesado esmeril a grossa areia,
e já brilharem os granetes de oiro
no fundo da bateia.

Não verás derrubar os virgens matos,
queimar as capoeiras inda novas,

servir de adubo à terra a fértil cinza,
lançar os grãos nas covas.

Não verás enrolar negros pacotes
das secas folhas do cheiroso fumo;
nem espremer entre as dentadas rodas
da doce cana o sumo.

Aqui se aponta um rasgo de brasilidade, ou de atenção viva para a paisagem tropical, que colabora para distinguir Tomás Antônio Gonzaga dos outros árcades. Paradoxalmente, na sua poesia, sendo ele um português, adverte-se mais permeabilidade à terra que na dos poetas coevos: ao longo das *Liras* predomina a natureza idealizada segundo os moldes neoclássicos, mas é visível o influxo, posto que atmosférico, da realidade brasileira. Desse ângulo e levando-se ainda em conta o caráter imediatista e localista das *Cartas Chilenas*, Tomás Antônio Gonzaga talvez seja o mais brasileiro dos nossos poetas arcádicos. Em consonância com essa brasilidade, tornou-se, como nenhum outro do tempo, o cantor das delícias do viver burguês. Na mesma lira de que se extraíram os versos atrás referidos se faz o elogio do cotidiano prosaico da classe média; nas liras 39 e 77, esta redigida na prisão, o ideal da "áurea mediocridade" recorre em toda a plenitude:

Nas noites de serão nos sentaremos
cos filhos, se os tivermos, à fogueira:
entre as falsas histórias, que contares,
lhes contarás a minha, verdadeira.
Pasmados te ouvirão; eu, entretanto,
ainda o rosto banharei de pranto.

Fundidos, o ideal burguês e o deslumbramento perante a natureza dão a impressão de haver exercido impacto demolidor no espírito de Tomás Antônio Gonzaga: enlanguescido pela natureza tropical, ganhou um à vontade que o destaca entre os coetâneos. Em matéria de forma poética, as suas liras ostentam uma variação estrófica e métrica superior à de qualquer outro poeta brasileiro do tempo, que parece corresponder à ondulante marcha do namoro com Marília e ao entusiasmo em face da natureza dos trópicos. De onde a coincidência feliz entre a leveza dos sentimentos e a forma na qual se moldam: a musicalidade langorosamente brasileira das *Liras*, que lembra por vezes o dengue da *Viola de*

Lereno (1798), de Domingos Caldas Barbosa, casa-se bem com o epidérmico sentimento que entretinha o poeta e a sua namorada. Diametralmente oposto à gravidade assumida por Cláudio Manuel da Costa, infenso à sondagem psicológica que caracteriza o autor de *Vila Rica*, Tomás Antônio Gonzaga é um genuíno precursor de Garrett: sensível, mas superficial, artificioso, inconscientemente insincero, o seu mérito reside no desentalar a poesia arcádica do imobilismo, tornando-a espontânea e livre. Com efeito, a renovação da linguagem poética levada a cabo por Garrett com *Folhas Caídas* (1853) anuncia-se em *Marília de Dirceu*, por sinal também destinado à conquista amorosa ou à sua expressão.

Entretanto, a ruptura com o decálogo arcádico ocorreu na terceira fase das *Liras*. O episódio da Inconfidência viria patentear a autêntica índole do sentimento entre Tomás Antônio Gonzaga e Maria Doroteia, ao mesmo tempo que propiciaria o surgimento da verdadeira poesia, não oriunda de um sentimento mitificado (e algo de mistificado) mas experimentado na carne e sublimado em poemas de alta pulsação estética. Superada a necessidade de escrever liras para cortejar uma donzela aparentemente recatada e sonhadora; suprimida a obrigação de fingir-se apaixonado, — o poeta pode exprimir o sentimento (verdadeiro) que o avassala, o da reclusão, o do destino incerto, no qual ainda se esbate, como sombra fugaz e resultante de um hábito arraigado, a teatralidade anterior, agora purificada pela distância e reduzida às exatas proporções. De qualquer modo, interessa mais ao poeta o próprio futuro, chorar as agruras da sorte, que lastimar a namorada ou o casamento irrealizado; ao fazê-lo, Tomás Antônio Gonzaga encaminhava-se para o próprio núcleo da Poesia, e alcançava timbres poucas vezes atingidos na fase precedente.

Decerto, desobrigado de fingir-se enamorado, o poeta pôde revelar aspectos antes camuflados, como o prosaísmo descolorido (que não se confunde com o seu ideal burguês) presente na lira 64, longo poema (15 estrofes de sete versos) sem poesia, "ao serviço da jurisprudência", no dizer de Rodrigues Lapa.[5] O burguesismo adensa-se, mostra a face oculta, na qual o casamento equivale à comodidade tranquila e pacífica, mas uma nota de desesperança se insinua (lira 77):

> Julgou o justo céu que não convinha
> que tanto grau subisse a glória minha.

---

5. Rodrigues Lapa, *op. cit.*, p. 114, rodapé.

O classicismo praticamente desaparece, a efígie de Marília purifica-se (lira 89) graças ao afastamento, que veste cores de idealidade plena onde o frêmito da carne sugeria imagens mais realistas. E a própria Vênus, com a qual Marília se confundira, é descartada (lira 89):

A minha amada
é mais formosa
que branco lírio,
dobrada rosa,
que o cinamomo,
quando matiza
coa folha a flor.
Vênus não chega
ao meu amor.

Por outro lado, sente que lhe "devora o coração (...) o abutre da saudade", que o seu tormento ultrapassa o de Sísifo (lira 73):

Eu não gasto, Marília, a vida toda
em lançar o penedo da montanha
ou em mover a roda;
mas tenho ainda mais cruel tormento:
por coisas que me afligem, roda e gira
cansado pensamento.

E por entre queixumes constantes (notadamente na lira 88), condensa o seu padecimento num verso que, sendo a súmula feliz do tumulto que o inquieta, preludia emblematicamente a revolução romântica (lira 58):

Eu tenho um coração maior que o mundo.

Mais do que os contemporâneos, Tomás Antônio Gonzaga pôde, acolhendo a ficção pastoril, denunciar a artificiosidade do Arcadismo, e evoluir para atitudes francamente anunciadoras do Romantismo, à proporção que dispôs o "eu" no centro do tablado, um "eu" cada vez mais despojado das convenções bucólicas e mais próximo da liberalidade romântica. Considerável parcela do seu renome após a morte lhe advém da lenda em torno dos amores truncados pela Conjuração Mineira: pouco importante do ponto de vista crítico, o fato assinala a mera superposição do pormenor biográfico à obra. E o prestígio desta, de resto merecido, vem precisamente da elasticidade que soube emprestar à versificação em língua portuguesa, elasticidade que corresponde à paulatina emancipação do "eu", de que Garrett seria o fautor algumas décadas mais tarde. Melopeia, leveza, suavidade e desenvoltura são algumas das características que lhe explicam o fascínio entre leitores de poesia ainda hoje.

Quanto às *Cartas Chilenas*, padecem das restrições que cercam as obras satíricas mesmo quando exibem qualidades estéticas: envelhecem com os acontecimentos em que se inspiraram. No caso, o motivo desencadeador é Luís da Cunha Meneses, Governador da Capitania de Minas Gerais entre 1783 e 1788, e que aparece na obra sob o criptônimo de Fanfarrão Minésio, que mal esconde o nome do destinatário da verrina. O autor presuntivo das missivas é Critilo, morador no Chile, e o seu correspondente, Doroteu, em Madri. Ao todo, avolumam-se treze epístolas em decassílabos brancos e estrofação livre, por onde flutua o vulto de Camões, mas dum Camões que teimasse em perpetrar prosa rimada (Carta I):

> Nas outras contarei, prezado amigo,
> os fatos que ele obrou no seu governo,
> se acaso os justos céus quiserem dar-me,
> para tanto escrever, papel e tempo.

A vasta pormenorização dos desmandos governamentais apenas guarda interesse histórico, e naquilo em que reflete um estado de coisas nas Minas Gerais mergulhadas no clima da Inconfidência. Dá-nos conta, ainda, do pensamento democrático e a um só tempo aristocrático que norteava Tomás Antônio Gonzaga (Cartas VIII e IX). Por vezes, o calor poético infiltra-se na prosa metrificada, no geral cerebrina, como sói acontecer em se tratando de sátira; no entanto, há que discernir agressividade, sarcasmo, ironia, de temperatura poética: na sátira gonzaguiana prevalece a indignação oratória sobre a motivação poética.

Resolvido o problema da autoria das *Cartas Chilenas* em favor de Tomás Antônio Gonzaga, no espólio do cantor de Marília sobressaem facilmente as liras, sobretudo as da segunda e terceira fases, mercê do nível estético alcançado e de prenunciarem o advento do Romantismo.[6]

---

6. Ao falecer, Gonzaga deixara inédito o poema *A Conceição*, alusivo ao naufrágio do navio *Marialva*, no dia 2 de setembro de 1802, a 12 léguas de Moçambique. Com o título de *A Conceição: o naufrágio do Marialva*, introdução, transcrição e notas de Ronaldo Polito de

ALVARENGA PEIXOTO

Inácio José de Alvarenga Peixoto nasceu no Rio de Janeiro em 1743 ou 1744. A incerteza quanto ao seu nascimento permanece a outros respeitos. Teria sido levado para Braga (Portugal) com oito ou nove anos. Em 1760, encontramo-lo em Coimbra. No ano seguinte, regressa ao Brasil, mas em 1763 está de novo em Coimbra. "Em 3 de fevereiro de 1767 tomava o grau de doutor em Leis".[1] Ingressa na magistratura, e em fins de 1768 ou princípios de 1769, é nomeado juiz de fora de Sintra, cargo que ocupa até dezembro de 1772. Já nesses anos divide o tempo entre as Leis e as Letras. Nomeado ouvidor do Rio das Mortes em março de 1775, assume as respectivas funções em agosto de 1776. Envolve-se em questões de terras e dívidas. Enamora-se de Bárbara Heliodora e com ela se casa em dezembro de 1781. Abandona a ouvidoria, e a sua situação complica-se progressivamente. Comprometido com a Inconfidência, é preso e levado para o Rio de Janeiro. Condenado ao degredo, segue para Ambaca (Angola), a 5 de maio de 1792; e chega ao destino a 16 de agosto do mesmo ano, mas falece repentinamente a 27 desse mês, de febre tropical.

Em vida, publicara apenas três composições: o soneto dedicado ao *Uraguai* (1769), de José Basílio da Gama, e que acompanha a 1ª edição do poema ("Entro pelo Uraguai, vejo a cultura"); o soneto dedicado à Estátua Equestre de D. José I, em 6 de junho de 1775 ("América sujeita, Ásia vencida"); "a lira 'O Retrato' (de Marília e não de Anarda) publicada em 1785 no vol. VII da *Miscelânea Curiosa e Proveitosa*, sem nome de autor, o que a torna um pouco duvidosa".[2] A primeira compilação da sua obra poética deve-se a Jerônimo da Cunha Barbosa (*Parnaso Brasileiro*, 1829-1832). Em 1865, Joaquim Norberto de Sousa e Silva publicou-lhe as *Obras Poéticas*, o mesmo tendo feito Domingos Carvalho da Silva em 1956. Passados quatro anos, M. Rodrigues Lapa dá a público a recolha mais completa do seu espólio, no qual se incluem as cartas, numa edição rigorosamente crítica, a que não faltam os documentos comprobatórios.

Oliveira, veio a público em 1995 (S. Paulo, EDUSP). Ver, a respeito, Adelto Gonçalves, *op. cit.*, pp. 409-410, 486n.

1. M. Rodrigues Lapa, *Vida e Obra de Alvarenga Peixoto*, Rio de Janeiro, INL, 1960, p. XI. As demais informações também se fundamentam no prefácio desta obra, atualmente a mais autorizada no assunto.

2. *Idem, ibidem*, p. LVI.

O escasso volume da obra poética de Alvarenga Peixoto pode ser o resultado de uma vida antes gasta nos amores vários e nas contendas de ordem política e econômica, que no culto às musas. Poeta de domingo, diríamos hoje, não em sentido pejorativo, mas para assinalar uma atividade literária de ritmo inconstante e sujeita a circunstâncias externas. Decerto carente de um problema ou de um drama vivencial, retesaria as cordas da lira sempre que, ou apenas se, lhe ensejasse ocasião: o motivo brotava-lhe de fora, nunca de dentro, ou quando o estímulo de um acontecimento encontrasse ressonância em sua sensibilidade.

De onde não haver, em se tratando de Alvarenga Peixoto, ideia de trajetória, de progresso ou de temática definida: a dispersão existencial, ou a disponibilidade meio boêmia, reflete-se numa obra nascida sem projeto algum, mesmo inconsciente, que se revelasse durante o desdobramento das intuições. Os parcos poemas reunidos parecem notações fortuitas de um talento que se estiolou noutras proezas menos gloriosas; ou que descurou de trabalhar mais e sistematicamente, à falta de crença profunda na importância da Literatura. Mais o produto de um juiz que escrevia versos quando calhava, do que de um poeta que ganhasse a vida num emprego condizente com o seu preparo acadêmico, a sua diminuta colheita lírica revela entranhado respeito às matrizes do neoclassicismo em voga: os lugares-comuns clássicos e mitológicos saltam-lhe da pena a toda a hora, ainda quando o evento desencadeador fosse amplamente rico para sugerir postura menos convencional.

Assim, para exaltar José Basílio da Gama e o seu *Uraguai*, não pode passar sem referir-se a Caco ou ao "famoso Alcides" (poema 5), ou para cantar a sua Jônia (criptônimo de D. Joana Isabel de Lencastre Forjaz, com quem entreteve relações amorosas durante os anos de Lisboa), não deixa de convocar ninfas, pastores, Palas, Vênus, Pã (poemas 10, 13), ou para encômio de Pombal e D. José I não resiste a compará-los a Agripa e Augusto (poema 15), etc. Posto que expediente vulgar no tempo e, portanto, constituir pecadilho no qual incorreram todos os árcades, a persistência das alusões clássicas e mitológicas é que causa espécie, dando a impressão de suportes sem os quais a inspiração do poeta não se desenvolveria. É a constância dos bordões e a sua funcionalidade que chamam a atenção: o poeta subordinou as suas intuições a um quadro fixo de referências, em vez de libertar-se e utilizar os ingredientes neoclássicos como adornos ou elementos da paisagem.

O fato salta à vista quando se consideram dois aspectos divergentes: o pendor para a poesia de circunstância e a vibração de genuíno poeta.

No tocante ao primeiro, observa-se que somente alguns contados poemas brotaram sem maior intuito apologético ou comemorativo: ora se dispõe a celebrar o aniversário de D. Joana (poema 8) ou de D. Maria I (poema 20), a fazer o elogio de Pombal (poemas 14 e 15), do Marquês de Lavradio (poemas 16 e 19), a chorar a morte de D. José I (poema 17), a festejar o casamento do tenente-coronel Francisco de Paula Freire de Andrada (poema 22), o nascimento do filho de D. Rodrigo José de Meneses (poema 23), "a celebrar as obras públicas realizadas pelo Vice-Rei Luís de Vasconcelos e Sousa na cidade do Rio de Janeiro: o Passeio Público, o cais e chafariz na moderna Praça 15"[3] (poema 25), a elogiar o Visconde de Barbacena, Luís Antônio Furtado de Castro do Rio de Mendonça (poema 26), a prantear o falecimento do 2º Marquês de Lavradio (poema 27), "a captar as boas graças da soberana / D. Maria I /, com mira num possível indulto"[4] (poemas 29 e 33), ora para enaltecer D. Rodrigo José de Meneses e Castro (poema 30).

Ressalte-se que Alvarenga Peixoto teria elaborado ao todo trinta e três composições, nas quais se incluem pelo menos três que podem não ser da sua autoria, como as de número 7 ("Não cedas, coração, pois nesta empresa"), 24 ("Amada filha, é já chegado o dia")[5] e 28 ("Oh, que sonho, oh, que sonho eu tive nesta"). Alusões clássicas e mitológicas, espírito comemorativo e encomiástico, constituem aspectos marcantes da poesia de Alvarenga Peixoto, que atestam o processo de transpiração que o norteou: a disposição para o elogio e o respeito aos padrões clássicos acabavam sufocando a real inspiração ou, às vezes, denunciavam-lhe a ausência.

Nos quadros do Arcadismo e das academias que proliferaram nos séculos XVII e XVIII, versejava-se com facilidade, não raro extrema. Entretanto, não se podem confundir os exercícios métricos, para efeitos mundanos e imediatos, com a autêntica contensão poética que se vale dos mesmos recursos técnico-expressivos. No caso dos que metrificavam por automatismo cultural, percebe-se a falta de assunto e, a um só tempo, de uma temperatura emocional própria da poesia verdadeira.

Alvarenga Peixoto também carecia de motivos poéticos, mas possuía estofo de poeta. Mostram-no claramente a concisão e a solidez dos ver-

---

3. *Idem, ibidem*, p. 40n.

4. *Idem, ibidem*, pp. 46, 54n.

5. Domingos Carvalho da Silva, *Gonzaga e Outros Poetas*, Rio de Janeiro, Orfeu, 1970, pp. 69 e ss., atribui a Bárbara Heliodora a autoria deste soneto.

sos: poemas no geral talhados com rigor de mestre, repelem as palavras vazias de sentido, convocadas para o texto a fim de completar o verso ou preservar a rima. Desde o soneto que se presume escrito aos catorze anos até a composição de número 33, redigida na prisão, por volta de 25 de dezembro de 1791, nota-se uma vigilante consciência artesanal, que recusa as frouxidões e busca os versos bem lapidados, de quem não só conhecia a arte da metrificação como tinha algo a dizer. Por certo, os poemas comemorativos e elogiosos tendem, via de regra, a refletir a inquietude poética a serviço de um acidente exterior, o que lhes diminui o valor e o alcance. Basta, porém, que o "saber de experiência feito" lhe dite o poema para que o resultado se altere (poema 6):

> Eu vi a linda Jônia e, namorado,
> fiz logo voto eterno de querê-la;
> mas vi depois a Nise, e é tão bela,
> que merece igualmente o meu cuidado.
>
> A qual escolherei, se, neste estado,
> eu não sei distinguir esta daquela?
> Se Nise agora vir, morro por ela,
> se Jônia vir aqui, vivo abrasado.
>
> Mas ah! que esta me despreza, amante,
> pois sabe que estou preso em outros braços,
> e aquela me não quer, por inconstante.
>
> Vem, Cupido, soltar-me destes laços:
> ou faze destes dois um só semblante,
> ou divide o meu peito em dois pedaços!

Envolvido numa relação emocional autêntica, Alvarenga Peixoto cria um soneto de primeira água, do melhor que escreveu: o criptônimo arcádico (Jônia, Nise) não esconde o halo de experiência verídica, logo imaginada, fingida e transmutada em arte, que deixa transparecer uma dualidade, clássica pelo que lembra o binômio céu/terra, e romântica pelo "eu" desfeito "em dois pedaços". Conquanto subserviente aos postulados neoclássicos, Alvarenga Peixoto alcançou os níveis mais altos quando a estrutura clássica se casava a um sentimento que já é romântico (poema 7):

Não cedas, coração, pois nesta empresa
o brio só domina; o cego mando
do ingrato Amor seguir não deves, quando
já não podes amar sem vil baixeza.

Rompa-se o forte laço, que é fraqueza
ceder a amor, o brio deslustrando;
vença-te o brio, pelo amor cortando,
que é honra, que é valor, que é fortaleza.

Foge de ver Altea; mas, se a vires,
por que não venhas outra vez a amá-la,
apaga o fogo, assim que o pressentires;

E se ainda assim o teu valor se abala,
não lho mostres no rosto, ah, não suspires!
Calado geme, sofre, morre, estala!

O diálogo com o coração, sendo romântico, e quiçá moderno, não dissimula os freios da cosmovisão clássica, evidentes no racionalismo e no tom conceituoso. Permeia o soneto certa inquietação filosófica, ou uma tendência a transcendentalizar o sentimento (à Cláudio Manuel da Costa ou à Bocage), que não chega a concretizar-se: o poeta não leva a cabo todas as suas virtualidades, e esse pendor à especulação filosófica, transparente na contensão dos versos, é uma das mais patentes e fecundas; Alvarenga Peixoto deixou inexplorados os caminhos que lhe apontavam a sensibilidade e a inteligência. Aqui e ali, em meio aos versos fiéis à poética clássica, despontam alguns que são de um poeta inspirado, mas abúlico ou cético (poemas 13 e 20):

e a mão da Noite embrulha os horizontes
....
ah, Jônia, Jônia, dia de vitória
sempre o mais triste foi para os vencidos!
....
o reflexo de mil espadas nuas
....
freio de rosas posto em mãos de neve.

Respira-se nesses retalhos métricos uma amplitude de poeta épico, mas incerto de um rumo a seguir e tolhido na armadilha da própria vocação: movido por contingências exteriores, inclusive o sentimento amoroso funciona como acicate de fora para dentro. Faltou ao poeta resistir às tentações da hora e lutar por uma poesia que traduzisse os problemas de sempre e/ou aqueles colocados pela filosofia do tempo: em suma, restava-lhe saber que tinha meios para criar uma obra poética acima das efemérides e que transfundisse o caso pessoal numa situação universal.

O "Canto Genetlíaco", unanimemente saudado como uma das suas peças mais bem acabadas, testemunha com eloquência até que ponto era uma vocação épica, talvez mais arraigada e autêntica que a dos outros árcades que praticaram o poema heroico. E no curso das demais composições, não é raro o acento epicizante prevalecer sobre o lírico: na verdade, o apego aos temas circunstanciais poderia perfeitamente resultar do impulso de uma sensibilidade que procurava, por exemplo, no relativo de um falecimento o reflexo de um absoluto possível.

Dessa perspectiva, mesmo as harmoniosas liras (poemas 18 e 21) à Tomás Antônio Gonzaga parecem fruto da conjuntura arcádica, que rebaixava o poeta a uma clave menor. Analogamente, os problemas do dia a dia lhe inspiram versos mais ou menos prosaicos, como se pode verificar no soneto que escreveu na prisão, circunstância por si só estimuladora de poesia doutro naipe:

> Eu não lastimo o próximo perigo,
> uma escura prisão, estreita e forte;
> lastimo os caros filhos, a consorte,
> a perda irreparável de um amigo.
>
> A prisão não lastimo, outra vez digo,
> nem o ver iminente o duro corte;
> que é ventura também achar a morte,
> quando a vida só serve de castigo.
>
> Ah, quem já bem depressa acabar vira
> este enredo, este sonho, esta quimera,
> que passa por verdade e é mentira!
>
> Se filhos, se consorte não tivera,
> e do amigo as virtudes possuíra,
> um momento de vida eu não quisera.

Será demais entrever nestas linhas a mesma rendição à poesia comemorativa? Premido pelas circunstâncias, Alvarenga Peixoto escreveu obra desigual, e quando seria de esperar que o "eu", liberando-se, pudesse suscitar poesia de mais amplo fôlego, o resultado é pouco mais que mofino: irremediavelmente neoclássico, hesitou entre extremos, numa ambiguidade que poderia gerar poesia superior, caso soubesse conduzir a termo a sua lídima inclinação para a sondagem existencial. Talvez seja estudado junto a Cláudio Manuel da Costa e outros mais por sua biografia que por sua obra. De certo modo, poderia ser integrado no capítulo em que se examinam poetas menos expressivos desta época. E só o não é porque a obra, apesar de escassa, vibra por vezes de uma tensão poética nada comum em nosso Arcadismo.

SILVA ALVARENGA

Manuel Inácio da Silva Alvarenga nasceu em Vila Rica, atual Ouro Preto, em 1749. Terminados os primeiros estudos na cidade natal, prosseguiu-os no Rio de Janeiro (1768), de onde rumou para Coimbra (1771) a fim de cursar Leis. Em 1774 publicou, a expensas de Pombal, *O Desertor*, poema herói-cômico. Formado em Cânones (1776), ainda se demorou um ano na Metrópole. De regresso a Minas, iniciou-se na advocacia e mais tarde (1782), no Rio de Janeiro, abriu curso de Retórica e Poética. Em 1786, organizada a Sociedade Literária do Rio de Janeiro, dela participou ativamente. Encerradas as atividades da agremiação em 1790, passou a reunir-se clandestinamente com os seus pares. Acusado de conspirar contra o governo, é preso em 1794 e solto a 9 de julho de 1797. De volta às atividades jurídicas e docentes, recuperou o prestígio abalado com a prisão. Faleceu a 1º de novembro de 1814.

Além de *O Desertor*, ou *O Desertor das Letras*, publicou em vida uma *Ode, no Dia da Colocação da Estátua Equestre d'El-Rei Nosso Senhor D. José I* (sem data nem local de publicação), *Ao Sempre Augusto e Fidelíssimo Rei de Portugal, o Sr. D. José I, no Dia da Colocação de Sua Real Estátua Equestre* (1775), *O Templo de Netuno* (1777), *Apoteose Poética ao Ilmo. Sr. Luís de Vasconcelos e Sousa, Vice-Rei e Capitão Geral do Brasil* (1785), *Glaura, Poemas Eróticos* (1799), etc. Em 1864, Joaquim Norberto de Sousa e Silva coligiu-lhe a maioria da produção nas *Obras Poéticas*, em 2 volumes, baseando-se, para o texto de *Glaura*, na edição de 1801, que pode ser considerada a segunda. Em 1943, Afonso Arinos de Melo Franco reeditou *Glaura*, tomando por base a edição de 1799, cuja "existência foi ignorada pelos bibliógrafos portugueses e brasileiros do século XIX".[1]

À semelhança dos outros árcades, Silva Alvarenga cultivou a poesia encomiástica e comemorativa, a satírica e a lírico-amorosa. Deles diverge, no entanto, na medida em que levou mais adiante a ortodoxia neoclássica, ensaiou novas soluções formais e se aproximou do Romantismo (até por ter chegado a sexagenário, numa altura em que o barco da reforma romântica velejava a todo o pano).

A faceta encomiástica e comemorativa padece das limitações que comprometem essas tendências ao longo do século XVIII. Além dos poemas referidos, outros vários, incluídos no volume inicial das *Obras Poéticas*, destinavam-se ao elogio ou a celebrar datas festivas. Por meio deles, ficamos sabendo que nem Silva Alvarenga escapou de um vício comum ao tempo, fruto das relações subservientes que os literatos mantinham com soberanos e fidalgos: o mecenatismo, implantado desde o século XVII no ambiente das academias, arcádias e palácios de governo, explica a voga desse gênero subalterno de atividade literária.

Por outro lado, a poesia de circunstância permite conhecer determinados aspectos da cosmovisão de Silva Alvarenga que não voltam a surgir na parcela lírico-amorosa de sua obra, e que se confirmam na fração satírica. No fluxo do encômio, ou do ataque, não raro o poeta franqueia a sua intimidade, antes no plano do pensamento que da emoção. A par de exageros como "o grande rei José",[2] ou declarar que "O amor da vossa glória foi quem me fez poeta",[3] que somente permanecem aquém do ridículo se compreendermos a atmosfera cultural setecentista, somos informados que também Silva Alvarenga rendeu culto a Camões,[4] e que desdenhava não só as fáceis ousadias de orientação barroca:

---

1. Rubens Borba de Morais, *Bibliografia Brasileira do Período Colonial,* S. Paulo, Instituto de Estudos Brasileiros, Universidade de S. Paulo, 1969, p. 18.

Em 1996, publicou-se nova edição, com base na de 1943, organizada por Fábio Lucas (S. Paulo, Companhia das Letras).

2. Silva Alvarenga, *Obras Poéticas,* 2 vols., Rio de Janeiro, Garnier, 1864, vol. I, pp. 277, 283.

Para o texto de *Glaura* ainda nos valemos da edição preparada por Afonso Arinos de Melo Franco (Rio de Janeiro, INL, 1943).

3. *Idem, ibidem,* p. 287.

4. *Idem, ibidem,* p. 228.

Agudíssimos poetas,
Gente bem-aventurada,
Que estudando pouco, ou nada,
Tem na cabeça essas petas,
E outra muita farfalhada!...[5]

como ainda, e sobretudo, os de feição arcádica:

Se de soneto és amante,
Seja sempre pastoril,
Que sem cajado e rabil,
O soneto mais galante
Não tem valor de ceitil.[6]

A crítica aos seguidores do Arcadismo, dirigida não ao fato de perfilharem as mesmas doutrinas do poeta, mas de o fazerem mecanicamente, sem talento ou inspiração, condensa-se na epístola "A José Basílio da Gama", uma das peças mais importantes para o devido equacionamento das teorias poéticas defendidas por Silva Alvarenga. Às tantas, confessa:

Eu aborreço a plebe dos magros rimadores,
De insípidos poemas estúpidos autores,
Que frenéticos suam sem gosto, nem proveito,
Amontoando frases a torto e a direito
....
Se fala um deus marinho, e vêm a borbotões
Ameijoas e perseves, ostras e berbigões;

Se os lânguidos sonetos manquejam encostados
Às flautas, aos surrões, pelicos e cajados:
Minha musa em furor o peito me enche d'ira
E o negro fel derrama nos versos, que me inspira.[7]

Sem qualquer sombra de incoerência, tal confissão revela que lhe desgostava não o afeiçoamento ao Arcadismo, senão a sua medíocre utilização: na verdade, propugnava por uma espécie de ortodoxia da

---

5. *Idem, ibidem*, p. 230.
6. *Idem, ibidem*, p. 229.
7. *Idem, ibidem*, p. 292.

estética e não o seu repúdio, o que seria contrassenso. O arremate da investida contra os "magros rimadores" exprime-o de modo cabal:

> eu fito a vista
> No rimador grosseiro, no mísero copista,
> Tântalo desgraçado, faminto de louvor,
> Que em vão mendiga aplausos do vulgo adorador.[8]

Decerto, o poeta distinguiria os mecenas, ainda quando evidencias-sem menos senso crítico, — do "vulgo adorador", como se o valimento de um poema estivesse na razão direta do destinatário e não de intrínse-cas qualidades.[9] Parece válido adivinhar nessa diatribe contra o "rimador grosseiro" uma lucidez crítica que intuía a necessidade da inspiração como fundamento do ato poético: talvez captando os ventos novos da poesia e da crítica europeias, Silva Alvarenga revela-se insatisfeito peran-te a falta de "sopro divino" nos "míseros copistas", não perante a filiação ao ideário arcádico. Como a fazer o balanço do movimento neoclássico numa hora em que ainda não se lhe anunciava o declínio, tenta separar o trigo do joio, sem pronunciar o nome pelo qual o trigo já se fazia co-nhecido na Europa: inspiração.

Análoga consciência manifesta no tocante às tendências filosóficas e científicas da época. Conquanto as reuniões clandestinas da Sociedade Literária do Rio de Janeiro se nos afigurem, a uma perspectiva de quase dois séculos, mais ingenuamente literárias que subversivas, o certo é que Silva Alvarenga jamais escondeu a sua admiração pelo Iluminismo. Quando não, assumiu atitudes liberais que se contrapunham frontal-mente às reverências aos potentados e governantes. Num poema signifi-cativamente endereçado "À Mocidade Portuguesa" e subintitulado "Por Ocasião da Reforma da Universidade de Coimbra", depois de zurzir a ig-norância, a superstição e "a pérfida impostura", termina por exclamar:

> Ó cândida verdade,
> Filha da imensa luz que o sol conserva,

---

8. *Idem, ibidem*, p. 293.

9. Esta interpretação vem confirmada pelos dois versos iniciais da ode "O Recolhimen-to do Parto", "recitada na presença do Vice-Rei / Luís de Vasconcelos e Sousa" (*ibidem*, vol. I, p. 261):

> Longe, longe daqui, vulgo profano,
> Que das musas ignoras os segredos.

> Ilustra em toda a idade
> Este sagrado templo de Minerva.
> Digna-te ser, pois vens do assento etéreo,
> A deusa tutelar do nosso império.[10]

A despeito de o adjetivo "cândida" sugerir ambíguas interpretações, o sentido geral do pensamento contido na estrofe manifesta-se luminosamente. Transformada em clichê na poesia de Silva Alvarenga, a expressão retorna num poema recitado ao Vice-Rei, D. Luís de Vasconcelos:

> Ah vem, formosa cândida verdade,
> Nos versos meus a tua luz derrama![11]

Coragem moral e desassombro, parece transpirar a invocação à liberdade na presença do Vice-Rei, mas não é despropositado acreditar que na mente do poeta se casavam o trono e a "cândida verdade":

> Cercam o trono a cândida verdade,
> E em tenra idade a rara fé, nobreza,
> Graça, beleza, e quanto o céu fecundo
> Por honra da virtude envia ao mundo.[12]

Mais ainda: Silva Alvarenga adianta elementos que autorizam a supor que, a seu ver, o descortino de uma era de luz, além de rechaçar a tirania, encontrava em D. José I, e por certo no "déspota esclarecido" que foi o Marquês de Pombal, o demiurgo ideal:

> Os tiranos do povo não ficam sem castigo,
> As virtudes se adoram, desterram-se os abusos
> Dos séculos grosseiros mal entendidos usos.
> Fanatismo, ignorância, feroz barbaridade
> Caíram, como a sombra, que foge à claridade.
> Ditoso Portugal, que em tão florente estado
> Repetes com ternura do rei o nome amado![13]

---

10. *Idem, ibidem*, p. 253.
11. *Idem, ibidem*, p. 262.
12. *Idem, ibidem*, p. 273.
13. *Idem, ibidem*, p. 286.

Note-se que o júbilo do poeta desponta quando se inaugura a estátua equestre do rei. Por motivos de sobrevivência ou de convicção, Silva Alvarenga não entrevê inconveniente na aliança entre monarquia absolutista e Iluminismo; antes, considera-as compatíveis e, quiçá, indissociáveis.

Quanto à sátira, o poeta cultivou-a em "Os Vícios", "Às Artes", "O Desertor". Gerados no clima iluminista que envolveu a reforma da Universidade de Coimbra, notadamente os dois últimos, esses poemas enfermam das limitações históricas inerentes a tal gênero de poesia. Lástima que a patente habilidade artesanal de Silva Alvarenga fosse posta a serviço de uma produção poética vizinha do jornalismo e que possui mérito ou interesse quando violenta o estatuto poético: à proporção que avulta o fato merecedor de sátira, mais informações de natureza histórica e cultural são carreadas para o interior do poema; em contrapartida, a poesia tende a dissipar-se, pois quanto mais próxima de realizar-se como sátira, e por isso interessar mais à História da Cultura, menos interesse exibe do prisma literário. Um que outro achado (como "E amontoando luas sobre alfanjes") apenas ressalta, por contraste, a invertebração poética do conjunto. De onde os poemas de Silva Alvarenga nessa área tão somente valerem como o reverso do sentimentalismo que percorre *Glaura*, ou por encerrarem notações indispensáveis à reconstituição de suas ideias estéticas.

Com efeito, o prefácio a "O Desertor" e a epístola "A José Basílio da Gama" fornecem dados úteis ao delineamento da poética de Silva Alvarenga. A segunda contém o seu pronunciamento contra o Barroco, anteriormente assinalado: a catilinária contra os "magros rimadores", os "míseros copistas", ali se encontra. Em "O Desertor", a par de explícita menção de obras barrocas, como a *Fênix Renascida*, *Peregrino da América*, etc., escritas

> Para entreter os cegos e os rapazes.
> Rudes montões de gótica escritura
> Quanto cheirais aos séculos de barro![14]

o prólogo constitui autêntica plataforma teórica, fundamentada em Aristóteles, Horácio e Lucrécio. O poeta começa por afirmar que

---

14. *Idem, ibidem*, vol. II, p. 67.

A imitação da natureza, em que consiste toda a força da poesia, é o meio mais eficaz para mover e deleitar os homens; porque estes têm um inato amor à imitação, harmonia e ritmo.[15]

e não se esquece de abonar a passagem com a referência ao seu autor (Aristóteles) e ao texto em que se baseou (*Poética*, liv. IV). Ocorre que o poeta de *Glaura*, singrando nas águas dos teóricos do século XVIII, toma o conceito aristotélico em termos relativos, colocando a natureza no lugar de objeto da imitação, quando o pensamento original se propunha em termos gerais. De qualquer modo, mostrava-se coerente com as doutrinas neoclássicas. O fato é tanto mais digno de nota quanto mais se observa que o poeta não só exprimiu limpidamente a sua adesão arcádica como realizou obra (*Glaura*) em harmonia com ela.

Glaura avulta na obra de Silva Alvarenga não só porque lírica, como também pelas qualidades imanentes. Divide-se em duas partes, conforme o esquema poemático seguido: rondós e madrigais. O rondó é, como se sabe, um poema de forma fixa, originário da França, onde apareceu por volta de 1250. Chamado "rondó francês", consta de três estrofes: duas quintilhas tendo de permeio um terceto, geralmente em versos octossílabos, por vezes decassílabos. Recusando a estrutura tripartite, Silva Alvarenga lançou mão de uma quadra, que se repete após uma oitava ou duas quadras, em versos geralmente septissílabos, com rima encadeada. Desse modo, criava o rondó português, que apenas guarda com o primitivo a analogia do rótulo e o apelo à musicalidade: a rigor, como lembrou Carla Inama,[16] aparenta-se ao vilancete, de ascendência ibérica e medieval.

O madrigal provém do norte da Itália, onde foi inventado no século XIV. Intimamente associado à música, no início compunha-se de dois ou três tercetos seguidos de um ou mais dísticos em versos decassílabos rimados. A partir do século XVI, ganhou liberdade estrutural, mas tendeu a fixar-se numa estrofe de cerca de dez versos, em que se alternam o decassílabo e o hexassílabo. Tal estrutura é que predomina nos madrigais de Silva Alvarenga.

Basta um olhar de relance pela forma dos poemas que compõem *Glaura* para nos fornecer a evidência de que estamos em face de obra

---

15. *Idem, ibidem*, p. 5.

16. Carla Inama, *Metastasio e I Poeti Arcadi Brasiliani*, S. Paulo, Boletim 231 da Faculdade de Filosofia, Ciências e Letras da Universidade de S. Paulo, 1961, p. 74.

única e inigualável dentro do Arcadismo. Silva Alvarenga insiste em dois módulos poemáticos mais ou menos fixos ou empregados como tal. Decerto, a predileção pelas duas formas não vem sozinha; alguma coisa se diz por meio delas, a partir do próprio fato de terem sido escolhidas. Não obedece a simples lei do acaso ou capricho a eleição de dois esquemas métricos ao longo de toda uma obra poética, ou seja, 59 rondós e 57 madrigais; antes, caracteriza uma tendência de sensibilidade e de concepção poética, motivada pela necessidade de encontrar expressão adequada a um conteúdo. Por meio desse consórcio, Silva Alvarenga se distinguiria dos confrades também por um novo repertório temático ou nova situação lírica.

Dois momentos apresentam os rondós e madrigais que compõem *Glaura*: os elaborados em vida de Glaura, e após o seu falecimento, aqueles constituindo a imensa maioria, e estes, uns poucos. A Glaura dos poemas seria o criptônimo de Laura, jovem que o poeta teria conhecido no Rio de Janeiro antes de seguir para a Metrópole e que reencontraria na sua volta.[17] Os rondós e os madrigais registrariam a sequência do namoro entre o poeta e Laura e os sentimentos dele posteriormente à morte dela.

Inspirando-se em Anacreonte, a quem dedica o primeiro rondó, como a fazer profissão de fé e a buscar alento no seu nume tutelar, Silva Alvarenga avança pela primeira fase de *Glaura* tangido pela alegria festiva que lhe proporciona a bem-amada. Raras vezes, e menos ainda em nosso Arcadismo, as alegrias pagãs e ingênuas, mas não licenciosas, do amor são cantadas de forma tão obsessiva. O poeta de *Glaura* remonta aos gregos que exaltaram os prazeres sensuais, mas nem por isso tomba no pessimismo que às vezes lhes ensombra a poesia, decorrente da sensação do *carpe diem*, de que é preciso aproveitar a passagem inexorável das horas, que somente permite o gozo efêmero dos sentidos. A exultação provém de um convívio processado antes do intercurso físico, que, aliás, jamais se realiza. Obviamente, nem tudo é festa entre o poeta e Laura, ou Glaura, como revela "O Rondó Infeliz", "O Amante Saudoso", etc., mas trata-se do sofrimento provocado pela ausência do objeto amado, não pelo sentimento de fugacidade do tempo. Acusando heterodoxia em relação aos postulados arcádicos, tais quadros, inerentes

---

17. Moreira de Azevedo, *Homens do Passado,* Rio de Janeiro, Garnier, 1875, pp. 15 e ss. Louvando-se em J. M. da Costa e Silva, Antenor Nascentes admite que se chamasse ainda Laureana ou Clara (*Dicionário Etimológico da Língua Portuguesa,* vol. II, Rio de Janeiro, Francisco Alves, 1952, s.v.).

ao jogo amoroso, acentuam por contraste os outros em que uma espécie de alegria primordial invade o poeta:

> Sem o amor, ó Glaura, tudo
> Era mudo e triste e feio;
> Tudo cheio de alegria
> Neste dia o vê tornar.[18]

Não raro, o contentamento do poeta exprime-se por meio de interjeições, abundantemente empregadas, e por situar o interlúdio amoroso no âmago da natureza: esta constitui, com o poeta e Glaura, um verdadeiro triângulo, não conflitivo, mas em que os ângulos se completam harmonicamente. Com isso e com povoar a paisagem natural da fauna mitológica dos zéfiros, dríades, hamadríades, etc., Silva Alvarenga rendia-se aos padrões neoclássicos em moda. Entretanto, a teatralidade arcádica funciona como espaço virtual para onde o poeta transfere a expressão dum autêntico sentimento amoroso, de modo que a ficção pastoril lhe serve para, mascarando-se, confessar o amor por Glaura e, a um só tempo, fingir que o dissimulava à legítima destinatária, Laura.

De onde a natureza assumir várias funções, desde reservatório de imagens para retratar a beleza de Glaura até simples pano de fundo para o idílio amoroso, e passando pela ideia de refúgio, o que encerra forte sinal do Romantismo em progresso no fim do século XVIII. Proteiforme, a natureza em *Glaura* faz de Silva Alvarenga o poeta do nosso Arcadismo que mais atenção lhe devotou: divisou-a segundo as convenções em moda no tempo, mas não deixou de atentar para a paisagem ao redor, como atesta a referência ao "cajueiro", "mangueira", a Jequitinhonha, a Gávea, etc. Tais incidências, embora não assinalem um nativismo extremado, mostram um poeta atento à natureza tropical: deu-lhe atenção mais como cenógrafo ávido de cor local que como ardente patriota sequioso de o provar a todo o transe. Integrou-a na paisagem idealizada dos árcades, tornando-a acidente do meio natural em que se movia Laura ou Glaura.

A segunda fase de *Glaura*, após a morte de Laura, caracteriza-se por "mortal tristeza" e compreende os dez rondós finais e dois madrigais. A disparidade numérica tem razão de ser: ao preferir as formas rondó e madrigal para se expressar, o poeta estava necessariamente enquadran-

---

18. Silva Alvarenga, *op. cit.*, vol. II, p. 161.

do a inspiração nos limites em que as duas estruturas se movem. Como se sabe, existe coerência entre a forma empregada e o conteúdo que por meio dela se plasma. O rondó, graças às origens ligadas à dança e ao esquema métrico, presta-se mais à expressão da alegria estivai, do contentamento franco e descontraído. Em contrapartida, o madrigal, porque mais próximo do canto e do teatro, ajusta-se perfeitamente à manifestação da tristeza. De onde não ser preciso o falecimento de Laura para tingir os madrigais de cores lutulentas: desde os primeiros versos impõe-se a "infeliz saudade", como se o poeta não pudesse com o madrigal senão exprimir a dor da ausência provisória e, finalmente, completa da mulher amada.

Por outro lado, os elementos clássicos ainda estão presentes nos rondós, enfatizando o artificioso do clima em que transcorre o diálogo entre os amantes, e lembrando a possível influência da égloga clássica e quinhentista sobre o autor de *Glaura*. Nos madrigais, os ingredientes clássicos diminuem sensivelmente, talvez porque o sentimentalismo entra a predominar: como, por intermédio do madrigal, o poeta não poderia, sem violentar-se, esboçar quadros bucolicamente convencionais, derivou para a confissão de íntimos estados d'alma, que antes se ocultavam sob a capa do fingimento arcádico. Com fazê-lo, criava a sua melhor poesia e adiantava-se na direção do Romantismo.

Restaria compreender por que, sendo o rondó mais apropriado à alegria, o poeta compôs dez poemas no gênero após o desaparecimento de Glaura. A explicação residiria no fato de o poeta demorar-se em dez poemas a glosar a morte de Glaura precisamente para descrever o seu sofrimento: o modelo poético no qual se alegrava, serve-lhe agora para prantear. Nada mais eloquente como índice de tristeza que o conflito entre a forma cristalizada em versos regulares e um sentimento que, estirando-se em lamentos prolongados, busca a heterometria capaz de refletir plangência. Destaque-se, à guisa de exemplo, a estrofe inicial de "O Amante Satisfeito":

> Canto alegre nesta gruta,
> E me escuta o vale e o monte:
> Se na fonte Glaura vejo,
> Não desejo mais prazer.[19]

---

19. *Idem, ibidem*, p. 164.

e ponha-se em confronto com a homônima de "A Lua", escrita imediatamente após a morte de Glaura:

> Como vens tão vagarosa,
> Ó formosa e branca Lua!
> Vem coa tua luz serena
> Minha pena consolar.[20]

Naquela, a reiteração dos "ee" e do acento na terceira sílaba parece fazer coro com a alegria primaveril que assalta o poeta; nesta, a alternância entre o "a" e o "o", a aliteração em "v", a frequência das nasais e o *enjambement* entre o terceiro e o quarto versos, constituem sinais da tristeza do momento. E se lembrarmos que na primeira estrofe predominam os acidentes de convenção ("gruta", "vale", "monte", "fonte"), e na segunda, tudo gira em torno da "lua", rara em nosso Arcadismo e identificada logo mais, no Romantismo, com o sofrimento amoroso, — ficará evidente a dissonância entre a suavidade da primeira estrofe e a tristeza da segunda.

Enquanto isso, a dor expressa nos madrigais irrompe de pronto, em razão de os versos, sendo heterométricos, patentearem o vaivém da emoção, num ritmo de litania:

> Ó águas de meus olhos desgraçados,
> Parai que não se abranda o meu tormento!
> De que serve o lamento
> Se Glaura já não vive? Ai, duros Fados!
> Ai, míseros cuidados!
> Que vos prometem minhas mágoas? — "Águas,
> Águas!..." Responde a gruta,
> E a Ninfa, que me escuta nestes prados!
> Ó águas de meus olhos desgraçados
> Correi, correi; que na saudosa lida
> Bem pouco há de durar tão triste vida.[21]

Porque conciliou um caso amoroso autêntico e os pendores literários; porque teve a coragem de inovar formalmente numa ambiência em que a lira e o soneto vicejavam como flores diletas, — Silva Alvarenga

---

20. *Idem, ibidem*, p. 236.
21. *Idem, ibidem*, p. 303.

salienta-se entre os poetas do nosso Arcadismo. A sua voz, porém, ressoa e sobressai entre as outras do século porque, além de resistir à sedução da estereotipia arcádica, soube ele colocá-la a seu serviço, na expressão de um conteúdo poético que falta pouco para ser francamente românico.

JOSÉ BASÍLIO DA GAMA

José Basílio da Gama Vilas-Boas nasceu em S. José do Rio das Mortes, atual Tiradentes, a 8 de abril de 1741. Órfão de pai, segue para o Rio de Janeiro, onde se matricula no Colégio dos Jesuítas (1757). Expulsos os jesuítas em 1759, viaja para Roma, é acolhido por seus mestres e alcança ingressar na Arcádia Romana (fundada em 1690), sob o criptônimo de Termindo Sipílio. De volta ao Rio de Janeiro em 1767, no ano seguinte ruma de novo para a Europa. Em Lisboa, é preso por jesuitismo. Livra-se, porém, do desterro em África escrevendo um epitalâmio a D. Maria Amália, filha do Marquês de Pombal: este não só passou a protegê-lo como lhe publica *O Uraguai* (1769), lhe dá carta de fidalguia (1771) e o nomeia seu secretário (1774). Após a queda do mecenas (1777), decorrente da morte de D. José I, consegue atrair as boas graças de D. Maria I e manter o prestígio anterior, chegando a eleger-se para a Academia Real das Ciências. Faleceu em Lisboa, a 31 de julho de 1795.

Além do *Epitalâmio* (1769) e de *O Uraguai*, publicou *A Declamação Trágica, Poema Dedicado às Belas Artes* (1772), *Os Campos Elísios* (1776), *Lenitivo da Saudade na Morte do Ser.^{mo} Snr. D. José, Príncipe do Brasil* (1788), *Quitúbia* (1791) e outros poemas dados à estampa isolada ou postumamente: reunidos em 1902, por José Veríssimo, sob o título de *Obras Poéticas*, constituem até o presente a melhor edição do espólio de José Basílio da Gama.

Nos quadros do nosso Arcadismo, parece ele destacar-se como o poeta que mais cedeu às tentações do século: toda a sua obra ressuma um arraigado apego às circunstâncias e à volúpia de poder ou glória através da poesia. É certo que não lhe faltou habilidade versificatória, pois metrificava com segurança e garbo, mas também é verdade que raramente ultrapassou esse mínimo, aliás oferecido pela maioria dos árcades. *Quitúbia* é um poemeto epicizante em torno do herói negro que dá título à obra, sem maior relevância, apesar de alguns versos menos maus.

Idêntico panorama oferece *A Declamação Trágica*, com a agravante de um didaticismo que soa tanto mais falso quanto mais o poeta pretende mostrar-se elevado e sincero. Todavia, em meio a poemas de índole satírica ("O Entrudo", "Ao Padre Manuel de Macedo", "A João Xavier de Matos", "Ao Garção"), destituídos de carga poética, e uma série de composições meramente elogiativas ou festivas ("Ode ao Conde da Cunha", "Ode ao Rei D. José I", "Ao Marquês de Pombal", etc.), de idêntico teor, despontam três ou quatro sonetos dotados de vibração lírica, como o dedicado "A Uma Senhora / Natural do Rio de Janeiro, onde se achava então o Autor", calcado nas rosas de Malherbe e no *carpe diem* horaciano; "A Uma Senhora / que o Autor conheceu no Rio de Janeiro e viu depois na Europa", que, prolongando o anterior, tombava uma vez mais no convencionalismo arcádico; o soneto de nº XXVI na edição de José Veríssimo, em que a bem-amada sobrepuja a Vênus, Flora e Diana. Convenhamos que é muito pouco para tirar das sombras as obras menores de Basílio da Gama: a sua coroa de louros continua a ser *O Uraguai*.

O argumento histórico de *O Uraguai* consiste no seguinte: visando a regulamentar a posse das terras descobertas ao longo do século XV, Portugal e Espanha concordaram, pelo Tratado das Tordesilhas (1494), em dividir o mapa-múndi com uma linha imaginária que passava a 370 léguas a oeste de Cabo Verde. Mas em razão de as duas nações o haverem desrespeitado, elaborou-se novo documento, o Tratado de Madri (1750), com o propósito de resolver as questões de fronteira. Para tanto, era preciso trocar a Colônia do Santíssimo Sacramento, que Portugal havia fundado, em 1680, nos arredores de Buenos Aires, pelos Sete Povos das Missões do Uruguai, erguidos pelos jesuítas espanhóis, a noroeste do Rio Grande do Sul. Como os indígenas que viviam nos Sete Povos das Missões se opusessem à troca dos dois territórios, espanhóis e portugueses decidiram empreender uma ação militar, cujo desfecho ocorreu em 1756. É este o fulcro histórico de *O Uraguai*, cuja narração principal tem início com o desfile das tropas e a marcha na direção dos Sete Povos. Encontram Cacambo e Sepé, guerreiros indígenas. Parlamentam em vão: a guerra decidiria a questão. Combatem. Morre Sepé. Cacambo "salva os índios que pode, e se retira" (c. II, v. 365). Em sonho, Sepé aparece a Cacambo e incita-o a pôr fogo no acampamento dos inimigos. A seguir, Balda, chefe dos jesuítas, dá veneno a Cacambo, e este morre.

Lindoia, sua esposa, guiada por Tanajura, feiticeira da tribo, tem uma visão do seu futuro e de Lisboa em chamas (terremoto de 1755). As tropas, livres do incêndio, deslocam-se a Sete Povos. Enquanto jesuítas e indígenas se preparam, Lindoia é mordida por uma cobra venenosa, que Caitutu, seu irmão, prega com uma seta num tronco de árvore. Jesuítas e indígenas incendeiam as missões e partem. Termina a ação do poema.

Estruturado em cinco cantos, estrofação livre, decassílabos brancos, *O Uraguai* situa-se em posição francamente anticamoniana, numa altura em que *Os Lusíadas*, apesar de refutados aqui e ali, permaneciam o modelo vernáculo de poesia épica.[1] Não obstante, a presença de Camões é notada em muitos passos do poema, como tem sido demonstrado por vários estudiosos.[2] Tomemos, como exemplo, o verso 145 do canto I:

> Altas empresas dignas de memória.

onde ressoa o verso de *Os Lusíadas* (c. II, est. 113):

> Quem faz obras tão dignas de memória.

ou este:

> Apascentava os olhos e o desejo.

verso 315 do canto III, em que "apascentava" está por "dava pasto aos olhos", que lembra a estrofe 74 do canto VII da epopeia camoniana:

> Atento nela os olhos apascenta.

Num tempo em que ainda o princípio da imitação autorizava que tais reminiscências de leitura, voluntárias ou não, fossem arbitrariamente incorporadas, não deve causar espécie o débito de Basílio da Gama a *Os Lusíadas*. Por outro lado, evidencia que a rejeição do modelo camoniano deu-se no plano da estrutura, incluindo a clássica fragmentação em três partes: introdução (composta de proposição, invocação e ofertório), narração e epílogo. E a rejeição talvez correspondesse menos a pretensões inovadoras que à consciência de que o assunto não daria para mais

---

1. Fidelino de Figueiredo, *A Épica Portuguesa no Século XVI*, S. Paulo, Boletim 6 da Faculdade de Filosofia, Ciências e Letras da Universidade de S. Paulo, 1950, pp. 19-31.

2. Afrânio Peixoto, Nota Preliminar à edição de 1941 de *O Uraguai*, Rio de Janeiro, Publs. da Academia Brasileira de Letras, pp. XXXII-XXXIII; Clóvis Monteiro, *Esboços de História Literária*, Rio de Janeiro, Acadêmica, 1961; Mário Camarinha da Silva, notas a *O Uraguai*, Rio de Janeiro, Agir, 1964 (Col. "Nossos Clássicos").

do que cinco cantos. As demais desobediências ao molde épico proviriam de reduzir-se à metade a extensão do poema, ou, quem sabe, de um propósito, ortodoxamente arcádico, de retorno aos padrões épicos da Antiguidade clássica. Além de Camões, outros poetas alimentaram a inspiração de Basílio da Gama, que não raro toma de empréstimo versos ou soluções para certas passagens, a Homero (*Odisseia*), Torquato Tasso (*Jerusalém Libertada*, 1575), Ercilla (*Araucana*, 1569-1589).

Do ponto de vista ideológico, *O Uraguai* acusa profunda identificação com a atmosfera cultural pombalina. O comprometimento do poeta com uma causa exterior ao seu assunto patenteia-se não só pelas notícias biográficas como pela própria obra. Abre-a um soneto ao Conde de Oeiras, o futuro Marquês de Pombal, como a insinuar, no elogio rasgado:

> Ergue de jaspe um globo alvo, e rotundo,
> E em cima a estátua de um Herói perfeito;
> Mas não lhe lavres nome em campo estreito,
> Que o seu nome enche a terra, e o mar profundos.[3]

em que a gesta narrada em *O Uraguai* ainda refletiria a grandeza heroica do "déspota esclarecido"... Como se não bastasse tal insinuação, Basílio da Gama faz que Tanajura conceda a Lindoia a visão de Lisboa destruída e depois, milagrosamente, do âmago das ruínas

> só a um seu aceno,
> Sair da terra feitos, e acabados
> Vistosos edifícios. Já mais bela
> Nasce Lisboa de entre as cinzas

graças a quem, glória de quem?

> — glória
> Do grande Conde, que coa mão robusta
> Lhe firmou na alta testa os vacilantes
> Mal seguros castelos.[4]

---

3. *O Uraguai*, ed. de 1941, fac-similada da de 1769.
4. *Ibidem*, c. III, vv. 248-254.

que configura nítida intromissão no fluxo de uma visão premonitória, já por si falsa e artificial (uma índia, orientada por uma bruxa, "vê" Lisboa), fabricada exclusivamente para propiciar o elogio do mecenas.

Esse fato, que previne o juízo restritivo a *O Uraguai*, ampara-se noutros aspectos do poema, que garantem ter sido elaborado com vistas a enaltecer a política pombalina: no fundo, trata-se de um poema heroico-encomiástico, ou de um encômio-heroico, qual um vasto epinício em que o protagonista da ação, Gomes Freire de Andrada, executasse as ordens do herói autêntico, Pombal. Como se, de repente, os deuses do Olimpo, que norteavam Gama e os navegantes na direção das Índias, fossem substituídos por um deus único, humano, onipotente, discricionário: ao maravilhoso pagão sucede o maravilhoso político, à mitologia teológica sucede uma mitologia "positivista", e em lugar do Olimpo, o Júpiter humano habita um palácio de governo; ali, a mitificação do herói vinha de obrar façanhas que o alçavam próximo da esfera celeste; aqui, mitifica-se o protetor das artes e faz-se do herói, Gomes Freire de Andrada, alguém que buscasse imitar outro ser humano. Decerto, a mutação guarda implicações de vária ordem, incluindo a que torna *O Uraguai* prenúncio do Romantismo, mas prevalece a que coloca Pombal e o seu "reinado" no centro do palco.

Coerentemente com o intuito elogiativo, Basílio da Gama assume declarada atitude antijesuítica. Para tanto, não tem mãos a medir na distorção dos fatos, como se a guerra de Missões apenas lhe servisse de pretexto para agradar a Pombal. Balda é pintado como sacerdote maquiavélico, venal: pai de Baldetta, graças a umas "orações" (c. II, vv. 245-246), "engenhoso e sutil" (c. III, v. 164), além de separar Lindoia de Cacambo, ofereceu a este "um licor desconhecido" (c. III, v. 182), que lhe provocou a morte. Os jesuítas seguem por este diapasão, a crer nas palavras de Cacambo:

> Essa riqueza,
> Que cobre os templos dos benditos padres,
> Fruto da sua indústria, e do comércio
> Da folha, e peles, é riqueza sua.[5]

Relevemos o fato de Cacambo proferir autêntico libelo contra os jesuítas; salientemos a circunstância de apenas vincar um dos aspec-

---

5. *Ibidem*, c. II, vv. 90-93.

tos da relação entre indígenas e sacerdotes, traindo, na parcialidade das afirmações, o pensamento dirigido e preconceituoso do próprio Basílio da Gama. Ainda que se respeite a liberdade de invenção poética, a deformação não favorece o poema, antes, aponta-lhe uma debilidade que repercutirá no conjunto. Sintomaticamente, Gomes Freire de Andrada retruca ao indígena no mesmo tom:

> Esse absoluto
> Império ilimitado, que exercitam
> Em vós os padres, como vós, vassalos,
> É império tirânico, que usurpam.
> Nem são senhores, nem vós sois escravos.[6]

E quando seria de esperar algo como o encarecimento franco do "bom selvagem", o discurso de Gomes Freire de Andrada vai dialeticamente envolvendo os interlocutores:

> O rei é vosso pai: quer-vos felices.
> Sois livres, como eu sou; e sereis livres.[7]

até chegar ao ponto que tinha em mente:

> Mas deveis entregar-nos estas terras.
> Ao bem público cede o bem privado.
> O sossego de Europa assim o pede.
> Assim o manda o Rei. Vós sois rebeldes,
> Se não obedeceis; mas os rebeldes,
> Eu sei que não sois vós, são os bons padres
> Que vos dizem a todos, que sois livres.
> E se servem de vós como de escravos.[8]

Revelando um lastro iluminista, a Razão é invocada para argumentar e, utilizada com vistas a embair o pobre do indígena, para obrigá-lo a pôr-se contra o jesuíta e a largar as Missões. Portanto, não importava o aborígine mas, espoliando-lhe as terras, atacar os jesuítas: bajulava--se, desse modo, a política expansionista da Metrópole e repulsiva ao Fanatismo, à Inveja, à Ignorância, à Discórdia, ao Furor dos jesuítas

---

6. *Ibidem*, c. II, vv. 128-132.
7. *Ibidem*, c. II, vv. 133-134.
8. *Ibidem*, c. II, vv. 136-143.

(c. III, vv. 273 e ss.). A fala de Gomes Freire de Andrada não deixa de conter ameaça direta, que transforma o indígena no obstáculo à posse das terras, numa vingança (inconsciente?) de Basílio da Gama contra os jesuítas:

> Os reis estão na Europa; mas adverte
> Que estes braços que vês, são os seus braços.
> Dentro de pouco tempo um meu aceno
> Vai cobrir este monte, e essas campinas
> De semivivos palpitantes corpos.[9]

Que papel representariam os indígenas nessa conjuntura? Visto que o objetivo implícito de Basílio da Gama era, hostilizando os jesuítas, louvar o governo pombalino, os índios mantinham-se fora do seu projeto. E como participassem, juntamente com os sacerdotes, da ação histórica que motivou o poema, não havia senão que trazê-los ao primeiro plano dos acontecimentos. Entretanto, a seu respeito o poeta não parecia ter qualquer preconceito ou ideia formada. À vontade na descrição dos silvícolas, pôde retratá-los sem o constrangimento imposto pelos jesuítas, e daí a específica fisionomia que apresentam. Todo o poema se arquiteta em glória a Pombal por meio de Gomes Freire de Andrada, mas os indígenas é que saem engrandecidos. "Na realidade os seres que inventa este poeta de parca imaginação superam no poema os que existiram historicamente".[10] Não só as figuras de Sepé, Cacambo, Lindoia e Caitutu, ou mesmo Tanajura, ganham relevo ao longo do poema, como transparece uma atitude simpática aos indígenas. Fruto provavelmente involuntário do antijesuitismo, porquanto lhe serve de contraste, a visão idealista do aborígine evidencia-se a partir das próprias palavras de Cacambo a Gomes Freire de Andrada:

> A nós somente
> Nos toca arar, e cultivar a terra,
> Sem outra paga mais que o repartido
> Por mãos escassas mísero sustento.
> Pobres choupanas, e algodões tecidos,
> E o arco, e as setas, e as vistosas penas
> São as nossas fantásticas riquezas.

---

9. *Ibidem*, c. II, vv. 157-161.
10. Mário Camarinha da Silva, *op. cit.*, p. 13.

Muito suor, e pouco, ou nenhum fasto.[11]

E enquanto os comandados de Gomes Freire de Andrada lhe cumprem rotineiramente as ordens, os índios, ao defender o seu território em condições desiguais, ganham altura de herói: os brancos vencem, mas gozam uma vitória de Pirro, ante um inimigo totalmente inferiorizado, cujos aliados presuntivos,

os padres,
(...) mansamente do lugar fugiam,
Desamparados os miseráveis índios,
Depois de expostos ao furor das armas.[12]

Evidente a apologia do indígena, dum modo que acentua o caráter vanguardeiro de *O Uraguai*. Os poetas do século XIX apreciarão no poema de Basílio da Gama a concepção idealista do selvagem, e nela descortinarão os presságios da própria visão do índio. José Veríssimo entreviu nesse particular "o merecimento do *Uraguai*: ser na literatura da nossa língua o precursor do romantismo e no ramo brasileiro dela o criador do que Garrett e Herculano chamaram a 'poesia americana', isto é, a introdução por Gonçalves Dias-Magalhães e outros na poesia clássica de elementos indígenas da América, a natureza, os íncolas, os costumes, em suma, os exotismos deste novo mundo".[13]

Apressado, se não generoso ou superficial, andou Garrett ao sentenciar que "*O Uraguai* de José Basílio da Gama é o moderno poema que mais mérito tem na minha opinião",[14] da mesma forma que não corresponde à verdade tachá-lo de despiciendo. Há que discernir claramente os problemas antes do juízo final. Para além dos fatores extrínsecos (tecer louvaminhas a Pombal e denunciar os jesuítas), outros concorrem para limitar o valor do poema. O poeta foi infeliz na eleição de um assunto cronologicamente próximo dele, que não havia sofrido, portanto, a metamorfose própria da lenda ou do mito e não lhe facultava a distância suficiente para que a imaginação pudesse agir livremente: escolheu-o porque se lhe adaptava ao empenho diplomático ou/e porque, escas-

---

11. *O Uraguai*, c. II, vv. 95-102.
12. *Ibidem*, c. V, vv. 108-111.
13. José Veríssimo, prefácio a *Obras Poéticas de José Basílio da Gama*, Rio de Janeiro, Garnier/ 1902/ p. 69.
14. Garrett, *Bosquejo da História da Poesia e Língua Portuguesa; in Obras Completas*, 2 vols., Rio de Janeiro/Lisboa, H. Antunes, s.d., vol. II, p. 357.

seando-se-lhe os dotes de invenção, se visse compelido a firmar-se em acontecimentos verídicos. E o assunto, "pouco adequado a um poema épico segundo os moldes clássicos",[15] "não daria", conforme o parecer negativista de Afrânio Peixoto, senão "um conto medíocre...".[16]

Evidentemente, não haveria assunto em nossa história equivalente ao achamento do caminho marítimo para as Índias, mas as limitações do poema não se encontram apenas na pobreza do entrecho: ao contrário, a própria indigência do estímulo histórico justificaria o poema e o seu criador. Um poeta inspirado, lúcido e desobrigado de construir obra de circunstância, teria vencido a exiguidade do assunto e dado largas à imaginação na parte mais sugestiva do argumento: os indígenas. Basílio da Gama demonstra haver divisado a saída correta, mas não a explorou em toda a linha, certamente porque constrangido pelo afã de louvar Pombal. De onde, abstraindo-se a indiscutível capacidade técnica do poeta e um que outro segmento palpitante, do poema salva-se, ainda hoje e sempre, o consagrado trecho da morte de Lindoia.

> Este lugar delicioso, e triste,
> Cansada de viver, tinha escolhido
> Para morrer a mísera Lindoia.
>
> Lá reclinada, como que dormia,
> Na branda relva e nas mimosas flores,
> Tinha a face na mão, e a mão no tronco
> De um fúnebre cipreste, que espalhava
> Melancólica sombra.
> ....
> Os olhos, em que Amor reinava, um dia,
> Cheios de morte; e muda aquela língua
> Que ao surdo vento e aos ecos tantas vezes
> Contou a larga história de seus males.
>
> Nos olhos Caitutu não sofre o pranto,
> E rompe em profundíssimos suspiros,
> Lendo na testa da fronteira gruta
> De sua mão já trêmula gravado
> O alheio crime e a voluntária morte.

---

15. José Veríssimo, *op. cit.,* p. 68.
16. Afrânio Peixoto, *op. cit.,* p. XXIX.

E por todas as partes repetido
O suspirado nome de Cacambo.

Inda conserva o pálido semblante
Um não sei quê de magoado, e triste,
Que os corações mais duros enternece.

Tanto era bela no seu rosto a morte![17]

O episódio, unanimemente considerado a peça de resistência de *O Uraguai*, entroncava-se, pelo recorte lírico, numa longeva tradição que remonta a Homero, e trazia à luz o veio poético descoberto por Basílio da Gama. Até aí não há que estranhar; a estranheza surge quando se leva em conta que a cena é protagonizada por uma figura marginal aos acontecimentos: o momento mais dramático do poema ocorre quando o poeta cria uma heroína externa à ação e permite-lhe uma morte que, nem por ser teatral, perde em idealidade e beleza. Quase faria supor que Basílio da Gama sufocou o talento para sobreviver, mas essa hipótese contraria os fatos e a tendência universalmente confirmada: o talento genuíno não se deixa asfixiar e manifesta-se inteiro, ainda que por vias oblíquas.

A compreensão do fenômeno ainda pede que se leve em conta o recurso à imitação: Basílio da Gama recusou o modelo camoniano porque não via semelhança entre o seu assunto e o de *Os Lusíadas*, mas não teve dúvidas em arrimar-se ao episódio da morte de Inês de Castro para retratar o passamento da sua heroína. Com efeito, a par de versos (183-184) em que ressoa a *Jerusalém Libertada*, ou que glosam Petrarca (o derradeiro verso, "Tanto era bela no seu rosto a morte!", provém de "Morte bella parea nel suo viso", do soneto *Trionfo della Morte*, do poeta italiano), e da parecença com o suicídio de Cleópatra, aliás como o poeta reconhece mais adiante (vv. 209 e ss.), é patente a influência do episódio de Inês de Castro. A cena guarda "um não sei quê de magoado e triste" que logo se transmite ao leitor; a despeito do halo teatral que a envolve, exala uma verdade primitiva.

Basílio da Gama manuseia os instrumentos arcádicos específicos, mas dum modo tão feliz que vemos, como raras vezes no poema, os versos fluírem naturalmente, dando a impressão exata que pretendem transmitir: conteúdo e expressão identificam-se, gerando poesia de primeira água. Note-se, ainda, a subjacente apologia do "bom selvagem" e

---

17. *O Uraguai*, c. IV, vv. 149-156, 183-197.

o idealismo em relação à mulher, que assenta em Petrarca e no culto à Idade Média. A novidade, porém, demora na espiritualização da heroína indígena, espécie de ancestral de Iracema: mais do que noutros passos, aqui se anuncia o Romantismo.

Lido em nossos dias, *O Uraguai* não esconde o envelhecimento, quer como situação dramática, quer como atitude poética. O seu mérito reside em colaborar para a progressiva tomada de consciência de que em nosso patrimônio cultural os indígenas ocupam lugar destacado e os temas regionalistas constituem o aspecto medular da nossa vida literária. E também reside, *last but not least*, num quadro lírico, a morte de Lindoia, de permanente beleza plástica e moral.

SANTA RITA DURÃO

Frei José de Santa Rita Durão nasceu em Cata Preta, cercanias de Mariana, Minas Gerais, em 1722. Após os estudos secundários com os jesuítas no Rio de Janeiro, em 1731 segue para Portugal, onde estuda Teologia e Filosofia e ingressa na Ordem dos Eremitas de Santo Agostinho (1737). Convidado para ensinar Teologia no colégio da Ordem, vai a Coimbra (1754), mas quatro anos depois está em Leiria. A 9 de fevereiro de 1759 pronuncia um sermão contra os jesuítas e a 28 do mesmo mês, com idêntico objetivo, envia uma pastoral ao Bispo de Leiria. Indispondo-se, dessa forma, com o clero local, não tem outro meio senão refugiar-se na Espanha, França e Itália. Regressa a Portugal em 1771 e volta ao magistério de Teologia em Coimbra. Uma década mais tarde, publica o poema épico *Caramuru*, cuja escassa ressonância tê-lo-ia levado a destruir vários poemas líricos inéditos. Faleceu em Lisboa, a 24 de janeiro de 1784, deixando, além daquele poema, textos em latim (a oração de sapiência, *Pro Annua Studiorum Instauratione Oratio*, proferida e publicada em 1778), em vernáculo (*Descrição da Função do Imperador de Eiras*, poema composto de 75 hexâmetros em latim macarrônico, dado à publicação por Mendes dos Remédios, na *Revista de Língua Portuguesa*, Rio de Janeiro, vol. VI, 1920, pp. 8-82; *Écloga Piscatória de Forgino, e Durian*, inédita[1]), etc.

---

1. Rubens Borba de Morais, *Bibliografia Brasileira do Período Colonial*, S. Paulo, Instituto de Estudos Brasileiros, Universidade de S. Paulo, 1969, p. 126.

Ao contrário de José Basílio da Gama, Santa Rita Durão acreditava e proclamava que "os sucessos do Brasil não mereciam menos um poema que os da Índia",[2] numa evidente demonstração de falta de critério e perspectiva histórica, que nem o "amor da Pátria", invocado logo a seguir como a mola propulsora da obra, justifica. As debilidades do poema podem ser atribuídas a essa ausência de rigor crítico inicial, ainda mais acentuada pela condição sacerdotal do escritor. Provavelmente esta seja a causa daquele, como é lícito inferir do propósito que o animou a escrever o poema: "pôr diante dos olhos aos libertinos o que a natureza inspirou a homens que viviam tão remotos das que eles chamam *preocupações de espíritos débeis*".[3]

Em suma, o *Caramuru* nasceu da crença de que a nossa história reservava um assunto tão digno quanto o de *Os Lusíadas* e objetivava combater as ideias dos libertinos em voga no século XVIII. Aqui se descortina outro ponto fraco na composição poética de Santa Rita Durão, uma vez que usou a obra como instrumento de ataque a uma doutrina contemporânea, ou seja, polemiza os libertinos mostrando-lhes, no poema épico, um quadro histórico supostamente capaz de lhes desmentir as pretensões. A distorção do enfoque traduz menos malícia que ingenuidade, ingenuidade de sacerdote convicto, que empregou o talento literário para outros fins que não a criação da beleza estética e, por meio dela, a sugestão de aprimoramento ético do ser humano.

O assunto do poema, conforme Santa Rita Durão declara nas "Reflexões Prévias e Argumento", "é o descobrimento da Bahia, feito quase no meio do século XVI por Diogo Alvares Correia, nobre vianês, compreendendo em vários episódios a história do Brasil, os ritos, tradições, milícias dos seus indígenas, como também a natural, e política das colônias". Note-se que o motivo histórico patenteia por si só que não sustentaria uma epopeia brasílica, visto que ao descobrimento da Bahia, afinal a razão primeira da obra, se acrescenta "em vários episódios a

---

2. Santa Rita Durão, "Reflexões Prévias e Argumento", prefácio a *Caramuru*, 4ª ed., Rio de Janeiro/Paris, Garnier, s.d. Considerando 4ª ed. a que Varnhagen inseriu em *Épicos Brasileiros* (Lisboa, Imprensa Nacional, 1845), Haroldo Paranhos (História *do Romantismo no Brasil*, 2 vols., S. Paulo, Cultura Brasileira, 1937-1938, vol. I, p. 158) classifica de 5ª ed. aquela em que nos baseamos, e atribui-lhe a data de 1878, no que é seguido por Otto Maria Carpeaux (*Pequena Bibliografia Crítica da Literatura Brasileira*, 4ª ed., Rio de Janeiro, Edições de Ouro, 1968, p. 52). A edição que compulsamos, declara na "Advertência" que se trata de 4ª ed., mas traz no colofão a data de 1913: decerto, corresponderia a uma reimpressão da 4ª ed. Rubens Borba de Morais (*op. cit.*, p. 124) ainda registra uma edição aparecida em 1887. Grifo de Santa Rita Durão.

3. *Idem*.

história do Brasil", etc. Na verdade, a saga do Caramuru consistia num primeiro impulso para reduzir a estrofes regulares a panorâmica histórica do Brasil, como se desejasse transpor em versos a obra de Sebastião da Rocha Pita, um dos autores mencionados nas "Reflexões Prévias e Argumento". Desse modo, o poema se construiria fatalmente sobre alicerces precários, instáveis, quer limitando-se ao episódio do Caramuru, quer adicionando-lhe outros até abranger toda a história do Brasil.

Santa Rita Durão não escondia que buscava aproximar-se do modelo camoniano e que montara a obra religiosamente segundo as regras aprendidas em *Os Lusíadas*, assim integrando-se no "ciclo épico camoniano" a que se refere Fidelino de Figueiredo. Além do que registra no prólogo ao *Caramuru*, a presença do Camões épico transparece em todo o poema, a partir da estrutura: dez cantos, com um total de 834 estrofes em oitava-rima e 6.672 versos decassílabos heroicos. À semelhança de *Os Lusíadas*, a proposição enuncia-se logo no primeiro verso e transpira nítida imitação do poema camoniano: "De um varão em mil casos agitados", etc. A segunda estrofe é ocupada com a invocação ao "Santo Esplendor", "Virgem bela", "Mãe donzela". Na terceira estrofe começa o ofertório, ao Príncipe D. José, que se prolonga até a estância oitava. Com a seguinte inicia-se a narração, que se desenvolve até o derradeiro canto, estrofe XLVIII, quando tem começo o epílogo.

Conquanto notório, o influxo de Camões sobre *Caramuru* exerceu-se principalmente na estrutura e forma: não só a escansão dos decassílabos obedeceu ao modelo camoniano como alguns deles foram transferidos quase literalmente (como, por exemplo, "Se os mares nunca dantes navegados", c. III, est. LX). No mais, Santa Rita Durão norteou-se por outros parâmetros, a principiar do maravilhoso. Como se sabe, em *Os Lusíadas* o maravilhoso cristão e o pagão se encontram lado a lado, numa convivência inerente ao bifrontismo da cultura renascentista. O *Caramuru* resulta de uma visão teocêntrica do nosso passado histórico, centrado no episódio de Diogo Álvares Correia, a tal ponto que não mais se trata de maravilhoso, salvo *lato sensu*. A recusa da ficção mitológica, na linha da *poesia filosófica* em moda no tempo, poderia ser interpretada como perfilhamento da restrição de Verney ao poema de Camões,[4] ou como resultante da condição eclesiástica de Santa Rita Durão: sem excluir a primeira alternativa, a outra parece adequar-se melhor ao *Caramuru*.

---

4. Hernâni Cidade, "Apresentação" de *Santa Rita Durão*, Rio de Janeiro, Agir, 1961, p. 9 (Col. "Nossos Clássicos").

Efetivamente, a preconcepção religiosa manifesta-se desde as palavras do preâmbulo até os últimos versos (c. X, est. LXXVI):

> Que o indígena seja ali empregado,
> E que à sombra das leis tranquilo esteja;
> Que viva em liberdade conservado,
> Sem que oprimido dos colonos seja;
> Que às expensas do rei seja educado
> O neófito, que abraça a santa igreja,
> E que na santa empresa ao missionário
> Subministre subsídio o régio erário.

E não só a narrativa de Fernando (c. I, est. XXXIV e ss.) em torno "De uma estátua famosa que num pico / Aponta do Brasil ao país rico", denota uma visão católica, como a resposta do indígena Guaçu fala em Deus, "o Grão-Tupá, fabricador do mundo" (c. I, est. XLVII). Releve-se que o silvícola se dirige a Fernando em português e em versos decassílabos, afinal simples liberdades poéticas, mas não se perca de vista o conteúdo religioso de toda a lenda narrada por Fernando. O preconceito teológico difunde-se ao longo do poema e exprime-se às claras: Diogo Álvares Correia é pintado como um cristianíssimo herói, prometido a uma índia, Paraguaçu, que se batiza, e com a qual se casa perante os cristianíssimos reis de França, Henrique II e Catarina de Médicis.

Gravíssima falta de senso estético foi o fazer de Diogo Álvares e Paraguaçu, o aventureiro português e a índia sua namorada e depois sua mulher, um casal de castos amantes. É uma situação contra a natureza, contra os fatos, contra a verossimilhança e mais que tudo inestética. Não se imagina um rude aventureiro português do século XVI, ardente e voluptuoso, quais se mostraram na conquista, na situação singular, e como quer que seja esquerda, descrita por Durão, com uma formosa índia, moça e amorosa, em meio desta natureza excitante e dos fáceis costumes indígenas, e sem nenhum estorvo social, comportando-se qual se comportou o seu, isto é, como um santo ou um lendário cavaleiro cristão, e a reservando, num milagre de continência, para sua esposa segundo a Santa Madre Igreja e ainda em cima doutrinando-a que nem um missionário profissional sobre as excelências da castidade.[5]

---

5. José Veríssimo, *História da Literatura Brasileira,* 3ª ed., Rio de Janeiro, José Olympio, 1954, p. 133.

Basta cotejar com *Os Lusíadas*, sobretudo o episódio da Ilha dos Amores, para que o preconceito salte à vista e comprometa o poema de Santa Rita Durão. Poema épico religioso, o *Caramuru* respondeu coerentemente ao desafio proposto pelas teorias iluministas, opondo-se aos deístas, materialistas e libertinos, como declara nas notas ao canto III. Após afirmar que "os bárbaros da América" tinham conhecimento "dos espíritos infernais", interpela "os materialistas e libertinos":

> Como era factível que conservassem, depois de tantos séculos, tão clara noção de espíritos separados? (...) Uma tradição tão antiga, tão firme nestes bárbaros, é ela uma invenção porventura de alguns homens supersticiosos e impostores das nações da Ásia, ou da nossa Europa?

Da mesma forma procede em relação à imortalidade da alma, Paraíso, Inferno, etc. Na verdade, ao asseverar que tais noções integravam o patrimônio cultural do indígena, talvez Santa Rita Durão quisesse apontar uma unidade teológica entre europeus e ameríndios, que explicasse sobrenaturalmente a universalidade da fé católica e a consequente sujeição dos heróis à preceptiva da Igreja (o batismo de Paraguaçu, o casamento religioso na Europa, etc.).

A deformação corria por conta do preconceito religioso e, quem sabe, do afã de surpreender nos aborígines brasileiros a disponibilidade para aceder, em condições iguais às do europeu, ao estatuto cristão. Através desse pré-juízo o poeta reconstrói a imagem negativa do jesuíta delineada por José Basílio da Gama, atribuindo à Companhia de Jesus papel relevante na catequese do aborígine e, portanto, na colonização do País (c. X, est. LIII):

> De varões apostólicos um bando
> Tem de inocentes o esquadrão disposto,
> Que iam na santa fé disciplinando.
> Todos assistem com modesto rosto,
> O catecismo em cântico entoando,
> No idioma Brasílico composto
> Do exército, que Inácio à igreja alista,
> Para empreender a bárbara conquista.

Justiça tardia aos sacerdotes extintos em 1773 pelo Marquês de Pombal? Autorretratação, fruto de consciência culposa, tanto mais quanto mais se achava devedora dos jesuítas, nos tempos da sua juventude? Em qualquer hipótese, pode-se concluir que o religiosismo constitui a marca registrada do poema e que por meio dele Santa Rita Durão contrariava a orientação ideológica de Pombal.

Largos trechos do *Caramuru* são consumidos na descrição da natureza e nos relatos históricos, especialmente de ordem militar. Quanto ao primeiro aspecto, nota-se que o poeta se demora em minuciosas relações em torno da fauna e flora (c. III, est. XXXIII e c. VII, est. XXX):

> Veem-se dentro campinas deleitosas,
> Geladas fontes, árvores copadas,
> Outeiros de cristal, campos de rosas,
> Mil frutíferas plantas delicadas;
> Coberto o chão das frutas mais mimosas,
> Com mil formosas cores matizadas;
> E, à maneira, entre as flores, de serpentes,
> Vão volteando as líquidas correntes.
>
> ....
>
> Ervilhas, feijão, favas, milho e trigo,
> Tudo a terra produz, se se transplanta;
> Fruta também, o pomo, a pera, o figo
> Com bífera colheita e em cópia tanta,
> Que mais que no país que o dera antigo
> No Brasil frutifica qualquer planta:
> Assim nos deu a Pérsia e Líbia ardente
> Os que a nós transplantamos de outra gente.

Não obstante possam sugerir que o poeta se inscrevia na corrente iluminista do século XVIII,[6] a exuberância descritiva e o realismo dos pormenores se explicam como adesão ao mito ufanista, iniciado no século XVI. Santa Rita Durão tinha atrás de si toda uma biblioteca em que a informação da terra assumia colorido paradisíaco, desde a *Carta*, de Pero Vaz de Caminha, até Sebastião da Rocha Pita e a sua *História da América Portuguesa* (1730), e Frei Manuel de Santa Maria Itaparica e a sua *Descrição da Ilha de Itaparica* (1769?), passando pelo poema "À Ilha de Maré" (1705), de Manuel Botelho de Oliveira: não raro, tem-se a impressão de que o poeta meramente converteu em versos a euforia transbordante do historiador. Tendo-se mudado aos nove ou dez anos

---

6. Hernâni Cidade, *op. cit.*, p. 11.

para a Europa, era natural que na sua memória, alimentada pela leitura de obras como a de Sebastião da Rocha Pita, o solo pátrio ganhasse as cores dum autêntico eldorado (c. VIII, est. XXI):

> Era o áureo Brasil tão vasto e fundo,
> Que parecia no diamante um mundo.

Por sua vez, o relato histórico é tão frequente e minucioso que torna o *Caramuru* verdadeira crônica rimada. Flagrante exemplo pode-se colher na visão profética de Paraguaçu, que, estendendo-se do canto VIII, estrofe XXI, ao canto X, estrofe XIII, reconstitui a história do Brasil desde a luta com os franceses até a guerra contra Holanda. Interpolação análoga, posto que menos extensa, ocorre durante a viagem de Diogo e Paraguaçu à Europa (c. VI, est. XLVI e ss.). Se excluirmos os demais parênteses, pouco resta: sem dúvida, o capítulo do descobrimento da Bahia era insuficiente para suportar um poema épico.

Dentre as interpolações, avultam histórica e literariamente as que gravitam em torno dos indígenas. Com efeito, o indianismo constitui outra fonte de energia na qual o poema se nutriu, e foi esse aspecto que mais simpatia despertou entre os românticos nacionalistas. Opostamente a *O Uraguai*, onde o aborígine encarna o vilão lado a lado com os jesuítas, o *Caramuru* atribui ao gentio as funções de herói, ainda que coadjuvante. Lindoia, no poema de Basílio da Gama, situa-se fora do quadro histórico e dramático, ao passo que Paraguaçu, casando-se com Diogo, ascende ao papel de heroína. E a tal ponto que o herói de *Caramuru* é antes a indígena eleita que o europeu conquistador, ao menos na medida em que lhe cabe vaticinar o futuro do País e, assomando ao trono armado na câmara da Bahia (c. X, est. LVIII), proferir a fala real (c. X, est. LIX-LXVIII), enquanto o discurso de Diogo ocupa estância e meia. Embora deixando entrever o reconhecimento da importância histórica do silvícola na formação do povo brasileiro, a disparidade ainda resulta da projeção dos pensamentos religiosos de Santa Rita Durão, confirmada pelo retrato de Paraguaçu (c. II, est. LXXVIII):

> Paraguaçu gentil (tal nome teve)
> Bem diversa de gente tão nojosa,
> De cor tão alva como a branca neve,
> E donde não é neve, era de rosa;
> O nariz natural, boca mui breve,
> Olhos de bela luz, testa espaçosa;

De algodão tudo o mais, com manto espesso,
Quanto honesta encobriu, fez ver-lhe o preço.

Independentemente da beleza idealizada, de resto compatível com a condição de heroína, observe-se que Paraguaçu se assemelha a uma dama medieval. E por trás do modelo quinhentista poderia estar o culto à Nossa Senhora, afinal de contas a musa inspiradora do poeta. Nessa ordem de ideias situa-se o episódio da morte de Moema (c. VI, est. XXXVI-XLIV), unanimemente considerado o ponto alto do *Caramuru*:

> É fama então que a multidão formosa
> Das damas, que Diogo pretendiam,
> Vendo avançar-se a nau na via undosa,
> E que a esperança de o alcançar perdiam,
> Entre as ondas com ânsia furiosa,
> Nadando, o esposo pelo mar seguiam,
> E nem tanta água que flutua vaga
> O ardor que o peito tem, banhando apaga.

Moema avantaja-se às companheiras, impreca o esquivo português que preferiu Paraguaçu a todas, e morre tragada pelas ondas. A cena adapta-se mais facilmente à sequência do poema que a morte de Lindoia e apresenta mais verossimilhança que a da heroína de Basílio da Gama. Decerto, há que relevar, juntamente com o vocábulo "damas", que trai uma vez mais o classicismo do poeta, o fato de Moema, após nadar entre a praia e a nau francesa, discursar ao longo de quatro estâncias contra Caramuru. E desconte-se, ainda, a rima forçada da estância XXXVIII: "asco" / "penhasco". No conjunto, os decassílabos armam-se com fluência e o *tonus* lírico atinge vibrações convincentes, tornando a cena uma das fontes do nosso indianismo romântico. É pouco, todavia, para garantir a permanência do poema, mais valioso historicamente que esteticamente.

No geral, a versificação do *Caramuru* peca por monótona, rotineira, tanto mais descolorida quanto mais a confrontamos com Os *Lusíadas*. Não que na epopeia camoniana inexistam oitavas igualmente fruto do automatismo, mas é que, enquanto Camões possuía autêntica visão poética do mundo, pois tudo transfigurava em metáforas de largo espectro, Santa Rita Durão não passa de um versejador a tecer uma crônica rimada. Os decassílabos camonianos ostentam solenidade e tensão, ainda que de baixo calibre (por exemplo, nos trechos de reconstituição histórica), enquanto os versos de Santa Rita Durão foram moldados a frio, segundo uma receita mecanicamente assimilada.

Lido em nossos dias, o *Caramuru* não esconde tratar-se de um exercício métrico, usual naqueles tempos de academias e arcádias, praticado à luz da ingenuidade, evidente no patriotismo que orienta o poema. Sílvio Romero, sugestionado pela inflexão patriótica do *Caramuru*, rotulou-o de "o poema mais brasileiro que possuímos", mas conclui que "o valor do *Caramuru*, como produto nacional, está em ser uma espécie de resumo da vida histórica do Brasil nos três séculos em que fomos colônia",[7] o que, convenhamos, enfraquece a sentença inicial. Pobres de eventos históricos formadores de uma idade heroica em nosso passado cultural, e arrimados a uma tradição épica que nos vinha da Metrópole, com o *Caramuru* nos despedimos de uma tentativa inócua no sentido de erigir as duas dimensões faltantes. O artificioso empenho seria gradativamente substituído por uma poesia épica voltada, não para o passado histórico, mas para os magnos problemas do ser humano refletidos em nossa ecologia e cultura.

OUTROS POETAS

Além dos poetas estudados, outros vários produziram nas décadas que medeiam entre a instalação do Arcadismo, em 1768, e o advento do Romantismo, em 1836. Intensifica-se, verdadeiramente, a atividade poética, mas a substância dos artefatos, mercê do fenômeno das repetições epigonais, descamba nos lugares-comuns da estética neoclássica, quando não acusa as hesitações peculiares às vésperas de mudança radical. Inexiste o grande poeta, ao menos da craveira dos que integram o grupo mineiro; impera a mediania, a versificação cada vez mais fruto do automatismo.

Não obstante, presencia-se o surgimento de talentos privilegiados e dotados de certa originalidade, e a elaboração de poemas acima da média. As soluções poéticas, oscilando entre o Arcadismo e o Romantismo, permitem classificar de pré-românticos a maioria dos poetas dessa quadra. Cultiva-se a poesia satírica e, sobretudo, a poesia lírica, de acentos

---

7. Sílvio Romero, *História da Literatura Brasileira*, 5 vols., 4ª ed., Rio de Janeiro, José Olympio, 1949, vol. II, p. 89.

novos, tirados ao sentimental e ao religioso. Numerosos poetas enquadram-se nessa constelação de poetas menores, imitativos ou fronteiriços, como bem ilustra o *Florilégio da Poesia Brasileira* (3 vols., Lisboa, Laemmert, 1850; 2ª ed., 3 vols., Rio de Janeiro, Academia Brasileira de Letras, 1946), de Varnhagen.

JOSÉ ELÓI OTTONI (1764-1851), autor de *Provérbios de Salomão* (1815) e *O Livro de Jó* (1852), onde os ecos de Tomás Antônio Gonzaga se casam a temas religiosos e sociais ou patrióticos; FRANCISCO VILELA BARBOSA (1769-1846), autor de *Poemas* (1794) e uma cantata à *Primavera* (1799), em que rendeu tributo às matrizes do Arcadismo numa forma por vezes desenvolta, graças à tentativa de novos esquemas métricos; BENTO DE FIGUEIREDO TENREIRO ARANHA (1769-1811), autor de *Obras Poéticas* (1850), em que, a par de poemas encomiásticos, procura aclimatar a utopia arcádica à paisagem amazonense; LUÍS PAULINO de Oliveira Pinto da França (1771-1824), de quem são conhecidos quatro sonetos, um dos quais de caráter algo bocageano ("Duas horas antes de expirar"); MANUEL JOAQUIM RIBEIRO (2ª metade do séc. XVIII-depois de 1831), autor de *Obras Poéticas* (1805-1806), caracterizadas por uma dicção fluente, em liras sonorosas, ou concisa, em sonetos de inspiração camoniana; JOSÉ DA NATIVIDADE SALDANHA (1795-1852), autor de *Poesias Oferecidas aos Amantes do Brasil* (1822) e *Poesias* (1875), compilação de suas obras, assinaladas por acentos epicamente marciais, de quem se confessa rival de Píndaro "no amor da pátria, / No canto, que aos heróis dá nome e vida";[1] Francisco de Melo Franco, Sousa Caldas, Frei Francisco de São Carlos, Domingos Borges de Barros, José Bonifácio e tantos outros, dos quais os últimos são os mais dignos de nota.

FRANCISCO DE MELO FRANCO nasceu em Paracatu (Minas Gerais), a 7 de setembro de 1757. Feitos os estudos secundários no Rio de Janeiro, em Coimbra matricula-se no curso de Medicina, que interrompe durante os quatro anos que passa nos calabouços da Inquisição. Formado, abre consultório e prospera. Regressa ao Brasil em 1817, perde os seus bens e falece em Ubatuba, a 22 de junho de 1823, quando retornava de uma viagem a S. Paulo.

---

1. Varnhagen, *Florilégio da Poesia Brasileira*, ed. de 1946, vol. II, p. 261.

Além de várias obras de puericultura e higiene, publicou *O Reino da Estupidez* (1818), no qual teria colaborado José Bonifácio, e deixou inédita uma coleção de poemas sob o título de *Noites sem Sono*, escritos na prisão. *O Reino da Estupidez*, que correu manuscrito desde 1785 e ocasionou o encarceramento do autor, é um poema herói-cômico em torno da instalação do Reino da Estupidez em Portugal. Mancomunada com o Fanatismo, a Superstição, a Hipocrisia, a Raiva e a Inveja, a Estupidez resolve abandonar a França e a Inglaterra e sair à procura de clima propício "nas amenas Espanhas". Refugiam-se em Coimbra e lá se instalam definitivamente:

> A mole Estupidez cantar pretendo,
> Que distante da Europa desterrada
> Na Lusitânia vem fundar seu reino.[2]

Dividido em quatro cantos em decassílabos brancos, o poema enfileira-se na tradição satírica que remonta a *Le Lutrin* (1674-1683), de Boileau, e que se difundiria em Portugal na segunda metade do século XVIII. Dos poemas produzidos nessa altura, *O Hissope* (1802), de Antônio Dinis da Cruz e Silva, referido expressamente no canto IV, deve ter sido o modelo inspirador.

Eco um tanto longínquo das transformações filosóficas operadas em Portugal desde a primeira metade do século XVIII e que teriam expressão na Academia dos Imitadores da Natureza (ou Academia Médica-Portopolitana), fundada em 1749, e nas doutrinas experimentalistas e racionalistas preconizadas por Verney, *O Reino da Estupidez* participa do debate entre Ciência e Razão que se adensaria no século XVIII para culminar no século XIX.[3] Insere-se, desse modo, no movimento iluminista, segundo a feição que adquiriu em Portugal: o obscurantismo é representado pelo Clero, e a razão esclarecedora, pela Ciência. De onde, no poema, a Estupidez e demais companheiras se identificarem alegoricamente com a Religião, representada por sacerdotes venais, corruptos e sensualões que se fazem ouvir pela voz do Lente-Primaz de Teologia (c. III):

---

2. Francisco de Melo Franco, *O Reino da Estupidez, in Satíricos Portugueses*, col. de poemas herói-cômico-satíricos, nova edição com introdução crítica e anotações de João Ribeiro, Rio de Janeiro/Paris, Garnier, 1910, p. 114.

3. A resenha do panorama histórico sobre que se esbate o poema de Francisco de Melo Franco se encontra muito bem feita na obra *Portugal e a Cultura Europeia* (Sécs. XVI a XVIII) (Coimbra, 1953, sep. de *Biblos*, Coimbra, vol. XXVIII), de José Sebastião da Silva Dias.

> Creio, que deve ser restituída
> À grande Estupidez a dignidade
> Que nesta Academia gozou sempre.
> Bem sabeis, quão sagrados os direitos
> Da antiguidade são: por eles somos
> Ao lugar, que ocupamos, elevados.

e o pensamento racional, nas palavras de

> Tirceu[4] homem singelo,
> Que seus dias consome sobre os livros
> Contemplando a profunda Natureza.

Envolvendo-se na disputa entre a filosofia escolástica e o empirismo científico ancorado em John Locke, *O Reino da Estupidez* alinha-se declaradamente na segunda alternativa. A veemência com que procede e a relativa modernidade do embate não compensam, porém, o prosaísmo geral da composição. Alguns poucos versos mais emotivamente carregados não justificam que a obra ostente merecimento para além do histórico. Por fim, somente porque o autor nasceu e morreu no Brasil é que tem cabimento integrá-lo no corpo da literatura brasileira: a rigor, pelo conteúdo, pelo intuito que o move e pelos leitores a que se dirigia, o poema de Francisco de Melo Franco pertence à literatura portuguesa.

Antônio Pereira de SOUSA CALDAS nasceu no Rio de Janeiro, a 24 de novembro de 1762. Menino enfermiço, é levado a Portugal, onde faz os estudos primários e secundários e matricula-se no curso de Direito da Universidade de Coimbra. Em razão de suas ideias revolucionárias, é submetido ao tribunal da Inquisição e condenado a praticar exercícios de penitência. Viaja para a França e de lá para a Itália, onde resolve abraçar a carreira eclesiástica. Ordenado, volta a Lisboa, e de lá para o Brasil, mas em 1805 já está de novo em Portugal. Passados dois anos, acompanha a Corte no seu translado para o Rio de Janeiro, e logo granjeia fama de orador inspirado, ao mesmo tempo que prossegue na atividade literária. Faleceu na sede do Reino a 12 de março de 1814. De sua produção literária restam-nos os dois volumes das *Obras Poéticas*, dados à estampa em Paris, em 1820-1821, graças a um sobrinho do poeta,

---

4. Nome que encobre o do Dr. José Monteiro da Rocha, lente de Matemática em Coimbra, segundo informa João Ribeiro, *op. cit.*, pp. 298, 301.

Antônio de Sousa Dias, e à colaboração de um amigo, o Tenente-General Francisco de Borja Garção-Stockler. Este, assina as notas e o "Discurso sobre a Língua e a Poesia Hebraica", que abre o primeiro tomo, no qual se enfeixam os *Salmos de Davi*, "vertidos em ritmo português" pelo poeta. O segundo volume contém as *Poesias Sacras e Profanas*.

Duas configurações, equivalentes a duas fases históricas, apresenta a poesia de Sousa Caldas: a profana e a sacra. Não obstante as *Obras Poéticas* principiarem pelos *Salmos* e terminarem pelos poemas de índole profana, estes é que representam a fase juvenil de sua trajetória literária, anterior ao ingresso na vida sacerdotal. Ecoando as vozes que naqueles tempos difundiam uma nova concepção do mundo, as poesias profanas caracterizam-se pelo elogio da Razão soberana:

> Fileno, a tua voz encantadora
> Faze voar, verei baixar a ouvir-te
> A Razão, que tua alma tanto adora.

> A sublime Razão que fez sentir-te
> O veneno cruel, que Amor encobre
> Nas setas com que soube ferir-te.[1]

o elogio das Ciências:

> Esse oiteiro sombrio, íngreme, e rude,
> Onde as ciências o seu trono ergueram,
> Subir, ao vosso lado, nunca pude.[2]

o elogio da Amizade, na "Elegia à Amizade"; como ainda pelo tema do "Amor nas Odes Anacreônticas", ou em "Pigmalião":

> Ó Amor, ó Deus grande! per quem vive
> Quanto nos vastos mares
> Se volve, e quanto talha os leves ares.[3]

e pelas figuras mitológicas greco-latinas.

---

1. Antônio Pereira de Sousa Caldas, *Obras Poéticas*, 2 vols., Paris, P. N. Rougeron, 1820-1821, vol. II, p. 149.

2. *Idem, ibidem*, p. 146.

3. *Idem, ibidem*, p. 120.

Não causa estranheza que o poeta assimilasse, nos verdes anos de Coimbra, as ideias neoclássicas de mistura com as propostas iluministas. O que admira é vê-las continuar na fase religiosa: sob a capa dos temas cristãos, ou apesar deles, permanecem as postulações da quadra profana. Mais ainda: persistem com uma intensidade proporcional ao esforço secreto desenvolvido pelo poeta a fim de preservar a coerência dos dogmas teologais. Na verdade, a tensão que se adivinha no período inicial, e que se mostra por vezes no jogo amor *versus* antiamor ("Elegia à Amizade"), atinge o paroxismo e ganha acentos de alta poesia nas composições religiosas.

A famosa ode "Ao Homem Selvagem", pertencente à etapa profana, espécie de porta-voz do poeta Sousa Caldas, é sinal luminoso desse trânsito:

> Foi composta no ano de 1784, tendo o autor apenas vinte e um anos de idade; por ocasião de uma disputa que, em conversação amigável, casualmente se levantou entre mim e ele, acerca das vantagens da vida social. A leitura do célebre discurso de Jean-Jacques Rousseau, sobre a origem da desigualdade entre os homens, foi a ocasião que motivou a nossa pequena controvérsia. (...) sempre conviemos por fim em que o pensamento de Rousseau seria belo para se desenvolver em uma composição poética; e para que a nossa lembrança não ficasse inútil ajustamos que o Autor (...) compusesse uma ode pindárica, na qual expusesse com toda a pompa, e magnificência poética, o paradoxo de Jean-Jacques Rousseau, entanto que eu indicaria, em uma ode horaciana, a verdadeira origem, e as mais imediatas vantagens do estado social.[4]

Rousseauniano, pois, defensor do "homem natural", progressista, reformador, o poema apregoa a força demolidora da Razão:

> Dos céus desce brilhando
> A altiva Independência, a cujo lado
> Ergue a razão o cetro sublimado,
> Eu a oiço ditando
> Versos jamais ouvidos: Reis da Terra,
> Tremei à vista do que ali se encerra.

---

4. Francisco de Borja Garção-Stockler, *ibidem,* pp. 131-132.

Todavia, o liberalismo antimonárquico que aí se patenteia movimenta-se num espaço aquém da pregação de uma reforma universal com base nas Ciências ou na Razão. Na sequência do louvor à Razão, o poeta volta-se contra o "espírito das leis" em favor da lei natural:

> Que montão de cadeias vejo alçadas
> Com o nome brilhante
> De leis, ao bem dos homens consagradas!
> A natureza simples e constante,
> Com pena de diamante,
> Em breves regras escreveu no peito
> Dos humanos as leis, que lhes tem feito.[5]

Mas não o preconiza sem declarar que o seu intuito respeita o *status quo*: deseja chamar as consciências para o "homem selvagem" sem demolir o edifício social:

> O teu firme alicerce eu não pretendo,
> Sociedade santa,
> Indiscreto abalar.[6]

E insensivelmente evolui no sentido de uma aliança que pretende natural entre Razão e Selvageria:

> Ó Razão, onde habitas?... na morada
> Do crime furiosa,
> Polida, mas cruel, paramentada
> Com as roupas do Vício; ou na ditosa
> Cabana virtuosa
> Do selvagem grosseiro?... Dize... aonde?
> Eu te chamo, ó filósofo! responde.[7]

A par de a generosa utopia haver alimentado uma das vertentes mais caudalosas do estuário romântico, é de notar o culto extremado da Razão, que permanecerá na fase das poesias sacras. Na ode que as inaugura, "Sobre a Existência de Deus", malgrado a especificidade do motivo, deparamos às tantas a seguinte invocação:

---

5. Sousa Caldas, *ibidem*, p. 126.
6. Sousa Caldas, *ibidem*, p. 126.
7. *Idem, ibidem*, p. 129.

Faze, ó Razão, soar a voz augusta
Que as rochas desaferra,
E que as forças do Averno abala, assusta.[8]

E no soneto "À Imortalidade da Alma", a mesma ideia comparece:

Sim, eu sou imortal. Bramindo espume
A Maldade cruel, e desgrenhada;
Morda-se embora, pois não pode irada
Extinguir da Razão o vivo lume.[9]

Parece que o poeta trocara a natureza pela religião, a fim de construir uma equação cujo termo final seria, necessariamente, a razão. Em consequência, repudia os deuses da mitologia clássica, Júpiter, Vênus, Juno,

Ridículo esquadrão, que meneaste
O cetro sobre a terra,
E o mal votado incenso profanaste,
Devido só Àquele em quem se encerra
O poder, a justiça, a providência,
A bondade, e a suprema inteligência.[10]

Mas em compensação o pensamento é entronizado em lugar da emoção ou do sentimento, ainda que de raiz teológica. O poeta refere-se ao "sublime pensamento" e "inaudito pensamento",[11] como se a sua poesia nascesse do conflito entre Razão e Religião, situado no universo das opções conceptuais, e não dos determinismos da sensibilidade. Despojada de unção ou de mística melifluosidade, a obra poética de Sousa Caldas inscreve-se na corrente da *poesia filosófica* praticada nos últimos decênios do século XVIII: a pulsação religiosa manifesta-se especulativamente, por meio de reflexões e análises efetuadas no perímetro da Razão, e não através de jatos emotivos ou frenesis ascéticos. Pessoanamente, diríamos que tudo se passa na dimensão do pensamento, de forma a elidir ou amortecer o sentimento: de tom grave, a sua poesia guarda uma fé serena e um pensamento maduro. Conquanto seja procedente entrever

---

8. *Idem, ibidem*, p. 3.
9. *Idem, ibidem*, p. 113.
10. *Idem, ibidem*, p. 42.
11. *Idem, ibidem*, pp. 25, 37, 97.

nela "imagens atrevidas", como assinala o anotador das *Obras Poéticas*, merece registro que "não há jamais audácia excessiva de imaginação",[12] no dizer do mesmo estudioso.

Não se infira, dessa propensão para reduzir a inquietude religiosa a problemática intelectual, que estejamos perante um poeta malogrado ou de terciária ordem. A temperatura da religiosidade de Sousa Caldas e a sua intensa vibração, expressas numa forma que desconhece a frouxidão, permitem considerá-lo acima dos poetas religiosos coevos, incluindo Frei Francisco de São Carlos, e só inferior a Domingos Borges de Barros, no que respeita ao calor do sentimento e da emoção. É que este se fundamenta na própria experiência para ensaiar uma poesia já pontilhada de fortes acentos românticos, ao passo que no outro repercute o mais arejado filosofismo da segunda metade do século XVIII. Com efeito, as manifestações religiosas de Sousa Caldas, além de não cederem ao meloso que habitualmente impregna tal espécie de lirismo, parecem varridas por uma brisa de estoicismo, no qual se insinuam as doutrinas iluministas:

Eu não te temo, ó morte.[13]

Como seria de esperar, o seu filosofismo iluminista emprega as armas do esclarecimento racional em favor da teologia cristã, desse modo erguida à condição de Filosofia da Luz ou da Razão, em contrapartida às artes do Diabo, aparentemente identificadas com o Barroco:

Troe embora do Averno a voz medonha,
Que temerária intenta combater-te:
Tortuosos sofismas
Deslumbram, mas não podem
Da verdade extinguir a luz brilhante.[14]

Note-se que o Inferno estaria para os "tortuosos sofismas" assim como a "luz brilhante" da "verdade" estaria para o cristianismo. Outros dois aspectos dessa mesma visão filosófica da religião encontram-se na ideia de imortalidade e de infinito. A primeira, motivo central de pelo menos três composições (uma ode, uma cantata e um soneto), recorre

---

12. Francisco de Borja Garção-Stockler, *ibidem*, p. 21.
13. Sousa Caldas, *ibidem*, p. 30.
14. *Idem, ibidem*, p. 31.

com frequência ao longo dos poemas sacros, da mesma forma que a noção de infinito. Ambas emprestam à poesia de Sousa Caldas nítida feição metafísica: dir-se-ia, respeitadas as naturais diferenças, um Antero sem dúvidas transcendentais, menos agônico, menos trágico, a traduzir em versos lapidares sua ânsia de Infinito:

<blockquote>
Minha alma, sequiosa do Infinito.[15]
</blockquote>

entrevisto à luz da teologia cristã e ainda longe do infinito romântico, aberto à imaginação a partir do desvendamento da infinitude do horizonte geográfico: em suma, infinito concebido como termo ou morada do Ser Supremo:

<blockquote>
O Infinito, ó ideia soberana!
Eis o termo anelado,
Que só pode fartar a mente humana.
Ó Deus! ó Providência![16]
</blockquote>

Associada a ideia de infinito à de imortalidade, compreende-se o destemor perante a morte, já que o ampara a própria crença no além:

<blockquote>
Desperta, ó morte:
Que te detém?
Teu cruel braço
Esforça, e vem.

Vem, por piedade,
Já transpassar-me,
E avizinhar-me,
Do sumo bem.[17]
</blockquote>

Apesar de não ser o "gênio extraordinário"[18] como pretendia Stockler, nem menos equiparar-se a Milton e Klopstock, como sentenciavam Garrett e Camilo, Sousa Caldas merece julgado, na esteira de Januário da Cunha Barbosa e de Pereira da Silva, um dos mais insignes poetas do

---

15. *Idem, ibidem*, p. 36.
16. *Idem, ibidem*, p. 10.
17. *Idem, ibidem*, p. 36.
18. Francisco de Borja Garção-Stockler, *ibidem*, p. 77.

seu tempo.[19] Graças ao pendor para a especulação filosófica e à sensibilidade estremecida pelas pulsões da fantasia, soube construir uma obra que, posto não surpreenda pela novidade do impacto, se caracteriza pela tensão interna harmoniosamente equilibrada. Como, de resto, convinha à poesia religiosa.

FREI FRANCISCO DE SÃO CARLOS, no século Francisco Carlos da Silva, nasceu no Rio de Janeiro, a 13 de agosto de 1768. Destinado precocemente à carreira eclesiástica, aos treze anos ingressou no Convento da Imaculada Conceição. Ordenado, ganhou logo fama de pregador, que o conduziria mais adiante a professor de Eloquência e orador da Casa Real, após a transladação da corte de D. João VI para o Brasil (1808). Em 1819, publicou o poema sacro *A Assunção*, "composto em honra da Santa Virgem". Faleceu na cidade natal a 6 de maio de 1829. Deixou ainda três sermões.

Tirante o exagero bilioso, em que por vezes caía, bem avisado andou José Veríssimo ao sentenciar que *A Assunção* "é uma das mais insulsas e aborridas produções da nossa poesia".[1] Parte do malogro se deve ao próprio assunto da obra, e parte à forma que o reveste. A assunção de Nossa Senhora, desde o nascimento em Éfeso até a chegada ao Paraíso, passando por todas as artimanhas do Diabo, eis o motivo inspirador do poema, composto de oito longos cantos em versos decassílabos emparelhados. Que o assunto poderia servir a um breve poema místico, tem-no mostrado a tradição, sobretudo se o poeta, além de inspirado, estivesse tomado de sincera unção religiosa. No caso de Frei Francisco de S. Carlos, a inspiração, se houve, não conseguiu ultrapassar a barreira formada pela selva de versos monotonamente rimados dois a dois. Na verdade, o bom do franciscano tinha consciência de o móbil do seu intento ser menos a poesia que o louvor piedoso de Nossa Senhora, pois afirma, logo na abertura da "prefação" que antecede o poema:

> Jamais campei por poeta, nem nunca me veio
> à imaginação que tinha traçado uma epopeia.[2]

---

19. Haroldo Paranhos, *História do Romantismo no Brasil,* 2 vols., S. Paulo, Cultura Brasileira, 1937-1938, vol. I, p. 279.

1. José Veríssimo, *História da Literatura Brasileira,* 3ª ed., Rio de Janeiro, José Olympio, 1954, p. 144.

2. Frei Francisco de São Carlos, *A Assunção,* nova edição, correta e precedida da biografia do autor e dum juízo crítico acerca do poema pelo Cônego J.-C. Fernandes Pinheiro, Rio de Janeiro, Garnier, 1862, p. I.

Por que, então, se animou a escrevê-la? Simplesmente porque um poema francês, "com o título de *La Chandelle de Arras*", sendo "um tecido de blasfêmias contra Jesus Cristo, sua bendita Mãe, e seus discípulos", incitou-o, "por vingar (...) quanto podem os meus fracos talentos, a Mãe de meu Redentor", a "dar à luz *A Assunção*".[3] Decerto, o pio incitamento seria suficiente se o aquecesse uma autêntica chama inspiradora e uma superior habilidade na arte do verso. A prova de sua ausência patenteia-se por toda a obra e em qualquer trecho, graças ao emprego fatigante da rima emparelhada, que nem o reconhecimento do autor amortece. Muito pelo contrário:

> É verdade que a rima dous a dous, ou o *similiter*
> *desinentia* dos latinos concorre pouco para a bela
> eufonia da metrificação em vulgar. Dei tarde por
> este erro, e às vezes há males, que são imedicáveis.[4]

Em harmonia com o motivo escolhido e a sua erudição de sacerdote, o poeta repudia a ficção mitológica arcádica:

> Fugi do canto divinal, sublime
> Vós, ó fábulas vãs, fugi: que é crime
> Manchá-lo da falaz mitologia.[5]

Mas não esconde, no imperativo "fugi", que lhe sente a presença como força antagônica às suas crenças religiosas. De tal modo que algumas vezes acaba por socorrer-se de figuras mitológicas para exprimir o pensamento eclesiástico:

> Se eu tivera uma boca, ou tal garganta
> De tão forte vigor, de força tanta,
> Que imitasse a explosão que o duro Marte
> Nos férreos tubos faz do baluarte.[6]

Atuante no curso do poema, pelo menos como superfície de contraste, a ficção mitológica revela a permanência de vestígios clássicos em *A Assunção*. O poeta volta-se contra ela e contra o Diabo como se

---

3. *Idem, ibidem*, p. III.
4. *Idem, ibidem*, p. II.
5. *Idem, ibidem*, p. 103.
6. *Idem, ibidem*, p. 259.

tentasse livrar-se, catarticamente, da sua radical impregnação. De onde o diálogo se travar entre Nossa Senhora e as hostes mitológicas e demoníacas, identificadas com o Mal. Curioso que, além de a mitologia persistir, o melhor que o poema tem a oferecer na sua infindável versalhada, seja precisamente a descrição do Diabo:

> É um monstro medonho, e tão disforme
> Na massa colossal do vulto enorme,
> Que se o doce repouso, e a paz gozara,
> Deitado duas geiras ocupara.
> De tão sombria, e horrenda catadura,
> Que faz pavor à mesma Estige escura,
> No réprobo semblante retratado
> Vê-se todo o rancor dum condenado.
> Os olhos afiguram dois cometas,
> Que ardem entre duas nuvens pretas.
> A boca era, se abria, internamente
> Estuante fornalha. Quando ardente
> Do peito o ar pestífero bafeja,
> De vivas brasas turbilhões dardeja.[7]

Tem-se assinalado, no poema, a descrição patriótica do Brasil, e notadamente do Rio de Janeiro, divisando-o como um paraíso (c. III e VI), com toda a abundância superlativa que impulsionava o ufanismo barroco:

> É tamanho o país, tão vasto o solo,
> Que se estende de um polo a outro polo.[8]

Esse involuntário deslize, à semelhança do Diabo e das forças mitológicas, leva o poeta a uma sintomática persignação, que parece evidenciar até que ponto Nossa Senhora se transformara em pretexto para o poeta estadear leituras acerca dos clássicos e do Brasil:

> Mas ah! ó cego eu, que me desvio,
> Cantando o meu país, do antigo fio.[9]

---

7. *Idem, ibidem*, p. 34.
8. *Idem, Ibidem*, p. 181.
9. *Idem, ibidem*, p. 244.

A ação do poema, transcorrida predominantemente em diálogos travados por todos os figurantes principais (Nossa Senhora, Cristo, o Diabo, os Arcanjos, etc.), denota que o binômio "epopeia religiosa", com que a obra pode ser classificada, constitui uma impossibilidade: se epopeia, haveria de privilegiar os cometimentos heroicos, e nesta obra apenas ocorrem batalhas entre os arcanjos e as tropas infernais; se religiosa, não poderia acentuar marcialmente a luta armada sem contradizer-se. Demora nesse ponto a faceta vulnerável de *A Assunção*. Efetivamente, pela frequência do diálogo e da alegoria, o poema lembra a prosa moralista de um Nuno Marques Pereira ou de um Alexandre de Gusmão, com a diferença de que a fabulação se desenrola nos espaços siderais. E é provavelmente na linha desse moralismo barroco que o poema deva ser entrevisto. Aliás, o repúdio às matrizes do Arcadismo significa, ainda que somente do ponto de vista formal, o regresso a soluções gongóricas, do gênero de

Estelífero pálio, auriflamante.[10]

A retroação se torna ainda mais evidente quando cotejamos a poesia religiosa de Frei Francisco de São Carlos e de outros poetas brasileiros do tempo: a coerência do autor de *A Assunção* deve-se ao escolasticismo seiscentista, pois acolhe humildemente um dogma e, sem frenesis místicos, transmuta-o em objeto de arte. O tema desponta-lhe de fora para dentro e gera uma obra engajadamente apologética, sem a dose necessária de particularismo, de experiência individual, que a fizesse poeticamente válida. Fruto cerebrino de um sacerdote piedoso, *A Assunção* ostenta uma concepção de vida barroca, como se, atenuadas as marcas do Arcadismo, o autor se recolhesse a meditar, não o futuro romântico, mas o passado seiscentista. Ilegível, córneo, o poema de Frei Francisco de São Carlos se tornaria paradoxalmente imprescindível a uma pesquisa em torno do ufanismo ou do Diabo na literatura brasileira.

JOSÉ BONIFÁCIO de Andrada e Silva nasceu em Santos (Estado de S. Paulo), a 13 de junho de 1763. Feitos os estudos preliminares, em 1783 desloca-se a Coimbra, onde se forma em Leis e Filosofia (1787). Viaja pela França, Inglaterra, Alemanha, Itália, em missão científica. Em 1800, de volta a Portugal, desempenha várias funções culturais, docen-

---

10. *Idem, ibidem*, p. 187.

tes e administrativas. Em 1819, retorna à Pátria e ingressa na política. Com a Independência (1822), vê-se obrigado a exilar-se na França, de onde regressa em 1829. Passados quatro anos, é preso por suspeita de conspiração e logo depois absolvido. Progressivamente desalentado, retira-se para a Ilha de Paquetá, onde falece a 6 de abril de 1838.

Além de trabalhos científicos, históricos e políticos, José Bonifácio publicou, sob o pseudônimo de Américo Elísio, *Poesias Avulsas* (1825), reeditadas, com o título de *Poesias* e novos acréscimos, em 1861, graças ao empenho de Joaquim Norberto de Sousa e Silva.

Apesar de a respeitável imagem de homem público legada à posteridade haver induzido vários estudiosos a julgamentos otimistas, a poesia de José Bonifácio move-se no perímetro da mediania. Não que se lhe negue pendor para o trato com as musas, não que se lhe deixe de reconhecer um vasto saber, inclusive literário, mas tudo isso está longe de configurar um poeta acima da média. Os seus poemas acusam elevação, solenidade, gravidade, enfim, os méritos que nos habituamos a aplaudir no cientista e político. Entretanto, não se descortina a fúria do poeta inspirado, que tem algo a dizer: poesia de um homem mais culto e inteligente que sensível, mais transpiração que inspiração, evidente nos poemas compostos à "imitação de Villegas" ("O Zéfiro") ou de Champfort ("Diálogos"), nos epigramas imitados de Bernard, de Anacreonte, do inglês; na paráfrase a parte do *Cântico dos Cânticos*, ao *Salmo XVIII*; nas traduções de D. Tomás Iriarte, Ossian, Hesíodo, Píndaro, Young, Virgílio. De quarenta e oito composições, dezesseis não lhe pertencem, mostrando até que ponto o labor poético era fruto antes da erudição que da emotividade. Certamente, a imitação, que transparece nos demais poemas (como, por exemplo, em "Odes Sáficas", "Anacreôntica", "Cantigas Báquicas"), era princípio clássico ainda vigente, mas o poeta exagerou na sua observância, tomando-o mais à letra do que seria de esperar, sobretudo no primeiro quartel do século XIX, e em se tratando de um escritor viajado e lido nos bardos ingleses de feição romântica.

É de registrar, ainda, o cultivo de formas poéticas tipicamente neoclássicas, como a ode, a epístola, a cantata, o soneto. Acrescentem-se-lhes as notas frequentes de bucolismo, o elogio arcádico da simplicidade natural:

> Orgulhosa ambição, suja cobiça,
> Não envenenam assisados dias
> Do camponês ditoso.[1]

---

1. Américo Elísio, *Poesias*, Rio de Janeiro, INL, 1946, p. 6.

o estoicismo, a galeria mitológica de Júpiter, Baco, Vênus, Zéfiro e outros, para que o quadro se complete. Nem certos laivos de sensualismo, de brasilidade (como o emprego de "beiços" por "lábios"; o referir-se patrioticamente ao Brasil: "Este imenso país, mimo do Céu!"[2]), de modernidade (os nomes de Voltaire, Rousseau e outros poetas do tempo), de melancolia fugaz, expressa sobre um pano de fundo ainda clássico, em "Uma Tarde", — conseguem tirar a impressão de que a poesia de José Bonifácio patenteia retrocesso em face dos árcades e, mesmo, outros coetâneos notadamente Domingos Borges de Barros.

Na verdade, se tomarmos a "Ode à Poesia" como a sua plataforma estética, encontraremos nela a chave para a interpretação de Américo Elísio:

> Canto a virtude quando as cordas firo.[3]

Declaração que um clássico assinaria com todas as letras, revela o quanto José Bonifácio conferia à poesia função pedagógica. Decerto, punha-se frontalmente contra o Barroco, mas de modo a denunciar, ao contrário do que pretendem alguns estudiosos do poeta, mais um neoclássico intransigente que um pré-romântico:

> Qual rouca rã nos charcos, não pretendam
> De mim vendidos cantos.
> Se a citara divina me emprestarem
> As filhas da memória, altivo e ledo,
> A virtude cantando,
> Entre os vates também terei assento.[4]

Poesia de um sábio racionalista, que cultiva o "Leibniz imortal", o "grande Newton", Descartes, Locke, Montesquieu e outros,[5] que mesmo nas composições pretensamente dirigidas a uma namorada (Eulina) não perde o aprumo e derrama-se na indefectível retórica que lhe perpassa toda a obra. Poesia de convenção, a que não falta a lisonja servil ("Ode

---

2. *Idem, ibidem*, p. 35.

3. *Idem, ibidem*, p. 1.

4. *Idem, ibidem*, p. 4.

O antibarroquismo de José Bonifácio manifesta-se claramente no prólogo às *Poesias*: "Quem folgar de *Marinismos* e *Gongorismos*, ou de *Pedrinhas no fundo do ribeiro*, dos versistas nacionais de freiras e casquilhos, fuja desta minguada rapsódia, como de febre amarela".

5. *Idem, ibidem*, p. 10.

ao Príncipe Regente do Brasil", "O Brasil"), resulta mais do pensamento que da emoção, como aliás parece reconhecer o seu autor:

> Ah! deixemos errar o pensamento
> Entregue a si, sem tento!
> ....
> Errar deixemos livre o pensamento.[6]

Restava-lhe, pois, conjugar o pensamento e o sentimento, e nas poucas vezes em que este se apresenta, deriva para os clichês arcádicos: o poeta sente o já sentido, ou asfixia o sentimento porventura experimentado na linguagem estereotipada dos neoclássicos. Em nome da justiça, ressalte-se que a dicção de José Bonifácio se caracteriza sempre pela vernaculidade, em que não é difícil surpreender o influxo de Filinto Elísio (de quem teria, certamente, recebido a sugestão para cunhar o pseudônimo arcádico) e de outros poetas do tempo.

Como Américo Elísio produziu a maior parte da sua obra no fim da vida, seria de crer que as primícias juvenis não enfermassem da tendência para metrificar de acordo com a tradição confirmada. Acontece, porém, que os sonetos dos 16-18 anos padecem já do vezo imitativo, próprio de um homem culto que talvez atribuísse à poesia a missão de inofensivo passatempo, ou de exercício de aperfeiçoamento moral, e reservasse para a investigação científica um destino mais nobre. Assim procedendo, alinhava-se com o futuro na perspectiva do saber, e com o passado na perspectiva da poesia, duma forma que, se permite enaltecer o cientista, obriga a situar o poeta em posição nada cômoda em relação aos pares contemporâneos.

DOMINGOS BORGES DE BARROS nasceu na Bahia, a 10 de dezembro de 1779. Após os primeiros estudos na terra natal, em Coimbra cursa os preparatórios e ingressa na Universidade. Licenciado em Filosofia a 6 de julho de 1804, ruma pouco depois para Paris, onde permanece até 1810 quando se desloca para os EUA e finalmente regressa à pátria. Preso na Bahia por suspeição de ser agente da França contra a Metrópole, é mandado ao Rio de Janeiro e logo posto em liberdade. Em 1821 elege-se deputado, mas dois anos mais tarde está em Paris como ministro.

---

6. *Idem, ibidem,* pp. 14, 33.

É agraciado com o título de Barão de Pedra Branca, convertido, em 1829, em Visconde de Pedra Branca, nome por que ficou literariamente conhecido. Retorna em 1833 ao Brasil. Ainda viajaria uma vez mais à Europa. Faleceu na Bahia a 25 de março de 1855, deixando obra reduzida: *Poesias Oferecidas às Senhoras Brasileiras, Por um Baiano* (2 vols., 1825), *Novas Poesias Oferecidas às Senhoras Brasileiras, Por um Baiano* (1841) e *Os Túmulos* (1850). Sob este último título, Afrânio Peixoto publicou-lhe, em 1945, alguns poemas bem como a derradeira obra, e precedeu-os de um longo estudo ("Um Precursor do Romantismo").

Típico representante do Pré-Romantismo, Domingos Borges de Barros apenas não se tornou romântico em razão de alguns vestígios neoclássicos: fossem outras as circunstâncias históricas, e a sua obra teria introduzido a reforma romântica entre nós. Além disso, ostenta o mérito de ser uma das mais robustas e sinceras vocações poéticas na quadra precedente à irrupção do Romantismo. Na verdade, o débito ao ideário arcádico resume-se em ocasionais referências a figuras mitológicas greco-latinas (Favônio, Flora, etc.), ao gosto da alegorização e a uma relativa contensão, que proíbe o franco extravasamento da sensibilidade. As matrizes da sua cosmovisão afinam, porém, com os valores difundidos pela revolução romântica. Se, de um lado, a melancolia lhe sugere um poema ainda de feição arcádica, a saudade inspira-lhe uma composição de 1810 motivada pela ausência da Pátria e o distanciamento de Marília. Em *Os Túmulos*, sua obra capital, o tema ganharia acentos novos, gerados pela morte do filho, a 5 de fevereiro de 1825: o primeiro canto desse poema religioso seria publicado naquele mesmo ano, no segundo tomo das *Poesias*, e o segundo canto, na edição de 1850. Ali vemos repercutir a poesia soturna e tumular que Young e outros românticos ingleses difundiram pela Europa do século XVIII, e vemos o poeta dirigir-se à saudade em termos — "Amargoso consolo vem, saudade!"[1] — que parecem anunciar o conceito garrettiano de saudade — "gosto amargo de infelizes", — que abre o poema *Camões*, dado a lume no mesmo ano de 1825, e inicia o movimento romântico em Portugal. Mais adiante, a semelhança torna-se visível, possivelmente por influência do poeta português sobre o brasileiro, mas não se deve afastar a hipótese de coincidência:

---

1. Visconde de Pedra Branca (Domingos Borges de Barros), *Os Túmulos*, 4ª ed., Rio de Janeiro, Academia Brasileira de Letras, 1945, p. 92.

saudade, esse agro-doce,
Esse laço que prende o vivo aos mortos
....
Saudade, triste enlevo de ternura.[2]

O tema da morte, fundamento desse culto à saudade, é outro aspecto romântico, anúncio de situações análogas vividas por Fagundes Varela ("Cântico do Calvário") e Vicente de Carvalho ("Pequenino Morto"): o poema de Domingos Borges de Barros diferença-se dos homônimos por deixar transparecer uma dor mais no plano da sensibilidade, ao passo que o de Fagundes Varela se desdobra num clima de especulação filosófica e religiosa, e o de Vicente de Carvalho, numa musicalidade que transforma o sofrimento em canção de ninar. E ao primeiro vincula-se pela religião:

Sem religião o que é sociedade?[3]

Entendendo-se por religião o Cristianismo, fica patente o liame entre Domingos Borges de Barros e o Romantismo. E por via da religião o poeta coloca-se em oposição às tendências sensualistas do século XVIII, à Condillac; dirigindo-se ao "ímpio", pergunta-lhe:

Eu adoro o meu Deus, tu o que adoras?[4]

e logo parece intuir soluções panteístas:

Se crês no instinto, e crês na natureza,
Por que não crês em Deus, se Deus é tudo?[5]

Todavia, porventura em consequência do substrato clássico, o poeta não deixa nem que a dor se resolva num dilaceramento melodramático, nem que encontre consolo melífluo na religião: tal equilíbrio entre polos extremos é que confere vigor ao poema e lhe mantém o *tonus* até o epílogo. O momento mais dramático do poema localiza-se nas palavras da mãe ao falecido:

---

2. *Idem, ibidem,* pp. 109, 127.
3. *Idem, ibidem,* p. 113.
4. *Idem, ibidem,* p. 114.
5. *Idem, ibidem,* p. 115.

Dias de angústia assim por que fugistes?
Vinde outra vez, trazei minha esperança,
Trabalhos mil com ela, embora venham.
Deus, ou dai-me o meu filho, ou dai-me a morte.[6]

onde o paradoxo inscrito nos versos inicial e final diz bem da tensão que norteia todo o poema, e lembra a tragédia clássica. Nem lido nem estudado modernamente, *Os Túmulos* constituem, pelo equacionamento de uma situação universal, das pedras de toque do Romantismo emergente: a sinceridade da confissão aliada ao fingimento poético gestaram mais uma vez obra acima da metrificação rotineira que avassala boa parte do século XVIII.

III. Prosa Doutrinária

Avaliando a prosa cultivada "nas três primeiras décadas que precederam o aparecimento do Romantismo no Brasil", um historiador da nossa literatura considerou-a "abundante, variada, complexa, porém medíocre".[1] A observação, pertinente nos três adjetivos iniciais, claudica no derradeiro: na verdade, trata-se mais de prosa não literária que medíocre. Ainda ausente a prosa ficcional que acompanharia o Romantismo, os textos produzidos se enquadram no perímetro do Jornalismo, Economia, Política, Historiografia, Moral, Oratória, Filosofia. Dizem mais respeito à evolução da Cultura que à Literatura propriamente dita, salvo na medida em que utilizam recursos da fantasia criadora e da linguagem como valor em si. De qualquer forma, atestam o clima de efervescência intelectual surgido a partir de 1808, quando D. João VI transladou a corte para o Rio de Janeiro, e que atingiu literariamente o ponto de saturação em 1836, com os primeiros sinais da revolução romântica.

Ressoando o progresso cultural desencadeado pela transferência da corte de D. João VI para o Rio de Janeiro, funda-se em 1808 o primeiro jornal brasileiro, — a *Gazeta do Rio de Janeiro*, que circularia até 1822,

---

6. *Idem, ibidem*, p. 97.
1. Haroldo Paranhos, *História do Romantismo no Brasil*, 2 vols., S. Paulo, Cultura Brasileira, 1937-1938, vol. I, p. 366.

quando passou a *Diário do Governo*. Segue-se-lhe uma enfiada de órgãos de imprensa, como *As Variedades ou Ensaios de Literatura* (1812), *O Patriota* (1813-1814), *O Conciliador do Reino Unido* (1821), *O Espelho* (1821-1823), *Revérbero Constitucional* (1821-1822), *Aurora Fluminense* (1827-1835), etc.[2] Gonçalves Ledo, Pe. Januário da Cunha Barbosa, Ferreira de Araújo, João Soares Lisboa, Silva Bivar, Evaristo da Veiga são alguns dos jornalistas que se notabilizaram nessa época. Sobreleva a todos, porém, Hipólito José da Costa, graças ao volume e à densidade crítica dos seus escritos.

HIPÓLITO JOSÉ DA COSTA Pereira Furtado de Mendonça nasceu a 25 de março de 1774,[3] na Colônia de Sacramento, Rio da Prata. Realizados os primeiros estudos em Porto Alegre, desloca-se a Coimbra, onde se forma em Filosofia (1796) e Direito (1798). Passados três meses, é encarregado por D. Rodrigo de Sousa Coutinho, Ministro da Fazenda, de ir estudar nos EUA o sistema agrícola, de pesca, pastagens e construção de pontes. Permanece em território norte-americano de 13 de dezembro de 1798 a setembro de 1800. De novo em Lisboa, decide não regressar ao Brasil e colaborar "na execução do programa cultural do governo do príncipe regente, D. João".[4] Em 1802, conduzido pela Maçonaria, passa dois meses em Londres. De volta a Portugal, é preso como livre-pensador e maçom (julho de 1802), mas, em fins de 1805, foge do cárcere e alcança a Inglaterra, onde se conservará até o fim da vida. Protegido pelo Duque de Sussex, vive de traduções, jornalismo e aulas de línguas. Em junho de 1808, inicia a publicação do *Correio Brasiliense* ou *Armazém Literário*, periódico mensal enfeixando notícias de ordem política, econômica, literária, comercial, etc. Redige-o sozinho e ainda se incumbe dos trabalhos de edição, correspondência, etc., mas é compensado por um rumoroso êxito, dentro e fora do país em que se refugiara. Com a independência do Brasil, encerra a publicação em dezembro de 1822, e ingressa na diplomacia. Entretanto, falece a 11 de setembro de

---

2. Hélio Viana, *Contribuição à História da Imprensa Brasileira,* Rio de Janeiro, INL, 1945; Carlos Rizzini, *O Livro, o Jornal e a Tipografia no Brasil,* Rio de Janeiro, Kosmos, 1945; e *Hipólito da Costa e o Correio Brasiliense,* S. Paulo, Nacional, 1957.

3. Elaboramos esta notícia biobibliográfica de acordo com Carlos Rizzini, *Hipólito da Costa e o Correio Brasiliense,* e Mecenas Dourado, *Hipólito da Costa e o Correio Brasiliense,* 2 vols., Rio de Janeiro, Biblioteca do Exército, 1957.

4. Mecenas Dourado, *op. cit.,* vol. I, p. 79.

Arcadismo (1768-1836) • 353 •

1823, em Kensington, sem chegar a tomar conhecimento do ato régio que o nomeava cônsul-geral na Inglaterra.

Além do *Correio Brasiliense*, deixou obras de vária natureza e escasso interesse, salvo da perspectiva historiográfica e biográfica, como *Descrição da Árvore Açucareira e da Sua Utilidade e Cultura* (1801), *Cartas sobre a Framaçoneria* (1805), *Narrativa da Perseguição de Hipólito José da Costa Pereira Furtado de Mendonça* (1811), *Sketch for the History of lhe Dionysian Artificers* (1820), *Diário de Minha Viagem para Filadélfia* (1955). Ainda publicou duas odes e um soneto no *Correio Brasiliense* e deixou inédita uma peça teatral, *O Amor d'Estranja*, datada de 1811.[5]

"Hipólito foi o mais famoso, temido e influente publicista português do tempo".[6] Conquanto ferrenho antiabsolutista,[7] o seu liberalismo preconizava que as revoluções sociais fossem praticadas ao abrigo das leis e por iniciativa dos governos. Exemplar típico de letrado iluminista, fundia o "saber de experiências" feito à esgrima ágil do pensamento, numa unidade em que a segurança empírica fundamentava o arrojo e a virulência dos raciocínios bem arquitetados. Sem apelo à subversão,[8] perturbava com a sua lógica implacável o sossego podre dos governantes do Rio e Lisboa, que forcejavam inutilmente por "atraí-lo com agrados e dinheiro [ou] reduzi-lo com ameaças, processos, competição subsidiada e proibição de ingresso e leitura no Brasil e em Portugal".[9] Em vão: nada demoveria o escritor, animado de fé proselitista, patriotismo sincero e honesto e, quem sabe, esforço de coerência para com os princípios maçônicos.

O seu mensário não é o primeiro órgão da nossa imprensa simplesmente porque se publicava no estrangeiro, mas tem o mérito, ainda mais relevante, de ter sido o primeiro "periódico livre em português",[10] em meio a dificuldades de toda ordem, desde a econômico-financeira até a sanha dos inimigos e despeitados,[11] passando pelas medidas oficiais no

---

5. *Idem, ibidem*, vol. II, p. 595.

6. Carlos Rizzini, *op. cit.*, p. 26.

7. "O poder absoluto aniquila o *público;* e aonde não há *público,* ou constituição, na realidade não há nem *pátria* nem nação" (*Correio Brasiliense,* vol. X, maio 1813, p. 681).

8. "Raríssimas vezes as grandes mudanças nacionais são o resultado de conspirações; procedem elas sempre de causas profundas, e extensas, na estrutura e estado da sociedade; donde resulta a necessária combinação de indivíduos, que parecem ser os autores, quando na realidade não são senão os instrumentos da revolução, que sai à luz em virtude das circunstâncias" (*ibidem,* vol. XI, dez. 1813, p. 924).

9. Carlos Rizzini, *op. cit.*, p. 29.

10. Carlos Rizzini, *op. cit.*, p. 30.

11. Dourado, *op. cit.*, vol. I, pp. 263 e ss.

sentido de coibir-lhe a emulação e a influência. É quase inacreditável que Hipólito não só tivesse ultrapassado os obstáculos erguidos à sua volta, como também se mantivesse coerente em catorze anos de ininterrupta e solitária atividade. Digna de respeito a fibra desse homem determinado que se consumia para redigir cerca de 140 páginas impressas por mês, quando não mais de 200 (como em agosto de 1812, que atingiu a cifra de 236 páginas), num total de 175 números em 29 volumes. Decerto que o seu estilo revela, nos altos e baixos, elaboração em ritmo frenético, um "estilo oral, simples, espontâneo, à altura da compreensão sintática e vocabular do povo ou da média da população luso-brasileira",[12] — mas é inalterável o vigor da linguagem e a objetividade das ponderações, um e outra envolvidos numa cerrada e lúcida argumentação.

Munindo-se "de uma crítica sã e de uma censura adequada", propunha-se, logo à entrada do número inaugural do *Correio Brasiliense*, a representar "os fatos do momento, as reflexões sobre o passado e as sólidas conjecturas do futuro", tendo em vista "acertar na opinião geral de todos". Para tanto, acolhe e comenta não só as notícias políticas como as de natureza religiosa, científica, artística, etc., sempre no intuito de bem (in)formar o leitor patrício. Era outra esfera na qual o mensário se distinguia dos congêneres aparecidos nas primeiras décadas do século XIX: punha o acanhado meio colonial a par das últimas novidades europeias e norte-americanas, assim procurando atenuar a discrepância entre o Brasil e o resto do mundo, motivada inclusive pelo tempo gasto na travessia do Atlântico.

Em suma, "o fim precípuo do *Correio Brasiliense* era o de promover o progresso do Brasil, erguendo-o de colônia a nação". Entretanto, não só repelia a completa separação da Metrópole, como lhe augurava o estatuto de "nação portuguesa, isto é, unida a Portugal, sob o sistema monárquico-representativo".[13] Não visava à independência da Colônia, mas ao saneamento da sua administração, agricultura, comércio, política, etc. Espécie de prefiguração do jornal como terceiro estado, dispunha-se a exercer o papel de vigilante e opositor, com o objetivo de, apontando os "erros do governo", colaborar "para os ver remediados".[14] Por isso aplaudia todas as iniciativas que cooperassem no progresso da Colônia, dentre as quais ressaltava a instalação de uma universidade e a imprensa livre, fundamentais para a consecução das metas projetadas:

---

12. *Idem, ibidem,* vol. II, p. 593.
13. Carlos Rizzini, *op. cit.,* p. 143.
14. *Correio Brasiliense,* vol. XII, jan. 1814, p. 145.

O estabelecimento de uma universidade no Brasil; a introdução geral das escolas de ler e escrever; a ampla circulação de jornais e periódicos, nacionais e estrangeiros, — são as medidas para que olhamos como base da desenvolução do caráter nacional.[15]

De onde

A liberdade de escrever, e de imprimir, depois da invenção da imprensa, não é outra cousa mais do que a liberdade de falar, ou comunicar os pensamentos dos homens, o que é de direito natural; e somente proibido pelos governos, que têm razão para temer, que as suas ações sejam examinadas.[16]

A liberdade de imprensa, um dos fios condutores da guerra santa movida por Hipólito, tornar-se-ia real a partir de 9 de março de 1821. Apenas ficaram proibidos de circular na Colônia os jornais impressos fora do país, como o *Correio Brasiliense*. A Independência, porém, amadurecida nos anos precedentes, vinha pôr termo à situação e ao isolamento oficial do mensário, que assim via cumprido totalmente o seu papel saneador.

Além de reiteradamente vituperar o mau emprego dos dinheiros públicos e do poder, Hipólito antecipou-se ao tempo com pregar a transferência da capital para o interior do território, e assumir, respaldado no exemplo dos EUA, posição francamente abolicionista: defendia a extinção da escravatura e a substituição do braço africano pelo europeu livre:

A escravidão dos negros de África continuada por toda a vida e passada a toda a descendência, é tão contrária aos princípios do direito natural, e da constituição moral do homem; que é impossível que prospere, como deve, um país em que a escravidão se admite na extensão em que existe no Brasil; a sua repentina extinção seria perniciosa: logo, não poderia dar-se-lhe melhor remédio do que, a sua gradual abolição, simultânea com a imigração de habitantes do norte da Europa.[17]

---

15. *Ibidem*, vol. XIII, jul. 1814, pp. 95-96.
16. *Ibidem*, vol. XIII, jul. 1814, p. 106.
17. *Ibidem*, vol. VI, mar. 1811, p. 238.
Apoiando-se em tese de Fernando Segismundo, apresentada ao VI Congresso Nacional de Jornalistas, Nelson Werneck Sodré recorda que tal antecipação tem sido contestada (*História da Imprensa no Brasil*, Rio de Janeiro, Civilização Brasileira, 1966, p. 25n): antes de Hipólito da Costa, teriam preconizado a extinção do sistema escravocrata "o padre português Manuel Ribeiro da Rocha, autor de *O Etíope Resgatado, Empenhado, Sustentado, Corrigido,*

Não podia ser mais incisivo e lúcido o equacionamento do problema. E a tal ponto Hipólito interessou-se pelo assunto que o penúltimo artigo do *Correio Brasiliense*, de novembro de 1822, tinha por título "Escravatura no Brasil", e assinalava, com veemência, que os brasileiros, "portanto, devem escolher entre estas duas alternativas: ou nunca hão de ser um povo livre ou hão de resolver-se a não ter consigo a escravatura".

É de notar, contudo, que a demofilia de Hipólito José da Costa não aceitava o liberalismo francês, ao mesmo tempo que repudiava toda forma de oligarquia. Liberal moderado, à inglesa, rotulava de anarquia o "governo popular", ou seja, "a entrega da autoridade suprema nas mãos da populaça ignorante",[18] mas repelia todo sistema absolutista. A sua concepção de monarquia, em que o rei governa para o povo e pelo povo, prenunciava o pensamento romanticamente liberal de D. Pedro I:

> Nós nunca propusemos uma forma de governo popular; mas seguramente temos dito, e dizemos, que os governos foram instituídos no mundo para o bem dos povos, e não para o benefício de uns poucos de indivíduos. Conforme a este princípio regulamos sempre os nossos raciocínios; e perverter isto o partido francês, interpretando o nosso princípio, como se desejáramos um governo popular, é uma decidida falácia; de que serão vítimas os que nela acreditarem.[19]

Como que tolhida pelas próprias malhas em que se tecia, a doutrina do incansável publicista colaborou involuntariamente para o ambiente libertário que eclodiria na Independência. E quando percebeu que o processo se tornara irreversível, tratou de converter-se aos fatos e admitir a autonomia do Brasil, não sem buscar nas gavetas da memória os silogismos compatíveis com os ideais difundidos e a nova conjuntura criada:

> Aprovamos mui cordialmente a declaração de independência do Brasil; porque estamos persuadidos há muito tempo, que já não havia outro meio de se conduzirem com regularidade e quietação os negócios públicos daqueles povos; mas ainda que esta declaração de independência trouxesse

---

Instruído e Libertado, Lisboa, 1757; os conjurados mineiros e baianos; o desembargador paulista Antônio Rodrigues Veloso de Oliveira, na *Memória sobre o Melhoramento da Província de São Paulo Aplicável em Parte a Todas as Outras Províncias do Brasil*, de 1822, mas escrita em 1810". E no tocante à mudança da Capital, "Veloso de Oliveira dirigiu memória ao príncipe regente, em 1810, sobre isso".

18. *Correio Brasiliense*, vol. II, fev. 1809, p. 175.

19. *Ibidem*, vol. IV, fev. 1810, p. 215.

consigo inconvenientes, maiores do que lhe supomos, nenhum desses seria tão grande, como o mal de se conservarem os brasilienses na incerteza de sua sorte política.[20]

Encerrava-se, desse modo, a trajetória do *Correio Brasiliense*: a sua missão esclarecedora atingira resultado mais profundo e mais vasto do que pretendia, — o "de agitar os velhos quadros políticos em que se vinha, secularmente, arrastando a vida nacional portuguesa",[21] — e o jornalista calava-se de vez. Os seus escritos importam mais à história das ideias e da nossa vida pública, mas a substância que os informa viria a ser modelo para mais de um homem de Letras do século XIX. Hipólito José da Costa estabeleceu, com a sua vigilância serena e arguta, o vínculo que faltava entre o Iluminismo e o Liberalismo romântico, graças entre outras circunstâncias ao fato de permanecer fora da Colônia, acima das injunções do ambiente e dos compromissos limitadores.

MARIANO JOSÉ PEREIRA DA FONSECA nasceu no Rio de Janeiro, a 18 de maio de 1773. Aos onze anos seguiu para Portugal, onde realizou o curso secundário em Mafra e o superior em Coimbra. Bacharelando-se em 1793 em Filosofia, regressou ao Rio de Janeiro e participou do grupo da Sociedade Científica e Literária, liderado por Silva Alvarenga. Em dezembro de 1794, foram denunciados e presos, mas, passados três anos, receberam indulto por meio de carta régia de D. Maria I. Livre das grades, recolheu-se primeiramente às atividades intelectuais e, posteriormente, com o I Reinado, tornou-se Ministro de Estado, Conselheiro e Senador. Recebeu o título de Visconde e, mais tarde, MARQUÊS DE MARICÁ, com que veio a ser conhecido literariamente. Faleceu na cidade natal a 16 de setembro de 1848, deixando as *Máximas, Pensamentos e Reflexões*, que teriam edição completa, enfeixando 4.188 sentenças, em 1850. O escritor começou a publicá-las, sob o pseudônimo de "Um Brasileiro", no jornal *O Patriota*, em 1813. Mais adiante, compilou-as em seis volumes, aparecidos entre 1837 e 1849. Em 1958, Sousa da Silveira dirigiu e anotou uma edição das *Máximas*, sob a chancela da Casa de Rui Barbosa, do Rio de Janeiro, e apensou-lhe documentos relacionados com o Marquês de Maricá e a devassa sofrida por ocasião da denúncia contra as atividades da Sociedade Científica e Literária.

---

20. *Ibidem,* vol. XXIX, dez. 1822, p. 595.
21. Mecenas Dourado, *op. cit.,* vol. II, p. 581.

Repercutindo o exemplo que lhe vinha de Montesquieu, Pascal, La Bruyère, Vauvernagues e, sobretudo, La Rochefoucauld, o Marquês de Maricá ergue-se como palmeira isolada em nossas Letras. Não que a prosa moralista tenha brotado em suas mãos: Nuno Marques Pereira e Alexandre de Gusmão praticaram-na antes dele, mas o fizeram empregando a ficção como recurso auxiliar. O Marquês de Maricá é o primeiro brasileiro, e praticamente o único que, na esteira de La Rochefoucauld, se dispôs a concentrar em máximas as suas meditações de ordem ética. Em razão do propósito de condensar os problemas morais em pílulas de fácil deglutição, das mudanças culturais verificadas ao longo de sua elaboração, e, finalmente, de acompanhar a evolução do seu autor desde 1813 até os últimos dias,

> Os anos mudam as nossas opiniões como alteram a nossa fisionomia.[1]

as máximas organizam-se sob a égide da contradição. No afã de surpreender todos os ângulos das questões focalizadas, o prosador repete-se ou tende a enfraquecer, quando não a rejeitar, a ortodoxia de certas afirmativas. Decerto, um fio condutor perpassa-as e confere-lhes unidade, mas a incoerência faz-lhes permanente assédio. Enquanto tema, as sentenças harmonizam-se; nas variações, discrepam ou neutralizam-se. A plenitude moral do ser humano, — eis o lema do escritor, e em seu nome não hesita em reverenciar a Ciência (máxima 447):

> Ciência é poder, força e riqueza; a nação mais inteligente e sábia será consequentemente a mais rica, forte e poderosa.

Imprevistamente, ao invés de preconizar a democracia como o regime de governo que melhor se adapta ao progresso do saber humano, põe-se em atitude francamente antidemocrática (máxima 287):

> A democracia é como a tesoura do jardineiro, que decota para igualar; a mediocridade é o seu elemento.

Por outro lado, assevera que (máxima 1387)

---

1. Marquês de Maricá, *Máximas, Pensamentos e Reflexões*, Rio de Janeiro, MEC/Casa de Rui Barbosa, 1958, p. 75. As demais citações foram extraídas desta edição, indicando-se apenas o número das máximas.

A liberdade da imprensa é talvez o melhor remédio e corretivo do abuso das outras liberdades.

Mas pondera que (máxima 2623)

A liberdade da imprensa em alguns países é a faculdade de anarquizar, seduzir e sublevar povos impunemente.

E, não obstante a sua profissão de fé monarquista, lembra que (máxima 1411)

Desagrada a todos a ditadura, no saber como no poder.

Largo, fastidioso e inócuo seria o desfiar dos paradoxos que o vaivém do pensamento do Marquês de Maricá perpetra, sem dúvida involuntariamente. Debrucemo-nos sobre as suas matrizes básicas, irredutíveis e persistentes no curso dos anos e das transformações operadas. Cinco seriam os territórios principais em que as mesmas se localizam: doutrina religiosa, doutrina política, doutrina científica, doutrina filosófica e doutrina estética.

Moralista leigo numa época em que a ideia de progresso se difundia por todos os lados, o Marquês de Maricá redigia os aforismos pensando na sua efetiva praticidade. É certo que Deus recorre como o núcleo da sua filosofia, entendido leibnizianamente como causa e fim de todas as coisas e atos humanos (máximas 1660 e 3859):

Vivemos em Deus, com Deus, por Deus e a Deus.
Cada um dos mundos existentes no espaço, sendo uma concepção da Sabedoria Divina, não pode deixar de ser perfeitíssimo no seu todo, partes máximas e mínimas para o propósito e fim a que Deus o destinou no sistema geral do Universo.

e que, colocado na perspectiva católico-romana, prefigura a vida ultraterrena como destinação natural do ser humano, uma vez que (máxima 3134)

a nossa vida não se limita à curta existência neste mundo, mas que terá de prolongar-se pela eternidade com variados corpos em inumeráveis mundos,

o que implica sistematicamente a existência da alma (máxima 2974):

Há em nós uma substância imortal e indestrutível, ela constitui o fundo essencial de toda a fábrica fenomenal dos nossos corpos.

Mas também é verdade que o seu objetivo máximo, estribado na aliança íntima entre o idealismo religioso e o pragmatismo racionalista, consiste em oferecer ao leitor as doutrinas que lhe possibilitem usufruir em plenitude o dia a dia, sem perder de vista o horizonte sobrenatural.

No terreno da Política, ou dos sistemas de governo, as reflexões do Marquês de Maricá espelham as perplexidades de um letrado de formação monárquica, absolutista, a debater-se perante a insurgência de novas e revolucionárias postulações. O seu antidemocratismo, ou antiliberalismo, equivale a um antianarquismo (máxima 3109):

> Povos, desenganai-vos, não é por amor da liberdade que os anarquistas e inculcados liberais tanto se agitam e perturbam a ordem pública, mas por cobiça do mando, poder e riqueza: querem ser senhores e dominar escravos.

Identificando liberdade, anarquia, liberalismo, democracia, categorias de pensamento e ação que entravam a circular após a Revolução Francesa, o Marquês de Maricá não escondia que o sistema monárquico se lhe afigurava sinônimo de ordem, harmonia e paz. Em suma, ao passo que a democracia representava, a seu ver, o lado negativo, o Mal, — a monarquia assomava como o regime perfeito, encarnação política do Bem (máxima 2839):

> Os anarquistas e desordeiros falam aos povos em resistência e liberdade; os monarquistas ordeiros em religião, moral, obediência e lealdade.

Ou seja (máxima 2531):

> O absolutismo bem entendido é o corretivo da liberdade mal compreendida.

Não é à toa que o autor dessa máxima se tornaria Visconde e Marquês: a sua cosmovisão pressupõe a imobilidade das instituições num sistema em pirâmide tendo no vértice o rei por direito divino. Em verdade, o seu processo de especulação ética, por meio de máximas, somente poderia fundar-se na premissa de uma paz universal como prêmio às consciências eleitas, infensas às liberdades e às anarquias. A máxima é, por natureza, antiliberal, mesmo quando o seu conteúdo pareça acolher uma semente de rebelião; flor de estufa, o saber que nelas se incorpora provém de uma educação requintada, livresca, oposta ao conhecimento inscrito nos provérbios populares. Via de regra fruto de uma visão ingênua ou simplista das coisas, a sua estrutura lapidar não se compadece com a revolução, a qual, embora se organize em torno de frases-feitas, lugares-comuns de fácil propagação, repudia o acento oracular e aristocrático das máximas. Estas, voltadas para a detecção da ordem imanente na realidade, não se prestam a divulgar a reforma das instituições, montada em geral sobre frases-estopins de efeito imediato e accessível às consciências menos preparadas, assim momentaneamente lisonjeadas no seu amor-próprio: a revolução romântica não seria empreendida pelos Marqueses de Maricá ou Américos Elísios mas pelos Gonçalves Dias ou Casimiros de Abreu.

Apesar de viver num tempo em que as ciências apresentavam acelerado desenvolvimento, o Marquês de Maricá dispensou-lhes escassa atenção. Tirante um pensamento à Lavoisier, expresso nas máximas 173, 2379 e 3490, as suas reflexões de ordem científica acabam derivando para a natureza, como de resto pedia o progresso do século XVIII, e para Deus. No primeiro caso, estabelece um vínculo que espelha as tendências da época (máxima 1850):

Quem busca a ciência fora da natureza não faz provisão senão de erros.

No segundo, coloca Deus no lugar da natureza (máxima 3492):

Sem uma noção sublime da Divindade não há ciência nem saber profundo.

Finalmente, identifica Deus e natureza, num panteísmo que só não é romântico porque Deus ocupa o primeiro plano (máximas 2077 e 2566):

Lemos em Deus quando estudamos e observamos a natureza.
Quereis ser sábios, estudai a Natureza: justos, estudai a Natureza: felizes, estudai a Natureza. A Natureza é uma revelação perene da Divindade.

As reflexões do Marquês de Maricá alicerçam-se, como se vê, numa sólida fé religiosa, que inalteravelmente situa Deus no ápice do saber humano. Entretanto, a crença num Ser Supremo não compromete a tendência do moralista para uma espécie de "ceticismo racional" (máxima 3380), presente todas as vezes que o pensamento, dirigindo-se para a compreensão da criatura humana, assume contorno filosófico. Pessimista à Eclesiastes, negativista em relação a este mundo ("Vida e composição, morte e destruição: eis o quadro resumido deste mundo", máxima 3146), vislumbrando tanto ceticismo nos sábios "quanta ignorância na credulidade dos néscios" (máxima 1346), antimaterialista (máxima 751) e, portanto, idealista (máxima 3804), na base das suas doutrinas mora o estoicismo de raiz cristã, uma vez que, aceitando as desgraças como "uma transição necessária para a boa fortuna" (máxima 150), o crente viria a ser recompensado ultraterrenamente dos males sofridos neste mundo.

Mais importantes do ponto de vista literário são as reflexões de índole estética, a começar do binômio Razão *versus* Imaginação. Coerentemente com a sua filosofia religiosa, o Marquês de Maricá repudia a imaginação em favor da Razão. Enquanto esta lhe parece irmanada à natureza, aquela se enfileira ao lado da ignorância e da impostura (máxima 2650), enquanto "a reflexão é fecunda de verdades, a imaginação de erros e ilusões" (máxima 1487), ou seja, "a imaginação é uma louca estouvada que tem a razão por curadora" (máxima 1504), "a imaginação sendo uma louca, tem a razão por enfermeira" (máxima 3552), "a imaginação tem contribuído tanto para enganar os homens como a razão para os desenganar: a primeira é fabulista, a segunda realista" (máxima 4117), "a imaginação tem sido e é a mãe fecunda das entidades fabulosas boas e más, que infestam as crenças e religiões deste mundo" (máxima 4185). Pondo-se, assim, francamente contra a imaginação, numa quadra em que os teóricos e críticos literários propendiam a localizá-la no centro da criação estética, o Marquês de Maricá lutava por conciliar, escolasticamente, Razão e Religião e por navegar ao largo da Literatura. Daí não estranhar que, na sequência de um pensamento ondulante na periferia mas dogmático no núcleo, o moralista se oponha frontalmente à poesia (máxima 3575) — "A poesia não faz os homens mais sábios nem mais ricos" — e aos literatos (máxima 3836):

> Não procureis regularidade no procedimento das pessoas literatas e artistas, é ordinária nelas a falta de exatidão e pontualidade em tempo, lugar, palavra, serviço e contas.

Decerto, o prosador considerava-se fora do perímetro das Letras, a despeito de redigir as sentenças numa época em que os textos filosóficos, políticos, etc. ainda se incluíam no quadro da Literatura. Aliás, tal identificação é que justifica seja o Marquês de Maricá examinado no interior da historiografia literária. Com efeito, ao deter-se em mais de um passo na investigação da essência das máximas, o escritor estava a confessar que se pretendia mais um filósofo, ou sábio, à Marco Aurélio, que um literato (máxima 656):

> A sabedoria é sintética; ela se expressa por máximas, sentenças e aforismos.

Aqui, por conseguinte, o lugar geométrico das sentenças do Marquês de Maricá e a razão pela qual as preferiu como instrumento expressivo. De onde ter de si tão elevada ideia, em tudo avessa à humildade que pregava, como sói acontecer aos moralistas em geral (máxima 931):

> Os bons escritores moralistas são como os faróis litorais: advertem, dirigem e salvam os navegantes do naufrágio.

Não causa espécie, por isso, que, referindo-se despectivamente aos "modernos progressistas" (máxima 1611), assevere que (máxima 1637):

> São benfeitores da humanidade e promotores do genuíno progresso os que resumem em breves sentenças as grandes verdades, regras e preceitos da vida humana.

O balanço geral pode favorecer o Marquês de Maricá naquilo em que não teve predecessores nem seguidores, mas é desfavorável no tocante à originalidade e percuciência das máximas. Ao contrário de José Veríssimo,[2] provavelmente não devêssemos esperar novidades num autor de máximas que, impossibilitado de encontrar modelo no passado do idioma, foi buscá-lo na França. Mais próximo dos fatos andou Sílvio Romero ao ponderar que o moralista brasileiro "nunca tocou a trivialidade completa e em compensação jamais atingiu os altos cimos do pensamento",[3] não só porque se norteava pelo bom senso, ou senso comum, mas porque se inscrevia numa cultura sem tradição filosófica original. Acresça-se, para completar o quadro, que lhe faltava o vigor

---

2. José Veríssimo, *História da Literatura Brasileira,* 3ª ed., Rio de Janeiro, José Olympio, 1954, p. 154.

3. Silvio Romero, *História da Literatura Brasileira,* 4ª ed., 5 vols., Rio de Janeiro, José Olympio, 1949, vol. II, p. 351. Para uma análise contundente das máximas do Marquês de Maricá, ver Wilson Martins, *História da Inteligência Brasileira,* 7 vols., S. Paulo, Cultrix/EDUSP, 1976-1979, vol. II, pp. 278-282.

estilístico requerido pelo aforismo, razão por que a sua obra interessa antes à história das ideias que das letras, inclusive pelo manifesto desapreço a poetas e literatos.

De nome Francisco José de Carvalho, e na religião Frei Francisco de MONTE ALVERNE, nasceu no Rio de Janeiro, a 9 de agosto de 1784. Tomou o hábito franciscano a 28 de junho de 1801 e ordenou-se em 1808, em S. Paulo, onde por seis anos exerceu atividades de pregador. Em 1817, nomeado pregador régio, voltou ao Rio de Janeiro, e em pouco tempo granjeou fama de inspirado e veemente. Em 1829, tornou-se lente de retórica do Seminário de S. José, mas não abandonou o púlpito. Em 1837, perdido o uso da visão, retornou ao claustro, onde permaneceu em silêncio até 1854, entregue à compilação dos seus escritos. Por solicitação de D. Pedro II, regressou ao púlpito em 19 de outubro de 1854, ocasião em que proferiu o famoso "Sermão de S. Pedro de Alcântara", na Capela Real. Faleceu em Niterói, a 2 de dezembro de 1859.

Além do *Compêndio de Filosofia* (1859), em que resumiu mecanicamente ideias colhidas em Condillac, Locke, Cousin e outros, Monte Alverne publicou *Obras Oratórias* (4 vols., 1853-1854), reeditadas em dois tomos e quatro volumes em 1867: o primeiro volume, que abre com um "Discurso Preliminar", contém sermões; o segundo, entremeia sermões e panegíricos; o terceiro, enfeixa panegíricos; o quarto, engloba panegíricos, discursos e orações em torno de assuntos laicos e "Trabalhos Oratórios e Literários", de que se destacam as "Considerações Críticas, Literárias e Filosóficas acerca da *Confederação dos Tamoios*, poema do Snr. Dr. D. J. Gonçalves de Magalhães", nas quais, apesar da manifesta independência de juízo, externa ponto de vista favorável ao autor do poemeto épico, numa demonstração inequívoca de espírito neoclássico.

Na interpretação da oratória de Monte Alverne, há que considerar dois aspectos: o do sermão propriamente dito e o da doutrina que por meio dele se comunica. O segundo aspecto, porque vinculado à condição eclesiástica do orador, ultrapassa as balizas literárias, mesmo quando, como no caso dos panegíricos a soberanos, o pregador se concentra em assunto profano. Na verdade, "o que se exige de um orador sagrado nos panegíricos dos santos e, ainda muito mais, dos soberanos" é que "principalmente (...) se refira às virtudes cristãs e, quanto às obras, a sua conformidade com a doutrina evangélica. Virtudes e obras nascidas da fé, da esperança e da caridade".[1]

Equacionada a questão doutrinária, resta-nos o aspecto do orador enquanto agente de obra verbal, o sermão. Ainda aqui é de boa norma estabelecer as fronteiras entre o literário e o não literário: a Oratória é, desde sempre, atividade pragmática, desenvolvida sob o lema do *docere cum delectare* ensinado pelos Antigos. Movida pelo intuito pedagógico, volta-se para a ação persuasiva das consciências, tendo por meta determinados fins; e como tal, requer a presença viva do orador em frente de um auditório, o jogo da gesticulação, a mímica, o controle da voz, etc.; pertenceria, por esse lado, às atividades didáticas ou paraliterárias. Pelo *delectare*, e ainda supondo a figura do pregador ante o público, a oratória corre o risco de transformar-se em mero entretenimento, ou histrionismo, fundado no brilho superficial da sintaxe, no colorido duvidoso das imagens, ou na exuberância vocabular.

Mesmo nesse caso a prática oratória situa-se em terreno extraliterário: somente poderá ser examinada nos quadrantes literários ao ser impressa, quando a pregação, já proferida como tal ou redigida posteriormente à elocução, é oferecida à leitura. Nessa hipótese, dependerá exclusivamente da taxa de linguagem literária a sua inclusão ou não no âmbito das Letras. Até o século XVIII, os limites entre a literatura e as demais formas de conhecimento (a filosófica, a científica, a historiográfica, a teológica, etc.) eram difíceis de apontar, ao passo que a oratória do século XIX e XX apresenta baixo teor literário. As peças oratórias escritas até o advento do Romantismo, por utilizarem pragmaticamente o arsenal linguístico, demandam o exame da carga doutrinária sempre que a linguagem empregada se harmoniza com a doutrina expressa, ou seja, que o *docere* se equilibra com o *delectare*.

Monte Alverne é o derradeiro dos oradores sacros da colônia e dos que figuram nas histórias literárias. Depois dele, a oratória torna-se profana, tribunícia, parlamentar, e perde, geralmente, interesse literário. Fecha-se, com ele, o ciclo iniciado em Antônio Vieira: dois oradores de primeira categoria ocupam os extremos de nossa oratória anterior ao Romantismo. Relevante por si só, o fato induz ao cotejo de ambos, reforçado pelos próprios sermões de Monte Alverne, onde o reflexo do primeiro se denuncia nitidamente.

---

1. Roberto B. Lopes, *Monte Alverne, Pregador Imperial*, Rio de Janeiro, Vozes, 1958, p. 198.

Mais ortodoxo que Vieira, Monte Alverne põe a voz a serviço da Igreja com a humildade que se espera de um sacerdote contemplativo, recolhido à meditação: não significa que lhe faltasse ousadia, veemência, arrojo, mas é que tais qualidades no geral se destinavam a enaltecer os santos da Igreja, os soberanos que lhe seguiam as regras e as virtudes cristãs. Embora o fizesse com o mesmo ardor que punha na apologia do Cristianismo, poucas vezes ergueu a palavra para discutir problemas de outra ordem. Diverge, ainda, de Vieira no recurso à emoção: o pregador barroco sustém os reptos emotivos por meio da Razão, de modo que sob a aparente serenidade se agitam lavas incandescentes, enquanto Monte Alverne, louvando-se na ideia de que "o orador deve só receber da fé suas nobres inspirações",[2] despreza a Razão por acreditar que ela, "procurando chamar à análise os altos segredos da Fé, se precipita a cada instante nos mais grosseiros absurdos".[3]

Sem dúvida, no ponto de vista eclesiástico Monte Alverne exibe inatacável coerência, mas da perspectiva literária, e em confronto com Antônio Vieira, sai desmerecido: não se pede ao orador que desobedeça aos mandamentos da religião, mas espera-se que, tendo de cumprir os votos, o faça visando a esclarecer as consciências, por sobre as coerções de ordem doutrinária (como, aliás, praticou Antônio Vieira). Respeitando a batina, Monte Alverne acertou como sacerdote em detrimento do orador e homem de ideias. Admite-se que, em virtude da sua condição religiosa, procedesse ao constante elogio da Igreja:

> Nenhum objeto é mais digno do entusiasmo, e da eloquência cristã; mas eu devo lamentar a pobreza de meus talentos, quando empreendo a apologia desta Igreja, que vê no cúmulo de seus transportes o gênio da literatura, e das artes empenhado há mais de dezoito séculos em sustentar sua nobreza.[4]

Mas não se pode atribuir a essa mesma sujeição os méritos da sua parenética: Monte Alverne comportou-se ao invés de Antônio Vieira, que reagiu contra os desmandos da Igreja invocando os exemplos e os ensinamentos de Cristo, e não se vergou jamais ante o que considerava injusto,

---

2. Monte Alverne, *Obras Oratórias*, 4 t. em 2 vols., Porto, P. Podestá, 1867, t. I, p. 166. (No exemplar que compulsamos, o t. III é da 2ª ed., Porto, A. R. da Cruz Coutinho, 1885.)
3. *Idem, ibidem*, t. I, p. 140.
4. *Idem, ibidem*, t. I, p. 199.

nem sofreu que a sua consciência, em nome de qualquer artigo de fé passivamente assimilado, dispensasse o livre exame dos problemas.[5]

De sua inteireza religiosa Monte Alverne extrai critérios de valor e de verdade, como um parâmetro único e universal, sujeito às limitações peculiares a todos os radicalismos, seja de que coloração forem. No tocante ao regime de governo em moda no tempo, a monarquia, afirma que "a religião é o penhor mais seguro da grandeza dos reis, e da estabilidade dos tronos", e que "Egas Moniz, Pacheco, e Albuquerque, Bayard, e Turenne, Vieira, Camarão, e Dias souberam amar a sua pátria, e defender ao rei, porque souberam amar a seu Deus, e defender a sua Religião",[6] numa aliança em que é notória a prevalência dos fatores teleológicos. E no que diz respeito à opinião pública, abertura por onde o liberalismo, já vigorante na época, teria meio de penetrar, — o orador não esconde a mesma crença na onipotência da religião:

existe uma força, contra a qual são inúteis os canhões, e as baionetas: esta força é a opinião pública, ou antes é a Religião, que a ilustra, e fortifica.[7]

Como se vê, Monte Alverne concebe a religião, e a Religião Católica Apostólica Romana, como o eixo em torno do qual giram as instituições e os homens. E defende o seu ponto de vista com acadêmica moderação, diversa da que seria própria de um sacerdote convicto. Nos panegíricos, contudo, o verbo inflama-se arrebatado pelo motivo e pela ocasião, e recorre a toda a hipérbole retórica de que era capaz:

Se jamais o orador cristão houve mister evocar as inspirações do entusiasmo; se em alguma circunstância teve de aceitar da Religião a *chama sagrada, em que se inflamam os fiéis*; é sem dúvida quando se propõe revelar os segredos desta economia espantosa, que dilatou os domínios da inteligência humana, e deu às comoções do coração todo o seu elatério, toda a sua atividade.[8]

---

5. *Idem, ibidem*, t. II, p. 119: "É o destino da Religião de Jesus Cristo dar em espetáculo os mais famosos acontecimentos. Estava reservado a esta Religião augusta descobrir a fraqueza da inteligência humana, e manifestar os tesouros da sabedoria, e da misericórdia divina. Os voos mais rápidos da razão perderam sua influência, e seus fogos se eclipsaram diante do archote misterioso, colocado sobre a montanha de Jacó para iluminar todas as nações".

6. *Idem, ibidem*, t. I, p. 252; t. II, p. 36.

7. *Idem, ibidem*, t. I, p. 253.

8. *Idem, ibidem*, t. II, p. 69. Grifos nossos.

A manifesta eloquência ainda proclama a religião o núcleo e causa primeira e última da oratória de Monte Alverne. Daí soar quase brincadeira de mau gosto o ter sido "aclamado o mais genuíno representante da filosofia no Brasil", durante ato realizado na associação Ensaio *Filosófico*, em 10 de dezembro de 1848. Pelo menos, soa equívoco ou fruto do nosso subdesenvolvimento cultural. É certo que mais de uma vez entoou loas à Filosofia, considerando-a fonte geradora da oratória[9] e da própria ordem social,[10] mas também é verdade que a Filosofia se lhe afigurava não só vinculada à moral como identificada à religião, o que redunda em despersonalizá-la. A confusão, apenas decorrente de incondicional reverência aos ditames religiosos, chega a este ponto:

> Filosofia sublime, tu cobres de vergonha todos os sistemas da razão! Tu deixas em esquecimento as maravilhas do espírito humano; e rasgas o véu espesso, que escondia ao homem o importante segredo de sua comunicação com o Ser Supremo![11]

Visão de sacerdote autêntico, dir-se-ia, mas deformação que não justifica o título bombástico que lhe deram, nem o aplauso dispensado pelos contemporâneos, que nele encontravam as verdades preconizadas pelo Romantismo.[12] Nem mesmo o nacionalismo ufanista, no qual a sua vaidade ou falsa modéstia radicava; consegue distingui-lo, em razão de prolongar uma tendência comum à nossa vida literária:

> No Brasil tudo é prodígio, tudo é maravilha. Este solo, que fecunda nossos campos, e perpetua nossa primavera, escalda a imaginação de seus filhos; e realiza estes portentos de inteligência, que fazem dos Brasileiros um objeto

---

9. *Idem, ibidem*, t. IV, p. 242: "Não sou inimigo da retórica, conheço o seu valor, aprecio os socorros que ela pode ministrar ao talento; mas a quem deveu ela estes recursos? de quem aprendeu ela os meios de evitar os desvios ou os excessos que anulam, entibiam a composição?" (O pregador refere-se à Filosofia.)

10. *Idem, ibidem*, t. IV, p. 119.

11. *Idem, ibidem*, t. I, pp. 239-240.

12. José Veríssimo julgou-o "verdadeiro precursor do Romantismo aqui (...) pelo seu arrogante pessoalismo, pela sua exuberante individualidade, pela mistura na sua oratória de emoções patrióticas e religiosas; e pela sua indisciplina, sem quebra aliás da sua austeridade monástica, espiritual, e mais pelo tom e estilo pitoresco dos seus sermões" (*História da Literatura Brasileira*, 3ª ed., Rio de Janeiro, José Olympio, 1954, p. 333), — opinião válida apenas na medida em que, sob o vocábulo "precursor", se refugia uma noção extremamente matizada, e em que as décadas iniciais do século XIX, pelo entrecruzamento de vestígios neoclássicos e indícios românticos, davam azo a tais equívocos.

de admiração, e espanto. (...) Nós podemos afirmar com todo o orgulho da verdade, que nenhum pregador transatlântico excedeu os oradores brasileiros.[13]

Estruturalmente, os sermões de Monte Alverne respeitam a preceptiva clássica, a divisão em três momentos: introito, que o pregador chama de análise, o desenvolvimento e o epílogo. Geralmente longo o primeiro estágio, a peroração termina por uma súplica ou pedido de clemência. A parte intermediária, prato de resistência da oração, dispensa as mais das vezes a *ilustratio* e socorre-se, na *argumentatio*, dos textos bíblicos — verdades tão severas, não são mais do que um simples desenvolvimento das máximas do Evangelho.[14] — mas em sentido contrário ao de Vieira: em vez de estabelecer a "correspondência simbólica" entre a passagem das Escrituras e a circunstância que originou o sermão, Monte Alverne concentra-se no texto bíblico, cuja mensagem pretende transmitir aos ouvintes.

Opostamente ao mestre barroco, raciocina em abstrato, fala "no homem" genericamente e não no brasileiro, refere-se aos "nossos templos", ao "povo", "povo ingrato". Menos absorvente e menos fogosa do que a de Vieira é a sua dialética: restringe-se a traduzir o conteúdo metafórico dos textos evangélicos e dos doutores da Igreja para os fiéis despreparados. Por outro lado, embora preso à dicção clássica, o sermonário de Monte Alverne respira um à vontade que se diria brasileiro e resultante das matrizes românticas: na verdade, os panegíricos e sermões de Monte Alverne parecem mais próximos da fala, portanto da autêntica oratória, que os de Vieira.

Não se pode afirmar que Monte Alverne elaborasse as prédicas movido simplesmente pelo entusiasmo religioso e despojado de consciência artesanal. No "Discurso Preliminar" às *Obras Oratórias* e ao longo dos textos, estampou a sua teoria da parenética, mostrando até que ponto estava cônscio das regras do ofício. Além de asseverar que a ideia-núcleo de sua oratória é a Religião:

> Há em quase todos os meus discursos uma ideia, que parece dominante: há como um pensamento único, de que dimanam todos os outros pensamentos: esta ideia geral, este pensamento comum é a Religião.[15]

---

13. Monte Alverne, *op. cit.*, t. I, pp. IV, V.
14. *Idem, ibidem*, t. I, p. 72.
15. *Idem, ibidem*, t. I, p. XV.

sabe que o trato com o vernáculo não lhe causa transtorno — "Compondo os meus sermões, nunca fui embaraçado com as formas, de que devia revestir o meu estilo".[16] — e que repudia o socorro da linguagem metafórica — "Eu vou falar sem figuras."[17] — para finalizar com uma resposta indireta à concepção de Oratória defendida por Vieira no "Sermão da Sexagésima":

> Não, não são as qualidades do orador, que fazem as virtudes do povo: são as disposições do povo, que asseguram o mérito, os talentos, e as qualidades do orador.[18]

"Rei da palavra", chamou-o Porto Alegre.[19] Reduzindo o encômio à exata proporção, havemos de convir que Monte Alverne interessa acima de tudo como escritor, porque, sendo orador, cultivou obsessivamente as galas do estilo. Tanto quanto os predecessores, na linguagem reside a força de seus panegíricos, sobretudo agora que o tempo diluiu o contexto emotivamente romântico que lhe determinou o sentido e o alcance. Ao seu estilo faltam, porém, os reptos imagéticos e as excursões imaginativas que nos habituamos a admirar em Vieira e nalguns epígonos. Tal despojamento certamente fá-lo-ia alcançar mais depressa os ouvidos dos fiéis coevos, mas desmerece as páginas impressas, onde a audiência "real" é substituída pela do leitor de hoje, atento a outras dimensões que não a da estrita fidelidade doutrinal. Em suma, a oratória de Monte Alverne enquadra-se antes na história das ideias, do púlpito e da Igreja no Brasil, que na história literária.

*
*   *

Além dos nomes circunstanciados, outros autores, genericamente estranhos à literatura, intervieram nos decênios fronteiriços entre o Arcadismo agonizante e o Romantismo emergente, como Silvestre Pinheiro Ferreira (1769-1846), autor das *Preleções Filosóficas sobre a Teórica do Discurso e da Linguagem, a Estética, a Diceósina e a Cosmologia* (1813), nas quais, enfileirando-se na linhagem do empirismo de John Locke, remonta a Aristóteles e discute de passagem problemas de estética literária e retórica; José da Silva Lisboa (1756-1835), Visconde de

---

16, 17, 18. *Idem, ibidem*, t. I, pp. IX, 46, 39.
19. *Idem, ibidem*, t. IV, p. 224.

Cairu, autor dos *Princípios de Direito Mercantil* (1798-1805), *Princípios de Economia Política* (1840), *Leituras de Economia Política* (1827), etc.; Baltazar da Silva Lisboa (1761-1840), autor do *Discurso Histórico, Político e Econômico* (1786), *Anais do Rio de Janeiro* (1834-1835), etc.; Luís Gonçalves dos Santos (1767-1844), autor das *Memórias para servir à História do Reino do Brasil* (1825), etc.; José de Sousa Azevedo Pizarro e Araújo (1753-1830), autor das *Memórias Históricas do Rio de Janeiro* (1820-1822); e tantos outros.

ROMANTISMO
(1836-1881)

São Paulo do Romantismo.
João Maurício Rugendas,
Viagem Pitoresca Através do Brasil.

I. PRELIMINARES

1 "O movimento romântico é, com o da Renascença, um dos dois principais eventos da vida intelectual da Europa, em particular da sua vida literária. Da mesma forma que a Renascença havia preparado a idade clássica da literatura europeia, o Romantismo inaugura-lhe a idade moderna".[1] Assim principia um dos estudos de síntese mais bem equilibrados que já se fizeram acerca do Romantismo. A rigor, o paralelo poderia ser mais vincado: o Romantismo constitui profunda e vasta revolução cultural cujos efeitos não cessaram até os nossos dias. Além das Letras e das Artes, o conhecimento científico, filosófico e religioso sofreu um impacto que ainda repercute na crise permanente da cultura moderna. Na verdade, as metamorfoses contínuas e galopantes sofridas pela atividade artística desde o começo do século XX apenas prolongam e desenvolvem matrizes culturais postas em circulação com o advento do Romantismo: este, como o designativo de um novo ciclo de cultura, em que a cosmovisão hebraico-cristã é posta em xeque, perdura até os dias de hoje. De onde o rótulo de Neorromantismo para algumas correntes modernas constituir mera tautologia.

---

1. Paul Van Tieghem, *Le Romantisme dans la Littérature Européenne,* Paris, Albin Michel, 1948, p. 1.

A essa longa permanência cronológica do Romantismo, determinando o florescimento de uma série de tendências secundárias imbricadas, corresponde outra dificuldade: como conceituar o Romantismo? Paul Van Tieghem, ao colocar idêntico problema após exame das várias tentativas de o resolver, assevera que "esse grande movimento parece tão complexo, tão heterogêneo e mesmo tão contraditório que desafia, ao ver de muitos, toda definição, ou melhor, toda qualificação ou resumo em poucas palavras".[2] Parte da impossibilidade resulta do próprio fato de que toda síntese rejeita, por definição, os dados que lhe possam afetar a coerência interna; e outra parcela advém de o vocábulo "romantismo" e cognatos terem sido manipulados arbitrariamente desde o início do século XIX: identificado com "novo", "insólito", "moderno", o Romantismo prestava-se para denominar tudo quanto não cabia nos compartimentos anteriormente conhecidos. O paradoxal, o antitético e derivados passaram a ser sinônimo de romântico, e a confusão generalizou-se; agravada pelos homens de Letras que se dispunham a cunhar fórmulas breves e claras de um processo histórico notoriamente oscilante e contraditório.

Os problemas de base não se interrompem nesse ponto: apesar de transcorridas mais de duas centúrias desde as primeiras manifestações, o Romantismo continua a provocar discussões acaloradas em determinados meios universitários. Um dos aspectos dessa querela interminável diz respeito a uma simples questão: houve um ou mais Romantismos? Arthur O. Lovejoy, autor de *The Great Chain of Being* (1936) e *Essays in the History of Ideas* (1948), com acentuar que o vocábulo "romântico" entrou a significar nada à custa de significar tudo, é de parecer que o Romantismo deve ser encarado como pluralidade, uma vez que "o Romantismo de um país pode ter pouco em comum com o de outro, e todos os eventos devem ser definidos em termos específicos".[3] No outro polo coloca-se René Wellek, para quem "a maioria dos movimentos românticos forma uma unidade de teorias, filosofias e estilo, os quais, por sua vez, integram um coerente grupo de ideias implicadas entre si".[4]

---

2. *Idem, ibidem,* p. 6.

Exemplos da permanente controvérsia em torno da noção de Romantismo podem ser colhidos em: Pierre Moreau, *Le Romantisme,* Paris, De Gigord, 1932, p. 84; Lilian R. Furst, *Romanticism,* Londres, Methuen, 1971, pp. 2 e ss.; Jacques Barzun, *Classic, Romantic and Modem,* Nova York, Anchor Books, 1961, pp. 154 e ss.

3. Arthur O. Lovejoy, *apud* John B. Halsted (org.), *Romanticism,* Boston, D. C. Heath, 1965, p. 40.

4. René Wellek, *Concepts oj Criticism,* Nova York/Londres, Yale University Press, 1965, p. 129.

Como sempre, as duas propostas mais se completam que se excluem: é certo que cada país afeiçoou o Romantismo às suas peculiaridades étnicas, históricas, geográficas, etc., mas também é verdade que um denominador comum solidariza, ao menos no aspecto fundamental, as várias modalidades regionais do movimento. Numa palavra: aos vários romantismos corresponde um Romantismo. Do contrário, nem era possível empregar o mesmo vocábulo para designar processos literários autônomos. Se tem alguma procedência referir os vários romantismos é porque existe um Romantismo, lugar-comum de todos eles. Se não, o termo "romantismo" rubricaria objetos diferentes, o que configuraria impropriedade ou abuso de nomenclatura.

2 Organismo proteiforme, vulto de mil faces, o Romantismo mergulha raízes na crise de cultura que revolve o século XVIII e prepara as mutações radicais dos tempos modernos.[5] O Iluminismo, como vimos, associara-se ao neoclassicismo arcádico, ao mesmo tempo que abria caminho para a incursão livre do pensamento em novos planos do saber. Ao progresso das Ciências, que se vinha acentuando desde o século XVI, corresponde um alargamento de horizontes que suscita a convergência de atitudes e opções desencontradas. Berço do Romantismo, o século XVIII presencia também as derradeiras tentativas de preservar os valores clássicos que a Renascença pusera na ordem do dia. De certo modo, as contradições internas do Renascimento, simbolizadas na dicotomia teocentrismo *versus* antropocentrismo, e mantidas latentes durante dois séculos, viriam a explodir na centúria setecentista: incapazes de suportar as pressões desse antagonismo esquizoide, as consciências vivas do tempo optaram pela solução mais consentânea com o transcurso da História — a recusa dos padrões inoperantes em face das novas conquistas científicas, e a instauração revolucionária de fórmulas adequadas. Era o

---

5. Paul Hazard, *A Crise da Consciência Europeia,* tr. portuguesa, Lisboa, Cosmos, 1948. Em *Los Orígenes del Romanticismo* (Madri, Labor, 1968), F. Garrido Pallardó examina os prenúncios filosóficos, científicos, religiosos e estéticos do Romantismo desde o século XVI. O procedimento vale como prospecção das raízes longevas do movimento romântico, mas deixa o problema demasiado aberto. Preferimos divisar o Romantismo em sua gênese próxima, ocorrida no século XVIII, uma vez que nos cabe equacionar a faceta estética do movimento. Ao assunto, Paul Van Tieghem dedicou, além de algumas páginas da obra referida em nota 1, os três volumes de *Le Préromantisme,* Paris, Sfelt, 1947-1948. Uma síntese didática, porém atual, pode-se encontrar no pequeno volume que Lilian R. Furst dedicou à matéria (v. nota 2), útil ainda pela bibliografia, seletiva e crítica.

Romantismo que irrompia, com todo o ímpeto e violência próprios do novo em substituição ao Velho.

Significativamente, o movimento principiou no âmbito da cultura anglo-saxônica e depois se difundiu pelos países neolatinos e outros. Os modelos neoclássicos, importados da Itália e propagados através da França, disseminaram-se por toda a Europa e América nos séculos XVI a XVIII. A pouco e pouco, entretanto, as discordâncias isoladas e parciais foram ganhando corpo até se transformar, no século XVIII, em declarada e ampla reação.

Na Grã-Bretanha, o espírito clássico, representado por Dryden e Pope, começa a ser posto em crise quando John Locke, publicando o *Ensaio acerca do Entendimento Humano* (1690), refuta as ideias inatas e o racionalismo de Descartes e considera que o conhecimento se processa por meio dos sentidos. A sensação, o sentimento, colocava-se em lugar da Razão absoluta, e rechaçava a influência gaulesa. Nos decênios posteriores, uma sequência de obras e fatos atestaria a lenta mas inexorável eclosão do Romantismo. Em 1711, Shaftesbury publica *Characteristics of Men, Manners, Opinions, Times*, onde os novos ares já principiavam a correr, mas os grandes alardes são feitos pelo escocês James Thomson, com *The Seasons* (1726-1730), graças ao culto da Natureza e da Imaginação. O fato de ser escocês o autor de *The Seasons* não é irrelevante: separada geograficamente da Inglaterra pelas montanhas Cheviots, as *highlands* do sul, a Escócia manteve a sua independência cultural e linguística até a segunda metade do século XVI, quando veio a receber os produtos do Classicismo francês por via inglesa. Somente em 1707, no reinado da Rainha Ana, é que terminam as lutas entre os dois povos, e a Escócia é anexada à Inglaterra. A língua inglesa, que vinha sendo praticada pelos eruditos escoceses desde meados do século XVII, passa a ser largamente usada, mas as tradições populares, de remota origem céltica, continuavam a empregar o vernáculo. Ali residia, decerto, o último reduto da identidade cultural escocesa, e nele se ampararam os escritores para reagir contra o desfigurante modelo francês.

Em 1724, Allan Ramsay publica, sob o título de *The Evergreen*, uma antologia de velhas baladas escocesas, seguida por outra de igual gênero (*The Tea-Table Miscellany*, 1724-1727) *e*, finalmente, por uma obra original (*The Gentle Shepherd*, 1725), de assunto bucólico, na qual se anuncia o aparecimento da poesia baseada no sentimento da Natureza. A novidade, proclamada alto e bom som, logo encontraria eco. Além do citado James Thomson, outros vários cerraram vozes em favor de uma literatura voltada para a Natureza e o Sentimento, já em obras teóricas, já em obras de criação: Edward Young, em *The Complaint, or Night Thoughts on Life, Death, and Immortality* (1742-1745), mais conhecida por *Night Thoughts*, dá início à poesia noturna e funérea, que teria largo curso em todo o Romantismo, incluindo o brasileiro; Samuel Richardson prenuncia, com as narrativas sentimentais *Pamela* (1740), *Clarissa Harlowe* (1747-1748) e *Sir Charles Grandison* (1753-1754), o advento do romance; Joseph Walton dá a público, entre 1756 e 1782, o seu famoso ensaio em torno de Pope, no qual repudia a estética clássica; o seu irmão, Thomas Walton, leva ainda mais longe o ataque à influência francesa e aos padrões neoclássicos, em *History of English Poetry* (1774-1781) e *Observations on the Faerie Queene of Spenser* (1754); Richard Hurd chama a atenção, nas *Letters on Chivalry and Romance* (1762), para a Idade Média cavaleiresca e gótica; Thomas Percy, ecoando o gosto pelas antologias de velhas canções escocesas, publica em 1765 as *Reliques oj Ancient English Poetry*, nas quais insere peças mais recentes, algumas de sua própria lavra.

Conquanto relevantes, essas manifestações não alcançariam, nem mesmo em conjunto, a ressonância espalhafatosa dos poemas ossiânicos; Ossian era um bardo gaélico do século III, cuja existência, bem como a de outros poetas no gênero, se revestia dum espesso halo de lenda. Posto constasse que manuscritos dos séculos XII ao XVI registravam de 50 a 100 mil versos pertencentes ao ciclo ossiânico,[6] havia-se perdido memória dessa antiga atividade poética e nenhum texto aparecia para lhe comprovar o florescimento. Até que, em 1760, um escocês das *highlands*, James Macpherson, dá a lume um opúsculo sob o título de *Fragments of Ancient Poetry Collected in the Highlands of Scotland, and translated from the Gaelic or Esse Language*, no qual se reuniam quinze excertos em prosa atribuídos a Ossian. Êxito imediato, que o incitou a prosseguir na tarefa editorial: no fim do ano seguinte (1761), publica *Fingal, an ancient epicpoem in six books*, em torno do herói irlandês Finn, também do século III; e em 1763, dá a lume *Temora*, outro poema épico em oito livros.

A impressão de espanto e surpresa generalizou-se e os imitadores não tardaram a surgir, atraídos pela "prosa ritmada, suave, breve e apaixonada, simples de vocabulário e de sintaxe, colorida por alguns torneios curiosos, tomados de empréstimo ao gaélico, rica em vocábulos

---

6. Paul Van Tieghem, *Le Préromantisme*, vol. I, pp. 199 e ss.

compostos, em metáforas, sobretudo em comparações, emocionante e patética, infinitamente mais poética que toda a poesia em verso que se escrevia na Europa por volta de 1760".[7] Traduzidos, imitados, os fragmentos de Ossian geraram uma autêntica obsessão, que, estendendo-se por toda a Europa, permaneceria até meados do século XIX. Os aficionados não lhe regatearam aplausos, numa escalada vertiginosa e sem fim, ora colocando *Fingal* a par dos poemas homéricos, ora de Virgílio, Píndaro, Milton. As raras vozes discordantes — como a de Samuel Johnson, desafiando Macpherson a apresentar os documentos originais, no que foi secundado por Hume, ou a de Thomas Percy, negando autenticidade aos textos publicados, — não impediram que as baladas ossiânicas prosseguissem a sua trajetória e exercessem colossal influência.

Falecido Macpherson, abriu-se inquérito para apurar a legitimidade da "descoberta" das incoerências, como, por exemplo, situar lado a lado Fingal e o irlandês Cuthulin, separados na verdade por várias centúrias, até se verificar que o poeta escocês forjara os "documentos", inserindo em velhas baladas medievais outras de sua lavra: tudo não passava de fraude, talvez a mais célebre e brilhante de todas quantas registram os anais literários. Tarde, porém, se denunciava a habilidosa mistificação: o seu influxo, de resto benéfico pelos novos caminhos que franqueou à poesia europeia, já se fazia sentir até na longínqua Rússia, aonde chegou no crepúsculo do século XVIII. No rastro do ossianismo, a vaga romântica erguia-se ao máximo, arrebatando os últimos vestígios do estilo clássico.

Enquanto se passam esses acontecimentos na Inglaterra, a Alemanha experimenta similares metamorfoses, em parte refletindo o estado de coisas escocês. Persiste, no entanto, a influência do classicismo francês: até o fim do terceiro quartel do século XVIII, a cultura alemã vive sob o impacto do Rococó, floração extrema do Barroco decadente, e a própria orgânica social reproduz o culto das boas maneiras e das modas parisienses. Nessa atmosfera desponta o movimento da *Aufklärung*, manifestação local do Iluminismo de extração francesa e inglesa. Suas raízes filosóficas mergulham no racionalismo de Descartes, expresso no *Discurso do Método* (1637), e no empirismo de John Locke, autor de *Ensaio acerca do Entendimento Humano* (1690), e de David Hume, autor de *Ensaios Filosóficos acerca de Entendimento Humano* (1748), e na ciência de Newton. Na Alemanha, G. W. Leibniz e C. Wolff tratam de, na esteira

---

7. *Idem, ibidem*, vol. I, p. 204.

dos anteriores, desenvolver as fórmulas de acesso ao real físico, voltados para fins pragmáticos, que insinuam uma visão otimista da natureza e a crença inabalável no poder da Inteligência: o "esclarecimento" das consciências, no combate à superstição medieval e ao obscurantismo que teimava em persistir, somente se tornaria possível por intermédio da Razão e da Ciência. Preconizando, ainda, a observância das leis da Natureza, descobrem a História, que "passa a ser compreendida como um conjunto de efeito autônomo, a partir do conceito da individualidade (Leibniz), com os novos pontos de vista de observação causal-pragmática (Montesquieu, Voltaire, Bodmer), sendo interpretada como relato da 'educação da humanidade' (Lessing) e contemplada pelo jurista Justus Möser pelo aspecto popular".[8]

Analítico, crítico, o movimento da *Aufklärung*, que se prolongaria até o fim do século, alcança o auge por volta de 1740, quando entra em declínio. Apesar de tudo, "não atingiu senão uma camada superficial de espíritos, ditos 'cultos', de funcionários instruídos, de professores e de sábios que conheciam os novos requisitos de precisão criados pela ciência moderna".[9] No perímetro das Letras, a *Aufklärung* encontrou adesão na pena de Gottsched, Klopstock, Lessing, Wieland, não sem contradições (como entre Razão e Gosto, ou universalismo e individualismo burguês), desenvolvidas mais adiante, com o *Sturm und Drang*.

Contemporaneamente ao Iluminismo, outras tendências literárias brotaram, em perfeita sincronia com a lírica anglo-escocesa, na Alemanha setecentista:[10] o sentimento da natureza, agora sem o caráter teodiceico assumido entre os adeptos da *Aufklärung*, manifesta-se em *Prazer Terrestre de Deus* (9 vols., 1721-1748), de B. H. Brockes, nos *Poemas Suíços* (1732), de Heller, inspirados em James Thomson; em *A Primavera* (1749), de Kleist, e nos *Idílios* (1756-1762), de Gessner; o sentimentalismo e o lirismo místico, em *A Messíada* (1748), de Klopstock, substancialmente identificado com a filosofia da Ilustração; em 1767, inspirado na Bíblia e na Idade Média, Herder publica ensaios *Acerca da Literatura Alemã Moderna*, nos quais, retomando o pensamento de Lessing, prega a volta ao passado germânico; e este inicia, com a *Dramaturgia de Hamburgo* (1767-1768), uma campanha contra o neoclassicismo francês e

---

8. Max Wehrli, "A Época do Iluminismo", in *História da Literatura Alemã*, Bruno Boesch (org.), tr. brasileira, S. Paulo, Herder, 1967, p. 190.

9. Jean-Edouard Spenlé, *O Pensamento Alemão*, tr. brasileira, Porto Alegre, Globo, 1945, p. 48.

10. Paul Van Tieghem, *op. cit.*, p. 131.

em favor de Shakespeare, cuja obra dramática entrava a ser difundida, e, impregnado de idealismo, preconiza, *em Laocoonte ou Acerca dos Limites da Pintura e da Poesia* (1766), a ruptura com o passado estrangeiro da cultura alemã.

Em 1770, ano-chave na história das literaturas ocidentais, processa--se a diminuição da influência gaulesa e o encontro decisivo de Goethe com Herder em Estrasburgo. Logo viriam juntar-se-lhes outros jovens, dentre os quais Schiller e Klinger: o seu programa de ação consistia no repúdio às regras clássicas e à ideia da separação de gêneros ainda em voga, e no regresso à criação literária livre, aberta à irracionalidade, anárquica, virada para a natureza e longe da estreiteza moral e social da civilização, entregue ao culto da melancolia, da sentimentalidade. "Gênio, originalidade, natureza — são as palavras de ordem desse movimento"[11] anti-*Aufklärung*, e que tomou o rótulo de *Sturm und Drang* (Tempestade e Ímpeto) do título de uma peça de Klinger, publicada em 1776. Dois anos antes, o aparecimento do *Werther*, de Goethe, vinha oferecer uma espécie de símbolo acabado das motivações do grupo, um tipo de comportamento que faria carreira em todo o Pré-Romantismo europeu, desencadeando uma autêntica onda de wertherismo, e um modelo para o romance e a novela sentimental do século XIX. O drama histórico, anunciado por Goethe em 1773, com *Goetz*, principia em 1781, quando Schiller lança *Os Salteadores*. Tinha início, desse modo, o Romantismo na Alemanha.

Por que o movimento romântico, cuja fisionomia parece adequar-se mais à psique latina que à anglo-saxônica, teve início na Escócia e Alemanha, e não na França, Itália ou Espanha? A explicação reside, segundo indicam os fatos, no passado histórico e cultural dessas duas regiões: para os povos de fala neolatina, as raízes longínquas da sua cultura — a idade de ouro da sua civilização — se encontram na Antiguidade greco--latina, para a qual sempre retornam quando buscam ideais supremos de arte. O seu classicismo, ou modelos de perfeição, localiza-se na Grécia e em Roma; de onde as várias tentativas, desde o século XVI ao XIX-XX, para restaurar os velhos padrões da remota Hélade. Em contrapartida, os povos anglo-saxônicos não são herdeiros diretos da Grécia e Roma: as suas raízes mergulham na Idade Média, que desse modo se lhes tornou

---

11. *Idem, ibidem*, p. 35.

idade de ouro e reserva de classicismo; o seu mundo clássico é medieval, não mediterrâneo.[12]

Dado a conhecer em França por Madame de Staël, através de *De l'Allemagne* (1810), o movimento romântico encontrava um solo preparado por escritores como Marivaux, autor de *La Vie de Marianne* (1731-1741), ou Diderot, autor de *La Religieuse* (1796) e *Jacques le Fataliste* (1796), ou Rousseau, autor de *La Nouvelle Heloïse* (1761), em que a tendência à sentimentalidade e ao culto da natureza espelhava o influxo da literatura anglo-escocesa e, a um só tempo, a lenta reação contra os remanescentes clássicos. Na França desenvolvido, ampliado, enriquecido e reduzido a padrões doutrinariamente didáticos, o Romantismo se disseminaria pelos demais países da Europa e das Américas.

3 A assertiva de que "o Romantismo é a continuação e o alargamento do Classicismo"[13] somente é válida na medida em que os movimentos estéticos, longe de ostentar pureza absoluta, apresentam faixa comum nos extremos, de forma que uma estética se impõe como desdobramento natural das virtualidades latentes na anterior. Entretanto, das teorias defendidas e praticadas pelos adeptos de uma corrente, e delineadas por estudiosos posteriores, pode-se discernir um *corpus* doutrinário que a caracteriza e a diferencia. Do contrário, não procederia empregar, como faz a historiografia e a crítica literárias, os vários "ismos". Tanto assim que o mesmo autor da afirmativa posta em causa se incumbe de relativizá-la ao declarar que "à estética fechada do século XVIII sucedeu uma estética aberta, que se alimentou de fontes alheias à arte pura, encontrou a sua razão de ser noutra coisa que não a arte, e se dirigia ao mesmo tempo para o mundo exterior e para as profundezas misteriosas do 'eu'".[14] E ao fazê-lo, apontava o espaço em que o Romantismo se distinguia das estéticas precedentes.

---

12. Observe-se que a literatura germânica de fins do século XVIII e princípios do XIX, costumam os historiadores rotular de clássica, não esquecendo de frisar o "significado elevado da palavra: refere-se a manifestações válidas em tempo e espaço, perenes, sempre reconhecidas" (Erwin Theodor, *Introdução à Literatura Alemã*, S. Paulo. Ao Livro Técnico/EDUSP, 1968, p. 74). Portanto, clássico não no sentido de retorno aos gregos e latinos, mas de perfeição estética, não raro vislumbrada no passado histórico anglo-saxônico.

13. Philippe Van Tieghem, *Petite Histoire des Grandes Doctrines Littéraires en France*, Paris, P.U.F., 1950, p. 158.

14. *Idem, ibidem*, p. 160.

Revolução que é, o Romantismo corresponde, na ordem política, ao desaparecimento das oligarquias reinantes em favor das monarquias constitucionais ou das repúblicas federadas; à substituição do Absolutismo religioso, filosófico, econômico, etc., pelo Liberalismo na moral, na arte, na política, etc. A pirâmide social, estratificada até o século XVIII, entroniza no ápice uma classe nova, fundada na ética do dinheiro — a burguesia, — em lugar da aristocracia de sangue, organizada à luz da herança e dos privilégios vinculados. Da mesma forma que o Classicismo e a nobreza se identificavam, o Romantismo e a burguesia tornaram-se categorias sinônimas e descreviam percursos comuns. Embora o aparecimento do Romantismo e a ascensão da burguesia se dessem concomitantemente, a classe social utilizava-se da estética para se exprimir, adquirir voz e estatuto intelectual, e o movimento literário se arrimava à classe social para se impor e sobreviver.

De onde a primeira mais relevante consequência desse intercâmbio ser a profissionalização do escritor: refugado o mecenatismo dos potentados como atentatório à liberdade criadora, o escritor, emergido da burguesia, produz um artefato a ser consumido pela classe média e do qual aufere proventos para sua subsistência. A burguesia pagava pela fruição da obra e, ao mesmo tempo, pela imagem de si própria que nela encontrava estampada: o escritor funcionava, desse modo, como a consciência da classe de que provinha e como o ideólogo que lhe propunha um figurino moral, estético, etc. E quando não interpretasse toda a sociedade do tempo, ao menos seria porta-voz "de uma vasta família de espíritos que se reconheciam nele".[15] A ficção servia, portanto, de espelho dum estado de coisas e, simultaneamente, decálogo da sociedade: esta se revia, não exatamente como era, mas como pretendia ser ou aprendia a ser, graças à imagem fornecida pelo escritor.

Na verdade, os românticos, ainda que não classificados como tal, reagem violentamente contra os padrões clássicos de arte e de vida. Opõem-se ao primado das regras, normas e modelos decretados pelos teóricos dos séculos XVI a XVIII, na esteira de Aristóteles, Horácio e outros. Pregam o culto da liberdade criadora e o desrespeito aos gêneros puros: admitem que o escritor, insubmisso a qualquer autoridade estranha à própria consciência, deveria guiar-se pela "inspiração", liberar o seu "gênio" inventivo à semelhança do Demiurgo do Universo. Em lugar

---

15. Paul Van Tieghem, *Le Romantisme,* p. 247.

da ordem clássica, erguem o facho da aventura;[16] ao cosmos clássico, ou à prevalência da indagação acerca da harmonia universal refletida na configuração dos astros e da natureza, entendida como sinônimo de equilíbrio absoluto, — preferem o caos, a anarquia; ao universalismo opõem o individualismo: substituem o macrocosmos pelo microcosmos; o polo de atenção passa a ser o "eu", assim tornado o centro do Universo: o romântico define-se acima de tudo como aquele que se autocontempla narcisistamente, que se faz espetáculo de si próprio. Assim, ao projetar-se para fora de si, no encalço da natureza, da pátria ou da sociedade, não consegue divisá-las senão como reflexo e prolongamento do próprio "eu". O ser humano, antes encarnado à imagem e semelhança de um Deus onipotente, volta a ser a medida de todas as coisas.

Egocêntrico,[17] o romântico adota perante a realidade um comportamento passivo, introvertido, de índole feminoide, evidente no dandismo em moda no tempo e nas inversões de conduta, simbolizadas no caso Chopin e George Sand. Desse egocentrismo decorrem as outras características do homem romântico: ao culto da Razão, apanágio dos clássicos, opõe as razões do coração;[18] em lugar do racionalismo, o sentimentalismo; em vez da especulação em torno dos magnos problemas do Cosmos, a imaginação, volvida faculdade soberana, a obsessiva sondagem no "eu", matriz do ato criador.

Introjetado, o romântico vive o desequilíbrio peculiar à imersão no caos interior e prega-o em substituição à ordem clássica. Daí para a anarquia mental, a entrega aos jogos antitéticos, em que se digladiam sentimentos conflitantes, um positivo e outro negativo, — foi um passo. O paradoxo tornou-se a expressão do dilema em que se debate o romântico. Jogado permanentemente entre sentimentos opostos, e cultivando morbidamente essa mesma instabilidade emocional como sinônimo de originalidade[19] perseguida a todo o transe, não raro convertida num imenso orgulho de pronto transformado numa infinita depressão, — o romântico faz pensar em que, se as estéticas têm sexo, o Romantismo

---

16. Guillermo de Torre, *La Aventura y el Orden,* Buenos Aires, Losada, 1943.

17. Para Brunetière, citado por Lilian F. Furst (*op. cit.*, p. 2), o movimento romântico é "uma onda cega de egotismo literário".

18. George Sand (*idem, ibidem*, p. 3) entendia que o Romantismo se caracterizava pela "emoção antes da razão; o coração oposto ao cérebro".

19. "A originalidade é uma característica dominante na maioria dos românticos (...) Originalidade de maneiras, costumes, linguagem (...), originalidade no projeto existencial, nas relações sociais, por vezes nos princípios que dizem respeito ao amor e ao casamento" (Paul Van Tieghem, *Le Romantisme,* p. 252).

é feminino, e o Classicismo, masculino. Ainda vislumbrar nesse insondável conflito a crise própria da adolescência, parece correto. Substancialmente, o Romantismo inaugura uma visão adolescente e feminoide do mundo, patente no fato de as obras produzidas durante o seu desenvolvimento girarem, não raro, em torno da psicologia da mulher e do adolescente.

Recluso no próprio "eu", ator e espectador de um drama de mil cenas, o romântico experimenta sensações agridoces, quer na contemplação das tempestades interiores, quer na sua confissão. Espraia-se na transmissão a um ouvinte que acaba sendo ele próprio encarnado no "outro", levado por um frágil sentimento de superioridade, oriundo da tensão em que se agita. Não encontrando resposta ao apelo no sentido duma comunhão essencial entre "eus" convulsos, sentindo-se incompreendido pelo mundo, imerge numa abissal melancolia e tristeza, que se torna, à custa de repetida, no "mal do século", tédio sem fim, profunda apatia moral, desalento perante as mínimas ações, desesperança de salvação ou de sentido. Repetindo-se, o tédio desencadeia forte angústia, logo transformada em insuportável desespero, de que Kierkegaard fará o retrato filosófico (*O Desespero Humano*, 1849). Para vencer o círculo de ferro, o romântico não tem outro recurso senão evadir-se, e assim o evasionismo torna-se outra característica marcante do seu perfil moral. Evasão paradoxal, ao fim de contas, em duas direções: o mergulho no desespero até à morte, ou a fuga no tempo (para a Idade Média) ou no espaço (para a natureza, a pátria, terras exóticas).

A morte, liricamente emoldurada pela imaginação febril, acenava aos românticos como a saída natural para existências que pareciam apenas a antecâmara do nada. Numerosos românticos cederam-lhe ao fascínio, inclusive porque lhes repugnava a ideia de velhice: "Romantismo e juventude caminham juntos".[20] De onde buscarem apressar o desenlace, que, pondo fim aos tormentos da sensibilidade, lhes afigurava o termo de uma existência plena e bem-vivida, segundo os padrões em moda; intenso viver, em todos os sentidos, coroado pelo prestígio sobrenatural da morte, derradeira etapa de um desfiar sem conta de emoções. Entregando-se, por isso, a toda sorte de desregramentos, descuidando-se da saúde porque somente lhes importavam os valores do espírito, não poucos pereceram antes dos trinta anos (Novalis, Shelley, Keats, Stagnelius, Cabanyes, Castro Alves, Álvares de Azevedo), ou em duelo

---

20. *Idem, ibidem*, p. 251.

(Puchkine, Lermontov), no campo de batalha (Petöfi), ou lutando por uma causa nobre (Byron), pelo suicídio (Mariano de Larra, Kleist, Gérard de Nerval, Camilo Castelo Branco), ou mergulham nas trevas da loucura (Hölderlin, Lenau).[21]

A vida como aventura, eis o lema dos românticos, para quem a grande quimera, facilmente concretizável, era "morrer na aurora da existência"; de onde a tuberculose (a "tísica"), provocada pela boêmia desenfreada, se converter em símbolo de uma neurose coletiva, fruto do destrambelhamento da sensibilidade. Doença de sensitivos, logo passou a encarnar o próprio ideal de existências breves dedicadas aos impulsos sentimentais, em holocausto ao deus novo: o "eu".

Para esquivar-se à angústia, o romântico foge no tempo e depara a história e, dentro dela, a Idade Média. Já os poetas anglo-saxônicos do século XVIII haviam chamado a atenção para as velhas baladas medievais; e na centúria seguinte, a Idade Média entra em voga, quer por influência dos poemas escoceses e prussianos, quer pelo gosto de evasão que cruza a época. O clássico divisava o tempo como equação imutável, absoluta, identificada com a eternidade, de modo que o tempo do "eu" apenas refletisse, singularizasse, o escoar perene do tempo. Descoberta a relatividade do tempo, graças também à universalização do relógio, o romântico dá-se conta da história como sequência retilínea de eventos, processando-se no fluxo cronológico em que o ser humano está imerso. Em suma, o tempo como dimensão psicológica. E, no seu interior, elege a Idade Média como quadra ideal, porque negligenciada pelos clássicos e porque respondia ao apelo por uma literatura que exprimisse o sentimento e a natureza. Anticlássico, o romântico supervaloriza o que anteriormente fora desprezado e que corresponde aos seus anseios de perfeição espiritual, a Idade Média, entrevista como reino de ingenuidade, pureza, inocência, misticismo, nobreza, etc.[22] Uma Idade Média idealizada, ou focalizada apenas dos ângulos que sugerissem um "paraíso perdido": o da vida heroico-cavaleiresca, o da sentimentalidade mística, o do maravilhoso ingênuo e fantástico, o do pitoresco arquitetural (o gótico), o das lendas populares e folclóricas, o do despertar do sentimento

---

21. *Idem, ibidem,* p. 252.

22. Que se tratava de uma seleção arbitrária e pessoal das facetas históricas medievais, pode-se verificar em *O Declínio da Idade Média* (1923), no qual J. Huizinga revela os aspectos terrenamente pagãos de um milênio complexo, jogado por forças contraditórias, como se os recalques de um mundo sereno e tranquilo, pregado pelos Antigos, explodissem raivosamente.

de nacionalidade, etc. Enfim, fixava-se o romântico na ideia da reabilitação do Cristianismo anterior às lutas da Reforma e Contrarreforma, emblematizado no *Gênio do Cristianismo* (1802), de Chateaubriand.

Ao escapismo no tempo corresponde um escapismo geográfico, inicialmente no rumo da natureza, entendida como passiva e confidente. Impelido por uma vaga aspiração, algo como a *Sehnzucht* germânica, a *longing* inglesa, ou a *saudade* lusíada, o romântico busca "a solidão longe das cidades, no seio da natureza, onde o 'eu' se expande num monólogo lírico, cuja ebulição nada vem perturbar".[23] Campo, bosque, montanha, rio, lago, mar, a natureza sofre intenso processo de personificação: deixando de ser o pano de fundo convencional que os clássicos figuravam, torna-se interlocutora, reflexo do "eu", "estado d'alma". Na contemplação dos vários acidentes naturais, o romântico desvela outros "mistérios", como se ainda pervagasse o mundo interior. Conhece os bálsamos da meditação profunda e solitária, experimenta frenesis místicos que lhe descortinam páramos infinitos, cultiva o recolhimento intimista, refratário ao contacto exterior, readquire o sentimento religioso na visão da natureza, logo identificada com Deus, recupera o simbolismo bíblico e cristão e vibra dum inexplicável desejo de comunhão universal. Fundindo Deus e natureza, por vezes assume atitudes panteístas, de modo que o voltar-se para a segunda em busca de consolo significa apelar ao primeiro. Deístas no geral, raramente ateus ou cristãos praticantes,[24] descortinam a religião a partir dos padecimentos morais e como resposta à ânsia de escapismo. Visão lírica, que também provocará o despertar de Satã, Espírito do Mal.

O escapismo na direção da natureza, alargando-se, converge para a pátria. Liberal em política,[25] o romântico cedo se descobre fadado à superior missão civilizadora e redentora do povo, a quem ama como a um irmão, pois nele projeta as próprias inquietações: o seu patriotismo nem sempre deixa de ser a mera amplificação do "eu". De qualquer modo, instaura-se um profundo sentimento democrático e demofílico. O romântico sente-se o "arauto das inquietudes populares", porta-voz dos ideais coletivos, mago, profeta estigmatizado, carismático, marcado pelo ferrete do gênio, eleito, predestinado; acredita no ideal como

---

23. Paul Van Tieghem, *Le Romantisme*, p. 257.
24. *Idem, ibidem*, p. 262.
25. Vítor Hugo proclamava, no prefácio a *Hernani* (1827), que o Romantismo não era senão "o liberalismo em Literatura". As relações entre Romantismo e Política foram muito bem estudadas por Roger Picard em *Le Romantisme Social,* Nova York, Brentano's, 1944.

energético do ser humano, ideal de um mundo melhor, era de luz sob a égide da Liberdade, Igualdade e Fraternidade. Preconiza-se uma literatura em torno de problemas sociais, com "uma missão nacional, uma missão social, uma missão humana", no dizer de Vítor Hugo no prefácio a *Lucrécia Bórgia* (1833). O proletariado, desenvolvido com a Revolução Industrial, passa a ser motivo literário, e em pouco tempo os românticos, na esteira de Saint-Simon e Fourier, atribuem caráter revolucionário e socialista às suas obras em prosa e em verso.

O escapismo geográfico do romântico cedo esgotaria os acidentes pátrios e buscaria novos horizontes para se dessedentar. Impelido por um frenesi deambulatório, entra a viajar para fora do país, no encalço de terras e povos estranhos, paisagens exóticas, ruínas de velhas civilizações, monumentos de comunidades extintas, num anseio de comunhão entre espíritos fraternos. Busca o pitoresco, o insólito, a cor local, o primitivo autêntico, surpreender o "bom selvagem" de Rousseau no seu hábitat, recuperar estados de alma arquetípicos no contacto livre com a Natureza agreste, longe das civilizações. Velhos castelos medievais de repente se tornam ponto de atração, escombros de construções greco-latinas são visitados pelo que evocam de melancolia na rememoração dum tempo morto. Visitam-se principalmente a Itália e a Espanha, por conservarem traços medievais e cavaleirescos e uma paisagem que convida ao sonho e ao devaneio. Percorre-se o Reno, cujas margens desfilam cenários e monumentos perdidos no tempo. O Oriente, misterioso e mágico, atrai e fascina. E descobre-se, no périplo incessante, o encanto das velhas culturas pré-colombianas.

No plano do teatro, o romântico recusa as unidades clássicas, sobretudo as de tempo e lugar, em favor de uma unidade de interesse dada pela personagem, ou melhor, pela nova situação focalizada e pelos protagonistas. Os temas históricos, em torno de assuntos remotos, dividem o terreno com outros extraídos da contemporaneidade, com ideias morais, filosóficas, visando intervir na dialética social. Em lugar da rígida separação de gêneros, em tragédia e comédia, prega-se a sua aliança (drama ou tragicomédia),

> a redução ao mínimo das *conveniências* (...), uma ação mais extensa, personagens mais numerosas e mais diversificadas, uma *mise en scène* menos rudimentar, mais colorida, mais variada; costumes mais exatamente descritos, consciencioso estudo histórico (...), linguagem que admite tons diversos, incluindo o familiar ou ingênuo; situações apresentadas com toda a força que comportem. O drama novo será, portanto, principalmente *histó-*

rico ou pseudo-histórico. Geralmente exprimirá ideias filosóficas, morais, sociais; defenderá os direitos dos oprimidos, da mulher, do gênio contra a sociedade; será nacional e patriótico.[26]

No tocante ao estilo, assunto que os teóricos românticos descuram, nota-se o abandono da mitologia "como arsenal de metáforas e perífrases",[27] em favor das aproximações insólitas, fruto da imaginação liberada ou de subitânea iluminação de gênio. Os reptos da sensibilidade e da fantasia desbordante são assinalados por generosos sinais de exclamação, apóstrofes, cortes repentinos no fluxo verbal, reticências. Em suma, quer na poesia, quer na prosa,

> vocabulário mais rico no domínio das cores e dos sons, mais evocador de sensações; linguagem mais apaixonada, geralmente hiperbólica e não raro declamatória; abundância de imagens (...) riqueza de exclamações e de movimentos líricos, ou de fantasia caprichosa; predominância da imaginação e da sensibilidade sobre o raciocínio.[28]

No plano da versificação, observa-se a procura de soluções inéditas, ritmos desenvoltos graças à liberdade com que se marcam as cesuras, o emprego de rimas bizarras, do *enjambement*, o recurso à musicalidade, num à vontade criador que espelha o liberalismo político.

Quanto às relações entre arte e ética, o romântico também diverge dos clássicos: estes, postulando o absolutismo estético, consideravam o belo, o verdadeiro e o bem entidades universais, mas de forma que uma implicasse a outra; na cola de Boileau, entendiam que "nada é belo senão o verdadeiro: só o verdadeiro é digno de ser amado";[29] descartando o feio, entreviam a natureza como pauta de referência para se estabelecer a distinção entre o belo e a sua antítese; idealistas, por conseguinte, firmavam-se na Razão para fundar os seus juízos. Ao contrário, o romântico deixa-se conduzir por uma noção relativista de Arte, por meio da qual o belo, o bem e o verdadeiro dependem da sensibilidade individual e podem, em consequência, surgir onde menos se espera, alheios a qualquer critério prévio. Assim, o feio nas suas incontáveis modalidades começa a ter guarida, determinando a ideia do belo-horrível, do

---

26. Paul Van Tieghem, *Le Romantisme,* pp. 368-369.
27. *Idem, ibidem,* p. 376.
28. *Idem, ibidem,* p. 384.
29. Boileau, *Oeuvres Complètes,* 2 vols., Paris, Hachette, 1904, 1906, vol. I, p. 172 ("Epître" IX, 1675, v. 43).

belo-trágico, à semelhança do Quasímodo de *Nossa Senhora de Paris* (1831), de Vítor Hugo.

Imaginativo, sensível, varrido pelas tempestades interiores, nem por isso o romântico é idealista; as suas quimeras movimentam-se dentro de certos limites, radicando-se no pressuposto de que o objeto do conhecimento se localiza na imanência, ou no "eu", que se explora em todas as direções; realista, pois, e realista que apenas visiona uma transcendência (Deus, Natureza, Pátria) como extensão do "eu", ponto de partida e de chegada que é da sua cosmovisão.

4 Dois fatos simultâneos e protagonizados pela mesma personagem — Domingos José Gonçalves de Magalhães — tiveram o condão de introduzir a moda romântica entre nós: *Niterói-Revista Brasiliense* e *Suspiros Poéticos e Saudades.* Datados de Paris, 1836, o periódico era organizado por Torres Homem, Porto Alegre, Pereira da Silva e Gonçalves de Magalhães, e o livro de versos pertencia ao último.

Niterói teve duração efêmera (dois números), mas o suficiente para exercer influência renovadora, na linha das novas correntes estéticas europeias, com as quais os seus organizadores vinham tomando contacto.[30] Tendo por lema a epígrafe "Tudo pelo Brasil e para o Brasil", a revista caracterizava-se pelo patriotismo, de que o artigo de Magalhães ("Ensaio sobre a História da Literatura do Brasil"), saído no primeiro número, pode ser a síntese crítica:[31] repudiando a colonização portuguesa, dispunha-se a mostrar os traços originais da nossa literatura, a partir do tema indianista. O antilusismo de Magalhães, que ressoava os ideais nacionalistas em voga após a Independência, ainda se fazia presente em *Suspiros Poéticos e Saudades*, que "quiseram ser a um tempo o nosso prefácio de

---

30. Antônio Soares Amora, *O Romantismo,* vol. II de *A Literatura Brasileira,* S. Paulo, Cultrix, 1967, pp. 92 e ss.

31. No seu primeiro número, a revista inseria colaboração de Azeredo Coutinho ("Dos Cometas"), Torres Homem ("Considerações Econômicas sobre a Escravatura" e "Reflexões sobre o Crédito e sobre o Relatório do Ministro da Fazenda"), Gonçalves de Magalhães e Porto Alegre ("Ideias sobre a Música"); no segundo, de Azeredo Coutinho ("As Caldeiras Empregadas nas Fábricas de Açúcar"), A. de S. Lima de Itaparica ("Destilação"), Silvestre Pinheiro Ferreira ("Ideia de uma Sociedade Promotora da Educação Industrial"), C. A. Taunay ("Descoberta de M. Scheult"), Torres Homem ("Comércio do Brasil" e um artigo acerca de *Suspiros Poéticos e Saudades*).

Cromwell e o grito do Ipiranga da poesia".[32] Os poemas, juntamente com a revista, desempenharam papel pioneiro e desviaram o norte da nossa orientação literária, pois "daí por diante será a França, não Portugal, o país que vai ditar as regras e modas que seguirão os nossos homens de cultura".[33] Entretanto, nada mais avesso ao espírito romântico que *Suspiros Poéticos e Saudades* e o seu autor: este, conquanto nutrisse a intenção reformadora que os poemas efetivariam, não possuía a disposição de ânimo para abraçar o Romantismo e realizar obra coerente. Teoricamente, defendia a literatura nova, mas na prática realizava obra de caráter ainda neoclássico. De todo modo, por meio das ideias expendidas em *Niterói* e dos *Suspiros Poéticos e Saudades*, Magalhães e os seus companheiros de jornada tiveram o mérito de alterar a bússola da nossa literatura, fazendo-a apontar para o Romantismo vitorioso na Europa.

5 O início do movimento romântico entre nós coincidia com o processo de nossa autonomia histórica, de que a transladação da corte para o Rio de Janeiro (1808) e a proclamação da Independência (1822) constituem marcos miliários. O segundo acontecimento, transcorrido às margens do Ipiranga, como que anunciava o deslocamento do eixo da nossa atividade cultural para S. Paulo, ou para a faixa entre o Rio de Janeiro e S. Paulo. Dois fatores contribuíram para que Minas Gerais perdesse a hegemonia desfrutada no século XVIII: o surto do café e a instalação da Faculdade de Direito em S. Paulo. A primeira remessa de café pelo porto de Santos é de 1792, quando uma galera zarpou com destino a Lisboa: "a partir dessa data, e aparentemente sem intermitências, as remessas passam a fazer-se todos os anos".[34] De princípio centrada no litoral, aos poucos a lavoura cafeeira foi ganhando o interior do Estado, avultando de ano a ano, proporcionalmente ao declínio da cultura açucareira. Em meados do século XIX, de tal modo o café consolida o seu império que a partir de 1854 somente na região de Campinas são desmontados quarenta e quatro engenhos de açúcar para ceder lugar ao

---

32. Sérgio Buarque de Holanda, pref. a *Suspiros Poéticos e Saudades*, Rio de Janeiro, ME, 1939, p. XI.

33. *Idem, ibidem, loc. cit.*

34. *Idem* (dir.), *História Geral da Civilização Brasileira*, S. Paulo, DIFEL, 1972, t. II, vol. II, 3ª ed., p. 421.

plantio da rubiácea.[35] De Campinas arranca a expansão cafeeira para o oeste paulista:

> Esta "onda verde" de cafezais, como tão expressiva e apropriadamente se denominou a expansão da lavoura que então fundamentava a riqueza brasileira, marchará rapidamente, alcançando no penúltimo decênio do século a região do rio Moji-Guaçu na sua confluência com o Pardo; aí se formará o núcleo produtor do melhor e mais abundante café brasileiro. O "café de Ribeirão Preto" (centro da região) se torna mundialmente famoso.[36]

Ao crescente predomínio do café na ordem da economia correspondeu, na perspectiva da cultura, a instalação da Faculdade de Direito do Largo de S. Francisco. Criada, juntamente com a de Olinda, a 11 de agosto de 1827, de início uma instituição modesta, progressivamente foi erguendo o seu padrão de ensino até se transformar em centro irradiador de cultura e palco de grande parte da nossa atividade literária no tempo, ao menos na vertente poética. Abrigando estudantes de toda parte do Brasil, especialmente do Centro-Sul, atraídos pela sedução da sua ambiência europeia, a Faculdade de Direito tornou-se foco de inconformismo, graças à substituição do "espírito eclesiástico pelo espírito jurídico e o dogmatismo religioso e conservador pelo intelectualismo revolucionário e crítico".[37]

Forja de poetas e oradores, políticos e jurisconsultos, o curso jurídico será núcleo de efervescência cultural ao longo do século XIX. Constituindo-se no polo aglutinador que as academias setecentistas precariamente representavam, deu origem a acentuado sentimento de grupo, manifesto por meio de revistas e associações. Já em 1833, portanto às vésperas dos acontecimentos inaugurais de Paris, professores e estudantes fundam a *Sociedade Filomática* e publicam uma revista, da qual apenas saíram dois números, mas o bastante para caracterizar o grupo, situado na transição do neoclassicismo arcádico e o Romantismo emergente. Como declaravam os seus organizadores na "introdução" do primeiro número, a revista tinha por "seu timbre e sua única meta

---

35. Sebastião Ferreira Soares, *Notas Estatísticas sobre a Produção Agrícola e Carestia dos Gêneros Alimentícios no Império do Brasil,* Rio de Janeiro, 1860, p. 43, citado por Sérgio Buarque de Holanda, *ibidem,* p. 463.

36. Caio Prado Jr., *História Econômica do Brasil,* 3ª ed., S. Paulo, Brasiliense, 1953, p. 169.

37. Fernando de Azevedo, *A Cultura Brasileira,* 3 vols., 3ª ed., S. Paulo, Melhoramentos, 1958, vol. II, p. 51.

[...] — coadjuvar a marcha lenta, mas sempre progressiva, da civilização brasileira com todos os esforços", e eles guiavam-se pelos "princípios [...] da razão e do bom gosto, combinados com o espírito e necessidades do século: tão longe estaremos do *Romantismo* frenético como da servil *imitação* dos antigos".[38]

O brado pioneiro não ficaria sem resposta, e a partir dos anos 50 outros periódicos vêm substituir a *Revista da Sociedade Filomática: Revista Mensal do Ensaio Filosófico Paulistano* (1852-1864), fundada por Álvares de Azevedo; *O Acaiaba* (1852-1853), *Guerainá* (1856), *Revista da Academia de S. Paulo* (1859), *Trabalhos Literários — Sociedade Amor à Ciência* (1860), *Revista da Sociedade Recreio Instrutivo* (1861), *Revista Mensal do Instituto Científico* (1863), *Revista do Ensaio Literário* (1871), *Revista da Sociedade Fênix Literária* (1879).[39] Ao mesmo tempo, outras revistas iam surgindo noutros estados, notadamente no Rio de Janeiro, onde se alinham, por exemplo, as seguintes: *Minerva Brasiliense* (1843-1845),[40] *Íris* (1848-1849), *Guanabara* (1850-1855), *Anais da Academia Filosófica* (1858), *O Espelho* (1859-1860), *Revista Brasileira* (1ª fase, 1857-1860; 2ª fase, 1879-1881), *Revista Mensal da Sociedade de Ensaios Literários* (1863-1865, 1872-1874).

De modo genérico, os estudos críticos inseridos nesses periódicos continham imprecações contra o francesismo que grassava em nossas letras durante o Romantismo, mas inevitavelmente caíam no vezo de começar pela Grécia o seu arrazoado e vir desembocar nos autores franceses sempre que se dispunham a focalizar a poesia nacional. Em segundo lugar, não nos convencem de que a batalha Romantismo *versus* Classicismo, ou a exaltação do primeiro, os tenha empolgado: no geral,

---

38. *Revista da Sociedade Filomática,* ed. fac-similar dos 2 números, com prefácio de Antônio Soares Amora, sob o patrocínio da Metal Leve, S. Paulo, 1977, pp. 15, 16.

Além de Francisco Bernardino Ribeiro, destaca-se a colaboração de Antônio Augusto Queiroga (1811-1855), cujos dispersos, constantes de poesia lírica e poesia dramática, e de "Ensaios sobre a Tragédia", este em parceria com Justiniano José da Rocha e aquele outro, foram reunidos numa edição preparada, apresentada e anotada por José Américo Miranda (Belo Horizonte, Faculdade de Letras da UFMG, 1999).

39. José Aderaldo Castello, *Textos que Interessam à História do Romantismo,* 2 vols., S. Paulo, Comissão Estadual de Cultura, 1960, 1963, vol. II, p. 8.

40. Maiza Franco e José Américo Miranda organizaram e publicaram os editoriais e o índice de *Minerva Brasiliense,* precedendo-os de uma apresentação (Belo Horizonte, FALE/UFMG, 2000).

Ver, a respeito da *Minerva Brasiliense* e outras revistas românticas, Hélio Lopes, *A Divisão das Águas — Contribuição ao Estudo das Revistas Românticas,* S. Paulo, Secretaria de Cultura, Ciência e Tecnologia, 1978.

voltavam-se para os neoclássicos, ainda vivos na memória dos letrados do tempo, vistos antes como expoentes duma literatura "brasileira" que como românticos. Por fim, prevalece o tom laudativo e declamatório, subjetivo e parcial. Seja como for, acusam esses órgãos a ebulição literária na qual o movimento romântico se desenvolveu, sobrepujou as vozes discordantes e frutificou.

6 Três fases, ou momentos, percorreu o nosso Romantismo: 1ª) de 1836 até 1853 aproximadamente, 2ª) de 1853 a 1870, e 3ª) de 1870 a 1881, quando tem início o Realismo. Evoluindo no curso de quatro decênios, ostentam características próprias, diferenciadas, porém não estanques; cada qual gira ao redor de uma tônica literária, erigida por algum tempo em moda, mas todos são permeados por um *continuum* estético que é a própria razão de serem englobados sob o título de Romantismo. Assim, um tema e três variações assinalam o movimento romântico entre nós.

7 No seu transcurso, persiste o cultivo da poesia e introduzem-se novas modalidades ou enfatizam-se outras que apenas embrionariamente haviam sido praticadas até o século XVIII: o teatro, a prosa de ficção, o jornalismo, a crítica e a historiografia literárias. A atividade jornalística assumiu, nos decênios em que o Romantismo imperou, considerável importância, não só porque se tratava de novo instrumento de cultura acrescentado aos demais, como também pelo papel revolucionário que desempenhou. Porta-voz dos anseios da coletividade, era ao mesmo tempo veículo gerador da opinião pública.[41] Inicialmente, as questões políticas predominaram. Com o tempo, a atividade literária encontrou abrigo nas páginas de jornal e nelas permaneceu durante o século XIX, dividindo a praça com o livro e a revista.

Quer pelo volume de periódicos surgidos desde a independência, quer por sua vitalidade, o jornalismo identificou-se com a revolução romântica. A tal ponto que é impossível equacionar a magnitude da segunda sem apelo ao impacto exercido pelo primeiro: na efemeridade dos jornais os românticos divisavam a reprodução do seu ideal de existência,

---

41. Hélio Viana, *Contribuição à História da Imprensa Brasileira,* Rio de Janeiro, Imprensa Nacional, 1945; Nelson Werneck Sodré, *A História da Imprensa no Brasil.* Rio de Janeiro, Civilização Brasileira, 1966.

centrado no "eu" e na paixão pela aventura. A efusão do sentimento, o liberalismo furioso, a inconstância temperamental, a generosa visão da pátria e do semelhante, enfim tudo quanto caracterizava o homem romântico encontrava no dia a dia irreversível e omnívoro do jornal a sua morada perfeita. Não poucos escritores românticos colaboraram na imprensa, às vezes por longos períodos, às vezes durante a juventude: "era, realmente, a época dos homens de letras fazendo imprensa".[42] Não raro, o jornal servia de trampolim para o ingresso no governo, na diplomacia ou em cargos públicos.[43] Ainda remota a profissionalização do jornalista, os escritores colaboravam na imprensa como atividade paralela, a fim de trazer a público imediatamente o produto de suas elucubrações mentais. Artigos de natureza doutrinária, geralmente política, poemas, ensaios literários, folhetins, constituíam a sua colaboração. O folhetim era o prato favorito, por meio do qual "o grande público iria sendo lentamente conquistado para a literatura (...); ler o folhetim chegou a ser hábito familiar, nos serões das províncias e mesmo da Corte, reunidos todos os da casa, permitida a presença das mulheres".[44]

Divulgando, debatendo, criticando, veiculando ideias e plataformas, publicando vária matéria literária, o jornalismo consistiu numa das alavancas do progresso cultural operado durante o Romantismo. A crítica literária, ainda incipiente, deve-lhe em parte a existência. Nos diários estampavam-se notas de leitura e mesmo apreciações críticas por vezes degenerando em polêmicas, como a que se travou acerca de *A Confederação dos Tamoios*, poema de Gonçalves de Magalhães, ou entre José de Alencar e Joaquim Nabuco a respeito de *O Jesuíta*, que o primeiro levara à cena em 1873.[45] Na esteira do Romantismo,[46] o ardor na defesa das opiniões veiculadas pelo jornal encontrava eco nas revistas que começa-

---

42. Nelson Werneck Sodré, *op. cit.*, p. 220.

43. Pedro Calmon, *História do Brasil*, 5 vols., S. Paulo, Nacional, 1947, vol. IV, p. 538.

44. Nelson Werneck Sodré, *op. cit.*, p. 279.
"Os homens de letras viviam praticamente da imprensa: ela é que lhes permitia a divulgação de seus trabalhos e o contacto com o público. Taunay publicara a *Inocência* em folhetim de *A Nação* e foi colaborador de *A Notícia*; Franklin Távora publicara já as *Lendas e Tradições Populares*, na *Ilustração Brasileira*, em 1878, e *Sacrifício*, na *Revista Brasileira*, 1879", etc. (*idem, ibidem*, p. 283).

45. José Aderaldo Castello, *A Polêmica sobre "A Confederação dos Tamoios"*, S. Paulo, FFCL da USP, 1953; Afrânio Coutinho, *A Polêmica Alencar-Nabuco*, Rio de Janeiro, Tempo Brasileiro, 1965.

46. Wilson Martins, *A Crítica Literária no Brasil*, 2 vols., Rio de Janeiro, Francisco Alves, 1983; Levi Carneiro, "A Crítica do Romantismo", *in Curso de Crítica*, Rio de Janeiro, Academia Brasileira de Letras, 1956, pp. 61 e ss.; Antonio Candido, *Formação da Literatura Brasileira*, 2 vols., S. Paulo, Martins, 1959, vol. II, pp. 319 e ss.

ram a proliferar com a nossa independência.[47] Sem preocupação de rigor científico, de severidade nos juízos ou de erudição solidamente arquitetada, atiravam-se à rinha literária estimulados pelo mesmo arroubo que os impelia a produzir poesia sentimental, ficção cor-de-rosa ou teatro de atualidade. Mais entretenimento que exercício de análise e julgamento, a atividade crítica apenas diferia dos discursos acadêmicos setecentistas pelo fato de estampar-se nos periódicos e fazer praça de um liberalismo meio anárquico. Via de regra, opinavam em vez de interpretar, levados pela paixão e não pelo raciocínio. Na verdade, ensaiavam as primícias da crítica nacional, eram mais precursores que críticos:[48] além de ignorar as regras do jogo crítico e não possuir qualidades que a tarefa requer, entregavam-se ao vício da opinião quando lhes ensejava oportunidade e não como labor sistemático. Praticavam o impressionismo crítico, sem atender à importância do ato judicativo: deixavam transparecer que atribuíam menos responsabilidade ao comentário crítico que à criação propriamente dita. Assumindo tal perspectiva, acertavam na medida em que a obra criativa permanece e a crítica passa, mas falhavam ao considerar inferior o trabalho crítico, ato lúdico ou "vida literária", sem consequência ou sem reflexo no ambiente cultural. Quando, em meio às vozes emotivamente empenhadas, se erguia alguma com propósitos de rigor, constituía exceção ou anúncio do crepúsculo romântico, como no caso do anônimo Pedro Ivo, ao estampar na *Revista da Sociedade Fênix Literária* um longo e seguro arrazoado contra a poesia do Romantismo.[49]

Resultados mais duradouros pretendiam, decerto, os autores de livros, geralmente recrutados no magistério, e que não escondiam as intenções didáticas dos seus escritos, nem as origens das suas predileções e critérios de apresentação e exegese dos fatos literários. Tirante os estrangeiros que, voltando-se para as nossas letras com todo o peso da tradição cultural europeia,[50] participaram decisivamente no processo da nossa tomada de consciência literária,[51] são de citar os seguintes historiadores e/ou críticos: J. C. Fernandes Pinheiro, autor do *Curso Elemen-*

---

47. José Aderaldo Castello, *Textos que Interessam à História do Romantismo, passim.*
48. Wilson Martins, *op. cit., passim.*
49. José Aderaldo Castello, *op. cit.,* vol. II, pp. 277 e ss.
50. Frederich Bouterwek, *História da Literatura Portuguesa* (1805); J. C. L. Simonde de Sismondi, *De la Littérature du Midi de l'Europe* (4 vols., 1810); Ferdinand Denis, *Resumé de l'Histoire Littéraire de Portugal et du Brésil* (1826); Almeida Garrett, *Bosquejo da História da Poesia e da Língua Portuguesa* (1826); Ferdinand Wolf, *Le Brésil Littéraire — Historie de la Littérature Brésilienne* (1863).
51. Antonio Candido, *op. cit., loc. cit.*

tar de Literatura Nacional (1862), Resumo de História Literária (1872), Postilas de Retórica e Poética (1865), em que os excessos da formação neoclássica se compensam pelo pioneirismo de uma visão global da nossa atividade literária; Francisco Sotero dos Reis, autor do Curso de Literatura Portuguesa e Brasileira (5 vols., 1866-1873), em que a nossa produção literária é analisada no quarto volume, de forma descritiva, escolar, sem maior preocupação filosófica e num estilo purista que trai o professor de vernáculo lido nos clássicos e avesso às novidades românticas; Joaquim Norberto de Sousa e Silva, mais lembrado pela edição de poetas arcádicos e românticos que pelo Bosquejo da História da Poesia Brasileira, que abre as Modulações Poéticas (1841); João Manuel Pereira da Silva, autor de Parnaso Brasileiro (1843), Plutarco Brasileiro (1847), etc., obras mais de vulgarização que de crítica ou historiografia;[52] Odorico Mendes, notabilizado pela cultura humanística e um senso crítico postos a serviço da tradução, elegante e correta, de clássicos gregos, latinos e franceses (Homero, Virgílio, Voltaire), e pelo entusiasmo na defesa da autoria portuguesa do Palmeirim de Inglaterra (1860); Francisco Adolfo de Varnhagen, antes erudito e pesquisador que crítico e historiador, deixou obras de que se valeram os contemporâneos e os pósteros para firmar as suas interpretações, e que ainda merecem fé como repositório de informações históricas (Épicos Brasileiros, 1843, Florilégio da Poesia Brasileira, 3 vols., 1850-1853; Da Literatura dos Livros de Cavalaria, 1872, etc.); Antônio Henriques Leal, autor do Panteon Maranhense (4 vols., 1873-1875), série de biografias de ilustres filhos do Maranhão, algumas úteis ainda hoje, como a de Gonçalves Dias, etc.

II. PRIMEIRO MOMENTO ROMÂNTICO

O primeiro momento de nosso Romantismo desenvolve-se aproximadamente entre 1836, quando se instala a moda romântica, e 1853, quando Álvares de Azevedo publica Obras Poéticas, dando início ao segundo momento. Escassos dezessete anos dura, portanto, a primeira metamor-

---

52. Wilson Martins, op. cit., vol. I, pp. 106-108.

Romantismo (1836-1881) • 399 •

fose ou geração romântica.[1] Precedida pelas mudanças socioeconômico-culturais levadas a efeito com a transladação da Corte de D. João VI para o Rio de Janeiro, nem por isso se libertou completamente das impregnações coloniais. Apesar de "patriótica, ostensivamente patriótica",[2] trata-se de uma geração ainda "europeia" ou "europeizante", pois continua a nortear-se pelos padrões culturais da Europa, notadamente França e Portugal. E ao contrário do que afirmava José Veríssimo,[3] os seus integrantes ainda procuram a Europa a fim de realizar os estudos, regulares ou não. Simbólico dessa dependência é o fato de o Romantismo principiar com uma revista e uma obra dadas à estampa em Paris, e Gonçalves Dias, figura proeminente dessa geração, haver cursado Direito em Coimbra.

Corrobora tal sujeição aos modelos europeus a persistência de vestígios clássicos, especialmente na poesia dos introdutores da moda romântica entre nós, e as notações lusitanizantes, sobretudo em Gonçalves Dias, em que pese a tendência para o antilusismo, como reflexo da xenofobia desencadeada pela Independência.[4] Dir-se-ia que a onda de americanismo deslizava em leitos europeus, ou por outros termos, o brasileirismo revestia-se de roupagem ainda lusitana ou francesa. É certo que já se nota acentuada tendência para abrasileirar a linguagem e os temas, mas também é verdade que os pontos de referência ainda são europeus: livramo-nos do servilismo à Metrópole para nos colocarmos sob a tutela da França, e respeitando, posto que parcialmente, a velha filiação. Não estranha que as coisas se passassem desse modo naqueles recuados tempos quando sabemos que, de algum modo, a relação com a Europa se manteria daí por diante, e que o próprio Romantismo trazia no bojo os germes do paradoxo ou das antinomias irreparáveis.

Durante o primeiro momento romântico, cultiva-se a poesia, dá-se o aparecimento da prosa de ficção e acelera-se a atividade teatral, inaugurando a era não comprometida de nossa dramaturgia.

---

1. José Veríssimo, *História da Literatura Brasileira*, 3ª ed., Rio de Janeiro, José Olympio, 1954, p. 157.

2. *Idem, ibidem*, p. 158.

3. *Idem, ibidem*, p. 160.

4. Para mais amplas informações a respeito, especialmente no tocante à influência camoniana, recorrer ao ensaio de Gilberto Mendonça Teles, *Camões e a Poesia Brasileira*, S. Paulo/Brasília, Quíron/INL, 1976.

1. Poesia

Período de transição, o primeiro momento romântico presenciou a instauração de padrões novos de cultura e a continuidade dos velhos, que teimavam em persistir. Mais do que todos, são os introdutores do movimento (Gonçalves de Magalhães, Araújo Porto Alegre) que manifestam a dualidade inerente a esses anos em que o novo estilo de cultura se enraíza: acusam vestígios neoclássicos de par com novidades temáticas, como a poesia da saudade, a poesia noturna, a poesia americanista. Sonham com uma epopeia indianista, que exaltasse o aborígine ou a América, sem perceber que, insistindo na elaboração de poemas heroicos, estavam empregando utensílios inadequados à época e ao tema: desaparecido o mundo das epopeias com a Revolução Francesa e a Revolução Industrial, ao indígena caberia tão somente a glorificação por meio do romance ou do poema lírico. De modo que, ainda nesse pormenor, traíam o ideal clássico duma arte de bronze que, enaltecendo os heróis ameríndios, resistisse ao desgaste do tempo. E, por isso mesmo, resvalavam no postiço e no exercício métrico, em que se estiolaram os talentos academicamente neoclássicos. O grande poeta dessa geração é Gonçalves Dias, secundado por Casimiro de Abreu: o lirismo amoroso, livre das faixas arcádicas, pode agora, identificado com o próprio Romantismo, motivar altos voos da sensibilidade e da imaginação.

GONÇALVES DE MAGALHÃES

Domingos José Gonçalves de Magalhães nasceu no Rio de Janeiro, a 13 de agosto de 1811. No mesmo ano em que se forma em Medicina (1832) publica o seu primeiro livro (*Poesias*) e segue para a França, onde edita, em 1836, os *Suspiros Poéticos e Saudades* e a *Niterói-Revista Brasiliense*, esta de parceria com Porto Alegre e Torres Homem. De regresso à Pátria em 1837, empenha-se na campanha em favor do teatro nacional, é convidado a ensinar Filosofia no Colégio Pedro II, e atraído pela política (deputado pelo Rio Grande do Sul). Ingressa na carreira diplomática (1847), e em 1856-1857 trava polêmica com Alencar a propósito de *A Confederação dos Tamoios*, poema indianista de feição épica, que acabara de publicar. Em 1864-1876, reúne as suas *Obras Completas* em nove volumes, e vem a falecer em 19/7/1882, como Ministro Plenipotenciário em Roma. Deixou, ainda, em poesia: *Urânia* (1862), *Cânticos Fúnebres* (1864), *Poesias Avulsas* (1864; reedição das *Poesias*, de 1832, excluídos alguns poemas por imperfeitos e acrescidos outros); teatro: *Antônio José ou O Poeta e a Inquisição* (1839) e *Olgiato* (1841); prosa doutrinária: *Fatos do Espírito Humano* (1858), *A Alma e o Cérebro* (1876), *Comentários e Pensamentos* (1880); vária: *Opúsculos Históricos e Literários* (1865).

De contradições, provavelmente involuntárias, foi a trajetória poética de Gonçalves de Magalhães. Aderiu ao Romantismo por influência francesa e introduziu-o em nossas Letras, quando era, por temperamento (ao que se deduz de sua obra) e por formação, um conservador de estirpe neoclássica. Mal comparando, está para a nossa literatura assim como Garrett para a portuguesa. Ademais, insistiu em poetar a despeito de lhe faltarem condições para erigir obra sólida e duradoura. Por fim, confundiu cultura literária com inspiração.

Iniciando-se em 1832, com *Poesias*, Gonçalves de Magalhães não esconde o apreço ao Neoclassicismo. No prefácio ao volume é patente a filiação, desde o conceito de poesia que esposa, de nítida gênese horaciana ("a Poesia é uma parte da Filosofia Moral"), até lamentar que as suas composições não ostentem "cunho de clássicas".[1] E o antilusismo suscita-lhe odes pindáricas, secas de poesia, no melhor estilo do pior academicismo setecentista. Ao publicar as *Poesias Avulsas*, passados três decênios, o poeta lembra, na "Advertência", que recusou algumas e incluiu outras "escritas em tempos diversos, e que pelo seu gênero mais se aproximam das primeiras": como se os *Suspiros Poéticos e Saudades* não tivessem existido, em 1864 mostra-se fixado ao modelo neoclássico. Abandonou as entidades pagãs pelas cristãs, entrou a cortejar assuntos românticos, mas a dicção permaneceu a dum neoclássico. Provavelmente cônscio, em 1864, do engano praticado em 1836, resolve tornar às origens, ou seja, a 1832.

Em vão; o mal-entendido perduraria até o fim. Em 1836, os *Suspiros Poéticos e Saudades*, cuja publicação teve o efeito que se conhece, evidenciavam no prefácio um afã de pioneirismo — "O fim deste livro (...) é o de (...) vingar ao mesmo tempo a poesia das profanações do

---

1. *Grandes Poetas Românticos do Brasil,* pref. e notas por Antônio Soares Amora, org., rev. e notas por Frederico José da Silva Ramos, S. Paulo, LEP, 1949, p. 2. As demais citações foram extraídas desta edição. No caso dos *Suspiros Poéticos e Saudades*, utilizou-se a edição anotada por Sousa da Silveira e com prefácio de Sérgio Buarque de Holanda (Rio de Janeiro, ME, 1939).

vulgo, indicando apenas no Brasil uma nova estrada aos futuros engenhos" — simultaneamente a uma paradoxal concepção clássica de poesia: "O poeta, empunhando a lira da Razão, cumpre-lhe vibrar as cordas eternas do Santo, do Justo, e do Belo". Para mais agravar o clima ambíguo em que se inaugurava o Romantismo, declara que "quanto à forma (...) nenhuma ordem seguimos; exprimindo as ideias como elas se apresentaram, para não destruir o acento da inspiração". Ora, um exame, ainda que perfunctório, dos *Suspiros Poéticos e Saudades*, revela que, se a roupagem por vezes parece nova, o conteúdo, quando romântico, é transpirado. Postiço na forma, bebida nos poetas românticos europeus conhecidos durante a juventude (Young, Hervey, Klopstock) ou em Sousa Caldas, ou na viagem que culminou nos acontecimentos de 1836, ou em Tomás Antônio Gonzaga; postiço na substância dos versos, tomada de empréstimo a poetas coevos. O núcleo da atitude artificiosa de Gonçalves de Magalhães, e *ipso jacto* da sua poesia, reside em, abjurando as "ficções de Homero", confessar ("Invocação ao Anjo da Poesia"):

> Só de suspiros coroar-me quero.
> De saudades, de ramos de cipreste:
> Só quero suspirar, gemer só quero,
> E um cântico formar cos meus suspiros.

Não percebia que apenas trocava uma ficção por outra: o suspirar era-lhe tão avesso quanto estranho o universo mítico de Homero, como denuncia a própria declaração em versos, ao pôr ênfase no verbo "querer". Posava de poeta, desejava erguer-se ao nível dos que lhe pareciam exemplares, mas timbrava pela imitação canhestra. Desconhecia não possuir estofo de poeta um autor de versos que afirma:

> Amor da sapiência,
> Desejo de colher lições do mundo

ou:

> A ti me voto inteiro,
> Tu és o meu amor, minha alma é tua.
> Só para te ofertar flores cultivo
> Nos mágicos jardins da Poesia

ou:

> Um homem sem cultura não avança;
> Sem ensino os espíritos não brilham[2]

Bons frutos, é sabido, resultaram da publicação dos *Suspiros Poéticos e Saudades*, como a introdução da moda romântica e de alguns temas que fizeram carreira ao longo do século XIX (a poesia da saudade e da natureza), mas não os confundamos com a poesia que aí se reúne. Para mais acentuar o falso da atitude assumida pelo escritor, no mesmo ano dos *Suspiros Poéticos e Saudades* lança *Episódio da Infernal Comédia, ou da minha Viagem ao Inferno*, publicado no Rio mas impresso em Paris, contendo sátira contra o Conselheiro Luís Moutinho de Lima Álvares e Silva, Ministro Plenipotenciário do Brasil junto ao Governo Francês.[3] Conquanto nos defrontemos com versos de escasso teor poético, quer pelas razões aduzidas, quer por tratar-se de sátira, o opúsculo interessa na medida em que assinala uma duplicidade no caráter estético de Gonçalves de Magalhães, presente não só em 1836 mas também nos outros momentos da sua evolução.

Como a tirar a máscara de lirismo, o poeta escancara a face autêntica: a de versejador emérito, seguro dos instrumentos que manipula, porém carente de vibração poética. Metrificando temas vindos de fora, estatui a circunstância em fonte geradora dos motivos poéticos: tudo lhe serve, desde as leituras até os episódios de viagens ao estrangeiro (veja-se, por exemplo, "Carta ao meu Amigo Dr. Cândido Borges Monteiro", em *Poesias Avulsas*), passando pela morte dos filhos ou dos amigos. Surpreendentemente, contudo, é na sátira que mais se realizou, não em relação a esse tipo de poesia, mas ao lirismo suspiroso e saudosista. Este resultava tanto da biografia movimentada do poeta quanto a poesia satírica, elegíaca, indianista, etc. Sensibilidade e transes biográficos de sofrimento moral (como o falecimento dos filhos, que lhe inspiraram "Os Mistérios"), tinha-os de sobra; carecia, no entanto, de transes poéticos ou os dons que transfiguram em poéticos os sentimentos reais. Em suma, antes versejador que poeta.

---

2. Gonçalves de Magalhães, *Suspiros Poéticos e Saudades,* pp. 307, 308, 345.

3. Alcântara Machado, *Gonçalves de Magalhães ou O Romântico Arrependido,* S. Paulo, Acadêmica, 1936, p. 35.

De onde a sátira adequar-se mais ao seu espírito diplomaticamente convencional, a que nem o estudo tão encarecido impedia resvalar pelo mau gosto irremissível, do gênero:

Tive em completa anarquia
O aparelho digestivo.
Chamei tanto pela morte,
Que não sei como inda vivo.

mau gosto que nem o conselho sábio dos amigos neutralizou, nem a consciência logrou transformar em cauto silêncio:

Protestei não fazer versos;
Não sei se fiz bem, ou mal.
"Por quê?" — Porque todos dizem
Que são frios e sem sal.
....
De ser poeta estou perto.[4]

Verborrágico, escorrendo versos com a facúndia dos maus poetas, a par e passo com as leituras e as ocasiões biográficas ou históricas, dum retoricismo oco e mecânico, confessional, melodramático, — Gonçalves de Magalhães é o versejador pétreo, que não alcançou transmutar em ouro poético o minério biográfico, moral, religioso, indianista, etc. A sua alquimia não passou de falaciosa intenção e do emprego sonambúlico das teorias correspondentes.

Versejador bocejante, que se lê a custo, sem fluência ou brilho, se-gregando versos prosaicos, produto mais da arte (eloquência) que do engenho (faculdade conceptiva), como tantos outros, antes e depois, que praticaram o vício impune da metrificação de consumo ou segundo a moda vigente. Menos do que "romântico arrependido", como pretende Alcântara Machado no estudo que lhe consagrou, situou-se verdadeira-mente aquém do Romantismo, porque não era poeta nem romântico. Em tudo parece retomar a postura dos acadêmicos setecentistas, que se dedicavam à literatura como atividade inofensiva, lúdica, preciosismo de salão, tendo em vista acariciar a própria vaidade e oferecer deleite cômodo e anódino aos ouvintes e leitores.

---

4. Gonçalves de Magalhães, *Poesias Avulsas,* pp. 65, 44; *Urânia,* p. 201.

Formalista, no pior sentido da palavra, a poética de Gonçalves de Magalhães parece a de um Manuel Botelho de Oliveira redivivo que procurasse inutilmente modernizar-se:

Um poema é cousa séria,
E pede assunto elevado,
Estro ardente, grande engenho,
E estudo muito apurado.[5]

utilizando um conceito de poesia — "Se a poesia não é uma vã combinação de sons, é sem dúvida a mais sublime forma de que se pode revestir o pensamento humano."[6] — que se vincula a uma poética centrada na ideia de "egrégio vate", cuja função é cantar "a beleza peregrina", "exaltar o bem e o belo".[7]

Não só os versos de Gonçalves de Magalhães desconhecem outras preocupações que as egocêntricas (nem o seu decantado patriotismo, nem a religiosidade chegaram a tornar-se emoção poética), como deixam transparecer uma concepção mundana do artefato poético: não servindo a ninguém e a nada, servem para distrair. Poesia-ludo, inconsequente, eis o seu lema secreto, filiado às academias neoclássicas. Atividade própria dos "cultos," não de poetas autênticos. Cotejem-se, a título de exemplo, os epicédios à morte dos filhos, com os que Fagundes Varela, Cruz e Sousa e Vicente de Carvalho dedicaram ao mesmo assunto. Retrocede ao pior neoclassicismo: mesmo em confronto com o lirismo dum Silva Alvarenga, o seu não dissimula o regresso à artificiosidade acadêmica do século XVIII, apesar do influxo de Tomás Antônio Gonzaga, que lhe sugeriu, com o redondilho, versos menos áridos e cerebrinos.

Em conclusão: a obra poética de Gonçalves de Magalhães encerra apenas significação histórica. De reduzido merecimento estético, pertence ao rol das produções secundárias que, em qualquer literatura, funcionam como húmus para o surgimento de legítimos e superiores poetas.

GONÇALVES DIAS

Antônio Gonçalves Dias nasceu a 1º de agosto de 1823, nos arredores de Caxias, no Maranhão. Filho de português e mestiça, após a morte

---

5. *Idem, Poesias Avulsas,* p. 65.
6. *Idem, Cânticos Fúnebres,* p. 288.
7. *Idem, Urânia,* pp. 198, 212.

do pai é mandado pela madrasta, em 1838, a Coimbra para estudar Direito. Ao longo do curso, participa do grupo de poetas medievalistas que se reunia em torno do periódico *O Trovador*. Formado em 1844, retorna ao Maranhão e conhece Ana Amélia Ferreira do Vale, que lhe inspiraria mais tarde o poema "Ainda uma vez — adeus!". Em 1847, já no Rio de Janeiro, publica os *Primeiros Cantos* e dedica-se ao magistério (professor de Latim e História do Brasil no Colégio Pedro II), e ao jornalismo (redator da revista *Guanabara*). É incumbido de missões de estudos ao Norte e à Europa. Faleceu de regresso ao Brasil em 31 de janeiro de 1864, quando o navio em que viajava, o "Ville de Boulogne", naufragou nas costas do Maranhão. Além dos *Primeiros Cantos*, deixou: *Leonor de Mendonça*, teatro (1847), *Segundos Cantos e Sextilhas de Frei Antão* (1848), *Últimos Cantos* (1851), Os *Timbiras* (1857), *Dicionário da Língua Tupi* (1858), *Obras Póstumas* (6 vols., 1868-1869).

Primeiro poeta autenticamente brasileiro, a despeito da inarredável lusofilia, Gonçalves Dias é também o nosso primeiro poeta romântico na ordem histórica e um dos maiores do século XIX. Nele, os vapores letais do Neoclassicismo, que tantas vítimas fariam até meados daquela centúria, não surtiram efeito. Seja em teoria, seja na prática, a sua recusa aos padrões neoclássicos e a consequente adesão aos românticos não deixa margem à dúvida, como se pode observar em "A Minha Musa", espécie de profissão de fé integrada nos *Primeiros Cantos*:

> Não é como a de Horácio a minha Musa;
> ....
> D'Anacreonte o gênio prazenteiro,
> ....
> De que me serve, a mim?[1]

A consciente repulsa aos modelos antigos completa-se com uma plataforma poética que, além de ser, até certo ponto, a do próprio Romantismo brasileiro, espelha nitidamente a cosmovisão do poeta:

> Ela ama a solidão, ama o silêncio,
> Ama o prado florido, a selva umbrosa
> E da rola o carpir.

---

1. Esta citação, bem como as demais, foram extraídas de: Gonçalves Dias, *Poesia Completa e Prosa Escolhida*, Rio de Janeiro, Aguilar, 1959. Recorreu-se ainda a *Obras Poéticas de Gonçalves Dias*, 2 vols., S. Paulo, Nacional, 1944.

Ela ama a viração da tarde amena,
O sussurro das águas, os acentos
De profundo sentir.

....
E triste a minha musa, como é triste
O sincero verter d'amargo pranto
D'órfã singela;
E triste como o som que a brisa espalha,
Que cicia nas folhas do arvoredo
Por noite bela.

Fruto de uma conjugação feliz de circunstâncias, a sua obra é ainda reflexo de uma concepção de poesia que só não é moderna porque ainda eivada de misticismo ("Prólogo" dos *Primeiros Cantos*):

Com a vida isolada que vivo, gosto de afastar os olhos de sobre a nossa arena política para ler em minha alma, reduzindo à linguagem harmoniosa e candente o pensamento que me vem de improviso, e as ideias que em mim desperta a vista de uma paisagem ou do oceano — o aspecto enfim da natureza. Casar assim o pensamento com o sentimento — o coração com o entendimento — a ideia com a paixão — colorir tudo isto com a imaginação, fundir tudo isto com a vida e com a natureza, purificar tudo com o sentimento da religião e da divindade, eis a poesia — a poesia grande e santa — a poesia como eu a compreendo sem a poder definir, como eu a sinto sem a poder traduzir.

Enlace do "pensamento com o sentimento", eis aí a receita da melhor poesia, que se diria prenúncio de Fernando Pessoa e a sua poética do "o que em mim sente 'stá pensando". Além de se fundirem, pela primeira vez, os dois extremos da genuína pulsação poética, em Gonçalves Dias conciliam-se, igualmente de forma pioneira, os transes de uma existência desditosa e uma superior vocação lírica. Feliz congraçamento entre inteligência e sensibilidade, experiência e inspiração, somente podia gerar, como gerou, poesia de primeira água, e tornou Gonçalves Dias a encarnação mais harmônica do Romantismo entre nós. Considerável parcela do seu fascínio e influência até o advento da estética parnasiana provém desse raro equilíbrio entre opostos.

Não obstante, Gonçalves Dias é o antípoda do poeta cerebrino ou reflexivo: nele, a emoção é tudo, mas emoção comandada pela inteligência, pelo bom gosto ou pelo *decorum*. Poeta-esteta, para quem a beleza sobrelevava a ideia, poeta-emoção, impulsionado pelo torvelinho do sentimento, — nutria-se antes das verdades do coração que da razão. Aliás, como bom romântico que era. Lírica, por conseguinte, a sua visão do mundo, e própria de alguém que, mercê da exacerbada sensibilidade, se tornou a primeira configuração, e de certo modo a personificação, do nosso Romantismo.

Obcecado pelos rebates da própria alma, Gonçalves Dias poetou cerca de vinte e cinco anos, em torno dos mesmos temas e motivos. Ao contrário da maioria dos poetas, o seu lirismo não progrediu sob o aspecto temático, muito embora se possa divisar relativa evolução do ponto de vista da construção poemática. Em ciclos, que recorrem sempre, coagulada ora em legítimas obras-primas no gênero, ora em poemas simplesmente de boa lavra, a sua poesia gravita ao redor de claras obsessões, obsessões dum lírico, mesmo quando revestidas de forma épica (nos poemas indianistas). Movimento de fluxo e refluxo, portanto, centrado na matriz dessas ideias fixas, por sua vez núcleo duma cosmovisão de verdadeiro poeta (lírico): o retrato narcisista do "eu".

Em parte porque os *Primeiros Cantos* abrem com a "Canção do Exílio", em parte porque atravessa a obra de Gonçalves Dias uma brisa de melancolia, a poesia da saudade é a primeira que surge no horizonte do poeta: iniciada por Gonçalves de Magalhães, atinge no autor de "I-Juca Pirama" tonalidades nostálgicas, tanto mais dignas de registro quanto mais parecem acusar um sofrimento realmente experimentado, que a emoção estética soube transfundir em arte de extraordinário vigor e beleza:

> Minha terra tem palmeiras,
> Onde canta o sabiá;
> As aves, que aqui gorjeiam,
> Não gorjeiam como lá.

Quase seria dispensável a referência aos primeiros versos dessa canção que, à custa de guardar um sentimento entranhadamente brasileiro (e português), pertence ao hinário nacional como uma de suas peças folclóricas mais difundidas. Produto da psique brasileira, diríamos, fazendo coro com as teorias românticas acerca da gênese popular da obra literária, como se o poeta apenas servisse de porta-voz a sentimentos disseminados pelo inconsciente coletivo do povo brasileiro na manhã da independência. Não importa que o saudosismo tenha sido aprendido no convívio acadêmico em Coimbra e na leitura de Garrett, — a dicção é já a dum brasileiro, decerto a gozar a inédita delícia agridoce da saudade da Pátria, exuberante e livre.

Articula-se a tal saudosismo brasílico o tema americanista ou indianista, também glosado por Gonçalves de Magalhães, mas com a inépcia que lhe conhecemos. Agora, Gonçalves Dias insufla-lhe o hausto da autêntica poesia, fruto da empatia para com o assunto escolhido. Verdadeiro como sentimento, o indígena de Gonçalves Dias ou é projeção do seu *ego* repleto de emoção, ou de estereótipos fixados na leitura de poetas portugueses: quer focalizando o silvícola em meio à paisagem, quer em conflito de amor e honra, o poeta empresta-lhe os próprios debates íntimos. De onde o seu americanismo ser mais o dum poeta que o dum etnógrafo (que também foi), americanismo cenográfico, em parte para atender aos reclamos da época no sentido duma brasilidade extreme, mas sobretudo como representação do poeta. Algo como um heterônimo.

Desse modo, o evasionismo romântico cumpria-se na temática indianista, ressoando mesmo a transferência de padrões medievais. Idealizado, o íncola de Gonçalves Dias é ficção, generosa por certo, mas ficção, para onde refluem os projetos oníricos do poeta no rumo de uma bem-aventurança utópica e a visualização duma Idade Média miticamente perfeita e feliz. Seus índios ("I-Juca Pirama"):

> São rudos, severos, sedentos de glória,
> Já prélios incitam, já cantam vitória,
> Já meigos atendem à voz do cantor:
> São todos Timbiras, guerreiros valentes!
> Seu nome lá voa na boca das gentes,
> Condão de prodígios, de glória e terror!

É como se a flor da cavalaria arturiana se transplantasse para as selvas tropicais. Mesmo em Os *Timbiras*, que se propunham ser, nos dezesseis cantos projetados (e nos quatro publicados), "uma *Ilíada Brasileira*, uma criação *recriada*" (carta a Antônio Henriques Leal, de 5/7/1847), a brasilidade é patente:

> América infeliz!..
> ....
> América infeliz, já tão ditosa
> Antes que o mar e os ventos não trouxessem
> A nós o ferro e os cascavéis da Europa?!

E não dissimula a atmosfera medievalizante que a repassa, mercê da idealização do aborígine, reflexo do cavaleiro andante: o arquétipo cavaleiresco parece transposto, com naturais adaptações, para a selva amazônica, cenário da epopeia. Diga-se de passagem que o poeta injeta no tema uma emoção, uma sinceridade anímica que, engendrando versos ressumantes da melhor poesia, torna os heróis de *Os Timbiras* indiscutivelmente mais verossímeis, ao menos como visão arguta do psiquismo nacional, que os tamoios de Gonçalves de Magalhães.

E as heroínas indígenas, porque geralmente ausentes, parecem representar-se pelos queixumes de Marabá, que reproduzem, na situação de abandono em que se encontra a donzela por causa dos olhos garços, do "rosto da alvura dos lírios", dos cabelos loiros, — o quadro típico das remotas cantigas de amigo:

> Eu vivo sozinha; ninguém me procura!
> Acaso feitura
> Não sou de Tupá?
> Se algum dentre os homens de mim não se esconde:
> — "Tu és", me responde,
> "Tu és Marabá!"

Quadro esse prolongado em "A Mãe D'Água" (de *Últimos Cantos*), que, tirante o nome da ninfa, nada apresenta de brasileiro; assemelha-se aos cantos da *Lorelei*, ao *Fischer* e ao *Erlkönig*, do folclore anglo-saxônico;[2] e em "Leito de Folhas Verdes" (*ibidem*), espécie de *alba* às avessas, fazendo supor madrugadas anteriores em que a tristeza não resultava da ausência do bem-amado mas do surgir da aurora:

> Por que tardas, Jatir, que tanto a custo
> À voz do meu amor moves teus passos?
> Da noite a viração, movendo as folhas,
> Já nos cimos do bosque rumoreja.
> ....
> Não me escutas, Jatir! nem tardo acodes
> A voz do meu amor, que em vão te chama!
> Tupã! lá rompe o sol! do leito inútil
> A brisa da manhã sacuda as folhas!

---

2. Fritz Ackermann, *A Obra Poética de Gonçalves Dias*, tr. brasileira, S. Paulo, Conselho Estadual de Cultura, 1964, p. 98.

A despeito de toda a brasilidade, o indianismo de Gonçalves Dias respira ambiente medievalizante, ainda presente na poesia amorosa, caracterizada pelo lirismo em feminino. Passividade, subserviência à mulher amada, amor-melancolia, amor-desespero, amor-desilusão, amor de perdição constituem as tônicas da poesia trovadoresca e do lirismo amoroso de Gonçalves Dias. Qual um trovador da corte de D. Dinis, vive as numerosas fases do "serviço amoroso":

1) ora pontilha a cantiga de lamentoso refrão — "Mas ai de mi!" ("Olhos Verdes", de *Últimos Cantos*), comprazendo-se na "coyta d'amores" (*Sextilhas de Frei Antão*) em face da impossibilidade (ou recusa) de concretizar os impulsos afetivos, uma vez que os envolve duma medievalizante espiritualidade mística, ou, em verdade, ama antes o sentimento que um ser determinado ("Sofrimento", de *Primeiros Cantos*):

> O amor que eu tanto amava do imo peito,
> Que nunca pude achar,
> Que embalde procurei, na flor, na planta,
> No prado, e terra, e mar!

a ponto de, numas glosas a modo de cantiga de amigo, pôr na boca da mulher requestada o seguinte argumento ao seu "não" (*Versos Póstumos*) — "Amais ao amor, não a mim" — e procurar, consequentemente, não uma pessoa, mas o sentimento que nela possa verter ("Amor", de *Segundos Cantos*, poema cuja epígrafe, tirada de Santo Agostinho, declara significativamente: *Amare amabam*):

> Amor! enlevo d'alma, arroubo, encanto
> Desta existência mísera, onde existes?
> ....
> Em vão meu coração por ti se fina,
> Em vão minha alma te compr'ende e busca

2) ora, guiado pela obsessão que ainda lembra Camões no périplo a Vênus, respeita o princípio da discrição do amor cortês ('Como eu te amo", de *Últimos cantos*):

> Sim, eu te amo; porém nunca
> Saberás do meu amor;
> A minha canção singela
> Traiçoeira não revela

O prêmio santo que anela
O sofrer do trovador!

3) até culminar na derrota ante a bem-amada, num dos mais bem conseguidos poemas líricos do nosso Romantismo, quiçá do vernáculo, e síntese feliz das várias situações, reais e/ou imaginárias, que dispersou pelos poemas no gênero ("Ainda uma vez, — adeus!", de Novos *Cantos*):

I
Enfim te vejo! — enfim posso,
Curvado a teus pés, dizer-te,
Que não cessei de querer-te,
Pesar de quanto sofri.

Muito penei! Cruas ânsias,
Dos teus olhos afastado,
Houveram-me acabrunhado,
A não lembrar-me de ti!
....
IX
Que me enganei, ora o vejo;
Nadam-te os olhos em pranto,
Arfa-te o peito, e no entanto
Nem me podes encarar;
Erro foi, mas não foi crime,
Não te esqueci, eu to juro:
Sacrifiquei meu futuro,
Vida e glória por te amar!
....
XII
Enganei-me!... — Horrendo caos
Nessas palavras se encerra,
Quando do engano, quem erra,
Não pode voltar atrás!
Amarga irrisão! reflete:
Quando eu gozar-te pudera,
Mártir quis ser, cuidei qu'era...
E um louco fui, nada mais!
XIII
Louco, julguei adornar-me
Com palmas d'alta virtude!

Que tinha eu bronco e rude
Co'o que se chama ideal?
O meu eras tu, não outro;
Stava em deixar minha vida
Correr por ti conduzida,
Pura, na ausência do mal.

XIV

Pensar eu que o teu destino
Ligado ao meu, outro fora,
Pensar que te vejo agora,
Por culpa minha, infeliz;
Pensar que a tua ventura
Deus *ab eterno* a fizera,
No meu caminho a pusera...
E eu! eu fui que a não quis!

impelido por uma concepção do amor em que a crença no morrer de amor repercute a longínqua morte lírica dos Cancioneiros ("Se se morre de amor!", de *Novos Cantos*):

Amor é vida; é ter constantemente
Alma, sentidos, coração — abertos
Ao grande, ao belo; é ser capaz d'extremos,
D'altas virtudes, té capaz de crimes!
Compr'ender o infinito, a imensidade,

E a natureza e Deus; gostar dos campos,
D'aves, flores, murmúrios solitários;
Buscar tristeza, a soledade, o ermo,
E ter o coração em riso e festa;
E à branda festa, ao riso da nossa alma
Fontes de pranto intercalar sem custo;
Conhecer o prazer e a desventura
No mesmo tempo, e ser no mesmo ponto
O ditoso, o misérrimo dos entes:
Isto é amor, e desse amor se morre!

Amor-melancolia, imagem da acídia real e imaginária que acompanhou o poeta ao longo da vida, completa o ciclo nos poemas de inspiração religiosa ("O Meu Sepulcro", de *Últimos Cantos*):

> Quando, os olhos cerrando à luz da vida,
> O extremo adeus soltar às esperanças.
>
> ....
>
> Tu, Senhor, tu, meu Deus, tu me recebe
> Na tua santa glória

ou de inspiração noturna ("A Noite", de *Segundos Cantos*):

> Eu amo a noite solitária e muda

e, sobretudo, nos de tema medieval (*As Sextilhas de Frei Antão*):

> No tempo de Alfonso Henriques,
> Que foi nosso rei primeiro,
> Havia na sua corte,
> Corte de rei mui fragueiro,
> Um tal Gonçalo Hermigues,
> Destemido cavaleiro.

"Ensaio filológico", denominou-as o poeta no "Prólogo" aos *Segundos Cantos*, levado pelo afã de, na linguagem dos trovadores, "dar ao pensamento a cor forte e carregada daqueles tempos, em que a fé e a valentia eram as duas virtudes cardeais, ou antes as únicas virtudes". Pondo de lado que o intuito do poeta era "estreitar ainda mais, se for possível, as duas literaturas — brasileira e portuguesa, — que hão de ser duas, mas semelhantes e parecidas, como irmãs que descendem de um mesmo tronco e que trajam os mesmos vestidos, — embora os trajem por diversa maneira, com diverso gosto, com outro porte, e graça diferente", — fiquemo-nos com a certeza de que o medievalismo das *Sextilhas* era mais do que "ensaio filológico". Traduzia escapismo, segundo a voga romântica, decorrência da formação coimbrã do poeta; atestava uma visão medievalizante (e portuguesa), que teimava em sobrepor-se à outra, oitocentista (e brasileira), com a qual se debatia.

Qualquer que seja a causa profunda, os temas amoroso, indianista e saudosista predominam sobre os demais; e tal predomínio não resulta de a experiência antepor-se à imaginação, mas do seu consórcio. Para bem compreender esse fato, há que distinguir os poemas de circunstância (como, por exemplo, 'A Um Menino", de *Primeiros Cantos*) e os calcados em reminiscências culturais ou na leitura de poetas contemporâneos (como, por exemplo, "Visões", de *Primeiros Cantos*), daqueles em que a fantasia se identifica com a vivência, num processo dialético reversível. Os primeiros revelam a concessão do poeta às facilidades do estro ou às modas vigentes, posto que sempre em alto nível conceptual e artesanal; carecem, no entanto, de sopro lírico, de uma razão íntima (aos poemas e ao poeta) para se arquitetarem.

Os demais, unificados pela projeção dum "eu" que se confessa, refletem a conjuntura anímica dum autêntico poeta; os transes fictícios, que chegou a confessar em carta aos amigos, logo se transformavam em reais, e estes determinavam o movimento criador da fantasia, graças à osmose profunda entre o plano vivido e o fictício. Dessa mescla indissociável entre ficção e realidade tinha o poeta plena consciência, como evidencia em carta a Alexandre Teófilo Carvalho Leal, oferecendo-lhe os *Últimos Cantos*:

> Eis os meus últimos cantos, o meu último volume de poesias soltas, os últimos harpejos de uma lira, cujas cordas foram estalando, muitas aos balanços ásperos da desventura, e outras, talvez a maior parte, com as dores de um espírito enfermo, — fictícias, mas nem por isso menos agudas, — produzidas pela imaginação, como se a realidade já não fosse por si bastante penosa, ou que o espírito, afeito a certa dose de sofrimento, se sobressaltasse de sentir menos pesada a costumada carga.

Em Gonçalves Dias, a vida confirma a arte, e esta lhe proporciona os padrões de fantasia que logo se tornam vivências reais; as verdades da imaginação parecem-lhe reais, ou convertem-se em realidade à custa de nelas acreditar; os males fictícios volvem-se psicossomaticamente reais, e os males físicos desencadeiam tempestades na alma, numa espiral sem fim. Imbricam-se, desse modo, os dois planos, sem deixar à mostra os seus limites, esbatendo-se no lastro medievalizante de que Gonçalves Dias jamais se libertou: à maneira dos trovadores, acabou por acreditar nos tormentos que imaginava, e por vivê-los como realidades lancinantes.

Hipersensível, varrido por ondas de comoção, melancólico, negativista, o seu brasileirismo é o de quem não se despojou das obsessões da juventude, ou melhor, de quem, nos albores do Romantismo, se descobria brasileiro na medida em que se mantinha português: o seu caráter brasileiro somente o é por não ter renegado as raízes, a sua identidade (ao menos naquela altura de nossa história) pressupunha o conúbio entre a ecologia nativa e a cultura europeia. Mestiço, retratava o próprio País na simbiose entre a natureza tropical e a civilização europeia, de ascendência medieval. O equilíbrio singular da sua poesia decorre, entre outros fatores, dessa conciliação entre o presente indianista e o passado cavaleiresco, entre o sonho de um paraíso edênico nos trópicos (utopia tão velha quanto o somos como povo) e a nostalgia duma Idade Média idealmente estável. Diga-se de passagem que a decadência do nosso lirismo romântico corresponderá a uma ruptura nessa aliança entre as duas fontes dos arquétipos nacionais, — o substrato europeu (nomeadamente o ibérico) e a mitologia indígena.

Lidimamente brasileiro graças a ter experimentado e desenvolvido tal consórcio, Gonçalves Dias ainda soube ser poeta superior pelo virtuosismo de seus poemas: além de ter sido "o poeta brasileiro que mais profundamente e extensamente versou a nossa língua",[3] buscou na variação dos recursos métricos e estróficos a conformação com a riqueza da sua inventividade lírica, como exemplarmente praticou em "A Tempestade" (de *Últimos Cantos*), cujas estrofes representam, na modulação estrutural e métrica, o próprio andamento do fenômeno atmosférico. Ainda aqui, fundindo a musicalidade dos ritmos nacionais com a dos tradicionais, alcançava o sumo equilíbrio das obras acabadas e duradouras.

CASIMIRO DE ABREU

Casimiro José Marques de Abreu nasceu na Freguesia da Sacra Família da Vila da Barra do São João, na então Província do Rio de Janeiro, a 4 de janeiro de 1839. Filho natural de um comerciante português, que o perfilhou em 1850, após os estudos secundários em Nova Friburgo (1849-1852) encaminha-se, a contragosto, para o comércio. No ano seguinte, com idêntico propósito, segue para Lisboa, onde adoece e principia a carreira literária: além de vários poemas, escreve e leva à cena, em 1856, a peça *Camões e o Jau*. Regressando ao Rio de Janeiro no ano seguinte, divide o tempo entre a atividade comercial e a literária. Em 1859, publica as *Primaveras*, mas logo se manifesta a tuberculose que o vitimaria a 18 de outubro de 1860. Além das obras citadas, deixou poemas dispersos e três textos em prosa: *Carolina*, esboço de romance, publicado em *O Progresso*, de Lisboa, n°s 351-352, de 12 e 13 de mar-

---

3. Manuel Bandeira, "A Poética de Gonçalves Dias", *in Gonçalves Dias, Poesia Completa e Prosa Escolhida,* ed. cit., p. 77.

ço de 1856; *Camila*, fragmento de romance, publicado *em A Ilustração Luso-Brasileira*, Lisboa, nº 52, 1856; A *Virgem Loura*, poema em prosa, publicado no *Correio Mercantil*, Rio de Janeiro, nº 334, 1857. Sousa da Silveira reuniu-lhe todo o espólio numa edição crítica dada a lume em 1940, e republicou-o, com melhoramentos, em 1955. É desta edição, patrocinada pelo Ministério da Educação e Cultura, que extraímos as citações da obra de Casimiro de Abreu.

Morto na adolescência, Casimiro de Abreu deixou um legado poético marcado indelevelmente pelo signo da idade que lhe coube atingir: ambígua como os anos que viveu, a sua obra oscila entre a infância (ou infantilidade), que teimava em persistir, e a maturidade, que nebulosamente se anunciava. Não significa que haja nexo de causa e efeito ligando a juventude do poeta e os versos que construiu: vários românticos igualmente arrebatados à vida na flor dos anos alcançaram a maturação do gênio inventivo apesar do pouco que viveram. E mesmo quando, como no caso de Rimbaud, a chispa lírica se apagasse aos vinte anos, a obra produzida é de alta voltagem. Em Casimiro de Abreu trata-se de uma poesia que espelha, com a simetria dum diário íntimo, a quadra adolescente em que foi concebida. Ainda que tivesse o dobro da idade ao falecer, os seus poemas continuariam exibindo a crise de personalidade que percorre, habitualmente, a adolescência: poesia adolescente não porque ele desaparecera aos vinte e um anos, mas porque tem como eixo as indecisões que assinalam o trânsito para a idade adulta.

Paradoxal como o próprio Romantismo no qual mergulha raízes, a poesia de Casimiro de Abreu pende entre duas forças antagônicas mas convergentes. De um lado, um vetor dirigido no rumo do passado, a exprimir o evasionismo temporal; de outro, um vetor emotivo, projetado na direção de vagos ideais. Ambos, a despeito do verniz otimista do segundo, conjugam-se numa resultante negativista que, caracterizando a fase adolescente, identifica a obra de Casimiro de Abreu.

No desdobramento da primeira dessas linhas de força, a temática da saudade impõe-se não só como a predominante mas também como o fio condutor de que os outros temas constituem variações. Epígono de Gonçalves Dias no que toca à poesia da saudade, Casimiro de Abreu emprestou ao tema novos acentos, fruto da experiência pessoal e da sensibilidade refinadamente feminoide e adolescente. À saudade da pátria, que o autor das *Sextilhas de Frei Antão* convertera em poemas repassados de vibração lírica, Casimiro de Abreu acrescenta a saudade do lar e da família ("Juriti", "No Lar"):

> Chorei saudades do meu lar querido
> ....
> Era Pátria e família e vida e tudo

de seus amores ("Saudades"):

> — Saudades — dos meus amores,
> — Saudades — da minha terra!

e da infância ("Meus Oito Anos"):

> Oh! que saudades que tenho
> Da aurora da minha vida

Desse modo, o tema da saudade amplia-se e adquire tonalidades inéditas, mas sob a égide do monocromatismo que preside a obra de Casimiro de Abreu. Na verdade, como se a sondagem no tempo equivalesse a deslizar num funil, o saudosismo do poeta das *Primaveras* começa macroscopicamente, com a Pátria, e termina microscopicamente, com a infância. E é a infância que, refluindo para as bordas da memória e do presente do poeta, acabará banhando todo o espaço congeminativo abrangido pela sensibilidade, a ponto de se transformar no tema único de que os demais seriam meras subespécies. Com efeito, as várias gradações da poesia da saudade constituem formas provisórias assumidas pelo cerne, — a infância: a saudade física, voltada para a natureza, a pátria, o lar, a família, os amores, representa o estágio concretizante da saudade-matriz, — a da infância. Tudo se passa como se o poeta fosse descortinando aos poucos, sob a camada externa das modulações da saudade, aquela que lhe norteia a existência e a poesia, — a saudade dos oito anos.

Freudianamente, a saudade da infância vem acompanhada de fixações contemporâneas à idade, como a terra natal, a casa paterna e, sobretudo, a mãe do poeta ("Canção do Exílio"):

> E este mundo não val um só dos beijos
> Tão doces duma mãe!

num progressivo recuo no tempo que não esconde o anseio de volta às origens, ao Nada anterior ao nascimento, qual um nirvana colocado no pretérito e não no futuro ou na transcendência, como de hábito ("No Lar"): "Onde tive o berço quero ter meu leito!"

No quadro da saudade da infância, a fixação à mãe avulta por suas implicações, a ponto de subverter a aparência com que os oito anos irrompem na memória policrômica do poeta ("Canção do Exílio"):

> Quero ver esse céu da minha terra
> Tão lindo e tão azul!
> E a nuvem cor de rosa que passava
> Correndo lá do sul!

Efetivamente, conquanto não lograsse invadir as regiões vizinhas à fixação materna, — ou por censura moral ou por falta dum modelo exterior que lhe servisse de guia, — Casimiro de Abreu permite admitir que as lembranças infantis eram menos inofensivas do que aparentam: a fixação à mãe, além de núcleo do retomo à infância, sugere complexos edipianos não resolvidos em grande parte determinantes da sua poesia. Não quer dizer que esta consistisse no instrumento da catarse duma incômoda obsessão neurótica, mas que o estro poético de Casimiro de Abreu denuncia alguém que não se livrou da fixação, apesar de confessá-la em versos.

Âmago da saudade dos oito anos, a fixação materna é-o também do idealismo que transpira a poesia de Casimiro de Abreu. Ao contrário de outros românticos, o poeta das *Primaveras* não projetou o seu ideal na Pátria, em Deus ou na Natureza: a extrema juventude moral e as fixações não lhe facultaram o artifício sofistico ou a artimanha psicológica presente nesses desvios. Sincero como autêntico adolescente, ansioso de purezas, ao mesmo tempo que impelido para o polo oposto com toda a força dos anos, tem por ideal simplesmente a realização amorosa.

Evidência nítida dessa aspiração colhe-se na fusão que estabelece entre poesia e amor, como se observa no poema com o título formado das duas entidades, fusão essa que, a um só tempo, deixa transparecer o idealismo que lhe orientava a visão do mundo, seja no tocante à poesia, seja no tocante ao amor. Emblematizado num grito que reboa em todos os versos — "Quero amor! Quero amor!" — o seu anseio define-se claramente nas imagens subsequentes: ("No Lar"):

> Uns dedos brancos
> Que passem a brincar nos meus cabelos;
> Rosto lindo de fada vaporosa
> Que dê-me vida e que me mate em zelos!

Quem poderá ser, senão a mãe, o ideal amoroso expresso nesses versos? A alternativa que ocorre ao poeta não muda o quadro freudiano ("Sempre Sonhos! ..."):

> Se eu tivesse, meu Deus, santos amores,
> Eu deixara este amor da glória vã;
> Nesse mundo de luz, doce e risonho,
> A pudibunda virgem do meu sonho
> Seria minha irmã!

Ideal evanescente, irrealizável, coagulado num ser etéreo que é a transposição da mãe: saudade e ideal se tornam solidários, quando não idênticos, à semelhança de poesia e amor. Saudade da infância idealizada, na qual a figura materna se ergue como nume tutelar; idealização nostálgica da mulher e do sentimento amoroso, mulher afinal de contas identificada com a mãe e anelo da pureza afetiva de extração maternal. Tudo converge, por conseguinte, para a fixação da mãe.

Não é sem conflito que se delineia o clima de idealização e saudade. Põe-se, de um lado, o *sonho* ("Canto de Amor"):

> Vi-a e amei-a, que a minha alma ardente
> Em longos sonhos a sonhara assim;
> O ideal sublime, que eu criei na mente,
> Que em vão buscava e que encontrei por fim!

e, de outro, a *loucura*, isolada ou congraçada ao sonho ("O meu sonhar de louco"), ora símbolo, ora imagem, — símbolo do próprio drama que agita o poeta, imagem retórica ou força de expressão. Luz e sombra, claridade solar e trevas, essa dicotomia formaliza o debate entre idealização e erotismo.

Subjacente no apelo de uma espiritualidade que se confunde com o amor materno, o erotismo vem à superfície mais de uma vez. Entretanto, em que pese a pertinência das observações de Mário de Andrade num artigo que tem por título um dos poemas de Casimiro de Abreu,[1] trata-se de erotismo antes idealizado que realizado. Quer quando o poeta suplica ("Cena Íntima"):

---

1. Mário de Andrade, *Aspectos da Literatura Brasileira*, S. Paulo, Martins, s.d., "Amor e Medo", pp. 199-229.

Prende-me ... nesses teus braços
Em doces, longos abraços
Com paixão

ou promete ("Juramento"):

— Eu juro dar-te, Maria,
Quarenta beijos por dia
E dez abraços por hora!

quer quando confessa ("Moreninha"):

Depois segui-te calado
Como o pássaro esfaimado
Vai seguindo a juriti

estamos perante o desejo tornado devaneio, somente menos idealizado que o amor-ternura, presente em "Meu Lar", por este se basear, inconscientemente, na reminiscência materna. Se há dissimulação, hipocrisia, no jogo de salão configurado em "Amor e Medo", é dissimulação entre duas idealidades em litígio, não entre a espiritualizante visão da mulher, à trovadoresca, e a experiência realista da mulher escorraçada. O binômio organiza-se com o sonho de um amor puro e o de um amor realizado mas preservando a inocência daquele, não com a mulher-anjo e a mulher-demônio ("Perdão!"):

Porque minh'alma atrevida
No seu palácio de fada,
— No sonhar da fantasia —
Ardeu em loucos desejos,
Ousou cobrir-te de beijos
E quis manchar-te na orgia!

Em se tratando de Casimiro de Abreu, a meretriz não vem ao caso (exceto enquanto assunto literário, como em "Dores"), mas a "Virgem Loura", na qual se associam, idealmente, a poesia e o amor. O infantilismo que enforma o tema da saudade está vivo na temática amorosa: o mesmo impulso que desencadeia o movimento retrospectivo orienta os devaneios sentimentais, erotizantes ou não. Daí que a cosmovisão de Casimiro de Abreu se estruture ao redor de um falso dualismo, composto pela poesia da saudade e o lirismo amoroso; na verdade, são manifestações de um único foco gerador — a fixação materna.

Sem forçar a nota, pode-se dizer que os demais aspectos da poesia de Casimiro de Abreu gravitam em torno desse mesmo fulcro, a começar dos poemas elegíacos, onde se encontra o melhor da sua respiração poética, permitindo adivinhar o poeta, à Musset, que não chegou a ser em razão da morte prematura (composição 72):

> Há na minha'lma alguma cousa vago,
> Desejos, ânsias, que explicar não sei:
> Talvez — desejos — dalgum lindo lago,
> Ânsias — dum mundo com que já sonhei! ...

Herdeiro de Gonçalves Dias, o poeta de *Camões e o Jau*, inverteu, até certo ponto, a relação com Portugal. Não sem inquietude, assumiu declaradamente posição lusófoba, em grande parte relacionada com a síndrome do exílio (prólogo à peça referida):

> Era este Portugal velho e caduco que hoje dorme um sono longo à sombra dos louros que ganhou outrora (...) Aqui fala-se a mesma língua que se fala no Brasil; aqui também há sol, há lua, há aves, há rios, há flores, há céu... mas o sol da minha terra é mais ardente, a lua mais suave, o canto das aves é mais terno, os rios mais soberbos, as flores têm mais perfumes, o céu tem mais poesia.

Mas a atmosfera lusitana impregnou-lhe profundamente a sensibilidade, como se nota no mesmo *Camões e o Jau*, tema caro aos românticos portugueses desde Garrett e o *Camões* (1825); em "Moreninha", protagonizado por uma jovem de aldeia; nas páginas em prosa, sobretudo *Carolina*, cuja ação se passa em Lisboa; e ainda na adoção da rima "mãe" com vocábulos terminados em "em", que denota prosódia não brasileira ("No Leito"):

> Ao menos, nesse momento
> Em que o letargo nos *vem*
> Na hora do passamento,
> No suspirar da agonia
> Terei a fronte já fria
> No colo de minha *mãe*!

Casimiro de Abreu reflete o impacto que a cultura portuguesa exerceu sobre os primeiros românticos, decorrente não só do conhecimento direto de Portugal como também de a literatura lusitana constituir a nossa tradição poética: os românticos brasileiros da primeira geração aprenderam a poetar lendo os portugueses, uma vez que, tirante alguns árcades e pré-românticos, o mais do nosso passado poético mantinha-se inédito ou de escassa circulação.

Bem feitas as contas, porém, a lusofobia predomina em Casimiro de Abreu: como explicá-la, num poeta cuja aprendizagem estética se completou em Lisboa e cuja estreia se deu em Portugal? Na pauta melódica de Casimiro de Abreu as notas de ufanismo, embora secundárias, assumem papel relevante. Vinculadas à poesia da saudade, e apesar do magistério lírico de Gonçalves Dias, parecem derivar da mesma fonte que inspirou os demais temas: a infância. Se o ufanismo dos prosadores e poetas entre 1500 e 1836 se justificava pelo deslumbramento do europeu ante as maravilhas do solo primitivo, em Casimiro de Abreu é doença infantil. O amor à Pátria, ao lar paterno, promana do apego à infância e, dentro dela, à mãe: Pátria, casa, céus, florestas, paisagens, — tudo são amplificações do mesmo sentimento materno.

Em idêntica matriz nutrem-se os recursos poemáticos utilizados: poeta nato, espontâneo, sem maior cultura, fazia da espontaneidade próxima do coloquial o seu título de glória. De onde uma dicção suave, fluente, como se os versos brotassem do próprio movimento da respiração ou se destinassem à memória infantil. Decerto, tal simplicidade é um mérito, que esclarece o porquê do êxito alcançado pelo poeta mesmo nos anos pós-românticos, a ponto de se identificar, nalguns dos versos, com o sentimento difuso na alma do adolescente brasileiro. Todavia, o mecanismo que a propulsiona radica no mesmo infantilismo que assinala toda a obra de Casimiro de Abreu. Por outro lado, à suavidade do metro corresponde uma imagética praticamente feita de lugares-comuns, ou de fácil absorção por parte do menos inteligente dos leitores ("Canto de Amor"):

> Oh! vem, formosa, meu amor é santo,
> É grande e belo como é grande o mar,
> É doce e triste como d'harpa um canto
> Na corda extrema que já vai quebrar!

Aliás, o próprio poeta tinha disso plena consciência, ao declarar, no preâmbulo às *Primaveras* que "rico ou pobre, contraditório ou não, este livro fez-se por si, naturalmente, sem esforço, e os cantos saíram conforme os lugares os iam despertando", e que "todos aí acharão cantigas de criança, trovas de mancebo, e raríssimos lampejos de reflexão e de estudo: é o coração que se espraia sobre o eterno tema do amor e que soletra o seu poema misterioso ao luar melancólico das nossas noites".

Não obstante, um quê de literatice perpassa as composições de Casimiro de Abreu, não na medida em que denuncia leituras aturadas e vastas, mas como sintoma de sentimentos irreais (ou ideais) ou, sendo reais, distorcidos por força da expressão metafórica ou da fantasia desbordante. Contradição patente entre a realidade das fixações e a idealidade das representações mentais ou a sua concretização verbal, — mas contradição que é a própria essência do fenômeno poético: se com ela Casimiro de Abreu não logrou criar poesia superior foi porque o seu gênio lírico era de curto alcance, não porque lhe faltasse ânimo de poeta.

EPÍGONOS

Não poucos poetas surgiram com o advento do Romantismo; raros, no entanto, sobreviveram ao esquecimento, por motivos históricos ou propriamente estéticos. Em qualquer dos casos, situam-se aquém de Gonçalves Dias e Casimiro de Abreu, não obstante se adivinhe por vezes a flama de gênio que teria deflagrado incandescência mais vasta não fora a morte precoce ou as circunstâncias da vária fortuna. Tais poetas e os demais que as histórias literárias e as antologias registram,[1] dão uma ideia do clima em que a nossa literatura, desligando-se do servil comprometimento a Portugal, inicia o seu ciclo de autonomia e maturidade. Predomina ainda o improviso cultural e as vozes se fazem ouvir em solos mofinos, mas nota-se o esboço de uma atividade associativa e alguma efervescência intelectual graças às escolas superiores, notadamente a Faculdade de Direito de S. Paulo.

---

1. Sílvio Romero, *História da Literatura Brasileira*, 5 vols., 4ª ed., Rio de Janeiro, José Olympio, 1949; Haroldo Paranhos, *História do Romantismo no Brasil*, 2 vols., S. Paulo, Cultura Brasileira, 1937-1938; Manuel Bandeira, *Antologia dos Poetas Brasileiros da Fase Romântica*, 3ª ed., Rio de Janeiro, INL, 1949; Edgard Cavalheiro, *O Romantismo*, vol. II do *Panorama da Poesia Brasileira*, Rio de Janeiro, Civilização Brasileira, 1959; Péricles Eugênio da Silva Ramos, *Poesia Romântica*, S. Paulo, Melhoramentos, 1965.

Manuel José de ARAÚJO PORTO ALEGRE (1806-1879) tomou parte, como sabemos, no movimento que deu origem ao nosso Romantismo e jamais se libertou dessa marca histórica. Ao menos, manteve-se fiel ao magistério de Gonçalves de Magalhães, o que de pronto oferece uma ideia do teor e valia de sua copiosa produção literária: impera a mediocridade. As *Brasilianas*, que publicou em Viena em 1863, no curso de andanças diplomáticas (começadas em 1858), encerram versalhada insossa, de que nenhum verso se salva. Impregnadas de Gonçalves de Magalhães, este comparece em dois poemas como destinatário, em outros por meio de epígrafes, e noutros mencionado, ora como "irmão desta alma" ("A Destruição das Florestas"), ora como gênio ("O Corcovado"):[2]

> És tu, meu Magalhães! C'roa-te um século,
> O futuro te aplaude, e do passado
> Vem a voz de um Cairu, de um Evaristo,
> Fechar de teus lauréis a faixa de ouro!

A referência ao "mestre" e amigo é suficiente como amostra da qualidade dos versos de Araújo Porto Alegre, nos quais não se encontram sequer vestígios de sopro poético. E se se desejar um exemplo da pobreza metafórica que grassa nas *Brasilianas*, leia-se o seguinte fragmento, mais ou menos colhido a esmo (*ibidem*):

> Por onde começar?! Minha alma inteira
> Assaltam d'improviso mil belezas,
> Qual assaltam de tarde nuvens de aves
> No oceano um penhasco solitário.

Diga-se, contudo, a bem da verdade e em abono ao poeta, que tinha plena consciência das limitações do seu estro, como se pode ver na "Observação" que precede o volume: "estas expansões métricas da fantasia, que escrevi para não deixar ociosos os momentos que me restavam dos meus trabalhos artísticos". Por outros termos, concentrado na Pintura, que era o seu forte, despendia as horas vagas nas "expansões métricas da fantasia", ou seja, meros exercícios versificatórios. Que outros motivos o inspiravam? Responde que "esta pequena coleção não tem hoje outro

---

2. As citações das *Brasilianas* e de *Colombo* são da edição *princeps*. Os *Esparsos* foram consultados em *Grandes Poetas Românticos do Brasil,* pref. e notas por Antônio Soares Amora, org., rev. e notas por Frederico José da Silva Ramos, S. Paulo, LEP, 1949.

merecimento além do de mostrar que também desejei seguir e acompanhar o Senhor Magalhães na reforma da arte, feita por ele em 1836, com a publicação dos *Suspiros Poéticos*", — numa confissão digna de aplauso como sintoma de probidade intelectual, mas de lamentar como indício de vaidade. E arremata: "este volume não é mais do que um desses mesquinhos artefatos, que só interessam à curiosidade pública pela época em que se fizeram", — a denotar uma lucidez crítica que lastimamos não conduzi-lo ao mutismo cauteloso e sábio de que fala Wittgenstein ao sentenciar que "o que não se pode falar, deve-se calar".

Em idêntico diapasão orquestra-se o *Colombo*, caudaloso poema em 40 cantos e 2 volumes, também impresso em Viena em 1866, para a Livraria Garnier, do Rio de Janeiro. Inspirado na *Confederação dos Tamoios*, como deixa transparecer o poeta no mesmo prólogo às *Brasilianas*, muito mais do que o poema epicizante de Gonçalves de Magalhães, *Colombo* é uma enxurrada de estrofes soporíferas, cujo americanismo de gabinete e de antecâmaras palacianas, além de antagônico ao patriotismo alardeado pelo escritor, mais ressalta a genuína exaltação nacionalista dum Gonçalves Dias na poesia ou dum Alencar na prosa de ficção. No interminável "Prólogo", que enfeixa mesmo um diálogo entre o Bardo e o Coro, narra-se a tomada de Granada aos muçulmanos durante o reinado de Isabel e Fernando, e um torneio em que o cavaleiro vencedor (pasmem!) é Colombo, não só vitorioso na praça de guerra como profeta ("Prólogo"):

> Mas se é tua esta glória, inda te resta
> Outra glória maior além dos mares,
> Nessas terras que eu vejo, eu só no mundo,
> Onde da Cruz a par teu cetro augusto
> Em breve plantarei com pasmo do orbe.
> Entre dous mundos firmarei teu trono;
> Terás por alcatifa o imenso oceano,
> E por ponte o teu trono no universo!
> Uma nave, Senhora, o mais já tenho:
> Se uma nave me dás, dar-te-ei um Mundo

Convenhamos que o seu adversário tinha razão: Colombo delira, bem como o poeta; estamos em pleno clima de absurdo, que só não é surrealista porque é sério e sem graça alguma. Convenhamos, ainda, que o velho adágio se ajusta ao caso: pelo dedo se conhece o gigante; basta o "Prólogo" para nos dar a ideia do tipo de patriotismo que inflama o poeta e da insípida narrativa versificada que se segue em torno dos feitos de Colombo.

Ainda mais inverossímil do que a *Confederação dos Tamoios*, pois este se escorava no álibi do indianismo, *Colombo* é flagrante retrocesso aos moldes neoclássicos do *Uraguai*, cuja estrutura imita e de que plagia, degradando-os, os melhores versos (cantos I, X, XIV, XXVI):

> Tanto era bela no seu rosto a mágoa
> ....
> Tanto era bela a habitação do Mouro!
> ....
> Suspenso, como um tronco oblíquo, o monstro
> Três vezes o investiu, e no ar três vezes
> O bote retraiu.
> ....
> Três vezes quis dizer — Terra! e três vezes
> Em delíquio caiu, levando a dextra

com a agravante de ser animado antes pela vaidade ou pela moda literária que por um autêntico hausto épico. Pior: o tema da obra, foi-a buscar na Europa, não em nossa tradição histórica, ao contrário do que fizeram José Basílio da Gama e Frei José de Santa Rita Durão.

Mistifório inacreditável, a *Colombo* não falta uma infindável sequência, entre os cantos X e XXIV, em que o próprio Demo conduz Colombo para "o reino das águas", onde "Quinhentas gerações aqui se premem" (Canto XI), espécie de primeiro círculo do Inferno, a que se seguem outros, através dos quais o Diabo mostra ao navegante um retrospecto da história da Humanidade, num arremedo incrível e delirante da *Divina Comédia*, inclusive povoado de monstros que fariam inveja à mais desenfreada imaginação medieval (canto XI). Nem mesmo falta que Pamorfo, ou o Demo, aconselhe sensatamente ao seu ilustre visitante (Canto XII):

> Não te assustes, Colombo; estás nos átrios
> Da ciência infernal! ...

Versejador canhestro, mas pretensioso, ávido de originalidade por toda a lei, Araújo Porto Alegre esmera-se na proliferação de formas eruditas, que cheiram a Cultismo setecentista, e na montagem de estrofes segundo uma imagética ofensiva à fluência lógica que caracteriza as criações verdadeiramente originais, e geradora de contínuas teratologias como, por exemplo (canto XXXIV) — "A mulher é semente, o homem terra" — oposta a tudo quanto tem sido a tradição mitopoética e à própria natureza biológica dos sexos.

Os *Esparsos* de Porto Alegre confirmam um neoclassicismo epigonalmente seco e mecânico: um moralismo meio fradesco ou dum La Rochefaucauld que timbrasse na banalidade pede meças à métrica esterilmente acadêmica; em suma, exercício de moralidade em versos insípidos, "expansões métricas da fantasia", diletantismo inofensivo.

Antônio Peregrino MACIEL MONTEIRO (1804-1868) deixou trinta e quatro composições,[3] escritas de 1831 a 1853, que espelham nitidamente um temperamento e uma vocação. Dândi, homem de salão, diplomata, vazou nos poemas uma concepção do mundo em que a arte, no caso a arte literária, apenas serve como mediação, não para captar a realidade e interpretá-la, mas para a conquista da mulher. Casanova menos desabrido que o italiano, porém constante, empregava os seus inegáveis dotes versificatórios para, enaltecendo a dama momentaneamente eleita, exprimir apelos do coração. Entre arcádico e romântico, lembrando Garrett, de quem certamente recebeu influência, compôs obra de circunstância (vários poemas "Aos Anos de..." "Inspiração Súbita"), geralmente descuidada, como se lhe interessasse antes marcar o acontecimento da hora que produzir versos duradouros. Apenas por feliz coincidência perpetrou um soneto menos eivado de ligeireza, embora fruto do mesmo gosto da corrida à Vênus ("Formosa"):

> Formosa, qual pincel em tela fina
> debuxar jamais pôde ou nunca ousara;
> formosa, qual jamais desabrochara
> na primavera rosa purpurina;
>
> formosa, qual se a própria mão divina
> lhe alinhara o contorno e a forma rara;
> formosa, qual jamais no céu brilhara
> astro gentil, estrela peregrina;
>
> formosa, qual se a natureza e a arte,
> dando as mãos em seus dons, em seus lavores
> jamais soube imitar no todo ou parte;

---

3. Maciel Monteiro, *Poesias*, org. e pref. por José Aderaldo Castello, S. Paulo, Conselho Estadual de Cultura, 1962.

mulher celeste, oh! anjo de primores!
Quem pode ver-te, sem querer amar-te?
Quem pode amar-te, sem morrer de amores?!

Poetando ao sabor do acaso, mais como arma de sedução que como obra de arte, Maciel Monteiro perde quando em confronto, não só com Gonçalves Dias e Casimiro de Abreu, mas também com JOSÉ MARIA DO AMARAL (1812-1885), que deixou obra esparsa pelos jornais coevos, parcialmente reunida por Sílvio Romero,[4] o qual lhe reconhece, com inteira justiça, filiação a Cláudio Manuel da Costa e Garrett. Eco longínquo de Camões, repassados de autêntica melancolia e intuição dos temas perenes, os seus poemas evidenciam seguro domínio da arte do verso, como se pode observar no seguinte exemplo:

Passaste como a estrela matutina,
Que se some na luz pura da aurora;
Da vida só viveste aquela hora
Em que a existência em flor luz sem neblina.

Ver-te e perder-te! De tão triste sina
Não passa a mágoa em mim, antes piora;
Sem ver-te já, minh'alma inda te adora
Em triste culto que a saudade ensina.

Não vivo aqui; a vida em ti só ponho,
Na fé, de Cristo filha, a dor abrigo,
Futuro em ti no céu vejo risonho!

Neste mundo, meu mundo é teu jazigo;
Dizem que a vida é triste e falaz sonho,
Se é sonho a vida, sonharei contigo.

Alcançando, nessa união indissociável entre inspiração e forma, a intemporalidade própria da melhor poesia, os poemas conhecidos de José Maria do Amaral autorizam supor um lugar mais destacado para o poeta quando se exumarem as outras composições sepultas nos periódicos do tempo.

---

4. Sílvio Romero, *op. cit.*, vol. III, pp. 81-89.

Igualmente inédita em livro se encontra a produção de Antônio Francisco DUTRA E MELO (1823-1846): excetuando *Ramalhete de Flores* (1844), que publicou de parceria com José Manuel do Rosário, o mais está disperso na *Minerva Brasiliense* de 1844 e 1845. Morto com pouco mais de vinte e dois anos, Dutra e Melo granjeara em vida fama de gênio, mas suas composições dadas a lume revelam um talento perdido nas oscilações peculiares à juventude, sufocado pela erudição livresca tanto festejada pelos contemporâneos. Se nalguns momentos o seu poder descritivo, ainda que afetado, se comunica ao leitor ("Uma Manhã na Ilha dos Ferreiros"):

> Lá rompe as nuvens
> Fúlgido raio dardejando aos ares;
> Estira-se no mar; escamas d'ouro
> Luzem brilhando no oceano imenso.

noutros, descamba em prosaísmos de mau gosto, que comprometem a melancolia dum poeta tão decantado por Sílvio Romero[5] ("A Noite"):

> Noite amiga dos homens! Quando imperas,
> Maior o criador se nos antolha;
> Que importa do teu sol a pompa, ó dia;
> Essa luz triunfal de resplendores,
> Esse golfão de vida pr'a os sentidos.

Uma nênia, exaltada como peça rara pelos românticos, José de Alencar à frente, deixou FIRMINO RODRIGUES SILVA (1815-1879): nela, funde um bem dosado paisagismo indianista com a dor sincera pelo falecimento dum amigo;

> ...Como estalaram tantas esperanças
> Em um momento de dor? — Eia, dizei-mo,
> Erguidas serras, broncas penedias...
> Ó nume de meus pais, ó sol brilhante,
> Ó Tupá, ó Tupá, que mal te hei feito?

Dedicou-a ao passamento de Francisco BERNARDINO RIBEIRO (1815-1837), ceifado pela morte aos vinte e dois anos, com aura de gênio:

---

5. *Idem, ibidem,* p. 180.

professor da Faculdade de Direito de S. Paulo aos vinte anos, legou odes esparsas[6] que, conquanto traiam vacilação entre padrões neoclássicos e um entusiasmo ardorosamente romântico, parecem anunciar a epicidade condoreira dum Castro Alves ("As Letras"):

> Gênio da pátria terra,
> Ó Musa do Brasil, canções me inspira!
> Embebe esta alma em chamas,
> A lira americana me encordoa;
> Ouçam meus versos póstumas idades!

Outros tantos dedicaram às musas o melhor do seu talento nessa quadra do Romantismo, mas com resultados geralmente medíocres, como o repentista Francisco MONIZ BARRETO (1804-1868), autor de *Clássicos e Românticos* (1855); JOAQUIM NORBERTO de Sousa e Silva (1820-1891), mais conhecido pela edição de alguns dos nossos árcades e românticos do que por suas *Modulações Poéticas* (1841), *Cantos de um Provador — A Explosão* (1844), *O Livro de Meus Amores* (1849), *Contos Épicos* (1861), *Flores entre Espinhos* (1864).

2. Prosa

Como vimos no capítulo homônimo do Barroco, nossa prosa de ficção principia sob o signo da novela, uma vez que tanto o *Compêndio Narrativo do Peregrino da América* (1728), de Nuno Marques Pereira, e as *Aventuras de Diófanes* (1758), de Teresa Margarida da Silva e Orta, apresentam estrutura novelesca, marcada pela sequência linear de células dramáticas e ênfase no dinamismo do enredo. Não deixando, ao que se saiba, epígonos ou seguidores, permitem que se divise, entre meados do século XVIII e o primeiro quartel do século XIX, um hiato. Refletia, sem dúvida, o panorama literário de Portugal, onde apenas se registra o

---

6. Varnhagen, *Florilégio da Poesia Brasileira,* 3 vols., Rio de Janeiro, Publs. da Academia Brasileira de Letras, 1946, vol. III, pp. 93-99.

Feliz Independente do Mundo e da Fortuna (5 vols., 1779), do Pe. Teodoro de Almeida, novela que se republicou até os anos 50 do século XIX.[1]

A explicação para o vazio ficcional pode ser encontrada em dois fatores, simultâneos e interativos: de um lado, a estética arcádica, de feição notadamente poética, reduzia a idealizantes diálogos pastoris as apetências narrativas; e de outro, o fato de as literaturas europeias, sobretudo a francesa e a inglesa, suprirem com ininterrupta produção romanesca as necessidades imaginativas dos leitores portugueses e brasileiros. Tendo em conta somente nossa conjuntura histórica, restrita ao Rio de Janeiro, desde a chegada de D. João VI (1808) até a Independência (1822), orçaria em cento e cinquenta as narrativas que circulavam entre nós. Obras de mérito, como a *Galateia*, de Cervantes, as *Viagens de Gulliver*, de Jonathan Swift, *Tom Jones*, de Henry Fielding, *Atala*, de Chateaubriand, *Zadig*, de Voltaire, vinham de mistura com enredos folhetinescos, como *Ema, ou a Filha do Desgosto, Irma, ou As Desgraças de uma Jovem Órfã, Joaninha, ou A Enjeitada Generosa*, etc. Imprimiam-se em Lisboa, mas já em 1815 a Imprensa Régia, instalada no Rio de Janeiro, dava a público as seguintes obras: *História da Donzela Teodora, Triste Efeito de uma Infidelidade, O Castigo da Prostituição, As Duas Desafortunadas*, a primeira traduzida do espanhol, e as demais do francês.[2]

Preparava-se, desse modo, o terreno para o florescimento de uma novelística autóctone, cuja primeira manifestação pode ser datada de 1826, ao publicar-se, no Rio de Janeiro, uma narrativa de 58 páginas, *Statira, e Zoroastes*, de LUCAS JOSÉ DE ALVARENGA (1768-1831), provavelmente a primeira novela de autor brasileiro surgida entre nós.[3] De caráter alegorizante, entroncada no didatismo iluminista e mesclando os estereótipos neoclássicos à política do tempo, narra os amores contrariados de Zoroastes, príncipe tibetano, e Statira, vestal. Heteróclita como as congêneres, desobediente a toda noção de verossimilhança espacial e cronológica, visando nitidamente a fins morais, a novela encerra, quando muito, interesse histórico. Entretanto, não deixaria rastros da sua

---

1. A esse respeito, ver Antônio Coimbra Martins, "Lumières et Roman au Portugal", *in Roman et Lumières ao XVIIIe Siècle* (Colóquio), Paris, Éditions Sociales, 1970, pp. 379-389.

2. Maria Beatriz Nizza da Silva, *Cultura e Sociedade no Rio de Janeiro (1808-1821)*, S. Paulo/Brasília, Nacional/INL, 1977, pp. 197-214. Ver, ainda, Alfredo do Vale Cabral, *Anais da Imprensa Nacional do Rio de Janeiro de 1808 a 1822*, Rio de Janeiro, 1881.

3. Ver, a respeito, Hélio Viana, "A Primeira Novela Brasileira *à clef*", *Armário Brasileiro de Literatura*, Rio de Janeiro, Zélio Valverde, 1943-1944, nº 7-8, pp. 234-243: e Heron de Alencar, "Lucas José de Alvarenga", *A Literatura no Brasil* (dir. de Afrânio Coutinho), 3 vols., Rio de Janeiro, Sul-Americana/S. José, 1955-1959, vol. I, t. II, 1956, pp. 841-844.

passagem e nenhuma influência sobre as narrativas que, aparecidas no terceiro decênio do século XIX, teriam o condão de inaugurar a nossa prosa de ficção romântica, embora fosse preciso esperar alguns anos para que se nacionalizasse completamente.

Vinculam-se ao desenvolvimento do periodismo as primeiras incursões no terreno da prosa de ficção: afora a tradução de narrativas, que o *Farol Paulistano* incluía já em março de 1827,[4] os primeiros exemplares nacionais, ainda que de imitação estrangeira, encontram-se em *O Cronista*, que circulou no Rio de Janeiro entre 1836 e 1839, no *Jornal dos Debates*, também da mesma cidade, entre 1837 e 1838, e no *Jornal do Comércio*, durante igual período. Eram seus autores Justiniano José da Rocha, Pereira da Silva, Firmino Rodrigues da Silva, Josino do Nascimento Silva, Francisco de Paula Brito, Miguel do Sacramento Lopes Gama, Luís Carlos Martins Pena, João José de Sousa e Silva Rio e Vicente Pereira de Carvalho Guimarães, que, estimulados pela voga do folhetim, inaugurada na França por Geoffroy no *Journal des Débats*, se entregaram às primeiras tentativas de ficção.[5]

Oscilando entre o conto propriamente dito (por exemplo, "Um Primeiro Amor", de Pereira da Silva) e a síntese de novela (por exemplo, "Maria", do mesmo autor), passando pela crônica, anunciadora da moda que vingaria em fins do século XIX (por exemplo, "Uma Viagem na Barca de Vapor", de Martins Pena),[6] refletiam a indecisa quadra cultural que atravessávamos. Dessas modalidades formais o Romantismo escolherá a novela, mesclada ou não ao romance, enquanto o Realismo desenvolverá a crônica e o conto. É de notar, ainda, a presença dos germes da ficção romântica, como nas histórias cor-de-rosa (por exemplo, "A Prenda de Casamento", de Josino do Nascimento Silva) ou nas de epílogo negativista, incluindo mesmo cenas de horror (por exemplo, "Um Sonho", de Justiniano José da Rocha, ou "As Catacumbas de S. Francisco de Paula", de Pereira da Silva), ou o "Conto Fantástico" ("A Luva Misteriosa", de Justiniano José da Rocha, imitação de *La Peau de Chagrin*, de Balzac).

---

4. Para esta e seguintes informações, ver Barbosa Lima Sobrinho, *Os Precursores,* vol. I do *Panorama do Conto Brasileiro,* Rio de Janeiro, Civilização Brasileira, 1960; e Hélio Lopes, "Literatura Fantástica no Brasil", *Língua e Literatura,* Universidade de S. Paulo/Faculdade de Filosofia, Letras e Ciências Humanas, nº 4, 1975, pp. 185-199.

5. A esse respeito, ver Marlyse Meyer, *Folhetim. Uma História,* S. Paulo, Companhia das Letras, 1996.

6. Todos esses textos, bem como outros no gênero, encontram-se na referida antologia de Barbosa Lima Sobrinho.

Temática europeia, essa do horror e do fantástico ou da visão pan-glossiana do mundo, mas não passe despercebido o esforço desses prosadores para abrasileirar a ficção, ora transplantando-a para a nossa ambiência e tomando o cuidado de frisar, no subtítulo, que se trata de "legenda brasileira", "costumes brasileiros", "novela brasileira", ora buscando o exemplo em nossa história ("Virgínia ou A Vingança de Nassau", de João José de Sousa e Silva Rio), ora simplesmente voltando-se para a contemporaneidade. Observe-se, por fim, que são textos breves, adequados ao espaço do jornal; de onde a prevalência do conto e da crônica, e as novelas, no significado rigoroso do termo, não passarem de súmulas, esboços ou embriões, à espera de crescimento. Poucos anos decorrerão até que, mais desembaraçados das peias jornalísticas, surjam novelas e romances em forma de livro.

De 1839, e ainda no âmbito do jornal, são *Os Assassinos Misteriosos ou A Paixão dos Diamantes*, de Justiniano José da Rocha, *O Aniversário de D. Miguel em 1828*, de Pereira da Silva; no ano seguinte, publicou-se *Jerônimo Corte-Real*, do mesmo autor, a *Crônica do Descobrimento do Brasil*, de Varnhagen, e teria sido editado *Duguay-Trouin*, de Martins Pena;[7] e em 1841, aparecem *As Duas Órfãs*, de Joaquim Norberto de Sousa e Silva. Seguem-se-lhes: *O Filho do Pescador* (1843), de Teixeira e Sousa, *Amância* (1844), de Gonçalves de Magalhães, e *A Moreninha* (1844), de Joaquim Manuel de Macedo, com que principia entre nós a narrativa romântica de caráter nacional.

JUSTINIANO JOSÉ DA ROCHA (1812-1862) foi acima de tudo jornalista. Aguerrido, polêmico, exerceu influência e deixou fama de panfletário, graças notadamente a *Ação, Reação, Transação* (1855), ensaio "acerca da atualidade política do Brasil", que "tem sido (...) o guia de quantos historiadores se têm ocupado da política brasileira desde a Independência ao período conhecido como o da 'conciliação dos partidos',

---

7. A informação acerca dessa pretensa narrativa de Martins Pena foi veiculada pela primeira vez pelo biógrafo do dramaturgo (Luís Francisco da Veiga, *Memória*, lida a 23 de novembro de 1877 no Instituto Histórico e Geográfico Brasileiro e publicada, primeiro no *Jornal do Comércio* [25, 26 e 30 daquele mês], e depois na *Revista* do Instituto [1877, vol. XL, 2ª parte, pp. 375-407]), e com base nela repetida por historiadores e críticos. Darci Damasceno, que pesquisou o assunto ingentemente, não confirma a notícia (*Teatro de Martins Pena*, 2 vols., Rio de Janeiro, INL, 1956, vol. I, p. 22). O comediógrafo produziu, entretanto, narrativas curtas, como atestam os exemplares recolhidos por Barbosa Lima Sobrinho.

empreendida por Honório Hermeto Carneiro Leão".[1] Além de advogado e professor, ocupou-se da tradução de obras francesas, dentre as quais vale a pena assinalar *O Conde de Monte Cristo*, de Alexandre Dumas, em 1845, e *Os Miseráveis*, de Vítor Hugo, em 1862.[2] De sua autoria, são poucas as obras propriamente literárias, e todas vinculadas à atividade jornalística: *A Caixa e o Tinteiro* (publ. em *O Cronista*, 26/11/1836), *Um Sonho* (publ. em *O Cronista*, 11/1/1838), *A Paixão dos Diamantes* (publ. no *Jornal do Comércio*, 27 e 28/3/1839, e no mesmo ano, em volume de 29 páginas, com o título mudado para *Os Assassinos Misteriosos ou A Paixão dos Diamantes*). O primeiro texto "realiza o gênero intermediário, que não é bem crônica e se aproxima do conto".[3] *Um Sonho* é um conto, filiado às narrativas de mistério e terror em voga nas primeiras décadas do século XIX, por influência francesa. Em semelhante linhagem se inscreve *Os Assassinos Misteriosos ou A Paixão dos Diamantes*: de estrutura novelesca, parece imitação ou tradução, como o próprio autor se adianta em confessar:

> Será traduzida, será imitada, será original a novela que vos ofereço, leitor benévolo? Nem eu mesmo que a fiz vo-lo posso dizer. Uma obra existe em dois volumes, e em francês, que se ocupa com os mesmos fatos: eu a li, segui seus desenvolvimentos, tendo o cuidado de reduzi-los aos limites de apêndices, cerceando umas, amplificando outras circunstâncias, traduzindo os lugares em que me parecia dever traduzir, substituindo com reflexões minhas o que me parecia dever ser substituído; uma coisa só tive em vista, agradar-vos; Deus queira que o tenha conseguido.[4]

A novela exibe ingredientes usuais em tal gênero de ficção: transcorre em Paris, quando "teatro de crimes e suplícios horrorosos", a ponto de que "raro dia em que se não achasse na rua um cadáver, rara a ronda noturna que não descobrisse uma vítima; e todos os corpos achavam-se feridos pelo mesmo modo: uma só ferida feita com o mesmo instrumento; uma só, no coração, profunda e triangular".[5] Quem o assassino? A fim de emprestar veracidade à cena histórica, o tempo é o de Luís XIV, Mlle.

---

1. R. Magalhães Júnior, *Três Panfletários do Segundo Reinado,* S. Paulo, Nacional, 1956, p. 144.

2. *Idem, ibidem,* pp. 141-143.

3. Barbosa Lima Sobrinho, *Os Precursores,* vol. I do *Panorama do Conto Brasileiro,* Rio de Janeiro, Civilização Brasileira, 1960, p. 29.

4. *Idem, ibidem,* p. 54.

5. *Idem, ibidem,* p. 31.

de Scudéry surge como personagem, posto que secundária, e alude-se a Madame de Maintenon. Entretanto, os protagonistas falam por termos supersticiosos: "fatal estrela (...), influência que sobre nós exercem as circunstâncias, quando extraordinárias, que presidem à nossa concepção".[6]

Até que se desvenda o espesso mistério: o mesmo joalheiro que lapidava artisticamente os diamantes, Cardillac, assassinava para recuperá-los. Nem falta a morte de um par de namorados em forma melodramática. A narrativa emprega o arsenal comum às novelas de "terror grosso"[7] em moda no século XIX, desde o emaranhado da intriga ao clima denso de mistério, tendo de permeio coincidências forçadas, o gosto mórbido de sangue e morte. Os defeitos inerentes a tal gênero de ficção popularesca (burguesa, na verdade) não escondem, no caso de Justiniano José da Rocha, habilidade na urdidura do enredo, que a curta extensão da narrativa favorece: mesmo lida hoje, não infunde cansaço nem tédio, decerto em razão da brevidade, mas não é suficiente, sem dúvida, para tirá-la do limbo em que jaz. Se algum mérito apresenta, é o de anunciar, juntamente com outras narrativas coevas, a fase orgânica de nossa ficção romântica.

PEREIRA DA SILVA

Êmulo de Garrett e de Herculano, João Manuel Pereira da Silva (1819-1898) escreveu, além das novelas assinaladas e obras de historiografia e crítica literária, as seguintes narrativas: *D. João de Noronha* (1840), *Manuel de Morais, Crônica Brasileira do Século XVII* (1866), *Aspásia* (1873). Não fossem circunstâncias biográficas, dir-se-ia que Pereira da Silva pertence antes à literatura portuguesa que à nossa: tirante as poucas narrativas curtas de ambientação brasileira, já referidas, as suas novelas passam-se na Europa, sobretudo Portugal; a sua dicção é mais dum lusitano que dum brasileiro; os temas escolhidos, buscou-os na história de Portugal, e quando optou por assunto nacional (*Manuel de Morais*), certamente procedeu sabendo que remetia para o continente europeu. Engajado na novela histórica, à luz do ensinamento de Garrett e Herculano, nem mesmo *Aspásia* — onde é notório o influxo de Cami-

---

6. *Idem, ibidem*, p. 48.

7. Jacinto do Prado Coelho, *Introdução ao Estudo da Novela Camiliana*, Coimbra, Atlântida, 1946, pp. 221 e ss.; 2ª ed., 2 vols., Lisboa, Imprensa Nacional — Casa da Moeda, 1982, vol. I, pp. 287 e ss.

lo Castelo Branco — escapa da sedução historiográfica: a narrativa dos amores desgraçados do herói (português) motiva cartas entre o narrador (brasileiro) e Rebelo da Silva. Não bastasse tal filiação e uma sintaxe castiçamente lusitana, o próprio escritor declara no prefácio à segunda edição (1865) de *Jerônimo Corte-Real, Crônica do Século XVI*, cuja primeira edição, em 1839, apareceu em folhetins do *Jornal do Comércio*:

> Manifestando-me (...) vários amigos o desejo de conhecer aquele ensaio de romance, um dos primeiros da literatura portuguesa moderna (*sic*), pois que viu à luz do dia nos anos de 1839; e dando-me ao trabalho de revê-lo, achei-o tal e tão incompleto e minguado, que me não animaria a oferecê-lo atualmente ao público, se lhe consentisse mostrar-se como nascera e se apresentara do mundo.

Pereira da Silva sentia-se, indiscutivelmente, preso à literatura portuguesa, e tal sentimento não parece que tenha arrefecido no curso dos anos, à vista de *Aspásia*, a sua derradeira produção no gênero, quando já passara do Equador o sol romântico e mesmo os primeiros contos realistas se insinuavam: até o fim permaneceu fiel à formação lusíada, o que o situa meio à margem de nosso processo romântico (dir-se-ia um escritor português desterrado entre nós), embora *Jerônimo Corte-Real*, onde é patente o impacto de *Camões* (1825), de Garrett, tenha precedência histórica, juntamente com *Os Assassinos Misteriosos*, sobre a ficção criada pelos demais prosadores do tempo.

VARNHAGEN

Varnhagen (1816-1878), cuja atividade se insere antes no domínio da historiografia literária que no da criação, incursionou pelo universo da ficção, com a *Crônica do Descobrimento do Brasil*, publicada no *Panorama* (Lisboa) em 1840, e no mesmo ano em volume, no Rio de Janeiro, com o título mudado para *O Descobrimento do Brasil, Crônica do Fim do Décimo Quinto Século*, e que o autor considera "segunda edição autêntica, revista, correta e acrescentada". Voluminho de escassas 60 páginas, a *Crônica* respira o clima medievalizante que, por obra de Herculano, reinava no *Panorama*: misto de ficção e história, mais esta que aquela, o texto relata, à luz da carta de Pero Vaz de Caminha, os dias que Cabral e seus companheiros despenderam entre nós, e em meio a acontecimentos fidedignos (como o autor assinala nas "Notas" apensas ao volume), situa o idílio amoroso fictício entre a índia Ypepa e o navegante Braz Ribeiro. O relato denuncia mais o erudito e o historiador que o ficcionista, apesar do núcleo sentimental, o tom de reconstituição imaginária e certa preocupação por fazer estilo, à maneira dos clássicos lusitanos:

> Era alta noite: eis que a atmosfera se cerrou de nuvens que encobriam de todo as estrelas. Começou a levantar-se grande vaga de mar, e eram as ondas tão furiosas, que os navios jogavam fortemente. A noite se afigurava cada vez mais horrenda; as nuvens carregadas corriam tendentes para o noroeste e principiaram logo a gotejar, e os pingos seguidos caíam sobre as águas com veemência e ruído. E o vento sueste zunia varejando a enxárcia![1]

Ressalve-se, porém, que o breve episódio amoroso entre a silvícola púbere e o navegante afoito precede de alguns anos, e parece inspirar, a *Iracema*, de Alencar. Provavelmente cônscio desse trunfo cronológico, Varnhagen não se restringiu ao pecadilho da juventude e retornou à criação literária, com resultado nada brilhante, em *Caramuru* (1852), cujo título, dado por inteiro, atesta o discutível gosto do escritor em tais assuntos: *O Matrimônio de um Bisavô ou O Caramuru*. E classificou-o de "romance histórico", rótulo que tem induzido os críticos e historiadores literários ao equívoco de situá-lo a par da *Crônica*, quando, em verdade, não passa de um poema à maneira das *xácaras* (aliás como sublinha o próprio autor em seu *Florilégio da Poesia Brasileira*, 1850-1853; reed., 1946), dos romances (ou *rimances*) medievais ibéricos. Varnhagen ainda escreveria *Sumé, lenda mito-religiosa americana, recolhida em outras eras por um índio moranduçara, agora traduzida e dada à luz por um paulista de Sorocaba*, publicado no *Panorama* em 1855 e no mesmo ano em pequeno volume de 59 páginas, editado em Madri.

GONÇALVES DE MAGALHÃES

Não menos insignificante é a contribuição de Gonçalves de Magalhães para a história da nossa ficção romântica: *Amância*, publicada ini-

---

1. Varnhagen, *O Descobrimento do Brasil, Crônica do Fim do Décimo Quinto Século*, 2ª ed., autêntica, revista, correta e acrescentada pelo Autor, Rio de Janeiro, Tip. Imp. de J. Villeneum, 1840, p. 10.

cialmente na *Minerva Brasiliense* (1844) e depois nos *Opúsculos Históricos e Literários* (1865). Autêntico desfecho, ou síntese, de novela, a curta narrativa gira em torno da heroína que lhe dá nome, Jorge, seu namorado, e o pai: este deseja casá-la com um velho rico, Norberto, para quem o tempo não conta "quando há dinheiro",[1] mas a donzela prefere Jorge, moço, pobre e capitão. Impedidos em seus desígnios, resolvem fugir, mas o namorado falta ao encontro e a jovem tenta o suicídio, quando é salva pelo narrador, que ainda escuta de Jorge o relato dos antecedentes, "arrancando os cabelos e derramando lágrimas de arrependimento".[2] Historieta folhetinesca, largamente glosada pelo dramalhão romântico, tem apenas interesse do ponto de vista cronológico.

JOAQUIM NORBERTO

Mais lembrado pelas edições de poetas arcádicos e românticos, Joaquim Norberto de Sousa e Silva (1820-1891) também cultivou a poesia (*Modulações Poéticas*, 1841; *Cantos Épicos*, 1861; *Flores entre Espinhos*, 1864), o teatro (*Clitemnestra, Rainha de Micenas*, 1846; *O Chapim do Rei*, 1851; *Amador Bueno*, 1854), a historiografia (*História da Conjuração Mineira*, 1873), além da prosa de ficção. Nesse terreno, escreveu *As Duas Órfãs* (1841), *Maria ou Vinte Anos Depois* (1844), *Januário Garcia ou As Sete Orelhas, O Testamento Falso*, que enfeixou em *Romances e Novelas*, vindo a público em 1852. No prólogo às quatro narrativas, o autor prometia fazer o mesmo com seus "contos e legendas",[1] mas, ao que se saiba, ficou naquele volume.[2] O título da obra, bem como a referência aos textos por editar mostram que Joaquim Norberto, tanto quanto os contemporâneos, não tinha ideia precisa da categoria em que se inscreviam os textos de ficção.

---

1. Gonçalves de Magalhães, *Amância, in Opúsculos Históricos e Literários*, 2ª ed., vol. VIII, Rio de Janeiro, Garnier, 1865, p. 389.

2. *Idem, ibidem*, p. 381.

1. Joaquim Norberto de Sousa e Silva, *Romances e Novelas*, Niterói, Tip. Fluminense de Cândido Martins Lopes, 1852, p. VIII.

2. Um estudioso de Joaquim Norberto acrescenta *"O Martírio do Tiradentes ou Frei José do Desterro* (lenda brasileira, em prosa no geral), Rio de Janeiro, 1882, 119 págs.", classificando-o de "história romanceada" (Almir Câmara de Matos Peixoto, *Direção em Crítica Literária/Joaquim Norberto de Sousa e Silva e Seus Críticos*, Rio de Janeiro, MES, 1951, p. 65).

Maria ou Vinte Anos Depois, classificou-o de novela, decerto em função do número de páginas: na verdade, apresenta estrutura de novela, mas de novela a desenvolver, — embrião de novela, uma vez que a precipitação dos acontecimentos deixa intervalos facilmente preenchíveis pela fantasia do prosador. *Januário Garcia*, crismado de romance, é, rigorosamente, conto: seu espichamento não deve iludir, pois se trata antes de inépcia que de polivocidade dramática, condição necessária, embora não suficiente, para ser romance. *As Duas Órfãs*, tida como romance, não passa de conto, o que confere a Joaquim Norberto pelo menos o galardão de pioneiro no gênero entre nós, como, aliás, a crítica lhe reconhece. E *O Testamento Falso*, rotulado de novela, é verdadeiramente romance.

Portanto, dois contos, uma novela e um romance, três dos quais gravitam ao redor de figurino já usado, e o romance anuncia um futuro que não se realizou. Pelos contos e novelas, Joaquim Norberto rende tributo ao "terror grosso" em moda nos primeiros decênios do século XIX: o embaralhamento da intriga pontua-se de fortes acentos melodramáticos e horroríficos, com muito sangue, mortes e cenas de *grand guignol*. Maria, heroína da primeira narrativa, além de ter sido enjeitada na infância, morre às mãos de Gaetano, calabrês, por suspeita de infidelidade: vinte anos depois, o filho que lhe fora sequestrado, Henrique, naufraga e é salvo por um ancião que vem a ser simplesmente seu avô! E intervindo numa luta de quatro contra um, salva Gaetano, que lhe havia assassinado a mãe, e mata um homem, José Feliciano, seu verdadeiro pai. Preso, Henrique enlouquece. Januário Garcia vinga a morte do filho cortando as orelhas dos sete assassinos e trazendo-as à sua mulher, no final de uma sequência de cenas salpicadas de horror, sem saber que um deles, volvidos anos, era agora seu genro:

> Nada! Pegaram do mísero mancebo, ligaram-no a duas estacas e afiaram as suas navalhas...
> — E depois, José?
> — Esfolaram-no vivo!
> — Vivo! Senhor Deus! exclamou a mulher.
> — Vivo! vivo! ... replicou o estalajadeiro.
> — Que horror, meu Deus! que horror ...
> — Depois cortaram-lhe perna por perna ... coxa por coxa ... braço por braço ... orelha por orelha ... que tudo enviaram ao pai da menina; acabaram-no decepando-lhe enfim a cabeça e arrancando-lhe as entranhas.[3]

---

3. Joaquim Norberto de Sousa e Silva, *Romance e Novelas*, p. 53.

As *Duas Órfãs* decorre no tempo de Nassau, mas o entrecho nenhuma relação guarda com o pano de fundo histórico, salvo o fato de as duas órfãs lutarem bravamente contra os holandeses: Isabel e Mariana, primas e órfãs, amam o mesmo homem, Dinis. Aquela, vendo-se preterida, falsifica um bilhete em nome do homem requestado, acabando por provocar o suicídio de Mariana. Descobrindo a perfídia, Dinis assassina Isabel e suicida-se. E *O Testamento Falso* é um romance de intriga: um documento falso tornara Manuel Luís, refinado velhaco, dono de vultosos bens e da mão de Margarida, que amava Henrique, legítimo herdeiro da fortuna. A diabólica trapaça é desfeita por meio de artimanhas que culminam quando Manuel Luís, nas vascas da morte, confessa o hediondo crime. Viúva, Margarida casa-se com Henrique.

Críticos há que consideram os textos narrativos de Joaquim Norberto "ilegíveis, por escritos em detestável estilo, incorreto e incolor"[4] — juízo que, pecando por exagero, se aplicaria de resto a toda a prosa romântica anterior a Macedo e Alencar, por exibir mais interesse histórico que estético. Todavia, enquanto as três primeiras narrativas de *Romances e Novelas* incidem nos excessos que vimos marcar os prosadores coevos, Justiniano José da Rocha à frente, *O Testamento Falso* parecia anunciar a maturidade de Joaquim Norberto como ficcionista: já por ser romance (o que pressupõe o domínio de certa complexidade estrutural), já por ser urbano, fluminense, à Macedo, descortinava um caminho que, infelizmente, não foi perseguido. As demasias do "terror grosso" cedem lugar a diálogos travados com segurança e vivacidade e um entrecho armado com fluência e naturalidade, onde se vislumbra o traquejo de dramaturgo (como, por exemplo, no epílogo). Acrescente-se um pormenor que mesmo as heroínas macedianas, levadas pelo maniqueísmo burguês, ignoravam: Margarida pressagia, no seu misto de anjo e demônio, santa e dissimulada, a Aurélia Camargo que brilhará nos céus fluminenses de Alencar.

TEIXEIRA E SOUSA

Antônio Gonçalves Teixeira e Sousa nasceu em Cabo Frio, Estado do Rio, a 28 de março de 1812. Mestiço, após os estudos primários, se-

---

4. Herman Lima, *Variações sobre o Conto*, Rio de Janeiro, MES, s.d., p. 72.

gue para o Rio de Janeiro, onde trabalha na loja de Paula Brito e inicia colaboração na *Marmota*. Em 1841, publica *Cânticos Líricos*, primeiro volume de uma série. Casa-se, tem vários empregos, mas é vitimado por doença pulmonar, a 1º de dezembro de 1861, deixando o segundo volume dos *Cânticos Líricos* (1842), *Os Três Dias de um Noivado* (1844), *A Independência do Brasil* (1847-1855), no setor da poesia; *O Cavaleiro Teutônico ou A Freira de Mariemburg* (1855), peça de teatro; *O Filho do Pescador* (1843), *Tardes de um Pintor ou As Intrigas de um Jesuíta* (1847), *Gonzaga ou A Conjuração de Tiradentes* (1848-1851), *Maria ou A Menina Roubada* (1852-1853), *A Providência* (1854), *As Fatalidades de Dous Jovens* (1856), — em matéria de ficção.[1]

Mais do que os contemporâneos e predecessores, Teixeira e Sousa pagou alto o preço da moda e da incipiência, — a moda do folhetim e a incipiência em matéria de ficção. Vinha da França o modelo para as narrativas quilométricas e aventurescas; e faltos de passado histórico em arte narrativa, buscávamos exemplo numa literatura onde o culto do mistério terrorífico procurava satisfazer os pendores burgueses para a mórbida paixão de acompanhar histórias tenebrosas passadas com o "outro". E o "outro" pertencia a diversa camada social (*hélas!*) ou à fração degenerada — representava o Mal expurgado por vias simbólicas no enredo fictício — da burguesia triunfante.

Decerto, o modelo não frutificaria na pena de Teixeira e Sousa caso não se instalassem entre nós, com as devidas adaptações, os valores propostos pela classe média emergente. Acossado pela aura de superioridade com que sempre se nos impôs a literatura francesa, e pelo meio social carioca, que imitava os padrões europeus em decorrência do complexo de colônia, Teixeira e Sousa não teve como ultrapassar o círculo vicioso em que se movia, e acabou sendo o exemplo mais notório de um modismo e uma carência: no espelho da sua enxundiosa ficção se refletem não só os coetâneos igualmente votados às intrigas de suspense e terror, mas também a sociedade que lhes consumia os produtos alienantes.

---

1. Compulsamos as seguintes edições: *O Filho do Pescador*, S. Paulo, Melhoramentos/ INL, 1977 (com introdução de Aurélio Buarque de Holanda); *Tardes de um Pintor ou As Intrigas de um Jesuíta*, 3 t., Rio de Janeiro, Serafim José Alves, s.d.; *Gonzaga ou A Conjuração de Tiradentes*, vol. I, Rio de Janeiro, Teixeira, 1848, vol. II, Niterói, C. M. Lopes, 1851; *Maria ou A Menina* Roubada, s.l.p., s.c.p. (Tip. de F. de Paula Brito), s.d. (em lugar do frontispício, uma folha manuscrita informa o nome do autor e da obra; deve tratar-se de separata da 2ª ed., vinda a lume na *Marmota* de Paula Brito, em 1859-1860, com data de 1859); *A Providencia*, 5 t., Rio de Janeiro, M. Barreto, 1854; *As Fatalidades de Dous Jovens*, Rio de Janeiro, J. R. Santos, 1895.

Por outro lado, lançava à terra o húmus que nutriria a melhor prosa de ficção romântica, correspondente a uma fase em que as leitoras, por certo alertadas pelo que acontecia na Europa, reclamavam histórias menos canhestras. O confronto, porém, que fatalmente estabelecemos com Macedo, Alencar e, sobretudo, Manuel Antônio de Almeida (sua obra-prima apareceu no mesmo ano de *Maria ou A Menina Roubada*), acentua a imagem débil dum prosador que, por coerência ou incapacidade, não evoluiu, permanecendo até o fim preso às matrizes folhetinescas.

A tradição crítica, composta de juízos perpetuados em razão da lei da inércia, tem considerado Teixeira e Sousa o introdutor do romance brasileiro, uma vez que *O Filho do Pescador*, publicado em 1843, precede em doze meses *A Moreninha*, de Macedo. Ora, a honrosa prioridade, que os críticos e historiadores têm maquinalmente reafirmado, não resiste à análise. Se, por um lado, a cronologia depõe a favor de Teixeira e Sousa, a teoria dos gêneros literários desmente a falaciosa precedência, pois não se trata de romance, mas de novela, o artefato vindo a lume em 1843. Novela no mais rigoroso sentido do vocábulo, semelhante, na estrutura, a tantas outras publicadas nos séculos anteriores, desde *A Demanda do Santo Graal* até as de seus coevos, para apenas nos restringirmos ao espaço cultural em vernáculo. Linear, montada sobre a sequência de células dramáticas dispostas na ordem do tempo, ressaltando as peripécias em detrimento da prospecção nas situações e caracteres, com ênfase no suspense e no mistério, e apelando para as manobras da coincidência e do entrelaçamento — eis em síntese a ossatura de *O Filho do Pescador*, que o aproxima, por exemplo, de *As Aventuras de Diófanes*, ao mesmo tempo que o distancia, por exemplo, de *Senhora*.

Novela a obra de estreia ficcional de Teixeira e Sousa, é o que a pesquisa mostra; novela é não romance, o que desfaz a ideia de anterioridade esposada pela crítica. E novela pela estrutura, não pelo volume de páginas, já que o elemento discriminativo deve ser procurado antes na armação que no montante dos capítulos; ao contrário do que faria pensar o número de páginas, *A Moreninha* é romance, apesar de ser um magro volume; e *O Tempo e o Vento*, não obstante esparramar-se por três tomos, é novela.

Acresce que não só a narrativa inaugural de Teixeira de Sousa se inscreve no perímetro da novela: as demais histórias se organizam de acordo com o molde que presidiu *O Filho do Pescador*. E se num aspecto ou noutro se observa mudança, no fundamental a estrutura novelesca predomina ao longo da carreira do escritor. Seja pela moda do folhetim, determinando a fragmentação da narrativa e a técnica do suspense para manter viva a atenção do leitor; seja pela tradição ficcional neolatina, enfeudada no paradigma da novela; seja pelo desconhecimento do romance, criado no século XVIII dentro da literatura inglesa; seja pelos propósitos com que se atirava à composição de emaranhadas e prolixas intrigas, — Teixeira e Sousa não passou de novelista. A evidência, abertamente proclamada pelos textos, implica, sem dúvida, julgamento restritivo, na medida em que, salvo por exceção, a novela encerra visão do mundo menos ampla e complexa que a do romance.

É certo que D. *Quixote*, das obras magnas do engenho humano, se inscreve no perímetro da novela, mas também é verdade que nenhum outro espécime no gênero exibe análogo merecimento. Mais ainda: os grandes ficcionistas são recrutados entre os romancistas, não entre os novelistas. No caso de Teixeira e Sousa a restrição vai mais longe, de vez que o prosador se entregou à novela com o desleixo de quem produzia para o consumo diário, a modo de jornalista, e não com os olhos voltados para a posteridade.

Em abono do escritor fala a circunstância de, cônscio de suas limitações, não se iludir com as histórias que lhe escorriam da pena. À entrada do segundo tomo de *A Providência* (que se distende por cinco tomos em duas colunas), faz autocrítica, ainda que inconsequente, reveladora do quanto tinha consciência (culposa) da má literatura que a imaginação lhe segredava:

> Ah! meu Deus! pobre autor! Parece-me estar ouvindo os queixumes, as celeumas e as cruéis críticas vociferadas contra tudo o que o autor desta história tem até aqui escrito!... Paciência: mas o que é verdade é que ninguém ganha alvíssaras pela novidade. O autor desta historiazinha sabe bem que tudo quanto tem escrito desde o princípio da história até o presente, é frio, sem ação, sem movimento, e de pouco ou nenhum interesse, mas que fazer? O autor entendeu lá de si para si que assim devia escrever; e já agora mal ou bem, com razão ou sem ela, cumpriu o seu desejo; e então, amigo leitor, ou ilustre leitora, agora uma de duas: ou aguentar a maçada, ou fechar o livro...[2]

Somente lhe falta confessar que o descolorido da sua ficção resultava de ostentar parcas faculdades inventivas e também praticar o folhetim sem maiores objetivos estéticos. Seria pedir-lhe demais, certamente; en-

---

2. *A Providência*, t. II, p. 15.

tretanto, as numerosas interpolações que pratica, como autor onisciente, no corpo da fabulação, apontam um tirocínio artesanal, de novelista, que talvez evoluísse para melhor se outros fossem os tempos para a ficção europeia. Ora interrompe o episódio num momento-chave, com a promessa de retomá-lo mais adiante:

> Agora que o Sr. de Pina está mais que muito firme no propósito de pedir a seu pai Rosa Branca em casamento, deixamo-lo só com seus amores e esperanças, com seus receios e temores, e com todas as suas fantasias de prazeres e dores, e lancemos uma ligeira vista d'olhos sobre os nossos habitantes do campo.[3]

Ora desmascara as possíveis veleidades transcendentais de algum leitor pretensioso — "O leitor, porque vai atrás dos acontecimentos, deseja saber quem é o rebuçado",[4] — o que denuncia um estado de coisas em que a ficção é tida como um pacto entre o escritor e o público, o pacto do faz de conta ou da invenção fantasista, mediante o qual as partes não confundem o enredo fictício com a vida. Ora fecha o segundo tomo de *A Providência* com um autêntico chamariz, induzindo o leitor a prosseguir no interminável convívio com as personagens:

> Agora os acontecimentos que se vão seguir são de tal natureza, e têm de tal sorte de mudar os destinos dos nossos personagens, apresentando novos e imprevistos casos, que o narrador termina aqui o fio das disposições de sua história, para entrar em circunstâncias mais recônditas, ou antes em alguns mistérios.[5]

Ora deixa em aberto a possibilidade de retomar núcleos dramáticos apenas esboçados, como faria qualquer autor de novela de cavalaria ou sentimental:

> Como não te quero agora contar a história destes dous mancebos miudamente, o que seria longo, e o que talvez o faça em outra ocasião mais oportuna, basta dizer que (...)[6]

---

3. *Ibidem*, t. II, p. 23.
4. *Ibidem*, t. II, p. 37.
5. *Ibidem*, t. II, p. 65.
6. *Ibidem*, t. III, p. 27.

Não estranha, nessa ordem de ideias, que o narrador tache a sua história de "medonho labirinto",[7] para logo em seguida declarar, não sem um piparote irônico no leitor ou desculpa por não fazer melhor:

> Não obstante a desordem com que temos escrito, e colocado os capítulos desta história, temos todavia dado razão ao leitor, sempre que acreditamos o ele a ter. Ora, nós escrevemos por gosto e não por obrigação; esta história não é uma história de encomenda, e por isso, escrevendo-a, seguimos unicamente a nossa fantasia, o nosso gosto; eis o porquê temos adotado esta desordem na colocação dos acontecimentos: isto talvez dê o que falar, mas nós não nos importamos com isso.[8]

Mas estas palavras revelam, na verdade, um ficcionista a divertir-se com a narrativa engendrada, ainda que lacrimogênica ou horripilante:

> Era do meu desejo levar de seguida até o fim a história do emparedamento de Margarida; mas lembrado de que deixamos a mimosa Emília desmaiada na sala da festa dos anos; e que devemos acudir-lhe; faz esta lembrança com que deixe por agora a simpática Margarida e voltar à formosa Emília.[9]

Tal ludismo pertence à essência da novela e traduz o adensamento do caráter literário: sem compromisso com a existência, a narrativa ocorre num espaço fora da vida, assim permitindo toda sorte de jogo, desde o jogo como estrutura fabular até o jogo como descomprometida visão da realidade. O ficcionista brinca ao inventar, não leva a sério mesmo as situações trágicas, porque sabe que o leitor as recebe como passatempo inofensivo. Tão inofensivo que se deleita em acentuar as tintas como se tudo lhe fosse autorizado, contanto que oferecesse ao leitor a dose de fantasia diária que a sua mente requeria; exagero retórico, motivado pelo fato de as conveniências do ludo narrativo obedecerem a um decoro mais da arte que da vida; exagero que o fingimento, o duplo fingimento em que se compraziam autor e leitores, consentia.

Exagero porque se tratava de "história de sangue, de mortes, de horrores (...) história de crimes, de escândalos, e horrores":[10] Teixeira e Sousa desconhece as meias-tintas; tudo se desenrola em nível paroxístico, e quando se supõe que o apaziguamento finalmente vai reinar, pelo casa-

---

7. *Ibidem*, t. IV, p. 5.
8. *Ibidem*, t. IV, p. 7.
9. *As Fatalidades de Dous Jovens*, p. 134.
10. *O Filho do Pescador*, p. 133; *Tardes de um Pintor*, t. III, p. 189.

mento ou a loucura, lá surge um acontecimento que modifica as coisas e a novela prossegue, em ritmo ofegante. Sustentando as notas dramáticas que movimenta na sua orquestração desafinadamente altissonante, o novelista não raro tomba no melodrama descabelado, como passaria a ser moda no Romantismo: chora-se torrencialmente e por qualquer razão, à semelhança da novela sentimental quinhentista e da ultrarromântica. Os lances dramáticos, sempre extremados, acusam teatralidade de *grand guignol*, onde não falta o pormenor plástico que, pelo desmesuramento:

> [ao cravar de novo a faca no coração da personagem]
> uma espadana de sangue pulsando da ferida com mais impetuosidade que o bote da serpente, esbarrou espumando de encontro a essa parede, deixando nela uma roxa nódoa, que em vão foi lavada por Alfama e até raspada![11]

é sinônimo de mau gosto e inclinação para o grotesco, de feição rococó, ou prenúncio do mais autêntico *kitsch*:

> um pássaro pousado sobre uma espiga flexível toda encurvada ao peso do pássaro, em cujo bico tinha atravessada uma flor; (...) uma serpente grimpava-se por uma árvore, em cujo cimo, na extremidade de um ramo, uma avezinha alimentava dois implumes filhinhos; e outras muitas pinturas adornavam os centros destes vasos.[12]

Tudo, como se vê, para atrair o leitor menos exigente, ou malformado, que toma a ênfase pictórica e dramática por altitude estética: como as novelas produzidas antes e depois, as narrativas de Teixeira e Sousa primam pelo gosto do enredo artificioso e pelo rudimentar da ação e dos caracteres. Não espanta, por isso, que vincasse os traços que pudessem satisfazer o apetite imaginário de burguesas ociosas. Lidas hoje, provocam, sem querer, o riso ou o bocejo, mas é de presumir que as leitoras do tempo se extasiassem perante cenas como a em que "O administrador para horrorizado, seus cabelos se arrepiam, seus membros estremecem, e um calafrio de pavor e de susto cala o seu corpo!",[13] — da mesma forma que as consumidoras (e consumidores) de novelas de televisão se prendem à intriga e personagens, com uma obsessão que significa

---

11. *As Fatalidades de Dous Jovens*, pp. 279-280.
12. *Tardes de um Pintor*, t. 1, p. 10.
13. *As Fatalidades de Dous Jovens*, p. 27.

tanto mau gosto quanto apreciar as novelas melodramáticas de Teixeira e Sousa.

Escrevendo ao correr da pena, o ficcionista chega a excessos como este: "Geraldino soltou uma grande gargalhada de riso",[14] cúmulo da hipérbole e redundância que somente se explica pela pressa com que os textos eram compostos e pelo destinatário: conhecendo bem os seus leitores, Teixeira e Sousa ofertava-lhes o repasto ficcional que pediam, mas com isso agravava os defeitos da sua carpintaria novelesca, dando azo a justos reparos por parte da crítica.

Não se pense que o dramalhão, na pena de Teixeira e Sousa, ostenta coerência: o desgrenhamento das cenas, em que o patético volta e meia coroa as fases de anagnórise, reflete a desconexão interna das narrativas. Simultaneamente à parafernália melodramática e folhetinesca, surpreendem-se vestígios contraditórios de passado. Na estruturação das imagens, notadamente as relativas à natureza, em que é fértil o novelista carioca, comparecem reminiscências clássicas:

> Vistosos festões de uma alegre púrpura entrelaçavam interessantes rosas de ouro, que recamando um céu a que não toldava a mais ligeira nuvem de procela, ofereciam nesse imensurável espaço da sidérea campina o mais agradável contraste da púrpura de Tiro com o ouro de Ofir, sobre o belo azul de um céu brasileiro em uma manhã de primavera![15]

Mas é sobretudo na intenção moralizante que se nota o apego à fórmula clássica do *dulce et utile*, evidente nas constantes tiradas doutrinárias e no tom das narrativas. Que o novelista o fazia conscientemente, dizem-no às vezes em que susta o correr da ação para, tirando a moral da história, injetar uma dose de aforismos; e di-lo ainda a confissão expressa:

> Escrevo para agradar-vos; junto aos meus escritos o quanto posso de moral, para que vos sejam úteis; junto-lhes as belezas da literatura, para que vos deleitem.[16]

Aurélio Buarque de Holanda chama-o de "sub-Marquês de Maricá",[17] não pelo teor da moralidade, senão pelo nível reflexivo, próximo da

---

14. *Ibidem*, p. 372.
15. *O Filho do Pescador*, p. 29.
16. *Ibidem*, p. 28.
17. *Ibidem*, p. 18n.

filosofia de almanaque. Na essência, o seu moralismo é de base religiosa, católica, dum Catolicismo sentimental, quase supersticioso, simétrico das crenças disseminadas entre as leitoras. E, por via dessa redução, maniqueísta: as personagens dividem-se claramente em "bons", "dóceis", "benévolos", de um lado, e "maus", "violentos", "malévolos", de outro. Não surpreende tal primarismo quando nos lembramos de que a ficção barroca incidira na mesma dicotomia preconceituosa, e que a romântica geralmente a perfilhará.

Ressaltemos, porém, que Teixeira e Sousa, no desdobramento dos temas escolhidos, acabou por se ver a braços com personagens e situações que o impeliram a trair um recôndito pensamento heterodoxo, sufocado pelos interesses de mercado e prestígio literário. Ao delinear o perfil de um sacerdote, flui-lhe da pena um juízo que se diria anticlerical — "desprezível ministro"[18] — mercê do fato de se deixar subornar por uma personagem. As Tardes de um Pintor tem como subtítulo As Intrigas de um Jesuíta: aqui, o novelista estadeia sua ojeriza pelos jesuítas e a admiração pelos franciscanos, não sem antes mostrar que se tratava de um refalsado sacerdote e não da Companhia de Jesus. De qualquer modo, parece sugerir uma fresta por onde penetra luz nova e vanguardadeira: ataca o padre venal, não a religião; enaltece o sacerdote coerente — distinção estribada num pensamento anticlerical que somente não se impôs pelas circunstâncias.

Não estanca aí a fonte de heterodoxia: em matéria de visão política, é nas águas do liberalismo que navega o barco doutrinário de Teixeira e Sousa. Para ele, após a Revolução Francesa,

> escampava-se a tempestade do despotismo monárquico, e das ambições sagradas: a aurora da liberdade começava de dourar as nações, bela, como a há muito esperada; e consoladora, como uma aurora, que segue a um dia de borrasca![19]

Num repto de emoção confirmado pelas observações à margem da história narrada, como se não pudesse conter a onda de indignação perante os fatos — "uma conjuração que só tinha por fito a independência da pátria!"[20] — diz ele a respeito da Inconfidência Mineira, numa vibração que se comunica ao retrato idealizante de Tiradentes:

18. *Fatalidades de Dous Jovens,* pp. 361-362.
19. *Gonzaga,* vol. I, p. 5.
20. *Ibidem,* vol. II, p. 53n.

A figura de Tiradentes era medonha, e ao mesmo tempo solene! Parecia que todo seu sangue havia acudido à periferia, tal era o rubor que partia de suas faces! Seus olhos cintilavam abrasados no fogo de sua ira, e os movimentos destes dous olhos eram como dous relâmpagos! As contrações de seu sistema muscular excitado pela cólera revelavam a prodigiosa força daquele corpo gigantesco![21]

Maniqueísmo e demofilia enlaçam-se, na cosmovisão de Teixeira e Sousa, ao historicismo: das cinco novelas que produziu, duas se declaram, entre parênteses, "Recordação dos Tempos Coloniais" (*As Fatalidades de Dous Jovens* e *A Providência*), e uma transcorre no século XVIII (*As Tardes de um Pintor*). Enquadram-se, desde logo, no âmbito das novelas históricas que Walter Scott, por intermédio de Alexandre Herculano e Garrett, veiculou em nossa literatura. Moda, ainda uma vez, que reitera a falta de imaginação, não obstante Teixeira e Sousa manifeste consciência dos azares que espreitam o conluio da Literatura e da História:

Quando o romancista toma por fundo de sua obra um fato já consignado na História, e de todos sabido, conquanto esse fato ocorresse revestido de tais, ou tais circunstâncias, nem por isso o romancista está obrigado a dá-lo pela mesma conta, peso, e medida, missão esta que só ao historiador compete. A História é a representação dos fatos tais, e quais ocorreram, é o retrato da natureza tal, e qual ela é; e seu fim é, no presente, a lição do passado para prevenção do futuro, isto é, instruir; embora os fatos ali consignados deleitem, ou não. O fim porém do romancista é (se o fundo de sua obra é fabuloso) apresentar quase sempre o belo da natureza, deleitar, e moralizar. Se nesse fundo há alguma cousa, ou muito de histórico, então melhorar as cenas desagradáveis da natureza, corrigir em parte os defeitos da espécie humana; adoçar os mais terríveis traços de horrorosos quadros, tendo sempre por fim deleitar, e moralizar, ainda que instrua pouco, ou nada. Assim a História é para o romancista, como a poesia para o músico; a História oferece o assunto sobre o qual pode o romancista discorrer a seu livre-arbítrio, sem que imponha-lhe o menor freio; da mesma sorte a poesia oferece ao músico os versos sobre os quais compõe ele sua música a seu bel-prazer, conservando apenas nela o timbre, ou gosto da poesia, segundo for mais alegre, ou mais melancólico.

Feita nas páginas de abertura a *Gonzaga ou A Conjuração de Tiradentes*, a declaração demonstra uma lucidez que nem por isso atenua

---

21. *Ibidem*, vol. II, p. 71.

as limitações da novela histórica, especialmente, como no caso, em que o poder da fantasia deixava a desejar. De onde as liberdades forçadas, como fazer Tiradentes viajar para a França e EUA; conceder primazia ao caso amoroso entre Gonzaga e Marília a ponto de transcrever numerosas *Liras*, como se, verdadeiramente, se tratasse do namoro entre ambos e não da Inconfidência. Quanto a este propósito, grave para o andamento da narrativa, vejamos o que diz o novelista:

> É-me absolutamente preciso acompanhar os amores de Gonzaga com a revolução de Tiradentes, ou a revolução de Tiradentes com os amores de Gonzaga, até reuni-los no mesmo plano, tanta conexão têm estes dous objetos entre si.[22]

E, como se não bastasse o beco sem saída em que se metia, o narrador figura a seguinte situação: Tiradentes vai ao cemitério orar sobre a campa da sua irmã e, pondo-se a falar com unção poética, promete vingá-la, pois falecera de parto em consequência de o seu marido ter sido encarcerado graças às artimanhas de um padre, "familiar do Santo Ofício",[23] que a requestava impudentemente; a tia de Francisca, portanto de Tiradentes, narra a sua história e termina sentenciando que os "cobradores de impostos" são,

> De todos os homens do mundo os mais perversos, mais sem consciência, mais malvados, e despidos de sentimentos.[24]

De onde se concluir que Tiradentes armou a conjuração para vingar a irmã e atiçado pelas ideias liberais da tia! Tanta inventividade não se esperava de Teixeira e Sousa... Mas não finda aí o desconcerto estrutural da novela: morto Tiradentes, o escritor entra a filosofar profusamente acerca das épocas em que se pode desmembrar a história do Brasil e encerra o arrazoado com uma "sábia" exclamação:

> Com a morte de Tiradentes expirou a segunda época filosófica do Brasil, e começou a terceira época, e talvez a mais interessante de todas![25]

---

22. *Ibidem*, vol. I, p. 65.
23. *Ibidem*, vol. I, p. 47.
24. *Ibidem*, vol. I, p. 45.
25. *Ibidem*, vol. II, p. 139.

Ao longo dos anos, Teixeira e Sousa foi apurando o estilo, tornando-o menos desleixado, mas o culto dos horrores, que respeitou até o fim, e o arrimar-se à História por carência de recursos imaginativos, denotam um ficcionista de curto alcance; conquanto tivesse a noção da narrativa nos moldes em voga nos albores do Romantismo, soubesse conduzir enredos, formular atmosferas, entrelaçar acontecimentos, forjar suspenses e mistérios, tais faculdades não compensam o obstinado desequilíbrio e a ausência de uma ideia superior da obra literária. Cedendo ao vezo da literatura como entretenimento, ou incapaz de reconhecer-lhe funções mais altas, condenou-se a lugar secundário, tanto mais irrelevante quanto mais o sabemos, não o iniciador do romance brasileiro, e, sim, o protótipo de uma conjuntura assinalada pelo folhetim e pela novela de "terror grosso".

Autênticos precursores, os ficcionistas arrolados cultivaram, exceto Pereira da Silva ou, mesmo, Teixeira e Sousa, a ficção a par de/ou em decorrência da atividade jornalística. Como vimos, duas foram as tendências predominantes: a narrativa de mistério e terror, como a de Justiniano José da Rocha, e a sentimental. A partir de 1844, com o surgimento de Macedo e a continuidade da produção ficcional, a segunda vertente entrou a prevalecer sobre a outra, a ponto de emprestar caráter à nossa ficção romântica.

Com efeito, percorrendo as trilhas da novela ou enveredando pelo caminho novo do romance, ou mesclando as duas estruturas, a ficção romântica nacional obedeceu a um figurino que, por amor à clareza, pode ser reduzido, em linhas gerais, ao seguinte padrão: predomina a narrativa do namoro; as personagens, adolescentes no geral, voltam-se com exclusividade para a realização do casamento. Não raro, a história começa nos antecedentes do namoro e desenvolve-se no rumo do matrimônio, que pode consumar-se ou não. Claro, se ocorresse logo à entrada não haveria narrativa, ou este seguiria pelo atalho da análise pós-matrimonial (como em *A Filha do Pescador*), mas tal hipótese não vingou com Macedo, Alencar e outros.

Estabelecido o díptico amoroso, o ficcionista monta um conflito que impede a realização das sonhadas núpcias, fazendo intervir uma série de obstáculos no fluxo da narrativa. O terceiro polo é representado, no geral, por um rival ou intrigante, e assim se compõe o famigerado triângulo amoroso e a história flui de obstáculo a obstáculo, prendendo a atenção do leitor pelo emaranhado da situação dramática e não por sua análise. O chamariz para o leitor reside no embaralhamento das unidades narrativas, a técnica de suspense, com a introdução de um acidente novo sem esgotar o anterior, engendrando o mistério que acende a curiosidade em relação ao prosseguimento da intriga. Prevalece, consequentemente, a ação: a narrativa romântica gira em torno do enredo, que se distende linearmente, num ritmo ofegante e variado que não sugere a pausa reflexiva e convida a saborear o acontecimento pelo acontecimento, numa precipitação que culmina no "reconhecimento" final, quando se desfazem os nós que pontilham a fabulação, animando-a e seduzindo o leitor.

Preponderando o enredo, é à imaginação que o ficcionista apela, despreocupado de comprometer a verossimilhança exterior: a coincidência, aparentemente fortuita, substitui a noção de causa e efeito e o mistério preside os atos das personagens. Entreter, distrair, é o objetivo, não o de transmitir cultura, insinuar modos de ver a realidade. E de entreter com o espetáculo da vida sentimental, onde os conflitos, buscando resolver-se em casamento, gravitam ao redor de dois extremos burgueses, o amor e o dinheiro. Burguesa, como de resto a própria estética vigente na época, a nossa ficção romântica retrata os dramas da classe média oitocentista, tendo por núcleo o combate entre os valores impostos pela ética do dinheiro e os valores afetivos, uns e outros situados na raiz da burguesia.

Duas soluções se apresentam a tais batalhas fingidas: uma, otimista, cor-de-rosa, em que o epílogo é necessariamente o casamento; outra, pessimista, em que a morte impede o consórcio entre os namorados. A primeira solução, mais congenial à nossa índole e ao nosso meio cultural, sobrepujou a outra, que constitui voz discrepante (como *Lucíola*, de Alencar; *Amores de um Médico*, de Macedo; *Inocência*, de Taunay). Nossa ficção romântica pode ser entendida como fotografia e projeção da burguesia, por focalizar dramas adolescentes (ainda quando se trate de viúvos) com desfecho geralmente positivo. Visão do mundo amena, estável, desatenta à realidade contraditória, eis o que transmite a ficção romântica.

Observe-se, porém, que se trata de esquema adequado à prosa urbana, uma vez que a cidade é o reduto da burguesia: a ficção histórica, a regionalista e a indianista, sem recusar de todo o padrão da narrativa citadina, poderá acrescentar-lhe novos matizes, oriundos de situações inéditas. Assim, um idílio entre aborígines, como em *Ubirajara*, ou entre uma índia e um homem branco, como em *Iracema*, não obedece aos valores burgueses, que encontram no casamento, e na família, toda a sua força de poder: ainda prevalece, contudo, o impulso emotivo, analisado segundo a óptica que se deseja compatível com o meio silvícola e não com as expectativas da classe média, embora estas continuem subjacentes.

JOAQUIM MANUEL DE MACEDO

Nasceu a 24 de junho de 1820, em S. João do Itaboraí, Estado do Rio de Janeiro. No mesmo ano em que se formou pela Faculdade de Medicina do Rio de Janeiro (1844), publicou o romance *A Moreninha*, que lhe trouxe imediato prestígio e lhe decidiu o rumo a seguir: pouco vocacionado para a clínica, entregou-se ao jornalismo, à política (deputado mais de uma vez), ao magistério (professor de História e Geografia no Colégio Pedro II) e às letras. Nos últimos anos, vendo empalidecer a auréola que lhe adornava o nome e acometido de grave doença nervosa, dedicou-se a escrever obras didáticas, abaixo do nível das anteriores. Faleceu no Estado natal a 11 de abril de 1882, deixando obra volumosa, dividida em romance: *O Moço Loiro* (1845), *Os Dois Amores* (1848), *Rosa* (1849), *Vicentina* (1853), *O Forasteiro* (1855), *O Culto do Dever* (1865), *As Vítimas Algozes* (1869), *O Rio do Quarto* (1869), *Mulheres de Mantilha* (1870-1871), *A Namoradeira* (1870), *Um Noivo e Duas Noivas* (1871), *Os Quatro Pontos Cardeais* (1872), *A Misteriosa* (1872), *A Baronesa do Amor* (1876); teatro: *O Cego* (1845), *Cobê* (1849), *O Fantasma Branco* (1856), *O Primo da Califórnia* (1858), *Luxo e Vaidade* (1860), *O Novo Otelo* (1863), *A Torre em Concurso* (1863), *Lusbela* (1863), *Cincinato Quebra-Louça* (1873), reunidas, em parte, em *Teatro do Dr. Joaquim Manuel de Macedo*, 3 vols., (1863); poesia: *A Nebulosa* (1857); biografia: *Ano Biográfico Brasileiro* (1876); crônicas: *Romances da Semana* (1861), *Um Passeio pela Cidade do Rio de Janeiro* (1862-1863), *Memórias da Rua do Ouvidor* (1878); viagens: *A Carteira de Meu Tio* (1855), *Memórias do Sobrinho de Meu Tio* (1867-1868).

Macedo está para a ficção romântica assim como Gonçalves Dias está para a poesia: introduziu o romance brasileiro, nacionalizando a prosa de ficção nos temas e na técnica; iniciou o abrasileiramento de nossa tradição ficcional, emprestando-lhe uma fisionomia que faria carreira ao longo do século XIX, e na qual se refletem nitidamente o *ethos* e o *pathos* nacionais.

Ao mesmo tempo, inicia a nossa ficção propriamente romântica, e aqui também se tornou mestre, ao menos enquanto durou o modelo cultural e vigente após a independência. Os seus romances obedecem a uma esquematização que, duma forma ou doutra, seria empregada pelos ficcionistas contemporâneos e pósteros, desde Alencar até Machado de Assis. Criou, por conseguinte, o nosso padrão de romance romântico, diverso do europeu, notadamente o português, não só pela matéria, extraída de nossa conjuntura socioeconômico-cultural, mas também pela estrutura e linguagem. Ficcionista nato, legítimo contador de histórias, os seus romances descortinam rasgos de nossa psique mais profunda e revelam um processo muito nosso de organizar a matéria narrativa.

Com pequenas variações, o romance de Macedo — bem como a ficção romântica, dele caudatária, — caracteriza-se por ser romance do namoro. Adolescentes via de regra, ou agindo como tal (é o caso das viúvas suspirosas), os seus protagonistas não têm outra preocupação que o sentimento amoroso, e sentimento amoroso idealista, conducente ao casamento:

> há um grande, e talvez único pensamento na vida da mulher, que, durante quarenta anos, a ocupa toda; que se alimenta, se rumina, e por ele se vive: é o amor[1]

Transcorre, portanto, na fase anterior à sua realização, de forma que, se o anseio fosse de imediato atendido, não haveria romance. De onde, refletindo a própria sociedade circundante, o romancista esmera-se em dificultar-lhe a consumação, interpondo obstáculos de vária natureza aos desejos do par amoroso, quer pelas manobras de rivais ou de terceiros, quer pelo desencadeamento de circunstâncias adversas ao fluir normal das ações. E a sequência de obstáculos que motiva o desenrolar da história, de modo que a intriga predomina sobre a análise, num andamento em linha senoide marcado pelo suspense, rumo do desenlace, quando se desfazem os nós dramáticos e explode o "reconhecimento". O mecanismo do enredo é a coincidência, espécie de *deus ex machina* imanente, providencialista, gerado pelos padrões sociais em voga, e o encadeamento da ação obedece a uma lógica não causal.

Entreter, eis o propósito capital do romance macediano (e romântico), entreter com uma história salpicada de mistério, para atender às

---

1. Joaquim Manuel de Macedo, *O Moço Loiro*, 2 vols., Rio de Janeiro, Garnier, s.d., vol. II, pp. 54-55.

expectativas de uma sociedade necessitada de compensação imaginária, e que na tela da ficção encontrava, lisonjeada, o seu retrato ideal(izado): apresentando às leitoras o que parecia ser a realidade coeva — e era-o nalguns pormenores (pelo menos os aparentemente neutros: vestuário, regras de convívio) — o romancista ofertava-lhes a imagem do que aspiravam a ser ou se imaginavam ser.

Burguês na essência, o romance macediano — assim como a ficção romântica, — gravita ao redor de conflitos sentimentais, vinculados não raro a questões de honra ou dinheiro. Duas soluções servem de fecho às narrativas: uma, otimista, cor-de-rosa, culminando no casamento; outra, pessimista, cinzenta, em que a morte de um dos protagonistas impede a concretização das núpcias. A primeira é dominante não só na obra romanesca de Macedo como também na ficção oitocentista anterior a *O Mulato*: contam-se nos dedos as narrativas românticas de epílogo negativo, como *Lucíola* e *O Gaúcho*, de Alencar, *Inocência*, de Taunay, *Helena*, de Machado de Assis.

Movendo-se no interior desse quadro, e com isso inaugurando a prosa ficcional romântica, as narrativas de Macedo refletem-lhe as características inerentes, a começar das referências ao Romantismo. Elaborados no momento histórico em que a convulsão romântica se instalava entre nós, os primeiros romances macedianos evidenciam adesão à nova moda e também o impacto que esta representava sobre uma sociedade ainda guiada pelos padrões setecentistas. Se a novidade era ser romântico, as personagens sabem-no perfeitamente, ora classificando as heroínas conforme as estéticas:

> uma jovem de dezessete anos, pálida... romântica e, portanto, sublime; uma outra, loura... de olhos azuis... faces cor-de-rosa... e... não sei que mais; enfim, clássica,[2]

ora defendendo o novo credo, não sem a ligeireza solerte do burguês que segue a moda pela moda:

> — Mas a desordem é hoje a moda! o belo está no desconcerto; o sublime no que se não entende; o feio é só o que podemos compreender: isto é romântico; queira ser romântica, vamos ao meu futuro.[3]

---

2. *Idem, A Moreninha,* Rio de Janeiro, Zélio Valverde, 1945, p. 31.
3. *Idem, ibidem,* p. 200.

ora referindo-se ao "tipo romântico", ou "moça romântica", ou empregando o adjetivo "romântico" qual uma pecha:

> — Meu Deus!... mas tu és romântica, Honorina!...
> — O amor!... o amor!... o amor! ... exclamou Honorina com sentimento e fogo.[4]

no qual se esbate a reação passadistamente antirromântica, fruto do preconceito e da estagnação:

> O mundo, minha filha, passando estava e está passando por uma revolução espantosa; revolução que nada respeita, desde a política e a religião até mesmo as mais nobres e generosas crenças de ideias individuais. Demônios eloquentes, penas temperadas no fogo do inferno, tinham anos antes espalhado e pregado, segundo mil vezes me repetiu o meu santo confessor, princípios fatais à humanidade, desorganizadores dos tronos e do altar (...) As ideias deste século pervertido são contagiosas: povos inteiros padeceram o mesmo mal; o brasileiro não podia formar exceção.
>
> ....
>
> Tudo isso foi devido à liberdade...
> A peste entrou também em nossa família: teu avô, teu tio, e eu nos conservamos firmes em nossos antigos princípios, com as belas inspirações de nossos antepassados, desprezando todos esses erros, detestando todos esses crimes da época, todas essas mentiras de liberdade, igualdade, direitos do homem, constituição, e não sei que mais ... tendo finalmente por glória única sermos sempre devotados ao — altar e trono — e mais nada.[5]

Não esqueçamos que tais opiniões são externadas por D. Ema, velha de 70 anos, em narrativas onde escasseiam os macróbios, "estátua do século passado",[6] e estará dito tudo. Jovem, portanto, o universo criado por Macedo, em parte refletindo a época e os seus modelos, em parte propondo a idolatria romântica em lugar da cosmovisão clássica e aristocrática: os seus romances abriam o caminho para uma nova concepção do mundo sem deixar de repercutir o conflito geracional ainda presente. Na verdade, subestimou-o para que a nova ideia dominasse em toda a linha, decerto cônscio de assim formar nos leitores uma opinião favorável à sua pregação. O neoclassicismo, como se sabe, e tudo

---

4. *Idem, O Moço Loiro*, vol. I, p. 57.
5. *Idem, ibidem*, vol. I, pp. 100-101, 102.
6. *Idem, ibidem*, vol. I, p. 65.

o mais que representou como padrão sociopolítico-cultural, resistiu valentemente no decurso do século XIX, a tal ponto que, se o Parnasianismo deitou fundas raízes entre nós, talvez se deva em alguma coisa à sua persistência.

Para testemunho de que a pregação de Macedo surtiu efeito, basta recordar os nossos ficcionistas do século XIX. A revolução romântica acabaria por se instalar dum jeito ou doutro, mas o fato de o exemplo macediano servir a tantos romancistas obriga a pensar que nele o Romantismo encontrou defensor modelarmente aguerrido e entusiasta. Não era suficiente assimilar a moda romântica para abrir janelas à ficção oitocentista: Macedo possuía talentos narrativos de sobejo, que os leitores certamente reconheceriam. A sua visão açucarada do mundo, como se Pangloss reinasse soberano, parece mais um ideal a perseguir que retrato do *status quo* contemporâneo. Tanto assim que o tempera com um realismo, já assinalado pelos críticos, que só não é contraditório porque bem dosado e coerente: realismo fruto da observação do cotidiano fluminense, realismo de cronista, consciente de pintar ao vivo — "Honorina 'não é uma ficção de romance'."[7] — atua como elemento de contraste para a sentimentalidade que lhe permeia as narrativas e, a um só tempo, como gerador de verossimilhança.

A força de Macedo enquanto ficcionista reside na ponderada manipulação dos expedientes romanescos, num ritmo alternante que não deixa vaza à monotonia. As notas realistas, espontaneamente colhidas, qual um cronista ávido de surpreender o dia a dia, ressaltam: desde os pormenores de vestuário até os saraus ou récitas teatrais, o seu dom de observador arguto se faz presente, a ponto de insinuar serem as cenas emotivas tão verídicas quanto os flagrantes vizinhos do grotesco ou do mau gosto, como surpreender o "romântico Augusto em ceroulas, com as fraldas à mostra", ou deter-se na figura de D. Violante, "horrivelmente horrenda, e com sessenta anos de idade apresentava um carão capaz de desmamar a mais emperreada criança", rindo com os "dois únicos dentes que lhe restavam", e relatar o seu diálogo com Augusto, que termina pelo diagnóstico que o moço lhe faz, ou ao frisar que o herói, em razão dum "interessante escritinho", se esquecera de assoar o nariz "e que o pingo estava cai não cai na ponta do nariz".[8]

---

7. *Idem, ibidem*, vol. I, p. 151.
8. *Idem, A Moreninha*, pp. 26, 53, 187.

Realismo ingênuo, realismo de salão, mas digno de nota como acerto romanesco, ao mesclar os opostos num equilíbrio de mestre: se algumas cenas parecem ridículas aos padrões de hoje, como a lacrimosidade generalizada ou a cantoria de personagens masculinas ao som de harpa, é patente a habilidade com que Macedo joga com os diversos ingredientes. O humor, vinculado diretamente ao realismo, é um deles: humor de situação, as mais das vezes, no qual Macedo trai seu gosto pelo teatro, humor das trocas verbais, ou de quiproquós, sempre bem comportado, inofensivo, burguês, mas engenhosamente arquitetado como contrapeso ao adocicamento das narrativas:

> Duas exclamações de espanto se deixaram ouvir então... e ambos aqueles vultos de mulher recuaram espantados...
> A companheira de Manduca era nada menos que Brás-mimoso vestido também de mulher!
> Para perder Honorina, Lucrécia tinha tido pouco mais ou menos o mesmo pensamento, que tivera o Moço Loiro para salvá-la, e vingá-la.[9]

Que o humor de Macedo guardava acerado espírito crítico, não manifesto plenamente por uma questão de coerência, evidenciam as narrativas *A Carteira de Meu Tio* e *Memórias do Sobrinho de Meu Tio*, misto de literatura de viagens, de romance e crônica, numa miscelânea que lembra as *Viagens na Minha Terra*, de Garrett, com a diferença de as obras macedianas revelarem um caráter desabusado que ataca frontalmente os valores respeitados nos romances:

> O *público* é o povo, isto é, um animal cargueiro, uma espécie de camelo bípede capaz de carregar às costas o próprio diabo, contanto que o peso do diabo não exceda às proporções materiais das forças do camelo; como porém o diabo tem o segredo infernal de dissimular o seu peso, o *respeitável público* presta-se a carregar com todos os diabos, desempenhando desse modo o seu natural ofício. Se alguém duvidar desta verdade, examine com cuidado e sem prevenções, a numerosa lista dos ministros de estado que temos tido, que sem precisar estender o seu exame aos grandes do Império, presidente de províncias, e corpo legislativo, reconhecerá como é avultado o número de diabos que tem andado às costas do povo brasileiro.[10]

9. *Idem, O Moço Loiro*, vol. II, p. 255.
10. *Idem, Memórias do Sobrinho de Meu Tio*, nova ed., Rio de Janeiro, Garnier, 1904, p. 20.

Platão, chama-se o moleque de recados do "sobrinho de meu tio", Xiquinha, sua musa, "uma verdadeira maravilha, uma estupenda conselheira política; é a pedra filosofal que por acaso ou inaudita felicidade encontrei",[11] portanto, autêntica anti-heroína romântica, com a qual se casa logo no 3º capítulo das *Memórias* e com a qual viaja a Paris, etc.; o herói vê a sua "candidatura entregue aos cuidados de um presidente de província, o que além de vesgo e coxo e de se chamar por alcunha o *Bisnaga*, tem uma filha de nome Desidéria, feia, quarentona, e nunca dantes desejada",[12] — tudo antagônico aos padrões burgueses que *A Moreninha* e irmãs se incumbiram de exaltar.

Dir-se-ia o ficcionista a desforrar-se da pose forçada a que se obrigara ou, mais certamente, das injunções de que tinha sido vítima, sobretudo na arena política. Autoriza a pensá-lo não só a imperturbável coloração galhofeira das tintas como também, e notadamente, os momentos em que o tom sério denuncia mágoa ou fel represado:

a vida humana é uma burla mais ou menos prolongada, e o homem mais eminente, mais hábil e mais digno de real respeito é aquele que melhor e mais vezes engana os outros.[13]

Ou uma aguda e ainda atual percepção da nossa realidade, especialmente no setor político:

Eu não conheço no mundo país como o Brasil, onde se fale mais em partidos políticos, e onde menos se façam sentir os partidos políticos na governação do Estado.[14]

Humor e realismo contrabalançam ingredientes oriundos das narrativas em folhetim que tanta voga tiveram entre nós na manhã do nosso Romantismo: o tom melodramático de certos episódios, não raro evoluindo para um confrangedor patético, resultante de se entregarem às lágrimas ou a gestos teatralmente derrotistas personagens até então hieráticas, solenes; a figura do enjeitado, fruto de amores secretos e proibidos, mas que a sociedade punia severamente, — são alguns dos componentes

---

11. *Idem, ibidem,* p. 93.
12. *Idem, ibidem,* p. 190.
13. *Idem, A Carteira de Meu* Tio, 4ª ed., Rio de Janeiro, Garnier, s.d., p. 48.
14. *Idem, Memórias do Sobrinho de Meu Tio,* p. 164.

que acusam o débito para com o folhetinesco, decerto para atender ao gosto das leitoras imaginosas e intoxicadas de sentimentalidade.

Embora despropositadas em nossos dias, tais notas de exagero apontam uma consciência artesanal que se imporia no transcurso do século XIX: posto que atenuada pela sobriedade com que Machado de Assis investigava as razões do coração, a receita macediana atingiria o derradeiro quartel do século XIX. E as novelas de televisão dos nossos dias atestam que o amor ao melodramático não desapareceu — tão somente mudou de veículo; se o moderno leitor sofisticado de romance repele o patético macediano, a maioria dos seus possíveis leitores, representada pelos videomaníacos, ainda o preferiria ao experimentalismo atualmente em voga. Se a expectativa do leitor de romance melhorou por evolução da fôrma, ou se a mudança do seu critério determinou que o romance sofresse completa metamorfose, o leitor medianamente burguês, afeiçoado ao patético, transformou-se em consumidor de novelas de televisão.

Com efeito, o impacto do folhetim no romance de Macedo fazia-se acompanhar de nítidos vestígios da técnica novelesca (como, por exemplo, em *Vicentina*, a "conclusão que promete mais"), de resto presentes em toda a ficção romântica: a narrativa macediana oscila entre o romance, pela simultaneidade dramática, e a novela, pela ênfase no suspense e o predomínio da intriga, num equilíbrio estrutural que, satisfazendo à imaginação das leitoras coevas, criava o modelo de romance de entretenimento.

Em meio a essa temperança, uma solução técnica releva, a do *flashback*. Via de regra, as narrativas macedianas apanham a ação *in medias res* e regridem para os acontecimentos anteriores por meio da retrospecção, praticada pelo narrador ou pelos protagonistas. O expediente, conquanto utilizado primariamente, exibe certo halo de modernidade, na medida em que a linearidade do relato é quebrada pela inserção de outro plano temporal que, introduzindo novo foco de curiosidade, adia a prossecução da cena interrompida e mantém vivo o interesse do leitor e sugere relativa complexidade narrativa. E quando, na linha desse processo, o leitor descobre que o romance acabado de ler — *A Moreninha* — é precisamente aquele que o protagonista perdedor da aposta inicial escreveria, — de pronto associa o expediente narrativo a romances modernos que empregam técnica análoga, conquanto mais requintada.

Por outro lado, a interceptação do relato pelo *flashback* vincula-se à referida técnica de obstáculos: os nós que pontilham a narrativa não obedecem a uma sequência monocórdia, mas a uma tipologia em forma de galáxia, cujo núcleo fosse representado pelo obstáculo-mor, por isso mesmo tornado eixo da fabulação. A retrospectiva incide, regra geral, nesse episódio nuclear, selecionado de acordo com um critério de valor dramático, ou seja, pela aura de mistério circundante. Assim, o breve em *A Moreninha*, a cruz de brilhantes em *O Moço Loiro*, a origem de Cândido em *Os Dois Amores*, ou de Milo em *O Rio do Quarto*, etc., ao encerrar o mistério que impulsiona e esclarece a intriga, exprimem o segundo plano narrativo, situado no passado, espécie de romance dentro do romance.

Não raro, o ficcionista apela para o maravilhoso (representado pelas mesmas circunstâncias ou objetos) ou o insólito folhetinesco para compor o enigma a desvendar; no fundo, o truque narrativo serve para distrair e para edificar a leitora. Macedo não parece preocupado tão somente com oferecer jogos de passatempo mas também com moralizar: o seu otimismo pressupõe certos padrões — afinal de contas burgueses, católicos — que a narrativa de amor adolescente ajuda a pregar. Difusos na ação, no comportamento das personagens, tais padrões volta e meia se cristalizam em longas tiradas doutrinárias ou em sentenças à La Rochefoucauld:

> a verdadeira dor é simples e singela; e a saudade que se não simula, a saudade que sai do coração, não tem necessidade de adornar-se

> O amor é a paixão das inconsequências e dos absurdos.[15]

Moralismo burguês, idealista, moralismo de classe, maniqueísta: Macedo vê o mundo habitado por duas espécies de gente, a que representa o Bem, e a que representa o Mal, a primeira, identificada com os valores preconizados pela classe média, a segunda, pelos que os desrespeitarem. O herói de *O Moço Loiro* resgata a sua honra e ganha o amor de Honorina mercê dos padrões burgueses de conduta; nele o Bem e a burguesia se retratam e se enaltecem, mas a mãe de Carlos, personagem do mesmo romance, porque o teve de pai desconhecido, acaba leprosa; nela o Mal e a antiburguesia se compaginam. Em *O Rio do Quarto*, a hipocrisia clerical sai ilibada, enquanto o sobrinho do padre é condenado, em sua ambição desenfreada, à morte; ali, o burguês, aqui o rebelde.

---

15. *Idem, Os Dois Amores*, 2 vols., Rio de Janeiro, Garnier, s.d., vol. I, p. 43, vol. II, p. 5.

E em *A Luneta Mágica* a dualidade moral constitui a própria matriz do romance: graças a um presdigitador armênio, o herói apossa-se de uma luneta que lhe permite ver somente o Bem; desencantado com o espetáculo oferecido pelos semelhantes, recebe outra lente, que lhe faculta perscrutar o Mal no íntimo das pessoas, e da mesma forma se decepciona. Aqui, o irredutível binômio ético adquire estrutura de alegoria, por meio da qual o romancista atinge o extremo do seu pendor para divisar providencialismo mágico no recesso dos acontecimentos e dos conflitos. E tal providencialismo, adolescente por seu cunho maravilhoso, decerto visaria a incensar a mentalidade burguesa: dando uma explicativa cômoda para as opções morais, o romancista permitiu que a cínica irresponsabilidade burguesa se autojustificasse. Anticatártico, portanto, o seu providencialismo ao mesmo tempo espelhava e fortalecia a ética burguesa, atribuindo-lhe outras razões de ser e uma imagem positiva, com sugerir que o Mal estaria nos outros, nos que rejeitassem os padrões burgueses.

Cosmovisão maniqueísta, nela se projeta a radicalização moral da sociedade preconceituosa na qual se movia o escritor; sectarismo burguês, expresso nas molas do convívio social: amor e dinheiro, entrelaçados, para manter o *status quo* e premiar os que aderiam aos valores burgueses, cujo ápice é marcado pelo casamento: "nesta vida não nos dão licença de pensar senão no casamento".[16]

Todos os conflitos gravitam ao redor daquelas forças, tendo em vista o mesmo objetivo, numa clara expressão da ética do sentimento e do dinheiro, substituta dos velhos padrões de sangue. Ética que justifica o enjeitado (filho da paixão, que ao burguês repugna porque não sacramentada) simplesmente por ser de ascendência burguesa e, consequentemente, de pai rico: a redenção do pobre enjeitado deve-se ao dinheiro e somente ao dinheiro, e assim a moral burguesa não se vê alcançada pela matéria espúria que ela própria segrega. O binômio amor *versus* dinheiro torna-se inextricável, a ponto de um não subsistir sem o outro.

Macedo apenas reproduzia a conjuntura vigente no seu tempo, a circunstância de que o romance havia surgido com a burguesia, e exprimia-lhe as veleidades de classe dominante na escala social. Todavia, obrou com parcimônia, que os contemporâneos e os pósteros souberam compreender e aplaudir, temperando o extremismo sufocante dos valores burgueses com o ridículo, o humor e o realismo, sob os quais se ocultava

---

16. *Idem, O Moço Loiro*, vol. I, p. 56.

um olhar crítico, que se conteve para sobreviver e/ou porque também se estribasse nos mesmos valores registrados em suas narrativas. De qualquer modo, inaugurava o nosso romance romântico, abrasileirando o modelo europeu, com a criação de entrechos festivos, tropicais, cor-de-rosa, espelho do ufanismo ecológico que, despontado já no século XVI, permaneceria como um dos fios condutores da literatura brasileira.

JOSÉ DE ALENCAR

José Martiniano de Alencar nasceu em Mecejana, Ceará, a 1º de maio de 1829. Passados onze anos, desloca-se para o Rio de Janeiro a fim de realizar estudos elementares e secundários. Em 1843, vem para S. Paulo e matricula-se na Faculdade de Direito. Formado em 1850, regressa ao Rio de Janeiro e inicia atividade de jornalista e advogado. A polêmica travada em torno de *A Confederação dos Tamoios*, de Gonçalves de Magalhães, granjeia-lhe rápida nomeada, que a publicação de *O Guarani* (1857) consolida e amplia. Em 1860, elege-se deputado, mas continua a praticar o jornalismo ao mesmo tempo que dá prosseguimento à sua obra. Nove anos depois, inimistado com D. Pedro II, em razão de a pasta da Justiça não lhe ter sido destinada, recolhe-se à vida particular e aos livros. Faleceu a 12 de dezembro de 1877, deixando obra volumosa, dividida em romance e/ou novela: *Cinco Minutos* (1860), *As Minas de Prata* (1862), *Lucíola* (1862), *Diva* (1864), *Iracema* (1865), *O Gaúcho* (1870), *A Pata da Gazela* (1870), *Guerra dos Mascates* (1871), *Sonhos d'Ouro* (1872), *Til* (1872), *Alfarrábios* (1875), *Ubirajara* (1874), *Senhora* (1875), *O Sertanejo* (1875), *Encarnação* (1893); teatro: *A Noite de São* João (1857), *O Rio de Janeiro — Verso e Reverso* (1857), *O Demônio Familiar* (1858), *As Asas de um Anjo* (1860), *Mãe* (1862), *A Expiação* (1867), *O Jesuíta* (1875); vária: *Os Filhos de Tupã*, poesia (1910), *O Nosso Cancioneiro* (1867), *Como e por que sou romancista* (1893), *Ao Correr da Pena*, crônica (1874), *Ao Imperador — Cartas Políticas de Erasmo* (1865), *Ao Povo — Cartas Políticas de Erasmo* (1866), *Ao Visconde de Itaboraí — Carta de Erasmo sobre a Crise Financeira* (1866).

Poucos escritores há na literatura brasileira que tenham suscitado juízos tão contraditórios como José de Alencar. Ora o julgam "genial", "magistral", "figura descomunal, fundida com as montanhas e entestando com as nuvens, ora fazem dele um secundário contador de patranhas de índios e vaqueiros. Algumas vezes, elogiam-lhe o estilo, o amor à "língua brasileira"; outras, irritam-se diante da colocação dum pronome ou do açucaramento e exuberância das imagens. A sua entranhada xenofobia tem sido objeto de interpretações desencontradas, conforme o ângulo de análise ou as idiossincrasias do crítico. Em suma: diante dele, parece que não se conhecem meias-tintas nem a serenidade judicativa.

E se os juízos negativos podem atribuir-se a caturrices de gramáticos e filólogos, os elogios desmesurados induzem muitos a considerá-lo um ficcionista para adolescentes. Acabaram por transformá-lo num contador de histórias de passatempo para leitores de idade pueril, o que tem motivado a falsa impressão de ser um romancista que não se pode levar a sério. Basta confrontar a escassez da bibliografia a seu respeito com o volume de sucessivas edições de suas obras, para se perceber a flagrante desproporção. Nem por ser dos mais lidos é dos mais estudados dos nossos ficcionistas, em razão dum indisfarçável tabu.

Na verdade, porém, Alencar está para a prosa romântica assim como Gonçalves Dias para a poesia: é o nosso mais importante ficcionista do Romantismo, pelo volume da obra produzida, pela variedade dos temas versados e o estilo grandiloquentemente brasileiro e espontâneo. Marco em nossa tradição literária, tornou-se o primeiro escritor a devotar-se integralmente à sua obra: romancista por vocação, não apenas por reflexo do meio ambiente. Jamais escreveu por motivos subalternos, e podia ter abandonado os planos literários quando alcançou nomeada como homem público, mas continuou fiel à voz interior.

Argumenta em favor dessa tese a inalterável disposição para arquitetar romances mesmo quando as forças começaram a escassear-lhe. Acrescente-se-lhe a diversificação da obra, subordinada ou não a plano pré-estabelecido, conduzindo a uma panorâmica social e histórica do Brasil. Configura-se, desse modo, o superior papel representado por Alencar nos quadros do Romantismo e, consequentemente, de todo o século XIX.

No prefácio a *Sonhos d'Ouro*, datado de 23 de julho de 1872, Alencar dirige-se aos aristarcos do tempo e discute o "período orgânico" da nossa literatura que acredita dividida em três fases:

A primitiva, que se pode chamar aborígine, são as lendas e mitos da terra selvagem e conquistada; são as tradições que embalaram a infância do povo, e ele escutava como o filho a quem a mãe acalenta no berço com as canções da pátria, que abandonou. *Iracema* pertence a essa literatura primitiva. (...) O segundo período é histórico: representa o consórcio do povo com a terra americana. (...) A ele pertencem *O Guarani* e *As Minas de Prata*. (...) A terceira fase, a infância da nossa literatura, começada com a independência política, ainda não terminou: espera escritores que lhe deem os últimos traços e formem o verdadeiro gosto nacional, fazendo calar as pretensões hoje acesas, de nos colonizarem pela alma e pelo coração, já que não o podem pelo braço. (...) *O Tronco do Ipê*, o *Til* e o *Gaúcho*, vieram dali.

Como ainda restassem de fora alguns romances, adverte ele que da "luta entre o espírito conterrâneo e a invasão estrangeira, são reflexos *Lucíola*, *Diva*, *A Pata da Gazela*, e tu, livrinho, que aí vais correr mundo com o rótulo de *Sonhos d'Ouro*". Embora seja uma "sistematização *post-factum*",[1] ou por isso mesmo, revela que Alencar tinha consciência de haver tratado, nos romances, de aspectos fundamentais da realidade brasileira. E mesmo que, acicatado pelos críticos irritadiços, não o declarasse, a sua obra ali estava para o comprovar.

Compreende-se, pela divisão metodológica apresentada que, um tanto por causa das modas literárias em voga no penúltimo quartel do século XIX, outro tanto em obediência à condição natural de guia, Alencar cultivasse várias formas de expressão. No decurso duma breve mas intensa jornada literária (de 1857 a 1877), praticou a crônica, o teatro, a crítica literária, a biografia, a poesia, o romance, etc., aglutinados em torno de dois núcleos fundamentais: o primeiro, formado pelas manifestações propriamente literárias (o teatro, a crítica literária, a crônica, a poesia e o romance); o segundo, pelas demais obras, corresponde à fração envelhecida do espólio alencariano.

No primeiro grupo, em que se reúne o que de mais importante realizou o talento de Alencar, nem tudo é ouro, posto reluza como tal. A uma crítica exigente, o seu único poema em versos, *Os Filhos de Tupã*, ainda preso ao indianismo de Gonçalves Dias, não consegue alçar voo: mais pensamento que sentimento poético, marca-o nítido formalismo, muito próximo da poesia parnasiana. Em semelhante nível se dispõe o Alencar crítico literário: investiu corajosamente contra *A Confederação dos Tamoios*, e a obrigação de coerência o impeliu a escrever romances indianistas; encerrado o episódio, a crítica deixou de interessá-lo. À crônica, dedicou-se por algum tempo, entre 1854 e 1855, e enquanto se adestrava para levar a efeito a produção literária mais exigente. Falto do gosto da observação, as suas poucas crônicas equivaliam a mero exercí-

---

1. Araripe Júnior, *Obra Crítica*, 3 vols., Rio de Janeiro, Casa de Rui Barbosa, 1958-1963, vol. I, p. 254.

cio: autorizam supor que fixava cenas, esboçava personagens e apurava o estilo, com os olhos postos nos romances projetados.

Análogo juízo vale para o teatro: escreveu sete peças e viu quatro encenadas em apenas três anos; passado o ardor da juventude, emudeceu como dramaturgo. A explicação há de residir no fato de as suas peças não gozarem de muita aceitação entre os frequentadores de teatro no Rio de Janeiro daqueles anos: procurando fazer teatro de atualidade, à Dumas Filho, não lhe agradava entregar-se à observação da vida cotidiana, imprescindível ao tipo de drama que concebia. Outra explicação pode ser colhida no fato de ver mal e preconceituosamente a realidade social contemporânea, ou se armar em moralista e falsear as situações. De suas peças, salva-se *O Jesuíta*: drama histórico, permitia-lhe recorrer à imaginação e manter a unidade do entrecho sem atentar contra o princípio da verossimilhança. Salvam-se, ainda, as comédias, como o *Demônio Familiar*, não obstante superada a conjuntura social que lhe serviu de inspiração: o escravo medianeiro de amores e intrigas sentimentais.

Verdadeiramente, situa-se na prosa de ficção o ponto mais alto da obra de Alencar. Representam-na os romances e as "lendas e narrativas" que, à feição das de Herculano, enfeixou nos *Alfarrábios*; produções de fim de vida, embora vinculadas à tendência cedo despertada, estes constituem fração menos importante no conjunto de seu universo ficcional.

Urbano, ou citadino, o primeiro tipo de romance alencariano. Fruto da breve experiência jornalística, da observação da sociedade fluminense, e da fantasia, nele Alencar parece seguir as pegadas de Balzac, um de seus numes tutelares. *Cinco Minutos*, *A Viuvinha*, *Diva*, *Lucíola*, *Senhora*, *A Pata da Gazela*, *Sonhos d'Ouro* enquadram-se nessa "comédia humana" carioca da metade do século XIX. Obedientes ao figurino romântico, empregam os mesmos expedientes narrativos. Romances de intriga, de entretenimento, de namoro adolescente, giram em torno do conflito entre duas forças igualmente poderosas: o amor e o dinheiro. Não raro, o lastro de moralidade comum à mundividência romântica compele o romancista a inserir no binômio um termo decorrente ou paralelo: a honra. E esta, identificada ou não com um dos antagonistas, empresta ao drama juvenil a verdade que lhe falta no momento. O caso de Aurélia, heroína de *Senhora*, exemplifica à perfeição esse duelo de interesses e sentimentos, numa trama em que o dinheiro atribui à mulher o direito não só de tirar alguma nódoa do passado, como nivelar-se ao homem amado; e a este, render-se à evidência dos fatos e tornar-se merecedor, por meio da recuperação moral (a compra, pelo dinheiro, de sua liberdade), da mulher amada.

Como poderiam dar-se tão somente no âmbito da burguesia, tais conflitos acusariam uma velada ou subjacente crítica à classe média. O modo, porém, como o choque se organiza e se resolve, contém apologia dessa camada social, aliás em consonância com o espírito romântico, ao menos na primeira de suas mutações históricas (até meados do século XIX). Tudo ali diz bem duma classe gozadora de ócios quase sempre néscios, preenchidos com algum negócio, forma de ação social que inclui o amor. Uma fauna de desocupados a passar os dias nulos resolvendo o que lhes parecia a magna questão, a do sentimento amoroso que, segundo as regras vigentes, deveria conduzir inflexivelmente ao casamento.

Um otimismo de criaturas despreocupadas do ganha-pão diário percorre a narrativa de seus dramas de salão e alcova. Uma demanda de felizes desenlaces entre criaturas que se merecem, apesar de afastadas por questões de casta, confere à narrativa um quê de artificial e irreal, pois as diferenças sociais, determinadas pela simples posse do dinheiro, impediriam a aproximação das personagens entre si. O romancista, onisciente e desejoso de comunicar-se com as leitoras, burguesas, articula meios de anular as discrepâncias de escala social, fazendo o herói, via de regra o menos aquinhoado, ascender ao plano da protagonista, e ser-lhe digno não só pelo sentimento mas também pela aquisição dos bens materiais. Em suma: combinam-se personagens e interesses com o exclusivo objetivo do casamento, como se outra meta existencial não se divisasse no horizonte. Assim, a própria ideologia burguesa, a que pertencia Alencar, condicionava o elogio do processo preservador das conveniências: a família organizada com base no casamento, e este no dinheiro, em torno de que tudo gravita, inclusive a honra.

Daí tudo se passar em ambientes burgueses, ainda quando a história decorra em lugares não citadinos. *Lucíola*, história duma espécie de Margarida Gautier fluminense focalizada em pleno delírio de bacante,[2] constitui honrosa exceção. Faltam-lhe os delíquios teatrais da francesa, a languidez de agonizante a inspirar compaixão, o trágico destino de meretriz irrecuperável ainda que plena de virtudes latentes: Lúcia, ao

---

2. Araripe Júnior (*op. cit.*, p. 185) insurge-se contra os que divisam "em Lucíola uma simples imitação da *Dama das Camélias*". De fato, não se trata de imitação, mas é inegável que Lucíola pertence ao mundo de Margarida Gautier; e é possível a influência do escritor francês sobre o brasileiro.

contrário, entrega-se conscientemente à profissão, e dela não pode escapar, a despeito dos sentimentos de Paulo Silva, um Armando Duval à sua maneira. Mas ainda aqui se nota o império das conveniências de classe, exaltadas e defendidas no conservar longe do ideal burguês (casamento, família, etc.) uma vítima dessas mesmas conveniências. Até o exagero no acentuar o caso de Lúcia, que principia na inocência e finaliza na depravação, decorre desse intento apologético das virtudes burguesas. Não obstante, Alencar criou uma das mais densas e complexas heroínas, única em sua galeria feminina: suas "mulheres-anjos" resistem menos ao desgaste do tempo que essa "mulher-demônio".

Indianista, o segundo tipo de romance criado por Alencar. Na esteira de Gonçalves Dias, concebeu uma triologia que abarcasse o modo de vida básico do indígena brasileiro, *O Guarani* retrata o encontro dum índio, Peri, com a civilização branca e portuguesa. Em *Iracema*, arquiteta-se a equação dramática oposta: um europeu, Martim Soares Moreno, descobre a nossa vida primitiva por meio da heroína que confere nome ao romance. Em *Ubirajara*, analisa os silvícolas em seu hábitat próprio. Nos três casos, o aborígine é visto com lentes cor-de-rosa, envolto dum halo ideal que já vinha pelo menos de "I-Juca Pirama".

Ser mítico, o indígena alencariano é pleno de qualidades, em flagrante contraste com os brancos, não raro primários e viciosos. Para os silvícolas vão todas as simpatias; aos brancos fica reservada sempre a pior parte no concerto geral: batem-se em lutas fratricidas ou desconhecem os bons sentimentos dos nativos. A explicação para o idealizado retrato do índio reside na possível influência do pensamento rousseauniano, filtrado pela poesia de Gonçalves Dias, conjugada a outros fatores: Alencar não conhecia *de visu* os heróis das suas narrativas; quando muito, convivera na infância com pessoas que lhe poderiam ter contado lendas a respeito. O mais, aprendera nos livros. E a imaginação fizera o resto.

Na essência, Alencar foi, ou pretendeu ser, romancista histórico à Walter Scott; de onde a influência do ficcionista escocês, juntamente com Fenimore Cooper e Chateaubriand. O primeiro deve ter-lhe sido o grande mestre, a tal ponto que os romances indianistas são históricos, como o próprio escritor insinua no prefácio a *Sonhos d'Ouro*: o documento histórico, podendo ser interpretado livremente, punha-lhe a imaginação à solta. E visto ser Scott o modelo supremo, Alencar emprestou verniz medieval às façanhas de nossos nativos, como se a civilização pré-cabralina constituísse nossa Idade Média, uma Idade Média tão fantasiada e fantasiosa quanto a que os europeus construíam nas obras de ficção ou de ciência historiográfica:

> Quem não verá, em D. Antônio de Mariz, 'que, como um rico-homem, devia proteção e asilo aos seus vassalos', um *Ivanhoé* português? Aquela casa do Paquequer, com suas disposições pitorescas e românticas, não lembra de perto os castelos de Kenilworth ou de Lammermoor? E a cavalgada com que começa a narração? E as conspirações dos aventureiros? Os cavaleirismos de Álvaro? os combates? as sortidas? E esses Aimorés acampados, como uma horda de guerreiros nas ruínas de Carnaque ou sob as barbacãs de algum barão feudal? Enfim, os regulamentos marciais, os pundonores fidalgos, a catástrofe teatral, tudo isso não traz-nos à ideia os monumentos que se prendem à escola que na Itália gerou os *Noivos* e, na França, *Nôtre Dame de Paris*?[3]

O gosto de idealizar, que deliciava os românticos ávidos de exotismo paisagístico e enredos complicados, eis o que se patenteia em Alencar. Quer pela ação, quer pelo código moral, os seus índios são talhados segundo um único molde — os cavaleiros medievais. Lineares, encarnações duma ideia generosa de beleza, por pouco nem indígenas são: possuem tão somente virtudes e chegam a superar os europeus nos mesmos valores de caráter que o romancista lhes atribui. Em síntese: autênticos cavaleiros andantes.

Torna-se evidente, desse modo, o núcleo da resignada paixão de Iracema. Entrega-se a um homem branco num desprendimento natural; dá-lhe um filho: Martim Moreno regressa à Pátria; e a infeliz morre. Quadro típico das novelas de cavalaria, onde o trato amoroso obedecia aos impulsos da sinceridade; quando muito, o casamento se realizava em segredo.

E se, por fim, considerarmos o quanto essa visão do indígena guarda de respeito à moral cristã, ficará delineada a fisionomia medievalesca do indianismo de Alencar. Peri converte-se, como bom cavaleiro, à fé de Ceci, e, com isso, descobre explicação sobrenatural para o seu comportamento trovadoresco de subserviência mística à mulher. E Iracema morre de amor, por ligar-se desprevenidamente ao branco volúvel. A sua morte, influência provável de *Atala*, simboliza a redenção do "pecado" de amar incondicionalmente e, por vias oblíquas, a condenação burguesa. A morte recoloca-a em seu mundo original e devolve-lhe o halo de pureza rompido com o abandono. Desfeito, com o falecimento,

---

3. *Idem, ibidem,* p. 161.

o estigma degradante, a indígena recupera, no retorno à natureza de que fazia parte, a dignidade primitiva, — e a sociedade burguesa respirava aliviada, porquanto sofria punição o amor fora do casamento.

Como seria de esperar, o medievalismo de Alencar logra plenitude no romance histórico: *As Minas de Prata, Guerra dos Mascates, Alfarrábios*. Aqui, o romancista põe-se à vontade, sem realizar, porém, o melhor de sua obra, uma vez que lhe pesavam a sombra de Scott e o exemplo de Herculano. Acrescente-se que o ficcionista se esmera em situar os dramas numa geografia, de modo que a Natureza, além de pano de fundo, serve de interlocutora. Ora, o romance histórico dispensa o diálogo com a natureza, por deslocar o eixo da fabulação para o *fato* documentado, a *ação* que a efetiva, e a *personagem* que o realiza.

Paradoxo insolúvel para Alencar, o romance histórico liberta-o das amarras do cotidiano observado, mas inibe-o de exercer a imaginativa na recriação da natureza. Carente desse recurso, o ficcionista volta-se para o aperfeiçoamento de outros: o estilo amadurece, ganha solenidade, andamento, sintaxe, vocabulário que se diriam clássicos; e a temperatura dramática eleva-se acima dos conflitos sentimentais.

Ao refinamento estilístico segue-se o emprego dum recurso imprevisto: o bom humor, como se, na cola de Cervantes, pretendesse ironizar o tema escolhido. Sob um sorriso faceto escondia a seriedade com que se votava às "crônicas dos tempos coloniais". Quase se realiza, nessas obras, o mesmo engano desnorteante que o D. *Quixote* determina no leitor que o encarar como simples paródia da cavalaria andante. Com a agravante de Alencar ter feito em *As Minas de Prata* o reconto austero dum medíocre episódio histórico. Nesta novela, Alencar movimenta personagens, dramas, situações, etc. com o propósito de reconstituição dum mundo ultrapassado. Como a elaborar a epopeia dos tempos coloniais, chama para a narrativa uma infinidade de componentes do século XVII baiano, no claro desígnio de erguer ao plano do mito um capítulo de nossa história pátria. E o fato de a vida baiana seiscentista continuar presa aos modelos europeus colabora para adensar o clima medieval em que a intriga se desenvolve: tem-se a impressão de estar observando a vida castelã portuguesa durante a Idade Média. "Damas" e "donzelas" são formas de tratamento usuais: às primeiras, deve-se o respeito imposto por sua condição e estado; as outras, reverenciam-se segundo as regras do "amor cortês". Nem falta um torneio à medieval: o duelo entre rivais temíveis; as homenagens palacianas à mulher, incluindo uma sacada florida a pretextar de obstáculo ao requesto de um cavaleiro mais ousado. É o caso de Elvira e Cristóvão. Ambos, torneio e idílio, constituem nítidas revivescências, ou remanescentes, medievais. E o núcleo dramático permanece o das outras narrativas alencarianas: atritos de ordem social e econômica. E o modo como o ficcionista divisa a sociedade baiana à roda de 1608 é romântico: ao contrário do que seria de esperar em relatos históricos, vê tudo de um prisma egocêntrico. Ao mesmo tempo, estriba-se numa concepção romântica da História, como se Idade Média e Romantismo nos fossem historicamente congeniais. Ou, por outra, sonhasse com um universo regido por leis semelhantes às dos códigos medievais. Imprevistamente, situava-se, no tocante às narrativas históricas, numa posição nada coerente com o seu nacionalismo xenófobo.

O romance regionalista quarto tipo de narrativa criado por Alencar, corrobora essa impressão. Compõem-no: *O Gaúcho*, *O Sertanejo*, *O Tronco do Ipê* e *Til*. O primeiro e o segundo passam-se respectivamente no Rio Grande do Sul e no Ceará. A ação dos demais transcorre na baixada fluminense e na "confluência do Atibaia com o Piracicaba" (cap. IV do 1º livro de *Til*). Diferença-os, portanto, a geografia: os extremos do país e o centro-sul.

Alencar procura, desse modo, oferecer um retrato das peculiaridades regionais do Brasil e das tradições e costumes ligados ao folclore. "Pode-se dizer que não ficou recanto de nosso viver histórico-social em que ele não tivesse lançado um raio de seu espírito".[4] Ao longo dos romances históricos e indianistas, apresenta as várias metamorfoses histórico-étnicas sofridas pelo País; agora, ensaia um panorama dos vários aspectos do Brasil contemporâneo, escrevendo romances urbanos e regionalistas.

No cerne dos romances regionalistas, encontra-se a mesma visão do mundo presente nos anteriores, a demonstrar ainda uma vez o truísmo da unidade na diversidade: os dados exteriores e a cenografia mudam, sem comprometer o núcleo primitivo. No regionalismo, todavia, Alencar pretendia-se realista, em parte por estímulo de Balzac:

> A escola francesa, que eu então estudava nesses mestres da moderna literatura, achava-me preparado para ela; (...) o romance, como eu agora o admirava, *poema da vida real,* me aparecia na altura dessas criações sublimes.[5]

---

4. Sílvio Romero, *História da Literatura Brasileira*, 4ª ed., 5 vols., Rio de Janeiro, José Olympio, 1949, vol. V, p. 75.

5. José de Alencar, *Como e por que sou romancista*, Rio de Janeiro, Tip. de G. Leuzinger, 1893, pp. 30-31. O grifo é meu.

Como explicar a unidade na visão do brasileiro? De um lado, Alencar nele descortinaria uma essencialidade imutável; de outro, seria incapaz de vislumbrar as diferenças entre os vários tipos de brasileiro. As duas alternativas reduzem-se a uma; o encontro, ou a criação imaginária, dum arquétipo brasileiro, que nos mostrasse unos a despeito das variações regionais, históricas; etc. Entretanto, Alencar não pretendeu determiná-lo nem possuía conhecimento objetivo da realidade brasileira para sugeri--lo: e se o tivesse, por certo não o proporia. Precisamente por conhecer de gabinete o Brasil é que pôde, sem o perceber, fantasiar uma unidade mítica nacional. A sua ideia do brasileiro típico é, em grande parte, fruto da imaginação. Introspectivo, recatado, "pouco viajou, não experimentou a rudeza do deserto, e do seu gabinete perfumado foi que ele projetou a sua lente sobre os horizontes imponentes do Brasil. José de Alencar era de um idealismo absoluto";[6] "idealiza tudo, homens e cousas, não em virtude de uma estética preconcebida, mas porque é isso inerente à sua constituição artística".[7] Não foi o processo de interpretação da realidade nacional que lhe facultou vislumbrar a unidade intrínseca do brasileiro, nem qualquer ideologia demofílica: simples ilusão de óptica, resultado de transbordante imaginação.

De onde os romances regionalistas serem ainda históricos, embora duma história contemporânea: fazem uso dos mesmos ingredientes narrativos presentes nos demais tipos de romance e não fogem à estereotipia medievalesca: Manuel Canho, cavaleiro dos pampas, rege-se pelo código moral da Távola Redonda, do mesmo modo que Arnaldo, no Ceará, opera façanhas em prol da heroína digna dum cavaleiro andante. E girando em torno de personagens infantis, o *Tronco do Ipê* e *Til* confirmam o embasamento medieval: Mário, o herói-mirim, joga-se na correnteza a fim de salvar a namorada como faria um protagonista das novelas de cavalaria. Mesmo o vilão, representado por João Fera, comparece. A imaginação de Alencar socorria-se dum modelo fixo de protagonista, como se bastasse a verossimilhança do cenário e do enredo; os heróis, colhia-os mais nas leituras que na observação direta, e nelas Walter Scott certamente ocuparia lugar proeminente, como o romancista faz crer desde a polêmica a respeito de *A Confederação dos Tamoios*: "estou bem persuadido que se Walter Scott traduzisse esses versos portugueses no seu estilo elegante e correto; se fizesse desse poema um romance, dar-

---

6. Araripe Júnior, *op. cit.,* p. 196.

7. José Veríssimo, *Estudos Brasileiros,* 2ª série, Rio de Janeiro, Laemmert, 1894, p. 161.

-lhe-ia um encanto e um interesse que obrigariam o leitor que folheasse as primeiras páginas do livro a lê-lo com prazer e curiosidade".[8]

Provas mais flagrantes surpreendemos no fato de *O Gaúcho* ter sido "escrito sobre informações. José de Alencar não viu os campos que descreveu. Não tendo saído dos arredores da capital, ignorava completamente a vida do vaqueiro, de sorte que se viu na necessidade de fantasiá-la".[9] A estilização do gaúcho, alcançada com os olhos da quimera, assegurava higidez àquele tipo étnico e permitia ao ficcionista circular à vontade no plano irreal: em suma, *ideia* de gaúcho, à imagem e semelhança dos cavaleiros andantes.

Alencar movia-se, portanto, na esfera do onírico e do fantasioso, não raro articulada aos mitos da infância. Em *Como e por que sou romancista*, espécie de autobiografia literária, é patente a relevância das marcas infantis em sua trajetória de ficcionista. Graças a esse compósito, o Brasil se lhe afigurava verdadeiro eldorado ou "paraíso perdido", habitado por semideuses, um mundo de eterna beleza onde não havia lugar para a morte inglória e o amor imperava, mesmo em pleno dilúvio, como em *O Guarani*; um mundo mágico, imobilizado pela fantasia. A óptica infantil, desdobrada pela imaginação do adulto, adorna tudo de maravilhoso, seja a paisagem desconhecida, como os pampas, seja o sertão mais próximo, como o de *O Sertanejo*. Neste, logo à entrada do capítulo inicial, colhe-se a seguinte confidência do narrador/autor: "quando te tornarei a ver, sertão da minha terra, que atravessei há muitos anos na aurora serena e feliz de minha infância? / Quando tornarei a respirar tuas auras impregnadas de perfumes agrestes, nas quais o homem comunga a seiva dessa natureza possante?" E como rompendo o fio à confissão íntima, o romancista acrescenta duas breves notas, confirmadoras dessa quase mórbida saudade da infância, seu "tempo perdido": "de dia em dia aquelas remotas regiões vão perdendo a primitiva rudeza, que tamanho encanto lhes infundia. / A civilização que penetra pelo interior corta os campos de estradas, e semeia pelo vastíssimo deserto as casas e mais tarde as povoações".

Implicando uma visão estacionaria da História, tal apego à meninice induz-nos a formular uma hipótese de gênese literária que vale também para os demais românticos. Ao estudar nossa literatura de cordel, Luís da Câmara Cascudo adverte que esse rico acervo, de remota origem

---

8. José Aderaldo Castello, *A Polêmica sobre "A Confederação dos Tamoios"*, Faculdade de Filosofia, Ciências e Letras, Universidade de S. Paulo, 1953, p. 40.

9. Araripe Júnior, *op. cit.*, p. 235.

europeia e asiática, nos foi trazido já no século XVI, "para uma floração sem fim ...",[10] num processo de aclimação e metamorfose que popularizava os eruditismos e adaptava à nossa ecologia os rasgos folclóricos. Sermonários, apologéticas, hagiológios, histórias fantásticas e mágicas, novelas sentimentais e cavaleirescas, tudo isso, num amálgama complexo, penetrou e difundiu-se largamente pelo Brasil.

Não ocorreria que, ao menos nos primeiros anos de vida, tivesse Alencar sofrido o impacto dessas narrativas? Preso como era à infância, não estaria fantasiando heróis parecidos com os que se habituara a admirar, e cujas façanhas imitaria, transferindo-as para os seus romances? Não viria desse filão oral a concepção estática do nosso homem, segundo um figurino ideal, impregnado de medievalismo lusitano? Não seria o inconsciente coletivo que o levou à unidade essencial, tão mais perigosa e incerta quanto mais se afastava da concreta realidade brasileira? Seu mito generoso não é a utopia recebida com os sonhos duma pátria imensa, rica e feliz? Não estaria ecoando a voz de um Sebastião da Rocha Pita e o seu ufanismo lírico e pueril?

Contando como eram os serões da infância, Alencar informa-nos: "conforme o humor em que estava, minha boa mãe às vezes divertia-se logrando com histórias a minha curiosidade infantil; outras deixava-me falar às paredes e não se distraía de suas ocupações de dona de casa".[11] Que histórias seriam? Apenas as escassas obras do "repertório romântico", como diz o ficcionista, que tinha à mão?: "*Amanda e Oscar, Saint-Clair das Ilhas, Celestina* e outros de que já não me recordo".[12] Seria arriscado acreditar que o vago da referência pode significar que talvez a mãe não soubesse a origem das histórias narradas? E não poderia ser que também lhe caíssem nas mãos lendas da tradição popular? Não teria lido com entusiasmo a *Donzela Teodora, Roberto do Diabo, Princesa Megalona, Imperatriz Porcina, João de Calais, História do Imperador Carlos Magno e dos Doze Pares de França*, ao mesmo tempo que se entrelinha com os nossos cronistas coloniais?

Alencar desvela o nosso arquétipo. Como é uma imagem que não insufla o nosso ego, fazemos por esquecê-la e por rebaixar o escritor à condição de popular. Tal visão do Brasil ofende os nossos brios intelectuais, impedindo-nos de aceitar o binômio a que Alencar reduz o

---

10. Luís da Câmara Cascudo, *Literatura Oral*, vol. VI da *História da Literatura Brasileira* (dir. de Álvaro Lins), Rio de Janeiro, José Olympio, 1952, p. 176.

11. José de Alencar, *Como e por que sou romancista*, p. 18.

12. *Idem, ibidem*, p. 21.

brasileiro, da cidade ou do campo: se homem, Peri, se mulher, Ceci. Queremo-nos cidadãos do mundo, cosmopolitas, intoxicados de cultura estrangeira a fim de esquecer o complexo de origem. Sonhamo-nos num diálogo igual com outros povos, e inquietamo-nos quando nos preferem exóticos, retratados em Peri e Ceci, talvez por nos sentirem mais autênticos. Tudo bem visto e revisto, trata-se de herança portuguesa: fomos o cadinho onde se argamassou e cresceu a síndrome depressiva que varre o Portugal quinhentista. Não teremos repetido, em tropical, o fenômeno lusíada? Não nos terão transmitido o seu recalque histórico de povo misto, meio África e meio América? Não é nossa literatura, afinal, marcantemente regionalista e historicista, porque o homem continuou a desejar-se europeu numa paisagem hostil e subequatorial? Não estará nessa equação o cerne dramático e trágico da realidade brasileira, um conflito de proporções mais sulcadas do que qualquer contingência histórica? Não estará no afã de aristocratização do homem destas plagas um sinal de inferioridade, oculta ou pressentida, logo transformada em apologia compensatória do "gigante adormecido"?

Resta focalizar o estilo de Alencar, constituído por uma dicção basicamente poética. Poeta na essência de sua cosmovisão, Alencar vestia o homem e a paisagem de maravilhoso e concebia magicamente uma harmonia de paraíso para o mundo. Ao rotular *Iracema* de poema em prosa os críticos apenas sublinham a expressão fundamental da mundividência alencariana: a poesia.

Poética é a sua visão da natureza: pinta-a com a imaginação, numa subjetividade em que o "eu" mais se contempla projetado na paisagem do que observa, num idealismo de quem somente encontra no universo natural as forças mágicas com que a infância lhe impregnou o inconsciente. Ainda quando despida de recursos notoriamente poéticos, é ainda lírica a sua visão do mundo, como em *As Minas de Prata*. A musicalidade é a característica fundamental do seu estilo: ideal romântico por excelência, Alencar concretiza-o notadamente pela utilização de ritmos poéticos e de metáforas polivalentes:

> O sol brilhava em meio de um céu do mais lindo azul. A aragem branda, esgarçando as nuvens que apareciam no horizonte, franjava de branco arminho esse manto aveludado.
>
> Catita, encostada à ombreira da janela, cismava, contemplando os esplendores do dia.

O semblante sempre risonho e petulante da graciosa menina, estava amortecido pela mágoa. Fatigados e baços, os olhos apenas se inflamavam por momentos de efêmeros lampejos; e esses não eram mais as cintilações da estrela, porém os surdos vislumbres de um incêndio sopito. Nos lábios se desvanecera o delicado matiz; a vespa babujara essa rosa florida, pungindo-lhe o seio.

Uma noite, algumas horas bastaram para produzir nessa vida uma revolução profunda. A menina gentil e descuidosa já não existia; na expressão da fisionomia, como na atitude de seu corpo, ressumbrava a preocupação d'alma ao transpor o limiar desse caos que chamam "o mundo".

Na folhagem de uma árvore fronteira à janela dois gaturamos, cuja penugem brilhava ao reflexo do sol como pingentes de esmeralda, se namoravam, adejando de ramo em ramo, e chilrando o seu canto mavioso; os olhos de Catita fitaram-se um instante naquela cena e se anuviaram. Duas lágrimas ardentes lhe desfiaram pelas faces.[13]

Tais recursos poéticos quadram-se à perfeição com a sua ideia da realidade brasileira, incluindo a notação mágica e infantil. E o seu conceito de poesia, armado sobre expedientes formais tomados de empréstimo à música e à pintura, acomoda-se ao fim almejado. "Visão do Paraíso", no dizer de Sérgio Buarque de Holanda, envolta em halos de vaguidade poética, como se a mente da criança balbuciasse, no desordenado de suas impressões, o assombro perante uma natureza pródiga e habitada, quem sabe?, por duendes e fadas. Tudo em Alencar converge para tal espanto: dir-se-ia que, nele, a criança persistiu até o fim, recusando-se a amadurecer e a reconhecer o inverso da realidade pintada, dotado que era duma imaginação geradora de mitos.

Alencar também inaugura uma etapa na história do escritor brasileiro: com ele, saímos da atividade literária ocasional e diletante e iniciamos o processo de dignificação do nosso homem de letras. Um mestre de ética profissional, em suma. E mestre de manter viva a atenção do leitor com uma história inventada: nele se configura, pela primeira vez de modo amplo, a noção de literatura como forma de conhecimento de nossa realidade e veículo de superior emoção estética.

---

13. José de Alencar, *O Gaúcho, in Obra Completa*, 4 vols., Rio de Janeiro, Aguilar, 1960, vol. III, pp. 494-495.

3. Teatro

Como se sabe, o renascimento, ou mais propriamente, o nascimento de nosso teatro, deve-se a dois escritores, Gonçalves de Magalhães e Martins Pena, e a um ator, João Caetano.[1] Este, que estreara profissionalmente em 1831 no Teatro Constitucional Fluminense (mais tarde voltaria a denominar-se Teatro de S. Pedro de Alcântara), encenara-lhes duas peças em 1838, respectivamente *Antônio José ou O Poeta e a Inquisição* e *O Juiz de Paz na Roça*. Inaugurava-se, desse modo, o teatro nacional, de autor e tema brasileiros, como orgulhosamente declarava Gonçalves de Magalhães no prólogo à sua tragédia. Nosso teatro despontava, por conseguinte, quase ao mesmo tempo que o Romantismo se instalava entre nós, e tal coincidência viria a marcar o destino de ambos: o declínio de um será o do outro.

Mais ainda: a prevalecer, no caso da atividade dramática, o critério geracional sobre o cronológico, pode-se assentar que o teatro romântico se identificou com os autores que o introduziram e o desenvolveram, segundo a perspectiva vigente no primeiro momento de nosso Romantismo. Com algumas ressalvas, a produção teatral romântica obedeceu aos ditames propostos pela geração que a desencadeou. Quando falamos em teatro não romântico no século XIX, a rigor já estamos no derradeiro quartel; na verdade, nem de teatro se trata, ao menos no sentido literário do termo, mas de espetáculo visual, música ligeira.[2] E o chamado teatro realista, inspirado na *Dama das Camélias* (1852), é ainda romântico, apesar da indumentária ou dos temas de atualidade que focaliza: rotuladas de "dramas de casaca", as peças no gênero transpiram padrões românticos embora se pretendam realistas.[3]

Acrescente-se ao quadro de nosso teatro romântico que o nacionalismo de João Caetano esteve longe de acompanhar o de alguns dos contemporâneos, notoriamente xenófobos, à frente dos quais se punha José de Alencar: além de Alexandre Dumas ter-lhe sido autor predileto, a dramaturgia portuguesa representava tão importante fração do seu re-

---

1. Décio de Almeida Prado, João *Caetano, o Ator, o Empresário, o Repertório,* S. Paulo, Perspectiva/EDUSP, 1972, p. 37.

2. *Idem,* "A Evolução da Literatura Dramática", *A Literatura no Brasil* (dir. de Afrânio Coutinho), 3 vols., Rio de Janeiro, Sul-Americana/S. José, 1955-1959, vol. II, p. 265.

3. *Idem, ibidem,* p. 259.

pertório que se lhe tornaria exclusiva nos últimos anos de vida.[4] E se a última frase que teria proferido antes de falecer (1863) — "Morro e comigo morre o teatro brasileiro"[5] — é patente exagero, fruto da vaidade, não deixa de ser verdadeira em relação à dramaturgia romântica.

Não fique sem registro, porém, que o lusitanismo de João Caetano apenas exacerbava a tendência dos nossos românticos que também praticaram o teatro como atividade secundária. *Antônio* José *ou O Poeta e a Inquisição*, com que GONÇALVES DE MAGALHÃES colaborara efetivamente para a instauração de nosso teatro nacional, não passava, apesar dos intuitos do autor, de peça clássica e portuguesa, uma vez que o tema escolhido pertencia antes ao patrimônio histórico português que ao brasileiro, e seguia fielmente os princípios do teatro neoclássico. Magalhães ainda perpetraria outra peça de igual teor, agora buscando o assunto na Itália: *Olgiato*, tragédia em cinco atos, centrada no episódio da conspiração contra o Duque de Milão, Galeazzo Mari Sforza, em 1476. Ambas têm sido consideradas pelos críticos, com justa razão, meros exercícios de poeta, embora denunciem o clima de efervescência que preparou o advento do teatro lidimamente nacional: a relevância histórica não compensa, entretanto, a ostensiva inabilidade para o espetáculo teatral.

Em semelhante diapasão construiu GONÇALVES DIAS o seu teatro: *Beatriz Cenci*, drama em cinco atos, passa-se entre Nápoles e Roma, no ano de 1598; *Patkull, drama do ano de 1707*, transcorre na Polônia: as duas peças, elaboradas respectivamente em 1843 e 1844, durante os anos de Coimbra do escritor, foram publicadas nas *Obras Póstumas* (1868-1869); *Leonor de Mendonça*, drama em três atos, passa-se em Vila Viçosa (Portugal) a 2 de novembro de 1512, e publicou-se em 1847; *Boabdil*, drama em cinco atos, decorre em Granada (Espanha) sob o domínio mourisco, e publicou-se em 1868-1869. No entanto, a mesma diferença que separa Gonçalves Dias do antecessor no terreno da poesia manifesta-se ainda no do teatro: o autor de *Leonor de Mendonça* pode ter pecado por buscar na história europeia, portuguesa ou não, os temas das peças, mas nunca por falta de vocação. Além do engenho e arte com que estruturou os dramas, ostentava invejável consciência artesanal: o prefácio a *Leonor de Mendonça*, datado de setembro de 1846 (tinha o dramaturgo apenas vinte e três anos), ressalta pela lucidez com que o autor declara por que escreveu um drama, fusão da tragédia e da comédia, e optou pela prosa,

---

4. *Idem, João Caetano, passim.*
5. *Apud idem, ibidem,* p. 189.

em lugar do verso; ou se refere aos problemas da não representação de um drama por decreto da censura.

Das quatro peças deixadas, *Leonor de Mendonça* é a que mais resiste ao tempo: não que às outras falte o jogo cênico ou a dicção grave e tensa dum autêntico dramaturgo, e não possam ser lidas com agrado ainda hoje; entre elas e *Leonor de Mendonça* vai a distância que medeia entre obras transpiradas e obras inspiradas. Provavelmente em razão de os temas das demais peças se situarem noutras culturas, *Leonor de Mendonça* deixa transparecer, para além das qualidades comuns aos quatro dramas, a paixão que brota do conhecimento direto da realidade portuguesa e da projeção duma convulsa alma de poeta no clima trágico da peça. Das obras-primas de nossa dramaturgia oitocentista, está para o nosso Romantismo assim como o *Frei Luís de Sousa*, de Garrett, para a estética romântica portuguesa, inclusive pela aparente contradição interna: fruto de sensibilidades românticas, ambas as peças traem, no solene despojamento do *pathos* que sacode existências transcorridas sob o estigma da fatalidade, evidente ressonância da visão clássica do mundo.

Correlativo desses resquícios de classicismo lusíada e, portanto, mais coerente com o espírito romântico, o teatro de cunho nacionalista se revelaria desde cedo e acabaria por imprimir as diretrizes da cena brasileira ao longo do século XIX. Além de Martins Pena, Joaquim Manuel de Macedo, José de Alencar e Qorpo-Santo, de quem se tratará mais adiante, é de notar, juntamente com a efusão inaugural da atividade dramática entre nós, o labor de ARAÚJO PORTO ALEGRE. Medíocre, embora copiosa, é a sua contribuição nessa matéria (aliás, como o fora na poesia), mas flagrante como indício da atmosfera jacobina reinante após a independência: o *Prólogo Dramático*, que escreveu e representou em 1837, é uma "alegoria política",[6] protagonizada por Satanás, que trabalha para evitar que o Brasil abrace o caminho da monarquia constitucional, e o Anjo, que o coloca na trilha certa e lhe vaticina um reinado feliz, sob D. Pedro II. E *A Estátua Amazônica* (1851), sátira à "leviandade da maior parte dos viajantes franceses e à superficialidade com que encaram as crenças que encontram na nossa pátria", como o próprio autor declara no prefácio à "comédia arqueológica". Ainda deixou outras peças, a maioria inédita (*A Restaura-*

---

6. Ferdinand Wolf, *O Brasil Literário (História da Literatura Brasileira)*, tr. brasileira, S. Paulo, Nacional, 1955, p. 257.

ção de Pernambuco, ópera representada em 1856; *O Lobisomem*, comédia, 1863; A *Escrava*, drama, 1863; etc.) ou desaparecida.[7]

Além desses, outros autores obedecendo à sugestão da moda e do momento histórico, incursionaram episodicamente pelo teatro, como JOAQUIM NORBERTO de Sousa e Silva, autor de *Amador Bueno ou A Fidelidade Paulistana* (1855), *Clitemnestra, Rainha de Micenas* (1846), *O Chapim do Rei* (1851), *Colombo ou O Descobrimento da América* (1854?), *Beatriz ou Os Franceses no Rio de Janeiro* (1860-1861); TEIXEIRA E SOUSA, autor de *Cornélia* (1847), *O Cavaleiro Teutônico ou A Freira de Marienburg* (1855), *Lucrécia* (s.d.); AGRÁRIO DE MENESES (1854-1863), autor de *Matilde* (1854), *Calabar* (1858), *Os Miseráveis* (1863), *Bartolomeu de Gusmão* (1865), *O Dia da Independência* (1884), etc.; QUINTINO BOCAIÚVA (1836-1912), autor de *Onfália* (1860), *Os Mineiros da Desgraça* (1862), *A Família* (1866); PINHEIRO GUIMARÃES (1832-1877), autor de *História de uma Moça Rica* (1861), e tantos outros, dramaturgos ocasionais, cujo mérito se resume, na opinião abalizada de um crítico de teatro, no seguinte:

> Provavelmente o mau gosto é o seu traço comum, não obstante a existência de alguns textos que atraem a curiosidade, menos por valores próprios do que pela falta de defeitos demasiados, ou por serem representativos de um debate do dia.[8]

O vírus teatral ainda inocularia figuras mais significativas do nosso Romantismo, como Casimiro de Abreu, Álvares de Azevedo e Castro Alves, mas o seu fruto nem de longe se equipara ao de Martins Pena, Joaquim Manuel de Macedo, José de Alencar e, sobretudo, Qorpo-Santo.

MARTINS PENA

Luís Carlos Martins Pena nasceu no Rio de Janeiro, a 5 de novembro de 1815. Órfão aos dez anos, fez estudos de Comércio entre 1832 e 1834, época em que teria escrito sua primeira peça. Ingressando no

---

7. José Galante de Sousa, *O Teatro no Brasil*, 2 vols., Rio do Janeiro, INL, 1960, vol. II, pp. 434-435.

8. Sábato Magaldi, *Panorama do Teatro Brasileiro*, Rio de Janeiro, MEC/DAC/FUNARTE/SNT [1980], p. 107.

jornalismo, redigiu folhetins anônimos, sob o título de "Semana Lírica", para o *Jornal do Comércio* (1846-1847), ao mesmo tempo que compunha as suas peças. Atraído pela diplomacia, em 1847 seguiu para Londres, com vistas a servir em nossa Embaixada. Pouco depois adoeceu de tuberculose, e no regresso à Pátria, de passagem por Lisboa, faleceu a 7 de dezembro de 1848. Introdutor e mestre do teatro de costumes entre nós, escreveu as seguintes comédias: *O Juiz de Paz na Roça* (repr. 1838, publ. 1842), *Um Sertanejo na Corte* (esc. 1833/1837), *A Família e a Festa da Roça* (esc. 1837, repr. 1840, publ. 1842), *Os Dous ou O Inglês Maquinista* (esc. 1842, repr. 1845, publ. 1871), *O Judas em Sábado de Aleluia* (esc. e repr. 1844, publ. 1846), *Os Irmãos das Almas* (esc. e repr. 1844, publ. 1846), *O Diletante* (esc. 1844, repr. 1845, publ. 1846), *Os Três Médicos* (esc. 1844, repr. 1845), *O Namorador ou A Noite de São João* (esc. 1844, repr. 1845), *O Noviço* (esc. e repr. 1845, publ. 1853), *O Cigano* (esc. e repr. 1845), *O Caixeiro da Taverna* (esc. e repr. 1845, publ. 1847), *As Casadas Solteiras* (esc. e repr. 1845), *Os Meirinhos* (esc. 1845, repr. 1846), *Quem Casa, Quer Casa* (esc. e repr. 1845, publ. 1847), *Os Ciúmes de um Pedestre ou O Terrível Capitão do Mato* (esc. 1845, repr. 1846), *As Desgraças de uma Criança* (esc. 1845, repr. 1846), *O Usurário* (esc. 1846), *Um Segredo de Estado* (esc. e repr. 1846), *O Jogo de Prendas* (inédita), *A Barriga de Meu Tio* (esc. e repr. 1846), e mais uma comédia sem título (esc. 1847); — dramas: *Fernando ou O Cinto Acusador* (esc. 1837), *D. João de Lira ou O Repto* (esc. 1838), *D. Leonor Teles* (esc. 1839), *Itaminda ou O Guerreiro de Tupã* (esc. antes de 1839), *Vitiza ou O Nero de Espanha* (esc. e repr. 1840/1841), e um drama sem título (esc. 1847). Em 1957, todas as peças de Martins Pena foram reunidas em volume, numa edição crítica preparada por Darci Damasceno, com a colaboração de Maria Filgueiras, sob o título de *Teatro de Martins Pena* (2 vols., Rio de Janeiro, INL). Em 1965, a mesma casa editora deu a público os *Folhetins*, com o subtítulo *A Semana Lírica*. Assim, ficou praticamente publicado todo o espólio de Martins Pena.[1]

---

1. Além de uma novela, incompleta e inédita, *O Rei do Amazonas*, teria escrito e publicado em folhetins um romance histórico, *Duguay-Trouin*. A informação acerca desta obra, prestada ao biógrafo do escritor por um parente deste (Luís Francisco da Veiga, "Luís Carlos Martins Pena, o criador da comédia nacional", *Revista Trimensal do Instituto Histórico, Geográfico e Etnográfico do Brasil*, Rio de Janeiro, t. XL, parte 2ª, 1877, pp. 375-407), não foi confirmada por Darci Damasceno, apesar da ingente pesquisa (*Teatro de Martins Pena*, ed. cit., vol. I, p. 22).

A situação de Martins Pena relativamente à literatura brasileira lembra a de Gil Vicente na literatura portuguesa: o seu teatro parece tão espontâneo quanto o do dramaturgo quinhentista, sem apoio em qualquer tradição no gênero, uma vez que a atividade cênica autóctone nos séculos XVI a XVIII não conta.[2] Espécie de gênio por geração espontânea, Martins Pena parece não dever nada aos predecessores, não só porque escassos mas também irrelevantes. Tão insólita quanto a de Gil Vicente é, consequentemente, sua aparição no cenário das nossas letras, sobretudo por termos herdado de Portugal a débil inclinação para os negócios teatrais.

De onde o viço, a naturalidade, a primitividade do teatro de Martins Pena, fruto de irresistível vocação para o espetáculo cênico, que desabrocharia mesmo onde, como entre nós, a falta de tradição dramática era grave sintoma de anemia cultural. O significado da sua obra avulta na razão direta da carência de estímulos do meio circundante e de uma produção contínua no gênero. Talento insulado, não dependeu das circunstâncias para aflorar, nem teve seguidores à altura: em tudo recorda o autor da *Trilogia das Barcas*. *O Juiz de Paz na Roça* pode ser considerado o nosso *Monólogo do Vaqueiro*. Coincidência ou influência, a semelhança com Gil Vicente patenteia-se na abertura à comédia sem título ou a *Os Irmãos das Almas*, que traz à memória, forçosamente, o solilóquio da heroína da *Farsa de Inês Pereira*:[3]

LUÍSA, *sentada em uma cadeira junto à mesa* — Não é possível viver assim muito tempo! Sofrer e calar é minha vida. Já não posso! (*Levanta-se.*) Sei que sou pesada a D. Mariana e que minha cunhada não me vê com bons olhos, mas quem tem culpa de tudo isto é o mano Jorge. Quem o mandou casar-se, e vir para a companhia de sua sogra? Pobre irmão; como tem pago essa loucura! Eu já podia estar livre de tudo isto se não fosse o maldito segredo que descobri. Antes não soubesse de nada!

---

2. Problema secundário, esse das origens do teatro de Martins Pena. Ainda que se venha a considerar pertinente o influxo da "ópera portuguesa à maneira do Judeu e mais aproximadamente dos entremezes em voga na época", como assevera José Veríssimo (*Estudos de Literatura Brasileira*, 1ª série, 2ª ed., Belo Horizonte, Itatiaia/EDUSP, 1976, p. 124); ou das "viagens pitorescas" realizadas por alguns estrangeiros nos primeiros decênios do século XIX, ou da "comédia popular francesa, italiana, espanhola e portuguesa" em moda após o reinado de D. João VI, como defende Antônio Soares Amora (*O Romantismo*, vol. II de *A Literatura Brasileira*, S. Paulo, Cultrix, 1967, pp. 313-315), — não alterará em nada o caráter espontâneo do teatro de Martins Pena: em qualquer hipótese, as suas comédias evidenciam, por sobre a possível influência recebida, uma naturalidade genuinamente autógena, e isso é que importa destacar.

3. *Teatro de Martins Pena*, ed. cit., p. 169. Todas as citações serão extraídas desta edição.

E como Gil Vicente, Martins Pena foi dramaturgo e apenas dramaturgo, o que corresponde a obsessão pelo teatro e rara convergência de talento e vontade numa única direção. Por outro lado, a parecença com Gil Vicente somente o enaltece e o torna *sui generis*, não só na literatura brasileira como no espaço da cultura em vernáculo. Reportando-nos ao primeiro aspecto, importa notar que Martins Pena é dos poucos escritores brasileiros dedicados exclusivamente ao teatro: atendendo sobretudo a reclamos ocasionais e exteriores, os contemporâneos, Macedo, Alencar e outros, ou os sucessores dispensaram ao teatro somente uma parcela da sua criatividade. Nem mesmo Machado de Assis, sem favor a nossa mais completa organização de homem de letras, escapou ao amavio enganoso do teatro: também lhe rendeu as homenagens, ainda que com resultados medíocres, de sua fantasia multiforme e privilegiada.

Vertiginosa, percorrendo os dez últimos anos de uma existência ceifada no limiar da maturidade, a carreira teatral de Martins Pena não conheceu o fenômeno da evolução: os mesmos ingredientes, a mesma postura, a mesma visão do mundo perduram ao longo dessa década febrilmente criativa. Que procurou novos rumos à inventividade, atestam-no limpidamente os dramas. Que, porém, lhe serviram para tomar consciência de que era, medularmente, um comediógrafo, evidencia o retomo às comédias de costumes. Por conseguinte, nem acusam metamorfose, nem lhe ofereciam equipamento adequado para a expressão de sua mundividência costumbrista e histriônica. Na verdade, as comédias denunciam involução, na medida em que *O Juiz de Paz na Roça*, posto escrita em plena adolescência, é a obra-prima, de que as demais constituem naturais extensões, com o emprego dos mesmos ingredientes.

É certo que voltou ao máximo de imaginação cênica em *O Judas em Sábado de Aleluia* ou em *O Noviço*, mas também é verdade que as outras peças, além de enfermar da repetição meio automática de alguns expedientes técnicos, não alcançam o nível das mencionadas. Obviamente, resistem ao confronto com os textos dramáticos de um Macedo ou um Alencar, e à prova da encenação, mas deixam transparecer, inclusive no frenesi em que foram arquitetadas, a reiteração de um molde. De onde a análise de uma delas oferecer o panorama de toda a sua dramaturgia: com insignificantes variações de pormenor, estruturam-se sobre os mesmos alicerces e orientam-se pelas mesmas forças-motrizes.

A par da fogosa produção em um decênio, que outra explicação se pode encontrar para o monocórdio do teatro de Martins Pena? Arrancando praticamente *ab ovo*, sob o impacto do teatro francês a que lhe foi dado assistir nos anos 30, buscando no ambiente social à volta os motivos das comédias, era inapelável que vibrasse uma única tecla: a sociedade carioca padecia de provincianismo e indiferenciação, decorrentes de nossa condição de ex-colônia recentemente liberta e também de, com o advento da burguesia entre nós, a mesmice instalar-se como parâmetro. Criando a partir da observação, única via de realismo para o comediógrafo que se preza, e da observação cotidiana de uma classe notoriamente estática,[4] sobretudo numa quadra em que ascendia ao topo da pirâmide social, era forçoso que pecasse pela redundância dos ingredientes, apenas mudando-lhes a composição.

Por fim, tratava-se de produzir teatro para o consumo de uma classe que jamais se via ridicularizada no palco, mas, sim, os maus cidadãos e os maus costumes, ou seja, tudo quanto não se adequava aos valores burgueses. Em vez de reconhecer-se no espelho das peças, a classe média contemplava, embevecida e confortada, a punição dos que ousavam desrespeitar-lhe os padrões. Daí o *happy end* indefectível e o maniqueísmo implícito, mas também a ambiguidade, pois o desenlace feliz, aliviando os espectadores de se projetarem nos atores em cena, permitia ao comediógrafo assinalar, com o *ridendo castigat mores*, as pústulas da sociedade coeva.

Fácil, primário, imediato o cômico de Martins Pena, porque desintelectualizado, exigindo a participação antes sensorial que intelectual do auditório, e porque manipula recursos de efeito certo, apesar de óbvios e constantes. Cômico à brasileira, puxado à farsa, à chalaça, ao carnavalesco, ao desabrimento comedido de uma sociedade que, posto se imagine europeia, é agitada por acessos de tropicalidade sem freio. Humor da piada de salão, que estruge em riso desopilante, malicioso e, durando um instante fugaz, morre sem consequências. Cômico que relaxa as tensões, deflagra as vinganças inofensivas, geradas por desejos contidos de inconformismo ou rebelião. Cômico de catarse, duma catarse epidérmica na gênese e nos resultados: cômico evasionista, compensador de frustrações, eliminador de angústias cotidianamente superficiais. Como anedotas à meia-voz, as comédias de Martins Pena

---

4. Na reconstituição biográfica e ambiental que fez do comediógrafo, Raimundo Magalhães Jr. assinala que não raro as suas peças eram inspiradas em notícia de jornal (*Martins Pena e sua Época*, 2ª ed., cor. e aum., S. Paulo, Lisa/MEC, 1972, pp. 150 e ss., 171).

usam e abusam do burlesco, fundado no equívoco ou no jogo de palavras (*O Juiz de Paz na Roça*):

> ESCRIVÃO, lendo — Diz Francisco Antônio, natural de Portugal, porém brasileiro, que tendo ele casado com Rosa de Jesus, trouxe esta por dote uma égua. "Ora, acontecendo ter a égua de minha mulher um filho, o meu vizinho José da Silva diz que é dele, só porque o dito filho da égua de minha mulher saiu malhado como o seu cavalo. Ora, como os filhos pertencem às mães, e a prova disto é que a minha escrava Maria tem um filho que é meu, peço a V. Sa. mande o dito meu vizinho entregar-me o filho da égua que é de minha mulher!"

Humor verbal, nem sempre se permite escapar do contexto da peça: o cômico de Martins Pena, autenticamente teatral, implica a representação e a globalidade do texto. Humor de situação, portanto, que resulta do crescendo dramático e se justifica na atmosfera social abrangida pela peça. Suprema arte do cômico, inventa o local em que se manifesta e as razões da sua existência; fora das circunstâncias criadas e da plena representação (ou leitura), deixa de manifestar-se como tal. Diga-se de passagem que as virtualidades mais ricas do teatro se cumprem nessa adequação do *tonus* dramático ao espaço inventado e à encenação, mas ao mesmo tempo lhe apontam os limites: obediente a determinadas leis, o cômico tende a esvaziar-se quando não as observa.

Engendrando um cômico popular, acessível a todos, Martins Pena explora os vários expedientes à mão, como a caricatura, que atinge o ponto alto em José Antônio, o melômano fanático de *O Diletante*, que acaba morrendo em consequência da paixão pela música, como se também fulminado pelo amor impossível a uma donzela:

> JOSÉ ANTÔNIO, *abrindo a carta* — Com sua licença. (*Lendo em voz alta:*) "Meu amigo, dou-lhe a mais triste e infausta nova que se pode dar a um diletante." (*Deixando de ler:*) O que será? (*Lendo:*) "Fecha-se o nosso teatro e a Companhia Italiana vai para Europa." (*José Antônio acaba de ler a carta; fica por alguns instantes trêmulo, levanta os braços, dá um pungente gemido e cai morto.*)
>
> > TODOS — Ah! (*Merenciana abaixa para socorrer Antônio. Grupo.*)
> > GAUDÊNCIO, *de joelhos junto de José Antônio* — Está morto!
> > TODOS — Morto! Que desgraça! (*Grupam-se em redor do corpo de Antônio e cai o pano.*)

Aqui, o *nonsense* adquire coloração trágica, mas o intuito é provocar o riso: o comediógrafo ainda brinca com a morte, na esteira de Molière, em *Os Três Médicos*, onde o Dr. Miléssimo alcança a mão da heroína por haver tratado (leia-se: *morto*) a Maurício, que pusera à morte o pai de Rosinha por motivos pessoais; ou em *Os Dous ou O Inglês Maquinista* que, como uma paródia de *Frei Luís de Sousa*, focaliza o retorno do "defunto" marido às vésperas de a "viúva" se casar novamente.

O absurdo como fundamento das situações cômicas estriba-se, por vezes, em pormenores grotescos, de que são exemplos a personagem a berrar como boi (*O Caixeiro da Taverna*) ou o epílogo da cena XI de *O Diletante*:

GAUDÊNCIO, *saindo para o meio da sala, fingindo-se sempre engasgado* — Foi uma mosca que entrou-me nas goelas! Ai!
JOSÉ ANTÔNIO, *seguindo-o* — Escarre! Ainda não saiu? (*Gaudêncio sempre engasgado.*) Espere! (*Dá-lhe um murro nas costas.*)
GAUDÊNCIO — Ai!
JOSÉ ANTÔNIO — Ainda não? Ó lá de dentro, tragam água!
GAUDÊNCIO — Parece-me que a engoli...
JOSÉ ANTÔNIO — Então podemos cantar.
GAUDÊNCIO — Cá está, ainda, cá está! (*Metendo o dedo na boca.*)
JOSÉ ANTÔNIO — Eu vou buscar água. (*Saí correndo.*)

E, na sequência desse histrionismo de efeito arrasador sobre plateias menos exigentes, o comediógrafo parece vaticinar o gênero "pastelão", que o cinema norte-americano explorou na sua fase heroica (*As Casadas Solteiras*):

NARCISO — Virgínia, Clarisse, minhas caras filhas, dar-me-eis hoje a maior satisfação com a vossa obediência. A estas horas, sem dúvida, estará lançada a sentença que anula o vosso primeiro casamento, e dentro de oito a quinze dias espero que estejais unidas aos meus dignos amigos.
SERAPIÃO — Grande será a nossa felicidade...
PANTALEÃO — E contentamento.
NARCISO — E já me tarda ver este negócio concluído, porque, na verdade, ainda temo os tais inglesinhos.
SERAPIÃO — Que apareçam, e verão para quanto prestamos!
PANTALEÃO — Sim, sim, que apareçam! (*Enquanto Serapião e Pantaleão falam, Bolingbrok e John levantam das pipas e saltam fora. Suas roupas, caras, mãos estarão o mais completamente tintas que for possível, isto é,*

*Bolingbrok todo de azul e John de vermelho. Atiram-se sobre Serapião e Panta-
leão, que dão gritos, espavoridos.)*
BOLINGBROK — *Goddam! Goddam!*
JOHN — Aqui estamos!

Nem falta, no recurso à pantomima circense, a chanchada, que a
televisão dos nossos dias produz, como herança do cinema nacional de
outros tempos (*Quem Casa, Quer Casa*):

FABIANA, *indo a Nicolau* — Isto são obras tuas! (*Puxando pelo hábito.*)
Volta-te para cá; tu é que tens culpa...
NICOLAU — Deixa-me! Sabino!
FABIANA — Volta-te para cá... (*Nicolau dá com o pé para trás, alcan-
ça-a. Fabiana:*) Burro!... (*Agarra-lhe nas goelas, o que o obriga a voltar-se e
atracarem-se.*)
OS DOUS ANJINHOS — Mamãe! Mamãe! (*Agarram-se ambos a Fabia-
na; um deles empurra o outro, que deve cair; levanta-se e atraca-se com o que o
empurra, e deste modo Fabiana, Nicolau, Sabino, Eduardo, Olaia, Paulina, 1º,
2º Anjinhos, todos brigam e fazem grande algazarra.*)

ou o truque, reiteradamente empregado, de esconder os amantes no
armário, debaixo da cama, nas pipas, etc. (*As Casadas Solteiras*):

VIRGÍNIA, *entrando* — Escondam-se!
CLARISSE, *entrando, ao mesmo tempo* — Escondam-se!
HENRIQUETA — E depressa!
BOLINGBROK — O que é?
JOHN, *ao mesmo tempo* — O que foi?
CLARISSE — Meu pai aí vem, e se aqui os encontra, estamos perdidas!
BOLINGBROK — Oh, que fazer?
HENRIQUETA — Escondam-se escondam-se!
JOHN — Mas onde? Onde?
VIRGÍNIA — Dentro daquelas pipas.
CLARISSE — É verdade! Andem, andem! (*As três empurram-nos para
junto das meias pipas. Henriqueta levanta a tampa de madeira que as cobre.*)

ou o expediente do reconhecimento, em que o melodramático é ridicula-
rizado (*O Diletante*), ou da troca de vestimenta entre as personagens
femininas e masculinas (*O Noviço*), ou do *imbroglio* determinado pelo
encontro das personagens em plena escuridão, como em *O Cigano, Os
Ciúmes de um Pedestre, As Desgraças de uma Criança*.

Humor de situação, gravitando em torno dos mesmos recursos, colhidos no dia a dia jornalístico — eis em síntese o núcleo das comédias de Martins Pena. Embora datado, é um humor que resiste ao leitor e ao espectador modernos, visto surpreender aspectos permanentes do ridículo humano. A *vis* cômica de Martins Pena desenhou uma "comédia carioca" da primeira metade do século XIX e, sem lograr maior transcendência, permanece ainda viva. Viva por sua graça natural, pelo ludismo espontaneamente juvenil, a aparente irreverência e sem-razão, o senso de proporção manifesto a cada passo.

Humor de sátira amena, indireta, não se assume totalmente, decerto porque o seu intuito era divertir sem compromisso, respeitando, ainda que a contragosto, os valores da burguesia do tempo. Daí o indefectível desenlace feliz, culminando no matrimônio, espécie de moralidade dos contos de "proveito e exemplo", à Trancoso. Concessão ao público classe-média e/ou decorrência de íntima convicção do escritor, o *happy end*, que galardoa maniqueistamente o bom e pune o mau, somente não enfraquece o impacto humorístico porque encarado com a mesma leveza das situações cômicas. Martins Pena dá a impressão de visualizar com um sorriso de compreensão, ou de jovialidade adolescente, o epílogo festivo e feliz das peças, da mesma forma que se entretém com as situações engendradas a partir do cotidiano. Nem mesmo os reflexos da xenofobia romântica, presentes em *Os Dous ou O Inglês Maquinista*, *O Caixeiro da Taverna*, *Quem Casa, Quer Casa*, *As Casadas Solteiras*, chegam a empanar o clima primaveril, a ponto de, na última dessas comédias, o casamento entre ingleses e brasileiras implicar a tese da vitória do amor sobre os preconceitos jacobinos em voga no tempo.

Entranhadamente brasileiro, apesar do possível influxo de autores europeus, o cômico de Martins Pena nem por isso escapa da dicção portuguesa, aspecto tão mais digno de nota quanto mais a sabemos praticada numa época de ferrenho antilusismo (*O Namorador ou A Noite de S. João*):

RITINHA — Só nos falta esta adivinhação. Já plantamos o dente de alho, para vê-lo amanhã nascido; já saltamos três vezes por cima de um tição ...

CLEMENTINA — E já nos escondemos detrás da porta, para ouvirmos pronunciar o nome daquele que virá a ser teu noivo.

RITINHA — Vamos à do ovo. (*Clementina quebra o ovo na beira do copo e deita a clara e gema dentro da água.*)

CLEMENTINA — Agora dê cá, (*toma o copo*) e ponhamo-lo ao sereno.

RITINHA — Para quê? Explica-me esta, que eu não sei.

Se a inflexão lusitana se manifesta nessa comédia passada numa chácara, durante festa junina, que se dirá nos dramas que Martins Pena escreveu? Se o linguajar carioca ainda não atingira, na época do comediógrafo, a nacionalização sonhada por Alencar e outros, adeptos da "língua brasileira"; se Martins Pena produziu teatro-reportagem, — não estranha que pusesse na boca das personagens a sintaxe à portuguesa. Com mais razão nos dramas, localizados, em geral, fora do Rio de Janeiro.

Fernando ou O Cinto Acusador passa-se em Nápoles, em tempos remotos; *D. João de Lira ou O Repto*, em Portugal, no ano de 1400; *D. Leonor Teles*, em Lisboa no ano de 1383; *Itaminda ou O Guerreiro de Tupã*, na Bahia, em 1550; *Vitiza ou O Nero de Espanha*, em Braga, no ano de 700; e um drama sem título, em dois atos, incompleto, transcorrido na Inglaterra, no reinado de D. Jorge II (1727-1760). Situando, em geral, os dramas no estrangeiro e no passado longínquo, decerto Martins Pena observava "o preceito antigo, segundo o qual a grandeza deve ser buscada pelo distanciamento dos temas e das personagens",[5] mas ao mesmo tempo acusava sujeição a modelos alienígenas, que lhe tolhiam os movimentos, e negavam o brasileirismo hilariante das comédias. Se, por um lado, o princípio da imitação lhe permitia escudar-se nos motivos históricos e nos exemplos de teatrólogos europeus, como Shakespeare, por outro o arrastava para a artificialidade: palavrosos, declamatórios, "literários", os dramas de Martins Pena não fluem com a naturalidade das comédias. Solenes, aliás como pedia a tradição, os diálogos prestam-se mais à leitura que à expressão viva. Não surpreende, por isso, que a dicção lusitana prevaleça amplamente, quer nas peças ambientadas em Portugal, quer na Itália, Bahia ou Inglaterra.

Análoga tendência se observa no emprego dos ingredientes dramáticos: abusando das coincidências forçadas, Martins Pena faz que o Capitão D'Harville, personagem de *Fernando ou O Cinto Acusador*, encontre na prisão o esqueleto do pai e nas suas mãos um cinto onde se leem, "escritas com sangue", as seguintes palavras:

> Vítima das perseguições do infame Fernando Strozzi, Duvernet de Leão viu aqui sua hora suprema. Aquiles, vinga a morte de teu pai.

---

5. Sábato Magaldi, *Panorama do Teatro Brasileiro*, Rio de Janeiro, MEC/DAC/FUNARTE/SNT [1980], p. 55.

Cartas falsas, mentiras, calúnias, delações, torpezas de toda sorte são convocadas pelo dramaturgo para dar consistência e força de suspense ao enredo, — mas o resultado é sempre medíocre, visto que os cordelinhos manipulados pelo autor não conseguem dissimular-se por muito tempo nesse autêntico teatro de marionetes. Seduzido pela artificiosidade, obcecado pela confusão da intriga, o dramaturgo precipita-se por vezes no mais descabelado melodramático (*Vitiza ou O Nero de Espanha*):

> TEODOFREDO
> Miserável,
> Assim ousas chamá-la, tu, que a entregas,
> Depois de assassiná-la, a um vil devasso!
> ORSINDA, *levantando fora de si*
> Que dizeis? Aldozinha?
> TEODOFREDO
> É tua filha!
> ORSINDA
> Minha filha?

Ou no inverossímil, que só pode ser atribuído à adolescência do escritor na altura em que redigiu os dramas: além de gravitar em torno de situações falsas, postiças, *Itaminda* é protagonizado por um indígena verdadeiramente esquizofrênico, oposto a qualquer noção de "homem selvagem" como também ao estereótipo romântico, plasmado na poesia de Gonçalves Dias ou no romance de Alencar. Em clima de opereta quase bufa, o herói aborígine exclama, dementado pelo conflito que vive (ama a uma mulher branca mas tem um filho de Moema):

> Espera, espera! Ela em seu poder! E não fico louco! Moema! Moema!
> Por teu filho... Por nosso filho, vem libertar-me!

e pouco depois chega ao paroxismo da alienação mental:

> MOEMA — Nosso filho nos espera!
> ITAMINDA — Filho! Tenho eu filhos!
> MOEMA — Itaminda!
> ITAMINDA — Só tenho inimigos, que esmagarei com meu braço!

Nem falta, a essa espécie de paródia burlesca de *O Guarani*, o coro da tragédia grega numa cena à Gonçalves Dias, quando Anhandé amaldiçoa o seu filho Itaminda.

Inconvincentes os recursos dramáticos, inconvincentes os desfechos dos dramas de Martins Pena, marcados pela morte do mau às mãos do bom. Maniqueísmo puro, ainda quando, como no caso de Itaminda, o indianismo pudesse sugerir a glorificação do silvícola: Itaminda paga com a morte a traição contra a tribo, notadamente contra Moema; em suma: herói-vilão, de opereta.

Surpreendentemente, os dramas de Martins Pena apresentam uma faceta apenas entrevista nas comédias: a do liberalismo, evidente no seguinte passo de *D. João de Lira ou O Repto*:

> SEXTO HOMEM — D. Rui é mau. Quando encontra um pobre homem como nós, trata-o mal, e quando anda a cavalo, nem ao menos grita: Arreda!
> QUARTO HOMEM — Tens razão. Estou também pensando que D. João vencerá, tanto mais que tenho para mim ser D. Rui o roubador da Condessa.

e confessado no prólogo de *D. Leonor Teles*, drama onde aquela tendência ideológica, intimamente afinada com o ideário romântico, depara um assunto ideal:

> Procurei pintar o melhor que me foi possível o estado da época, ajuntando alguns episódios para mostrar o descontentamento do povo.

Grife-se o terceiro membro do período, iniciado por "ajuntando", e ter-se-á uma ideia do pensamento expresso em *D. Leonor Teles* e, com pequenas variantes, nos outros dramas. Resultante da idade juvenil o liberalismo do dramaturgo? Do momento histórico? Dos assuntos escolhidos? Como quer que seja, é de lamentar que não o explorasse em dramas de atualidade ou, mesmo, nas comédias.

Paradoxalmente, leem-se melhor os dramas que as comédias, decerto porque estas, como textos, parecem solicitar com urgência a corporificação sobre o tablado: percorremos-lhes as cenas como se as contemplássemos e escutássemos os diálogos, com ouvidos e olhos de espectador. Em contrapartida, os dramas, dotados de baixo teor de representatividade, destinam-se antes à leitura que ao espetáculo. Analisado com isenção, o contrassenso apenas confirma que o texto teatral constitui simples roteiro da encenação, nunca fim em si próprio, e que, ao negar tal imperativo, raramente ostenta mais importância que uma peça literária. Neste caso, enfrentamo-la com os olhos de leitor, não com os de espectador.

A localização fora de nossa realidade social concorre para que os dramas de Martins Pena se nos afigurem peças de gabinete, uma vez que a verossimilhança dos textos corre por conta do saber livresco, não da observação direta do meio cultural. E se, na esteira do subjetivismo romântico, o autor projetasse nos temas históricos alienígenas a sua visão da realidade contemporânea, como se prefigurasse na História passada situações ciclicamente recorrentes, o impasse poderia resolver-se, à semelhança do *Frei Luís de Sousa*, para nos limitarmos às literaturas vernáculas e respeitando o fato de o assunto ser extraído, no caso de Garrett, da história portuguesa.

As comédias e os dramas de Martins Pena são, na verdade, compartimentos estanques, já porque categorias mais ou menos diferenciadas (do contrário escusava discriminá-las como tais), já porque o autor reservou para as primeiras a visão clássica do passado remoto e europeu, e, para as outras, o flagrante de nosso contexto social em meados do século XIX. De onde, o que os dramas têm de rebuscado e pretensioso, exibem as comédias de fluente e natural. Não causaria espanto, por isso, se algum escritor português assinasse os dramas históricos de Martins Pena, visto que nada transpiram da brasilidade notória das comédias: desde o vocabulário, fidedigno à época e às condições históricas, até o contorno moral das personagens, tudo ressuma de portuguesismo.

Bem feitas as contas, podemos inferir que, se numa história de nossa linguagem literária os dramas de Martins Pena seriam indispensáveis como expressão de um momento e de uma tendência, na história de nosso teatro as suas comédias ocupam lugar pioneiro e superior: ainda vivas e representáveis, não só pelas qualidades propriamente dramáticas, como também pela captação feliz de algumas de nossas matrizes psíquicas e sociais.

JOSÉ DE ALENCAR

Escassa, ainda que historicamente significativa, foi a contribuição de José de Alencar para o teatro romântico: *O Rio de Janeiro* (*Verso e Reverso*), comédia em dois atos (1857), *O Demônio Familiar*, comédia em quatro atos (repr. 1857, publ. 1858), *A Noite de S. João*, comédia lírica em um ato (1857), depois em dois atos (1860), *O Crédito*, comédia em cinco atos (repr. 1857, publ. 1895/1896), *As Asas de um Anjo*, comédia em um prólogo e quatro atos e um epílogo (repr. 1858, publ. 1860), *Mãe*, drama em quatro atos (repr. 1860, publ. 1862), *A Expiação*, comédia em quatro atos (segunda parte de *As Asas de um Anjo*, 1868), *O Jesuíta*, drama em quatro atos (1875), *O que É o Casamento?*, comédia em quatro atos (1861, publ. postumamente, em 1960; foi rebatizada por Mário de Alencar como *Flor Agreste*).

Arrancando da ideia de que pretendia "fazer rir, sem fazer corar (...) ser natural, a ser dramático (...) ser apreciado por aqueles que sabem o que é uma comédia, a ser aplaudido com entusiasmo pelas plateias",[1] Alencar punha-se frontalmente contra Martins Pena e Macedo, — e assim comprometia todo o seu teatro. Não que a sua posição fosse totalmente indefensável, mas é que o resultado efetivo da doutrina, — concebida como um *a priori*, na esteira de Alexandre Dumas Filho, e não obstante os talentos ali recolhidos e o afã elogioso dos críticos, — ficou muito a desejar. Em parte por derivar da teoria para a prática, obrigando-se a uma contensão que se diria clássica, ou pelo menos antirromântica na medida em que atentava contra o princípio da liberdade criadora; em parte por ser o teatro uma linguagem inadequada à sua visão do mundo, Alencar representa papel menos conspícuo que os referidos dramaturgos. Sinal dessa inadaptação à linguagem cênica pode ser detectado no fato de a sua passagem pelo teatro ter sido meteórica, fruto da circunstância ou da moda: cerca de um lustro, entre os vinte e sete e os trinta e dois anos.

Desprezo pelo aplauso dos auditórios, e portanto desinteresse por atender-lhes às expectativas — quando o teatro não pode escapar dessa contingência sem condenar-se à morte, — e empenho na lapidação dos textos para lhes emprestar forma literária superior, — quando o teatro vive de ser espetáculo, comunicação direta, — eis os equívocos de Alencar como dramaturgo, embora motivado pela melhor das intenções. Pondo-se de parte a sua "comédia lírica" (*A Noite de S. João*), libreto de uma ópera musicada por Elias Álvares Lobo, e cujo mau gosto somente pode ser levado à conta de um instante de fraqueza num homem de letras marcado pelo signo do rigor, — suas comédias e dramas parecem antes destinados à leitura que à encenação. E muito mais que as peças de

---

1. José de Alencar, *Obra Completa,* 4 vols., Rio de Janeiro, Aguilar, 1960, vol. IV, pp. 43, 45. As demais citações serão extraídas desta edição.

Macedo, sobretudo as comédias, sofrem da inelutável pátina do tempo: o teatrólogo recusava o êxito de ocasião, ou melhor, dizia recusá-lo, e as suas peças conheceram-no, mas envelheceram como texto a representar, posto guardem o merecimento literário que nos habituamos a encontrar-lhe nos romances. Paradoxal, consequentemente, a imagem deixada pelo teatro de Alencar, a refletir não só a personalidade ambígua do escritor como também um momento de nossa história literária, assinalada pelo desejo de ultrapassar o subdesenvolvimento crônico, oferecendo às massas espetáculos de menos fácil deglutição.

No encalço do seu mirífico sonho, Alencar procurou na variedade temática, contrariamente à tendência monocórdia dos coevos, uma alternativa saneadora, — e, à custa de promover a mudança a todo o transe, acabou por dispersar-se. Ora o problema da decaída que reconquista a dignidade (*As Asas de um Anjo, Expiação*), ora o do crédito, ora o do escravo (*O Demônio Familiar, Mãe*), ora o do jesuíta inflamado de ardor patriótico em pleno século pombalino, ora o do casamento, — era focalizado, como a repelir os estereótipos dramáticos de Martins Pena e, sobretudo, Macedo. Entretanto, o tema do namoro insinuava-se e as mais das vezes predominava, talvez à revelia, fazendo o dramaturgo vergar, contrafeito, às leis da moda: no travejamento dos diálogos e das cenas, Alencar evidencia a falta de espontaneidade que sobejava em Macedo, provavelmente em razão de o autor de *A Moreninha* ser mais hábil em visualizar no tablado, com naturalidade, os problemas do coração.

O teatro de Alencar pode até ser mais ousado que o de Martins Pena e Macedo no tocante aos assuntos e à condução das cenas e falas; entretanto, perde para eles no dinamismo, na fluência dos diálogos e na arte de explorar com oportunidade as situações cotidianas e aparentemente destituídas de conteúdo dramático. Em *O Crédito*, por exemplo, o núcleo temático, apesar de original, não movimenta as personagens; ao contrário, suscita-lhes frases lapidares, sentenciosas, num ludo verbal que um dos protagonistas denuncia, não sem cometer idêntico pecado e dar a impressão de ato falho por parte do escritor (ato II, cena IX):

JULIETA (a *Hipólito*) — Como ele fala bem! Que bonitas ideias!

Ainda que retrate fielmente a conjuntura social do tempo, esse jogo verbal acentua, em vez de atenuar, a ausência de sentido dramático, a vacuidade do espetáculo (ato II, cena II):

OLIVEIRA — Não; venho de propósito para compensar a minha tarde de ontem, apenas tenho algumas palavras que dizer ao Sr. Pacheco sobre um objeto ...

MACEDO — Importante! bastante importante! ...

JULIETA — Sempre um negócio importante, grave, que exige uma decisão imediata! Não fazes ideia, Cristina, os homens agora já não têm um momento livre para conversar conosco. O seu tempo está de tal maneira absorvido pelos negócios, que às vezes nem se lembram que existimos.

CRISTINA — Por isso nós fazemos o mesmo com os vestidos e os chapéus; as modas são os nossos negócios.

OLIVEIRA — Justamente!

JULIETA — Mas nós, quando nos ocupamos em escolher o que é elegante e bonito, é para parecermos bem a seus olhos; enquanto que eles só pensam nos seus cálculos e nas suas contas.

Ao pecadilho da obsessiva originalidade, quando realmente os temas nem sempre eram da própria lavra (haja vista a confessa vinculação a Dumas Filho, fonte inspiradora de *As Asas de um Anjo*), soma-se em Alencar o da solenidade, mesmo em se tratando de comédia; além de raro, o humor de Alencar é constrangido, preludia a lágrima ou a tensão incômoda; é utilizado para fins pedagógicos, na defesa de uma tese, como em *O Demônio Familiar*. Quase sardônico, o "riso sem corar" desencadeado pelas comédias de Alencar supõe uma visão trágica, agônica, do mundo e do ser humano, para quem a única salvação depende duma espécie de *deus ex machina*: a sorte grande, em *Verso e Reverso*, a carta de alforria, em *O Demônio Familiar*, o casamento branco (*As Asas de um Anjo*, *Expiação*), a porta secreta (*O Jesuíta*), uma carta esclarecedora (*O que É o Casamento?*), o suicídio de Joana (*Mãe*).

Humor tenso o de Alencar, expressão de uma mundividência trágica, que somente não se diria de origem clássica porque bafejada pela hipertrofia do "eu", peculiar à estética romântica. Todavia, a gravidade, implícita nas comédias, ou explícita nos dramas, a ponto de *O Jesuíta* lembrar, segundo advertia José Veríssimo,[2] o Garrett de *O Frei Luís de Sousa*, pareceria respirar ares setecentistas, não proviesse de outra matriz, preponderante na arte cênica; a preocupação pelo verismo como prova de teses moralistas.

---

2. José Veríssimo, *Estudos de Literatura Brasileira*, 3ª série, Belo Horizonte/S. Paulo, Itatiaia/EDUSP, 1977, p. 86.

Repudiando as "farsas graciosas" de Martins Pena e condenando Macedo porque "nunca se dedicou *seriamente* à comédia", e divisando esta, quando alta e verdadeira, como "a reprodução exata e natural dos costumes de uma época, a vida em ação (...) imagem da vida",[3] Alencar arregimentou forças para ser coerente com o seu projeto de "fazer rir, sem fazer corar". E posto desse a impressão de praticar a arte pela arte, com o intuito de entreter, ao mesmo tempo que moralizar com bonomia, na verdade realizou um teatro sério demais, antagônico ao seu generoso empenho, e que, tornando-se pesadão, desmerece quando em confronto com a leveza e o senso de movimentação do teatro de Martins Pena e Macedo. Além de obedecerem a um figurino ideal, as personagens de Alencar não raro declamam frases literariamente buriladas, conforme a melhor dicção lusitana aprendida nos Vieiras, Sousas e Bernardes, como bonecos a exprimir mecanicamente os conceitos que o autor preconiza; pontificam como se estivessem numa tribuna a perorar em favor do saneamento dos costumes (*O Crédito*, ato V, cena XII):

RODRIGO — Sim, Sr. Pacheco, eis os seus efeitos! Eis os efeitos do abuso que se faz de uma ideia que não se compreende, de um elemento que não se conhece. Também a pólvora, o vapor, o gás e a eletricidade, todos esses elementos que produzem resultados maravilhosos, desde que não são dominados pela inteligência, e pela razão, revoltam-se contra o homem e o fulminam. São os ignorantes e os loucos que não sabem usar do poder que Deus colocou em suas mãos, os que brincam com ele e acabam por ser vítimas.

A tendência moralizantemente dissertativa do teatro de Alencar atinge o paroxismo em *O que É o Casamento?*, título que parece mais de um diálogo quinhentista, à Frei Heitor Pinto ou Amador Arrais, ou de uma prédica religiosa em púlpito jesuítico, que de peça teatral. E o transcorrer da fábula cênica reitera a ideia sugerida pelo título: a sensação de estarmos ante um diálogo moral, votado antes à leitura que à representação, impõe-se desde as falas introdutórias:

MIRANDA — Lendo o teu nome, duvidei que estivéssemos em outubro.
ALVES — Como passas? Por quê?...
MIRANDA — Não é só pelo Natal que temos o prazer de ver de ano em ano o teu cartão de visitas?... Quanto à tua pessoa, essa apenas de passagem em alguma reunião.
ALVES — Tens razão! Mas acredita que sou o mesmo.

---

3. José Alencar, *op. cit.*, pp. 44, 45. O grifo é meu.

MIRANDA — Devias dar-me ocasião de verificá-lo. Dois velhos amigos como nós sentem de tempos a tempos necessidade de conversar.

ALVES — Que queres?... A fortuna teve inveja de nos ver tão unidos, e separou-nos, Estás brilhando na política.

MIRANDA — E tu enriquecendo no comércio.

ALVES — Estás casado.

MIRANDA — Por que não fazes o mesmo? É tempo:

Teatro de tese, as peças de Alencar deixam a desejar naquilo em que a doutrina esposada pelo autor não deflui da situação vivida pelos protagonistas, como no bom teatro do gênero, mas constitui preconceito que o enredo demonstra: fica demasiado evidente que a tese, em vez de ser apresentada como intuição penetrante do quadro social, é imposta pelo dramaturgo à consciência do espectador. Mais ainda: as teses defendidas, ao contrário do que talvez pretendesse Alencar, estavam longe de ser revolucionárias; na verdade, os desfechos das peças, sobre depender de uma solução forjada, acusam o respeito à ordem estabelecida. Ao fazer que Joana se envenenasse, liberando o caminho para que o filho, Jorge, não sofresse o labéu de filho de escravo (*Mãe*); que Carolina, a mulher perdida, se casasse com Luís (As *Asas de um Anjo*), ou que o Dr. Samuel, na realidade Vigário-Geral da Companhia de Jesus no Brasil, desaparecesse por uma passagem secreta a fim de subtrair-se à vingança do Conde de Bobadela (*O Jesuíta*), etc. — Alencar propunha epílogos burgueses, conservadores. E se *As Asas de um Anjo* saíram de cartaz no terceiro dia da representação, acoimadas de imoral, é porque o público, orientado por uma visão míope das coisas, não compreendera que a peça, finalizando com as núpcias, não premiava a cortesã, mas exaltava os padrões burgueses, deixando patente que os julgava a única via de redenção.

Decorrência da quadra juvenil, em que o autor buscava o aplauso imediato das plateias (opostamente ao que propalava), decerto atraído pelo êxito de Martins Pena e Macedo, o teatro de Alencar, valendo como testemunho dum sincero empenho de elevar a nossa dramaturgia a um grau decente, e como texto redigido com vigor e brilho, perde quando lido em conjunto e em face dos contemporâneos.

JOAQUIM MANUEL DE MACEDO

Estreando em 1849, com *O Cego*, drama em cinco atos, Joaquim Manuel de Macedo praticamente cultivou o teatro ao longo da sua carreira literária, uma vez que a derradeira peça encenada e publicada, *Antonica da Silva*, burleta em quatro atos, é de 1880. Nesse lapso de tempo ainda elaborou as seguintes peças: *O Fantasma Branco*, ópera em três atos (1856), *O Primo da Califórnia*, ópera em dois atos (1858), *Cobé*, drama em cinco atos (1851), *Amor e Pátria*, drama em um ato (repr. 1859), *O Sacrifício de Isaac*, drama sacro em um ato (1859), *Luxo e Vaidade*, comédia em cinco atos (1860), *O Novo Otelo*, comédia em um ato (1863), *A Torre em Concurso*, comédia burlesca em três atos (1863), *Lusbela*, drama em um prólogo e quatro atos (1863), — todas reunidas nos três volumes do *Teatro do Doutor Joaquim Manuel de Macedo*, publicados em 1863 pela *Garnier*; *Romance de uma Velha*, comédia em cinco atos (1870), *Remissão de Pecados*, comédia em cinco atos (1870), *Cincinato Quebra-Louça*, comédia em cinco atos (1875), *Vingança por Vingança*, drama em quatro atos (1877), *Antonica da Silva*, burleta em quatro atos (1880), além de outras inéditas.

Qual um precursor da sociedade de consumo, Macedo atirou-se à produção teatral visando a oferecer entretenimento à burguesia brasileira da época. Suas peças, como tantas do nosso repertório romântico, envelheceram, precisamente porque atendiam às expectativas das plateias pseudocultas da metade do século XIX. O teatro macediano serve, por isso, como documento de nossos hábitos sociais e culturais, não só porque contém matéria destinada ao apetite voraz e indiscriminador dos auditórios coevos, senão também por aceitar os valores da classe dominante: transformada esta com a industrialização, os novos padrões culturais, a República, etc., o teatro romântico, e no seu bojo o macediano, entrou no ocaso. Episodicamente representadas em nossos dias, as peças de Macedo nos remetem, quando lidas com óptica moderna, para um mundo extinto, tragado pelas próprias veleidades em que se nutria. Entretanto, nem tudo se perdeu, ou porque as suas peças, documentando agudamente um momento da nossa história, teriam detectado alguma coisa do psiquismo nacional, ou pelas qualidades propriamente cênicas que ostentam.

Macedo cultivou duas espécies de teatro, ambas sugeridas pelo ideário romântico: o drama e a comédia. A primeira espelha o gosto da novidade e experimentação, em terreno estranho à tendência mais profunda do escritor. Representam-na *O Cego*, *Cobé*, *O Sacrifício de Isaac*, *Lusbela*, *Vingança por Vingança*, que se identificam pela faceta trágica em detrimento da cômica, presente na ideia de drama; a rigor, tratar-se-ia mais de tragédia à maneira romântica (exceção feita de *O Sacrifício de Isaac* que lembra o teatro litúrgico medieval, embora sem o clima místico que lhe era peculiar), em que o *fatum* se manifesta menos como vontade transcendental que como imperativo das circunstâncias, — fatalidade histórica e não divina. De onde o esmorecimento do cômico, em favor de situações cujo paroxismo emotivo é declaradamente melodramático: na verdade, tais peças, com desenlace pessimista, são melodramas, avatares da tragédia clássica:

> PEDRO — À meia-noite... uma filha desnaturada abriu uma janela para atirar à rua o nome, a honra, e o coração de seu pai que tranquilo dormia!... (*Sufocado em pranto.*) Desgraçada! tu abriste a sepultura de teu pai!
> DAMIANA — Não me amaldiçoe, pelo amor de Deus!...[1]

A própria situação-núcleo de *O Cego*, que lhe justifica o título, é suficiente para acusar uma tendência a forçar a nota, que nem o desfecho, verossímil, forte e imprevisto (o protagonista suicida-se, em cena, com um punhal), consegue atenuar. Forçado o emprego do verso, forçada a situação, a peça vira as costas à realidade e nivela-se com o folhetim. Análoga inflexão assinala *Cobé*, de tema indígena, armada em torno de um triângulo amoroso que se diria inspirado em *O Guarani*, não fosse o romance alencariano ter sido publicado depois do drama de Macedo. E a identidade compromete a peça em razão de tornar absurdos os transes íntimos de um selvagem, a oscilar entre o amor pela mulher branca e o retorno às suas matrizes. Não bastassem tais conflitos, marca registrada do teatro clássico francês, o pano de boca se fecha sobre o cadáver de Cobé, que se mata, como Paulo, de *O Cego*, para resolver o impasse existencial. Decerto percebendo a falsidade das situações engendradas, Macedo evoluiu, em *Lusbela*, para o drama em prosa e de assunto contemporaneamente realista: a via-crúcis da meretriz por fatalismo social. Além de repercutir o impacto da *Dama das Camélias*, a peça não vence o postiço que caracterizava os dramas de Macedo, e descamba no melodramático, em que soçobram lampejos de teatro de tese.

Em contrapartida, as comédias de Macedo, sem expulsar completamente o melodramático, reduzem-no a traços que apenas visam a temperar, pelo contraste, o clima de ligeireza festiva. Aqui, Macedo realiza o melhor do seu talento: manuseando os mesmos ingredientes dos seus romances — o namoro burguês, prelúdio do casamento, a tensão entre a éti-

---

1. *Teatro do Doutor Joaquim Manuel de Macedo,* 3 vols., Rio de Janeiro, Garnier, 1863, vol. III, p. 19 (*Lusbela*).

ca do sentimento e a do dinheiro — satirizando e a um tempo refletindo a burguesia, Macedo alcança modelar situações autenticamente dramáticas. E por trás da comédia ainda capaz de provocar o riso, como, por exemplo, *O Primo da Califórnia*, porventura a obra mais conseguida das peças no gênero, por trás da comédia inofensiva, digestiva, entrevê-se a moralidade e a sátira a uma sociedade preconceituosa, fincada nos valores materiais e no *status* aparente. Sátira amena à burguesia triunfante, aquela mesma que lhe assistia às peças. Comédia de costumes a fingir-se de comédia ligeira, guarda uma moralidade implícita, por vezes declarada:

> ANASTÁCIO — Acima dos meus parentes está a Nação que pode colher benéficos resultados da lição que oferece a sua desgraça. A sociedade acha--se corrompida pelo luxo e pela vaidade, e um quadro vivo das consequências desastrosas dessas duas paixões talvez lhe seja de prudente aviso. Em Maurício verá o homem de medíocre fortuna especialmente o empregado público, que a ostentação e o fasto de alguns anos determinam a miséria de todo o resto da vida; nas suas lágrimas de esposa e de mãe as mães e as esposas verão os horrores a que as pode levar o abuso do amor de um marido extremoso e cego e a falsa educação dada às filhas.[2]

Ridendo castigat mores poderia ser também a divisa das comédias de Macedo se ele mirasse precipuamente à correção dos costumes; que esta presidia alguns lances cômicos pigmentados de ridículo — não resta dúvida; que Macedo perfilhava a ideia segundo a qual "o teatro não é só uma casa de espetáculos, mas uma escola de ensino",[3] — também é evidente. No entanto, predomina o objetivo de entreter a burguesia: com efeito, a sua moralidade é ainda burguesa, mesmo quando escarnece da classe média. Juntos, a moralidade e o cômico atingem o ápice nas duas peças que Macedo rotulou de "ópera" (*O Primo da Califórnia* e *O Fantasma Branco*), decerto porque lançava mão de falas em versos, como "árias", e pelo ambiente festivo. Neste caso, a ligeireza da comédia macediana ganha visos de *divertissement* ou *jonglérie*, a ponto de ridicularizar, pela rima jocosa, o emprego do verso como expressão solene, o que atentava contra um princípio clássico, adotado pelo autor em alguns dos dramas.

---

2. *Ibidem,* vol. I, p. 132 (*Luxo e Vaidade*).

3. Quintino Bocaiuva, *Estudos Críticos e Literários,* Rio de Janeiro, 1859, p. 14, citado por Sílvio Romero, *História da Literatura Brasileira,* 4ª ed., 5 vols., Rio de Janeiro, José Olympio, 1949, vol. V, p. 72.

ANTÔNIO, *a Maria com ternura.*

Desde muito que desejo...

JOSÉ

Ejo!...

ANTÔNIO, *olhando para Francisco e José ronca.*

Ah! patife! (*A Maria.*) Que desejo confessar-lhe, que a adoro louca e desesperadamente...

JOSÉ

Mente!...

ANTÔNIO, *furioso a Francisco. José ronca.*

Mente, não se diz, ouviu!... não seja atrevido!...

FRANCISCO

Atrevido é ele!

MARIA, mal *podendo conter-se.*

Primos, o que é isso? (*Consigo.*) É impossível, eu hei de rir-me por força. (*José ronca.*)

FRANCISCO, *a Maria com ternura.*

Minha prima, quando procuro falar-lhe, sempre infelizmente me esbarro... (*José ronca enquanto ele fala.*)

JOSÉ

Barro!

FRANCISCO, *olhando para Antônio.*

Ah! insolente! (*A Maria.*) me esbarro com meu irmão... por isso já embirro... (*José ronca enquanto ele fala.*)

JOSÉ

Birro!...

FRANCISCO, *olhando para Antônio.*

Estou quase saltando-lhe em cima! (*A Maria.*) Embirro contra o tal meu irmão: minha prima, a paixão que me devora...

JOSÉ

Ora!

FRANCISCO

É tão forte...

JOSÉ

Orte!...

FRANCISCO

Furibunda!

JOSÉ

Bunda![4]

---

4. *Teatro do Doutor Joaquim Manuel de Macedo,* vol. III, pp. 186-187 (*O Fantasma Branco*).

E também ridicularizar o casamento, focalizado como simples arranjo burguês: amor e casamento não precisam andar juntos — GALATEIA — "(...) porventura amei a teu pai quando casei?"[5] —, o que atentava frontalmente contra a ideologia burguesa, também aceita por Macedo.

No fim da vida, Macedo evoluiu para um tipo mais sério, mais elaborado, de comédia: os enredos ganham em complexidade, a refletir o intento de retratar aspectos adultos da burguesia ou a sua transformação como classe dominante; a linguagem apura-se, e o estilo torna-se mais escorreito, sem perder a elasticidade e a vibração anteriores. A primeira fala do *Romance de uma Velha*, dita pela protagonista, D. Violante, sintetiza o novo Macedo que despontava nos anos 70, pleno de experiência e de conhecimento da realidade circundante: "No outro tempo não era assim! por fim de contas tudo está mudado".[6]

Louvável intuito de acertar o passo com as mudanças havidas no terceiro quartel do século XIX e aprimorar o instrumento para exprimi-lo, esse de Macedo: pelo primeiro aspecto, evidenciava o raro afã de progredir com o tempo e detectar-lhe as metamorfoses latentes, emblematizadas no conflito de gerações que serve de fundamento ao *Romance de uma Velha*; pelo segundo, revelava maior empenho em criar obras menos efêmeras. Ao fazê-lo, homenageava o seu público e dava nítida mostra de alta probidade intelectual. No entanto, o resultado não compensou: posto que atual, o tema patenteava vestígios melodramáticos que teimavam em persistir. Ainda se geram filhos naturais, de amores escusos, e soltam-se tiradas sentimentais, dramalhonescas, embora Cincinato se declare da "escola realista"[7] e o adultério vá além de mera possibilidade:

> HELENA — Jogo! que importa o jogo?... oh!... há só uma penúria que a esposa que ama seu marido, não pode suportar... é a penúria de amor... e eu te amo. Adriano, eu te amo! e tu, e tu... (*Avançando em desespero.*) e tu... e tu...[8]

Cedendo vez às trocas verbais, a ação volve-se lenta e monótona, revelando um dramaturgo autoepigonal, sem assunto, posto que com estilo. Raramente as cenas desencadeiam o riso, empolgam o leitor, como

---

5. *Ibidem*, vol. III, p. 154 (*O Fantasma Branco*).

6. Joaquim Manuel de Macedo, *Romance de uma Velha*, Rio de Janeiro, A. A. da Cruz Coutinho, s.d.

7. *Idem, Remissão de Pecados,* Rio de Janeiro, A. A. da Cruz Coutinho, 1870, p. 79.

8. *Idem, ibidem*, p. 60.

algumas das comédias precedentes. É certo que, apesar de tudo, Macedo concebe nessa altura uma personagem marcante, o Cincinato Quebra-Louça, de *Remissão de Pecados* e da peça que leva o seu nome: espécie de "gracioso", figura cômica do teatro barroco espanhol, ou de Conselheiro Acácio, diz-se "estadista grave, sábio e portanto escravocrata"[9] e chancela todas as suas falas com uma frase-bordão: "*Cincinato Quebra-Louça... assinado... por cima da estampilha*". Mas também é verdade que, no geral, a faculdade criadora de Macedo se esgotara: prevalecendo sobre a movimentação das personagens, a palavra testemunhava nítida decadência, acentuada pelo amaneiramento e pela falta de assunto.

Macedo conhecia, realmente, a linguagem teatral, e esta parecia constituir o meio adequado de expressão à sua mundividência. De onde os inevitáveis pontos de contacto entre as suas peças e os seus romances, seja quanto à recorrência das mesmas forças-motrizes (o que seria de esperar), seja quanto à técnica: as narrativas macedianas primam por divisar as trocas sociais como se limitadas pelo quadrilátero do palco; e as peças aproveitam a temática dos romances. Em Macedo, o ficcionista acabou predominando, mas com as armas do dramaturgo, porventura a sua mais íntima vocação. Essencialmente visualista, projetou nas narrativas uma concepção teatral da realidade, uma vez que a descortinava como espetáculo e fazia do jogo entre as personagens a tônica fundamental. A retentiva do leitor de Macedo é chamada principalmente para as cenas em que a situação dos protagonistas revela um escritor voltado antes para o *mostrar* que o *narrar*: saraus, encontros, récitas, etc. são momentos teatrais, utilizados nos romances para dinamizar a ação e conferir-lhe verossimilhança. Visualista, Macedo foi antes de tudo um comediógrafo malogrado e um romancista que venceu a barreira do tempo graças à inclinação para montar o entrecho narrativo como espetáculo teatral. Por fim, se em Macedo "a visão da realidade sobrepujava os amaneirados do Romantismo em voga",[10] a força da comédia preponderava: acima de tudo observador arguto da sociedade romântica, possuía um senso de oportunidade, graça e fluência dramática somente inferior ao de Martins Pena.

---

9. *Idem, Cincinato Quebra-Louça,* Rio de Janeiro, Garnier, 1873, p. 141.
10. Sílvio Romero, *op. cit.,* vol. V, p. 14.

QORPO-SANTO

Pseudônimo de José Joaquim de Campos Leão, nascido na Vila do Triunfo, às margens do Jacuí (Rio Grande do Sul), a 19/4/1829. Ainda menino, segue para Porto Alegre, com vistas a estudar, mas emprega-se numa casa comercial. Mais tarde, abraça o magistério. Vereador e subdelegado de polícia em Alegrete. Acometido de perturbação mental, sofre toda sorte de injustiça, ao mesmo tempo que redige febrilmente peças teatrais e outros textos, impressos numa gráfica de sua propriedade. Propõe novo sistema ortográfico; acredita-se santo, dotado de um *corpo santo*, de onde o pseudônimo, que usava como apêndice do nome. Faleceu em Porto Alegre, a 1/5/1883, deixando rica obra dramatúrgica, ao longo dos 9 volumes duma bizarra *Enciclopédia*, que somente em nossos dias foi reunida e reconhecida de superior qualidade ideativa.

Qorpo-Santo está para o teatro romântico assim como Sousândrade para a poesia: ambos situados miticamente nos antípodas geográficos da nação, um no extremo sul, em terras do Rio Grande, e outro no extremo norte, em S. Luís do Maranhão e por onde o desvairado gosto da aventura o carregou, — ambos sacudiram a mesmice literária da época. Descobertos ou ressuscitados postumamente, num reconhecimento tardio, mas pleno, mudaram a perspectiva que se tinha do século XIX, a ponto de condicionar nova visão do patrimônio literário daquela centúria e, por translação, da literatura brasileira como um todo. Se não bastassem tais índices de coincidência simbólica, acrescente-se que foram igualmente visitados por uma imaginação paranoide. Pela genialidade vizinha da loucura, ou pelo delírio que assalta os gênios visionários, situam-se fora dos parâmetros em voga no tempo, e que até recentemente se impunham à crítica: a grandeza da obra está intimamente associada às chispas de iluminados dementes que irradiam. Possessos ou não, a sua obra emite luz intensa, que nenhum contemporâneo alcançou, tão forte que passou despercebida, e, por isso, foi combatida no tempo; luz, na verdade, projetada para o futuro. Futuro que levou um século a chegar, alterando a hierarquia de valores que, mal ou bem, se acreditava firmado em relação ao século XIX.

Faltaria um prosador do seu nível para completar o quadro, um prosador também desconhecido, cuja obra encerrasse a mesma chama que anima o gênio *doublé* de louco. Inexistindo o próprio (ou enquanto não se digna erguer a voz das sombras), Manuel Antônio de Almeida talvez o representasse, um ficcionista com todos os visos de sanidade mental, mas dando mostras de uma liberdade anárquica, irreverente, fazendo adivinhar a obra genial que viria a produzir se as águas fluminenses não o sepultassem tão precocemente: algo como a promessa duma insânia recôndita, à espera dum estímulo para deflagrar.

Genialidade e loucura patentes nos textos: ainda que a demência não rondasse o psiquismo do cidadão José Joaquim de Campos Leão, ou se dela não tivéssemos conhecimento, nas peças de Qorpo-Santo se advertiria um dinamismo caótico, proveniente do gênio e/ou do louco. Mesmo sem recorrer à biografia do escritor, temos nítidos sinais, por conseguinte, de uma inusitada estruturação dramática gerada pela delirante fantasia, paredes meias com a vesânia ou nela implícita.

Não se espere que as suas peças — comédias? tragédias? romances? (a dúvida é do próprio autor) — obedeçam ao figurino bem-comportado que modelava o teatro no tempo. Nos textos completos, ou nos fragmentos, divisamos sempre o caos que caracteriza o teatro do absurdo, já assinalado pela crítica: Qorpo-Santo seria precursor, senão o criador, desse gênero de teatro, muito antes que Jarry o inaugurasse (*Ubu Roi*, 1888) e Beckett, Ionesco e outros o conduzissem aos pináculos da realização cênica.[1] O absurdo manifesta-se não só no todo das peças como também nas minúcias, a principiar da (con)fusão entre realidade e fantasia, aquela, proporcionada pela acidentada existência do autor, esta, desenvolvida a um grau paroxístico, sintoma ou causa de loucura. Em ritmo febril, esse consórcio acaba situando as peças num espaço indeterminado, que o leitor suspeita ser a mente do dramaturgo: as regras clássicas da verossimilhança cessam como por encanto nesse teatro onde tudo é permitido, já que o comanda uma imaginação sem freios. O leitor, arrancado da contingência histórica, ingressa num mundo possível, e mesmo verossímil, sob a condição de observar o espetáculo cotidiano de um novo prisma: o absurdo, afinal, habita a realidade do mundo, parece até a sua face mais autêntica; tudo é questão de ver, de querer enxergar a sem-razão (oculta ou evidente) dos atos humanos. Por translação, o absurdo entrevisto no dia a dia

---

1. Guilhermino César, prefácio a Qorpo-Santo, *Teatro Completo*, Rio de Janeiro, MEC/IDAC/SNT/FUNARTE, 1980, p. 52 (numeração nossa). Àquele estudioso se deve a revelação, em 1969, do espólio de Qorpo-Santo, num volume publicado em Porto Alegre, sob o título de *As Relações Naturais e Outras Comédias*. A edição de 1980, que tomamos por base, acrescenta outras peças, posteriormente trazidas à luz. Ainda continuam inacessíveis 3 volumes da *Enciclopédia*.

torna-se a própria realidade, não só das peças como do universo nelas espelhado.

Nos pormenores, igualmente predomina o absurdo. Os nomes das personagens, Qorpo-Santo inventa-os e atribui-os anarquicamente: o casal de 80 anos chama-se Mateus e Mateusa; Cário e Florberta contracenam, enquanto Esculápio e Farmácia deblateram; um atende pelo nome de Guindaste, outros de Rapivalho, Ostralâmio, Rabalaio, Radinguínio, Esterquilínia, Espertalínio da Porciúncula, ou mesmo de Tamanduá e Tatu; Capivara é mulher de Enciclopédio. E no fluxo dos patronímicos estapafúrdios, não teme, desrespeitando toda pertinência histórica e temporal, convocar Almeida Garrett para o tablado, em companhia de Luduvina e Luduvica, sua criada, ou Robespierre, em presença de Simplício e Gonçala.

A comicidade transparente nessa alucinada onomástica — como se pusesse ao avesso a tendência da novela de cavalaria renascentista para a nomeação fantasiosa dos heróis —, ainda se manifesta na explicação que uma personagem dá para o fato ("Mateus e Mateusa"):

> MATEUS — É verdade, minha querida Mateusa (*batendo-lhe também no ombro*), mas, antes de te dizer o que pretendia, confessa-me: Por que não quiseste tu o teu nome de batismo, que te foi posto por teus falecidos pais?
>
> MATEUSA — Porque achei muito feio o nome Jônatas que me puseram; e então preferi o de Mateusa, que bem casa com o teu!

Outros expedientes são manuseados com análogo destino: estimular o riso. Pouco importa se o desrespeito absurdo às regras do jogo cênico resulta de um propósito deliberado ou não; o certo é que o leitor facilmente cede às situações engraçadas, como, na mesma peça, Mateus atirar contra Mateusa, não sem comentários já de si hilariantes, o *Código Criminal*, a *Constituição do Império*, a *História Sagrada*; ou as soluções doidas de cenografia, como descer "uma espécie de véu, de nuvens, sobre os dois" ("Eu sou Vida; eu não sou Morte"); ou a da personagem Simplício, que entra dizendo ("Lanterna de Fogo"):

> Que diabo de zangas estou eu sempre a ter! Hoje fui ao mercado fazer as compras do necessário para o dia; o que havia de achar para comprar! Galinhas mortas, frangos vivos, gatos e ratos! (*Atira com todas estas cousas sobre o assoalho, as quais trazia dentro de um saco que vinha às costas; saltam ratos, gatos, galinhas e frangos por todo o cenário.*)

Ou a indicação de que "Lindo cai sobre um cotovelo" ("Eu sou Vida; eu não sou Morte"); ou ao dizer a personagem: "deu o tétano na minha flauta!" ("Um Assovio"); ou a presença em cena do próprio Satanás, que confidencia ("Certa Entidade em Busca de Outra"): "Sempre tive, tenho e terei medo de mulheres", na mesma peça em que Brás e Ferrabrás (nomes em rima), travam um diálogo doido, como tantos outros nas demais peças; ou o *nonsense* das explicações finais do próprio autor:

(Escusado é dizer que nada devem poupar os cômicos para tornar mais interessante e agradável o gracejo.)

*

Note-se — podem começar a cena os três últimos, dando alguns saltos, proferindo palavras sem nexo ao discurso, mostrando a respeito de Brás algum desatinamento, e retirarem-se ao aparecer ou sentirem o rumor da vinda daquele.)

Ou a personagem Mário se imaginar *prenho* ("O Marinheiro Escritor"); ou a queda marota de Mateus sobre Mateusa na sequência da briga entre os dois; ou o emprego das rimas para fins cômicos ("Eu sou Vida; eu não sou Morte"):

LINDO — Ah! minha adorada prenda, tu que foste a oferenda que me fez o Criador, em dias do mais belo amor, que pedes? Como pedes àquele que tanto te ama; mais que à própria cama?!

Evidentemente, se alguns desses recursos parecem gratuitos, destinados tão somente a proporcionar o riso fácil, outros mal disfarçam o intuito satírico, como o dos livros que Mateusa arremessa contra o marido. Uma força demolidora, vingativa, impele o dramaturgo na eleição das obras, cada uma representando uma instituição básica no tempo, mas o primeiro impacto é cômico, pelo inusitado de atirar livros, e não outros objetos de adorno, como seria usual, e livros dessa natureza, estando os protagonistas com 80 anos e casados desde há muito. No geral, respira-se atmosfera clownesca: pantomima, humor circense, que a crítica tem apontado como uma das possíveis fontes do teatro do absurdo, e que na pena de Qorpo-Santo parece desenvolver o cômico à Martins Pena, suspendendo-o a altos níveis de inverossimilhança. Afinal, o dramaturgo gaúcho não só pode ter-se inspirado no grande comediógrafo da época, como também deixado fluir a tendência muito brasileira para a chalaça, que o Carnaval bem simboliza.

Qorpo-Santo oferece-nos uma visão surrealista do mundo: entrevistas num sonho à Dali, as personagens entregam-se a atos que a consciência moral e o decoro social reprimiriam. A modo de "macunaímas" citadinos, deixam extravasar os instintos, escancarando a face recoberta pela educação ou as regras de convivência. Nesse desnudamento, o comediógrafo assume posição anti-ingênua, realista, perante a sociedade coeva, mas dum realismo natural, espontâneo, antes fruto de louca cerebração que de uma opção intelectual. Como se não bastasse, o autor inclui-se no rol dos protagonistas, diretamente, figurando com o próprio nome, ou o pseudônimo, ou indiretamente, sobretudo por meio das personagens designadas de forma insólita. Dir-se-ia que o dramaturgo se multiplica, heteronimicamente, nas personagens: não conseguindo ultrapassar o emparedamento do "eu", delegaria ao "outro" a tarefa de veicular a insana obsessão que o avassalava, ou de vir a público para defendê-lo, tornando-o (Qorpo-Santo) o exclusivo núcleo das peças. Robespierre reporta-se a Simplício nestes termos:

> Esse Simplício é o homem mais inteligente que eu tenho conhecido. (...) Um homem assaz notável por sua ilustração, erudição, virtudes, saber e prudência, sofreu um ataque em sua pessoa e seus bens;

Mais adiante, sendo já o Velho, ou seja, Qorpo-Santo, recebe da Mulher e da Menina estes comentários:

> A MULHER — Ainda quererá escrever mais!? Ainda não se satisfaria de tantas comédias, romances e tragédias!?

> MENINA — Titia! Titia! Ele ainda quer poesia. Acha que é pouco chamarem-no de maluco — por tanto haver ensinado, ora lendo, ora falando, ora escriturando.

Florberta (de "Um Parto") encarna o próprio dramaturgo, assim como Ruibarbo (*ibidem*), etc. Ao inserir-se nas peças, como protagonista ou por meio dos heterônimos, Qorpo-Santo poetiza-as, empresta-lhes *nonsense* e pratica a crítica direta, franca, à semelhança duma sondagem psicanalítica: a catarse, aqui, é do dramaturgo, e o espectador é o "outro" (mesmo quando o "Outro" da peça), culpado dos males que assolam o autor, ou cúmplice dos verdadeiros culpados, ou testemunha.

Se o desejo de vingança contra a sociedade motiva o dramaturgo,[2] não menos plausível é descortinar nesse arremesso contra o corpo social o exorcismo dos demônios que o atazanavam. Vingando-se, exorcizava-se, purgava-se: o seu "drama em gente", à Fernando Pessoa, passava-se na cabeça, num palco imaginário em que o autor era sempre o herói/vítima, acusador/réu, Santo/Satã.

Não estranha, por isso, que um vento de megalomania atravesse as comédias: a autodefesa, o exorcismo, ou gosto da vingança — molas que acionam o processo dramatúrgico — aglutinam-se a um narcisismo tanto mais compreensível quanto mais espelha a certeza que tinha o autor de seus méritos intelectuais. E não só, mas também por refletir a convicção de que os punha a serviço de causas nobres, como o Direito, a Natureza, a Religião ("Eu sou Vida; eu não sou Morte"):

> de duas uma: ou Linda é minha, e triunfa o Direito, a Natureza, a Religião — ou é tua, e vence a barbárie, a natureza em seu estado brutal, e a irreligião!

ou a Lei, a Razão, a Justiça ("Hoje sou um; e amanhã outro"): — "Sempre a Lei, a Razão e a Justiça triunfam da perfídia, da traição e da maldade!" — ou a Liberdade, a Fraternidade, a Humanidade ("Lanterna de Fogo") — Foi a doutrina que aprendi de meus pais — verdadeiros tipos ou emblemas — de liberdade, fraternidade e humanidade! — numa obsessão em que o caso pessoal surge transfigurado pela consciência de um estado de coisas universal. A um só tempo, somos levados a supor que aí residiria o fulcro da loucura do dramaturgo, ao mesmo tempo que custa a crer no seu desarranjo mental quando consideramos a lucidez das soluções de visionário. A demência é um pormenor, sintoma, condimento (des)estruturador, pois no âmago do entrecho cintila um moralismo (sensato) (*ibidem*):

> É preciso não ter caráter, nem brio, nem dignidade, — para se procurar fortuna por modos, ou maneiras, ou atos, que nos rebaixam à vil condição de animais ferozes, ou desprezíveis.

Tudo se passa como se, na verdade, estivéssemos presenciando a luta entre o Bem e o Mal, vivida pelos "duplos" de um *ego* acossado pela iniquidade. Apesar ou mercê do moralismo, impregna as peças um ar de

---

2. *Idem, ibidem*, p. 47.

moderno: mal podemos imaginá-las em pleno dia romântico. O teatro de Qorpo-Santo talvez fosse recebido, na época, como duplamente insano, pelo absurdo, a anarquia dramática e estrutural, longe do estereótipo em voga, e pelo conteúdo, avançado, desinibido, sem respeito ao falso pudor reinante, focalizando liberalmente questões tabus, dentre as quais ressalta, como outra ideia obsessiva, a do sexo e casamento.

Qorpo-Santo era um obcecado pelas "relações naturais", entendidas como o intercurso sexual no casamento: além de examiná-las ao longo das peças, empregou-as no título de uma, espécie de síntese da sua visão do mundo, que um crítico admitiu ser "superior a tudo quanto Ionesco imaginou de mórbido e angustiante".[3] Partindo da ideia de que o sexo dentro do casamento leva à "salvação" ("O Marinheiro Escritor") — "Nenhum homem pode ter circunspecção, sem sua família, sem ter família, sem ao menos ter uma verdadeira amiga," — o comediógrafo investiga-lhe as situações fundamentais, desde as hilariantes até as trágicas. Retrato do casamento, o teatro de Qorpo-Santo põe a nu o ramerrão conjugai burguês: não só critica o gosto coevo pelas aparências cor-de-rosa, revelando o inferno matrimonial por trás da hipocrisia romântica, como revela os móbeis eróticos que impulsionam o convívio doméstico.

A fixação no sexo, mesmo nas cenas e falas graves, sempre se manifesta com graça ("Duas Páginas em Branco") — "MANCÍLIA — Noivos não comem, senão na cama (*dando alguns pulinhos*); não bebem, senão na cama. Portanto, vamos para ela e lá o fartarei", — tendo a Religião, a Natureza, a Lei, etc. como interlocutor, num conflito peculiar ao crente dividido entre Deus e Satanás. Recordando Baudelaire, seu contemporâneo, Qorpo-Santo se nos afigura um "maldito", vocacionado para Santo mas atraído pelo pecado, sempre com um dilacerante complexo de culpa. É provável que aí se encontre o cerne do seu teatro, e a energia secreta que lhe sustenta a invariável trepidação.

Tal teatro, marcado pelo absurdo, destinar-se-ia à representação? Qorpo-Santo tencionava fazer obra dramatúrgica, como evidencia o arcabouço das peças, mas não sem apelo a expressões literárias contíguas. Embora as organizasse conforme os preceitos teatrais, não as destinaria à encenação, porquanto implicaria recursos desusados, surrealistas, impensáveis na época. Há quem acredite, no entanto, que o comediógrafo

---

3. *Idem, ibidem*, p. 48.

seja mais representável que Jarry;[4] pouco importa, verdadeiramente, que as suas peças sejam ou não representáveis. Como texto, bastam-se a si próprias, podem ser lidas à maneira de *La Celestina*, uma vez que assumem o tom teatral por acaso, como reconhece Qorpo-Santo por meio de um *alter ego* ("A Impossibilidade da Santificação; ou A Santificação Transformada"):

> Não há dúvida, comecei por Comédia e acabo por Romance! Representar-se-á portanto em todo o mundo habitado, pela primeira vez, uma novíssima peça teatral tríplice, chamada — Comédia, Romance e Reflexões!

III. SEGUNDO MOMENTO ROMÂNTICO

O segundo momento do nosso Romantismo desenrola-se mais ou menos entre 1853, quando Álvares de Azevedo publica *Obras Poéticas* e Laurindo Rabelo, *Trovas*, e 1870, quando Castro Alves dá a lume *Espumas Flutuantes*. Dura, portanto, aproximadamente dois decênios, nos quais a nação vive, sob o reinado de D. Pedro II, um período de paz, quebrado em 1864 com o início da Guerra do Paraguai: é no clima belicoso de fins dos anos 60 que se há de gestar o terceiro momento romântico.

A década de 50 constitui, no dizer de Capistrano de Abreu, a "mais brilhante do Império. Fechou-se o livro miserável do tráfico africano. Ajudou-se a Argentina a libertar-se da tirania de Rosas. Tratou-se de liquidar a onerosa herança dos limites, legada pelas metrópoles peninsulares. Regularizaram-se e amiudaram-se as comunicações por vapor com a Europa. Obras novas, vindas paquete a paquete, transportaram além do Tejo, e mesmo além do Sena", e o Barão de Mauá "começou a remodelar o Brasil moderno".[1] Envolto duma aura de mecenas, nutrindo

---

4. *Idem, ibidem, loc. cit.*

1. Capistrano de Abreu, *Ensaios e Estudos,* 3ª série, Rio de Janeiro, Briguiet, 1938, pp. 119-120.

veleidades literárias, D. Pedro II propicia o desenvolvimento das Letras, descrito pelo mesmo historiador do seguinte modo:

> em sua honra Magalhães concluiu a *Confederação dos Tamoios*, Porto Alegre meditava o *Colombo*, Gonçalves Dias começava os *Timbiras*; para empare-lhar com as epopeias, Magalhães e Joaquim Norberto urdiam tragédias; subvenções traziam ao Rio rouxinóis canoros de além-mar; João Caetano assombrava as plateias; Varnhagen esforçadamente erigia sua ciclópea *História Geral*. O Instituto Histórico reunia os sábios da cidade e entre eles fazia figura de destaque S. Majestade. Organizava-se uma comissão científica para explorar o Norte.[2]

Falta acrescentar ao esboço de quadro histórico o movimento literário que, transcorrido em S. Paulo, é a tendência predominante nessa época: o Byronismo. Com efeito, a Faculdade de Direito paulistana, centro de efervescência nas vésperas da convulsão romântica, volta a ser núcleo da mais importante atividade literária no tempo. O eixo cultural desloca--se momentaneamente para S. Paulo e acusa desvio de rumo: ao passo que o primeiro momento romântico vergara ao peso das impregnações francesas, embora sem prejuízo das reminiscências lusitanas, o segundo momento obedece a outros vetores, de extração anglo-saxônica, ainda que por via gaulesa. É bom que se diga que tal influência não inclui a norte-americana, que aguardaria muito para se manifestar, do mesmo modo que o sistema republicano estadunidense tinha sido — como advertem investigadores desse período — habilidosamente neutralizado pela diplomacia britânica, interessada em ver triunfar o seu modelo de Monarquia Constitucional.[3]

Praticamente extirpadas, no plano literário, as aderências coloniais, que teimavam em persistir durante as primeiras décadas do século XIX, o ideário romântico predomina agora em toda a extensão e vigor. De onde o segundo momento corresponder ao Ultrarromantismo europeu: na verdade, presencia-se a vitória plena da ideologia romântica, livre das regras clássicas e ainda longe de prenunciar as pulsações inaugurais da ideia realista de arte, que ocorrerão no terceiro momento.

Ao longo desse período, cultiva-se a poesia e a prosa de ficção, quer segundo os modelos novos, quer segundo o figurino em voga na gera-

---

2. *Idem, ibidem,* pp. 121-122.

3. José Ribeiro Jr., "O Brasil Monárquico em face das Repúblicas Americanas", *in Brasil em Perspectiva* (dir. de Carlos Guilherme Mota), 4ª ed., S. Paulo, Difel, 1973, p. 159.

ção precedente. Quanto ao teatro, continua a ser praticado, com raras exceções, por Martins Pena, Macedo, Alencar e outros, estudados no primeiro momento romântico.

1. Poesia

Byronismo e Ultrarromantismo constituem rótulos quase permutáveis, mas não designam toda a produção literária do segundo momento. A rigor, apenas a poesia se enquadra em tais "ismos", uma vez que a prosa narrativa, ressalvados uns poucos casos, corre por outra vertente. Por conseguinte, é a atividade poética em S. Paulo, irradiada pelo resto do País, que se vincula à corrente byroniana ou ultrarromântica.

Para bem compreender essa maré de imitação da vida e da obra de Byron, temos de principiar pela instalação, em 1845, da "Sociedade Epicureia", que congregava estudantes da Faculdade de Direito de S. Paulo, como Álvares de Azevedo, Aureliano Lessa, Bernardo Guimarães, Francisco Otaviano e outros.[1] De extração maçônica, tal a semelhança entre o ritual da Maçonaria e o byronismo, irmã da Sociedade dos "Numantinos", plêiade espanhola que tinha em Espronceda sua figura tutelar e se regia pelo mesmo decálogo funéreo e lúgubre,[2] e coincidente, pelo menos, com a "Sociedade do Delírio", fundada pelo Marquês de Niza no Porto[3] — a "Sociedade Epicureia" teve duração efêmera, mas os seus efeitos se propagaram e perduraram. Uma de suas extensões pode ter sido a "Sociedade Filopança", que vingou pelos anos de 1847 e 1849 e agrupava estudantes da Faculdade de Direito de Olinda.[4]

Ligada, portanto, a tendências europeias, que pretendia a "Sociedade Epicureia"? No testemunho de um membro da agremiação, prestado a

---

1. O histórico desse movimento encontra-se nos artigos de Pires de Almeida, publicados no *Jornal do Comércio,* do Rio de Janeiro, entre 1903 e 1905, e reunidos sob o título de *A Escola Byroniana do Brasil,* S. Paulo, Comissão Estadual de Cultura, 1962.

2. Jamil Almansur Haddad, *Álvares de Azevedo, a Maçonaria e a Dança,* S. Paulo, Comissão Estadual de Cultura, 1960, pp. 86 e ss.

3. Brito Broca, *Pontos de Referência,* Rio de Janeiro, MEC, 1962, pp. 12-16.

4. Basílio de Magalhães, *Bernardo Guimarães,* Rio de Janeiro, Anuário do Brasil, 1926, pp. 25-26.

Couto de Magalhães, encontra-se a síntese, reiteradas vezes transcrita, das aspirações e realizações dos moços de S. Paulo:

> Composta de um grande número de acadêmicos, tinha ela por fim realizar os sonhos de Byron. Um dos sócios, que vive hoje em Minas [Bernardo Guimarães], narrou-me o seguinte: "Eram diversos os pontos em que nos reuníamos: ora nos Ingleses, ora nalgum outro arrabalde da cidade. Uma vez estivemos encerrados quinze dias em companhia de perdidas, cometendo, ao clarão do candeeiro, por isso que todas as janelas eram perfeitamente fechadas desde que entrávamos até sair, toda a sorte de desvarios que se pode conceber". (...) / Alguns estudantes, que se entregaram mais doidamente a estes excessos, ou que eram dotados de uma constituição menos robusta, de lá saíram com moléstias de que depois morreram. / Esta associação teve uma grande influência na poesia de nossa mocidade; quem ler sucessivamente os diversos jornais sente acentos desesperados nos versos que correspondem a essa época.[5]

Nos cemitérios ou nas repúblicas, organizavam libações e ceias *escolásticas*, durante as quais improvisavam *bestialógicos*, discursos estapafúrdios em prosa e verso, e cruzavam hamleticamente "os crânios transbordantes de conhaque".[6] A boêmia acadêmica encontrava, pois, nas aventuras reais e imaginárias de Byron o exemplo e o álibi para se entregar ao desvario. O poeta inglês, como se sabe, tornara a sua imagem, onde se misturavam traços de Satã, D. Juan e Fausto, o modelo da juventude liberal europeia entre 1815 e 1830, de modo geral caracterizado pela

> inquietude perpétua, interrogações que ficam sem resposta, melancolia que evolui as mais das vezes para o desespero, tédio de viver; é o 'mal do século', mas a que falta a vaga aspiração por um ideal desconhecido (...); egocentrismo que leva ao narcisismo, o desprezo da sociedade e da Humanidade que faz os poetas buscar a solidão, onde se comprazem na meditação plangente de seus males e de sua superioridade. De onde uma atitude nitidamente hostil contra a opinião corrente, os preconceitos sociais e morais, e o desejo e a reivindicação de uma liberdade ilimitada.[7]

---

5. Almeida Nogueira, *A Academia de S. Paulo. Tradições e Reminiscênciass*, 9 vols., S. Paulo, 1907, 2ª série, p. 171. No texto, lê-se "perdidos" em vez de "perdidas".

6. Pires de Almeida, *op. cit.*, p. 26.

7. Paul Van Tieghem, *Le Romantisme dans la Littérature Européenne*, Paris, Albin Michel, 1948, pp. 275, 277.

Recebido entre nós na década de 40, o ideal byroniano manteve-se basicamente o mesmo: Álvares de Azevedo e os seus companheiros trocam os motivos ingênuos em moda no período anterior pelo tédio, a desesperação e o satanismo. Substituem o amor-medo, feminoide, pelo amor doentio, vicioso, fruto de neuroses ou de "paraísos artificiais"; transformam a melancolia em visão da morte, ao mesmo tempo desejada e temida; procuram evadir-se do "mal do século" pela deserção da vida, mas agem epicuristamente, movidos pela gulosa paixão da existência; "malditos", encarnam o próprio dilema romântico, no qual a luta entre imanência e transcendência termina sempre de forma apocalíptica.

Geração do tédio e da angústia cósmica, como que prepara o terreno para a irrupção do Existencialismo hodierno: não estranha esse remoto prelúdio da vaga existencialista quando nos lembramos que correspondia a uma atmosfera estética e filosófica generalizada, e que *O Conceito de Angústia* e *O Conceito de Desespero*, de Kierkegaard, livros sagrados das catacumbas existencialistas, são respectivamente de 1844 e 1849. E o próprio Surrealismo parece iniciar a sua demorada gênese nos festins em que a poesia bestialógica, ou *pantagruélica*,[8] jorrando das profundezas do inconsciente ainda mal desperto, se destinava ao riso estúrdio e às fugas sem retorno.

ÁLVARES DE AZEVEDO

Manuel Antônio Álvares de Azevedo nasceu em S. Paulo, a 12 de setembro de 1831. Passados dois anos, a família muda-se para o Rio de Janeiro, onde o menino realiza estudos primários e secundários (Colégio Stoll e Colégio Pedro II), com notável brilho. Em 1848, de volta a S. Paulo, matricula-se na Faculdade de Direito e engaja-se no grupo da "Sociedade Epicureia", fundada em 1845. Nas férias do quarto para o quinto ano, gozadas no Rio de Janeiro, submete-se a uma operação de tumor, e vem a falecer a 25 de abril de 1852, com vinte e um anos. Em 1853-1855, Jaci Monteiro publica-lhe as *Obras*, em dois volumes, o primeiro dos quais contendo a *Lira dos Vinte Anos* e o segundo, "*Pedro Ivo*", *Macário, Noite na Taverna*, etc. Na segunda edição, em três volumes (1862), reproduziu-se a primeira e acrescentou-se o "Poema do Frade".

---

8. Almeida Nogueira, *op. cit.*, 3ª série, p. 19.

Em 1886, veio a público "O Conde Lopo", mais adiante incorporado às suas obras completas.

Poucos poetas na literatura brasileira suscitam, como Álvares de Azevedo, o problema das relações entre vida e obra, graças ao fato de haver entre os seus escritos e a propalada devassidão da "Sociedade Epicureia" numerosos pontos de contacto. Teria praticado as estripulias byronianas? as notações epicuristas em sua poesia e prosa resultam da vivência ou de leituras? onde se interrompe a realidade para começar a fantasia? como discriminar, nos textos, o plano imaginário do vivido? — são questões que a obra de Álvares de Azevedo desde cedo levantou e que a história literária registrou já nos fins do século XIX. De lá para cá, os críticos alinham-se em duas facções, igualmente equivocadas em seu extremismo, e distanciadas do melhor juízo a respeito, que Sílvio Romero, faz já uma centúria, expendera num rasgo de lucidez crítica:

> Nem anjo, nem demônio.
> Foi uma natureza inteligente e idealista, porém mórbida, desequilibrada de origem, e ainda mais enfraquecida pelo estudo e agitada pela leitura dos sonhadores do tempo.
> Chegou a fazer alguns desses pagodes próprios de estudantes, essa poesia prática da vida que bem se desfruta na quadra da mocidade (...) não teve, porém, tempo nem oportunidade de travar um amor sério, uma paixão sincera e pura.[1]

Na verdade, trata-se de falso problema, pois qualquer que seja a solução que se lhe dê, não modifica o panorama da obra do poeta: tenha realizado ou não as estroinices byronianas, permanece inalterado o conteúdo de seus escritos. Não muda nada supor que acompanhava as orgias do grupo e, portanto, transferia para os poemas o sumo da experiência; ou imaginá-lo refratário aos desvarios byronianos. E conquanto presente, mercê da atmosfera criada pela "Sociedade Epicureia", o dado biográfico não deve interferir na análise da obra, uma vez que esta independe de ter havido ou não a prática dos delírios atribuídos a Byron e seguidores. Por fim: além de não ser possível discernir nos textos a margem de biografia, que importância crítica teria estabelecê-la? em que modificaria a substância poética?

---

1. Sílvio Romero, *História da Literatura Brasileira*, 4ª ed., 5 vols., Rio de Janeiro, José Olympio, 1949, vol. III, p. 270.

Dividida em três partes, a *Lira dos Vinte Anos*, onde se reúne o principal da obra poética de Alvares de Azevedo, evidencia uma trajetória em duas fases ou, propriamente, maneiras: como já assinalara Joaquim Norberto, autor de uma das exegeses mais convincentes da obra do poeta,[2] as duas primeiras partes gravitam em torno de polos diferenciados, ao passo que a terceira os mistura. Espelhando díspares influências, as maneiras simultaneamente denunciam duas formas de ver a realidade, e duas formas conflitivas, por sua vez escancarando, cada qual a seu modo, antíteses e perplexidades. Jogado por elas, "nem anjo, nem demônio", poeta da dúvida existencial, não chegou jamais a definir-se, e a sua obra extrai desse dualismo irredutível a força máxima, como sói acontecer em poetas de garra, do gênero Bocage, cuja sombra de pré-loucura, como que resvala pela débil constituição do adolescente sonhador que foi Álvares de Azevedo. Pagando, desse modo, o preço do talento poético, encarnava "o mal do século" romântico e a um só tempo erguia-se como porta-voz da geração e um dos protótipos do Romantismo entre nós.

A primeira maneira desenvolve-se sob o signo dos poetas brasileiros que o precederam ou lhe foram contemporâneos. Como a repercutir o magistério de Gonçalves Dias, e a emparceirar com Casimiro de Abreu, a primeira parte da *Lira dos Vinte Anos* caracteriza-se pelo amor-medo ou pela visão dum sentimento platonicamente espiritualizado (A Cantiga do Sertanejo"):[3]

> Donzela! se tu quiseras
> Ser a flor das primaveras
> Que tenho no coração!
> E se ouviras o desejo
> Do amoroso sertanejo
> Que descora de paixão!

em conflito com um intenso erotismo, que ainda não ousa mostrar o seu rosto, mas que se impõe, embora reprimida e obliquamente. O seu complexo de virgem, presente em vários poemas, e simbolizado no pranto

---

2. Joaquim Norberto de Sousa e Silva, prefácio às *Obras Completas de Álvares de Azevedo*, 7ª ed., 2 vols., Rio de Janeiro/Paris, Garnier, 1900.

3. Álvares de Azevedo, *Poesias Completas*, introdução de Péricles Eugênio da Silva Ramos, texto fixado e anotado por este e Frederico José da Silva Ramos, S. Paulo, Saraiva, 1957, p. 52. As demais citações serão extraídas desta edição.

que verte pela donzela que pecou ("A Harmonia"), polariza-se no convite à bem-amada para dormir, que ambiguamente dissimula e confessa os desejos recalcados ("Anima Mea"):

> Ó florestas! ó relva amolecida,
> A cuja sombra, em cujo doce leito
> É tão macio descansar nos sonhos!
> Arvoredos do vale! derramai-me
> Sobre o corpo estendido na indolência
> O tépico frescor e o doce aroma!
> E quando o vento vos tremer nos ramos
> E sacudir-vos as abertas flores
> Em chuva perfumada, concedei-me
> Que encham meu leito, minha face, a relva
> Onde o mole dormir a amor convida!

Fruto da adolescência, das influências e de possíveis causas patológicas, a tensão dual não é isócrona: predomina o sentimento "puro", conquanto lanceado por um indefinível apelo carnal, mas o seu desdobramento conduz a uma das morbidezas do *pathos* de Álvares de Azevedo — a incestuosa identificação da amada com a mãe e a irmã ("Vida"):

> Que importa que o anátema do mundo
> Se eleve contra nós,
> Se é bela a vida num amor imenso
> Na solidão — a sós?

> Se nós teremos o cair da tarde
> E o frescor da manhã:
> E tu és minha mãe, e meus amores
> E minh'alma de irmã?

A hipocrisia latente no espiritualismo romântico, personificação maciça do aforismo pascaliano ("qui veut faire l'ange fait la bête"), exibe aqui, pela primeira vez em nossas letras, e com os recursos embelezadores da poesia, todo o seu poder eticamente dúbio. Afinal, não se sabe se os românticos eram vítimas de suas convicções estéticas ou se elas permitiram vir à tona, ainda que involuntariamente, monstros adormecidos. Seja como for, na oscilação anímica de Alvares de Azevedo pode-se entrever a representação duma tendência comum a quase todos os nossos românticos.

Na mesma sequência se disporia outra parelha dialética, composta da reiterada presença de Deus em conflito com o hedonismo que teimava em manifestar-se. Diga-se a bem da verdade que Álvares de Azevedo está longe de ser poeta religioso, ou para quem a visão da transcendência constituísse necessidade fundamental: o vago e difuso religiosismo, expresso na frequente menção a Deus, é mais categoria idealizante ou exclamação de socorro: ("No Túmulo do Meu Amigo João Batista da Silva Pereira Júnior"):

> Perdão, meu Deus, se a túnica da vida
> Insano profanei-a nos amores!

emitida por uma sensibilidade carregada do sentimento de culpa, — que verdadeira profissão de fé. Estamos distantes do drama de Fagundes Varela e ainda mais da luta entre o Bem e o Mal, Anjo e Satã, a que a poesia e a consciência de Baudelaire serviriam de palco.

Na poesia de Álvares de Azevedo, o debate entre as forças desencadeadas pelos ventos do liberalismo parece resolver-se em arrependimento, pela fusão imprevista entre as cargas positivas dos pares dialéticos que convulsionam o poeta ("Hinos do Profeta"):

> E agora o único amor... o amor eterno
> Que no fundo do peito aqui murmura
> E acende os sonhos meus,
> Que lança algum luar no meu inverno,
> Que minha vida no penar apura,
> É o amor de meu Deus!

Identificando, ou querendo identificar, o amor humano e o divino, talvez o poeta buscasse, ingenuamente, punir-se e alcançar o sonhado apaziguamento. Que se trata duma falsa identidade, ainda afastada de sua meta, di-lo à saciedade a primeira parte da *Lira dos Vinte Anos*. Tanto que o tema da morte, igualmente presente, corre paralelo a um absconso impulso de autopunição (*ibidem*) — "A minha alma só canta a sepultura" — e vaga idealidade (*ibidem*):

> Ó morte! a que mistério me destinas?
> Esse átomo de luz que inda me alenta,
> Quando o corpo morrer,

Voltará amanhã aziagas sinas
Na terra numa face macilenta
Esperar e sofrer?

O evasionismo, que ao final de contas os temas da morte e de Deus testemunham, ainda se manifesta por meio de outra obsessão, na qual parecem condensar-se todas as dessa fase da carreira poética de Álvares de Azevedo: o sonho. Referido como processo fisiológico, ou sinônimo de fantasia, devaneio, imaginação, o sonho permeia toda a primeira fase da *Lira dos Vinte Anos* (poema sem título):

Fui um doudo em sonhar tantos amores,
Que loucura, meu Deus!
Em expandir-lhe aos pés, pobre insensato,
Todos os sonhos meus!

de tal modo que a própria volúpia, banida do plano da consciência, é transposta, freudianamente, para as trevas do sonho ("A T ..."):

Nas longas noites
Adoeço de amor e de desejo
E nos meus sonhos desmaiando passa
A imagem voluptuosa da ventura...

Tudo ocorre num mundo de faz de conta, como, aliás, toda poesia que se preza, mas arrancando da experiência e da observação. Ao contrário, nesse périplo que começa no amor-medo e termina no sonho, passando pelo erotismo, Deus e morte, Álvares de Azevedo patenteia a marca registrada de sua poesia: o cerebralismo. Intoxicado de leituras (à vista do que a sua obra fartamente apresenta), é antes de tudo um cerebrino, um imaginativo que febrilmente arquiteta dentro de si a realidade substitutiva da verdadeira, que rejeita ou não pode conhecer. Se filosófica a inflexão da sua poesia, é de supor que o cerebralismo não significasse inadequação, mas como os seus poemas lidam com os valores burgueses, centrados no amor à mulher e circunstâncias, a *vis* cerebrina acusa artificiosidade e "literatura". Contaminado pelo veneno literário, quer dizer, livresco, preferiu o universo criado pelos outros poetas à realidade coeva. Não obstante, produziu nessa fase dois poemas antológicos, o soneto

> Pálida à luz da lâmpada sombria,
> Sobre o leito de flores reclinada,
> Como a lua por noite embalsamada,
> Entre as nuvens de amor ela dormia!
>
> Era a virgem do mar, na escuma fria
> Pela maré das *águas* embalada!
> Era um anjo entre nuvens d'alvorada
> Que em sonhos me banhava e se esquecia!
>
> Era mais bela! o seio palpitando...
> Negros olhos as pálpebras abrindo...
> Formas nuas no leito resvalando...
>
> Não te rias de mim, meu anjo lindo!
> Por ti — as noites eu velei chorando,
> Por ti — nos sonhos morrerei sorrindo!

onde a tensão entre opostos (angelismo *versus* erotismo; realidade *versus* sonho) parece encontrar a morada ideal, graças ao fato de a contensão da fôrma, limitando a difluente expansão imaginativa, gerar o equilíbrio das obras acabadas e únicas.

E o poema "Lembrança de Morrer", derradeira peça da primeira fase, espécie de "summa" ou testamento, onde o despojamento e a fluência da dicção refletem a irrupção da sinceridade existencial num cenário em que a fantasia literária reinava soberana e alienadoramente:

> Como o desterro de minh'alma errante,
> Onde fogo insensato a consumia:
> Só levo uma saudade — é desses tempos
> Que amorosa ilusão embelecia.
>
> Só levo uma saudade — é dessas sombras
> Que eu sentia velar nas noites minhas...
> De ti, ó minha mãe, pobre coitada
> Que por minha tristeza te detinhas!
>
> De meu pai... de meus únicos amigos,
> Poucos — bem poucos — e que não zombavam
> Quando, em noites de febre endoudecido,
> Minhas pálidas crenças duvidavam.

Se uma lágrima as pálpebras me inunda,
Se um suspiro nos seios treme ainda
É pela virgem que sonhei... que nunca
Aos lábios me encostou a face linda!

Evidente na primeira parte da *Lira dos Vinte Anos*, o cerebralismo permanece e avulta na seguinte, bem como em toda a obra do poeta. Chancela dum talento precoce e forrado de leituras, esse pendor dificultava a limpidez do canto poético por não se decidir a enveredar pela Filosofia, mas constituía documento de incomum clarividência crítica. O prefácio que abre a segunda parte da *Lira dos Vinte Anos* estadeia uma consciência artesanal[4] tão mais impressionante quanto mais nos lembramos da juventude do poeta e da carência desses lampejos em nossos românticos, mais voltados para o frenesi criativo que para as reflexões doutrinárias. Quando se observa que o referido prólogo é tão lúcido que quase dispensa o crítico, não fosse deixar intocadas outras facetas da *Lira dos Vinte Anos*, fica-se com o direito de imaginar o que seria de Álvares de Azevedo se vivesse mais tempo e se decidisse a cultivar o ensaio ou a crítica literária. Vejamos-lhe, à guisa de ilustração, as linhas iniciais:

Cuidado, leitor, ao voltar esta página!
Aqui dissipa-se o mundo visionário e platônico. Vamos entrar num mundo novo, terra fantástica, verdadeira ilha Baratária de D. Quixote, onde Sancho é rei, e vivem Panúrgio, sir John Falstaff, Bardolph, Fígaro e o Sganarello de D. João Tenório — a pátria dos sonhos de Cervantes e Shakespeare.
Quase que depois de Ariel esbarramos em Caliban.
A razão é simples. É que a unidade deste livro funda-se numa binomia. Duas almas que moram nas cavernas de um cérebro pouco mais ou menos de poeta escreveram este livro, verdadeira medalha de duas faces.

onde não haveria nada que acrescentar à expressão do bifrontismo da *Lira dos Vinte Anos*, tão nítido na consciência do poeta que este, procurando esclarecê-lo, tão somente o repisa com outras palavras:

---

4. Este aspecto se encontra muito bem estudado por Péricles Eugênio da Silva Ramos na introdução às *Poesias Completas,* ed. cit.

Na exaustão causada pelo sentimentalismo, a alma ainda trêmula e ressoante da febre do sangue, a alma que ama e canta porque sua vida é amor e canto, o que pode senão fazer o poema dos amores da vida real? Poema talvez novo, mas que encerra em si muita verdade e muita natureza, e que sem ser obsceno pode ser erótico sem ser monótono. Digam e creiam o que quiserem. Todo o vaporoso da visão abstrata não interessa tanto como a realidade formosa da bela mulher a quem amamos.

Relevando o que aí vai de teórico e postiço, observemos que o poeta, traído pela evidência da binomia assinalada, não se dá conta de se tratar de mudança extrínseca: na essência, as mesmas forças-motrizes continuam a enformar-lhe a visão do mundo. Com efeito, na primeira fase, prevalecia o sentimento amoroso à donzela, não raro identificada patologicamente com a irmã e a mãe; agora, o poeta desloca o olhar para a mulher, mas ainda a divisa como "ideal numinoso", visão, ilusão, sonho e cognatos, vocábulos que afluem com insistência nas suas pulsões lírico-eróticas. E as figuras da mãe e da irmã retornam com toda a ambiguidade, posto que pela voz de Elfrida ("Um Cadáver de Poeta"):

> — Tancredo!... vede! é o trovador Tancredo!
> Coitado! assim morrer! um pobre moço!
> Sem mãe e sem irmã! E não o enterram?
> Neste mundo não teve um só amigo? —

Pura projeção freudiana, como também é o reparo que dirige a Lamartine ("Ideias Íntimas") — "Tem na lira do gênio uma só corda". — Sem dúvida, uma única corda vibra no lirismo de Álvares de Azevedo, corda essa que na segunda parte da *Lira dos Vinte Anos* acentua o volume do diapasão, ao assumir o tema da morte ou do amor da Morte primazia sobre o amor da mulher; agrava-se, por via do byronismo, o clima funéreo da primeira parte, e o drama de raiz permanece idêntico, apenas trocado o narrador ou o ponto de vista. A maneira inicial de Álvares de Azevedo evidenciava um "eu lírico", sentimental; na segunda, impõe-se um "eu boêmio", byroniano, mas os dois votados ao exame do mesmo conflito poético-existencial.

Divergem no modo como realizam o fingimento: o primeiro, entrega-se ao fingimento amoroso, casto, virginal, platônico; o segundo, esforça-se por assumir o fingimento licencioso, irreverente, na esteira de Byron, mas em ambos os casos trata-se de pose, transferência freudiana dum exacerbado cerebralismo. O beber e o fumar, a atmosfera devassa que se compraz em fantasiar (*"Spleen* e Charutos"), o anticlericalismo ("Boêmios"), a desabusada atitude perante a Pátria, a mãe e a mulher (*"Spleen* e Charutos"):

> O degrau das igrejas é meu trono,
> Minha pátria é o vento que respiro.
> Minha mãe é a lua macilenta,
> E a preguiça a mulher por quem suspiro.

tudo isso é produto de um cérebro que escalda, vivendo mais da fantasia paranoica que da realidade experimentada (embora pense, ou pretenda, o inverso), mais da literatura que da vida. Decerto cônscio de pervagar o reino da estrita fantasia nos poemas byronianos, deixa escapar pela voz de Puff ("Boêmios") uma confissão acusadora ao indicar a Nini, que dizia ter "aqui no cérebro / (...) um grande poema", a receita para torná-lo realidade:

> A ideia é boa:
> Toma dez bebedeiras — são dez cantos.
> Quanto a mim tenho fé que a poesia
> Dorme dentro do vinho. Os bons poetas
> Para ser imortais beberam muito.

Pura fuga, motivo literário, o byronismo de Álvares de Azevedo. É de aceitar que, tirante a moda, correspondesse a tendências inatas (neuróticas?) do poeta para o conflito entre vetores psíquicos que nele disputavam um lugar ao sol; mas é de considerar, por outro lado, que os textos transpiram clima fictício, seja pelas personagens ("Boêmios", "ato de uma comédia não escrita", passa-se na Itália, século XVI), seja pelos ingredientes culturais em presença: afora a circunstância de ser o português o idioma empregado, pouco nessas composições (como de resto ao longo da obra do poeta) denuncia um escritor brasileiro. Dessa perspectiva, a primeira maneira da *Lira dos Vinte Anos* leva a palma; mais ainda, ali se recolhem as mais bem conseguidas realizações do poeta, excetuando-se o antológico "Se eu morresse amanhã", outro poema-paradigma, espécie de cartão de identidade, que integra as *Poesias Diversas*. Na segunda, encontramos a fluente versificação de sempre, temas "masculinos", boêmia, humor negro, "nota absolutamente nova nas letras brasileiras",[5] sátira, prosaísmo consciente — ingredientes fortes, não haja dúvida alguma, — mas o resultado é poesia de inferior qualidade, certamente porque a transpiração vencia a inspiração, ao contrário da primeira parte da *Lira dos Vinte Anos*.

Predominante na segunda parte da *Lira dos Vinte Anos*, o byronismo de Álvares de Azevedo esparrama-se nos longos poemas de *Poesias Diversas* ("O Poema do Frade", "O Conde Lopo", salvo "Pedro Ivo", poema heroico ainda mais falso do que a pose devassa) e, sobretudo, em *Noite na Taverna* e *Macário*. Encerrado nos confins de sua mente febril, o poeta atira-se ao delírio, ao visionarismo extremo, à luxúria meramente imaginária ("O Poema do Frade"):

> E após ébrio de amor no frouxo leito
> Entre os aromas de esfolhadas flores
> Quero dormir co'a loura peito a peito,
> No lábio o lábio dela — as vivas cores
> Quero-as ver desmaiar num ai desfeito!
> Amá-la no luar, viver de amores!
> Ó noite! da ilusão que a vida esquece
> Que mais doce tremor nos enlanguesce?

Mas ao mesmo tempo aguça o espírito crítico, ao confidenciar, pela voz do Frade:

> Escutai-me, leitor, a minha história,
> É fantasia sim, porém amei-a.
> Sonhei-a em sua palidez marmórea
> Como a ninfa que volve-se na areia
> Co'os lindos seios nus... Não sonho glória;
> Escrevi porque a alma tinha cheia
> — Numa insônia que o *spleen* entristecia —
> De vibrações convulsas de ironia!
>
> Escrevi o meu sonho. Nas estâncias
> Há lágrimas e beijos e ironias,
> Como de noite muda nas fragrâncias
> Perde-se um ai de ignotas agonias!
> Tudo é assim — no sonho o pesadelo,
> — Em almas de Madona quanto gelo!

---

5. *Idem, ibidem*, p. 9.

que parece resumir não só "O Poema do Frade" como toda a obra do poeta: fundiu em versos (e prosa) o conteúdo fantasioso do seu mundo onírico, fruto antes de reminiscências livrescas que de vivências reais. O sonho, que vimos atravessar a primeira parte da *Lira dos Vinte Anos*, constitui-lhe a matriz poética, não apenas como tema, senão como símbolo de menosprezo pela realidade concreta; o sonho como escoadouro e refúgio, como fonte do Mal e razão de viver.

Por outro lado, o cerebralismo onírico coagula-se em novo prefácio, onde se confirma a sua invulgar vocação crítica: no longo preâmbulo a "O Conde Lopo", o poeta discorre acerca do seu ofício e, além de uma concepção avançada: — "Poucas coisas há aí no mundo que olhadas de certo modo não tenham o seu quê de poético," começa por defender que "o fim da poesia é o *belo*", por sua vez dividido em três modalidades — "Belo ideal, belo sentimental, e belo material", cuja fusão, a seu ver, constitui não só o ideal estético mas também "o fim da poesia romântica".

Reproduz-se, nesse equilíbrio entre as variedades de belo, a finura crítica de Álvares de Azevedo, mas estabelece-se franca oposição, quer ao entendimento contemporâneo do fenômeno poético, quer às sugestões colhidas na vida e na obra de Byron. Correto na teoria, o poeta contradizia-se na prática: os poemas estão longe do ideal preconizado. Todavia, nessa incoerência evidenciava, sem o perceber, estreita identificação com o ideário posto em voga pelo Romantismo. Como se não bastasse, a dualidade persiste ainda no fato de a ilustração que oferece de cada espécie poética ser de natureza livresca. Em se tratando de poesia, indagar-se-ia, que outra exemplificação mais adequada? Certo, mas que a caldeasse, para justificá-la ou não, com a proveniente da experiência *real*: qualquer das modalidades de poesia pode ser aferida ao mundo físico, assim atualizando e pessoalizando a distinção alheia e longínqua. Um exemplo falará mais taxativamente por nós:

> O que há aí de mais poético do que uma mulher bela, com os cabelos soltos entrelaçados de flores e pérolas, e dentre as roupas meio abertas o colo de chamalote branco a lhe ondear com reflexos de cetim, com os lábios rosados entreabertos num sorriso, mostrando como grãs de uma romã verde os dentes tão alvos, tão prateados que melhor os disséreis pérolas?

Em suma: conquanto filiado ao byronismo, a ponto de haver sido o seu mais alto representante entre nós, o melhor da poesia de Álvares de Azevedo não se inscreve nessa linhagem. As composições ortodoxamente byronianas, pela exaltação da boêmia sem freio, a louca alegria de viver à Epicuro o momento que passa, são, quando muito, *comemorativas*, ou seja, os seus bem recortados versos destinam-se a registrar, monocordiamente, as extravagâncias referidas a Byron. Não fosse o caráter livresco, remetendo-as para o passado, teríamos simples poesia de circunstância, em torno da mocidade acadêmica de meados do século XIX em S. Paulo.

É nos textos em prosa (*Noite na Taverna, Macário*) que Álvares de Azevedo logrou alcançar, por estranho que pareça, o ápice em matéria de byronismo: o contrassenso não está na plenitude atingida, nesses escritos, pela vaga de tédio e desespero, mas em que constituem formulações apoéticas. De qualquer modo, excluídos alguns poemas da *Lira dos Vinte Anos* e *Poesias Diversas*, o foco de resistência da obra de Álvares de Azevedo encontra-se nesses textos, sobretudo em *Noite na Taverna*. Estruturada como sucessão de contos ou novela cujos núcleos dramáticos fossem aglutinados pela proximidade existencial dos protagonistas, a narrativa focaliza uma tasca onde se congraçam, para mais uma noite de orgia, boêmios iluminados (Solfieri, Bertram, Gennaro, Claudius Hermann, Johann, Arnold, Archibald) que, por entre as névoas da embriaguez, fazem o relato do seu drama. Exageradas as matrizes byronianas, a morbidez impera, desdobrando-se em cinismo e perversões:

> Uns a meio queimados se atiravam à água, outros com os membros estalados e a pele a despegar-se-lhes do corpo nadavam ainda entre dores horríveis e morriam torcendo-se em maldições.
>
> ....
>
> E nesse tempo, enquanto o comandante se batia como um bravo, eu o desonrava como um cobarde.[6]

conúbios sexuais forçados ou resultantes da traição, do ludíbrio, do engano, chegando mesmo ao incesto (cap. VI, Johann) e à antropofagia (cap. III, Bertram); em suma, o fantástico, que deixa transparecer, para além de Byron, o influxo de Hoffmann e seus contos de horror.

Macário pretende-se um drama, em que se mesclassem o teatro inglês, o espanhol e o grego, como se declara no proêmio. Contracenam o herói, que empresta nome à peça, Penseroso e Satã, reduzidos, na verdade, a dois interlocutores, se admitirmos que o Narrador e Penseroso se-

---

6. Álvares de Azevedo, *Noite na Taverna, Macário,* introdução de Edgard Cavalheiro, S. Paulo, Martins, 1952, p. 61.

riam verso e reverso de um só, "nesse caso, o próprio autor se debatendo num trágico conflito interior, em desesperado anseio de justificação ou de definição".[7] Poema dramático, *Macário* resume-se num diálogo, cravado de metáforas e símbolos, espécie de Fausto byroniano, onde o lirismo e o tédio, o Amor e a Morte, se enlaçam tragicamente.

Vigorosos, duma energia congeminativa que somente alguns poemas ostentam, *Noite na Taverna* e *Macário* sobrenadam, em termos relativos, no *mare magnum* de nosso Romantismo, e talvez exprimam o segmento mais relevante do espólio de Álvares de Azevedo. Relevante, ao menos, na medida em que ainda hoje provoca reações, desfavoráveis ou não. Entretanto, o seu fantástico é inverossímil, artificioso, europeu e de segunda mão: desvinculado das realidades germinativas, fonte genuína de todo absurdo autêntico, não chega ao nível alegórico, em que se justificaria e por meio do qual transmitiria um dado conhecimento do mundo. Em vez de representar a realidade, transfigurando-a em metáforas polissêmicas, o fantástico dessas obras, porque inautêntico, vira-lhe as costas: gestado mais ao estímulo de textos literários que do contexto sociocultural, o fantástico gira em falso, num jogo de suposições em que o brilho, alcançado pelo talento amplificador do poeta, amortece pela ausência de fundamento real.

Definitivamente datadas, *Noite na Taverna* e *Macário* não dissimulam a cosmovisão ingênua do autor: espécie de histórias infantis às avessas, desfraldam o estandarte do sadomasoquismo em lugar de ocultá-lo no recesso dos símbolos e das alegorias. A rigor, encontra-se mais perversidade no *Chapeuzinho Vermelho*, pois no conto infantil os estereótipos do Bem e do Mal guardam carga semântica, ao passo que nos escritos de Álvares de Azevedo as perversões quase chegam a deflagrar o sorriso, não pelo humor, senão pelo exagero que beira o grotesco à *grand-guignol*, pela afetação e desprezo às realidades do mundo. O seu conteúdo parece-nos, em suma, envelhecido para sempre.

Diverso, porém, o juízo se atentarmos para o fato de nas duas obras pulsar o talento de escritor nato, uma genialidade febricitante, devorada pelas chamas antes de recolher da experiência direta e viva os motivos para retratar as torpezas, apenas vislumbradas no horizonte dos livros que consumia sem digerir e hipertrofiava paranoicamente. Ainda hoje nos impressiona essa genialidade prematura (para não falar da morte em plena mocidade), ainda hoje sentimos crepitar as labaredas em que ardia,

---

7. Edgard Cavalheiro, introdução a *Noite na Taverna, Macário*, p. 22.

mas também verificamos que o tempo é o seu maior inimigo: palmeiras isoladas no deserto de nosso imaginário fantástico, a despeito das imitações dum Fagundes Varela com *Ruínas da Glória*, dum Teodomiro Alves Pereira, com *Genesco*, e outros,[8] os textos em prosa de Álvares de Azevedo não escondem as raízes infecundas. Árvores de cenário, produto de um cérebro encandecido nas leituras, estiolado antes de injetar-lhes a seiva vivificante do símbolo transparente, onde a realidade se espelha e se recria, apontam a contraface europeizante e livresca de nosso Romantismo patrioteiro e regionalista, e a vertente imitativamente passiva de nossa cultura literária.

FAGUNDES VARELA

Luís Nicolau Fagundes Varela nasceu na Fazenda Santa Rita, município de Rio Claro, Estado do Rio de Janeiro, a 17 de agosto de 1841. Filho de um juiz de Direito, passou a infância em Catalão (Goiás), Angra dos Reis, Petrópolis e Niterói. Aos 18 anos, vem para S. Paulo e ingressa na Faculdade de Direito, mas pouco se dedica aos estudos. Casa-se em 1862 e no ano seguinte lhe nasce um filho, que morre pouco depois, inspirando-lhe o "Cântico do Calvário" e agravando-lhe a vida boêmia. Em 1865, transfere-se para o Recife, mas o falecimento da esposa obriga-o a retornar a S. Paulo e ao curso jurídico. Cada vez mais desnorteado, contrai novas núpcias e segue para a Fazenda Santa Rita e de lá para Niterói, onde falece a 18 de fevereiro de 1875, decerto em razão dos excessos alcoólicos. Deixou as seguintes obras: *Noturnas* (1861), *O Estandarte Auriverde* (1863), *Vozes d'América* (1864), *Cantos e Fantasias* (1865), *Cantos Meridionais* (1869), *Cantos do Ermo e da Cidade* (1869), *Anchieta ou o Evangelho nas Selvas* (1875), *Cantos Religiosos* (1878), *Diário de Lázaro* (1880). Além das *Avulsas* e *Novas Avulsas*, acrescentadas às suas *Obras Completas* ou *Poesias Completas*,[1] deixou esparsos em jornal, parcialmente reunidos, sob o título de *Dispersos*, por iniciativa de Vicente

---

8. *Idem, ibidem*, pp. 17-18.

1. *Obras Completas*, 3 vols., org. por Visconti Coaracy, Rio de Janeiro, Garnier, s.d.; 3 vols., Rio de Janeiro, Zélio Valverde, 1943; S. Paulo, Cultura, 1943; *Poesias Completas*, introd. de Edgard Cavalheiro, org., rev. e notas de Frederico José da Silva Ramos, S. Paulo, Saraiva, 1956; 3 vols., org. e apuração do texto de Miécio Tati e E. Carrera Guerra, S. Paulo, Nacional, 1957.

de Paulo Vicente de Azevedo, e publicados pelo Conselho Estadual de Cultura de S. Paulo, em 1970. Varela ainda escreveu folhetins, recolhidos em *Dispersos*, e contos à Álvares de Azevedo (como "As Bruxas", "As Ruínas da Glória", "A Guarida de Pedra", "Cora") e de tema indianista ("Iná"),[2] mas foi como poeta que melhor se realizou, ganhando lugar de honra em nosso Romantismo.

Fagundes Varela é uma espécie de súmula da nossa poesia romântica: nele se encontra desde o lirismo à Gonçalves Dias e Casimiro de Abreu até o condoreirismo à Castro Alves, passando pela poesia religiosa e da natureza, em que foi mestre. Entretanto, não evoluiu em linha reta; ao contrário, progrediu em ziguezague, ora retomando temas que pareciam ultrapassados ou abandonados, ora anunciando outros que somente mais tarde viriam à tona: percorrendo vários tempos simultâneos, dir-se-ia uma trajetória discrônica, de andamento irregular, em que o poeta às vezes assume cariz de gênio, às vezes se rebaixa ao nível de mero versejador. Não obstante, organiza-se em torno de um ou dois núcleos fundamentais, que ressurgem sempre, das cinzas legadas pelas variações circunstanciais. Por outro lado, tais variações também recorrem, intermitentemente, fazendo pensar em obsessões principais e secundárias; constituiriam aquelas o fulcro da cosmovisão do poeta, e estas, a sua periferia. Poesia religiosa (ou metafísica) e da natureza comporiam o grupo central e as demais modalidades funcionariam como satélites: as primeiras, mais frequentes e densas, refluem do âmago da *anima* do "eu lírico", enquanto as outras registram impactos do dia a dia na sensibilidade do poeta.

Tal mobilidade deve ser creditada, segundo entendemos, à cosmovisão épica de Varela, que busca, na objetivação de um projeto amplo e completo, abarcar todas as modalidades do real ("O General Juarez"[3]):

> Triste o dom da linguagem!... Que eu não possa
> Fundir meu pensamento.
> Em duro bronze ou mármore alvejante!
> Vazar uma por uma
> As sensações que fervem-me no peito
> Aos olhares do mundo!

---

2. Fagundes Varela, *Obras Completas,* ed. de Visconti Coaracy, cit.; Edgard Cavalheiro, *Fagundes Varela,* 3ª ed., S. Paulo, Martins, 1956 (apêndice).

3. Fagundes Varela, *Poesias Completas,* ed. de Miécio Tati e E. Carrera Guerra, cit., vol. II, p. 272. As demais citações serão extraídas desta edição.

> Arrebatar às lúcidas esferas
> A celeste harmonia!
> Roubar à madrugada as áureas pompas!
> Arrancar aos desertos
> A mais audaz hipérbole que encerram
> Seus poemas gigantes!...

Na execução do seu projeto, Varela descreve um percurso inversamente proporcional, ao longo de duas fases, a primeira, marcada pela supremacia do "ímpeto e violência" sobre o cuidado artesanal: os desleixos formais, que os críticos se habituaram a registrar em sua poesia, localizam-se precisamente nas obras de juventude, não obstante possam ocorrer em poemas da fase posterior, caracterizada pelo crescente apuro formal em detrimento da pulsação lírica, apesar dos vestígios de força e ideação poética.

Como todo romântico, Varela também cultivou a poesia lírico-amorosa. Surgindo, porém, depois de Gonçalves Dias, Casimiro de Abreu e Álvares de Azevedo, forçosamente haveria de seguir-lhes as pegadas: epigonal, o seu lirismo arrimou-se aos modelos nacionais, de preferência aos estrangeiros. Epigonal porque tendência menor da sua polivalente inspiração e amparada nos poetas do tempo, graças a uma identificação de raiz: mais que influência, percebe-se coincidência entre a motivação lírica daqueles poetas e a de Varela, com acentuada diferença de grau, uma vez que os predecessores foram líricos de mão cheia, enquanto o autor de *Anchieta* cultivou o lirismo esporádica e superficialmente. Lirismo sazonal, escorado em fórmulas aprendidas nos que o antecederam. Diverge, contudo, dos mestres na medida em que o seu lirismo, além das ressalvas apontadas, é ora ingenuamente adolescente e sonhador ("Juvenília"):

> Lembras-te, Iná, dessas noites.
> Cheias de doce harmonia,
> Quando a floresta gemia
> Do vento aos brandos açoites?

ora atravessado por intuitos regeneradores, que ainda ressoam o mesmo angelismo de moço quase impúbere, como atestam os poemas dedicados à mundana Rita Sorocabana, com a qual entreteve amores durante algum tempo ("Vem!..."[4]):

> Por que te afogas, ó irmã dos anjos,
> Nas ondas negras de um viver impuro,
> E as santas formas do cinzel de Deus
> Manchas do vício no recinto escuro?

Lírico de ocasião, Varela emprega os versos para galantear, como faria um dândi a esgrimir as galas de salão: flor de pouca duração, o seu lirismo atende a imperativos do momento que lhe espicaçam a refinada sensibilidade. É ponto pacífico que mesmo no lirismo de circunstância o artesão habilidoso que era Varela se manifesta em toda a pujança, mas constitui o segmento menos relevante da sua poesia, sem dúvida por não lhe refletir o íntimo da cosmovisão: o autor do "Cântico do Calvário" estava longe de ser lírico, entendendo-se o lirismo como expressão de egolatria, narcisismo feminoide e depressivo. É certo que deixou uma das obras-primas de nossa lírica amorosa, sobretudo na faceta adolescentemente espiritualizada e singela ("A Flor do Maracujá"):

> Pelas rosas, pelos lírios,
> Pelas abelhas, sinhá,
> Pelas notas mais chorosas
> Do canto do sabiá,
> Pelo cálice de angústias
> Da flor do maracujá!
>
> Pelo jasmim, pelo goivo,
> Pelo agreste manacá,
> Pelas gotas do sereno
> Nas folhas do gravatá,
> Pela coroa de espinhos
> Da flor do maracujá!
>
> Pelas tranças da mãe-d'água
> Que junto da fonte está,
> Pelos colibris que brincam

---

4. Este é o título com que o poema aparece na *Revista da Associação Recreio Instrutivo*, S. Paulo, ano I, nº 1, jun. 1861. Com retoques, e sem o título, a dedicatória e a legenda emprestada de Vítor Hugo ("Oh! n'insultez jamais une femme qui tombe"), o poema foi incluído em *Vozes da América*. Cf. Edgard Cavalheiro, *op. cit.*, pp. 71-73.

Nas alvas plumas do ubá,
Pelos cravos desenhados
Na flor do maracujá!

Pelas azuis borboletas
Que descem do Panamá,
Pelos tesouros ocultos
Nas minas do Sincorá,
Pelas chagas roxeadas
Da flor do maracujá!

Pelo mar, pelo deserto,
Pelas montanhas, sinhá!
Pelas florestas imensas
Que falam de Jeová!
Pela lança ensanguentada
Da flor do maracujá!

Por tudo o que o céu revela!
Por tudo o que a terra dá
Eu te juro que minh'alma
De tua alma escrava está!...
Guarda contigo esse emblema
Da flor do maracujá!

Não se enojem teus ouvidos
De tantas rimas em — a —
Mas ouve meus juramentos,
Meus cantos ouve, sinhá!
Te peço pelos mistérios
Da flor do maracujá!

mas também é verdade que o sopro animador dessa composição provém do verso redondilho, que imprime às estrofes cadência alegre de hino primaveril, e, notadamente, da imagética de fundo natural: com isso, o poeta transcendia o motivo-clichê do poema — a mulher amada — para cantar o puro sentimento do amor perante a natureza em festa, e revelava um dos núcleos da sua mundividência.

Heterodoxo em relação às correntes românticas nacionais, esse lirismo guarda no bojo a matriz de Varela: a poesia épica. Entendamos, porém, que se trata de épica não no sentido tradicional, vigente até o século XVIII mas da que se desenvolveu em consequência do surgimento do romance. Como em outro lugar[5] fizemos o balanço dessa épica nova, limitemo-nos a uma súmula: terminado o ciclo das epopeias no século XVIII, o seu aspecto narrativo foi absorvido pelo romance (e pela novela), enquanto o aspecto transcendental permaneceu afeto à poesia. A épica que se elabora desde o Romantismo abandona a categoria "narração", vigorante até o Neoclassicismo, mas continua voltada para uma visão desejadamente ampla e complexa do Universo, e os temas se diversificam. Numa palavra: o poeta busca exprimir, para além dos assuntos meramente históricos, o sentimento do "nós". A épica torna-se antes o projeto de visionar as grandes tensões do ser humano, refletidas no/ou reflexo do Cosmos enigmático, que a narrativa altissonante de feitos heroicos; antes o diálogo com o presente que o engrandecimento mítico de acontecimentos passados. É nessa concepção nova de poesia épica que se inscreve o melhor e o mais autêntico da poesia de Varela.

Efetivamente, desde os primeiros poemas de *Noturnas* a sua trajetória evidencia um ímpeto raro em nossa poesia: jactos de violência e determinação, que parecem repercutir o *Sturm und Drang* germânico, uma firmeza de poeta vocacionado para as alturas épicas, congeminando vastos painéis na mente febril. Descia, por vezes, a trivialidades de principiante, ou displicente, mas o que brilha em sua bateia é ouro do mais puro quilate. Recusando as posturas confessionais, egocêntricas, desde cedo procurou as situações alegóricas, simbólicas, plasmadas em versos onde é notória a monumentalidade do verso e a eloquência decorrente da seleção de vocábulos fortes è veementes "A Enchente"):

> Era alta noite. Caudaloso e tredo
> Entre barrancos espumava o rio,
> Densos negrumes pelo céu rolavam,
> Rugia o vento no palmar sombrio.
> Triste, abatido pelas águas torvas
> Girava o barco na caudal corrente,
> Lutava o remador — e ao lado dele
> Uma virgem dizia tristemente.
>
> Como ao rijo soprar das ventanias
> Os mortos boiam sobre as águas frias!

---

5. *A Criação Literária — Poesia*, S. Paulo, Cultrix, 9ª ed., rev. e aum., 1984.

• 536 • História da Literatura Brasileira - VOLUME I

Tal fôlego épico, presente mesmo em poemas de feição melancolizante, e portanto mais sujeito às vibrações líricas, como é o caso de "Tristeza":

> Roem-me atrozes ideias,
> A febre me queima as veias,
> A vertigem me tortura! ...

haveria de encontrar nos assuntos do dia a dia matéria adequada: voltado para fora de si, era fatal que cedesse ao fascínio de acontecimentos da hora; e assim tombasse numa espécie de poesia de circunstância, que é, na verdade, a épica dos novos tempos, para não dizer do Novo Mundo. *O Estandarte Auriverde* e *Vozes d'América* denunciam, já pelo título, a adesão emocionada do poeta às questões que agitavam a Pátria. No primeiro dos volumes, por subtítulo "Cantos sobre a Questão Anglo-Brasileira", o motivo inspirador é a "Questão Christie", com a qual culminou a ingerência da Coroa britânica nos negócios brasileiros durante o segundo reinado. Os poemas de Varela situam-se no interior da onda de indignação que varreu o País. Escaldante de patriotismo, o poeta identifica-se com o povo, numa atitude que, sendo visceralmente romântica, decorria ainda de uma impulsão para assimilar os magnos problemas do dia, ou projetar no organismo social suas inquietações de poeta épico:

> Escritos ao correr da pena (...) bebidos na exaltação geral, — na indignação de nosso coração de Brasileiros (...) se Deus não nos outorgou a divina centelha do gênio, ao menos gravou-nos no peito uma cega dedicação à justiça — e um amor sem limites à terra que nos viu nascer.

Dir-se-ia que o motivo histórico tão somente serviu de pretexto para que o poeta extravasasse a epicidade ingênita, manifesta nesse confesso amor à justiça e na dedicatória do livro:

> Aos Brasileiros
> Creio que Deus é Deus e os homens livres!

onde se estampa o duplo motivo condutor de sua consciência e de sua poesia: a religiosidade e o liberalismo anárquico. O livro todo, porém, sofre de improvisação, dado que o poeta reage de imediato ao fato histórico, sem lhe dar tempo de, amadurecendo na memória, converter-se num tema duradouro. Típica poesia de circunstância, onde a emoção parece desligada do centro gerador; daí que, brotados os versos no calor da hora, a sua incandescência logo arrefece, não raro transformada em agressividade retórica, que arrasta o poeta inspirado a ceder o lugar ao versejador, ainda que de largo fôlego ("A William Christie"):

> Diplomata insolente! — ave maldita
> Entre as brumas do norte aviventada
> A quem a pátria recusou bafejos
> E o sol um raio que aquecesse o rosto!

ou derramada em elogio ao monarca, resultante mais da situação emocional criada pela "Questão Christie" que de um autêntico sentimento aulicista ("A D. Pedro II"):

> Tu és a estrela mais fulgente e bela
> Que o solo aclara da Colúmbia terra,
> A urna santa que de um povo inteiro
> Arcanos fundos no sacrário encerra!

ou modulada em exaltação "A S. Paulo":

> Terra da liberdade!
> Pátria de heróis e berço de guerreiros,
> Tu és o louro mais brilhante e puro,
> O mais belo florão dos Brasileiros!

Não obstante, "pela sua voz falaram, sem dúvida, todos os brasileiros",[6] — decerto porque se viam representados no ardor patriótico das suas estrofes inflamadas, não porque se entusiasmassem com a sua poesia: porta-voz das inquietudes populares, como pedia o decálogo romântico, eis o que Varela soube ser, de forma brilhante e viril, em *O Estandarte Auriverde*.

Não se reduziria, contudo, a *O Estandarte Auriverde* o engajamento político de Varela. Outros assuntos, disseminados pelas demais obras, documentam interesse permanente pelas questões do momento histórico. Sem dúvida, o poeta buscava, na reação pronta aos acontecimentos, o seu epicentro, o tema que se afinasse com o mais recôndito de seu drama e visão do mundo; mas também revelava sinceridade, ao menos como homem. Um movimento desde o interior, não o execrando oportunismo

---

6. Edgard Cavalheiro, *op. cit.*, p. 124.

de se promover à custa alheia, faz que se debruce na circunstância em derredor: o poeta procurava, por entre as névoas dos acontecimentos, o espaço congenial à inspiração, a simetria factual da angústia existencial. E se o resultado nem sempre correspondeu ao empenho é porque a hora do encontro ainda não soara.

Enquanto isso, vai dando respostas, de amplitude épica, às comoções gerais, a principiar do abolicionismo, causa em que foi pioneiro e precursor de Castro Alves. Em "Mauro, o Escravo", Varela sintetiza a sua visão do problema abolicionista, numa linguagem que ecoa os registros de Gonçalves Dias:

> Na sala espaçosa, cercado de escravos,
> Nascidos nas selvas, robustos e bravos,
> Mas presas agora de infindo terror,
> Lotário pensava, Lotário o potente,
> Lotário o opulento, soberbo e valente,
> De um povo de humildes tirano e senhor.

e a que nem mesmo falta a morte da irmã do cativo, reminiscência provável de Basílio da Gama:

> E a voz debilitava-se, fugia,
> Como o gemido flébil de uma rola
> Nos complicados dédalos da selva,
> Até que em breve se escutava apenas
> O estalo do azorrague amolecido,
> Sobre as feridas do coalhado sangue
> Da pobre irmã do desditoso Mauro.

o poeta delineia o retrato sentimental do escravo e, a um só tempo, protótipo idealista que acabaria por servir de modelo a Castro Alves:

> De novo, os olhos
> Encheram-se de lágrimas, — Adeus!
> Adeus! mísera irmã, tu és ditosa!
> Deus te deu a coroa do martírio
> Para entrares no céu; a corte angélica
> Espera-te sorrindo. . . e eu inda fico,
> E tenho de esgotar até as fezes
> A taça envenenada da existência!

A tendência para a visão épica do mundo — manifesta nos temas, na solenidade heroica dos metros, na postura do "eu lírico", projetado para o exterior, visando a surpreender a realidade da perspectiva do "nós", numa espécie de objetividade subjetiva ou de intersubjetividade, — ainda se evidencia na predileção por composições de longo fôlego: "Mauro, o Escravo", por exemplo, que enfeixa "fragmentos de um poema", visto que o autor perdeu "uma grande parte" dele, consta de 71 estrofes, que variam entre 4 e 37 versos.

Seja pela extensão dos poemas, seja pela fogosidade que lhes presidia a criação, por vezes Varela descia a soluções de mau gosto ("Ideal") — "Que a barriga das pernas alcança", — ou menos felizes que projetavam imagem ambígua do poeta. Na verdade, porém, a refundição, total ou parcial, que realizava nos poemas denota que, a par da inclinação para compor torrencialmente, cuidava da forma: a transposição de versos dum poema a outro e as numerosas alterações introduzidas em tantos permitem supor menos um desleixado que um poeta a registrar aflitivamente as imagens que lhe agitam a fantasia ("Ilusão", "As Selvas", "À Lucília"):

> À medida que avanço, os pensamentos
> Borbulham-me no cérebro, ferventes
> Como as ondas do mar;
> ....
> De meu doido cismar.
> ....
> Matar a febre que meu ser consome
> ....
> Tenho um dilúvio de ilusões na fronte

e que depois se volta para o resultado de sua fábrica criadora a fim de escoimá-la das possíveis impurezas. Ocorre, no entanto, que nesse trabalho de apuração textual muitas vezes se limitava a transladar estrofes de um poema a outro, sem eliminar os versos claudicantes, — e assim dava motivo a que o considerassem negligente.

Longe de padecer da volúpia da forma, Varela também estava longe de menosprezar a correção dos versos menos conseguidos. Por outro lado, deixa escapar combinações algo frouxas, resultantes do afã em acompanhar o dinamismo da História e os imperativos da imaginação; de onde o drama pessoal (morte dos filhos, da mulher, o desregramento suicida) ser a contraface dum poeta infenso ao gabinete, dirigido para o exterior, ansioso por verbalizar as impressões do momento histórico em sua aguda retina. Compleição de épico, por conseguinte, que os temas abolicionista e patriótico testemunham, e que o liberalismo demofílico ratifica em toda a extensão.

Com efeito, a epicidade em Varela ainda se delineia no rosto de um liberalismo que, sendo romântico, é fruto de uma generosa visão do mundo, antes centrada no "outro" que no "eu odioso", um liberalismo exaltado, a que falta pouco para se tornar incendiário. Em sua forma extrema, o pensamento liberal de Varela, — inspirado em grande parte na obra revolucionária de Lamennais, cujas *Paroles d'un croyant* (1834) exerceram enorme influência na Europa do tempo, — assumiu caráter que, embora distante do socialismo utópico,[7] se inscreve nitidamente na ideologia antimonárquica. Liberalismo mais de místico (não fosse Lamennais sacerdote...) que de agnóstico, mais de visionário arrebatado pelo amor (cristão) ao povo que de carbonário ateu e homicida. No poema "Aurora", exemplar nesse aspecto, a exaltação que se diria bebida no manifesto que Marx arremessou romanticamente à face da História:

> Preparai-vos, ó turba! Preparai-vos,
> Rebatei vossos ferros e cadeias,
> Algozes e tiranos!

e que se coagularia no estribilho a outro poema de frenética exaltação épica ('Aspirações"):

> Quando ouvirei nas praças, ao vento das paixões,
> Erguer-se retumbante a voz das multidões?

segue-se imediatamente uma advertência que mostra, no tom apocalíptico, o verdadeiro fundamento do liberalismo de Varela:

> A hora se aproxima pouco a pouco,
> E o dedo do Senhor já volve a folha
> Do livro do destino!

numa ambivalência que estremece o poema até o fim, ora imprecando contra os governantes:

> Os reis convulsarão nos tronos frágeis
> Buscando embalde sustentar nas frontes
> As únicas coroas...

---

7. Jamil Almansur Haddad defende opinião oposta, expressa em sua *Revisão de Castro Alves*, 3 vols., S. Paulo, Saraiva, 1953, vol. III, p. 179.

ora prometendo que

> Irmãos todos serão; todos felizes;
> Iguais e belos, sem senhor nem peias,
> Nem tiranos e ferros!

uma vez que

> O amor os unirá num laço estreito,
> E o trânsito da vida numa romagem
> Se tornará, celeste!

para culminar cristãmente:

> Ergue-se a tela do teatro imenso,
> E o mistério infinito se desvenda
> Do drama do Calvário!

No mesmo diapasão se desenvolvem as demais tonalidades do liberalismo de Varela: quer glosando a figura de Napoleão, quer enaltecendo a Benito Juarez ("Versos Soltos", de *Cantos c Fantasias*; "O General Juarez", de *Cantos do Ermo e da Cidade*), inspirou-se num sentimento liberalista que ecoa, posto obliquamente, a Revolução Francesa ("Mimosa"):

> A ideia não tem marcas nem barreiras,
> E o pensamento, irmão da liberdade

Como que movida pela ideia de erro-e-acerto, a escolha desses temas altruisticamente focalizados decorria da afanosa busca de identidade, que somente se realizava quando vinha à tona o substrato místico do poeta. E que se completaria quando Varela se voltasse para a natureza e a religião, separando-as ou unindo-as conforme o momento do seu ânimo poético. No primeiro caso, a paisagem natural funciona como pano de fundo para cenas em que o lirismo prevalece, um lirismo que denuncia, na musicalidade por vezes intencional, o desejo de fazer cantigas leves e primaveris. Como a revelar que, nesse terreno, Varela tinha rivais de primeira, não surpreende que encontremos de novo ressonâncias de um Gonçalves Dias ("Cantiga"):

> Mas uma plaga como esta
> Nunca enxergaste quiçá,
> Viajante que deixaste
> As ondas do Panamá!

ou reminiscências de um Casimiro de Abreu ("Oriental"; "Juvenília"):

> O Ganges dorme sonhando,
> Meu batel se embala arfando
> Sobre as ondas de cristal;
> O rouxinol inspirado
> Modula o treno adorado
> Nas sombras do laranjal!
> ....
> Tenho saudades dos prados,
> Dos coqueiros debruçados
> À margem do ribeirão
> ....
> Ó minha infância querida!
> Ó doce quartel da vida

Por outro lado, o melhor de sua inventividade não reside em tal lirismo esvoaçante, brotado que é da periferia da sua mundividência: substancialmente épico, o exercício lírico acrescentava-lhe traços de luminosa transparência à trágica visão do mundo, mas não refletia o cerne do impulso criador. Fosse o caso de haver escrito apenas composições líricas, ocuparia diferente lugar na história da poesia romântica: a ascendência sobre tantos contemporâneos se deve ao latejar permanentemente épico da sua cerebração poética, não aos espasmos líricos, ainda quando centrados na natureza.

E com isso evoluímos para a equação em que a natureza e a religião se fundem inextricavelmente, ou, ao menos, coexistem no mesmo poema, alimentadas pela mesma flama épica. Nesses momentos, o poeta alcançava o núcleo irradiador da sua fantasia criadora, ansiosamente procurado e não raro trocado por estímulos aleatórios: fusão ou sincronismo dinâmico, retrata com fidelidade os passos ziguezagueantes de uma procura que não cessou até a morte. Ora a integração parecia descortinar o apaziguamento da alma atormentada ("Mimosa"):

> Tudo é nobre na terra, tudo é grande.
> Tudo se adorna de ideal beleza

> Quando o poeta há sagrado a lira
> No altar da Natureza.

ora se alteava majestosamente, num orgulho desafiante e megalomaníaco ("O Mar"; "O Oceano"):

> E só à tempestade e a Deus respeito.
> ....
> E só à tempestade e a Deus me curvo!

que não incomoda por coerente com a densa atmosfera existencial que repassa a poesia de Varela e por traduzir o reiterado ímpeto épico que a sustenta. Religião da natureza, que os românticos ortodoxos cultivaram como expansão do "eu", assume na voz do autor de *Anchieta* intensidade magnificante, timbre panteístico, de quem trava com as forças cósmicas um diálogo de gigantes ("Juvenília"):

> Como adoro os desertos e as tormentas,
> O mistério do abismo e a paz dos ermos,
> A poeira de mundos que prateia
> A abóbada sem termos!...
>
> Como tudo o que é vasto, eterno e belo;
> Tudo o que traz de Deus o nome escrito!
> Como a vida sem fim que além me espera
> No seio do infinito!

O ápice desse enlaçamento ocorre, porém, quando o furor olímpico, dobrando-se ante as vicissitudes da fortuna, se converte em lamentosa elegia, embora preservando o lastro heroico que a suporta. Deprimido, o poeta confessa, no amor aos "noturnos lampírios" "tímidas aranhas", "a lagarta que dorme", a sua condição de "cantor solitário" ("Sextilhas"), ou deriva para a poesia da decomposição, à Baudelaire ("Horas Malditas") — "As charnecas lamacentas / Exalam podres miasmas" — e acaba experimentando a agonia do cristão imerso em dúvidas: chegara o momento de erguer o seu canto máximo.

São conhecidas as circunstâncias biográficas que determinaram o "Cântico do Calvário": a morte de Emiliano, filho do poeta, a 11 de dezembro de 1863. Confluem, nesse ponto da sua trajetória, as insondáveis decisões do acaso e as potencialidades anímicas. O "fora", que o acontecimento da guerra do Paraguai e outros temas cívicos representavam, agora se encontra em posição simétrica do "dentro"; tudo se passa como se, na verdade, a morte do filho apenas desencadeasse as energias latentes, à espera do chamado para se expandir, de molde a tornar o "fora" a concretização da interioridade represada, inexpressa ou verbalizada ocasional e fragmentariamente. Identificados o "fora" e o "dentro", atingia Varela o epicentro da sua visão do mundo e o patamar da sua respiração poética.

Momento de alta tensão poética, dos mais elevados no gênero em língua portuguesa, documenta o consórcio feliz das dimensões épicas da cosmovisão de Varela e uma experiência lancinante que o situava frente a frente com o tema dileto à sua essência de homem e poeta: a morte. Mas não a morte como tema abstrato, e, sim, como realidade palpável, que a fantasia poética transfunde e desdobra às raias da sufocação prometeica. Épica teleológica, ou elegia épica, não importa somente a categoria em que se insere o "Cântico do Calvário", mas também o registro da epicidade que assinala o labor poético de Varela: aqui, a morte real, ou a Morte que se impõe como resultado da transfiguração da primeira, não engendra um poema lírico (à semelhança do que produzirá, em análoga conjuntura, Vicente de Carvalho), senão um poema épico, posto que de andamento elegíaco. A morte surge magnificada, como se a sua intervenção no plano da vida atingisse, no corpo de uma criança de três meses, o próprio Ser ou o Cosmos: é antes a morte como fenômeno sobrenatural, alheio à vontade e aos ditames humanos, que a morte como desdita. A dor que perpassa os versos, a um só tempo real e fictícia, tem dimensão épica, chegando inclusive a uma ênfase extrapessoal, e culmina com o anseio, ou a certeza de salvação: o mesmo ser que ocasionou a funda mágoa que instiga o poeta a esticar ao máximo a corda de sua virtuosidade e intuição criadora, deverá trazer a paz tanto sonhada, como se observa na derradeira estrofe. Redenção esperada por um cristão agônico, apontando para uma solução épica, não lírica, do transe da morte. Morte como grandeza, instante em que o encontro do ser com o mistério do seu destino alcança o apogeu, já que se trata da morte como um absoluto que se relativiza, por um instante, num ser particular; não a morte como insurreição ou resposta pessimista à fatalidade. Dois fatos concorrem para sublinhar que o "Cântico do Calvário" patenteia a coincidência entre forças latentes e a casualidade, numa espécie de aristotélica atualização de virtualidades adormecidas ou parcialmente exploradas: de um lado, a repetida confissão de sentir-se ("O Mar"):

> ah! desde a infância
> Preso na tela da atração divina

num deísmo que transforma a morte na passagem para a esfera das transcendências e distende ao limite do cósmico o evento particular que interrompe o processo existencial. A religiosidade que permeia o "Cântico do Calvário" não é de ocasião, da mesma forma que o apelo ao transcendente: desde sempre constituiu obsessão para o poeta, à espera do momento de exprimir-se integralmente; tal momento lhe veio com a morte do filho, uma vez que a morte alheia, por mais sentida que fosse, não teria o condão de ferir-lhe todas as cordas da sensibilidade. Em suma, ao longo do vaivém do itinerário estético, recorre a ideia fixa da "atração divina", até se converter em testamento poético por ocasião da morte do filho: o calvário de Varela encontrava, finalmente, o seu cântico; tornava-se ato o que antes era probabilidade; concretizava-se toda uma inquietação até o momento sem palavras.

Por outro lado, já em "O Proscrito", inspirado no nascimento do próprio Emiliano, Varela esculpe versos que depois aproveitará, na íntegra ou não, em "Cântico do Calvário":

> irás tão alto
> Como o pássaro rei do Novo Mundo!
> ....
> Jamais! a areia tem corrido, e a folha
> De minha treda história está completa!

Analogamente, observa-se a congruência entre o sentimento elegíaco que atravessa o "Cântico do Calvário" e a natureza: toda a imagética, com exceção de um verso, — onde talvez se localize o único lanço canhestro dessa composição é extraída da natureza:

> Correi! Um dia vos verei mais belas
> Que os diamantes de Ofir e de Golgonda.

Sabemos que tal processo não é novo, porquanto desde o século XVIII, para não recuarmos até épocas mais distantes, se intensificava o emprego da natureza como reservatório de imagens; mas trata-se, no caso de Varela, da íntima conciliação entre os pormenores naturais e o sentimento poético, a ressoar aquele processo em que o "fora" e o "dentro" se tornam simétricos.

A tal ponto que mesmo a metáfora da saudade está vinculada à na-tureza:

> Não mais perdido em vaporosas cismas
> Escutarei ao pôr do sol, nas serras,
> Vibrar a trompa sonorosa e leda
> Do caçador que aos lares se recolhe!

ou a negra visão do futuro:

> E o fruto de meus dias, negro, podre

até confluir para o derradeiro segmento, em que a pacificação anelada se transmuta em metáforas de clara vinculação ao mundo natural.

> Tu me contemplas lá do céu, quem sabe,
> No vulto solitário de uma estrela.
> E são teus raios que meu estro aquecem!
> Pois bem! Mostra-me as voltas do caminho!
> Brilha e fulgura no azulado manto,
> Mas não te arrojes, lágrima da noite
> Nas ondas nebulosas do ocidente!
> Brilha e fulgura! Quando a morte fria
> Sobre mim sacudir o pó das asas,
> Escada de Jacó serão teus raios
> Por onde asinha subirá minh'alma.

E é decerto na continuidade desse apaziguamento que o poeta lon-gamente congeminou e elaborou o poema onde pudesse vazar sua fé e a serenidade finalmente alcançada: *Anchieta ou O Evangelho nas Selvas*. Move-o autêntico sentimento religioso, como a exprimir a conversão final, a catarse redentora, a entrega total à fé cristã. É fácil imaginar que o remorso aciona o poeta e que a sinceridade da motivação tem primazia sobre os intuitos menores, como vaidade, bajular a Igreja, etc., mas o resultado deixa muito a desejar, pois o assunto vinha-lhe de fora, tanto quanto os relacionados com o abolicionismo, a guerra do Paraguai, Be-nito Juarez e outros.

O tom elegíaco em Varela ganha, como vimos, acentos de elevada pulsação épica quando um sentimento pessoal lhe suscita dor profunda, logo transmutada em poesia de superior quilate. Quando não, temos sempre o versejador exímio, nunca o poeta inspirado. O intuito de Varela teria sido o de criar uma epopeia brasileira que, fugindo aos estereótipos indianistas em voga no Romantismo, se concentrasse em Anchieta herói e missionário: o poema gira em torno da peregrinação de Cristo, entremeada de cenas brasileiras, como a vida dos indígenas (de que ressalta o episódio amoroso de Naída), a invasão dos franceses, etc.

Mas, para realizá-la, fundiu o velho modelo camoniano e o exemplo de *O Uraguai* (estrofação e versos livres). O resultado é um vasto, sonolento poema de 8.484 versos, quase tão extenso quanto *Os Lusíadas*, cujo argumento, posto que sugestivo, dificilmente poderia ser desenvolvido sem arrastar para o já-visto e para as digressões. Mais difícil ainda seria imaginar Anchieta narrando a *via crucis* de Cristo aos aborígines sem atentar contra as regras da verossimilhança. A linguagem e a extensão do relato colaboram para acentuar o clima artificioso em que se desenrola o poema: custa imaginar o sacerdote a dirigir-se aos catecúmenos em versos lapidares, acumulados torrencialmente, de forma a sugerir o duelo insolúvel entre a verdade histórica (de Cristo e de Anchieta) e as impostações místicas, duelo tanto mais digno de nota quanto mais nos lembramos de que a narrativa de Anchieta se destinava a seres ignaros.

É certo, como bem assinalou um crítico,[8] que o poeta, empregando "o metro em que foi insuperável: o decassílabo branco", alcançou que "sua linguagem nunca foi tão correta, seu vocabulário tão cuidado, tão rico", mas também é verdade que, ao proceder com rara meticulosidade no tratamento da forma poética, Varela traía-se: ao afinar o instrumento, acusava o esvaimento da inspiração; o apuro formal significava estilização, amaneiramento de recursos, que apontava para o fatal desenlace. Parece não ser por acaso que o poeta expira pouco depois de finalizar o poema que lhe consumira quatro anos: não o veria publicado. Vivesse muitos anos ainda, é de supor que nada mais viria a produzir. Di-lo às claras o formalismo obsessivo de *Anchieta*, em tudo rebelde ao seu temperamento: conquanto lhe determinasse as quedas na temperatura lírica, a fogosa e anárquica criatividade (que lembra um Gomes Leal e anuncia um Sousândrade), também é causa dos momentos de apogeu. *Anchieta* é, segundo entendemos, a narrativa versificada de um processo de conversão, correta mas incolor, cortada por raros momentos de força criativa ou brilho imaginário, como a pesca milagrosa, no canto III, ou a cena de Salomé, no canto IV.

---

8. E. Carrera Guerra, *op. cit.*, vol. I, p. 100.

Em suma: estupendo *tour de force, Anchieta* é o canto de cisne de um poeta fadado a criar uma epopeia, mas que compõe, à beira da morte, a forma sublime onde poderia infundir toda a estuante congeminação épica que esgotara num fragmentarismo desordenado: a forma, ainda conseguiu modelar, mas sem o hausto inspirador que, jogado pelas incertezas da sorte, gastara em poesia de flutuante densidade. Não passe em branco que idêntica ressalva se pode fazer aos *Cantos Religiosos* e *Diário de Lázaro*.

Examinada em conjunto, a poesia de Varela organiza-se ao redor de algumas forças-motrizes — a morte, a tristeza olímpica, a ânsia de infinito, o deísmo — que fazem do autor de *Anchieta* alma gêmea de Antero, repassada por semelhante melancolia metafísica ("Tristeza") — "Eu amo a noite com seu manto escuro" — ou pessimismo avassalador ("Noturno"; "A Uma Mulher") — "Minh'alma é como um deserto" (...) / "Triste é a farsa desta vida ingrata" — e por um anti-intelectualismo, tão surpreendente quanto mais sabemos que não lhe faltava a tendência para "o que em mim sente 'stá pensando", que atinge o paroxismo num violento libelo à poesia ("Plectro"):

> Misto de lama, de poeira e luzes!
> Criatura infernal com asas de anjo!
> Cimento de ódio e raiva umedecido
> Nas lágrimas cruéis do negro arcanjo!

Não é difícil ver nesse quadro de indignação e revolta a condição de "maldito", provavelmente o único poeta no gênero, pela autenticidade e vigor, em nosso Romantismo. Inadaptado como homem e poeta, Varela reedita na Pauliceia e algures o cisma baudelairiano: canto de escorraçado, de marginal, a respirar atmosferas dúbias, indeciso entre o angelismo e o satanismo, — a poesia de Varela irrompe, como poucas no tempo, do liame entre vida e arte. Nenhum poeta contemporâneo, e raros em toda a literatura brasileira, dão a ideia de gênio, trazem o fulgor olímpico no olhar e na voz como Varela. E raros, como ele, se deixaram vencer pelo cansaço, pela impossibilidade de plasmar em versos a esfuziante ideação poética, ou/e as injunções de uma existência marcada pelo sinete da desgraça.

JUNQUEIRA FREIRE

Luís José Junqueira Freire nasceu em Salvador, Bahia, a 31 de dezembro de 1832. De frágil constituição (cardíaco), após estudos irregulares das primeiras letras, matricula-se no Liceu Provincial, de onde sai para ingressar, sem maiores avisos, na Ordem Beneditina (1851). Professando em março do ano seguinte, adota o nome de Frei Luís de Santa Escolástica Junqueira Freire. Em 1854, com a saúde abalada, abandona o hábito e recolhe-se à casa paterna, entregue à elaboração de sua obra. Falece a 24 de junho de 1855, com menos de 23 anos, à semelhança de outros poetas da geração. Deixou as *Inspirações do Claustro* (1855), *Elementos de Retórica Nacional* (1869) e *Contradições Poéticas*, publicada postumamente, no segundo volume das *Obras Poéticas*, editadas no Rio de Janeiro, em data incerta, pelas edições Garnier. Em 1944, Roberto Alvim Correa republicou-as em dois volumes, no Rio de Janeiro, o mesmo acontecendo em 1970, graças à Editora Janaína (Salvador), em edição que recolheu inéditos existentes na Academia Brasileira de Letras, por obra da Profª Janaína Amado Mayer. Das composições eróticas do poeta, apenas uma foi dada à estampa, na coleção *Versos Livres, Eróticos e Burlescos de Eminentes Poetas Brasileiros* (1899), estando dispersas ou perdidas as demais.

Junqueira Freire distingue-se nos quadros de nosso Romantismo pelos transes da fortuna, que o arrastaram ao claustro, e pela obra poética, que lhe reflete, até certo ponto, a biografia. Atacado, como nenhum outro, do "mal do século"; jogado, por motivos pessoais e, simultaneamente, por influxo cultural, nos abismos da contradição, — tornou-se uma espécie de mártir ou, ao menos, de protótipo, da psicose romântica em nosso meio. A poesia nascida dessa identificação entre as matrizes individuais e as tendências coletivas não apresenta sinais de evolução, uma vez que os temas recorrem no fluir dos anos, mas é possível descortinar-lhe dois momentos, assinalados pelas *Inspirações do Claustro* e pelas *Contradições Poéticas*, equivalentes à concentração, ou predominância, de um deles.

Inspirações do Claustro registra, como denuncia o próprio título, as experiências monacais do poeta, cuja avaliação implica uma dúvida básica: teria Junqueira Freire abraçado o sacerdócio em consequência de autêntica vocação religiosa? À vista da obra que produziu nessa quadra e de haver abandonado o hábito precocemente, é de admitir que apenas cabe resposta negativa. Razões de família e não razões teologais

— segundo os seus biógrafos — tê-lo-iam impelido. E ao acolher tal hipótese como a mais ponderável, teremos aduzido um argumento de peso para lhe julgar a obra. Na verdade, nem era preciso invocar tal aspecto biográfico: bastava examinar-lhe os versos para verificar que brotavam de tudo, menos de uma real inclinação pela vida eclesiástica.

Com efeito, *Inspirações do Claustro* decorrem simplesmente das circunstâncias em que se encontrava o poeta, não de uma íntima disposição. Aqui se localiza o primeiro dos equívocos que lhe espreitam a obra. Crente apaziguado, ou aparentemente em paz com a sua fé, verseja as alegrias dúbias e as tristezas fundas da comunhão com o sobrenatural cristão, mas é pobre o resultado dessa festa ao divino: poesia de qualidade menor, justamente porque lhe escasseia a inquietude (religiosa ou não) que deflagra os dramas angustiantes, as tensões estéticas. Versos de um crente que abafa as perplexidades ou ainda não as experimentou em toda a profundidade, submisso aos textos evangélicos como verdades absolutas. Em suma: poesia apologética, sem problemas; poesia não de um "ébrio de Deus", mas dum sectário (parcamente convicto) da doutrina ou do ritual ("O Incenso do Altar"[1]):

> Vê como sobe o incenso,
>   Que aromatiza o altar:
> Suave, — qual a brisa
>   Entre o fervor do mar:
> Suave, — qual dos anjos
>   O doce respirar.

logo a transpirar um Catolicismo ortodoxamente estreito, intolerante, fundibulário ("O Apóstata", "O Converso"):

> Vai, apóstata perjuro,
> Com esse raio gravado,
> Esse anátema sagrado,
> Essa férrea excomunhão!
> Não sentes a espada nua
> De Roma no teu semblante;

---

1. Junqueira Freire, *Obras Completas,* 2 vols., 4ª ed., cor. e acres. com um juízo crítico de Franklin Dória, Rio de Janeiro/Paris, Garnier, s.d.; também foram consultadas as *Poesias Completas* de J. Freire, 2 vols., ed. rev., com um estudo de Roberto Alvim Correa, Rio de Janeiro, Zélio Valverde, 1944; e a *Obra Poética* de J. Freire, 2 vols., Salvador, Janaína, 1970. As demais citações terão idêntica origem.

De Roma, — eterno gigante,
Sustendo infernos na mão?

....

Salve, Religião, sublime ideia,
Que tanto encantas, feiticeira, as almas!

poesia tanto mais postiça quanto mais fruto da razão e não do sentimento: a fé, se existe, só comparece para repetir, cegamente, a lei do Evangelho. Produto cerebrino, essa adesão à letra do texto bíblico, como, de resto, o próprio poeta reconhece ("Prólogo"): "Os escritos poéticos que apresento não foram formados em delírio (...), cantei tão somente o que o imperativo da razão inspirava-me como justo".

Tal consciência aguda de seu processo criador explica o juízo que faz de si mesmo, no referido "Prólogo" — "mas também não sou cabalmente poeta", — juízo que podemos considerar exagerado mas não ilógico: o "imperativo da razão", onde se diria ecoar o pensamento iluminista, serve à prosa apologética, à Filosofia e ainda à Retórica (em que Junqueira Freire foi mestre), não à poesia. Se, por conseguinte, as *Inspirações do Claustro* nasceram, como parece, sob o "imperativo da razão", o mínimo que se pode afirmar é que o poeta ficou, as mais das vezes, soterrado na aluvião doutrinária. E decerto o monge *défroqué* se referia a isso ao se julgar "não (...) cabalmente poeta".

Não estranha, nessa linha de pensamento, que descambasse na oralidade apoética, vizinha do prosaísmo ("Pobre e Soberbo"):

Mancebos, que passais, — deixai o velho
Viver na paz da morte:
Que um dia ele já foi, — como vós outros,
Rico dos dons da sorte.
....
Bem vede-lo transido. — A magra fome
As vísceras lhe esfola.
Não lhe olheis a arrogância, — ó bons mancebos,
Mas dai, — dai-lhe uma esmola.

que ele justifica com declarar, no mencionado "Prólogo", que os seus versos "aspiram a casar-se com a prosa medida dos antigos", onde um tom de nostalgia clássica repercute simetricamente o "imperativo da razão". Mais uma vez, tirante as demasias, o poeta acerta no alvo: "prosa medida", prosa versificada, eis em que se resumem, via de regra, as *Inspirações do Claustro*. E a lucidez do poeta não o exime de culpa, ao contrário, reforça a certeza de que procedia de caso pensado, alienando em favor da religião o seu direito de pensar liberalmente, como bom romântico que pretendia ser. No entanto, se o fizesse, entraria em guerra com as imposições do mosteiro; preferiu a regra, a disciplina, que conduz ao imobilismo, à ordem, menos à liberdade que promove a poesia desejadamente romântica. E quando viu não lhe ser mais possível sustentar a desconfortável situação, abandonou o claustro, mas já tinha cometido o pecado da "prosa medida" das *Inspirações do Claustro*.

Salvo como religioso (e salvo epidermicamente) e perdido como poeta (e perdido radicalmente), Junqueira Freire tomba no sentimentalismo piegas, melodramático ("Meu Filho no Claustro"):

> Tu cortaste os anéis dos cabelos,
> — Teus cabelos, que eu tanto estimava.
> Eu por eles chorei ... tu sorriste,
> Tu mais fero que a fera mais brava!

ou numa ingenuidade pueril, quer se trate de cena doméstica ("A Órfã na Costura"):

> Minha mãe era bonita,
> Era toda a minha dita,
> Era todo o meu amor.
> Seu cabelo era tão louro,
> Que nem uma fita de ouro
> Tinha tamanho esplendor.

quer se trate de religião ("A Freira"):

> O ateu não sente, não verte prantos,
> O amor não entra no peito seu.
> ....
> Não! — este mundo que Deus remiu
> Não é composto de vãos ateus,

que deixa transparecer uma visão feminoide e adolescente do mundo. Quando não, essa como autocastração se manifesta por meio de imagens pobres ou estereotipadas, que denunciam o abrandamento da tensão poética em consequência da afetação religiosa que o poeta se impôs ou aceitou ("Os Claustros"):

> Modesto velho de mais longes eras,
> — Modesto como os olhos da donzela
> ....
> Feliz e vezes mil feliz aquele,
> Que nos braços de irmãos, nos ósc'los deles
> Deu aqui seu arranco derradeiro!

Maus versos, versos de catecismo, que nem a extrema juventude do poeta desculpa ("O Monge") — "Deus não é misantropo: estima a todos, / Como outrora os formou nos campos de Ásia", e nem as notas de fortuita preocupação pelo social conseguem atenuar ("Sóror Ângela");

> Louvores Àquele que humilha os senhores,
> Que os servos humildes levanta da escória:
> Que os cetros manca de altivos monarcas,
> Que ao povo escolhido deu honra, deu glória!

A explicação residiria em que o "eu" do poeta se ausenta sistematicamente do espaço descortinado pelos versos, dando vaza a que predomine o tom impessoal, como se a doutrina fizesse de Junqueira Freire mero instrumento de propagação. Ora, nada mais atentatório à poesia, notadamente a que se inscreve, de um modo ou de outro, no âmbito do Romantismo.

De onde as *Inspirações do Claustro* serem mais que tudo a crônica da vida monacal, tendo o "outro" como personagem, não o "eu lírico"; e crônica que é, versifica o lugar-comum da crença que procura confirmação nos claustros ou do pecado que lá encontra redenção. Nem falta a poesia de circunstância, em torno da morte de amigos ou confrades: as várias nênias que se enfeixam nas *Inspirações do Claustro* ilustram o gosto inalterável pela poesia narrativa, na qual se dilui o pouco de vibração poética manifesta no período de reclusão.

Raros, nessa quadra, os momentos em que o poeta, mergulhando em si, gera a poesia de confissão, como pedia o Romantismo. Os quartetos dedicados "À Profissão de Frei João das Mercês Ramos" documentam-na à saciedade:

Eu também antevi dourados dias
    Nesse dia fatal:
Eu também, como tu, sonhei contente
    Uma aventura igual.

Eu também ideei a linda imagem
    Da placidez da vida:
Eu também desejei o claustro estéril,
    Como feliz guarda.

Eu também me prostrei ao pé das aras
    Com júbilo indizível:
Eu também declarei com forte acento
    O juramento horrível.

Eu também afirmei que era bem fácil
    Esse voto imortal:
Eu também prometi cumprir as juras
    Desse dia fatal.

Mas eu não tive os dias de ventura
    Do sonho que sonhei:
Mas eu não tive o plácido sossego
    Que tanto procurei.

Tive mais tarde a reação rebelde
    Do sentimento interno.
Tive o tormento dos cruéis remorsos
    Que me parece eterno.

Tive as paixões que a solidão formava
    Crescendo-me no peito.
Tive, em lugar das rosas que esperava,
    Espinhos no meu leito.

Tive a calúnia tétrica vestida
    Por mãos a Deus sagradas.
Tive a calúnia — que mais livre abrange
    Ó Deus! vossas moradas!

Iludimo-nos todos! — Concebemos
    Um paraíso eterno:

E quando nele sôfregos tocamos,
Achamos um inferno.

Virgem formosa entre visão fantástica
Que tão real parece!
Mas quando a mão chega a tocá-la quase,
Lá vai, lá se esvaece!

Sonho da infância que nos traz aos lábios
Um riso mais que doce:
Mas uma voz, um som... —- some-se o sonho,
Como se nunca fosse.

Tu filho da esperança! — tu juraste
O que também juramos.
Tu acreditas, inocente! — ainda
O quanto acreditamos!

Oh! que não sofra as dores que nos ferem
Teu jovem coração!
Que o futuro que esperas não se torne
Terrível ilusão!

Que sobre nós — os filhos da desgraça —
Levantes um troféu:
E que não aches, — como nós achamos —
Inferno em vez de céu!

Embora seja, provavelmente, o ponto mais alto das *Inspirações do Claustro*, esta composição não convence, visto que a sinceridade adolescente que a perpassa, vazada num tom oratório, de *mea culpa* em assembleia conventual, recusa a interferência salutar, esteticamente falando, da imaginação: falta que a sinceridade do monge se transmute no fingimento do poeta. As estrofes padecem de um autobiografismo externo, roçam a superfície do problema clerical, deixando inexpresso o possível drama existencial subjacente à narrativa duma frustrada adesão ao "claustro estéril". Entrevemos o recalque de um sentimento menos ortodoxo, mas ainda distante de assinalar um núcleo de ebulição poética.

No conjunto, as *Inspirações do Claustro* revelam a crença, ainda que postiça, na ordem eclesiástica e no que esta implica. Se com bons sentimentos não se faz poesia, menos ainda se tais sentimentos provêm da crença numa teleologia, explicadora de tudo. De onde os versos constituírem a metrificação da doutrina, não com fins pedagógicos mas autotélicos: o poeta *quer convencer-se* da religião que abraçou. Conquanto se revele versejador razoável, a habilidade artesanal é posta a serviço da causa, da crença ou dos deveres monacais, não da produção de uma obra que, visando a ser arte, descortinasse ângulos novos da realidade, assim fundindo estesia e epistemologia ("Mais um Túmulo"):

> Mais um túmulo aberto! Amada lira,
> Tempera as cordas de tristeza e luto.
> Ah! não te esqueça teu dever funéreo!
> Nossa missão é esta.

Não obstante, nota-se o pulsar de uma força reprimida que procura vir à superfície, algo como o assomar crescente da dúvida em relação à fé, na qual se pode vislumbrar a irrupção do "eu" no plano do "não eu", enformado pelas categorias estáticas da religião ("Nênia"):

> Tal foi repentina no vago do espaço
> Aquela harmonia que ouvi que rompeu.
> Não sei se partia de vozes estranhas,
> Não sei se partia do espírito meu.

Colisão entre o estatuto religioso e os dons do poeta, — eis o que entremostra essa dúvida, ainda longe de aguçar-se em desespero existencial, mas que testemunha o avolumar da tomada de consciência de uma incompatibilidade radical entre crença e poesia, expressa numa verificação serena ("Mais um Túmulo") — "Foi infeliz, — foi monge", — que prontamente se transforma em ansiedade vizinha da loucura, numa dicotomia que se resolve em favor do "eu" submerso na doutrina religiosa cerebrinamente aceita e emocionalmente repelida:

> Mas ah! que imagem me arrebata estranha
> A tétricos abismos!
> ....
> Onde me arroubas, ai! que caos, que abismos,
> Que gelos glaciais, que móveis plagas,
>   Que campos flutuantes!

Contradições Poéticas anuncia, já no título, a fase em que o poeta, ultrapassada a crise mística, se entrega às antíteses e conflitos interiores. Significativamente, denomina-se "Invocação" o poema de abertura, no qual se contém uma espécie de súmula dessa quadra. O poeta suplica à "formosa virgem dos vales" que o ensine "a ser feliz", o que não causaria espécie se não culminasse num apelo à crença perdida — "Vem, bela virgem dos vales, / Convencer-me do Senhor", — que acusa um sentimento de culpa e uma carência e, simultaneamente, abre espaço para a melhor poesia de Junqueira Freire. Agora, a tensão é verdadeiramente poética, por metaforizar, em ritmo próprio, a ambiguidade que mora na raiz de todo ato poético. E como tal, não estranha que o tema amoroso se imponha, em substituição ao religioso ("Achei-te"):

> Já na linha dos felizes
> ....
> Completei a minha vida,
> Tenho já o meu amor.

E daí para os cantos natalícios em vez dos fúnebres, ou para o sensualismo, é um passo ("Que temes?"):

> Não temas! vem dar-me um beijo
> Com teus lábios de carmim

Reverso do evangelismo anterior, essa nota sensual acaba incorporando, numa fusão pagã, os motivos precedentes, a ponto de admitir que os beijos do ex-monge ("Não fujas com a face"):

> Resumem desejos,
> Resumem no fundo
> Os homens e o mundo,
> Os anjos e Deus!

Pondo-se, desse modo, no lugar da religião, o amor (pois que se trata mais de abstração que da realidade afetiva entre os sexos), passa a encerrar explicação universal, de maneira que "o penar do inferno", anteriormente identificado com o silêncio das celas, se torna o ("Martírio"):

> Sentir que me resguardas:
> Sentir que me arreceias:
> Sentir que me repugnas:
> Sentir que até me odeias

A derivação para o tema lírico-amoroso aponta o abandono do poeta aos "demônios interiores", às contradições, não apenas poéticas. Nova luz, "a luz dos mistérios/da sã poesia" ("Meus Olhos"), brilha em seus olhos — diz ele, — decerto mal percebendo que a "sã poesia" é uma impossibilidade lógica, já que a "sã poesia" somente poderia ser a "não poesia" da fase anterior. Salvo se tomarmos o qualificativo "sã" como "verdadeira", agora se trata de um ex-monge vergado à condição (molesta) de poeta, logo, ao inferno das contradições. Com a diferença de que as antinomias evidenciam uma inconstância temática que é mau sinal, sinal de abertura demasiada aos reptos da inspiração do momento, sem uma diretriz que, servindo de motivo condutor às variações, assinalasse drama profundo. Ora idealiza uma donzela ("A Minha Virgem"), ora a fantasia em seus braços ("Acorda", "Meio-Dia", por sinal imitação de Ovídio), ora implora à "virgem inocente" que fuja "dessa aldeia tão brutal", pedindo-lhe que o acompanhe ("Foge!"):

> Vem comigo, vem: que eu posso
> Cousas belas te ensinar;
> Eu sou da cidade, ó virgem;
> Eu posso ensinar-te a amar.

Ora confessa ("Aldeana"):

> Eu amo em ti, ó virgem,
> Esta simplicidade,
> Que desertou pra sempre
> Do seio da cidade.

Nem falta, nesse vaivém constante, o tema indianista, à Gonçalves Dias, em "Dertinca", tentativa incompleta e malograda de realizar a epopeia brasílica que o nosso Romantismo sonhou em vão, onde até se localiza uma nota que, sendo antilusitana, é, apesar disso, antipatriótica:

> Agora, em todo, Brasileiros somos,
> E não deixamos nem sequer um rastro
> Que os nossos passos no futuro marque:
> Realidade de vergonha e opróbrio!

Impossibilitado de assistir num só terreno, como Bocage (um de seus mestres), mas, diferente dele, sem um drama central, Junqueira Freire alcançará o melhor de si quando os seus ocultos ímpetos de autoaniquilação (que o ingresso na vida sacerdotal simbolizou perfeitamente) se tornarem núcleo de inspiração. "Horas de delírio", chamou-as o poeta, mas foram-lhe as horas mais lúcidas, poeticamente falando: o encontro do tema que a procura volúvel escondia — a morte — permite-lhe os poemas mais bem realizados, seu prato de resistência e fundamento do alto apreço em que alguns críticos o têm. O desejo de morrer, "entrar por fim no inferno" ("Desejo"), é ao mesmo tempo sinceridade e fingimento, pois tudo se passa não mais na esfera do cotidiano banal, mas duma transcendência que se busca, ou que se insinua como loucura ("Tristeza"):

> Porém minha alma se aperta,
> Meu olhos dormentes choram
> ....
> Porém minha alma se expande,
> E solta risada louca.

Volta-se, agora, o "eu" para dentro de si e não somente se difunde em poesia como também em poesia de alta ressonância, cujas sutilezas e jogos de opostos inconciliáveis teriam, melhor do que a "simplicidade afetada de imitadores de um quase homônimo, Guerra Junqueiro",[2] justificado a aproximação com o nosso Simbolismo.

Verdadeiramente, é o próprio conflito existencial entre vontade e destino que se observa na poesia de Junqueira Freire, refletindo, por coincidência, uma das linhas de força da vertente byroniana em que se consumiam Alvares de Azevedo e seguidores: as contradições da poesia de Junqueira Freire são, afinal de contas, de um byroniano espontâneo, que não se conheceu como tal, doente de pessimismo ("A Amizade") — "Sou desgraçado e triste" — por não poder ordenar, conciliatoriamente, os estilhaços da sua esquizoidia:

> Porque meu coração — novel e néscio —
> Não achou para unir-se em uma essência
> Um coração igual na dor, no gozo.

por clamar, à Malherbe, pelo gozo pagão ("Temor") — "Ao gozo, ao gozo, amiga. O chão que pisas / A cada instante te oferece a cova." — como a querer realizar, na plenitude dos sentidos, a vitória sobre a Morte:

---

2. José Veríssimo, *Estudos de Literatura Brasileira*, 2ª série, Belo Horizonte/S. Paulo, Itatiaia/EDUSP, 1977, p. 47.

> Deitemo-nos aqui. Abre-me os braços.
> Escondamo-nos um no seio do outro.
> Não há de assim nos avistar a morte,
> Ou morreremos juntos.

e ao mesmo tempo invocando a morte libertadora, num clima em que se diria esboçar-se um Baudelaire baiano ou preparar-se a gênese dum Augusto dos Anjos ("O Arranco da Morte"):

> E pelos imos ossos me refoge
> Não sei que fio elétrico. Eis! sou livre!
> O corpo que foi meu! que lodo impuro!
> Caiu, uniu-se à terra.

É inegável que um frêmito de autêntica poesia agita essas estrofes candentes de paradoxos insolúveis, mas ainda é certo que o poeta morreu antes de compreender que ali demorava o fulcro de seu "ser no mundo", o seu drama, ao menos como criador de estesias. Percorrida na totalidade e em confronto com as figuras da geração, a obra poética de Junqueira Freire não dissimula ser mais promessa que realização: a entrada no convento, podendo ser-lhe marca registrada e propiciadora duma experiência singularmente rica, cerceou-lhe por muito tempo o voo da inspiração. E quando se livrou da asfixiante subserviência às regras eclesiásticas e pôde criar a poesia que gestava nos subterrâneos da mente, não soube encontrar o fio da sondagem interior, e perdeu-se nas intuições de momento. Acrescente-se que os seus versos, embora denotem cuidado formal, nem mesmo nos instantes de mais alta rotação se desligam da equívoca "prosa medida" dos latinos. Faltou-lhe, talvez, um mestre que lhe sugerisse a trilha a seguir, ou talvez exprimir (como em alguns poemas) as contradições internas em momentos simultâneos, não sucessivos, de inspiração, reunindo num só espaço os fragmentos do seu *ego* disperso, além de voltado para um tempo pretérito de que, realmente, jamais se libertou.

OUTROS POETAS

À semelhança das figuras principais dessa geração, muitos poetas epigonais se localizam em S. Paulo e refletem o clima byroniano vigente, como Aureliano Lessa, Bernardo Guimarães, que planejaram com Álvares de Azevedo escrever um volume coletivo, sob o título de *Três Liras*; Francisco Otaviano, José Bonifácio, o Moço, o Barão de Paranapiacaba, Almeida Freitas, Félix da Cunha; ou se disseminaram por outras cidades, como Laudelino Freire, Teixeira de Melo, Pedro Calasãs, entre outros. No conjunto, revelam destreza artesanal própria de uma fase de amadurecimento literário, mas nem sempre acompanhada de inspiração original. De onde não surpreender que alguns possam ser tidos como superiores a outros, ou que a poesia possa sobrelevar as demais facetas de sua obra, como é o caso de Bernardo Guimarães. Ora, o argumento formal não basta para julgá-los: o engenho versificatório não supre as deficiências da inspiração, e somente quando andam juntos o apuro material e a novidade criativa é que podemos formular juízos heterodoxos. Como veremos, apenas Laurindo Rabelo o merece, uma vez que atingiu, em alguns momentos de sua respiração poética, níveis de um Fagundes Varela ou de um Álvares de Azevedo.

AURELIANO José LESSA (1828-1861) não publicou livro em vida; a sua produção esparsa foi reunida pelo irmão, Francisco Lessa, nas *Poesias Póstumas* (1873), de que saiu segunda edição, "muito mais correta e aumentada", em 1909. Ainda assim, o resultado é um magro volume, onde se recolhem composições de um byroniano *sui generis*: a melancolia que lhe ensombra a visão provém da mesma fonte onde se abeberaram os companheiros de geração ("Tristeza"[1]) — "Olha: minha alma é pálida e tristonha, / Minha fronte enublada, e sempre aflita;" — com a diferença de que o seu pessimismo parece esconder uma ponta de humor negro ou de autoironia galhofeira, como se não levasse a sério a desesperação que cultivava, mercê do ambiente paulistano viciado de acídia imaginária, e do temperamento infenso à glória e à vida, como timbra em asseverar o contemporâneo Bernardo Guimarães no prefácio à 2ª edição das *Poesias Póstumas*. A

---

1. Aureliano Lessa, Poesias Póstumas, coligadas por Francisco Lessa e Joaquim Lessa, 2ª ed., Belo Horizonte, Beltrão e Cia., 1909, p. 7. As demais citações serão extraídas desta edição. No caso do poema "Tristeza", optamos pelo texto de Pires de Almeida, A Escola Byroniana no Brasil, S. Paulo, Conselho Estadual de Cultura, 1962, pp. 133-134.

Com novo título, e baseado nas duas edições anteriores, o espólio do poeta veio a público recentemente, em edição, apresentação e notas por José Américo Miranda (Poesias, Belo Horizonte, FALE/UFMG, 2000). Desta edição também nos servimos para o cotejo dos versos transcritos. A respeito do poeta, ver Alexandre Eulálio, Escritos, Campinas, UNICAMP, 1992.

própria morte, como tema, ou realidade palpável, despe-se do halo funéreo com que a revestiam os poetas ultrarromânticos ("Eu"):

> Morte, eu quero sagrar-te os meus amores,
> Quero gozar os teus fatais carinhos
> Num esquife bem fundo!...

Para mais acentuar a disparidade, Aureliano Lessa faz praça de uma fluência que se diria coloquial: menos erudito ou contendido que Álvares de Azevedo e Bernardo Guimarães, e mais próximo de Francisco Otaviano, entregou-se a uma displicência ou à vontade formal que se casava bem com os traços de jocosidade subjacente no seu byronismo. Não surpreende, pois, que elaborasse cantigas, ou modinhas, populares ainda depois da sua morte, como informa Bernardo Guimarães no citado prólogo ("Canção"):

> Vem, meu bem, que o véu da noite
> Está bordado de estrelas:
> Estas horas são tão belas
> Para quem vive de amor!...
> Quero ver por entre as sombras
> De teus olhos o fulgor!
>
> Tudo repousa em silêncio!
> Apenas a fresca aragem
> Vem deixando na ramagem
> Apaixonado rumor.
> Quero ouvir tua doce voz
> Dizer-me frases de amor!
>
> Mas tu não vens apressada
> Com teu semblante risonho:
> Tu dormes; talvez em sonhos
> Abraças o teu cantor.
> Adeus! — voltarei ainda
> Pra cantar-te o meu amor!

Na verdade, a poesia de Aureliano Lessa ostenta duas faces, a byroniana e a das cantigas, com nítida predominância da segunda, inclusive pelo fato de o sensualismo, que em Álvares de Azevedo envolve complexo de culpa, nele adquirir matizes jovialmente hedonistas ("A Uns Olhos"):

> Se a voz que entoo,
> Não tem encanto,
> Vem d'alma o canto,
> Pois sei amar.

"Epicurista por natureza", diz dele Bernardo Guimarães, — "alegre e despreocupado, olhando com indiferença o presente, bom ou mau, e completamente descuidado do futuro", Aureliano Lessa destaca-se nos quadros de nosso byronismo precisamente por essa *vis* de galhofa, em que esbanjou o melhor do seu talento, mas graças à qual alcançou uma descontração que raros dos contemporâneos lograram, e que se manteve até o derradeiro momento, quando, em delírio, improvisou:

> Enxuga, Augusta, o teu pranto,
> Na barra da tua anágua:
> Pois, o teu pobre Aureliano
> Morre de *barriga d'água*!

Não obstante conhecido como ficcionista, BERNARDO GUIMARÃES (1825-1884) publicou em vida três volumes de poesia: *Cantos da Solidão* (1852), *Poesias* (1865; inclui o anterior mais: *Inspirações da Tarde*, que já havia sido apenso à segunda edição de *Cantos da Solidão* (1858), *Poesias Diversas, Evocações* e *A Baía de Botafogo*), *Novas Poesias* (1876) e *Folhas do Outono* (1883). Mais maduro que os companheiros de geração, lúcido mesmo em relação às próprias tendências, confessa-se homem que "entende dos estilos":[2] virtuose, a sua lira tem várias cordas, que vibram em claves distintas; aberto aos quatro ventos, contaminado da epidemia literária que grassava no tempo entre os moços da Faculdade de Direito de S. Paulo, os seus poemas enfermam da linfa que os alimenta, dado que o virtuosismo nem sempre oculta inspiração autêntica. "Gemidos de amor e de saudade, gemidos de dor e de ceticismo", diz ele dos primeiros versos, que nascem do fingimento elaborado sobre clichês ou intuições alheias e não sobre as próprias inquietações.

---

2. Bernardo Guimarães, *Poesias Completas,* org., introd., cronologia e notas por Alphonsus de Guimaraens Filho, Rio de Janeiro, INL, 1959, p. 112. As demais citações serão extraídas desta edição.

O ceticismo desponta-lhe mais da assimilação de leituras do que de uma filosofia de vida argamassada em reflexão e vivência: precocemente frio, pois que desabrochado em plena juventude, lembra, no teologismo que o perpassa e na prevalência da ideia ou lugar-comum conceptual sobre os arroubos da imaginação, a poesia dum Alexandre Herculano. O poeta emprega a gramática do "tu" ou do "nós" — o que o aproximaria do épico, — mas o recurso patenteia antes um "eu" desprovido de inquietudes que uma visão universalizante da realidade ("Esperança"):

> Pouco a pouco as ilusões
> Do seio nos vão fugindo,
> Como folhas ressequidas,
> Que vão d'árvore caindo;
> ....
> A cismar com o futuro
> A alma de sonhar não cansa,
> E de sonhos se alimenta,
> Bafejada da esperança.

Cerebrino, à semelhança de Alvares de Azevedo e outros da geração, mas sem a febre do autor da *Lira dos Vinte Anos*, a sua dicção poética evidencia traços de neoclassicismo, não só em expressões do tipo "almo silêncio", "etéreos páramos", etc., como também no próprio andamento dos versos, patente na solenidade contemplativa deste segmento ("O Devanear do Cético"):

> Planetas, que em cadência harmoniosa
> No éter cristalino ides boiando

Ou nesta invocação bucolicamente pagã que nenhum poeta arcádico ou quinhentista desdenharia ("Hino do Prazer"):

> Vem, meu querido amor, vem reclinar-te
> Neste viçoso leito, que a natura
> Para nós recamou de musgo e flores,
> Em diáfanas sombras escondido

Com o tempo, a sua disponibilidade poética acentuou-se, de que, aliás, tinha plena consciência. Ora declara, na "Advertência" a *Evocações*, que "não há um laço de unidade que ligue entre si intimamente essas diferentes peças, podem ser lidas isoladamente, sem que se tornem incompreensíveis"; ora reconhece, no poema "A Poesia", que:

> Assim pairando andava em outros tempos
> Por outros mundos minha mente errante,
> Qual abelha entre flores volteando,
> De orbe em orbe vagueando incerta,
> Colhendo pelo espaço as vagas notas
> Do hino imenso, que o universo entoa
> E deles repetindo sobre a lira
> Em débeis ecos pálido transunto.

Ora se confessa, no "Prólogo" a *Folhas do Outono*, eclético, seguidor de "todas as escolas", procurando modelar as suas "fracas produções pelos melhores tipos da arte, quer antiga, quer moderna".

Poesia de circunstância, eis o que, em verdade, produziu Bernardo Guimarães: os versos brotam do estímulo de fora, não de uma necessidade interior que porventura divisasse no acontecimento fortuito o seu correlativo objetivo. Qualquer assunto lhe servia, desde a fumaça do cigarro até os temas de fundo patriótico ("A Baía de Botafogo", "A Campanha do Paraguai", "O Ipiranga e o 7 de Setembro", etc.), expressos em epitalâmios, nênias, baladas, odes, hinos, oitavas-rimas (dedicadas a Camões), etc. Nessa variegada paleta temática e formal não falta o "bestialógico" em voga no byronismo paulistano, de que o autor de *Cantos da Solidão* foi mestre, nem a poesia antiescravagista ("Hino à Lei de 28 de Setembro de 1871"), a poesia satírica, a da saudade, etc. Exercício de virtuosismo, tal variedade constante permitiu ao poeta atingir apreciável resultado quando a experiência direta se conjugava às reminiscências de leitura, como nas "Cenas do Sertão", ou no "Galope Infernal":

> Avante! corramos; por montes e brenhas
> Galopa ligeiro, meu bravo corcel;
> Corramos, voemos; ah! leva-me longe
> Daquela infiel.

Ou ainda no insólito "A Orgia dos Duendes", festival sabático de fortes raízes na cultura nativa, que a um só tempo se inscreve num quadro folclórico universal e parece antever o clima antropofágico de 1922:

> Mil duendes dos antros saíram
> Batucando e batendo matracas,

E mil bruxas uivando surgiram,
Cavalgando em compridas estacas.

Três diabos vestidos de roxo
Se assentaram aos pés da rainha,
E um deles, que tinha o pé coxo,
Começou a tocar campainha.

Campainha que toca, é caveira
Com badalo de casco de burro,
Que no meio da selva agoureira
Vai fazendo medonho sussurro.

Menos inflamado que os companheiros de geração, Bernardo Guimarães cultivou um meio-termo e uma contensão de linguagem poética que o aproxima do neoclassicismo arcádico e o torna precursor de nossa poesia parnasiana.

Inscrita no perímetro byroniano e vinculada ao Ultrarromantismo português, a obra poética de JOSÉ BONIFÁCIO de Andrada e Silva, O MOÇO (1827-1886), sobrinho do Patriarca da Independência, também parece anunciar o Parnasianismo. Com efeito, em *Rosas e Goivos*, volume publicado em 1848 ou 1849, quando recém-ingresso na Faculdade de Direito de S. Paulo, é patente a filiação ao clima soturno da poesia do tédio, somada ao pessimismo fúnebre dos românticos de *O Trovador* (1844). Nas "Duas Palavras" de introito, declara, no tom peculiar, o motivo condutor de seus versos:

Caiam, pois, sobre a lousa, que a esmaga,
rosas de um dia, goivos de toda a vida.[3]

E nos poemas, com epígrafes às vezes tomadas de empréstimo a Garrett, Mendes Leal, Xavier Cordeiro, Serpa Pimentel, Camilo Castelo Branco, Augusto Lima, Oliveira Marreca, enfileira segmentos de feição ultrarromântica ("Descrença"):

No cemitério a flor, na rosa espinhos
E lá nas campas ossos carcomidos...

---

3. José Bonifácio, o Moço, *Poesias,* texto org. e apres. por Alfredo Bosi e Nilo Scalzo, S. Paulo, Conselho Estadual de Cultura, 1962, p. 17. As demais citações serão extraídas desta edição, até o momento a mais completa do espólio poético de José Bonifácio, o Moço.

....
Virá somente à noite ave dos túmulos
Uma prece dizer-me.

Como se observa, não difere dos contemporâneos, incluindo os portugueses, salvo na dicção: os lugares-comuns temáticos e atmosféricos em voga naquele decênio são tratados com a escorreição gélida dum versificador impassível. Provavelmente mais do que os coetâneos, José Bonifácio abusou do vezo de possuir arte sem engenho: os seus versos, quando não frouxos, obedecem ao ritmo do escopro e do tira-linha, como se resultassem dum exercício acadêmico de metrificação ou do tributo à moda que pedia a todo estudante da Pauliceia garoenta perpetrasse versos à morte, à tísica, à mulher-anjo, "pálida e triste", ou "bestialógicos" políticos ("O Barão e o seu Cavalo"). Versos convencionais, bem-comportados, inesperadamente antagônicos ao libertarismo anárquico preconizado pelos delírios byronianos: mais do que os confrades de geração, José Bonifácio foi um byroniano de gabinete. Não estranha, por conseguinte, que prenunciasse o Parnasianismo: o amor à forma pela forma revela, na ausência de emoção, postura parnasiana. Tanto assim que, superada a fase byroniana, o formalismo entrou a predominar: vários sonetos compõe nos anos posteriores à vida estudantil, alguns deles publicados em outubro e novembro do ano em que faleceu, numa altura em que a corrente parnasiana se insinuava entre nós. Não bastasse o cultivo do soneto para documentar o pendor formalista, acrescente-se que Camões é o seu modelo inspirador; mas o discípulo não passava duma imagem fosca do mestre, como se, em verdade, ao imitá-lo, criasse involuntários pastiches ou paródias:

Um ar de santa, uma presença honesta,
Um recatado olhar que enfeitiçava,
Uma fala que a gente procurava,
Quase receio e ao mesmo tempo festa;

Uma doçura da alma tão modesta,
Um sorriso a fugir mal despontava,
Um não sei quê do céu, que Deus mandava,
E que aos anjos da terra amor empresta;

Uns sustos infantis, um quase medo
Do mundo que a cercava, e sossegada
De crença viva um mágico segredo,

> Tudo que a mente crê abençoada
> E a fantasia pinta... oh! foi tão cedo
> Vaidade, ou sonho, ou pó, ou cinza ou nada!...

Acrescente-se, à guisa de remate, que o mesmo timbre falso caracteriza as composições de feição patriótica (Ao Dia Sete de Setembro", "A D. Pedro", "O Redivivo", "A Corneta da Morte", etc.) que, remontando ao liberalismo epicizante inaugurado por Gonçalves de Magalhães, preludiam, ao ver de Sílvio Romero, o hugoanismo condoreiro.[4]

Integrava o grupo byroniano de S. Paulo um poeta que conseguiu, juntamente com José Bonifácio, vencer a atração pela morte precoce: FRANCISCO OTAVIANO de Almeida Rosa (1825-1889). Em livro, deixou apenas traduções (*Cantos de Selma*, de Ossian, publicados em 1872, numa tiragem de sete exemplares; *Traduções e Poesias*, 1881, também numa edição reduzida de cinquenta exemplares); as suas composições originais ficaram esparsas ou inéditas.[5] Francisco Otaviano é o caso do poeta que, aderindo empaticamente a uma tendência literária, registra o nome nos anais da História graças a um só poema: "Ilusões da Vida":

> Quem passou pela vida em branca nuvem,
> E em plácido repouso adormeceu;
> Quem não sentiu o frio da desgraça,
> Quem passou pela vida e não sofreu;
> Foi espectro de homem, não foi homem,
> Só passou pela vida, não viveu.

Glória suprema a que aspiram todos os poetas — emblematizar os seus versos a ponto de os tornar proverbiais no âmbito da cultura e do povo em que os criou —, Francisco Otaviano alcançou com esses versos, que continuam a ser reproduzidos, não raro sem menção do autor, como se de autoria anônima. Mas o seu nome é ainda lembrado por um soneto lapidar, ainda que parafraseando uma passagem do *Hamlet*: "Morrer... dormir...":

> Morrer... dormir... não mais! Termina a vida,
> E com ela terminam nossas dores;

---

4. Sílvio Romero, *História da Literatura Brasileira*, 5 vols., 4ª ed., Rio de Janeiro, José Olympio, 1949, vol. V, p. 426.

5. Xavier Pinheiro recolheu considerável quantidade delas no volume que dedicou ao poeta (*Francisco Otaviano,* escorço biográfico e seleção, Rio de Janeiro, Revista da Língua Portuguesa, 1925), de que extraímos os poemas transcritos.

Um punhado de terra, algumas flores,
E, às vezes, uma lágrima fingida!

Sim! minha morte não será sentida;
Não deixo amigos, e nem tive amores!
Ou, se os tive, mostraram-se traidores,
— Algozes vis de uma alma consumida.

Tudo é podre no mundo. Que me importa
Que ele amanhã se esbroe e que desabe,
Se a natureza para mim é morta!

É tempo já que o meu exílio acabe...
Vem, pois, ó Morte, ao Nada me transporta!
Morrer... dormir... talvez sonhar... quem sabe?

Mercê da febre literária que varreu a Pauliceia dos anos 40-60, a atividade criadora se tornara fácil e intensa. Estava no ar o gosto pela poesia, e era-se poeta como sem dar por isso, ou pela simples adesão à moda. É nesse quadro que se inscreve a obra lírica do BARÃO DE PARANAPIACABA (João Cardoso de Meneses e Sousa, 1827-1915): *Harpa Gemedora* (1847), *Camoniana Brasileira* (1880), *A Virgem Santíssima* (1910). Integrante da geração de Álvares de Azevedo, é antes de tudo um talento receptivo; a sua imaginação poética reflete, no decurso de prolongada atuação, as tendências do momento: foi byroniano, indianista, pantagruélico (autor de "bestialógicos"), bíblico, por vezes pioneiramente, mas tais facetas denunciam antes a tendência para a transpiração que uma cosmovisão multímoda. Na verdade, a sua dicção poética é dum parnasiano *avant la lettre*, não só nos poemas que produziu quando entrou em voga, no final do século, o formalismo neoclássico, como também nas composições de caráter romântico ("A Serra de Paranapiacaba"[6]):

Desenham-se, às vezes, arfando nas ondas,
As velas de um barco, do vento enfunadas,
Quais alvas gaivotas, que à flor do oceano,
Brincando, resvalam coas asas nevadas.

---

6. João Cardoso de Meneses e Sousa (Barão de Paranapiacaba), *Poesias Escolhidas*, introd., sel. e notas de Péricles Eugênio da Silva Ramos, S. Paulo, Conselho Estadual de Cultura, 1965, p. 71. Da mesma edição extraímos o fragmento de "A um Amigo".

Dos topes aéreos, estreitos e golfos
Semelham regatos, talhando as campinas;
Quais pontos esparsos, desdobram-se aos olhos
As casas e torres, ilhéus e colinas.

Um denominador comum as percorre — a mestria no versejar, a fluência dum imitador de classe —, mas carecem de emoção lírica, a razão íntima que aciona o poeta; e quando, porventura, se insinua nas malhas dos versos bem escandidos, a emoção não oculta a sua origem literária: resulta mais das leituras que das vivências ("A um Amigo"):

Inda um suspiro, um perfume
Solte d'harpa o trovador,
— Derradeiro arquejo d'alma —
— Último arranco da dor, —

Poeta de transpiração, numa quadra em que a inspiração era sinônimo de liberdade criadora. Não espanta, consequentemente, que aderisse ao Parnasianismo, como um velho mestre aguardando o momento de ver aplaudidas as suas ousadias da juventude, ou compusesse poesia pantagruélica que alguns críticos consideram o melhor do seu espólio. Na verdade, porém, tirante o lado jocoso, revela um parnasianismo que se desconhece; curiosidade de museu literário, não tem condições, salvo pelo rigor formal, de conferir galas a um poeta que se preze.

LAURINDO RABELO

Fora do ambiente byroniano de S. Paulo desenrolou-se a trajetória poética de Laurindo José da Silva Rabelo (1826-1864): recebeu ordens menores, mas acabou por formar-se em medicina; apelidado o "Poeta Lagartixa", a morte sucessiva da irmã, da mãe e do irmão (assassinado) amargurou-lhe os dias. Em vida, publicou *Trovas* (1853), e postumamente saíram as *Poesias* (1867) e mais tarde as *Obras Poéticas* (1876), editadas por Joaquim Norberto. Alcançou prestígio invulgar no tempo, mas a sua estrela empalideceu tão rápido quanto brilhou, seja porque outros o substituíram no gosto do público, seja porque a sua obra, mercê da variação constante, entrou a merecer críticas restritivas. Entretanto, sem tombar no exagero de asseverar, como Sílvio Romero, que em "nossa vida literária (...) deveria sempre ter ocupado o primeiro plano",[7] a sua poesia guarda, nos momentos mais inspirados, vibração de alto poeta, superior à dos epígonos da segunda geração romântica e, mesmo, de Junqueira Freire. Na verdade, atingiu notas de elevada sonoridade, incomuns em toda a nossa poesia romântica: por esses instantes privilegiados, sem dúvida estaria em primeiro plano, mas como predominam as composições menores, de repentista exuberante, esta faceta acabou preponderando.

Com a flama de um Bocage dos trópicos ("O que são meus versos"):

> Vate não sou, mortais; bem o conheço;
> Meus versos, pela dor só inspirados, —
> Nem são versos — menti — são ais sentidos;
> Às vezes, sem querer, d'alma exalados

cultivou a poesia lírica e a satírica, não raro em improvisos que, quando não se perderam definitivamente, acusam a pressa dum temperamento volúvel e passional. Elegíaca, a sua veia lírica distingue-se em todo o nosso Romantismo por uma tensão que rejeita a sentimentalidade egocêntrica em prol duma intuição do sublime que já é de cariz épico. Com efeito, a sua poesia, onde ressoam nítidos acentos neoclássicos, temperados duma impulsão angustiadamente romântica, é a dum epicizante; a sua mundividência reclama grandes espaços, para além do "eu" feminoide em que se compraziam tantos contemporâneos, e grandes comoções, que simbolizam as inquietudes de todo ser humano ("O Gênio e a Morte"):

> Morrem as estações, morrem os tempos!
> Morrem os dias, como as noites morrem:
>   Também acaba o homem —
> ....
>   O Gênio ansioso espera
> O sinal de seu voo ao Ser Supremo.
> Vede-lhe o pensamento: — é uma lira,
> Donde os dedos da Fé extraem destros
>   Melífluos sons divinos —
> São os salmos do gênio agonizante

---

7. Sílvio Romero, *op. cit.*, vol. III, p. 331, estudo reproduzido à entrada das *Obras Completas* de Laurindo Rabelo, org., introd. e notas de Osvaldo Melo Braga, S. Paulo, Nacional, 1946, de que extraímos as citações transcritas. Ainda compulsamos as *Poesias Completas* de Laurindo Rabelo, col. e anotadas por Antenor Nascentes, Rio de Janeiro, INL, 1963.

De onde a morte, cedo pressentida, ser o tema capital da sua poesia, a morte particular ou a morte como tragédia da espécie humana refletida no horizonte de cada indivíduo: na morte pessoal, o poeta descortina a morte universal, absoluta. Nessa equação se localizam os instantes magnos do seu lirismo, como o poema definitivamente ligado ao seu nome, "Adeus ao Mundo", de que se transcreve a primeira estrofe:

> Já do batel da vida
> Sinto tomar-me o leme a mão da morte:
> E perto avisto o porto
> Imenso nebuloso, e sempre noite,
> Chamado — Eternidade!
> Como é tão belo o sol! Quantas grinaldas
> Não tem de mais a aurora!!
> Como requinta o brilho a luz dos astros!
> Como são recendentes os aromas
> Que se exalam das flores! Que harmonia
> Não se desfruta no cantar das aves,
> No embater do mar, e das cascatas,
> No sussurrar dos límpidos ribeiros,
> Na natureza inteira, quando os olhos
> Do moribundo, quase extintos, bebem
> Seus últimos encantos!

Ainda no mesmo clima ultrarromântico se inscreve José Alexandre TEIXEIRA DE MELO (1833-1908): autor de *Sombras e Sonhos* (1858) e *Miosótis* (1877), ambos reunidos em *Poesias* (1914), insere-se na corrente melancolizante da segunda geração; desejando-se outro Lamartine, sentindo-se "romeiro de outras eras",[8] "eco do abandono", "mendigo que suspira por um trono", "triste bardo das raças do deserto", a palmilhar "um deserto sem guia", cultiva as horas de tédio e morte, fugidiamente crepusculares ("Ao Sol", "Ao Crepúsculo"):

> Amo o que é triste e pálido somente:
> Amo o silêncio, a sombra, o isolamento,
> Embora do sepulcro!
> ....
> É triste o adeus do dia que descora

---

8. Teixeira de Melo, *Poesias*, ed. definitiva, Liège, Tip. F. Brimbois, 1914, p. 20. As demais citações serão extraídas desta edição.

> A tela melancólica e saudosa
> E azul das cordilheiras

e as "Flores Murchas",

> Flores de um dia que orvalhei de prantos

consequência de que ("Luar de Outono")

> Um dia de ilusão plantou-me n'alma
> A semente maldita do infortúnio,

sempre em versos escorreitos e fluentes, chegando a introduzir em nosso Romantismo o alexandrino clássico.[9] *Miosótis*, que reúne versos de 1858 a 1873, testemunha sensível evolução no sentido de uma poesia menos voltada para os temas pessimistas, a ponto de não resistir aos motivos ligados à Guerra do Paraguai: na verdade, apagava-se a chama poética que inspirara o primeiro livro, embora continuasse a mestria formal que induziu Sílvio Romero, em sua *História da Literatura* e no preâmbulo a *Poesias*, a considerá-lo superior a Casimiro de Abreu e a Franklin Dória.

Semelhante evolução se observa na poesia de PEDRO Luziense DE Bittencourt CALASÃS (1837-1874): ultrarromântico em *Páginas Soltas* (1855) e *Últimas Páginas* (1858), neoclassicizante em *Ofenísia* (1864), tenta, em *Wiesbade* (1864), "pela primeira vez no país, a inspiração cosmopolita, recheada de vocábulos estrangeiros",[10] e abraça o patriotismo condoreiro em *Camerino* (1875), capítulo da Guerra do Paraguai, e em *A Cascata de Paulafonso* (1906), estabelecendo assim um liame com os poetas do terceiro momento romântico.

---

9. Péricles Eugênio da Silva Ramos, *O Verso Romântico e Outros Ensaios*, S. Paulo, Conselho Estadual de Cultura, 1959, pp. 39 e ss.

10. Fausto Cunha, "Castro Alves", *in A Literatura no Brasil* (dir. de Afrânio Coutinho), 3 vols., Rio de Janeiro, Sul Americana/S. José, 1955-1959, vol. I, t. II, p. 798.

2. Prosa

Em história literária, o padrão cronológico não pode, sob pena de minimizar a complexidade do processo cultural, ser aplicado rigidamente. Autores divergentes coexistem no mesmo período, ao passo que escritores de análoga orientação estética podem situar-se em épocas diferentes. É sabido, ainda, que figuras da geração em vias de sair de cena, ou que já se recolheu à sombra, continuam a produzir segundo o decálogo vigente na ocasião, paralelamente ao surgimento de manifestações anunciadoras da quadra seguinte. Um período literário abrange, portanto, autores e obras nem sempre vinculados por nexos de semelhança.

A observação presta-se como luva para caracterizar a prosa do segundo momento romântico: os expoentes, Bernardo Guimarães e Manuel Antônio de Almeida, discrepam nas opções ficcionais (sem contar que o primeiro publicou a sua obra romanesca praticamente na década de 70), enquanto Alencar, Macedo e outros do período anterior ainda arquitetam novelas e romances, e Taunay e Franklin Távora, pertencentes ao derradeiro momento romântico, ensaiam os passos iniciais na criação literária.

Bernardo Guimarães prolonga, de certo modo, a ficção precedente, acrescentando-lhe novo registro temático (a escravidão, o regionalismo centro-sul, o celibato clerical), em flagrante contraste com Manuel Antônio de Almeida, que extrai do filão popular e folclórico o motivo da sua novela. Nos decênios que, *grosso modo*, compõem o segundo momento romântico (1850-1870), prolifera uma ficção de consumo, eivada dos lugares-comuns folhetinescos, que somente interessa como peça de museu ou a uma historiografia de caráter minudente.[1]

BERNARDO GUIMARÃES

Bernardo Joaquim da Silva Guimarães nasceu em Ouro Preto, Minas Gerais, a 15 de agosto de 1825. Aos quatro anos, segue com os pais a

---

1. O leitor interessado nessa ficção terciária encontrará numerosas indicações em: Wilson Martins, *História da Inteligência Brasileira*, 7 vols., S. Paulo, Cultrix/EDUSP, 1975-1979, vol. III.

Uberaba, onde realiza os primeiros estudos. Terminado o curso secundário em Campo Belo e Ouro Preto, vem para S. Paulo e matricula-se na Faculdade de Direito (1847). Convive com Álvares de Azevedo e Aureliano Lessa, com os quais participa da "Sociedade Epicureia", que pretendia reviver na Pauliceia a boêmia de Byron. Formando-se no mesmo ano em que publica o primeiro livro (*Cantos da Solidão*, 1852), segue para Catalão, Goiás, como juiz municipal. Em 1867, retorna a Ouro Preto, casa-se e dedica-se ao ensino de retórica, poética, latim e francês. E lá falece em 10 de março de 1884, deixando considerável bagagem poética, analisada na altura própria, e vários volumes de ficção: *O Ermitão de Muquém* (1866), *Lendas e Romances* (1871), *O Seminarista* (1872), *História e Tradições da Província de Minas Gerais* (1872), *O Garimpeiro* (1872), *O Índio Afonso* (1873), *A Escrava Isaura* (1875), *Maurício ou Os Paulistas em São João d'El Rei* (1877), *A Ilha Maldita* e *O Pão de Ouro* (1879), *Rosaura, a Enjeitada* (1883). Ao morrer, deixara inacabado *O Bandido do Rio das Morte*, continuação de *Maurício ou Os Paulistas em São João d'El Rei*, que a sua esposa concluiu e publicou em 1905. M. Nogueira da Silva editou-lhe as *Obras Completas*, em 13 volumes, dados a público desde 1941.

Bernardo Guimarães começou e terminou poeta, mas a prosa de ficção prevaleceu na década de 70. Entre 1852, quando se inicia em livro, e 1866, quando teria publicado a sua primeira narrativa, encenou em Ouro Preto (1860) o drama *A Voz do Pajé*, que permaneceria inédito até 1914, quando foi incluído na segunda edição do livro *Bernardo Guimarães — Perfil Biobíblio-literário*, de Dilermando Cruz, e teria redigido, em 1858 e na mesma cidade, *O Ermitão de Muquém*, que viria à luz no *Constitucional*, de Belo Horizonte, em 1866, e em volume, pela Garnier, em 1869.[1] A partir de 1865, ano das *Poesias*, concentra-se na elaboração da obra em prosa, cortada apenas em 1876 e 1883 pelas *Novas Poesias* e *Folhas de Outono*. Não bastasse tal fato, restaria apelar para a quantidade: 11 dos 13 volumes das *Obras Completas* do escritor são de prosa. Ficcionista acima de tudo, eis o que era Bernardo Guimarães, não apenas pelo número de obras publicadas, mas porque nele a imaginação lírica, essencialmente subjetiva, cedia lugar à imaginação plástica, fundada na

---

1. Informação prestada por Basílio de Magalhães (*Bernardo Guimarães, Esboço Biográfico e Crítico,* Rio de Janeiro, Anuário do Brasil, 1926, p. 135) e acolhida por Alphonsus de Guimaraens Filho na introdução à *História e Tradições da Província de Minas Gerais* (Rio de Janeiro, Civilização Brasileira/MEC 1976, p. XXVI). Outros críticos e historiadores atribuem ora a data de 1864, ora a de 1865.

observação, na memória (própria ou alheia) e no saber livresco. Não surpreende, por conseguinte, que a imagem do prosador tivesse resistido ao tempo (inclusive à merecida popularidade da televisão) e que a do poeta se perdesse nas vagas do oceano de lirismo academizante que varreu o nosso século XIX (herança menor dos séculos coloniais, de que ainda não nos livramos, diga-se de passagem).

Fiel aos estereótipos em que se fundamentou, a carreira literária de Bernardo Guimarães desenrolou-se à margem de sobressaltos ou surpresas: presidem-na os mesmos numes tutelares, o mesmo ritmo, a mesma temperatura imaginativa, a mesma disposição anímica. Se noutros escritores do tempo se descortina idêntica propensão para o respeito às matrizes, em nenhum se observa, como em Bernardo Guimarães, o despojamento autêntico, que o desobrigou de tentativas novidadeiras no encalço de obras ambiciosamente desejosas de alcançar a perfeição. Cônscio de seus poderes e limitações, realizou uma obra ficcional sem forçar a nota, sem ultrapassar, falaciosamente, a risca de giz das intuições: não foi além de um contador de histórias, exímio, diga-se desde já, porque o quis e/ou porque tinha consciência de que o seu instrumento e a sua ideação fictiva não lhe permitiam voos mais altos.

Com efeito, já no prefácio a *O Ermitão de Muquém* parece intuir que as suas narrativas iriam ser o desdobramento da primeira, ao frisar que consta "de três partes muito distintas", a saber: a primeira, "escrita no tom de um romance realista e de costumes; representa cenas da vida dos homens do sertão, seus folguedos ruidosos e um pouco bárbaros, seus costumes licenciosos, seu espírito de valentia e suas rixas sanguinolentas"; a segunda focaliza o herói "a viver vida selvática no seio das florestas, no meio dos indígenas. Aqui força é que o meu romance tome assim certos ares do poema. Os usos e costumes dos povos indígenas do Brasil estão envoltos em trevas, sua história é quase nenhuma, de suas crenças apenas restam noções isoladas, incompletas e sem nexo. O realismo de seu viver nos escapa, e só nos resta o idealismo, e esse mesmo mui vago, e talvez em grande parte fictício"; terceira: "O misticismo cristão caracteriza essencialmente a terceira parte (...) Aqui há a realidade das crenças e costumes do Cristinianismo, unida à ideal sublimidade do assunto".[2]

---

2. Bernardo Guimarães, *Quatro Romances (O Ermitão de Muquém, O Seminarista, O Garimpeiro, O Índio Afonso)*, S. Paulo, Martins, 1944, pp. 7-8.

Nesse tripé repousam os alicerces da ficção de Bernardo Guimarães: espécie de molde, a obra inaugural resume, na sua divisão temática e estilística, os caminhos que a fantasia criadora do escritor percorrerá até a última obra. De certo modo, a narrativa de estreia contém as outras, uma vez que os três núcleos dramáticos daquela recorrerão, adaptados às circunstâncias, nas demais.

Por outro lado, *O Ermitão de Muquém* ainda guarda, nas páginas introdutórias, a confissão dos modestos propósitos do ficcionista:

> De fato, quem não gostará, ao descair de uma noite pura e silenciosa, em um aprazível e tranquilo pouso em meio das solidões, recostado preguiçosamente em uma rede, a fumar um bom cigarro depois de ter saboreado uma xícara de café, quem não gostará de escutar a narração de uma lenda popular?

Fulcro da prosa de Bernardo Guimarães, declaração de princípios enunciada na obra inicial e realizada nas subsequentes, colabora para tornar *O Ermitão de Muquém* peça fundamental na trajetória do autor; e se carece de méritos estéticos, na medida em que o ficcionista abusa de suas virtualidades, não lhe escasseiam facetas de obra matriz.

Das três modalidades temático-estilísticas expressas em *O Ermitão de Muquém*, a indígena é a mais notoriamente fantasiosa, como, de resto, entendia o autor; Gonçalo, herói facinoroso da primeira parte, torna-se guerreiro indígena na segunda, pleno das virtudes que faziam de Peri o exemplar mítico da nacionalidade. Falto de maior conhecimento direto, o ficcionista apela para as sugestões de Chateaubriand e Alencar e para a imaginação; apesar do lirismo e da tensão narrativa, o interregno silvícola não esconde o constrangimento do narrador, obrigado a uma artificialidade que afirma repudiar desde o começo.

Mas o veio indianista estava aflorado e com a dicotomia de base que serviria ao escritor para outros cometimentos no gênero: Gonçalo contracena com Guaraciaba, num idílio que, se não possui o halo poético de *Iracema*, lhe patenteia as raízes; por outro lado, anuncia o modo que o indianismo vai assumir na mundividência de Bernardo Guimarães. Abandonando o tipo genuíno do aborígine, já que apenas o podia conceber à luz da fantasia, fixa-se no mestiço, que lhe faculta a visão direta e mais verossímil. Assim é *O Índio Afonso*,[3] assim é *Jupira*:[4] "aquele é um

---

3. *Idem, O Índio Afonso*, pp. 366, 368, 402.
4. *Idem, História e Tradições da Província de Minas Gerais*, pp. 140, 145.

caboclo de estatura colossal e de organização atlética"; esta, "uma linda caboclinha de treze a catorze anos, mas de tez um pouco mais clara do que a das suas companheiras da floresta", pois era filha de "uma caboclinha nova por nome Jurema" e "José Luís, moço branco e bem disposto, empregado no seminário". Afonso mata por vingança, para desagravar a irmã, atacada e presuntivamente morta por Toruna:

> um sanhudo facínora (...), não consta que Afonso tenha cometido outro homicídio a não ser o que deixamos narrado nesta história. Se se excedeu um pouco na crueldade da vingança, é porque idolatrava sua irmã e estava aceso em cólera, e somente a justiça social tem o privilégio de ser fria e impassível na aplicação da pena.

E Jupira, mulher-demônio em termos indianistas, é má não porque selvagem (uma vez que, na mata, defendeu com unhas e dentes a sua virgindade), mas porque civilizada: a maldade sobre Carlos — levando-o a morrer em luta com Quirino, seu rival — decorre antes do fator "branco" que da ascendência nativa. E o seu enforcamento no epílogo, resultante do sentimento de culpa que a torturava, provinha mais do flanco urbano que do indígena. Note-se, ainda, que um branco a atraiçoou e pagou com a morte às mãos de um desafeto da mesma cor, ao passo que o cacique Baguari, ela o assassinou para salvaguardar a honra. Num caso e noutro, estampa-se nítida a tese idealista de Bernardo Guimarães: o selvagem é bom, à Rousseau, o civilizado, mau.

Não podendo, contudo, insistir na tese sem repetir-se monotamente, e compreendendo, decerto, que o indígena oferecia um motivo já explorado, Bernardo Guimarães substituiu-o pelo escravo, que lhe permitia sustentar o relativo idealismo com que divisava o aborígine, ao mesmo tempo que o convertia em núcleo de protestos liberais. A passagem ainda se impunha pelo fato de o assunto ser-lhe contemporâneo e acessível à observação, de molde a tornar o episódio indianista em *O Ermitão de Muquém* e prolongamentos uma concessão à moda e a procura de caminho dentro das fronteiras da estética romântica, caminho esse que descobre no tema da escravidão, aliado ao sertanismo, tendo de permeio o problema do celibato clerical.

"Uma História de Quilombolas", de *Lendas e Romances*,[5] é a primeira narrativa a situar a questão dos escravos, e duma forma que, nem por

---

5. *Idem, Lendas e Romances,* Rio de Janeiro, Garnier, 1900.

ser ambígua, é menos indiciadora da cosmovisão de Bernardo Guimarães: a história, ocorrida "há cerca de 50 anos", num quilombo, lembraria o *Ubirajara* dos cativos se não houvesse, a estorvá-la, a presença de brancos (no corpo de militares que atacam o quilombo) e de mulatos, que compõem o par amoroso. O ficcionista não consegue esconder, no desenlace feliz para os dois namorados mestiços, e na destruição dos quilombolas, o relativismo da tese antiescravagista.

No primeiro aspecto, o escritor denuncia, claramente, um estado de coisas e assume posição corajosa em plena vigência da escravatura, mas a um só tempo parece aceitar os fatos como se deram e apelar para a mestiçagem como solução do impasse étnico-social que o cativeiro representava. Realista no tocante aos quilombolas e às virtudes do chefe, Zambi Cassanje; idealista em relação aos mulatos, como se estes detivessem as prerrogativas do sentimento amoroso. O ficcionista não oculta, na extinção do quilombo, que a bandeira do mal é empunhada por negros e brancos, e a do bem, pelos mulatos: a dualidade selvagem *versus* civilizado, que vimos em Afonso e Jupira, transforma-se em negro/branco *versus* mulato, apenas invertendo os sinais. Florinda é, sem dúvida, precursora de Isaura, mas o final bonançoso dos mestiços, na igreja, é inverossímil e contraditório do prisma abolicionista: era como se o autor defendesse que, para um mulato vencer as desigualdades sociais, bastava respeitar a lei dos brancos, não a dos quilombolas.

Sem que a contradição desapareça de todo na carreira de Bernardo Guimarães, é de notar que se trata da primeira investida num tema escorregadio, pois acenava para atitudes panfletariamente exaltadas ou para a retratação fiel do *status quo* injusto e desumano. Em "Uma História de Quilombolas", Bernardo Guimarães procura um meio termo que apenas alcançará, relativamente, em *A Escrava Isaura*.

Não esquecer que o prosador retrata os quilombolas, sobretudo Cassanje, como maus, não porque negros, mas porque desrespeitaram o regime dos brancos; o ficcionista é não só contra a escravidão como também contra os quilombos, talvez por constituírem a expressão negativa do combate à injustiça social. Tanto é verdade que os escravos submissos, tenham ou não sangue mestiço, são considerados bons; em *O Garimpeiro*, Simão, "que parecia ser de raça mista de índio e africano",[6] é o anjo protetor de Elias, protagonista da narrativa; em *Rosaura, a Enjeitada*, a preta Lucinda faz idêntico papel junto a Adelaide: "a escrava mais

---

6. *Idem, O Garimpeiro*, p. 269.

antiga do major, cozinheira, copeira e quase mordoma da casa desde tempos imemoriais".[7] E em *Maurício*, índios e escravos desempenham a mesma função, lado a lado com o herói: é que o fato de a narrativa transcorrer na primeira década do século XVIII imprime ares historicamente verídicos à imagem dos nativos e dos escravos, sem prejuízo da auréola liberalizante que os circunda na guerra aos emboabas. Em suma, cativos e selvagens adotam o partido do bem, que um branco — o herói que dá título à obra — simboliza, enquanto os portugueses, repercutindo a lusofobia de nossos românticos, ficam com a parte do vilão.

Em *A Escrava Isaura*, Bernardo Guimarães atinge o cerne do problema abolicionista e da sua obra ficcional. Várias vezes reeditada e ainda hoje lida, pelo menos do ângulo histórico, a narrativa dos infortúnios de uma sedutora escrava requestada pelo patrão devasso, constitui um dos libelos antiescravagistas que prepararam o terreno para a abolição, finalmente realizada em 1888. Acusação repassada de humanitarismo, em uníssono com o clima emotivo da época, a sua grandeza ética não se configurou sem prejuízo da verossimilhança, aliás como sói acontecer em casos que tais: para, conscientemente ou não, denunciar o sistema iníquo, Bernardo Guimarães teve de revigorar algumas cores da sua paleta, e assim arriscou a coerência interna da obra. A heroína "era filha de uma linda mulata, que fora por muito tempo a mucama favorita e a criada fiel da esposa do comendador". E quando esperávamos uma mestiça chapada, temos que

> as linhas do perfil (...) são tão puras e suaves (...) que fascinam os olhos, enlevam a mente, e paralisam toda análise. A tez é como o marfim do teclado, alva que não deslumbra, embaçada por uma nuança delicada, que não sabereis dizer se é leve palidez ou cor-de-rosa desmaiada.[8]

Além de assediada pelo patrão, à semelhança de sua mãe pelo comendador, é amada por Álvaro, jovem rico, fidalgo e branco. E o desfecho, um *happy end* de histórias de fada, não convence.

O pensamento abolicionista de Bernardo Guimarães sai chamuscado quando observamos que o interesse pela escrava Isaura resulta de sua beleza, não de sua condição. O ficcionista induz-nos a pensar que a solução do problema da escravatura residia na existência de moços endinheirados e dispostos a casar-se com escravas formosas; portanto, uma

---

7. *Idem, Rosaura, a Enjeitada,* Rio de Janeiro, Zélio Valverde, 1944, p. 107.
8. *Idem, A Escrava Isaura,* Rio de Janeiro, Briguiet, 1941, pp. 10, 18.

questão de ordem estética, sentimental. Fossem outros os predicados de Isaura, o seu cativeiro não teria fim, como não tem o de outras mulheres da fazenda, incluindo Rosa, que "havia sido de há muito a amásia de Leôncio, para quem fora fácil conquista". Álvaro confessa que protestara libertar Isaura do "jugo opressor e aviltante" porque via nela "a pureza de um anjo, e a nobre e altiva resignação da mártir".[9] Faltassem a Isaura tais qualidades, outro lhe seria o destino, de modo a sugerir que o conflito não se localiza na escravidão em si, mas nos dotes da mestiça, ou no cativeiro quando imposto a figuras da estirpe de Isaura. Caso contrário, a escravidão deixa de importar, o que atenua radicalmente o sentido abolicionista do romance de Bernardo Guimarães, conferindo-lhe o matiz de idealismo ingênuo ou contraditório, visto que não se trata de protesto contra o sistema escravocrata senão contra o cativeiro de jovens belas e educadas como Isaura.

Acrescente-se, para completar o quadro em que se move o romance, o maniqueísmo, comum à ficção de Bernardo Guimarães e do próprio ideário romântico: bons e maus destacam-se desde cedo e para sempre, numa dicotomia, que não deixa margem a dúvidas, como se orientada por um determinismo que pouco falta para ser de índole científica, à maneira dos realistas e naturalistas. Combate-se a depravação, que explica a ruína de Leôncio e seu pai, ao mesmo tempo que se entoa um hino ao amor do coração. Tipicamente romântica, a moral da história comporta uma visão dualista dos problemas sociais, que sublinha os valores afetivos em detrimento dos valores materiais, e, por antítese, enfatiza-lhes a aliança positiva na pessoa de Álvaro. O que revela, da parte do autor, uma cosmovisão ainda burguesa e conservadora.

Não obstante falsa a situação de Isaura e Álvaro, tão falsa que este pensa em desposá-la e tudo faz para isso, — é a obra-prima do escritor, graças ao emprego lúcido das virtualidades que lhe conhecemos desde *O Ermitão de Muquém*: desenho nítido dos caracteres, movimentação constante, variedade das situações, parcimoniosa atenção à natureza. O processo romanesco de Bernardo Guimarães estriba-se no consórcio da observação, memória e fantasia, de forma que a imaginação se desenvolve a partir da experiência. Assim é nas histórias em que aproveita o conhecimento de Ouro Preto e demais regiões de Minas Gerais, de Goiás (*O Índio Afonso*) ou de S. Paulo (*Rosaura, a Enjeitado*).

---

9. *Idem, ibidem,* pp. 57, 198.

A Escrava Isaura rompe, ainda que parcialmente, a conjunção dessas faculdades e acentua o aspecto imaginoso, de que deriva, por certo, ser a mais bem conseguida de suas obras. O ficcionista não se alonga em descrições, posto que líricas, de lugares conhecidos, e centra-se na fabulação, assim alcançando a economia das narrativas equilibradas. Por outro lado, fala em favor da primazia desse romance o fato de abrigar, harmonicamente, as linhas de força que se mostram em *O Ermitão de Muquém* e que conduzem o universo imaginário de Bernardo Guimarães: ali se condensam, em justa medida, a aventura, o sertanejismo e o caboclismo (que engloba o tema do índio e do escravo, em mistura). O prestígio de *A Escrava Isaura* encontra aí a sua justificativa, mas é preciso atentar para o componente melodramático a fim de completar as razões de tanto êxito: tirante o fato de passar-se numa fazenda, trata-se de uma história de amor, como outras em voga no Romantismo, e história marejada de lágrimas. Agrada, por isso mesmo, quer ao leitor voltado para a literatura como forma de conhecimento, quer aos apreciadores de histórias sentimentais.

O equilíbrio entre os ingredientes estruturais, que sustenta a consagração e permanência de *A Escrava Isaura*, desfaz-se nitidamente em *Rosaura, a Enfeitada*, e o dramalhão lacrimogênico predomina: decerto apontando o declínio, ou o esgotamento da intuição, Bernardo Guimarães entrega-se a uma narrativa folhetinesca, iniciada com os amores dos protagonistas, de que provém Rosaura, enjeitada ao nascer, mas que, trocada por outra criança, vem a ser vendida à própria mãe, então casada (com outra personagem) e com três filhos! Ao reconhecimento entre mãe e filha, já de si melodramático, sucedem quadros em que as lágrimas se mesclam aos perdões culposos e dá-se a morte providencial do esposo de Adelaide (que lhe corteja a filha, ou melhor, a escrava Rosaura!), para tudo finalizar no casamento entre Conrado e Adelaide e Rosaura e Carlos.

O filão citadino, que se anuncia em *A Escrava Isaura*, prepondera em *Rosaura, a Enjeitada*, ambientado em S. Paulo, nos tempos em que o autor era estudante, deixando transparecer que implicava concessão ou aproveitamento de vivências remotas (as cenas iniciais e finais são protagonizadas por estudantes, que representam, notoriamente, os colegas do escritor na Faculdade de Direito de S. Paulo): o seu forte, geograficamente falando, estava no sertão, presente já em *O Ermitão de Muquém* e ostensivo nas demais obras. Numa delas (*O Índio Afonso*), seja no prefácio, seja nas páginas introdutórias, faz profissão de fé sertanista: ali afirma que "a descrição dos lugares também é feita ao natural, pois os percorri e observei mais de uma vez", amparado na ideia de que a pintura exata, viva e bem traçada dos lugares deve constituir um dos mais importantes empenhos do romancista brasileiro, que assim prestará um importante serviço tornando mais conhecida a tão ignorada topografia deste vasto e belo país". Aqui, confessa: A minha musa é essencialmente sertaneja; sertaneja de nascimento, sertaneja por hábito, sertaneja por inclinação".[10] Na primeira declaração, assinala não só um propósito nacionalista como a faculdade capital do seu processo literário: a observação. Na outra, patenteia a consciência de diretriz estética e a imperturbável fidelidade às raízes.

Em *O Ermitão de Muquém* o sertão tem presença marcante, e daí para a frente dominará em toda a extensão, ressalvados alguns aspectos de *A Escrava Isaura* e *Rosaura, a Enjeitada*. Sertão bruto, onde explodem paixões assassinas, — é *o hinterland* brasileiro o mundo em que se desenrola a ficção de Bernardo Guimarães. Remotos de mais de uma centúria, como em *Maurício*, ou contemporâneos, como em *O Índio Afonso*, os enredos do ficcionista mineiro transcorrem em cenários que conhecia de perto e que o tempo mantinha praticamente inalterados: em paisagens imutáveis, o escritor situava histórias que pareciam "lendas populares" ou se originavam em acontecimentos verídicos transfigurados pela fantasia. O seu conjunto forma uma espécie de saga da entrada em nosso interior: a aventura, nos vários matizes que assume, desde o passional até o criminoso, constitui-lhe o fulcro.

Quase aventura pela aventura, num clima à *far west*, houvesse o alargamento de nossas fronteiras geográficas suscitado uma mitologia, o sertanismo de Bernardo Guimarães consistiria, inequivocamente, em seu mais digno pioneiro. Faltou-lhe erguer os motivos sertanejos a um nível mais alto, atribuir-lhes caráter de mito, mas é inegável que as suas narrativas constituem um esforço consciente de, explorando o nosso reservatório lendário, produzir ficção genuinamente brasileira. E se Guimarães Rosa é o ponto de chegada dessa progressiva tomada de consciência de nosso substrato mítico, não há dúvida que Bernardo Guimarães pode ser considerado o ponto de partida; e nem seria exagerado divisar nas prisões do Índio Afonso uma espécie de prefiguração, conquanto esquemática e rasamente factual, das várias "justas" de Augusto Matraga.

---

10. *Idem, O Índio Afonso,* pp. 361-362, 364.

Como de hábito entre os românticos, Bernardo Guimarães centra as suas narrativas num caso de amor, mas sem perder de vista a conjuntura: na verdade, observa sempre a interação do homem e o meio físico, reconstituindo, com olhos de repórter fascinado, lances pitorescos do sertão agreste. Dir-se-ia um folclorista, ou um brasileiro apaixonado pelas coisas de sua terra, buscando focalizá-la nos aspectos fundamentais, com um verismo que os antecessores dispensaram à cidade, uma verossimilhança de geógrafo, um sertanejismo longe de ser fruto de gabinete, como o de Alencar, embora ainda distante dos padrões naturalistas. Sertanismo ainda romântico, assumido na veracidade das descrições, sem dispensar toques de lirismo que, traindo o poeta Bernardo Guimarães, evidenciam adesão emotiva à paisagem, como, por exemplo, na seguinte passagem de *O Seminarista* (cap. I):

A sombra do crepúsculo ia de manso derramando-se pelas devesas silenciosas. A favor daquela funda e solene mudez, ouvia-se o débil marulho das águas do ribeiro, escorregando sob a úmida e sombria abóbada do vergel; um sabiá, pousado na mais alta grimpa da paineira, mandava ao longe os ecos do seu hino preguiçosamente cadenciado, com que parece estar acalentando a natureza prestes a adormecer debaixo das asas próprias da noite.

Compreende-se, à luz do sertanismo, que pouca relevância teria o filão religioso desvelado em *O Ermitão de Muquém*: afora a metamorfose ascética de Gonçalo, onde é fácil adivinhar o sincretismo religioso do sertanejo, o escritor destacaria Frei João, verdadeiro *deus ex machina* de bondade e providência em *Rosaura, a Enjeitada*, e destinaria uma narrativa inteira ao exame do problema do celibato clerical: *O Seminarista*. Mas o modo como procede faz supor um ficcionista a experimentar o instrumento de análise. Antes de mais nada, é de notar a verossimilhança da narrativa quando comparada com a ficção dum Herculano, estruturada "à luz do sentimento", e com a dos naturalistas, à luz da ciência: Eugênio, o herói, não procura o seminário para afogar as mágoas (como Eurico) mas é obrigado pela vontade paterna, como o protagonista de *O Missionário*, de Inglês de Sousa. Aproxima-se, por conseguinte, da equação naturalista, sem os preconceitos cientificizantes que a enfermavam: o ingresso de Eugênio parece mais convincente, bem como o desfecho (a loucura, após a morte de Margarida). A demência na qual mergulha o herói parece resultar duma gradativa lavagem cerebral, que o reencontro com Margarida, após ordenar-se, arrasta ao paroxismo, — tudo mais verossímil do que o suicídio de Eurico e do que a luxúria do Pe. Antônio de Morais.

Mais importante do que isso, porém, é observar que o ficcionista vê o problema do celibato clerical como um problema de cativeiro: Eugênio estaria para o seminário assim como Isaura para a fazenda de Leôncio; é a liberdade individual que está em jogo, num caso e noutro. Todavia, a temperatura ideológica varia de uma para outra obra, uma vez que Bernardo Guimarães põe em *O Seminarista* um ardor combativo, uma revolta juvenil, que apenas subjacentemente comparece em *A Escrava Isaura*. Opondo vida monacal à realização amorosa, constrói um panfleto, mais violento do que o de Herculano e o dos naturalistas, contra a desumanidade do celibato eclesiástico, um libelo franco, desassombrado (cap. IX):

> A educação claustral é triste em si e em suas consequências: o regime monacal, que se observa nos seminários, é mais próprio para formar ursos do que homens sociais. Dir-se-ia que o devotismo austero, a que vivem sujeitos os educandos, abafa e comprime com suas asas lôbregas e geladas naquelas almas tenras todas as manifestações espontâneas do espírito, todos os voos da imaginação, todas as expansões afetuosas do coração.
>
> O rapaz que sai de um seminário depois de ter estado ali alguns anos, faz na sociedade a figura de um idiota. Desazado, tolhido e desconfiado, por mais inteligente e instruído que seja, não sabe dizer duas palavras com acerto e discrição, e muito menos com graça e afabilidade. E se acaso o moço é tímido e acanhado por natureza, acontece muitas vezes ficar perdido para sempre.

Dir-se-ia ouvir um liberal inflamado, um carbonário à Voltaire, "quase socialista", atacando com argumentos da lei natural os preceitos considerados de origem divina, e não um romântico de tendência conservadora. Todavia, a indignação que lateja naquele pensamento exibe os fundamentos líricos num passo que, sem prejuízo da força persuasiva, põe ênfase no aspecto sentimental (cap. XVII):

> O arroubo místico, contínua aspiração para Deus e para as cousas celestes, não excluía nele o amor por essa criatura, que é sobre a terra um dos mais belos reflexos do infinito poder — a mulher. É que de fato esses dois sentimentos tão puros, tão celestes ambos, nada têm de inconciliáveis em si mesmos, e somente uma lei meramente convencional, impondo o celibato como um preconceito imperativo, podia levantar entre eles esse odioso antagonismo, contra o qual a razão protesta e revolta-se o coração.

Conciliação utópica, essa do narrador/Bernardo Guimarães, condescendência aos ditames teologais, que a narrativa desmente e o próprio herói nega na sua consciência esquizofrenicamente atribulada (cap. XXIV):

Ah, celibato!... terrível celibato!... ninguém espere afrontar impunemente as leis da natureza! tarde ou cedo, elas têm seu complemento indeclinável, e vingam-se cruelmente dos que pretendem subtrair-se ao seu império fatal!...

Encontrado o seu rumo, Bernardo Guimarães não mais se exaltará perante a injustiça, nem mesmo ao substituir Eugênio por Isaura: também encontrara uma forma de harmonizar o cativeiro e a liberdade, no casamento entre a escrava e o moço rico. E a certeza de saber-se fora de seus domínios, convidou-o a pôr de lado o problema religioso em favor da aventura em paisagem conhecida. Deixava, contudo, uma denúncia viva ainda hoje, transcorrido mais de um século desde o aparecimento da obra.

Vista no conjunto, a obra romanesca de Bernardo Guimarães realizou fielmente o projeto estampado em *O Ermitão de Muquém*: ficcionista espontâneo, contador de histórias, espécie de menestrel de rua ou cantador nordestino, as suas fábulas decorrem com a naturalidade de lendas ou histórias de faz-de-conta, a oralidade das *Mil e Uma Noites* e o mínimo de apelo ao artesanato literário: "eu conto uma história, e não invento um conto", afirma em "A Filha do Fazendeiro" (cap. VIII), de *História e Tradições da Província de Minas Gerais*. O próprio estilo, que muitos críticos acusam de frouxo, desleixado, reflete essa oralidade de linfa pura; estilo de quem conta histórias para a fruição dos ouvidos, popularesco, como o leitor implícito nelas, sem rebuscamentos inúteis, sempre cuidando para não tombar no desalinho e comprometer a estrutura narrativa. Talvez um pouco prolixo, salvo em *A Escrava Isaura*, *O Índio Afonso* e *História e Tradições da Província de Minas Gerais*; nunca, porém, tortuoso ou afetado.

Escritor popular, sem ser populista, no sentido moderno do termo, punha-se ao lado dos oprimidos e injustiçados, nutrindo sempre um sentimento contrário à "mania aristocrática" (*Maurício*, cap. IX) e atribuindo aos heróis, pensamentos avançados. Conrado, de *Rosaura, a Enjeitada*, "tinha ideias eminentemente democráticas", enquanto Álvaro, apaixonado de Isaura, "tinha ódio a todos os privilégios e distinções sociais, e é escusado dizer que era liberal, republicano e quase socialista (...), era abolicionista exaltado" (cap. XI).

Tais rasgos futuritivos, não obstante a presença de imagens neo-clássicas, do gênero — "dir-se-ia Vênus no momento em que nascia da espuma do mar", — casam-se harmonicamente com outros indícios prenunciadores do Realismo emergente, como, por exemplo, no caso da heroína de *O Seminarista* (cap. XX) — "O histerismo também de quando em quando lhe enrijava os músculos, e lhe excitava no cérebro abrasado terríveis e deploráveis alucinações", — ou no major de *Rosaura, a Enjeitada*, avassalado por uma "maldita monomania" de arianismo para neutralizar a sua mestiçagem; ou, mais eloquente ainda, a teratologia nada lírica de Belchior, espécie de anti-Quasímodo, e a situação paralela de Leôncio e seu pai: o moço perseguia Isaura assim como o pai abusara da mãe dela, ou seja, "Leôncio era um digno herdeiro de todos os maus instintos e da brutal devassidão do comendador" (*A Escrava Isaura*, cap. III).

Ficção histórica, de costumes e de aventuras, eis em suma a obra em prosa de Bernardo Guimarães. Bastaria acrescentar que a arquitetura de suas narrativas segue o velho modelo da novela sentimental e de cavalaria: uma sequência de células dramáticas dispostas na ordem linear do tempo, com ênfase no aspecto narrativo em detrimento do analítico, numa linguagem direta, marcada por sinais de oralidade, e o emprego da técnica do suspense, notadamente em final de capítulo, deixando em aberto um veio que poderia ser explorado, a exemplo de *Maurício*:

> O leitor, que até aqui tem acompanhado benigna e pacientemente esta tosca narração, se deseja saber qual foi realmente o fim de Maurício, e qual a sorte de seus companheiros de infortúnio e outros personagens que nela figuram, deve ler outra história, que servirá de seguimento a esta com o título de *Bandido do Rio das Mortes*.

Escapam da estrutura novelesca dois contos de *Lendas e Romances* ("A Garganta do Inferno" e "A Dança dos Ossos") e *A Escrava Isaura*, que se organiza de acordo com o modelo do romance posto em voga nas letras inglesas do século XVIII: simultaneidade de conflitos dramáticos em torno de um centro, procurando conciliar os episódios com o desenho das personagens, num crescendo para um desenlace que não deixa margem ao prosseguimento da ação. Os contos, pela escassa relevância quantitativa e qualitativa no itinerário estético de Bernardo Guimarães, não passam de simples exercício de linguagem, pausa para o inconsciente germinar narrativas mais extensas, entre elas *A Escrava Isaura*, obra a que está definitivamente ligado o nome do autor, e cujas qualidades resultam de ser romance: sem abandonar a posição de um contador de histórias, Bernardo Guimarães alçou-se a um despojamento, variedade de tons e de caracteres que o distinguem entre os românticos. Podia-se mesmo dizer que todas as suas narrativas objetivavam, por sobre a estridência das aventuras saltitantes, a economia de meios e o brilho plástico de um único romance, em torno de uma figura, Isaura, que, sintetizando as demais, acabou por constituir-se no estereótipo idealista de nossa escrava e, de certo modo, de nossa *anima* cultural.

MANUEL ANTÔNIO DE ALMEIDA

Nasceu no Rio de Janeiro, a 17 de novembro de 1831, de pais portugueses. Após os estudos no Colégio São Pedro de Alcântara e um curso de Desenho na Escola de Belas Artes, em 1848 ingressa na Faculdade de Medicina, onde se forma em 1855. Ainda estudante, entra a colaborar em jornal, notadamente no *Correio Mercantil*, em que publica as *Memórias de um Sargento de Milícias*. Em 1858 está na Tipografia Nacional, e no ano seguinte passa a 2º oficial da Secretaria dos Negócios da Fazenda, sem abandonar a atividade jornalística. Faleceu a 28 de novembro de 1861, no naufrágio do vapor *Hermes*, próximo de Macaé. Deixou ainda um drama lírico, *Dois Amores* (1861), imitado do italiano de Piave, com música da Condessa Rafaela de Rozwadowska, sua tese de doutoramento (1855), traduções, além de esparsos no *Correio Mercantil*, que Marques Rebêlo recolheu na *Bibliografia de Manuel Antônio de Almeida* (Rio de Janeiro, INL, 1951).

Manuel Antônio de Almeida pertence ao grupo de escritores que se consagraram com um único livro: *Memórias de um Sargento de Milícias*. Publicada no *Correio Mercantil*, do Rio de Janeiro, de 27 de junho de 1852 a 31 de julho de 1853, a narrativa não trazia nome do autor. Como chamasse atenção, é republicada em dois volumes (1854-1855), com modificações na ordem dos capítulos e no texto, e assinada por "Um Brasileiro". Passou praticamente despercebida a nova edição, e a obra cairia no esquecimento por muitos decênios, até que a renovação modernista viesse a fazer-lhe justiça.

O silêncio que lhe cercou o aparecimento em volume constitui apenas um sinal das controvérsias e perplexidades que tem levantado para quantos se abeiraram dela como leitores ou críticos. E ainda hoje, apesar dos estudos que suscitou, não se pode afirmar que o balanço crítico está realizado: a sua riqueza intrínseca e a circunstância meio insólita de ter vindo a público em 1852-1853 continuam provocando exegeses de vária sorte.

Um dos primeiros problemas sugeridos pelas *Memórias* diz respeito à classificação: novela? romance? de costumes? picaresca? realista? A um exame global do texto, parece que se trata de novela, à semelhança das que Bernardo Guimarães engendraria e, sobretudo, das novelas picarescas, com as quais se tem aproximado. Estruturalmente, obedece ao módulo da novela: uma sequência de células dramáticas, ou episódios, equivalentes aos capítulos, dispostos na ordem linear do tempo, com predomínio da ação sobre a análise e da técnica do suspense e do entrelaçamento. Aberta à inclusão ou exclusão de peripécias, quer no desenvolvimento, quer no epílogo, poderia, como aconteceu, sofrer mudança na disposição dos capítulos. Destinada a entreter pelo movimento das cenas e situações, a narrativa concebe a existência como peregrinação ao longo de "passos" claramente demarcados e, por isso, suscetíveis de alteração. Em suma: novela, e não pela extensão de páginas — critério indefensável, — mas pela estrutura, análoga à de tantas narrativas românticas e às que a tradição cavaleiresca, bucólica, sentimental e picaresca havia legado.

Indício seguro de que estamos perante novela se encontra no suspense que coroa os episódios, às vezes expresso por meio de frases-chamariz, que objetivam manter viva a curiosidade do leitor, como: "Por agora vamos continuar a contar o que era feito do Leonardo", ou "Já vê pois o leitor que o negócio não estava malparado, e em breve saberá o resultado de tudo isto".[1] Ora, tais frases remontam a *A Demanda do Santo Graal*, onde é comum o narrador empregar o sintagma "Mais ora leixa o conto a falar de dom Galaaz e torna a Melias" para reatar o fio na história, e suspender a ação prometendo voltar ao assunto, com frases do gênero: "assi como este conto devisará pois, em cima do nosso livro", ou "e saibam todos aqueles que este conto ouvirem que era filho de rei Artur e fizera-o em qual guisa vos eu contarei, ca em outra guisa nom no poderíades saber".[2]

---

1. Manuel Antônio de Almeida, *Memórias de um Sargento de Milícias*, ed. preparada por Terezinha Marinho, Rio de Janeiro, INL, 1969, pp. 139, 142. As demais citações serão extraídas desta edição.

2. *A Demanda do Santo Graal*, reprodução fac-similar e transcrição do códice 2594 da Biblioteca Nacional de Viena por Augusto Magne, 2 vols., Rio de Janeiro, INL, 1955, 1970, capítulos 64, 169, 356.

Além de patentear filiação com a novela, tais frases conclusivas ainda podem ser interpretadas como sinais de que a narrativa, embora publicada em folhetins semanais, não foi escrita capítulo a capítulo, como julgaram alguns críticos. É sabido que Manuel Antônio de Almeida se fundamentara nas memórias de um autêntico sargento de milícias, o português Antônio César Ramos:

> Melo Morais Filho conheceu este sargento quando, já desengajado, era diretor de escritório no *Diário do Rio*, após ter exercido estas mesmas funções no *Correio Mercantil*. Português de nascimento, chamava-se Antônio César Ramos e viera como soldado para a guerra da Cisplatina, em 1817, no Regimento de Bragança. Depois chegara a sargento de milícias, ainda na Colônia, sob o mando do major Vidigal. Dando baixa, se passara para o emprego nos jornais. Conhecera e prezava muito a Maneco Almeida, o qual antes de subir para a redação, procurava o ex-sargento, puxava-lhe da língua, armazenava casos e costumes do bom tempo antigo, pra passá-los nos seus folhetins. Tudo isto o César relatara a Melo Morais Filho, que por sua vez tudo reporta nos *Fatos e Memórias*. E assim ficamos sabendo que Manuel Antônio de Almeida, além de leituras possíveis, tinha um ótimo informante dos casos de polícia e gente sem casta ou sem lei que expõe no seu romance.[3]

Aproveitando as memórias do velho colega de redação, ou ainda recorrendo a outros informes, Manuel Antônio de Almeida redigiu a sua narrativa em plena anarquia de uma "república":

> E era no meio desse alarido que Manuel Antônio de Almeida ia compondo muitos capítulos das *Memórias*, em posição bem extravagante — esticado numa marquesa, com preguiça de mudar a horizontal atitude, punha o chapéu alto sobre o ventre e em cima dele ia enchendo a lápis as suas tiras de papel, indiferente às risadas dos companheiros, sem dar grande importância ao seu trabalho, que nem era assinado, cujos capítulos muitas vezes traziam a numeração errada ou repetida, e cujas últimas linhas, sem nenhuma separação, se misturavam com as mais cruéis mesquinharias políticas de que a "Pacotilha" era fértil.[4]

---

3. Mário de Andrade, *Aspectos da Literatura Brasileira,* S. Paulo, Martins, s.d., pp. 128-129.

4. Marques Rebêlo, *Vida e Obra* de *Manuel Antônio de Almada,* Rio de Janeiro, INL, 1943, p. 33.

Note-se que o biógrafo assevera que o ficcionista "ia compondo", e mais adiante lembra que "o romance ia saindo portanto em capítulos". Se não estavam prontos antes da série de folhetins, é de supor que alguns já conhecessem forma definitiva e que o todo da obra se esboçasse na mente do autor. Manuel Antônio de Almeida possui uma consciência artesanal que não admite outra alternativa: as memórias de Antônio César Ramos, conhecia-as na íntegra quando começou a dar-lhes vida nos artigos semanais. O próprio texto da novela comprova-o: o narrador interrompe o monólogo do barbeiro, à cuja guarda tinha sido entregue Leonardo, protagonista da novela, para explicar, entre parênteses, que "há neste *arranjei-me* uma história que havemos de contar",[5] o que denuncia a segura antevisão do prosseguimento da narrativa, difícil de sustentar se o escritor a tivesse redigido capítulo a capítulo, semana a semana. E nem se diga que poderia resultar de uma intercalação *a posteriori*, nos volumes publicados em 1854-1855, uma vez que a interferência do narrador já se encontra no capítulo dado à estampa no *Correio Mercantil*, conforme revela a edição que compulsamos.

Outros indícios no gênero podem ser colhidos ao longo da fabulação, como: "Como o velho tenente-coronel conhecia a comadre e o Leonardo, e porque se interessava por ele, o leitor saberá mais para adiante"; "A este episódio da Folia seguiam-se outros de que vamos em breve dar conta aos leitores. Por agora porém voltemos aos nossos visitantes". Nem falta uma frase que recorda as novelas de cavalaria: "Deixemos agora o Leonardo, vítima de sua dedicação, caminhar preso para o quartel, e passemos a outras cousas. Há muito tempo que não falamos em D. Maria e na sua gente"; ou uma justificativa ao leitor que, vincando o tom coloquial da narrativa, confirma a lucidez de técnica e o pleno conhecimento da narrativa:

> Os leitores terão talvez estranhado que em tudo quanto se tem passado em casa da família de Vidinha não tenhamos falado nesta última personagem; temo-lo feito de propósito, para dar assim a entender que em nada disso tem ele tomado parte alguma.[6]

Em suma: Manuel Antônio de Almeida poderia ter composto a novela ao correr dos dias, como *divertissment* ou para resolver apertos econômicos, mas conhecia decerto a totalidade da intriga; não a redigiu

---

5. *Memórias de um Sargento de Milícias*, p. 121.
6. *Ibidem*, pp. 142, 190, 294, 279.

enquanto Antônio César Ramos a narrou, mas *depois*, ao menos depois que a assimilou à fantasia, sobrepondo, desse modo, a sua memória do entrecho às recordações do velho sargento. Dizem-no as referências apontadas e as duas linhas cronológicas que Wilson Martins argutamente detectou na obra.[7]

Baseada em memórias alheias, a novela de Manuel Antônio de Almeida é, por conseguinte, uma biografia de Antônio César Ramos, ou autobiografia deste escrita por mãos alheias; da perspectiva do autor, as memórias são alheias; da perspectiva do biografado, o texto é alheio. Memórias de um outro, não do prosador, como se este se limitasse, humildemente, ao papel de escriba, não sem injetar, no relato do interlocutor, sementes de anarquia, oriundas de sua fantasia criadora e do seu agudo senso de observação. De onde a sobreposição de memórias: o autor narra a sua memória das memórias alheias, talvez cônscio de as lembranças do sargento conterem um tudo-nada de exagero ou distorção do tempo, assim permitindo-lhe o livre exercício da imaginação. De qualquer modo, o conteúdo narrativo não lhe pertence, a ser correta a informação de Melo Morais Filho, mas, sim, a forma.

Autobiografia que Antônio César Ramos escreve por meio de Manuel Antônio de Almeida, portanto na terceira pessoa, as *Memórias* discrepam, nesse particular, das novelas picarescas, geralmente na primeira pessoa, — e já aqui se abre de novo o debate: Mário de Andrade foi o primeiro a roçar a questão num artigo consagrador,[8] e outros críticos procuraram levar adiante a sugestão,[9] mas, a julgar pelos resultados dessas investidas, o problema continua aberto. Antes de mais nada, coloca-se a noção de picaresca, que a crítica, espanhola ou não, vem procurando equacionar desde os primeiros anos do século XX. Que é "pícaro"? que se entende por novela picaresca? o *Lazarillo de Tormes* (1554), ou as novelas que lhe seguiram as pegadas? ou todas, mas, neste caso, como explicar as divergências entre elas?

---

7. Wilson Martins, *História da Inteligência Brasileira,* 7 vols., S. Paulo, Cultrix/EDUSP, 1976-1979, vol. II, pp. 475-487.

8. Mário de Andrade, *op. cit.*

9. Eduardo Frieiro, "Do *Lazarillo de Tormes* ao Filho do Leonardo Pataca", *Kriterion,* Belo Horizonte, nº 27-28, jan.-jun. 1954, pp. 65-82; Josué Montelo, "Um Precursor — Manuel Antônio de Almeida", *A Literatura no Brasil* (dir. de Afrânio Coutinho), 3 vols., Rio de Janeiro, Sul-Americana/S. José, 1955-1959, vol. II, pp. 37-45; Eugênio Gomes, *Aspectos do Romance Brasileiro,* Bahia, Progresso, 1958, pp. 53-76.

Obviamente, não cabe aqui um exame do problema; deixar, porém, de ponderar alguns de seus aspectos pode comprometer o entendimento da novela de Manuel Antônio de Almeida. Se o pícaro

é um moço nascido quase sempre de pais pobres e de baixa extração, raramente honrados, o qual, por culpa de más companhias, ou por falta de instrução, ao ver-se lançado na confusão da vida e entregue a si próprio, cai na vadiagem, afasta-se do trabalho e luta contra a vida como pode, com ousadia e falta de escrúpulos, com enganos, malícias e más artes, querelas e furtos. Seu distintivo exterior é o aspecto andrajoso, mas não a deformidade física. Suas ocupações são o pedir esmola, os baixos trabalhos de ocasião, o vagar preguiçosamente de cidade a cidade, o trato com caminhantes, bufarinheiros e adeleiros, comediantes de aldeia ou titereiros, adivinhos e ciganos, o jogar baralho com vantagem, em uma palavra, o exercício de toda classe de enganos e intrigas e de brincadeiras graciosas ou de mau gosto. Mas não é de modo algum mulherengo nem beberrão, menos ainda rixento, pois lhe falta valor para isso. Seu caráter foi envilecido pela ascendência umas vezes, sempre pelo meio ambiente. A necessidade de viver o faz desavergonhado e inescrupuloso (*que nunca pudieron ser amigos la hambre y la vergüenza*, diz Guzmán de Alfarache); mas, apesar da fome e dos fracassos, do sol e dos aguaceiros em linguagem real e figurada, não desejaria ser diferente do que é, e não trocaria sua livre e despreocupada existência por uma sedentariedade honorável, por uma cama e um teto. Isto é, em geral, o *pícaro*.[10]

então o protagonista das *Memórias* não é pícaro, embora guarde com ele algum parentesco — entregue ao barbeiro, compadre de Leonardo-Pataca, quando este fora abandonado pela Maria da Hortaliça, a novela relata a série de aventuras que experimentou até se tornar sargento de milícias, como sacristão, valdevinos, etc. Sim, no tocante à origem — filho de um beliscão e uma pisadela, — assemelha-se ao pícaro, mas no restante se distancia. O pícaro é mendigo, vagabundo, andarilho, aventureiro, com vistas a sobreviver, enquanto Leonardo não sai do Rio de Janeiro; quando muito, alguns bairros presenciam-lhe as vadiagens. Seu perfil é mais o do malandro carioca, que vive de expedientes por desamor ao trabalho, do que o dum pícaro; as suas artimanhas resultam de ter garantida a existência erradia, uma vez que o barbeiro tem o seu pé de meia (o *arranjei-me*), não de ser um marginal que engana para matar

---

10. Ludwig Pfandl, *História de la Literatura Nacional Española en la Edad de Oro*, tr. española, Barcelona, Gustavo Gili, 1952, p. 294.

a fome. Leonardo é "um completo vadio, vadio-mestre, vadio-tipo",[11] como todo malandro carioca que se preza, e como todo pícaro, apenas por coincidência.

E a fome, que parece um dos componentes básicos do pícaro, surge na sua feição positiva, ligando-se antes à vida regalada que à miséria. O protagonista "era, além de traquinas, guloso; quando não traquinava, comia",[12] ao contrário do pícaro, que mente e rouba para aquietar o estômago. E não esquecer dos rega-bofes ao ar livre, para gáudio do Major Vidigal, que assim podia fazer valer a sua autoridade. As personagens das *Memórias*, nem por serem de baixa extração conhecem as torturas da fome: não é gastronômico o problema que as ameaça, mas o social ou ético, naquilo em que, movidas por uma sensualidade primária, vivem numa sociedade preconceituosamente hipócrita e aprendem a manter as aparências ou se marginalizam sem dramas de consciência. E é numa sociedade desse tipo que o malandro encontra ambiente propício, visto que explora, indiretamente, a fraqueza dos costumes velados pelo manto diáfano das aparências.

Posto que pretenda canalizar-lhe as forças desintegradoras, o *status quo* mantém a vadiagem: contraface do rosto social e não aberração, os Leonardos chegam a servir ao *status quo*, na medida em que permitem à classe dominante, por contraste, definir-se como melhor e permanecer. Ao contrário, o pícaro é anomalia, corpo estranho numa sociedade que evita reconhecer-lhe a presença e a relevância como acusação moral ou incitação às consciências adormecidas. O preconceito em torno do pícaro não é o mesmo que cerca os Leonardos; ao passo que aquele é repelido com azedume, ou considerado pária no clima heroico vigente na Espanha quinhentista, estes inspiram simpatia nas personagens (as principais) e nos leitores.

O quadro da ambiguidade que norteia as relações entre as *Memórias* e a picaresca avulta quando consideramos que a novela espanhola evoluiu ao longo de duas fases, a primeira, representada pelo *Lazarillo de Tormes*, e a outra, pelas narrativas seguintes, a principiar pelo *Guzmám de Alfarache* (1599, 1604), de Mateo Alemán, que além de empregar pela primeira vez o vocábulo "pícaro", acabou sendo uma espécie de modelo no gênero. Ora, a primeira fase é marcada por um otimismo que se transforma em pessimismo na segunda: as aventuras do Lazarillo promovem

---

11. *Memórias de um Sargento de Milícias*, p. 185.
12. *Ibidem*, p. 112.

o riso, graças a uma comicidade espontânea, sugerem inconsequência folgazã, que se diria fruto do iluminismo renascentista; as andanças de Guzmán de Alfarache encerram o veneno ácido da sátira contundente, da corrosividade que acompanha uma visão do mundo depressiva, — barroca.

Admitidas as duas fases, como procedem de hábito os críticos e historiadores hispânicos, as *Memórias* aparentam-se ao *Lazarillo*, pelo riso, que pontilha a narrativa de começo a fim, riso das personagens, do narrador e dos leitores, pela geral alegria de viver, pelo ar carnavalesco das situações, onde o ridículo mais frenético acaba em festa ou jogo, e inclusive pelo desenlace: os protagonistas se casam. Entretanto, há que notar, separando-os, uma discordância marcante: enquanto Lazarillo se casa com uma igual, criada em casa do arcipreste de San Salvador, Leonardo se casa com Luisinha, pois que "a ideia de uma união ilegítima lhes repugnava",[13] depois de fortes indícios de regeneração. E não esquecer que, além de casar-se conforme manda a Santa Igreja, os namorados o faziam com a segurança advinda do ingresso na burguesia, mercê da herança que haviam recebido.

Ainda chama a atenção o fato de as *Memórias* terem saído primeiramente em folhetins anônimos, e depois, na edição em livro, indicarem "Um Brasileiro" como autor, o que equivalia a manter-lhe obscura a identidade. Acontece que o *Lazarillo* é realmente obra anônima, mas não assim as demais novelas picarescas, desde o *Guzmán de Alfarache* até *Periquillo el de las Gallineras* (1668), de Francisco Santos. O anonimato com que Manuel Antônio de Almeida revestiu a narrativa não decorre, por conseguinte, de filiação picaresca, senão de considerar irrelevante a história que deitava a público. A desafetação, a humildade e, por certo, a consciência de estar focalizando aspectos "subversivos" da sociedade carioca do tempo, impeliram-no a elidir o nome, — não o vínculo, de resto parcial, com a picaresca espanhola. O resultado parece descoroçar toda tentativa de filiar as *Memórias* à picaresca, já que o liame, afora ser acidental, constitui faca de dois gumes.

Ambíguas, portanto, as relações das *Memórias* com a novela picaresca: além do fato de esta não se deixar envolver num cânone definido, aquelas mostram traços da picaresca, como o cego, que trama o casamento de José Manuel e Luisinha, o barbeiro, a vagabundagem, o roubo, o sensualismo desenfreado, — mas é preciso não perder de vista que não

---

13. *Ibidem*, p. 311.

foram herdados diretamente da novela picaresca. É pouco provável que Manuel Antônio de Almeida a conhecesse, à vista da tendência contemporânea para as narrativas sentimentais. E da mesma forma que alguns críticos da picaresca lhe apontam o caráter de documento da realidade social espanhola do século XVI e XVII, enquanto outros lho negam, fundados no argumento de que a decadência era generalizada na Europa do tempo, — os tipos e situações das *Memórias* foram extraídos da realidade social do Rio de Janeiro "no tempo do rei", entre 1808 e 1820. Considerar que tais ingredientes picarescos tivessem provindo diretamente do *Lazarillo* ou de outra novela no gênero seria concluir que no Rio de Janeiro focalizado por Manuel Antônio de Almeida não houvesse toda aquela gente que lhe povoa a narrativa.

É sabido que a obra serve como rico mostruário da vida fluminense nos primeiros decênios do século XIX, incluindo certamente aquele em que viveu e escreveu Manuel Antônio de Almeida. E se o consenso dos críticos lhe atribui foros de documento social, como pretender que os seus traços picarescos derivem das novelas espanholas? Convence mais admitir que foram recortados ao vivo do meio social carioca por um escritor *doublé* de repórter e baseado nas memórias de um autêntico sargento de milícias. Em suma, é por coincidência que os tipos humanos e as situações cômicas das *Memórias* se assemelham às que compõem o universo picaresco.

Desses pontos de contacto, e outros aspectos próprios das *Memórias*, nasce o realismo que preside à narrativa, não o realismo de "escola", como erroneamente viu José Veríssimo,[14] ao conceder-lhe dom de presságio em relação ao Realismo e Naturalismo que fariam carreira na segunda metade do século XIX, mas o realismo natural, espontâneo, ingênuo, praticamente presente ao longo de toda a história da arte literária ocidental. Realismo de quem se volta para o mundo circundante e procura delinear-lhe o relevo com a verossimilhança possível, não o Realismo que pretendeu aceder à verdade absoluta por meio do catecismo positivista. Conquanto inegável a visão realista que ordena as andanças de Leonardo e comparsas, falta-lhe o suporte científico para se identificar com as correntes literárias de fim de século; falta-lhe ser literatura de tese, já que constitui literatura não engajada, mais com vistas ao entretenimento que à edificação dos leitores e à transformação do contexto

---

14. José Veríssimo, *História da Literatura Brasileira*, 3ª ed., Rio de Janeiro, José Olympio, 1954, p. 235.

social. Entretanto, o seu realismo à picaresca, à Rabelais, à Fielding, explica muita coisa da história externa da obra.

Fossem publicadas as *Memórias* na época em que Alencar e Bernardo Guimarães elaboravam as suas últimas obras (década de 70), diríamos que resultavam do cansaço das fórmulas sentimentais do Romantismo. Impressas, contudo, em 1852-1853, em pleno fastígio das histórias de amor à Macedo, as burlas de Leonardo e companhia constituem uma ilha de realismo e vivacidade. Sem ser crítica direta à moda vigente, mesmo porque a sua ação transcorre no segundo decênio do século XIX, o seu tom de crônica de costumes, de reportagem bem-humorada, não deixa de contrastar violentamente com as narrativas em voga. Água na fervura, não passou incógnita pelos leitores, que decerto enxergariam nas façanhas de Leonardo uma sátira oblíqua à tendência sentimental da burguesia dominante. E a escassa repercussão da obra, assinalada pela maioria dos críticos, encontraria explicação no antagonismo entre a novela de Manuel Antônio de Almeida e o clima literário predominante na década de 50.

Na verdade, porém, menos (ou mais) do que sátira, a novela chamava a atenção para uma espécie de ficção que, não estando em moda, sugeria um comportamento crítico que os leitores se recusariam a assumir, dada a sua condição de classe média: sem forçar os olhos para a ralé, ou os oprimidos, a novela mostrava ser a vida em sociedade diversa da retratada nos romances de Macedo; era, quando pouco, *também* a que se lhes apresentava nas diabruras macunaímicas de Leonardo. O ficcionista exibe o reverso da medalha: os seus meirinhos e policiais não são propriamente os de Macedo, uma vez que a óptica se alterara, e com ela o próprio caráter dos representantes das classes sociais. E ao idealismo farisaico, que organizava os pares amorosos em luta para chegar ao casamento segundo as normas burguesas, contrapõe a naturalidade do sensualismo: antes que heróis e heroínas, ou senhores e senhoras de alta roda, as suas personagens são fêmeas e machos atraídos pelo sexo, sem hipocrisia ou afetação. Não posam, não fingem, são o que são, e assim desmascaram a imoralidade em que naufraga a sociedade coeva.

É certo que o casamento de Leonardo e Luisinha não esconde a concessão aos padrões burgueses, José Manuel lembra um dos pelintras que habitam o mundo macediano, e Luisinha se casa depois de enviuvar, — mas também é patente que as demais situações amorosas se organizam ao arrepio das leis e das conveniências burguesas: uma brisa de saudável paganismo varre a obra de ponta a ponta, espelhando a realidade fluminense em certa faixa social. Nesse particular, a novela de Manuel Antônio de Almeida não empresta às leitoras do tempo a imagem (cor-de-rosa) do que gostariam dé ser, mas do que não queriam ser. Ao invés de oferecer à burguesia a consciência edênica que lhe faltava, como procedia o mais da ficção romântica, atirava-lhe ao rosto "pálido de espanto" a consciência que sufocava, não surpreende, a essa luz, que o autor se ocultasse no anonimato e que a obra, quando em volume, constituísse um homérico encalhe.

Anti-herói o protagonista, bem como anti-heróis os demais figurantes, não ocultam as mazelas, os defeitos de caráter; antes, expõem-nos às escâncaras, embora cônscios (e como o são!) do ridículo em que podem cair. À semelhança do quadro esboçado pela crítica espanhola, ao ressaltar que, ao contrário do herói cavaleiresco ainda em voga no século XVI, a picaresca enaltece o anti-herói vagamundo, Manuel Antônio de Almeida põe frente a frente o herói segundo os moldes burgueses — na pele de José Manuel — e o anti-herói, na de Leonardo e outros, todos "sem nenhum caráter". Ninguém se salva no final (exceto os protagonistas), todos continuam adotando o comportamento anti-heroico que, posto não lhes conceda as benesses da burguesia triunfante, os gratifica com o à vontade e a liberdade que o anonimato permite. E o enlace de Luisinha com José Manuel propicia ao narrador uma análise ferina dos casamentos em voga no tempo, vale dizer, nos romances à Macedo:

> nunca mais Luisinha vira o ar da rua senão às furtadelas, pelas frestas da rótula: então chorava ela aquela liberdade de que gozava outrora; aqueles passeios e aquelas palestras à porta em noite de luar; aqueles domingos de missa na Sé, ao lado de sua tia com o seu rancho de crioulinhas atrás; as visitas que recebiam, e o Leonardo de quem tinha saudades, e tudo aquilo enfim a que não dava nesse tempo muito apreço, mas que agora lhe parecia tão belo e tão agradável. Tendo-se casado com José Manuel para seguir a vontade de D. Maria, votava a seu marido uma enorme indiferença, que é talvez o pior de todos os ódios.
>
> Pois a vida de Luisinha, depois de casada, representava com fidelidade a vida do maior número das moças que então se casavam: era por isso que as Vidinhas não eram raras.[15]

---

15. *Memórias de um Sargento de Milícias,* pp. 294-295.

Entretanto, não dissimula o moralismo de base, um moralismo estoico, ao proferir sentença de morte contra as uniões ilegítimas, "essa caricatura da família, então muito em moda, é seguramente uma das causas que produziu o triste estado moral da nossa sociedade".[16] Concessão aos padrões burgueses? É possível: o excurso moralizante ocorre no último capítulo, em que se realiza o casamento dos (anti)heróis. Revelação dos secretos valores do novelista? Também pode ser: depreende-se que não só as uniões ilegítimas como também os casórios de arranjo caricaturam a família; o escritor defenderia como tônico da saúde pública o casamento por amor, afinal realizado por Leonardo e Luisinha.

O realismo de Manuel Antônio de Almeida ainda se manifesta no registro das mudanças fisiológicas que o sentimento amoroso provoca nas donzelas, numa descrição propositadamente antissentimental, em que tudo quanto era postiço nas histórias de amor cede lugar a um retrato ao natural:

> Desde o dia em que Leonardo fizera a sua declaração amorosa, uma mudança notável se começou a operar em Luisinha, a cada hora se tornava mais sensível a diferença tanto do seu físico como do seu moral. Seus contornos começavam a redondar-se; seus braços, até ali finos e sempre caídos, engrossavam-se e tornavam-se mais ágeis; suas faces magras e pálidas, enchiam-se e tomavam essa cor que só sabe ter o rosto da mulher em certa época da vida; a cabeça, que trazia habitualmente baixa, erguia-se agora graciosamente; os olhos, até ali amortecidos, começavam a despedir lampejos brilhantes; falava, movia-se, agitava-se.[17]

Coteje-se com o desenho da moça em estágio anterior, onde é patente a figura da anti-heroína:

> era alta, magra, pálida: andava com o queixo enterrado no peito, trazia as pálpebras sempre baixas, e olhava a furto; tinha os braços finos e compridos; o cabelo, cortado, dava-lhe apenas até o pescoço, e como andava mal penteada e trazia a cabeça sempre baixa, uma grande porção lhe caía sobre a testa e olhos, como uma viseira. Trajava nesse dia um vestido de chita roxa muito comprido, quase sem roda, e de cintura muito curta; tinha ao pescoço um lenço encarnado de Alcobaça.[18]

---

16. *Ibidem*, p. 311.
17. *Ibidem*, p. 220.
18. *Ibidem*, p. 187.

Diante de tal *kitsch* humano, o próprio Leonardo "a custo conteve o riso", o Leonardo, um troca-tintas inato. Manuel Antônio de Almeida constrói o cômico segundo os milenares processos da situação e da caricatura, numa aliança que mantém o riso permanente ao longo da narrativa. Ninguém escapa, desde Leonardo-Pataca, que recebe "tremenda caçoada" ao voltar com a cigana, passando pelo Major Vidigal, não raro entrevisto em cenas de ridículo:

> O major recebeu-as de rodaque de chita e tamancos (...) não completou o uniforme, e voltou de novo à saia de farda, calças de enfiar, tamancos, e um lenço de Alcobaça sobre o ombro, segundo seu uso.[19]

até as mulheres do povo, delineadas com um expressionismo onde se diria bailar o espírito de um Martins Pena ou de um Goya votado ao caricaturesco hilariante:

> mulher velha, baixa, gorda, vermelha, vestida segundo o costume das mulheres da baixa classe do país, com uma saia de ganga azul por cima de um vestido de chita, um lenço branco dobrado triangularmente posto sobre a cabeça e preso em baixo do queixo, e uns grossos sapatões nos pés.[20]

Nem mesmo um "fidalgo de valimento" foge ao traço goyesco:

> era um homem já velho e de cara um pouco ingrata; vinha de tamancos, sem meias, em mangas de camisa, com um capote de lã de xadrez sobre os ombros, caixa de rapé e lenço encarnado na mão.[21]

Dissemos que ninguém escapa; na verdade, uma personagem destaca-se desse baile de máscaras onde o ridículo, armado sobre o desabrimento dos sentidos, predomina: Vidinha. Demos a palavra ao próprio novelista:

> Vidinha era uma mulatinha de 18 a 20 anos, de altura regular, ombros largos, peito alteado, cintura fina e pés pequeninos; tinha os olhos muito pretos e muito vivos, os lábios grossos e úmidos, os dentes alvíssimos, a fala era um pouco descansada, doce e afinada.[22]

---

19. *Ibidem*, p. 300.
20. *Ibidem*, p. 147.
21. *Ibidem*, p. 151.
22. *Ibidem*, p. 240.

Elogio acabado da mulata nacional, torna-se ainda mais eloquente quanto mais o confrontamos com o retrato da anti-heroína Luisinha: a atriz coadjuvante roubou o papel à principal: a figura de Vidinha incorporou-se para sempre na galeria feminina da literatura brasileira, enquanto Luisinha se perde no *mare magnum* das donzelas insossas que passeiam pela ficção romântica. Retratada ao natural, Vidinha mostra-nos a face oculta, e mais próxima da realidade dos fatos, das Isauras e Rosauras. Não estranha, por isso, que possamos lobrigar em Vidinha uma antecipação da Gabriela de Jorge Amado, pois emergem do mesmo fundo social (praticamente inalterado no fio de uma centúria) trazidas por análoga visão do mundo.

Manuel Antônio de Almeida dividiu as *Memórias* em duas partes, que correspondem a duas temperaturas narrativas: a primeira, com vinte e três capítulos, focaliza as diabruras do herói-criança, a segunda, com vinte e cinco capítulos, as suas façanhas de adolescente. Surpreendentemente, a primeira *parte* sobreleva a outra em vigor narrativo, movimentação e brilho, decorrente de uma mudança que se opera no capítulo dos "Amores", cujo parágrafo inicial contém a seguinte advertência do narrador: "Agora começam histórias, se não mais importantes, pelo menos um pouco mais sisudas." Histórias de amor: o ritmo esmaece, a respiração novelesca diminui em consequência de se instalar o quadro amoroso das aventuras de Leonardo. E não fora o aparecimento de Vidinha e a persistência de cenas cômicas, a segunda parte evidenciaria lamentável declínio. A crise sentimental, fazendo a novela derivar para o núcleo da ficção em moda na época, acusa amortecimento do fôlego narrativo, até culminar no enlace burguês dos protagonistas.

Sem predecessores nem continuadores nacionais, as *Memórias* constituem uma ilha no imenso mar da ficção romântica idealista, condição de isolamento que se vai destacando à medida que o tempo dilui as cores nostálgicas da prosa contemporânea. Nem produto *ex nihilo*, nem simples transcrição de memórias alheias, enraíza-se num passado tão velho quanto a história do idioma: parece que nas *Memórias* ressoam as vozes dum realismo ingênuo que, remontando à Idade Média, com as cantigas de escárnio e maldizer, passa por Gil Vicente, Gregório de Matos e Nicolau Tolentino, e vem a desaguar na sensibilidade dum médico-escritor filho de portugueses, espicaçado pelas reminiscências chocarreiras de um sargento de milícias lusitano. Longe de serem fatores negativos, a sin-

IV. TERCEIRO MOMENTO ROMÂNTICO

O terceiro momento romântico transcorre, aproximadamente, entre 1870, quando se publicam as *Espumas Flutuantes*, de Castro Alves, e 1881, quando vem a lume *O Mulato*, de Aluísio Azevedo. Um decênio, portanto, dura a última floração romântica, correspondente a profundas mudanças na realidade nacional, que preparam os tempos novos, cujo epicentro será a proclamação da República, em 1889.

Anos de transição e crise, marcados pela persistência de estereótipos ultrarromânticos, par a par com o surgimento de ideias avançadas, num sincretismo onde nem sempre é fácil descortinar as linhas de força que atuam na composição dos acontecimentos. No mesmo ano em que Castro Alves dava a público seu livro, ocorrem dois fatos de suma importância como índice e determinação do quadro cultural emergente: o término da Guerra do Paraguai, pondo fim à ditadura de Solano López e provocando "uma forma de balanço íntimo que a Nação faz da própria consciência e das próprias forças",[1] — e a fundação, por Quintino Bocaiuva, Saldanha Marinho e Salvador de Mendonça, do Partido Republicano. Ato contínuo, lançam um manifesto, cautelosamente liberal, no qual contestam a monarquia e pregam o ideal federativo e o espírito de americanidade, sob inspiração dos Estados Unidos, que conheciam um surto de progresso após a Guerra de Secessão (1861-1865), e da França, que em 1870 observava a derrocada do Segundo Império e a instauração da Terceira República.

O manifesto republicano evitava tocar no problema espinhoso da Abolição, mas a campanha neste sentido continuava, e já ia dando frutos, o primeiro dos quais era a lei de 28 de setembro de 1871, decretada

---

1. José Maria Bello, *História da República*, 3ª ed. rev. e acresc. S. Paulo, Nacional, 1956, p. 41.

pela Princesa Isabel na ausência de D. Pedro II, em viagem pela Europa, segundo a qual os filhos de escravos nascidos após aquela data seriam considerados libertos. Conquanto não resolvesse a questão da escravatura, a Lei do Ventre Livre constituía um passo decisivo na sua direção.

Como numa reação em cadeia que tocasse nos pontos nevrálgicos da nação, em 1872-1873 abre-se a conhecida "Questão dos Bispos": tudo começou com uma bula papal, de 8/12/1864, proibindo os sacerdotes de participar da Maçonaria, que o bispo de Olinda, D. Vital Maria Gonçalves de Oliveira, resolveu pôr em prática, mas foi desobedecido por várias irmandades, que protestaram junto à Coroa. Chamados a julgamento o bispo de Olinda e mais D. Antônio de Macedo Costa, bispo do Pará, são condenados a quatro anos de prisão. Nem o recurso ao Papa, determinando o levantamento da interdição, resolveu o impasse: armada a crise, extremadas as opiniões, cai o governo de Rio Branco e D. Pedro II não tem outra alternativa senão anistiar os bispos, o que se deu a 17/9/1875, e dar por encerrada a questão religiosa.

Não cessavam nesse acontecimento os ventos antimonárquicos: em 1877 deflagra a seca no Nordeste que, prolongando-se até 1880, "chegou a ceifar mais vidas brasileiras do que toda a campanha do Paraguai",[2] e abalou a economia já frágil da nação. Entretanto, a década de 1870 a 1880 será, no dizer de um historiador de nossa economia, "um dos momentos de maior prosperidade nacional".[3]

No plano da cultura, presencia-se rara efervescência, que um de seus mais ativos participantes sintetizou com as seguintes palavras: travam-se as pugnas "do decênio máximo, o decênio que iniciou e adiantou a derrocada do velho Brasil católico-feudal (...), um bando de ideias novas esvoaçou sobre nós de todos os pontos do horizonte",[4] ideias essas galvanizadas por dois movimentos, o da Escola do Recife e o do Positivismo. A primeira, assim chamada por Sílvio Romero, constituía o movimento filosófico irradiado pelas lições de Tobias Barreto: repudiando o ecletismo espiritualista, faz "a crítica ao método psicológico, ao conceito de alma, à definição da teodiceia como ciência, às provas da existência de Deus, à doutrina da força vital de Domingos de Magalhães bem assim

---

2. Sérgio Buarque de Holanda, *História Geral da Civilização Brasileira,* S. Paulo, DIFEL, 1972, t. II, vol. V, p. 248.

3. Caio Prado Júnior, *História Econômica do Brasil,* 3ª ed., S. Paulo, Brasiliense, 1953, p. 199.

4. Sílvio Romero, "Explicações Indispensáveis", pref. a Tobias Barreto, *Vários Escritos,* Ed. do Estado de Sergipe, 1926, pp. XX e XXVII.

a análise do sentimento religioso", e propõe que a Filosofia volte a situar o seu problema na esfera do pensamento, vale dizer, "reivindicar um lugar ao sol para a metafísica",[5] o que o impele a combater o Positivismo, que por momentos lhe roçara as reflexões. A vasta repercussão das ideias de Tobias Barreto, indo de par com o ataque cerrado de adversários ou simples detratores invejosos, atravessará os anos 70 e permanecerá mesmo depois da morte prematura do líder, em 1888: "a Escola do Recife é, certamente, a parte mais fulgurante na renovação intelectual do Brasil no século XIX",[6] afirma um historiador de nossas ideias, de certo modo fazendo a síntese de outros historiadores, ainda quando menos entusiastas, como José Veríssimo em sua *História da Literatura Brasileira* (1916).

Contemporaneamente à Escola do Recife, e em polêmica com ela, irrompem as ideias positivistas: remontam a 1850 as primeiras manifestações comtianas entre nós, mas somente na década de 70 ganham vulto, graças a Pereira Barreto, que em 1874 publica *Três Filosofias*, "a primeira obra de divulgação da doutrina positivista, livro que inaugura a tendência positivista no Brasil",[7] e à pregação de Miguel Lemos e Teixeira Mendes, após 1875, convertidos que tinham sido ao pensamento de Comte. Um esboço associativo em 1876 transforma-se, em janeiro de 1878, na *Sociedade Positivista do Rio de Janeiro*, e em 1880 realizam-se as primeiras comemorações positivistas, a propósito do terceiro centenário de Camões, a inauguração da Bandeira da Humanidade e a morte de Augusto Comte.

E sobre esse pano de fundo que se recorta a produção literária dos anos 70: o Romantismo, quer nas metamorfoses moderadas, quer nas extremistas, continua presente, graças às obras de um Alencar, um Macedo, um Bernardo Guimarães, e também aos continuadores ou adeptos do folhetim ultrarromântico. Ao mesmo tempo, desenrola-se a derradeira mutação romântica, a refletir os novos tempos, na obra dum Castro Alves, dum Tobias Barreto, dum Sousândrade, dum Taunay, dum Franklin Távora e outros. E presencia-se o aparecimento da "Ideia Nova", ou o Realismo, com Inglês de Sousa e o romance *O Cacaulista* (1876) e à "Guerra do Parnaso" (1878), eco tardio da "Questão Coimbrã" (1865),

---

5. Antônio Paim, *História das Ideias Filosóficas no Brasil,* 2ª ed., S. Paulo, Grijalbo/EDUSP, 1974, pp. 267, 269.

6. João Cruz Costa, *Contribuição à História das Ideias no Brasil*, Rio de Janeiro, José Olympio, 1956, p. 137.

7. *Idem, ibidem,* p. 153.

enquanto algumas figuras de proa da época seguinte publicam obras ainda românticas: Machado de Assis (*Ressurreição*, 1872; *A Mão e a Luva*, 1874; *Helena*, 1876; *Iaiá Garcia*, 1878), Aluísio Azevedo (*Uma Lágrima de Mulher*, 1880), Raul Pompeia (*Uma Tragédia no Amazonas*, 1880), sem contar que Júlio Ribeiro publicara, em 1876-1877, seu romance *O Padre Belchior de Pontes*.[8]

1. Poesia

Ressoando o sincretismo cultural que varre o período de 1870 a 1880, a poesia diversifica-se por várias correntes, centradas no lirismo social, de inspiração hugoana. Castro Alves, que abre o decênio com as *Espumas Flutuantes*, é o protótipo e o modelo dessa tendência em que se aglutina a derradeira encarnação do liberalismo romântico. A questão dos escravos e a Guerra do Paraguai constituem os motivos históricos imediatos, convidando para uma poesia exaltada, patriótica, não raro retórica, em que o "eu" individual transborda em emoção coletiva ou encontra no "outro" o prolongamento totêmico de suas matrizes. Antiegocêntrico na aparência, antissentimental por decorrência, sensualista em razão de repudiar a hipocrisia romântica em favor da franqueza "republicana", o condor substitui o sabiá e passa a representar os anseios de uma visão olímpica do mundo: a grande quimera, nem sempre consciente, fruto mais de impulsos generosos que de uma consciência alerta e motivada, é colocar a pulsão épica onde vicejava o lirismo sentimentalista e feminoide.

O poeta, saindo à praça, deseja-se arauto das multidões, "arauto da grande luz! ..." (Castro Alves, "O Livro e a América"), e "a poesia deve ser arauto da liberdade — esse verbo na redenção moderna — e o brado ardente contra os usurpadores dos direitos do povo" (*idem*, "Impressões da Leitura das Poesias do Sr. A. A. de Mendonça"), porta-voz da massa silenciosa e oprimida ou injustiçada; o murmúrio cede vez ao gesto largo e comovido, a frase intimista oculta-se por trás de construções lastreadas

---

8. Para se ter uma ideia do sincretismo desse período (que, decerto, não lhe é exclusivo), basta percorrer os vols. III e IV da *História da Inteligência Brasileira* (Cultrix/EDUSP, 1976-1979), de Wilson Martins.

de oratória, em que o interlocutor deixa de ser a mulher ou o "tu" virtual para se tornar a coletividade anônima e muda. Em suma,

> o poeta expressará através de seus sentimentos e emoções os sentimentos e emoções de toda a Humanidade, deverá cantar os eventos contemporâneos que possam suscitar qualquer emoção numa Humanidade incapaz de traduzi-la. Deverá elevar tais eventos ao nível de símbolos de um dos aspectos do destino humano. 'Eco sonoro' de seu século, o poeta deve, ainda, ser-lhe o guia no rumo do ideal (...) Abandonando o 'passageiro' nas lutas políticas, o poeta deverá indicar o grande caminho do porvir ideal; será o piloto do navio humano; fortalecerá os débeis e esclarecerá os ignorantes dando como matéria à sua poesia superiores ideias de justiça de piedade, de verdade.[1]

A poesia social, como vimos, deita raízes no momento anterior mas atinge o ápice na década de 70. Raros poetas resistiram-lhe à sedução, e mesmo num caso em que o insólito da poesia reveste uma existência de "maldito", como é Sousândrade, cuja obra passou despercebida por várias gerações, o social está presente. Aliança esdrúxula, à primeira vista, da metafísica com o hugoanismo, mas em qualquer hipótese rendendo homenagem à tendência marcante no tempo. Tobias Barreto, Pedro Luís e outros, menos inspirados ou menos vocacionados para a rarefação transcendental, igualmente se deixarão impregnar pela poesia social. O momento histórico pedia que as consciências se voltassem para a nossa realidade, a fim de conhecê-la ou enaltecê-la, como se buscassem a identidade perdida na imitação dos padrões europeus ao longo das primeiras manifestações românticas.

O afã de brasilidade, fruto de um idealismo sentimental e de gabinete, torna-se agora objetivo, direto, propõe-se a espelhar os fatos contemporâneos e mais característicos da realidade nacional. Um patriotismo consciente, repassado de lucidez política, substitui o ingênuo das precedentes gerações românticas. Compreende-se, nesse percurso, que o folclore surja pela primeira vez no horizonte literário: a poesia que nasce desse estado de vigília, como se pode ver na obra de um Juvenal Galeno, procura ser integralmente brasileira, mesmo correndo o risco de comprometer a sua qualidade estética. O que de fato aconteceu, não sem legar, porém, o saldo de uma coerente visão patriótica, segundo a

---

1. Philippe Van Tieghem, *Petite Histoire des Grandes Doctrines Littéraires en France*, Paris, P.U.F., 1950, pp. 183-184.

qual o lirismo é posto a serviço da tomada de consciência de nosso perfil antropológico.

Enlaçadas num mesmo lapso histórico, a poesia social, a metafísica e a folclórica têm por alvo a construção de uma mitologia nacional: fundindo a terra, o evento coevo e a transcendência, a visionam, cada qual a seu modo, um retrato do Brasil sem retoques, mas em que desponta, do fundo imaginário que sustenta o folclore, um futuro de grandeza épica. Visão utópica, sem dúvida, tanto mais generosa quanto mais a confrontamos com o retrato antiufanista que, a partir das mesmas bases, desenharão os modernistas de 22.

CASTRO ALVES

Antônio Frederico de Castro Alves nasceu a 14 de março de 1847, na fazenda Cabaceiras, a poucas léguas de Curralinho, no interior da Bahia. Realizados os estudos secundários no Ginásio Baiano, em 1864 ingressa na Faculdade de Direito do Recife, e granjeia desde logo fama de poeta inspirado. Apaixonando-se pela atriz Eugênia Câmara, ruma com ela para o Rio de Janeiro, onde é festivamente recebido por Alencar e Machado. Vem para S. Paulo, em março de 1868, a fim de prosseguir o curso jurídico. Separa-se de Eugênia Câmara e, numa caçada, fere acidentalmente o pé. Segue para o Rio de Janeiro, onde é operado, e de lá para a Bahia, já minado pela tuberculose que o vitimaria a 6 de julho de 1871. Publicara no ano anterior o livro *Espumas Flutuantes*, e deixava inéditos: *A Cachoeira de Paulo Afonso* (1876), *Os Escravos* (1883), além do drama *Gonzaga ou A Revolução de Minas* (1876). Suas *Obras Completas* foram reunidas pela primeira vez em 1898; em 1966, Eugênio Gomes deu a lume nova edição, com inéditos, notas e variantes.

Como nenhum outro poeta do passado, Castro Alves mereceu rasgados elogios: afora uma que outra voz dissonante, os que se aproximaram criticamente de sua obra têm sido unânimes em exaltar-lhe as qualidades de grande poeta, já pelo teor das ideias, já pela forma. "Poeta da Raça" é o título que lhe atribui Otto Maria Carpeaux,[1] como a resumir os encômios disseminados pela vasta bibliografia a respeito.

---

1. Otto Maria Carpeaux, *Pequena Bibliografia Crítica da Literatura Brasileira,* 4ª ed., Rio de Janeiro, Edições de Ouro, 1968, p. 124.

Morto na "flor dos anos", como tantos dos ultrarromânticos apostados em abreviar a existência por amor da literatura, sua trajetória de poeta acompanhou-lhe a fugacidade da vida, como um raio que desabasse com estridor, clareasse o espaço e se perdesse no horizonte, deixando a lembrança de sua passagem luminosamente sonora. Para dizê-lo, usamos de uma metaforização que parece espelhar, não só a sua existência, como também a sua obra: uma e outra dignas de meteoro, uma e outra fulgurantes, uma e outra ricas de peripécias e aventuras, como se, Byron dos trópicos (decerto sem o pretender), quisesse reunir em curtos vinte e quatro anos as experiências de uma longa vida de paixões, delírios, idealismos patrióticos e feminis, e uma obra proteica como essa fortuna de visionário.

Atendo-nos apenas à obra, conquanto reconheçamos estar em face de um poeta cuja existência interessa muito à sua compreensão, nela vemos duas fases, pelo menos, mas invertidas cronologicamente, uma vez que as *Espumas Flutuantes*, único livro que viu publicado, é posterior aos outros e contemporâneo de poemas que mais tarde foram recolhidos pelos estudiosos de sua obra. Dando-se tal inversão, o exame de sua trajetória não poderá efetuar-se pela ordem de publicação, mas de produção. Assim, a primeira fase, desenrolada mais ou menos entre 1863 e 1869, ou seja, entre as primícias e o retorno à Bahia, é marcada pela poesia abolicionista, social, e a segunda, pelo lirismo amoroso.

Envelheceu a poesia social de Castro Alves: engajada, solidária com a situação histórica em que se inspirou, tornou-se datada, não acorda ecos no leitor de hoje, que só por esforço de regresso no tempo ou transferência do motivo à conjuntura moderna, pode encontrar ali resposta às suas indagações. Embora sincera, fugindo de tombar no panfletário, nem por isso escapa das limitações inerentes à poesia construída de fora para dentro; e nem importa que o poeta realmente se comovesse com a tragédia do escravo, uma vez que o núcleo do seu estado anímico não havia sido explorado: a sua poesia social é fruto de um momento histórico,[2] que perduraria por mais de vinte anos na consciência atribu-

---

2. É certo que, como bem observa Eugênio Gomes, em relação às datas dos poemas, "nem todas elas são plausíveis ou certas", tendo-se verificado "mais de um equívoco do poeta no datar as suas composições" (*Obra Completa de Castro Alves*, Rio de Janeiro, Aguilar, 1966, pp. 20, 21). E até o fim da vida o poeta nutriu veleidades a respeito da poesia abolicionista. Mas também é verdade que a irrupção antiescravagista lhe ocupou sobretudo os anos de 1865 e 1866, e que após o regresso à Bahia, em 1869, as *Espumas Flutuantes* entraram a merecer-lhe toda a atenção. As citações da obra de Castro Alves foram extraídas desta edição da *Obra Completa*, preparada por Eugênio Gomes. Para o texto de *Os Escravos*, consultou-se

lada da Nação, mas que para ele durou o tempo de uma faísca; dissipado o clarão fugaz, o poeta buscaria outra motivação, na verdade a motivação, no centro de sua interioridade, e acabaria produzindo o melhor do seu gênio criador.

Quase se diria que a poesia social lhe significou um olímpico exercício de técnica poética, domínio e expansão de um talento ainda à procura de motivo condutor (o "eu", amplificado, mas sempre o "eu"), empregando, quem sabe, o mesmo comprimento de onda lírica a temas caros à sua sensibilidade: na poesia social Castro Alves utilizou tal comprimento de onda lírica — epicizante, — pois era, no mais íntimo de sua cosmovisão, um poeta de haustos épicos mas, por estar o assunto histórico (os escravos) presente à sua consciência ou pela aura melodramática que assumiu a seus e alheios olhos, faltava-lhe a distância que permite o arremesso do condor para altitudes épicas ("Adeus, Meu Canto"): "Condor sem rumo, errante, que esvoaça."

Preso à terra, à contingência histórica contemporânea, não teve meios senão tentar o voo de curto alcance, o que inevitavelmente o conduziria ao declamatório, ao altissonante, afinal de contas vazio ("O Século") — "Moços, creiamos, não tarda / A aurora da redenção", — invocação verdadeiramente tribunícia, que se volve imagem de mau gosto à custa de aproveitar, demagogicamente, o calor da hora ou ceder a rimas forçadas ("Ao Romper d'Alva") — "E a escravidão — nojento crocodilo / Da onda turva expulso do Nilo" — ou, explorando o narrativo, o retoricismo de orador político, envereda pelo melodramático, tanto mais falso quanto mais empresta à voz da escrava os repentes de tribuno inspirado ("Tragédia no Lar"):

> — Senhores! basta a desgraça
> De não ter pátria nem lar,
> De ter honra e ser vendida
> De ter alma e nunca amar!
> Deixai à noite que chora
> Que espere ao menos a aurora,
> Ao ramo seco uma flor;
> Deixai o pássaro ao ninho,

---

ainda a edição fac-símile, publicada em Salvador/Bahia, pelas Edições GRD, por ocasião do centenário do aparecimento da obra, 1970.

Deixai à mãe o filhinho,
Deixai à desgraça o amor.

Meu filho é-me a sombra amiga
Neste deserto cruel!...
Flor de inocência e candura.
Favo de amor e de mel!

É evidente a demonstração de que o tema da escravidão, quando exterior ao poeta, lhe propicia atitudes de cronista ou de historiador, ainda que passional (por adesão à causa pública), a meio caminho do Parnasianismo. Equívoco, pois, esteticamente falando, embora ideologicamente não o seja: os versos inflamam-se de um ardor mais ambiental que íntimo, mais da situação histórica do escravo que da situação existencial do poeta. De onde, terminado o ruído das palavras, ou o sentimento que as impulsiona, na comoção instantânea, a chama esfria e os versos vibram por repercussão, guardando sempre a sinceridade de uma voz que ainda não se expandiu de todo e um testemunho contra a injustiça social. Equaciona-se, na tensão entre os dois universos que se digladiam na poesia social, a dualidade básica do lirismo de Castro Alves (carta a Regueira Costa, de 27/6/1867): "Trevas e luz. Tormentos e bonanças."

De um lado, os "fantasmas" interiores anelando por uma voz que os expressasse; de outro, a questão dos escravos, palpitante de evidência e atualidade, num jogo dialético em que o poeta se nutre e se consome: pelo flanco principal, representado pela incitação retórica e o lirismo de timbre hugoano, essa poesia mostra visível obsolescência; e pelo outro, secundário em face do intuito antiescravagista, ainda lateja, porquanto deixa transparecer, subjacente à sonoridade campanuda, a inflexão genuína da poesia castroalviana, realizada nas *Espumas Flutuantes*.

Escusava dizer que não se trata de avaliar o acerto da ideologia expressa na poesia social, nem mesmo o alto sentido democrático e cristão do seu objetivo humanitarista; não é a ideologia que está em causa, visto que esta se impõe, por si só, à consciência livre, mas a poesia, cuja permanência histórica se julga neste livro. Se a craveira de valoração fosse o impulso generoso do pensamento abolicionista, poderíamos estar certos como ideólogos, mas enganados como críticos: estaríamos lógico — e acabaríamos no mecanicismo estéril de considerar bom todo artefato literário que defendesse tal ou qual ideologia (a de Castro Alves ou o seu oposto) e mau, o que não preconizasse ou não expusesse uma ideologia explícita ou caracterizada (ou contrária à do crítico ou historiador). Puro maniqueísmo intelectual, divisão primária de forças estéticas, tornaria inócua toda tarefa de julgamento (estético), uma vez que se conheceria, apriorística e dogmaticamente, a fração dos eleitos e a dos escorraçados.

O que está em jogo é avaliar a obra de um poeta *apesar* de sua filiação ideológica, ou melhor, importa julgar como o poeta resolveu, esteticamente, o seu compromisso ideológico: se o resolveu canhestramente, pouco interessa sejam as suas teses as mais idealistas e humanitárias, e o veredito somente pode ser negativo, *literariamente falando*; se resolveu com talento, garra, empatia, com a flama que resulta da identidade entre a ideologia e as projeções do poeta, o juízo terá de ser positivo, *literariamente falando*.

Ora, a poesia de Castro Alves situa-se neste caso: envelhecido o suporte ideológico, é o resíduo estético que a mantém válida até hoje; tal resíduo, porém, somente ostenta vigor por conter a antecipação da energia anímica que fundamenta as *Espumas Flutuantes*. Fosse outra a perspectiva, não vingasse tal continuidade entre *Os Escravos* e as *Espumas Flutuantes*, nem a correção dos versos, chegando mesmo a "uma perfeição rara de forma",[3] poderia salvar do esquecimento essa faceta da obra de Castro Alves. Outros poetas românticos produziram versos escorreitos, e nem por isso a história literária lhes deu lugar junto ao vate baiano. Para que tal ocorresse, teriam de insuflar nos poemas o "gênio", a inspiração divinatória, que Castro Alves, consciente de a possuir, difundiu pelos seus, ainda quando fruto das circunstâncias ou do magnânimo impulso na direção do escravo.

Sem perda de originalidade e força, ao fazê-lo Castro Alves empregava o impulso de um "eu" à procura do epicentro, de um "eu" que oferta à causa do cativo o fulgor de uma prospecção em meio às trevas no encalço do seu núcleo, núcleo esse que veremos localizado nas *Espumas Flutuantes*. É tal energia prefigurativa que aciona os poemas sociais, dando-lhes o brilho que exibem, — não a situação em si, nem a ideologia manifesta, ou a tão decantada correção formal. Outros poetas que abraçaram a causa do escravo são apenas lembrados como reflexo do clima emocional

---

3. José Veríssimo, *Estudos de Literatura Brasileira*, 2ª série, Belo Horizonte/S. Paulo, Itatiaia/EDUSP, 1977, p. 92.

criado à roda da abolição, mas nenhum se alça ao nível de Castro Alves, simplesmente porque não transferiram para a questão social o impulso do *ego* no rumo do seu âmago. Cultivaram a poesia social instigados pela situação do escravo, não porque no íntimo habitasse um projeto existencial à espera de realizar-se e que, por momentos, encontrasse no assunto coletivo uma oportunidade de expressar-se vicariamente.

"Arauto das multidões", Castro Alves o foi porque buscava o recesso da sua interioridade ao tratar do escravo, não porque exclamasse, demagogicamente, a retórica do momento: o escravo era-lhe avatar, irmão de cor, pois nele encontrava a expressão do drama subterrâneo que forcejava por exprimir; o cativo, além de sofredor, injustiçado, corporificava a projeção do "eu" do poeta. Agora, a tensão dialética resolve-se numa unidade anímica, numa espécie de transferência; entre o escravo, ou antes, aquilo que no escravo é sinônimo de ser humano e a intimidade do poeta se estabelece identidade dramática: o poeta fala pelo escravo, dado que fala por si; o escravo é o ente que recebe a carga da sua intimidade represada, como se o poeta se dividisse em dois, o "eu" que o habita e o que se concretiza no escravo.

Ambos escravos, ao fim de contas, o poeta, de uma interioridade que se deseja livre; o cativo, de uma servidão integral. Claro, o poeta não está cônscio da comodidade em que se move, visto que supõe o seu cativeiro não menos doloroso que o do escravo; do contrário, não o cantaria, nem se identificaria com ele ("Navio Negreiro"):[4]

> Esperai! Esperai! deixai que eu beba
> Esta selvagem, livre poesia...
> Orquestra — é o mar que ruge pela proa,
> E o vento que nas cordas assobia...
> ....
> Mas que vejo eu ali... que quadro de amarguras!
> Que cena funeral!... que tétricas figuras!...
> Que cena infame e vil!... Meu Deus! meu Deus!
> Que horror!
> ....
> Senhor Deus dos desgraçados!
> Dizei-me vós, Senhor Deus!
> Se é loucura... se é verdade

---

4. Cumpre lembrar que de "O navio negreiro" Antônio José Chediak publicou recentemente um "cotejo do manuscrito com 63 textos integrais e cinco parciais, no total de 15.998 versos" (Rio de Janeiro, Col. Afrânio Peixoto da Academia Brasileira de Letras, 2000).

Tanto horror perante os céus...
Ó mar! por que não apagas
Coa esponja de tuas vagas
De teu manto este borrão?...
Astros! noite! tempestades!
Rolai das imensidades!
Varrei os mares, tufão!...

Quem são estes desgraçados,
Que não encontram em vós,
Mais que o rir calmo da turba
Que excita a fúria do algoz?
Quem são?... Se a estrela se cala,
Se a vaga à pressa resvala
Como um cúmplice fugaz,

Perante a noite confusa...
Dize-o, severa musa,
Musa libérrima, audaz!

Aqui, como em "Vozes d'África", o melhor da poesia social de Castro Alves, porque se trata de um quadro imaginário, embora verossímil:[5] e porque imaginário, longe das vistas do poeta, permite-lhe o voo do condor, também lhe faculta a expansão do "eu"; o poeta parece falar mais de si, em seu próprio nome, do que da coletividade anônima; a calamidade pública assume tom subjetivo, não o discursivo dos poemas calcados na realidade direta, conhecida ou observada pelo poeta. Em suma: a voz interior põe-se à frente da denúncia, sem prejuízo desta, e o resultado é esteticamente superior. Afastado o perigo da crônica ou da página histórica, o bardo pode fantasiar o quadro da escravidão, pregar a mesma "aurora da redenção" e realizar os melhores poemas sociais, sem sufocar os "demônios" interiores sob pretexto de imprecar contra a iniquidade social. Mas ao tocar esse ponto de sua trajetória — "Navio Negreiro" é de 1868, — o poeta se despedia do tema da abolição, já que havia encontrado o núcleo da sua mundividência.

---

5. Fausto Cunha lembra, com muita propriedade, que em "Navio Negreiro" o poeta "se empolgaria (...) por uma imagem altamente plástica de Heine — a dos negros chicoteados num tombadilho — sabendo-se que o tráfico de escravos havia sido extinto dezoito anos antes, quando ele mal tinha nascido" (*O Romantismo no Brasil de Castro Alves a Sousândrade*, Rio de Janeiro, Paz e Terra, 1971, p. 42).

• 614 • História da Literatura Brasileira - VOLUME I

Por outro lado, ao mesmo tempo ser humano e alegoria, o escravo era ele próprio em face do sistema social injusto e ainda *alter ego* do poeta: ao dizer o drama do ser humano escravizado, Castro Alves dizia o seu, como se a personagem encarnasse as duas faces da metáfora, a literal (escravo) e a figurada (o poeta). De onde a metáfora, no texto do poeta, ser a representação de uma literalidade histórica e de uma probabilidade psíquica; entre documento e fantasia, entre real e fictício, o escravo é uma metáfora cuja face referencial envelheceu, desgastou-se em razão da própria mecânica histórica, reduzindo-se ao zero da verdade estabelecida, e cuja face não referencial espelha um psiquismo que ainda se desconhecia e procurava no escravo a metáfora reveladora, a latência que se cumprirá nas *Espumas Flutuantes*.

A Cachoeira de Paulo Afonso, série de poemas encadeados, à luz dos mesmos valores que nortearam *Os Escravos*, acentua o contraste: predomina o tom narrativo e atenua-se o tema do escravo, graças à incidência de notas líricas, emotivas, campesinas ou folclóricas. O contorno epicizante de *Os Escravos* substitui-se pelo ar nostálgico ou pitoresco, à medida que assoma o tema da infância, mostrando até que ponto o cerne da visão do mundo de Castro Alves era preenchido por uma subjetividade que só por instantes encontrou expressão no motivo dos escravos. Os poemas não escapam, inclusive, de certa puerilidade, ou inocência de melodrama: misto de *O Índio Afonso* e *A Escrava Isaura*, embora com desfecho anti-*O Guarani*, *A Cachoeira de Paulo Afonso* enferma da mesma lacrimosidade de outros poemas abolicionistas ("Desespero"):

> Ó minha mãe! Ó mártir africana,
> Que morreste de dor no cativeiro!
> Ai! sem quebrar aquela jura insana,
> Que jurei no teu leito derradeiro,
> No sangue desta raça ímpia, tirana
> Teu filho vai vingar um povo inteiro!...
> Vamos, Maria! Cumpra-se o destino...
> Dize! dize-me o nome do assassino!...

Que o tema da escravidão ocultava, na sua dicotomia de base, a procura de um sentido e uma identidade, patenteiam-no ainda as produções marginais do poeta: o drama *Gonzaga* e as poesias coligidas. Aquele, concluído em fevereiro de 1867, mas dado a lume somente em 1876, focaliza, como indica o subtítulo, *A Revolução de Minas*, a Inconfidência Mineira. Até aí, nenhuma razão de surpresa, porquanto o tema se inseria coerentemente no clima patriótico e liberalista da época e na fase de exaltado hugoanismo que o poeta atravessava. A apologia do espírito rebelde que empolgou os poetas dé Minas também se harmonizava com o intento revolucionário sugerido pela poesia social: o vate baiano encontrava nos confrades mineiros de Setecentos os precursores e os legitimadores das atitudes que abraçava; sendo os inconfidentes adeptos do mesmo credo, fazer-lhes o encômio significava justificar-se aos próprios olhos e lançar ao público um libelo arrasador. Como a dizer que a situação se repetia, apenas mudado o pomo da discórdia: a luta contra o imperalismo português agora se transforma em revolta contra as injustiças praticadas ao escravo.

Mas não se tratava de simples alteração de motivo: menos voluntariamente do que faz supor o fogoso antiescravagismo de Castro Alves, a mudança determinou a instilação, no tema da conjuração mineira, de um pormenor destoante, fruto da projeção do hoje do poeta no ontem da História. O tema do escravo, que inspiraria a montagem do drama por equivalência ideológica, acaba engolfando a peça e assumindo a força dramática que estaria reservada à Inconfidência. O drama inicia-se com um ato intitulado precisamente "Os Escravos" e um diálogo entre senhor (Gonzaga) e cativo (Luís), de andamento visivelmente demagógico, em que as falas do poeta de Minas como que encobrem pensamentos de Castro Alves. O servo, humilde, declama: "Vm. me deu a liberdade e eu sou inútil. (...) quem é branco, quem é feliz, não pode compreender esta palavra — liberdade."

Gonzaga retruca, com ênfase oratória:

> E entretanto, meu amigo, a escravidão é uma parasita tão horrivelmente robusta, que, deslocada do tronco, vai fanar os ramos da vida. Tu és livre, mas eu ainda não pude restituir-te a tua família.

para ao fim desembocar no ponto-chave da questão: a liberdade de Carlota, filha de Luís, cujo paradeiro e cuja aparência lhe são desconhecidos. E quem a devolverá a seu pai, indaga o pobre escravo, ao que replica Gonzaga, entre sibilino e delirante — "A revolução", — e o pano fecha sobre a cena inaugural.

Castro Alves, projetando a situação coeva nos acontecimentos da Inconfidência, traía-se: era como se a revolução sangrenta se fizesse para salvar a bela escrava do despótico e lascivo Silvério dos Reis; Luís adere à insurreição para resgatá-la, mal sabendo da dubiedade de Silvério dos Reis. E Carlota, descrita por este, lembra Isaura, de Bernardo Guimarães:

> heroína de romance, bela como uma serpente, pregando sermões como um frade, roubando papéis como um bandido; no mais, bonita e quase tão branca como qualquer de nós...

Para completar o quadro idealizante, Castro Alves faz esbater sobre o pano de fundo histórico o caso amoroso de Gonzaga e Maria, e, agravando o lado trágico, supõe a donzela assediada pelo governador! Finalmente, dá-se o reconhecimento esperado: Luís, ao baixar o punhal sobre o peito de Carlota a fim de puni-la por aderir à traição de Silvério (ignorando os motivos que a impeliram), descobre, no rosário da escrava, que se tratava de sua filha! O desfecho, de si tão melodramático quanto as narrativas e peças no gênero em voga no Romantismo, é precedido de uma fala teatralmente exagerada de Carlota, digna de uma heroína trágica em desespero:

> Os homens me perderam, e eu fui apenas seu instrumento, porque eu sou escrava, porque mataram-me a vergonha, tiraram-me a responsabilidade dos crimes, sem me arrancarem o remorso. Oh! é uma cousa horrível ter de escolher entre infâmia e infâmia!... ou perdida, ou traidora!... Eu fui traidora... não, não fui eu... foi meu senhor... porque eu sou escrava, meu Deus, eu sou escrava!...

Resolvido o problema da cativa, a peça volta-se para Gonzaga e Maria: ao conhecido desenlace da Inconfidência segue-se uma longa tirada de Gonzaga, em que parece falar menos o rebelde que o poeta, e através dele o próprio Castro Alves: dir-se-ia que este agora se projeta no drama do outro, drama não de insurreto, mas de amante acabrunhado pela frustração do plano revolucionário:

> Agora, Maria, adeus! Nós sonhamos com a glória, com o amor, com a felicidade! Que importa? Há uma outra pátria onde as flores são sempre viçosas, onde o riso é eterno, onde o amor se transforma em astros. Lá há longos êxtases para duas almas que se amam; lá nós seremos noivos! Não chores, Maria, não chores... eu sou feliz!... Oh! é uma cousa muito pura... um amor como o teu! uma memória como a de um povo!... Ah! minha pobre pátria! ah! minha pobre noiva! amanhã nós todos seremos livres! Ela terá

sua coroa de liberdade... o futuro há de atá-la na fronte!... Tu terás a tua capela de noiva. Deus há de colocá-la em tua testa. Eu terei o meu diadema de glória... o carrasco me sagrará mártir... Cala-te, Maria, quando se tem a eternidade do amor, de uma nação, de uma mulher e de Deus... o homem caminha para o cadafalso como para um leito de núpcias... Não chores, Maria, adeus!...

E para culminar a inverossimilhança histórica, o drama finda com Maria a recitar um poema, e como se não bastasse, um poema à Castro Alves e não à Gonzaga, um poema condoreiro, não uma lira amorosa, de que se transcreve a primeira estrofe:

> Desgraça! Eis tudo o que resta
> Da raça dos Prometeus!
> Um mundo — sem liberdade!
> Um infinito — sem Deus!
> No dorso das cordilheiras
> Batem rijas, agoureiras
> As marteladas do algoz...
> É o carrasco negro, imundo,
> Pregando o esquife de um mundo
> No seu sudário de heróis.

Idênticas antíteses apresentam as poesias coligidas, datadas de 1862 até as vésperas da morte do poeta. De um lado, o egotismo românti-co, por vezes inclinado ao mórbido ultrarromântico à Soares de Passos, como em "Pesadelo" (1863), onde não falta inclusive uma "entrevista no túmulo", ou "Não sabes", datado de novembro de 1865, nos moldes da poesia noturna:

> Quando alta noite n'amplidão flutua
> Pálida a lua com fatal palor,
> Não sabes, virgem, que eu por ti suspiro
> E que deliro a suspirar de amor.

Poesia de transpiração, apegada aos modelos literários que o poeta frequentara, em que se menciona a "virgem santa", "donzela bela" a ins-pirar "um canto santo de fervente amor", e se considera a mulher amada "um anjo" e a alma do poeta "um altar", e o amante ingênuo e sonhador exclama: "Amar-te ainda é melhor do que ser Deus!"

Sinônimo de busca de uma direção própria, tal faceta ainda se caracteriza pela curiosa tentativa de poesia indianista ("Virgem dos Últimos Amores"), pela poesia de circunstância ("À Atriz Eugênia Câmara"), e, surpreendentemente, por versos frívolos, em forma de recitativos para saraus pequeno-burgueses, ao som do piano, como "Recordações", "Noite de Amor", "Pensamento de Amor", "Queres Flores? Queres Cantos?" E nem se diga que se trata das primícias do poeta, visto que os dois últimos poemas datam de 1865 e 1866, quando já haviam desabrochado os motivos que constituem a outra face das antinomias fundamentais e em torno de que gravitaria a sua melhor poesia: a vertente social, manifesta já em 1863, com "Ao Dia Dous de Julho", e que se confirmaria em "O Povo ao Poder" (sem data), "Pesadelo de Humaitá" e "Hino Patriótico", ambos de 1868; e a sensual, posto que amortecida por um sentimentalismo adolescente, do gênero: "Oh! amar é ser Deus!..."

Duas linhas de força antitéticas permeiam, consequentemente, as poesias coligidas, que abrangem todos os anos de produção de Castro Alves. E apesar de um poema, "Deusa Incruenta", de 1870, ainda centrar-se no tema social, a partir de 1868 outro nume se instala no universo do poeta: a estrela vésper, presente na manhã do poeta, retorna no crepúsculo, e inspira-lhe, como canto de cisne, os sons mais límpidos do seu estro inflamado. Arrefecido o vulcão patriótico, queimada na ara da missão redentora do escravo a energia declamatória, pode o vate entoar o canto da sua intimidade sensível, e chegar a sutilezas líricas que a poesia abolicionista desviara, humanitariamente, para a figura do escravo. Deposta a máscara dramática, à qual transferira o seu *pathos*, pode erguer a voz para confessar, em versos de inconfundível nitidez e vigor, a sua interioridade repassada de sentimento, agora dirigido à mulher, em lugar do cativo. Introjetado o motivo poético, brotam poemas de superior fatura, do melhor que criou o nosso lirismo romântico e que ainda hoje permitem situar Castro Alves entre os expoentes da poesia nacional.

É a fase das *Espumas Flutuantes*, anunciada, nas poesias coligidas, não só pelas notas sensuais como também por um poema, "Horas de Saudade", datado de Curralinho, 2 de abril de 1870, a escassos meses do falecimento do poeta, onde a dicção fluente, segura, sem o declamatório nem o "literário" anteriores, exprime a transparência dum lirismo interiorizado, fluxo mental duma sensibilidade agudamente dorida, agora voltada para si, a verbalizar o sentimento puro que a invade. "Horas de Saudade", horas da verdade, quando o poeta se defronta com a própria imagem refletida no espelho do tempo e procura fixar-lhe o contorno fugidio na superfície icônica dos versos; horas da sinceridade, ultrapassada a fase da pose de tribuno exaltado, sujeito às comoções do momento; horas em que a poesia rompe o compromisso com o efêmero e reata o liame com a própria essência, em que o factual cede ao essencial, o circunstancial ao "profundamente humano". Horas das *Espumas Flutuantes*.

Enquanto *Os Escravos* enfeixam poemas da fase tribunícia do poeta, as *Espumas Flutuantes*, com exceção de algumas composições, encerram poemas no geral posteriores. A seleção feita pelo poeta decerto preteria o fator cronológico pelo temático ou o mero gosto pessoal, mas é fora de dúvida que, apesar de pertencerem a vários momentos do seu itinerário, se concentram numa faixa de tempo subsequente à de *Os Escravos*. O poeta começara a escrever os poemas destinados a essa obra em 1865 e ainda em 1866 se concentrava na sua elaboração, e no ano seguinte confessa ainda estar envolvido no projeto. Entretanto, com o regresso à Bahia, a 25 de novembro de 1869, "o projeto das *Espumas Flutuantes* passara a ter absoluto predomínio sobre qualquer outro assunto".[6] E até o fim o poeta nutria a esperança de erguer um hino ao Quilombo dos Palmares, mas é forçoso admitir que o problema abolicionista pertencia ao passado, como denota a absorção do poeta nas *Espumas Flutuantes* e o fato de *Os Escravos* terem ficado incompletos.

Despedida do passado em terras paulistanas, como declara no "Prólogo", saudades da fase áurea na Pauliceia, as *Espumas Flutuantes* são igualmente o testamento de um poeta que, sabendo-se à beira da morte, escolhe para o derradeiro aceno os melhores cantos, "filhos da musa — este sopro do alto; do coração — este pélago da alma (...) como as espumas, que nascem do mar e do céu, da vaga e do vento". Confissão de sensitivo, que ocultara a hiperestesia atrás da cortina sombria da escravidão e do condoreirismo grandiloquente; confissão de poeta entre a adolescência e a maturidade, entre a humildade e a sobranceria ("Quem dá aos pobres, empresta a Deus"):

---

6. Eugênio Gomes, *op. cit.*, p. 680.

Eu, que a pobreza de meus pobres cantos
Dei aos heróis — aos miseráveis grandes —,
Eu, que sou cego, — mas só peço luzes...
Que sou pequeno, — mas só fito os Andes...,
Canto nest'hora, como o bardo antigo
Das priscas eras, que bem longe vão,
O grande NADA dos heróis, que dormem
Do vasto pampa no funéreo chão...

De onde a persistência de notas ingênuas, tributo à poesia dum Casimiro de Abreu e dum Fagundes Varela, em "O Laço de Fita", par a par com um hugoanismo varonil, à luz do "facho da Razão", centrado em temas epicamente universais, como a liberdade e a república. O 2 de Julho inspira-lhe dois poemas, um de 1867 e outro de 1868 — "É a hora das epopeias, / Das Ilíadas reais", — em que, a despeito do ardente patriotismo, se nota ainda a permanência de um declamatório que empalideceu com o tempo e soa a tambores de guerra em marcialidade convencional. A vibração que percorre a fantasia acicatada pelo quadro iníquo ainda está presente, mas o poeta que lateja no âmago dos versos sufocava as vozes íntimas em favor do timbre que o fazia arauto das multidões. Ainda concessão, embora distante da postura generosa, mas esteticamente dúbia, que lhe guiou os passos na poesia social.

No entanto, como que perseguindo o filão condoreiro, ei-lo a glosar um tema recorrente no tempo, o de Aasverus, símile da condição do poeta, ou o gênio, no sentido de inspirado[7] — "O Gênio é como Aasverus..!" —, numa identificação vinculada ao binômio que, ao fim de contas, lhe orienta a inspiração: "Mocidade e Morte". Polos reais, em torno deles gravita a sensibilidade do poeta: em vez de tema literário, bebido na leitura de confrades românticos que a cultivaram mais ou menos como entidade abstratamente lírica, a morte é um dado real, visto que já em 1863 o poeta sofre os primeiros sinais da moléstia que o vitimaria.

Evidentemente, o fato de constituir pormenor biográfico não explica a grandeza do poeta, mas, evitando que o julguemos um tema imposto de fora para dentro, obriga-nos a pensar em que a transformação de uma experiência viva em matéria de poesia superior é demonstração cabal de

---

7. A propósito da significação que o vocábulo "gênio", isolado ou na expressão "o borbulhar do gênio", possui nos textos românticos, vale a pena considerar as ponderações de Fausto Cunha, *op. cit.*, pp. 88 e ss.

que estamos diante de um poeta acima da média: mais fácil supor a morte próxima e dar largas à imaginação que *senti-la* vizinha e transfundi-la em canção, como ensinava Goethe. Castro Alves poetou a própria vivência ao focalizar o tema da morte, e daí a contensão eloquente de seus versos, ao contrário das vezes em que se deixou contagiar pelos temas do momento. Aqui, o "fingir que é dor a dor que deveras sente" pessoano, realizando-se em toda a extensão, aponta a grandeza do poeta baiano.

O outro extremo é ocupado pela mocidade, o sensualismo, o apelo à vida plena dos sentidos, na realização do consórcio amoroso: o atrito entre a morte e a sensualidade (vida) forma o cerne em torno de que gira o melhor da poesia de Castro Alves. Sensualidade quer dizer donjuanismo, não o donjuanismo imaginário da geração do tédio, Álvares de Azevedo à frente, senão o efetivo, assinalado pela coleção de musas que o poeta juntou ao longo da breve existência, e por uma confissão amorosa que não se restringe a sonhar com cenas eróticas. Em "Os Três Amores", por exemplo, sente-se Tasso perante Eleonora, Romeu diante de Julieta, e D. Juan em face de Júlia; mais adiante, é Teresa a inspiradora, ou Maria, Julieta, Marion, Consuelo ("Boa Noite"), todas entrevistas em situações que não deixam margem a crer que se trata de pura fantasia:

> O globo de teu peito entre os arminhos
> Como entre as névoas se balouça a lua...
> ....
> A frouxa luz da alabastrina lâmpada
> Lambe voluptuosa os teus contornos...
> Oh! Deixa-me aquecer teus pés divinos
> Ao doudo afago de meus lábios mornos.

E em "Os Anjos da Meia-Noite", que leva por subtítulo a palavra "fotografias", sugerindo o impacto dessa arte sobre a poesia do vate baiano, desfilam sombras de mulheres, Bárbara, Marieta, Ester, Fabíola, Cândida, Laura, Dulce, em idêntico clima de voluptuosidade, ainda que discreta, cercada de um halo de finura que a preserva de resvalar no grosseiro ou no inconveniente. Não esconde tais cenas o manto da hipocrisia, e também não as tingem as cores da lascívia prostibular: o amor se transcendentaliza como plenitude vital, em oposição à morte.

O amor como superação da morte, adiamento provisório do desfecho fatal, lembraria o *ballet* de sombras que permeia a Idade Média no declínio, conforme nos mostra Huizinga, caso o poeta baiano vislumbrasse um perfil alegórico e sinistro para a morte. Contrariamente, a morte é uma presença incorpórea, tanto mais distante quanto mais o poeta cultiva o amor em transcendência: compreende-se, a essa luz, que abandonasse o tema dos escravos, pelo que este significava de morte real e próxima, em favor de uma poesia em que o desaparecimento é adiado momentaneamente pelo amor à mulher, não o amor do espírito ou da carne, mas o amor a um só tempo carne e espírito. Platônico, dir-se-ia, buscava alçar-se ao plano inteligível por meio do sensível, assim expulsando a incômoda presença. O sensualismo dava-lhe a ilusão de afastar para longe a fatalidade, enquanto o tema da abolição o punha frente a ela como realidade tangível. Não estranha que ainda em janeiro de 1871, a meses do desenlace, se deixasse arrebatar de paixão pela cantora Agnèse Trinci Murri, a quem passa a endereçar os seus versos.

Os seus mais calorosos versos, não pela veemência patriótica ou social, mas pela vida transfigurada que os anima: o lirismo romântico, feminoide mesmo nos poetas de inequívoca cerebração poética (como Fagundes Varela ou Gonçalves Dias), muda agora de sinal, e volve-se masculino. O afeto amoroso, antes depressivo, de fundo suicida, como se o desencontro entre os sexos tivesse de ser lavado em sangue ou ensombrado pelas asas da loucura, torna-se extrovertido, expansivo, e o poeta se mostra senhor de si, travando com a mulher um diálogo em que a *diferença* conta por sobre as *semelhanças*, que teimam em permanecer, obedientes à lei da inércia ou das conveniências. Machista, diríamos, em termos modernos, contraposto ao feminista de antes. Dum machismo, no entanto, longe de considerar a mulher mero objeto: se bem que a interlocutora se mantenha no geral muda, figura de estatuária plena de vida e calor, o poeta a trata com a sutileza de uma devoção religiosa, numa aliança entre Eros e Mythos contra Tánatos ('Adormecida"):

Uma noite, eu me lembro... Ela dormia
Numa rede encostada molemente...
Quase aberto o roupão... solto o cabelo
E o pé descalço do tapete rente.

'Stava aberta a janela. Um cheiro agreste
Exalavam as silvas da campina...
E ao longe, num pedaço do horizonte,
Via-se a noite plácida e divina.

De um jasmineiro os galhos encurvados,
Indiscretos entravam pela sala,

E de leve oscilando ao tom das auras,
Iam na face trêmulos — beijá-la.

Era um quadro celeste!... A cada afago
Mesmo em sonhos a moça estremecia...
Quando ela serenava... a flor beijava-a...
Quando ela ia beijar-lhe... a flor fugia...

Dir-se-ia que naquele doce instante
Brincavam duas cândidas crianças...
A brisa, que agitava as folhas verdes,
Fazia-lhe ondear as negras tranças!

E o ramo ora chegava ora afastava-se...
Mas quando a via despertada a meio,
Pra não zangá-la ... sacudia alegre
Uma chuva de pétalas no seio...

Eu, fitando esta cena, repetia
Naquela noite lânguida e sentida:
"Ó flor! — tu és a virgem das campinas!
"Virgem! — tu és a flor de minha vida!...

Era como se estivesse perante uma cena imaginária, e a personagem fosse a virgem sonhada e não a mulher que verdadeiramente se deixa observar. Sensualismo lírico, prenuncia o sensualismo marmóreo de Olavo Bilac e parece remontar às fontes da lírica em vernáculo, marcada pelo signo da expansão do sentimento e pela contenção, fineza e requinte da alma. A sensibilidade casa-se aos sentidos, as percepções às representações idealizantes, e do consórcio brota o melhor lirismo, semelhante àquele que principia na Idade Média com a cantiga de amor e atinge os nossos dias, sempre igual no interior das roupagens diferentes que enverga no curso do tempo. Aqui o melhor da poesia de Castro Alves, porque se conjugam as forças do seu animismo arrebatado, na plenitude de quem conhece que entoa o cântico final; vencida a atração pelo tema histórico — o escravo —, contornado o perigo de tombar no ingenuísmo de boa parte da poesia romântica, Castro Alves pôde criar uma poesia sem máscaras farisaicas, em que a soma da experiência vivida e a fogosa imaginação gera poemas de superior fatura, que ainda guardam o mérito de preludiar o Parnasianismo emergente.

SOUSÂNDRADE

Joaquim de Sousa Andrade nasceu em Alcântara (Maranhão) a 9 de julho de 1833. Entre 1853 e 1857, empreende viagem pela Amazônia e Europa; em Paris, forma-se em Letras e estuda Engenharia. De regresso ao estado natal, casa-se e publica *Harpas Selvagens* (1857). No ano seguinte realiza outra viagem pelo Amazonas, e em 1871, separando-se da esposa, segue para Nova York em companhia da filha, Maria Bárbara. Continua, nos EUA, a colaborar na imprensa maranhense e a compor a sua obra poética. Regressa aó Maranhão em 1885, vindo pelo Pacífico, e em Londres publica *O Guesa* (1888?), ao mesmo tempo que se dedica à campanha republicana. Instalada a República (1889), entrega-se à vária atividade pública. Entra a lecionar grego no Liceu Maranhense (1894) e a batalhar em favor de uma Universidade no Maranhão. Faleceu a 21 de abril de 1902, três anos após sua esposa e filha haverem-se mudado para Santos. Além das *Harpas Selvagens* e *O Guesa*, deixou: *Impressos* (2 vols, 1868, 1869), *Obras Poéticas* (vol. I, 1874, contendo os primeiros quatro cantos de *O Guesa*, ou *Guesa Errante*, como ainda se denominava nessa altura; *Eólias* e *Harpas Selvagens*); com o título de *Guesa Errante*, de que o poeta eliminaria o adjetivo por tautológico, publicaram-se, em 1876 e 1877, os cantos V a VIII; *Novo Éden* (1893); *Harpa de Ouro*, publicado postumamente, bem como *Liras Perdidas* e "O Guesa, o Zac", continuação do canto XII de *O Guesa*, no volume *Inéditos* (1970); e *Prosa* (1977).

Conquanto situado historicamente na segunda geração romântica, de vez que o seu primeiro livro, *Harpas Selvagens*, foi dado a lume em 1857, Sousândrade pertence — caso insistamos em localizá-lo cronologicamente — à terceira geração romântica. Não apenas porque publicou as demais obras no interregno ocupado por Castro Alves e epígonos (1870-1881) e mesmo nos anos subsequentes, mas pelo *tonus* que as sustenta e lhes confere caráter *sui generis*, Sousândrade aproxima-se antes da terceira que da segunda geração. Não obstante, a sua poesia transpira, na altura das *Harpas Selvagens*, o contágio, ainda que precário, das vertentes do tédio e da desesperação. Decerto fruto da idade e da oscilação própria de quem principia, nas "Estâncias" e "Noites", que constituem as duas partes da obra, percebe-se a impregnação tangencial daquele gênero de poesia:

> Ó tarde dos meus dias!
> Ó noite da minha alma!...

A vida era tão calma
Aqui na solidão!

O rio, que corrias,
Tuas águas vão secar...
À flor no seu murchar
Que importa a viração?

....
À liberdade os cantos!
A filha destes céus,
A filha do meu Deus
E minha irmã do peito,
Meus sonhos do meu leito,
Dos vales minha flor,
Da vida o meu amor[1]

Resultantes mais da transpiração que da vivência, tais versos acusam ainda a presença do "literário" num poeta que, embora viesse a alcançar altíssimas notas estéticas, rendia tributo, nessa fase, à experiência alheia, em vez de buscar na sua própria o motivo inspirador. A "Ultima Página", espécie de posfácio ou ofertório, já o denuncia, ao confessar que "A dor, os sofrimentos, a saudade foram o anjo desgraçado dessas inspirações como o grito fatal das aves da noite", e ao dedicar o livro à irmã: se aquele aspecto trai, na metaforização convencional, o verniz literário do sentimento que norteia certo lirismo então vigente, — esse aponta para um pormenor incestuoso com que nos defrontamos em Álvares de Azevedo, e que retorna em "Hino".

Por outro lado, o desespero que lateja nalgumas harpas lembra o da geração de 1850, adiando para mais tarde, com *O Guesa*, o encontro da febril pulsação poética. Entretanto, primeiramente em meio a notas encontradiças nos poetas do *spleen* byroniano e posteriormente isolada, vai-se impondo uma dicção própria, original, que não se parece com a de nenhum poeta do tempo ou futuro. Cedo Sousândrade descobre a corda que lhe permitirá sonoridades invulgares em todo o nosso Romantismo: a cultura clássica, que nessa quadra suscita versos obedientes a um andamento compassado ("Ao Sol"):

---

1. Sousândrade, *Harpas Selvagens*, Rio de Janeiro, Tip. Universal de Lammert, 1857, pp. 3, 6. Da mesma edição se extraíram as demais citações.

> Sol! ideia de meu Deus, me aquenta
> Gelada a fronte pálida, sulcada
> Do ceticismo horrendo; sol, m'inspira
> Um cântico de paz, que a musa afeita
> Neste cantar selvagem, rude, aspérrimo,
> Que o temporal da sorte ao peito ensina.

se transformará mais adiante no húmus duma concepção épica do mundo, em que os valores românticos e os neoclássicos se fundem no cerne de sua potencialidade. Quando a rebeldia, agora apenas anunciada, se instalar com toda a força no reino da convenção clássica, desintegrando-a mas preservando-lhe as latências, Sousândrade atingirá o ponto mais alto do seu estro.

A heterodoxia, que lhe marcará a presença no panorama do Romantismo, já se manifesta na glosa a temas em moda no tempo, como a infância. Ao confidenciar que ("Canção de Cusset")

> Eu tenho inda saudades dos brinquedos
> Dos tempos festivais da minha infância,
> Dos beijos que bebi da mãe querida
> E a bênção de meu pai.

ou que ("Meus Nove Anos n'Aldeia"):

> E meu pai educava minh'alma,
> Minha mãe faz o meu coração
> Cada dia mais amplo, de amores
> Qual de flores o enchendo com a mão.
> ....
> Minha vida era um vale obscuro,
> Brilho honesto de cândida estrela...
> Onde fostes, meus belos nove anos?
> Onde fostes, aldeia tão bela!
>
> Ó descanso no colo materno!
> Ó deserto do Pericuman! ...
> E meu pai ensinava-me a Bíblia
> E os preceitos da igreja cristã.

punha-se numa atitude precocemente madura, e um tanto profética, evidenciada na tensa dicção de poemas centrados no mesmo tema ("O Casal

Paterno", "Frondosos Cedros d'Outrora"), — que Castro Alves morreu sem assumir. Nem lhe falta a inquietação teológica — Deus é nota constante ("A Musa", "Visões"):

> o Deus que adoro!
> ....
> Leva-me à tua fonte,
> Ó Deus, dá-me beber a água da crença.
> ....
> Um Deus... palavra abstrata, incompreensível...
> Mas a sinto tão ampla, que me perde!

a indicar uma visão antiegocêntrica que, prenunciando o poeta "venturo" de *O Guesa*, somente encontraria paralelo no deísmo atormentado dum Fagundes Varela.

Análoga heterodoxia manifesta-se no tema amoroso. Ao declarar que ("Visões"):

> Eu que te amava, e não co'amor de lábios:
> Com amor d'alma, em que eu amo angustiar-me!

ressoava o apego ao tema em voga mas colocava-se à margem do lirismo amoroso romântico nativo: lembra, quando muito, o Garrett de "Não Te Amo":

> Não te amo, quero-te: o amar vem d'alma.
>   E eu n'alma — tenho a calma,
>   A calma — do jazigo.
>   Ai! não te amo, não.

Mas discrepava dele, cujo lirismo era de índole passional, ao derivar para o amor-sentimento, o "amor d'alma", como nenhum dos coevos. Verdadeiramente antigarrettiano, Sousândrade rompia aos poucos as talas que o prendiam às convenções e descobria, com o vocabulário em uso no tempo, imprevistas imagens, para exprimir sensações novas. Rebelando-se contra as limitações da linguagem do tempo, antevia o futuro, criando metáforas escandalosas para a época e que viriam a ser moeda corrente em nossos dias: cunhando novas formas de expressão e desvendando a um só tempo novos conteúdos, encontrava a chave do seu futuro e do melhor que a poesia romântica tinha a oferecer. Desvelava antíteses e oxímoros inusitados, surpreendentes, aproximando objetos e seres longinquamente separados. Como se entrasse a soprar um vento de loucura nos labirintos da inspiração, ou a funcionar um mecanismo desarticulador da lógica sintática e metafórica, conduzindo para insuspeitados caminhos de vertigem e rebelião, — o poeta (que era acoimado de insano) descortina estranhas afinidades entre noções pertencentes a mundos estanques ("Visões"):

> Eu sou ditoso de perder-te! adeus...
> Adeus! perdoa, se inda o podes, virgem!

Provavelmente fruto do embate entre a razão (clássica), signo do presente, e a emoção (romântica), signo do passado, a antítese torna-se o núcleo da poesia e da cosmovisão de Sousândrade. Hegelianamente, é como tensão dialética, jamais resolvida em síntese, que o seu universo poético se estrutura: ora, toda poesia digna do nome explora as parelhas dialéticas (o sentir e o pensar nas infinitas combinações e modalidades); poucas obras românticas, porém, lograram erguer o processo à complexidade típica da poesia superior. Via de regra, o Romantismo passional gravita ao redor de uma dialética rudimentar ou logo tornada vazia à custa de observar os padrões culturais em voga com a burguesia. Sousândrade revolta-se contra tal estado de coisas e cria antíteses vertiginosas que, desrespeitando as regras do jogo literário contemporâneo, assinalam um poeta de fôlego épico ("Fragmentos do Mar"):

> À palavra de Deus caia o mundo:
> Foi um gigante o que surgiu no espaço!

Um fôlego épico ainda presente na poesia de viagem ("Fragmentos do Mar", "O Príncipe Africano", etc.), apesar do caráter sentimental e subjetivo; e, sobretudo, nas notas de poesia social, em torno do escravo. "A Escrava" termina com os seguintes versos:

> E seu irmão gemeu no mesmo tempo,
> Em seu túmulo o sol também fechou-se,
> E todos para o Deus partiram juntos —
> Crioula, escravo e sol.

num diapasão que se repete em "A Maldição do Cativo", diverso da retórica demagógica dos poetas sociais do tempo, Castro Alves à frente: o drama do escravo não serve, na pena de Sousândrade, para a projeção do "eu", mas, ao contrário, revela-se com tonalidades cromáticas reais, patenteando, no vate maranhense nítida veia dramatúrgica e a empatia épica, que lhe caracteriza a visão do mundo.

Épica, a visão do mundo de Sousândrade estadeia-se não só nos poemas de *Harpas Selvagens* como também na declaração em rodapé que antecede "Noites", segunda parte do volume, com a qual, extremamente lúcido de tudo e de si próprio, parecia anunciar a fase em que as indecisões da mocidade se renderiam à determinação de *O Guesa*.

> Nem presumo serem meus os pensamentos filosóficos nesta segunda parte: em todo o tempo eles existirão, desde que o homem, descendo os braços estendidos ao céu, olhou sobre si, e interrogou a natureza com a razão que lhe dá a verdade de uma Existência infinita, e que parece negar-lhe a vida além. Foram simples dissertações escritas em verso. Eu respeito, como a ideia universal — encantadora! sublime!

Composto entre 1858 e 1884, *O Guesa* dispõe-se em treze cantos, dos quais ficaram interrompidos o VII, o XII e o XIII, tendo por fulcro a peregrinação do herói, que dá título ao poema, desde a travessia dos Andes para o Amazonas, cuja selva pervaga, e a chegada ao Maranhão, de onde migra para a Ibéria e África. Retornando à terra natal, leva a cabo nova escalada, em companhia da filha, pela Amazônia, e de lá pelas Antilhas e costa leste dos EUA até Nova York, onde se embrenha no "inferno de Wall Street". Após visitar outras cidades norte-americanas, volta pelo Pacífico: Colômbia, Bolívia, Chile, Estreito de Magalhães, Patagônia, e finalmente regressa, enfermo, ao solo natal.

Poema épico na estrutura, no *tonus* e no conteúdo, *O Guesa* diverge, entretanto, da épica que se praticava até o século XVIII. De estrutura em mosaico, repele a linearidade narrativa em favor de um vaivém que reflete não só as andanças do herói como a diversidade mítico-geográfico-étnica das Américas. E o tênue fio condutor, que afinal confere certa ordem histórica às deambulações de Guesa (o Inca; figura lendária dos índios muíscas da Colômbia), é sistematicamente cortado por síncopes ou extrapolações que rompem a sequência horizontal dos eventos, introduzindo-lhe uma vibração pré-surrealista ou pré-macunaímica. A verossimilhança clássica, que pressupunha a dicotomia entre os planos humano e divino, converte-se numa verossimilhança liberal, em que o maravilhoso indígena, chamado a funcionar em pleno hábitat, não se localiza fora da ação do Guesa, mas, sim, com ela se mescla: o périplo do herói é que assume conotação mítica, deus incaico que é — símbolo do *Hómo americanus* —, a errar pelo Eldorado americano a sua condição de semi-humano e semidivino. Em vez do homem animado pela chama sobrenatural, é o próprio deus que protagoniza a caminhada pelo Éden americano.

Ao contrário de Camões, Sousândrade transforma o narrativo em notações rápidas, como se ante a sua visão ciclópica desfilassem, em desabalada, as cenas do périplo do Guesa. Ao mesmo tempo, constrói os versos como impelido pela ideia de ruptura, a ruptura da lógica no âmago da metáfora, que reflete o desmoronar de uma ordem lógica na composição dos cantos do poema: a unidade (começo, meio e fim) do poema todo não implica uma ordenação plausível, nem no tocante ao espaço nem à cronologia. A errância de Guesa percorre lugares verídicos, como de resto os heróis épicos desde Ulisses, mas sem obedecer à verossimilhança geográfica ou temporal. Peregrinação mítica, é no plano do mito que se desenrola, à maneira da aventura nas novelas de cavalaria ou das viagens surrealistas de Macunaíma. De onde o componente fabular ceder espaço a uma narrativa irreal (no universo do poema): como se perambulasse não o ser corpóreo de Guesa mas a sua essência anímica ou imaginária. A peregrinação desenvolve-se como sonho de olhos abertos, ou visão mágica que um ser privilegiado, o Guesa, experimenta, visão mágica de um mundo que desperta como mito histórica e geograficamente determinado, o mito de Atlante volvido real no dorso dos Andes e nas vastidões do Amazonas e da Patagônia.

Poema épico estético (ao invés de filosófico ou doutrinal, à maneira de Camões), *O Guesa* compõe-se pela justaposição de fragmentos metafóricos e não pela cadeia lógica (ao menos na sequência do discurso poético) das partes, cantos ou estrofes. Fundado na beleza do verso como mediador de situações mágicas, fruto de a palavra poética reavivar a estesia adormecida, o poema estrutura-se como agrupamento de imagens cantantes e reverberantes: a beleza das Américas, oculta ou destroçada pelo invasor prepotente, eis o cerne do poema. Épica estética, tão nova quanto as Américas, a espelhar o tempo novo, em que as epopeias já não têm razão de ser, e uma geografia nova, em que floresce a beleza (primitiva) e ainda não contaminada, como na Europa, pelo ceticismo intelectualista dos filhos da Revolução Francesa. Épica estética, única saída possível para um canto que se deseja reflexo da grandeza exuberante do solo americano, quando já pertenciam ao passado arqueológico as epopeias criadas à imagem e semelhança das dos Antigos. Épica sem moralidades patentes, vislumbra um mundo adâmico, anterior às reformas culturais, imerso num tempo e num espaço primordial assinalado pela integração mágica do homem na natureza.

O Guesa ainda se identifica como épica estética na medida em que a jornada do herói transcorre num clima mítico, mas destituído de implicações metafísicas ou transcendentais: o aspecto filosófico, que a errância do Inca poderia ostentar, como a de Ulisses e outros protagonistas de epopeias, é preterido pelo aspecto estético. É a beleza, mítica, do *Homo americanus* que está em causa, beleza que caracteriza o solo edênico em que o Guesa vaga, beleza sem conotações sobrenaturais; ao exaltar o Inca como herói dos trópicos, Sousândrade congeminava uma epopeia ameríndia, em que o próprio herói simbolizasse os deuses que outrora habitavam o Olimpo, e o seu périplo unifica os planos humano e divino em que transcorria a ação épica dos Antigos.

Como se o solo ameríndio fosse o Olimpo, e seus moradores, deuses e ninfas, o Guesa erra num tempo e num espaço onde o verossímil e o ideal se fundem inextricavelmente: o Maranhão é simultaneamente a terra natal do poeta/Guesa e onde se encontra Coelus, a "musa da zona tórrida" (canto VIII), assim desmanchando o binômio dionisíaco/apolíneo em favor duma unidade entre as duas dimensões espaçotemporais. Mitificação do cosmos ameríndio, o poema pressagia, na figura do Guesa, o Macunaíma, "herói sem nenhum caráter", à custa de representar a múltipla face que o homem americano exibe perante o seu destino no continente selvagem em que lhe foi dado viver: o mito do Eldorado, patente desde a manhã do descobrimento do Novo Mundo, delineia-se aqui em toda a sua pujança poético-mítica:

> Amazonas! ó mar mediterrâneo,
> Pressentido Eldorado de tesoiros[2]

Retrato da proteiforme América anglo-hispânica, *O Guesa* move-se sob o signo do fragmentário e do sincrético: fragmentário não por ter sido composto e publicado quase canto a canto, durante trinta anos, mas porque a sua concepção reflete a colcha de retalhos que constituem os países do Novo Mundo quando examinados à luz das peculiaridades regionais; fragmentário porque não o preside uma ordem ideológica ou

---

2. *Idem, O Guesa*, Londres, Cooke & Halsted, s.d./1888?/, p. 170. As demais citações serão extraídas da mesma edição.

conceptual imposta do alto ou de fora para dentro, o que o remontaria às nascentes clássicas; fragmentário porque criado sob inspiração dum liberalismo anárquico, espelho das inquietudes do poeta e da própria América inóspita, bizarra e "primitiva"; fragmentário, em suma, porque, de acordo com as matrizes românticas, antiabsolutista. De onde os segmentos — verdadeiras unidades a sintetizar o cosmorama americano, seja o "Tatuturema", símbolo da América Latina mergulhada numa atmosfera mítica, seja o "inferno de Wall Street", símbolo da contraface norte-americana, imersa no círculo infernal do *business* — os segmentos se justaporem como peças dum quebra-cabeça, ao fim do qual se mostra, polimórfico e colorido, o rosto impávido das Américas.

Paralelamente, o poema carrega um sincretismo que resulta das várias mutações geográfico-étnicas da realidade do Novo Mundo: nas andanças pelas Américas, pois que a África e Europa são apenas mencionadas, o Guesa acaba assimilando as suas múltiplas geografias, mitologias, estágios culturais, etc., como se o mosaico do Novo Mundo se reproduzisse na romagem, entre onírica e paranoica, do herói-arquétipo. Ora, a tal sincretismo da matéria que enferma o poema corresponde um sincretismo estrutural, variando desde os versos em que ressoa, límpida, a voz da tradição vernácula (canto V):

> Cedinho amava o Guesa alevantar-se
> E olhando aos céus ficar, pela alma extática
> Sentindo do Oriente a transcoar-se
> Doce, nativa luz, alva, simpática!
> Partir antes do albor — leda e formosa
> Através do luar a caravana
> Com a vista a seguir, tão vagarosa
> Caminhando na pálida savana;

até as estrofes onde a ousadia inventiva segrega hibridismos esdrúxulos, fruto dum estilo metafísico-existencial, conversacional-irônico, sintético-ideográmico,[3] tudo em cruzamentos heteróclitos, que apontam para uma fantasia poética no mais alto grau de incandescência, tomada pela febre duma ideação delirante, diabólica, como a criar os versos em meio a um *sabath* de loucuras apocalípticas (canto X):

---

3. Augusto e Haroldo de Campos, *Revisão de Sousândrade*, S. Paulo, Edições Invenção, 1964.

(Magnético *handle-organ*; *ring* d'ursos sentenciando à pena-última o arquiteto da Farsália; odisseu fantasma nas chamas dos incêndios d'Albion:)
— Bear... Bear é ber'béri, Bear... Bear...
= Mammumma, mammumma, Mammão!
  — Bear... Bear... ber'... Pegasus...
    Parnasus...
= Mammumma, mammumma, Mammão.

Gesto-limite duma imaginação à beira de paralisar-se em desintegrante convulsão — como sucedeu a Mário de Sá-Carneiro, um dos avatares vernáculos de Sousândrade, — nem por isso destrói a harmonia fundamental que unifica *O Guesa*, como se presidido por uma pré-lógica ou lógica irracional, que encontrasse reforço epistemológico na dualidade hegeliana. De onde a contínua mutação estilística do poema parecer coagular-se num barroquismo intemporal, espécie de horizonte de todo criador de poesia, que os primeiros divulgadores modernos de Sousândrade, a começar de Fausto Cunha,[4] muito bem detectaram:

> na obra de Sousândrade este caráter barroquista se manifesta nos cultismos léxicos e sintáticos (palavras raras e arcaizantes, neologismos, hibridismos; hipérbatos, elipses violentas, elusões e alusões, etc.); no arrojado processo metafórico, que não hesita ante a *metáfora pura* e a catacrese na recarga de figuras de retórica; no requinte da tessitura sonora, que incorpora os entrechoques onomatopaicos e a dissonância, enfim, na opção por um fraseado de torneio original e inusitado, que se lança a importação constante de recursos sintáticos e morfológicos de extração estrangeira (greco-latina, francesa, anglo-germânica), além de eventuais interpolações idiomáticas (de palavras ou sintagmas) que vão beber ainda em outras fontes, como o tupi, o quíchua, o espanhol, o italiano, o holandês.[5]

Se em todos esses recursos é possível divisar o barroquismo do poeta maranhense, também o é em soluções que lembram nitidamente o Barroco estética-literária-dos séculos-XVII-e-XVIII (canto V):

---

4. Num ensaio de 1954, sob o título de "Sousândrade e a Colocação de Pronomes no Romantismo", mais tarde recolhido em *O Romantismo no Brasil. De Castro Alves a Sousândrade* (Rio de Janeiro, Paz e Terra, 1971), Fausto Cunha considerava o poeta maranhense "dos primeiros modernistas do mundo", prometendo um "estudo mais demorado desse poeta" que não chegou a realizar (p. 144). E num estudo reunido em *Romantismo e Modernidade na Poesia* (Rio de Janeiro, Cátedra, 1988), recordará que o "caso Sousândrade" havia sido reaberto por ele em 1954 (p. 40).

5. Augusto e Haroldo de Campos, *op. cit.*, p. 15.

> Oh! oh! terrível! quando em claras pérolas
> O orvalho brilha e se derrama e perde!
> ....
> Oh! o sagrado
> Vulto! lá vem!... co'os dois fios de pranto
> Em cristais reluzentes pelo rosto,

Isto permite supor que o sincretismo do poeta nem sempre oculta as raízes: como todo vate, sintetizou as várias faces do passado no presente da ideação, e caldeando-as com a imaginação desenfreadamente visionária, arremete para o futuro, antecipando-se no tempo e à sua cultura. Como todo poeta superior, absorve a orquestra de vozes que o precederam e, acrescentando-lhes o seu quinhão de criatividade, lança a poesia para a frente, prefigurando o futuro (canto XII) — "Os sonhos, que conduzem ao futuro", — que para muitos, dentro e fora da cultura luso-brasileira, demoraria ainda para chegar.[6]

O revolucionário da poesia de Sousândrade, não só em relação à épica mas também à poesia oitocentista em vernáculo, reside, por conseguinte, na desarticulação da linguagem, estabelecendo a ruptura dos padrões convencionais em moda até o tempo e antecipando, de muitas décadas, experiências modernas. O imprevisto instala-se onde reinava a harmonia baseada em leis de conformidade e ordem: Sousândrade leva às últimas consequências a sugestão de aventura posta em voga pela reforma romântica. Aventura em busca do insólito, mas dum insólito que se propõe espontaneamente e não como resultado de cerebralismo ou artificialismo. Na verdade, o insólito manifesta-se como anticerebrino ou antiartificial, na medida em que parece brotar naturalmente da pena, fruto de uma liberdade criadora que somente agora entra a ser explorada em toda a extensão. Insólito que emerge da libertação dum inconsciente repleto de imagens arquetípicas à espera do chamado à superfície da memória, com todo o cortejo de primitivismo ou a-racionalismo, como se repentinamente, numa espécie de escrita automática *avant la lettre*, o poeta se pusesse a extravasar o conteúdo multímodo do seu mundo interior, represado durante séculos pelo *decorum* clássico, e que aguardasse o sono cataléptico parnasiano e sequelas equívocas, para irromper em nossos dias como revolução irreversível da arte poética em vernáculo.

Como um dique que cedesse ao ímpeto de águas milenarmente contidas, a poesia de Sousândrade, sobretudo em *O Guesa*, escachoa uma

---

6. *Idem, ibidem, passim.*

desarticulação que se realiza em todos os níveis, desde a lógica das frases ou dos versos até o ritmo: aqui o poeta emprega recursos expressivos que andam dispersos, por vezes mal aproveitados, pelos nossos românticos, evidenciando um domínio da matéria poética digno dum bardo superior. Um domínio inato, instintivo, aprendido antes na visão da própria interioridade e na cultura ampla e viva que na simples leitura de outros poetas. Domínio tão surpreendente que os expedientes corriqueiros — como a rima — tombam à fascinação de uma torrente de segmentos melódicos que se encadeiam com ininterrupta fluência, sustentando o vigor e a temperatura da inspiração, dado que as estrofes resultam mais da contiguidade que dos nexos lógicos.

Somente um poeta fora do comum, pela forma e pela ideação, conseguiria que o leitor desatendesse aos acidentes poemáticos para se entregar à fruição dos versos, que se enlaçam por afinidades secretas, permitindo manter a temperatura ideativa praticamente no mesmo ponto, como se uma pré-lógica ou construção mítica presidisse à sequência das frases. A magia que enforma a visão do poeta transmite-se ao leitor, hipnotizado por um canto de sereia que promete recompensas, a da sua própria beleza sonora e plástica, em troca do alheamento que reclama.

Sincrético na forma, *O Guesa* ainda o é no conteúdo mítico, quer por refletir os vários mitos que o Novo Mundo tem produzido, quer por fundi-los com a tradição, em que o poeta, bem ou mal, se move. À rapsódia de mitos e usanças folclóricas ou indígenas adiciona a mitologia hebraico-cristã, não como duas dimensões do maravilhoso, à Camões, mas como partes integrantes dum caleidoscópio mítico, o caráter sincrético das Américas, em que se funde a história milenar de civilizações extintas (inca, maia, azteca) à escatologia mesopotâmica. *O Guesa*, nesse particular, assume uma verossimilhança que nenhuma das tentativas épicas em vernáculo alcançou, constrangidas pelo exemplo camoniano a coligar mecanicamente a teogonia católica e as manifestações religiosas indígenas: em *O Guesa*, a verossimilhança expressa um sincretismo não raro derivando para formas elementares de superstição ou magia negra, que não teme a junção de ritos opostos, contraditórios mesmo, mas condensados em práticas que, como milagres, resistem, ainda hoje, ao tempo e ao progresso.

E levando a verossimilhança a um grau de clarividência quase mediúnica — se tivermos em conta o clima de frenesi em que *O Guesa* parece ter sido elaborado, — Sousândrade não esconde a inclinação religiosa já revelada em *Harpas Selvagens* e que no centro dessa miscelânea teologal habita a ideia de Deus, "Uno-Deus", ideia-força, na verdade, uma vez que encontra na alma do herói/poeta a identificação profunda que todo crente busca ardentemente (canto X):

> Em Deus estou quando me sinto amado,
> Oh, quão feliz na divindade minha!
> ....
> Jesus é a humanidade divindade,
> O Homem-Deus, existindo na Alma-Deus

a ponto de (canto VI): "Deixados os palmares, ora o Guesa/À sociedade dos Cristãos amava".

Épica cristã? Em verdade, a metamorfose do Guesa simboliza a conversão do aborígine americano ao Catolicismo, mas não na vertente jesuítica, senão como rito do sagrado intemporal e inespacial; numa palavra, a conversão assinalaria o encontro, em transcendência, das crenças pagãs e cristãs, igualadas, na "alma-Deus" do Guesa, pela essência mítica, por sobre as diferenças rituais ou contingentes. A fusão, portanto, opera-se no âmago de religiões aparentemente desavindas, mas irmanadas, para quem flutua em pleno espaço mítico, pela ideia-matriz que as sustenta, — o "Uno-Deus". Aqui, o épico, entendido como categoria literária supraformal, atinge a sua medida mais vasta e alta: visão da totalidade do Universo, enfermada pelo mito, que não tem pátria nem respeito à cronologia quando situado na perspectiva epopeica. Épica cristã? Epopeia do Novo Mundo, onde se congraçam, no próprio núcleo de sua essência, os mitos do Ocidente, gerados, pela herança judaico-cristã, e os desvendados no "paraisal jardim" das Américas. Eis, em síntese, *O Guesa*.

Encontro, pois, de milenares correntes míticas, *O Guesa* distingue-se como a epopeia do Novo Mundo, na qual a miscigenação "selvagem", gerada pela "crença formosa do infinito" (canto X), oferece condições para a antevisão do futuro, seja do homem que se gesta nesse *melting pot*, seja da própria Humanidade. Como a ler no texto mágico das Américas, o poeta profetiza-lhe o destino, e o tom profético e messiânico — dissimulando um pensamento político levado às raias da anarquia, — cristaliza-se em fórmulas nas quais o sincretismo ainda mostra a face, ao chamar Cristo de "revolucionário eterno" (canto I) — como se previsse os tempos de hoje, — ou em que o amor aos oprimidos é afirmado aberta e inequivocamente, na denúncia das chacinas dos indígenas (canto II), e o ideal da república declara-se alto e bom som (canto XII): "Viva, povo, a república", a ponto de converter-se na (canto XI)

> esperança do futuro,
> República social, ó revivente
> Sempre-Fênix!

e conclamar Platão a realizar nas Américas a sua utopia (canto XI):

> Vem, ó Platão, fundar tua República,
>   Eis a pátria edenal, nativo o crente,
>   Do socialista a lei, tua e tão pudica
>   Às de Jesus guiando, ao Deus vivente!

sempre em mistura com a fé na mitologia hebraico-cristã, que recorre, pouco depois, como fio condutor duma peregrinação que, no término, encontra o exemplo da ideia generosa que a estimulava (canto XII):

> E amou o Guesa ao povo o mais ditoso
>   Das leis republicanas. Ia ao templo
>   Ouvir a voz de Salvador-Donoso,
>   Glória do púlpito: ele amava o exemplo
> Da religião católica num justo,
>   Estoico o amor, serena a divindade
>   Do Homem-Cristo

Anseio e visão profética amalgamam-se para compor o quadro onde a História situaria, pouco depois, os países das Américas, inclusive o Brasil. E no bojo dessa profecia/aspiração, nem falta o vaticínio do futuro predestinado para o Amazonas (canto IX):

> Amazonas! ó mar mediterrâneo,
>   Pressentido Eldorado de tesoiros,
>   Hóspede misterioso do oceano,
>   Pátria do mundo em séculos vindoiros

ou para as Antilhas (canto IX):

> Oh! num céu edenal errando eterna,
>   Vejam a nuvem branca pelos ares!
>   São as Antilhas os jardins dos mares,
>   Onde houve berço a geração moderna!

num ufanismo tão distante dos exageros à Sebastião da Rocha Pita quanto mais se dirige às Américas e não simplesmente ao Brasil, e se exprime numa dicção concisa, talhada em inspirados emblemas de mágico efeito.

E é no âmbito dessa edenal realidade que erra, messianicamente, o Guesa, Proteu americano, no qual convivem as emanações míticas do pretérito das Américas e os anúncios luminosos do futuro, de forma que tudo conflui para um porvir que há de chegar: o tempo do *Homo americanus* não é o pretérito, mas o vindouro. A sua história começaria não nas civilizações pré-colombianas que o invasor dizimou, mas na posteridade, que há de identificar-se pela síncrese das civilizações mortas e o rescaldo da cultura europeia. No futuro desse tempo que se extinguiu passarão a ter existência plena as civilizações que desapareceram legando aos pósteros o prenúncio do tempo que há de vir (canto XI):

> E é do Guesa a existência do futuro;
>> Viver nas terras do porvir, ao Guesa
>> Compraz, se alimentar de pão venturo,
>> Crenças do Além, no amor da Natureza

Herói novo dum mundo em formação, que *"só é se for utopia,* história em marcha no rumo de uma idade de ouro",[7] o Guesa é uma mescla de Ulisses e Aasverus pelo flanco europeu da sua proteiforme interioridade (canto IV):

> Era o Guesa... o selvagem, puro, meigo
>> Ante a fé sacrossanta da amizade;
>> Vingativo implacável, duro e cego
>> Aos que, irmãos seus, mentiam-lhe a verdade.

> Vagabundo, inconstante, enamorado
>> Do céu azul, da onda e dos jardins:
>> Nos mares, qual as vagas embalado;
>> E na terra — a *loucura* entre os *jasmins.*

E é o herói telúrico, pelo flanco americano, identificado com o Novo Mundo (cantos II e III):

---

7. Octavio Paz, *El Arco y la Lira,* México, Fondo de Cultura Económica, 1956, p. 278.

> — Eu sou qual este lírio, triste, esquivo,
> Qual esta brisa que nos ares erra.
>
> ....
>
> Quando na harpa da terra, cujas cordas
>   São estes longos solitários rios,
>   Ressoa a natureza; quando às bordas
>   Os jaguares a olhar pasmam sombrios.
> E qual eles, eu venho acompanhar-te,
>   Deusa dos roçagantes véus doirados!
>   Se me aparto de ti, quantos cuidados,
>   Quantas saudades tenho de deixar-te!
> Ó noites do Amazonas! ó formosas
>   Noites d'enlevos! tão enamoradas!
>   Alvas, tão alvas! e as canções saudosas,
>   Encantos do luar, sempre cantadas!

de forma a mitificar o convívio com a natureza, numa ucronia que o Romantismo perseguiu em vão. Objetividade transcendental, dir-se-ia, não fosse antagônica à poesia e não estivesse latente uma subjetividade angustiada que prefere ignorar-se para evitar que se trivialize em registro liricamente egolátrico o diálogo encantatório com a natureza virgem das Américas.

Não falta, porém, nesse peregrinar tormentoso e mágico pelas Américas, o toque de lirismo, afinal de contas comum mesmo nos poemas em que o lastro narrativo, por demasiado, tende a desequilibrar o barco da inspiração épica. E como em tantos poemas no gênero, desde *Os Lusíadas* até *Invenção de Orfeu*, os interlúdios líricos emanam poesia de superior voltagem, graças à finura e limpidez da intuição e à concisão tensa da linguagem. E como seria de esperar, por meio do lirismo Sousândrade retorna às fontes primeiras e genuínas da poesia em vernáculo. Nem falta a metafísica da saudade, anunciada logo à entrada de *O Guesa* (canto I) — "Lágrima, orvalho da saudade" — e que recorreria ao longo do poema, como contraponto à deambulação compulsiva do herói (canto XIII):

> E ouviu canção dos mares — oh, *saudade*!
> Doce quietude, divinal tristeza.

à procura, no longe da paisagem, do Éden que se localizava na terra de origem (canto V): "Jerusalém das selvas, ó Vitória."

E como por entre a lágrima perpétua da saudade, o poeta adivinha tudo em derredor, numa transparência que prenuncia o Simbolismo torturado dum Cruz e Sousa (canto I):

> É meigo e doce o olhar, meiga a saudade
> Que do trono de sombras vaporosas,
> Dos altos montes e as etéreas rosas
> Contemplativa nos despede a tarde.

como se o espaço natural se volvesse mágico à custa de o poeta/herói/ Guesa — "revestido do *signo*" (canto II) — trazer "a natureza na alma" (canto VIII) e "nos seios d'alma-Deus e pensamento" (canto VIII). Lirismo romântico porque nascido das profundezas do "eu" que entra a conhecer-se nos estratos mais íntimos, e por isso antevisão do mergulho simbolista no labirinto interior, — mas antirromântico por não fazer concessões à sentimentalidade compungida em que afundava a egolatria romântica. Por outros termos, lirismo peculiar ao épico, naquilo em que repercute a/e colabora para a sugestão de monumentalidade grave, inerente à visão prometeica do mundo. Lirismo arquetípico, a ressoar, no microcosmos do poeta e na paisagem à distância da mão e do olhar, o mito do Guesa-herói-do-Novo-Mundo, para onde se transladou o sonho mítico de povos — europeus — que encontraram na peregrinação eterna o símbolo da própria existência individual, sem pausa entre o nascimento e a morte.

Heterodoxo em relação à épica clássica, heterodoxo em relação à poética romântica, aquela marcada pela rigidez categorial de extração aristotélico-horaciana, esta eivada de ingenuísmo, a falsa ingenuidade que resulta da abdicação, deliberada ou não, do pensar em favor do sentir, — *O Guesa* assoma, paradoxalmente, como o grande poema épico da literatura brasileira. Paradoxalmente porque o tempo histórico das epopeias já havia expirado, como ensinava Hegel, e porque *O Guesa* não é uma épica brasílica, mas americana, ou mais precisamente, incaico-americana. Visão profética, que o Brasil-continente inspirava e justificava, como se resumíssemos, em nossa diversificação geográfico-étnica, o próprio ser múltiplo das Américas? Pelo sim, pelo não, *O Guesa* distingue-se como o nosso único poema épico de alto nível, comparável à *Invenção de Orfeu*, com a diferença, que o favorece, de o poema de Jorge de Lima se arquitetar à luz duma cosmogonia de filiação camoniana, identificada pela mescla de valores greco-latinos e hebraico-cristãos.

A fulgurante, ainda que obscura, carreira de Sousândrade termina com *Harpa de Ouro*, de vez que as *Liras Perdidas* enfeixam primícias ou produções menores, espécie de ensaio para a *opus magnum* que é *O Guesa*. Composto na década de 1880, no auge da campanha republicana, *Harpa de Ouro* exibe a mesma desconexão de *O Guesa*, mas agora menos flamejante; ao contrário, é inadequada a um poema em louvor da República. Inexistentes que são os liames profundos entre o canto e o fato, este torna-se pretexto para uma heroide que, com ares de continuação de *O Guesa* em torno de um acontecimento recente:

> Após mil desgraças, ao Guesa
> Rojou à áurea praia — E ele a ouvir
> Hinos triunfais da Marselhesa
> Sorrindo a França ao do porvir
> Novo Odisseus.[8]

acentua, negativamente ou monocordiamente, a desarticulação anárquica de *O Guesa*: sabe a redundância o emprego duma dicção original a um assunto de momento e corriqueiro, entre outras coisas porque não permitia a mitificação que caracteriza os episódios de *O Guesa*. E sem o mito, a poesia de Sousândrade torna-se clichê de si própria, exercício formal, ainda que de superior fatura e com a modernidade que já se patenteava no poema épico. De onde as extrapolações recorrentes, como a seguinte:

> Indianas calmas — oh! *iandara*!
> Oh! *inruceêm* dos favos teus
> Do céu da boca: a nós cantara
> *Te Deum laudamus*! Alma-Deus
> Em que o doce amor encantara
> Os dias nossos, teus e meus.

que, indicando a presença das constantes que fundamentam a cosmovisão do autor, encerram as passagens mais bem realizadas de *Harpa de Ouro*. Mas acusam a inadequação de um estro épico a um acontecimento sem maior relevo mítico (inclusive hoje, à distância de mais de um século, tempo suficiente para adquirir a dimensão épica que o poeta

---

8. Sousândrade, *Inéditos*, S. Luís do Maranhão, 1970, p. 41. As demais citações serão extraídas desta edição.

pretendia emprestar-lhe), seja porque presente, seja porque de ordem histórica, exterior. Incapaz de congeminar epicamente, como de hábito, em torno de um evento historicamente importante mas despido de aura mítica, o poeta, já de si fragmentário em sua visão do mundo, desliza para assuntos marginais, caros à sua fome de mitogenia, e abandona de vez a mitologia ameríndia pela cristã, não obstante a opção se justifique pelo próprio assunto da obra:

> Deus o Infinito, sempre-hodierno,
> Abismo-Entranha universal
> Onde os astros giram internos —
> Incompreensível? oh! qual!
> Teus olhos atestam o Eterno
> E este amor indica o Eternal.
> ....
> ....
> Volta à terra quem sai de Deus.
> ....
> Da nova crença, a Liberdade
> Alma transparente de Deus.

Decerto, justificava que o poeta se debruçasse no evento redentor não apenas o seu ferrenho republicanismo mas também o fato de ser a República um capítulo novo, eruptivo e brilhante, do périplo americano do Guesa: a América-Brasil libertava-se finalmente e cumpria o seu (pré-) destino democrático, profetizável por quem, como Sousândrade, se habituara a sonhá-lo e a decifrá-lo no espelho mítico das Américas. Reagindo, porém, demasiado prontamente ao cisma histórico, o poeta descurava de fermentá-lo no inconsciente para, elaborando-o segundo as matrizes arquetípicas de *O Guesa*, elevá-lo à condição de mais uma cena mágica da história odisseica das Américas. Quase poesia circunstancial — no pior sentido da expressão, — não fosse animá-la o mesmo ardor do poeta formalmente revolucionário, impelido por uma visão épica do mundo.

Entrevista em conjunto, notadamente pelo *O Guesa*, a obra de Sousândrade altera a perspectiva não só do Romantismo como também, na medida em que se reflete nas épocas posteriores, de toda a atividade literária nacional. Nenhum exagero haveria em afirmar que estamos perante a voz mais poderosa da poesia romântica e uma das mais altas e vibrantes da literatura brasileira: uma história literária marcada pelo lirismo, não raro derramado em pieguice, encontra a mundividência épica que lhe faltava e que lhe oferece a esperada dimensão universalista.

EPÍGONOS E PRECURSORES

Poetas menores, embora prestigiados no tempo, algumas vezes mais do que Castro Alves e Sousândrade, houve-os em grande escala, como se pode ter uma ideia percorrendo a obra de Sílvio Romero, ou *A Literatura no Brasil* (direção de Afrânio Coutinho), ou a *História da Inteligência Brasileira*, de Wilson Martins, ou as antologias dedicadas ao Romantismo, nomeadamente a de Manuel Bandeira (3ª ed., 1949), Edgard Cavalheiro (1959) e Péricles Eugênio da Silva Ramos (1965). Além de não resistirem ao confronto com aquelas duas figuras, poucos deles merecem destaque. Ecléticos por uma espécie de incapacidade de "assistir num só terreno", como diria Bocage, denunciam, contudo, predileção por duas vertentes, a condoreira, representada por Tobias Barreto, Luís Gama, Paulo Eiró e outros, e a regionalista, na qual se incluem os temas populares e naturistas, representada por Juvenal Galeno, Bruno Seabra, Narcisa Amália e outros. Tanto numa como noutra se inscrevem nomes pertencentes à terceira geração romântica, e alguns que, vindo antes, cumprem a função de predecessores.

TOBIAS BARRETO de Meneses (1839-1889) é o exemplo mais brilhante do *self made man* na versão cabocla: sergipano, mestiço, mal aprendeu as primeiras letras e latim, entrou a ensinar, por concurso, essa matéria; formado em Direito por Recife, tornou-se professor na escola em que se diplomara. Dispersou-se pela poesia, estudos jurídicos, filosóficos e políticos: no âmbito da primeira, única que nos interessa no momento, publicou *Dias e Noites* (1881). Pertencem ao folclore literário a competição oratória, poética e teatral entre ele e Castro Alves, e, mais ainda, a obtusidade crítica de Sílvio Romero, preferindo entusiasticamente o primeiro ao segundo, num longo e indigesto capítulo de sua *História da Literatura Brasileira*[1] todo crivado de exclamações, a modo de estribilho, no gênero: "Todas as grandes culminâncias intelectuais e

---

1. Sílvio Romero, *História da Literatura Brasileira*, 5 vols., 4ª ed., Rio de Janeiro, José Olympio, 1949, vol. IV, cap. III.

morais têm ali um harmonioso acorde"; "é de notar a perpétua doçura, a inalterável meiguice, a nunca desmentida delicadeza dos sentimentos e da sua natural expressão em as citadas peças líricas. Não existem mais mimosas em nossa língua"; "é o lirismo em sua forma seleta, em seu mais puro esmero"; "o lirismo nessas três oitavas atingiu a esfera da grande arte, eterna e impessoal". E já pertence ao patrimônio dos "juízos do tempo" que, verdadeiramente, a produção poética do sergipano era de segunda ou de terceira ordem, quando cotejada com a do rival e, sobretudo, a de Sousândrade.

Algumas imagens menos infelizes, ou certa fluência no andamento dos versos, não compensam a imitação patente de Casimiro de Abreu,[2] o "literário" da inspiração, mesmo quando experiências verídicas, notadamente as relativas ao amor incorrespondido ou proibido, fizessem esperar descontração e frêmito poético. E mais do que o pecado da transpiração e da subserviência meio colegial aos padrões em moda, escorrega volta e meia em metáforas de mau gosto, inconcebíveis num poeta, já não dizemos visitado pelas musas, mas culto, como timbrava em ser. Um lírico que perpetra versos como ("Pelo dia em que nasceste"):[3]

> Minha alma bebe os orvalhos
> Do teu suor odoroso
> ....
> Meu amor é o cismar da fera triste,
> Fitando estúpida o clarão da lua...

ou confessa, entre ingênuo e dependente ("Ideia"):

> Quando as lágrimas enxugo
> No fogo de um verso de Hugo

ou cede à rima forçada com o vocábulo "abrigo" ("À.."):

> Minh'alma dorme na concha
> Cheirosa do teu embigo...

---

2. Fausto Cunha, *A Literatura no Brasil* (dir. de Afrânio Coutinho), 3 vols., Rio de Janeiro, Sul-Americana/S. José, 1955-1959, vol. I, t. II, p. 804.

3. Tobias Barreto, *Dias e Noites*, Rio de Janeiro, Organização Simões, 1951, p. 90. As demais citações serão extraídas da mesma edição.

é decididamente inferior, a despeito do papel que representou como homem de ideias. Além da poesia lírica e a condoreira, deixou versos satíricos, menos maus, e ensaios de poesia religiosa, onde talvez a sua cultura livresca, de base germânica, e o seu *pathos* encontrassem melhor pouso e significação.

Em semelhantes coordenadas move-se LUÍS Gonzaga Pinto da GAMA (1830-1882): escravo forro, tornou-se um dos baluartes da causa abolicionista, e nesse terreno alcançou nomeada e respeito, que não logrou com as suas *Primeiras Trovas Burlescas de Getulino* (1861), onde se reúnem poemas satíricos, à Gregório de Matos, centrados em pessoas e instituições do tempo, não raro vinculadas à questão dos escravos. Além de que "o seu verso (...) não prima pela beleza da forma (...) não cintila em lavores de Arte (...) a rima por vezes é paupérrima",[4] o próprio fato de ser satírica (com exceção de duas trovas, "Minha Mãe" e "No Cemitério...") evidencia curto fôlego poético, apesar da generosa visão do mundo que a sustenta.

De resto, o abolicionista estava "por demais convencido do pouco que" as suas *Trovas* valiam e tinha plena consciência de que lhe faltava "pensamento / Ornado de frases finas, / Ditadas pelo talento".[5] Note-se, ainda, que a sua lira não descamba nem na pornografia nem no sensualismo, apesar de a invocação à "Musa da Guiné, cor de azeviche", logo na segunda trova, fazer supor o contrário: arrimada ao exemplo de Nicolau Tolentino e à faceta graciosa de Gregório de Matos, preferiu-se burlesca, contraface da mundividência ingênua, idealista e grave, — joco-séria numa palavra, como, por exemplo, em "A Um Nariz":

> Nariz alado,
> De cor brinjela.
> Que de pinguela,
> Serviu no Amazonas celebrado.

ou "Quem sou eu?" também conhecida por "A Bodarrada", que Manuel Bandeira considera "a melhor sátira da poesia brasileira":[6]

---

4. Coelho Neto, "Duas Palavras sobre Luís Gama..", nota apensa à 3ª ed. das *Primeiras Trovas Burlescas de Getulino* (1904) e reproduzida nas obras completas do autor que Fernando Góes compilou, sob o título de *Trovas Burlescas & Escritos em Prosa* (S. Paulo, Cultura, 1944).

5. Luís Gama, *ibidem*, pp. 13, 33. As demais citações serão extraídas da mesma edição.

6. Manuel Bandeira, *Antologia dos Poetas Brasileiros da Fase Romântica*, 3ª ed., Rio de Janeiro, INL, 1949, p. 16.

Amo o pobre, deixo o rico,
Vivo como o Tico-tico;
Não me envolvo em torvelinho,
Vivo só no meu cantinho:
Da grandeza sempre longe
Como vive o pobre monge.
Tenho mui poucos amigos,
Porém bons, que são antigos,
Fujo sempre à hipocrisia,
À sandice, à fidalguia;
Das manadas de Barões?
Anjo Bento, antes trovões.
Faço versos, não sou vate,
Digo muito disparate,
Mas só rendo obediência
À virtude, à inteligência

Ainda no quadro da poesia social se localiza a obra do santamarense PAULO Francisco de Sales Chagas EIRÓ (1836-1871), abalada por uma tensão de nervos que se diria pressagiar a demência na qual o poeta mergulhou nos últimos cinco anos de vida, provavelmente em razão de amores contrariados. E o mesmo vento de funestos agouros parece ter--lhe revolvido as composições que deixou: das "oito coleções de poesia, que constituem a sua produção até aos vinte anos",[7] somente restaram 190, além do drama *Sangue Limpo* (1863), dois textos em prosa (*Carolina* e *Como se morre*) e "coletâneas de versos caipiras e de modinhas".[8] Das 190 composições, 65 foram recolhidas em apêndice ao volume biográfico que Afonso Schmidt dedicou ao poeta, permitindo uma ideia, ainda que parcial, de sua trajetória.

Disponível como tantos dos contemporâneos, Paulo Eiró dedilhou várias cordas em sua lira tensa, desde a poesia de circunstância até a política, de feição condoreira, das quais avultam, pela constância e densidade, a poesia da desesperação, na esteira dos ultrarromânticos da Pauliceia, Álvares de Azevedo à frente, e a política. Aparentemente epigonal em relação aos byronianos de S. Paulo, deles se afasta na medida em que o desvario semelha antes provir-lhe de secretas regiões de um "eu" condenado às trevas da loucura que da pose ou artificiosidade literária. Sem excluir a

---

7. José A. Gonsalves, bibliografia de Paulo Eiró, em apêndice a *A Vida de Paulo Eiró*, de Afonso Schmidt, S. Paulo, Nacional, 1940, p. 272.

8. *Idem, ibidem*, p. 280.

hipótese de influência ou sugestão, a poesia visionariamente melancólica brota-lhe de vivências emocionais ou da previsão do futuro sombrio. E nem cabe, em se tratando de Paulo Eiró, discutir se a imersão confessional nos abismos do "eu" por vezes encerra menor força lírica: na avaliação de um poeta que morreu deixando obra dispersa, fragmentária, impossibilitando juízos definitivos, é a vibração pessoal que está em causa.

De qualquer modo, um poeta que confessa ("Triste e Só"):[9]

> Quando, em mudo delírio, me pergunto
> Se alma e vida terminam num lamento.
> Se é baldado tamanho pranto junto,
> Vem-me a ideia do Eterno ao pensamento,

ou se rende à Poesia, como síntese de uma cosmovisão atormentada ("Derradeiro Voto"):

> Antes, porém, Senhor, que eu volva ao nada,
> Dá-me o que a ave te pede: mais um dia
> Para entoar seu cântico à alvorada.
> Virá, talvez, mais plácida a agonia,
> Se eu tiver a cabeça reclinada
> No teu seio divino, ó Poesia!

está longe do desespero acadêmico do grupo paulista, graças a uma dicção original, fruto de "mudo delírio", em que se adivinha uma vocação metafísica que não se cumpriu de todo por ceder aos apelos da religiosidade ("Evangelho") e da política.

Abolicionista em *Sangue Limpo*, preludiou o condoreirismo de Castro Alves e seguidores, com a diferença, que o favorece, de assumir postura epicamente impessoal, ora chamando o raio de "condor de asas estridentes", ora explorando temas universais (Napoleão, Átila, Hungria), ora declarando-se republicano ('Verdades e Mentiras"):

> Tambores da república tocando
> Nas praças a rebate...
> Ó sonho, o mais querido, o mais dourado
> Dos meus sonhos de vate!

---

9. Paulo Eiró, *ibidem*, p. 223.

....

Cortes! Cortes! Covis do velho Caco,
Que os latrocínios abarrotam de ouro,
Sólio em que imperas, ó sistema vácuo,
Labéu do mundo, do Brasil desdouro!

Destruí esse dédalo risível,
Da cobiça de algum sórdido altar,
Em século de luzes, povo altivo
Dispensar pode um anjo tutelar.

Precursor do condoreirismo e, a um só tempo, dissidente do tédio literário da geração de Álvares de Azevedo (não obstante o fato de, numericamente, prevalecerem os poemas dentro dessa orientação), Paulo Eiró insuflou nas várias facetas de sua obra uma obsessão, oriunda de "coração delirante", "grato sonho do bardo visionário", que lhes confere unidade íntima e originalidade em relação às tendências cultivadas: subjaz à vertente 'byroniana uma indignação viril, ao mesmo tempo que à modalidade política se justapõe um idealismo de extração mística. Faces da mesma moeda, se em "Triste e Só" o prenúncio da morte não cede à passividade doentia em que se comprazam os membros da "Sociedade Epicureia", pois que o poeta de Santo Amaro sente possuir "ao lado a consciência / Como um sol radioso no levante", — em "Desabafos" as duas inflexões se fundem numa contensão irada que, repelindo o lirismo teatral em moda para ouvir as vozes interiores chamando para fora da realidade circunstancial, anuncia o futuro, mesmo o posterior à Castro Alves e a toda a poesia social:

É por isso que, nas veias,
Perpétuo o sangue me ferve;
Este colo, que não serve
Para sustentar cadeias,
Com angústia, bardo, o alteias,
E, vendo tanta maldade,
Vileza e brutalidade

Dentre os precursores da poesia social, talvez nenhum leve a palma a PEDRO LUÍS Pereira de Sousa (1839-1884), fluminense de Cabo Frio, formado em Direito por S. Paulo e que ocuparia altos cargos públicos, inclusive o de Presidente da Bahia, onde foi envenenado por um serviçal de confiança. Entretanto, o seu fulgor não passou de brilho efêmero. Publicou "Os Voluntários da Morte" (1864), "*Terribilis Dea*" (1868), "À Pátria" (1884), reunidos, com o mais do seu espólio no volume *Dispersos* (1934). Se o condoreirismo de Castro Alves sabe hoje a projeção dum "eu" narcisistamente amoroso, o de Pedro Luís mostra-nos o *sic transit* das glórias mundanas, fundadas mais na comoção provocada por um acontecimento histórico, necessariamente passageiro, ainda que revolucionário, do que numa superior inspiração que encontrasse naquele evento a similitude anímica sem a qual a criação poética roça a superfície do mundo ou se reduz a versificação escolarmente fria.

Amparando-se na retórica do momento, que punha ênfase na cadência marcial dos versos, Pedro Luís produziu composições de feição cívica como quem perorasse do alto da tribuna: no caso, não se trata de simples imagem, já que foi acima de tudo político, e político bafejado pelas amizades e pelo parentesco. Os escassos poemas condoreiros que engendrou, constituem extensão da atividade parlamentar, e quando os compôs na juventude, tão somente anunciava o ministro e o governador: a sua poesia é política por visar a fins que, conquanto nobres, não dissimulavam a perspectiva do homem público. Antípoda de Castro Alves, para quem a adesão política não estava em causa ou resolvia-se liricamente, Pedro Luís serviu-se do verso como dos discursos, — para lograr efeitos políticos.

De onde a efusão momentânea suscitada e o esquecimento em que tombou, seja porque Castro Alves o ofuscasse com a sua presença, seja porque se tratava de poesia de circunstância, no sentido restritivo do termo. É certo que poemas como "A Sombra de Tiradentes", "Os Voluntários da Morte" e "*Terribilis Dea*" desencadearam aplausos entusiásticos, chegando mesmo a tornar conhecido o seu autor em toda a parte, incluindo a Europa (onde se publicaram traduções para o francês, o alemão, o russo e o polonês de "Os Voluntários da Morte), mas também alcançaria semelhante êxito como tribuno inflamado. Diga-se a bem da verdade, contudo, que os seus versos transpiram uma sinceridade, uma empatia e mesmo uma fluência, que o distinguem no coro dos condoreiros menores: repassados de autêntica emoção, deslizam com naturalidade, ainda que um tanto aristocrática, numa limpidez que não vemos em Tobias Barreto.

Reunidos em 1934, os *Dispersos* do poeta abrem com um poema "A Vítor Hugo", datado de 1858, quando ia nos 19 anos, em que o bardo francês é invocado como "poeta soberbo".[10] Acusando uma filiação que os anos viriam a ratificar, o poema introduzia, como tem sido reconhecido pela crítica, o hugoanismo em nossas letras e prenunciava o condoreirismo de Castro Alves, sobre quem Pedro Luís exerceu notória influência. Além da prosa dispersa e traduções, o volume incluía composições líricas praticamente desconhecidas até a data, sem mencionar as satíricas, de menor importância. Tendo deixado fama de liberal exaltado, Pedro Luís surpreende, à primeira vista, com tal gênero de poesia, ressumante de espiritualidade postiça em voga no auge do Romantismo. A um exame detido, porém, tal fração do espólio de Pedro Luís, que sobreleva quantitativamente a dos poemas patrióticos, exibe o cerne de uma visão do mundo que não se alterou quando substituiu "a moça dos amores" ("Flor de Amor") pela Pátria e a Política. Tirante a hipótese, aliás irrelevante, de que "Lágrimas do Passado" teria endereço certo, tudo o mais denuncia visionarismo: o poeta que se refere a "Ela" como "uma visão", "visão ou sonho, nuvem mentirosa", que fala de si como de um sonhador, e confessa, à Hugo, que "O Poeta":

> Caminha sempre só. Tem fogo n'alma,
> Fogo do inferno que jamais se acalma;
> Bem poucas vezes viram-no sorrir:
> Despreza o vão sonhar da mocidade,
> Ama somente a voz da tempestade
>   Nos montes a rugir.

é o mesmo que, inspirado pela musa, "uma donzela cheia de quimeras" (*"Prisca Fides"*), se derrama, visionariamente, nos assuntos do momento. Ou se trata de poemas laudatórios ("Nunes Machado", "A Morte do Dr. Landulfo"), ou glosa de ocorrências do dia ("A Sombra de Tiradentes", por ocasião de levantar-se, em 1862, uma estátua a D. Pedro I), ou de motivo geograficamente longínquo ("Os Voluntários da Morte — Hino à Polônia", vilipendiada em sua integridade física; "Hino de Guerra" e *"Terribilis Dea"*, em torno da Guerra do Paraguai).

Visionário que mirava o longe e abstraía o perto — a escravidão. Não que o simples atentar para a injustiça social o fizesse merecedor de encômios, mas o situaria menos descomprometido com a realidade em derredor: se o nume tutelar de Castro Alves se enche de furor santo

---

10. Pedro Luís, *Dispersos*, Rio de Janeiro, Publs. da Academia Brasileira, 1934, p. 31. As demais citações serão extraídas desta edição.

perante a servidão ignóbil, é porque se deu o encontro harmônico entre a inspiração e o inspirado; se o de Pedro Luís preferiu os temas que não lhe manchassem a aura de tribuno e senhor feudal, é porque lhe escasseavam os dotes de poeta verdadeiro. Ambos cederam às circunstâncias, o que desde logo lhes restringe o alcance, mas divergiam no modo como o fizeram, o que lhes confere valor desigual: um, aristocraticamente, com a preguiça senhorial que reconhecia, — o que significava atribuir à poesia funções diletantes ou de oportunismo demagógico; o outro, impulsionado pela chispa de jovem ansioso de pôr sua pena a serviço da causa social; um, versejador culto e *blasé*; o outro, — poeta.

Na falange condoreira situa-se ainda VITORIANO José Marinho PALHARES (1840-1890), poeta pernambucano, amigo íntimo de Castro Alves, e cuja meteórica trajetória parece acompanhar a do vate baiano: principiando em 1866, com *Mocidade e Tristeza*, no ano seguinte publica *Perpétuas*, e encerra a sua carreira em 1870, com *Peregrinas* e *Centelhas*. Apesar de tão fugaz atividade e de competir com o talento do companheiro de geração, alcançou enorme popularidade no tempo. E como a resumir em breves anos toda uma vida de poesia, percorreu três fases: a primeira, representada pelas duas obras iniciais, de acentos lírico-amorosos; a segunda, correspondente a *Centelhas*, tem por fulcro a Guerra do Paraguai; e a terceira, ao redor de *Peregrinas*, assinala a derivação para um lirismo "penseroso". Paradoxalmente, não é o assunto patriótico, de que extraiu nomeada, que o faz lembrado, mas o vago filosofismo de *Peregrinas*, sintetizado num poema que, sendo a obra-prima do poeta, é das composições mais acabadas da nossa lírica romântica: "Negro Adeus":

> Adeus! Já nada tenho que dizer-te.
> Minhas horas finais trêmulas correm.
> Dá-me o último riso, pra que eu possa
> Morrer cantando, como as aves morrem.
>
> Ai daquele que fez do amor seu mundo!
> Nem deuses nem demônios o socorrem.
> Dá-me o último olhar, para que eu possa
> Morrer sorrindo, como os anjos morrem.
>
> Foste a serpente, e eu, vil, ainda te adoro!
> Que vertigens meu cérebro percorrem!
> Mente a última vez, para que eu possa
> Morrer sonhando, como os doidos morrem.

Análoga é a situação do baiano FRANKLIN Américo de Meneses DÓRIA (1836-1906), que cultivou a poesia (*Enlevos*, 1859; tradução de *Evangelina*, de Longfellow, 1874) em meio a intensa vida de homem público, e confessava que as suas "produções (...) respiram os mais sagrados sentimentos, como a religião, a liberdade e o amor",[11] o que lhes denuncia prontamente o alcance e o sentido. Poeta sem problemas, versificava com emoção e estesia, mas sem drama: embora longe do puro diletantismo, não se mostra inspirado por grandes dores ou causas; os seus versos transpiram paz com o mundo, e as poucas inquietudes, à Casimiro de Abreu ou Alvares de Azevedo, parecem fruto de leituras ou de fingimento epidérmico. Dentre os temas desenvolvidos sobressai o da liberdade, que lhe suscita poemas onde parece anunciar-se a poesia nova que o Realismo difundirá ("Mocidade e Futuro"):

> A liberdade e a ciência
> São as irmãs do progresso

ou a poesia social, à Castro Alves, em versos onde se diria bruxulear as chamas dum pensamento incendiário, não fosse a existência pacata e satisfeita do poeta um flagrante desmentido ("O Perdão do Cristo"):

> Triste a sorte do povo! — catavento
> Que o pensamento do poder conduz.
> O forte ao fraco sem pudor ilude,
> E da virtude lhe anuvia a luz.

num diapasão que recorre ao longo de outros poemas, como em "O Povo", onde emprega o vocábulo "proletário", ou em "Gonzaga", onde exclama com ênfase tribunícia:

> O povo só é grande, quando é livre!

Precursor da poesia condoreira — decerto seu título de glória, — Franklin Dória é ainda lembrado pela ousadia de algumas soluções métricas, como no "verso de 11 sílabas, acentuado não na 2ª, 5ª, 8ª e 11ª sílabas, mas de acentos nas sílabas ímpares, e resultante da junção de dois

---

11. Franklin Dória, *Enlevos*, Pernambuco, Universal, 1859, p. XV. As demais citações serão extraídas desta edição.

versos de 5 sílabas, graves ou agudos", encontrado no autor de *Enlevos* "pela primeira vez em nossa poesia".[12]

Entre os predecessores da poesia social inclui-se o maranhense TRAJANO GALVÃO de Carvalho (1830-1864): cronologicamente da segunda geração, a sua poesia colaborou para introduzir o tema do escravo com três poemas no gênero ("O Calhambola", o mais conhecido deles, "A Crioula", impregnado de sensualismo: "Sou formosa... e meus olhos estrelas / Que transpassam negrumes do céu"; e "Nuranjá"), que integram a sua participação nas *Liras* (1862), volume escrito de parceria com Marques Rodrigues e Gentil Braga. Escassa produção, reunida postumamente sob o título de *Sertanejas* (1898), além de ferir o tema do escravo, gira em torno do "lirismo geral de que seus versos 'À Lua' são um exemplo", "e o lirismo satírico e pilhérico",[13] de que "Nariz Palaciano" é o exemplo mais notório.

Paralelamente à tendência que se observa na ficção do tempo, a poesia regionalista e sertanejista faz a sua aparição maciça em nossas letras. JUVENAL GALENO da Costa e Silva (1836-1931), glória das letras cearenses, é o seu representante máximo, não só pela constância no tratamento dos temas populares, como pela transparência da dicção poética. Tendo vivido quase um século, aureolado de lenda, espécie de bardo gaélico que a cegueira dos últimos anos ajudou a mitificar, deixou, além de tímida incursão pelo teatro, uma produção lírica iniciada com *Prelúdios Poéticos* (1856), livro por muito tempo fora do alcance de críticos e leitores, até que a publicação de uma nova edição, em 2010, mostrou que o poeta se engajara na estética romântica, com traços regionalistas, como bem observa Sânzio de Azevedo, na apresentação da obra. Publicou, a seguir, *Lendas e Canções Populares* (1865; republicadas em 1892 com novos poemas) e *Folhetins de Silvanus* (1891). Lira popular, sem cair no folclore ou na falsa identificação com o matuto, a de Juvenal Galeno, como aliás exprime nitidamente o título da sua obra capital. Colhido ou não na boca do povo, o tema converte-se, logo em "lenda e canção popular", graças à empatia do poeta com as matrizes regionais cearenses. De onde a ingenuidade, a simplicidade dos versos, que fluem como letra de música popular, resultante dum árduo labor artesanal — assinalado pela crítica — sobre a conaturalidade anímica do vate iluminado e do povo sem voz. A espontaneidade patente dos versos decorre, assim,

---

12. Péricles Eugênio da Silva Ramos, *A Poesia Romântica*, S. Paulo, Melhoramentos, 1965, p. 255.

13. Sílvio Romero, *op. cit.*, p. 43.

duma conquista literária: a alma do povo se manifesta em sua pureza nativa nas estrofes dum poeta culto.

Longe de ser um cantor de feira, produz versos como se o fosse, aparentemente, improvisando-os ou recolhendo-os na fonte. Conúbio entre o espontâneo e o rebuscado, não surpreende que o lirismo de Juvenal Galeno ostente notas lusitanizantes, quem sabe por infiltração de empréstimos livrescos, mas que podem perfeitamente resultar duma identidade histórica, (re)descoberta na alma do povo: no ingênuo popular, o poeta adivinha uma semelhança com as cantigas trovadorescas, fruto, se não da herança portuguesa, ao menos de encontrar no universo cearense situações análogas às da lírica medieval ("A Jangada"):[14]

> Minha jangada de vela,
> Que vento queres levar?
> Tu queres vento de terra,
> Ou queres vento do mar?
> Minha jangada de vela,
> Que vento queres levar?

Que leitor não descortinará neste segmento uma lembrança das cantigas de amigo? Medievalismo, portanto, que o ideário romântico encampou, e que explicaria o tom de *rimance* ou de balada assumido pela lira de Juvenal Galeno, como em "O Vaqueiro", ou, mesmo, o tom operístico que a escravidão ganha em sua pena, gerando composições ("O Escravo", "A Abolição", "O Abolicionista") que eram recitadas lado a lado com as apóstrofes incendiárias de Castro Alves:[15] o poeta prefere o flanco sentimental da questão escravagista ao do combate ou denúncia. A ingenuidade que o levou a glorificar a pobreza ("O Pobre Feliz"):

> Na pobreza, eis a ventura

responde pela inflexão melodramática e inofensiva da poesia abolicionista ("O Escravo"):

---

14. Juvenal Galeno, *Lendas e Canções Populares*, 2ª ed., Fortaleza, Gualter R. Silva, 1892, p. 113.

15. João Clímaco Bezerra, *Juvenal Galeno*, Rio de Janeiro, Agir, 1959, p. 5 (coleção "Nossos Clássicos").

> Desgraçado... oh, quanto custa
> Esta vida suportar!
> Carrascos... cruéis demônios
> Acabai de me matar!
> Qu'eu possa, qu'eu possa um dia
> O meu tormento acabar!
> Oh, que sorte! Oh, quanto custa
> Esta vida suportar!

e ainda pela alegorização da desgraça, tornada entidade abstrata, sem vínculos com o mundo circundante do poeta.

Autêntica ou não, a ingenuidade do menestrel cearense resvala por vezes no simplório, de que se redime pela musicalidade cantante dos versos; entretanto, é nota que não pode sustentar a perenidade dum poeta, nem mesmo animado de sincero amor ao povo. É que a ingenuidade trai uma visão superficial da realidade, que os *Folhetins de Silvanus*, desejando-se satíricos, acentuam: se a sátira não erradica os pecados do mundo, menos ainda quando propelida pelo ingenuísmo, o que significa, no caso, lançar mão da facécia como instrumento popular de entretenimento... ingênuo.

Por seu turno, o paraense BRUNO Henrique de Almeida SEABRA (1837-1876) enfeixou em *Flores e Frutos* (1862), título notoriamente garrettiano, o melhor da sua inspiração. Mas ao contrário do poeta lusitano, enveredou pelo sertanejismo ou poesia da natureza, na primeira parte da obra, e pela jocosidade galante, na segunda, afinal de contas faces da mesma moeda. O amor inocente das composições iniciais, reunidas sob o título de "Aninhas" — "Eu sou o colibri dos teus amores"[16] — onde é patente o influxo de Casimiro de Abreu ("Valsando"), converte-se na poesia folgazã, boêmia, em torno de mulheres, Lucrécias, das peças seguintes, e finalmente descamba no "Quiproquó", algo como anedota em verso, ou no cinismo à Byron ("Com Febre") ou ao Álvares de Azevedo de "Puff" nas "Cinzas de um Livro", mas sem a morbidez do poeta paulista. Em qualquer das vertentes, Bruno Seabra parece avançado para o tempo, sem ultrapassar a condição de poeta menor que, decerto consciente de suas limitações, metrificava como quem brincasse de fazer literatura.

Na mesma linhagem inscreve-se como precursor o sergipano Francisco Leite BITTENCOURT SAMPAIO (1836-1895), formado em Direi-

---

16. Bruno Seabra, *Flores e Frutos*, Rio de Janeiro, Garnier, 1862, p. 28.

to por S. Paulo no mesmo ano (1859) em que lançava, juntamente com A. J. de Macedo Soares e Salvador de Mendonça, as *Poesias*, seguidas imediatamente por *Flores Silvestres* (1860), onde focaliza tipos regionais do tempo, como o lenhador, o tropeiro, o pescador, e o tema da escravidão duma perspectiva que às vezes parece, como em "A Mucama", antevisão de "Essa Negra Fulô", de Jorge de Lima. Ao tema do cativeiro dedicaria os *Poemas da Escravidão* (1884), em parte traduzidos de Longfellow. Abandonando "esse lirismo da roça, do sertão, dos matutos, dos tabaréus, lirismo simples, expressivo e mimoso",[17] traduziu em versos brancos o quarto Evangelho em *A Divina Epopeia de São João Evangelista* (1882), em obediência a suas crenças religiosas.

Quanto ao maranhense GENTIL Homem de Almeida BRAGA (1835-1876), a par da colaboração às *Três Liras* (1862), que publicou com Trajano Galvão e Rodrigues Marques, de *Eloá*, tradução parafrástica do poema de Vigny (1867), e de *Entre o Céu e a Terra*, folhetins (1869), deixou *Clara Verbena*, poema inconcluso (1866) e *Sonidos* (1868), ambos enfeixados sob o título de *Versos* (1872) e dados à estampa com o pseudônimo de Flávio Reimar, caracterizados por notas de lirismo sentimental e de humor, por vezes de mistura com a tendência nuclear da sua dicção para a poesia de cunho popular, de que é exemplo antológico "Cajueiro Pequenino", das *Três Liras*, composição que precede, como adverte Péricles Eugênio da Silva Ramos, "em data e merecimento, a que sobre o mesmo tema popular elaborou Juvenal Galeno".[18]

Igualmente variada é a lira de Francisco QUIRINO DOS SANTOS (1841-1886), poeta campineiro, autor de *Estrelas Errantes* (1864), na qual o tema lírico-amoroso divide o terreno com o do negro e do indígena, num tom que oscila desde o assomo sentencioso até o humorístico, em versos cujo "acabamento formal era bastante superior ao da média".[19]

JOAQUIM Maria SERRA Sobrinho (1838-1888), maranhense de nascimento, integrava um grupo ativo de escritores que se reunia em S. Luís pela década de 60; além do teatro, em que produziu várias peças, cultivou a poesia em *Mosaico* (1865), que encerra traduções e apenas um poema original; em *Versos de Pietro de Castellamare* (1868), distribuído em três partes, a primeira, de traduções, a segunda, intitulada "Originais", enfeixa poesia lírico-amorosa, à Gonçalves Dias, e patrióti-

---

17. Sílvio Romero, *op. cit.*, p. 20.
18. Péricles Eugênio da Silva Ramos, *op. cit.*, p. 279.
19. *Idem, ibidem*, p. 310.

ca ("*Plus Ultra!*") em torno da abertura do Amazonas, e a terceira, composta de poemas humorísticos, um dos quais ("Ecletismo") destinado a satirizar o confronto histórico entre o Romantismo agonizante (em Portugal) e o Realismo emergente, identificado este com "o *coimbrão* ideal" e caracterizado aquele por "farrambambas sem par". Em *Quadros* (1873), Joaquim Serra deriva para o lirismo sertanejista, no qual Sílvio Romero divisou "espontaneidade do tom (...), simplicidade das cores (...), brasileirismo dos quadros".[20] Não obstante a procedência do julgamento, a originalidade do poeta maranhense entrou a sofrer abalo desde o instante em que se demonstrou, para além do predomínio de traduções, que as suas peças de resistência, "A Minha Madona" e "Rastro de Sangue", devem inspiração respectivamente ao italiano Pindemonte e ao francês Leconte de Lisle.[21]

Desfeitas, por Antônio Simões dos Reis,[22] as dúvidas que Múcio Teixeira erguera, nas *Memórias Dignas de Memória* (1912), acerca da autoria de *Nebulosas*, atribuindo-a simplesmente a "um poeta da geração de 1870", pode a crítica debruçar-se sobre o legado poético de NARCISA AMÁLIA de Campos (1852-1924) e interpretá-lo como obra de mãos femininas e não de um *ghost writer* inventado pela fantasia romanesca e preconceituosa de um escritor afoito e, quem sabe, despeitado. Correta, sem lances arrojados mas sem soluções canhestras, Narcisa Amália alinha entre os cultores da natureza, num descritivismo ("Itatiaia"):

> Rasgando o horizonte plúmbeo
> O sol te envia seus raios;
> As nuvens formam-te saios
> Quais ligeiras nebulosas!
> Miram-te as flores etéreas,
> Cobrem-te espumas de neve,
> Dão-te o pranto fresco e leve
> Da noite as fadas formosas!

que anuncia o advento da impassibilidade parnasiana, graças a encerrar "emoções suaves" que, desdenhando "a mágoa insana que a devora (...) remonta-se aos céus!" ("No Ermo"). Pela contensão, situa-se na frontei-

---

20. Silvio Romero, *op. cit.*, p. 68.

21. Fausto Cunha, *O Romantismo no Brasil, De Castro Alves a Sousândrade*, Rio de Janeiro, Paz e Terra, 1971, pp. 131-138.

22. Antônio Simões dos Reis, *Narcisa Amália*, Rio de Janeiro, Organização Simões, 1948. As demais referências foram extraídas dos poemas da autora recolhidos neste volume.

ra que separa o Romantismo e o Realismo: o culto do soneto, fundado na invocação à "musa dos livres que no espaço impera" (*"Spes Sola"*), ao mesmo tempo que lhe confirma a tendência no rumo da forma lapidar, ajuda a compreender por que chegou a gozar de ruidosa notoriedade na época em que viveu:

> Não, teu culto ideal eu não abjuro,
> Musa dos livres que no espaço imperas!
> Dei-te as rosas das vinte primaveras,
> Dou-te o presente e... sagro-te o futuro!
>
> Pode o crime rasgar-te o seio puro
> E a grei humana, como greis em feras,
> As tábuas profanar das leis severas
> Com que nos guias o porvir seguro.
>
> Hei de amar-te na sombra; e luz, e espaço
> Seguir, contrita, no universo inteiro
> O vestígio fecundo de teu passo!
>
> — Musa, que abriste-me o sorrir, primeiro —
> Que encheste-me de flores o regaço,
> Sê-me na terra o amparo derradeiro.

No ocaso romântico ainda surgiria uma figura cuja menção completa o quadro esboçado: o gaúcho CARLOS Augusto FERREIRA (1844-1913) que, além de se dedicar ao conto, ao romance e ao teatro, versejou entre 1865 e 1908, com os seguintes livros: *Cânticos Juvenis* (1865), *Rosas Loucas* (1871), *Alcíones* (1872), *Redivivas* (1881) e *Plumas ao Vento* (1908). Amigo íntimo de Castro Alves, a ponto de haverem trocado "entre si influências literárias, confundindo-se no mesmo tom poético",[23] aparenta-se ao poeta baiano menos pelo veio condoreiro, ocasionalmente aflorado em *Rosas Loucas*, que pelo lirismo amoroso, repassado dum sensualismo contido, meio cerebrino, fruto mais do devaneio que da experiência viva. Não seria, contudo, a semelhança com Castro Alves que lhe identificaria o estro, senão o macabro, posto que fortuito, de "O Baile das Múmias", inserto no mesmo livro; a descrição da paisagem natural,

---

23. Guilhermino César, *História da Literatura do Rio Grande do Sul*, 2ª ed., Porto Alegre, Globo, 1971, p. 216.

por vezes congraçada ao sentimento afetivo; e o fato de introduzir Baudelaire em nossas letras,[24] por meio de "Modulações", expressamente inspirado no poeta francês, e da sequência de poemas sob o título de "O Insone", notadamente o segundo ("No Ermo"), com epígrafe de Baudelaire, umas e outros pertencentes a *Alcíones*.

A presença do autor das *Flores do Mal* no lirismo de Carlos Ferreira se, de um lado, significa precoce adesão à voz do mestre alquímico da poesia moderna, de outro, não deve surpreender: o polo melancolizante e funéreo da dicção do poeta brasileiro guarda uma analogia latente com a do francês, identificável não apenas nas composições referidas. Baudelairiano que se desconhecia, com várias cordas na lira inspirada, cultivou temas diversos, mas a faceta lírico-amorosa, além de predominante, latejava duma inquietude que pressagiava o vate francês. Sem dúvida, o poeta que escreveu este verso ("A Queda das Folhas")[25] — "Torvo e pesado é o céu como um remorso". — deve tê-lo calcado em Baudelaire, admitida a hipótese, mais óbvia, de que o construíra após ler o poeta francês, dado que "Modulações" e "O Insone" são-lhe anteriores na ordem do livro. Mas quem produziu os seguintes versos, de 1897 ("O Baile das Múmias"):[26]

> Rompe a orquestra, o baile rompe,
> A tempestade assobia;
> Giram nas valsas os vultos,
> Arde a febre, vive a orgia!
> Bem como um bando de gralhas
> Passam nas brancas mortalhas
> Os convivas do festim;
> E as grutas fundas, rasgadas
> Respondem com gargalhadas
> Ao som da orgia sem fim!

ou estes ("Sombras") — "É triste o meu viver. Não gozo um só dia. Que não sinta o marasmo as crenças me tolher..." — ou estes outros ("Horas de Dor"):

---

24. Jamil Almansur Haddad, prefácio à tradução de *As Flores do Mal*, S. Paulo, DIFEL, 1958.

25. Carlos Ferreira, *Alcíones*, Rio de Janeiro, Editor J. T. P. Soares, 1872, p. 132.

26. *Idem, Rosas Loucas*, S. Paulo, Tip. do Correio Paulistano, 1871, p. 115. As demais citações serão extraídas da mesma fonte.

> Só vejo sombras sepulcrais em tudo...
>   Fora melhor morrer!...
>
> ....
> E assim vão-se-me os dias! Triste e lento,
> De um sudário embuçado em negro pano,
>   Passo errante e sombrio!
> Quebra-me a alma a dor do desalento...
> — Sou como um corpo que boiou no oceano
>   E à praia rolou frio!

nos quais, sobretudo os últimos, perpassa uma brisa decadentista, — ou já descobrira Baudelaire antes de 1872, ou pressentira, na multiplicidade temática da sua cosmovisão, o horizonte novo que as *Flores do Mal* viriam a rasgar. Que o lírico gaúcho, seduzido pela fácil disponibilidade perante os assuntos, não o explorasse, — é outra história: bem por isso se inscreve entre os poetas menores, epigonais ou indecisos.

As duas coletâneas restantes de Carlos Ferreira não encerram novidade maior: permanece o Romantismo de juventude, em meio a irrupções passageiras que denotam adesão às tendências da hora. Quirino dos Santos e Júlio Ribeiro, prefaciadores de *Redivivas*, bem viram aquele aspecto, ao frisar que o poeta continuava "delicado, sentimental, lamartiniano".[27] E o próprio autor o confessa em "Pelos Campos":

> Que me venham dizer que isto está gasto,
>   Que o lirismo morreu,
> Que o velho Romantismo anda de rasto,
>   Que a alma emudeceu...

ou em "O Deus Lirismo", espécie de plataforma meio extemporânea da estética romântica, — quando não se derrama em tiradas melodramáticas, como em "O Preço do Pão", "Quadros Dissolventes" ou "Agonias no Lar". Notas dissonantes, ou mesmo contraditórias, estrugem, no entanto, por entre a orquestração harmônica dos mitos primordiais: os primeiros versos do poema inicial de *Redivivas* ("Despertar") fariam supor a renúncia do passado romântico — "Escrevo à luz do século, e atiro à imensidade / O meu grito de aplauso a este lidar moderno" — mas imediatamente o sentimento antigo ressurge — "Vamos, musa do amor! o

---

27. *Idem, Redivivas*, Campinas, Tip. da *Gazeta de Campinas*, 1881, p. XXVI. As demais citações serão extraídas da mesma edição.

dia é claro e fresco / E o vasto céu encerra um ideal profundo." — e mais adiante o poeta chega a bradar ("Progresso"): "A arte saúda a indústria — o triunfal congresso!", ou a erguer uma "Saudação à classe tipográfica de S. Paulo". Entretanto, nem isso, nem o ar à Cesário Verde, de "Horas Mortas", "Alta Escola", "A Baronesa", nem o emprego de vocábulos em moda, como "transformismo" ou "mônada", nem o reflexo de Baudelaire em *Moesta et Errabunda*", e nem os temas helênicos e pátrios, caros ao Parnasianismo, que despontam em *Plumas ao Vento*, — dissipam os vapores românticos que embriagavam o poeta.

Ritmo oscilatório entre o substrato romântico e as modas posteriores, gera flagrantes antíteses, que denunciam uma visão esteticizante da poesia, mesmo quando o tema pudesse determinar o oposto: se na "Invocação", de *Redivivas*, assevera enfaticamente:

> Eu sou republicano, amo as conquistas
> Grandes e altivas como os pátrios montes,
> E só tenho um desejo — é ver o povo
> Banhado em águas de um batismo novo!

em "A Catástrofe", de *Plumas ao Vento*,[28] exclama: "É esse o ideal — República? Oh! não! Não creio, não! / Isso é mentira, sim!"

Contraditório como todo bom romântico, Carlos Ferreira chega, no mesmo poema, a rotular D. Pedro II de "condor", decerto em homenagem à velha amizade por Castro Alves, indício dum anacronismo inesperado em quem intuíra a grandeza de Baudelaire, e que teria decerto colaborado para marginalizá-lo em relação ao seu tempo, bem como para lhe envelhecer prematuramente os versos carregados de sentimento e emoção.

2. Prosa

"O traço característico do decênio 1870-1880 é (...) a indecisão, a tonalidade furta-cor, os ecos do passado se misturando aos esboços do futuro, tudo em surdina, tudo apagado", — assim resume, acertadamen-

---

28. *Idem, Plumas ao Vento,* Campinas, Casa Genoud, 1908, p. 61.

te, Lúcia Miguel-Pereira[1] o que foi a prosa de ficção no crepúsculo romântico e manhã realista. Com efeito, três vertentes ficcionais podem ser divisadas nessa quadra fronteiriça, vertentes que interagem, ora progressivamente, anunciando os novos rumos que as letras tomariam no último quartel do século XIX, ora retroativamente, empregando moldes que teimavam em persistir. Alencar, Macedo e Bernardo Guimarães continuavam a gozar de prestígio e a publicar narrativas com as suas peculiaridades, exercendo influência de mestre, uma vez que Manuel Antônio de Almeida passara despercebido, marginal às correntes em voga. Por sugestão desses prosadores, ou por transferência do polo temático, presenciamos o surgimento da linha sertanista, ou regionalista, centrada em três áreas dotadas de agudo perfil ecológico, — a nordestina, na pena de Franklin Távora, a central, na obra de Taunay, a gaúcha, na ficção de Apolinário Porto Alegre.

Contemporaneamente, alguns romancistas inspiram-se nos modelos românticos enquanto afinam o instrumento para as obras originais que produzirão mais tarde — Machado de Assis, com *Ressurreição* (1872) e outros, Raul Pompeia, com *Uma Tragédia no Amazonas* (1880), Aluísio Azevedo, com *Uma Lágrima de Mulher* (1880), — ao passo que outros prenunciam a metamorfose realista e naturalista, então vitoriosa na Europa, com a publicação de narrativas antirromânticas, mas que aguardariam o tempo para merecer a atenção dos críticos. Dentre eles, Júlio Ribeiro, com *O Padre Belchior de Pontes* (2 vols., 1876-1877), e Inglês de Sousa, com *História de um Pescador* (1876), *O Cacaulista* (1876), *O Coronel Sangrado* (1877).

Nem faltam, nessa década intervalar, em que tendências opostas convivem, se cruzam e se interpenetram, a narrativa fantástica, o romance marítimo, o romance humorístico, o romance histórico, etc.[2] Das vertentes apontadas, a sertanista representa, na sua ambiguidade radical, o momento de transição entre o Romantismo agonizante e o Realismo nascente, razão por que será posta em relevo, deixando para o capítulo seguinte o exame das obras precursoras ou que contenham as primícias românticas de autores realistas.

---

1. Lúcia Miguel-Pereira, *Prosa de Ficção (De 1870 a 1920)*, 3ª ed., Rio de Janeiro/Brasília, José Olympio/INL, 1973, p. 38.

2. Para maiores informações acerca da produção ficcional do terceiro momento romântico, ver Wilson Martins, *História da Inteligência Brasileira*, 7 vols., S. Paulo, Cultrix/EDUSP, 1976-1979, vols. III, IV, *passim*.

TAUNAY

Alfredo d'Escragnolle Taunay nasceu no Rio de Janeiro, a 22 de fevereiro de 1843. Após bacharelar-se em Letras no Colégio Pedro II (1858), formou-se em Ciências Físicas e Matemáticas na Escola Militar. Terminada a Guerra do Paraguai, de que participou na qualidade de engenheiro, passou a dedicar-se ao magistério na instituição em que estudara, e à política, como deputado e senador pelo Partido Conservador, e presidente das províncias de Santa Catarina e Paraná. Faleceu a 25 de janeiro de 1899, no seu estado natal, deixando obra volumosa, distribuída pelo romance: *A Mocidade de Trajano* (1871), *Inocência* (1872), *Lágrimas do Coração* (1873; mais tarde refundido e reeditado, sob o título de *Manuscrito de uma Mulher*), *Ouro sobre Azul* (1875), *O Encilhamento* (1894), *No Declínio* (1899); conto: *Histórias Brasileiras* (1874), *Narrativas Militares* (1878), *Ao Entardecer* (1900); teatro: *Amélia Smith* (1886); diário de guerra: *La Retraite de Laguna* (1871; traduzida para o Português em 1874, com o título de *A Retirada da Laguna*); viagens: *Cenas de Viagem* (1868), *Céus e Terras do Brasil* (1882), *Visões do Sertão* (1923); memórias: *Reminiscências* (1908), *Memórias* (1978); crítica literária e artística, historiografia, etnologia, questões políticas e sociais, discursos parlamentares, biografia, etc.

Ao contrário do que faz pensar o romance *Inocência* ou do que tem afirmado a história literária, a carreira de Taunay transcorreu sob o signo do paradoxo, fato tanto mais digno de nota quanto mais o sabemos contemporâneo do Realismo e Naturalismo. Duas fases, cronologicamente, podem ser descortinadas ao longo dessa evolução: a primeira, iniciada em 1871, com *A Morte de Trajano*, abrange os quatro primeiros romances e termina com *Ouro sobre Azul*; a segunda é representada pelos dois romances seguintes (*O Ecilhamento* e *No Declínio*) e dois livros de contos (*Narrativas Militares* e *Ao Entardecer*). Entre as duas fases há, como se nota, um hiato de quase vinte anos, indício de mudança ou de pausa retemperadora, preenchido por obras de viagens, além de vários livros em torno de questões políticas, sociais, administrativas, ou de assuntos filosóficos e estéticos, e biografias. Tematicamente, podem-se vislumbrar dois centros irradiadores, a Guerra do Paraguai com o regionalismo que suscitou, e a cidade, em especial o Rio de Janeiro. Como alada insinuação, os traços decadentistas ou simbolistas de *Ao Entardecer*, crepúsculo nostálgico de um temperamento cujo idealismo romântico não chegou a romper as amarras com a realidade observada. Fundidas as duas dimensoes, emerge claramente o lastro dual sobre que Taunay escorava a sua visão do mundo.

Já no romance de estreia, Taunay evidenciava o apego a um modelo que denotava substancial flutuação anímica, presente em todo o seu itinerário: o modelo macediano. Desde a dedicatória, "ao conspícuo literato, ao eminente orador /e/ ao homem de bem / como homenagem de profunda gratidão /e/ respeito",[1] até o entrecho da narrativa, passando por uma referência expressa à página 102, — tudo recende a Macedo. Virtudes e qualidades parecem, nessa obra, fruto da "gratidão e respeito" ao velho professor de História e Corografia do Brasil, numa altura em que, como recorda Taunay nas *Memórias*, o autor de *A Moreninha* era "homem rodeado da auréola, então muito brilhante, de primeiro romancista brasileiro".[2] E se não bastasse o que, no próprio modelo, enfermava de ambiguidade, acrescente-se a incidência de notas contraditórias nascidas do temperamento e formação de Taunay. Provavelmente a emulação já demonstrasse radical perplexidade, que se manifestaria mesmo se outras fossem as influências recebidas: a escolha do modelo era determinada mais pelo "eu" cindido de Taunay do que pela moda. Afinidade, em suma, posto que em claves diferentes.

A Mocidade de Trajano passa-se numa fazenda de Capivari, Estado de S. Paulo, onde o protagonista vive com o pai, Sobral, até que se afasta para os estudos na Capital e viaja para a Europa. No regresso, encontra o pai amasiado com Ester, italiana, viúva de um militar, e revê Amélia, seu amor de adolescente, então casada. Armado o conflito, Sobral adoece, casa-se *in extremis* com Ester, por sua vez assassinada pelo velho escravo Vicente, e Trajano engaja-se na Guerra do Paraguai, onde vem a falecer. O macedismo da intriga ainda se manifesta no tom melodramático, patente logo às primeiras linhas do romance, na descrição idealista da natureza, no humor, meio *gauche*, tirado ao caricaturesco:

> João Bretas tinha o dom de chorar: chorou como um peixe-boi e cada vez que assuava-se fazia tremer os trastes da sala. (...) chorou deveras e cada vez

---

1. Taunay, *A Mocidade de Trajano*, 2 vols., Rio de Janeiro, Tip. Nacional, 1871, vol. I.

O romance de estreia de Visconde de Taunay não foi reeditado por mais de um século, e a razão estava em que, ao ver de Afonso E. Taunay, filho do autor, "aquilo é um livro ímpio... [...], por conter referências menos nobres a padres". Estavam nesse pé as coisas até que a Academia Paulista de Letras resolveu fazer nova edição da narrativa, em 1984, com uma introdução de Ernani Silva Bruno, onde se encontrem as razões, acima referidas, para o longo esquecimento em que a obra tombara.

2. *Idem, Memórias*, S. Paulo, Melhoramentos, s.d., p. 56.

que assuava-se era com estrondo capaz de lembrar as trombetas de Jericó. A princípio semelhava fundos gemidos de trompa; depois, com a agitação das narinas, saíam estrepitosos sons de corneta a pistom e saxofone.[3]

no retrato do primeiro Trajano:

> possuidor de um cabelo lindíssimo, louro, talvez puxando para ruivo. Essa cor carregava mais nas extremidades, que ao sol reluziam como ouro avermelhado, e dava reflexos diversos às sinuosas curvas dos seus múltiplos anéis.[4]

Mas já despontam as marcas de contraste, peculiares ao temperamento de Taunay, numa oscilação que não o abandonará até o fim: a par de ocupar-se demoradamente na fixação de assuntos palpitantes no tempo, como a política, o abrasileiramento dos patronímicos, a escravidão, a arte literária, a imigração, põe-se a fazer notações objetivas, de caráter paracientífico, como ao tratar dos borrachudos: "Insistimos, ou melhor, introduzimos na narração estes incômodos insetos, unicamente em homenagem à verdade e sobretudo à cor local",[5] ou ao metaforizar o sentido aterrador de uma carta: "Roberto recebeu a carta como se lhe caísse um aerólito na cabeça."[6]

Mais significativo, porém, é o fato de Trajano regressar da Europa mudado, não só na aparência, dando origem ao segundo Trajano, antirromântico: "o cabelo, aquele lindo cabelo, que tanta admiração causara, estava cortado à escovinha, rentenzinho ao crânio",[7] bem como nas ideias, uma vez que entrava a preconizar a teoria de Fourier acerca da agricultura, espécie de corporativismo que ganhou legiões de adeptos na Europa do tempo. Bem vistas as coisas, o romance de estreia vale justamente por esses aspectos, que lhe comprometem a inteireza como narrativa, marginais ao anômalo triângulo amoroso que se organiza em torno de Sobral, Ester e Trajano, tendo a fazenda de permeio. Teatral o enredo, não raro falsas as situações (notadamente as relacionadas com os escravos, entrevistos segundo uma óptica de gabinete, apesar de abolicionista), frouxo o estilo, *A Morte de Trajano* importa pela consciente

---

3. *Idem, A Mocidade de Trajano*, vol. I, pp. 24 e 27.
4. *Idem, ibidem*, vol. I, pp. 96-97.
5. *Idem, ibidem*, vol. I, p. 108.
6. *Idem, ibidem*, vol. I, p. 143.
7. *Idem, ibidem*, vol. II, p. 33.

adesão aos moldes macedianos e, muito mais, pelos traços involuntariamente antimacedianos, que anunciam uma personalidade original, das
mais complexas que tivemos no Romantismo, e uma inclinação de temperamento que produzirá melhores frutos.

A inflexão naturista, que comparece em *A Morte de Trajano* em decorrência do próprio ambiente da ação romanesca, acabaria prevalecendo na
obra seguinte, a que o autor ficaria devendo ampla consagração: *Inocência*. A crítica tem sido unânime em considerá-la a obra-prima de Taunay,
e o seu êxito junto ao público, assim como as traduções para vários idiomas, confirmam o juízo do tempo. Saber em que repousa tal prestígio,
superior às modas e às idiossincrasias dos críticos ávidos do moderno
em detrimento do passado, constitui tarefa primordial: não passará pela
mente de nenhum estudioso avisado que o julgamento encomiástico e o
consumo da narrativa pelos leitores de hoje resultam de motivos aleatórios. Numa palavra se poderia resumir a questão: equilíbrio.

Com efeito, raras obras românticas entre nós e nenhuma das que
o autor produziu, ostentam a harmonia interna de *Inocência*. À semelhança dum soneto perfeito, nada ali é demais ou de menos; nenhum
pormenor discrepa no conjunto, e todas as partes se ajustam num geo-
metrismo espontâneo, fundado na tensão entre contrários que poderiam
arrastá-lo para a fantasia desgarrada — a intuição, — ou para o descritivo de relatório científico — a observação. O espírito geométrico, ao
invés de acusar um cerebralismo frio e calculista, decorre da intuição
feliz do todo orgânico da narrativa, numa espontaneidade que não se
confunde com o frenético impulso encontrável na raiz de tantas obras
românticas. Em resumo, equilíbrio dialético: eis aí o fulcro de *Inocência*
e, como veremos, da cosmovisão de Taunay.

A começar do enredo, tudo em *Inocência* respira tensão dialética: a
trama organiza-se com evidente naturalidade, desde o encontro de Cirino e Pereira em plena mata, até o desfecho trágico (morte dos heróis),
passando pelo conflito entre a honra, expressa na palavra empenhada
de Pereira, e o amor ingênuo dos protagonistas — e pelos equívocos e
desconfianças que provoca o comportamento distraidamente europeu
de Meyer. Em momento nenhum se percebe que o narrador força a nota,
e mesmo as coincidências correm por conta da sábia dosagem dos expedientes narrativos e não de um *deus ex machina*. Engenhosamente, o narrador articula o conflito entre sentimentos, não entre personagens, de
modo que estas encarnam aquelas, numa dualidade em que os destinos

se jogam por determinação dum *fatum* inexorável, superior às pulsações da consciência guiadora.

Numa atmosfera cuja tragicidade se vai adensando à medida que a ação transcorre, as personagens atritam-se levadas por uma vontade que as conduz sem deixar espaço para o livre-arbítrio. "Casamento e mortalha no céu se talha", eis o lema da narrativa. E os gestos das personagens, tecendo o enredo da obra e do seu trágico destino, confirmam-no: Manecão, prometido de Inocência, somente entra em cena no epílogo, quando os ventos da tragédia, desencadeados, não lhe pediam senão o golpe de vingança, simulacro da punição olímpica, que a honra primária de Pereira esperava para se resgatar do opróbrio que julgara receber no sentimento que unia a sua filha ao falso cirurgião. Aparentemente um dos vértices do triângulo dramático, Manecão é substituído na prática pelo pretenso futuro sogro, o que desde logo insinua um conflito de natureza ética e não de ordem sentimental. Fugia-se, assim, da estereotipia romântica em matéria de dramas do *coração*, para um conflito da alma ou da consciência ética. Nesse particular, não há nada que se lhe equipare em nosso Romantismo, nem mesmo, fora dele, *Paulo e Virgínia*, que o autor declara, nas *Memórias*, ser o modelo a imitar.

A trama se organiza, portanto, ao redor de uma compulsão avassaladoramente trágica, arrastando à morte por assassínio (Cirino morre às mãos de Manecão) ou por doença (Inocência), enraizado que está nas profundas da alma e não na superfície das emoções, como era de uso no cosmos romântico, sobretudo na pena de Macedo, mestre confesso de Taunay. Espécie de *Romeu e Julieta* sertanejo, acentua o aspecto fatal duma tragédia irremissível na razão direta do seu despojamento: afinal, o drama desenrola-se em pleno sertão, entre pessoas rudes e primárias, longe da sofisticação aristocrática dos Capuletos e Montecchi, entregues ao destino por uma aceitação animal, sem buscar no suicídio a solução dum impasse meramente social. O *Amor de Perdição* sugere igual analogia associativa: Camilo permite que as personagens encontrem na morte, por amor, a inútil evasão do beco sem saída no qual se meteram, mas não esconde que a situação trágica resultava dos valores da burguesia endinheirada e da rivalidade entre famílias.

Tragédia que emana da situação ontológica dos seres envolvidos e da consciência ética exacerbada a ponto de identificar-se com a própria razão de existir, o entrecho de *Inocência* ordena-se num crescendo que obedece em todo o percurso ao princípio da simetria. À simples norma da simetria, que parece reger o mundo animal, vegetal e mineral onde aventuram para sempre seus destinos três personagens fruto da terra: no labirinto dantesco da mata, *animus* e *anima* digladiam-se, tocados pela *sombra* que os ameaça com a punição eterna, no círculo dos que se amaram mais do que a própria vida. Como uma tragédia em três atos, no primeiro dá-se o conhecimento dos protagonistas, e de tudo que povoa o mundo de Pereira e Inocência, até a chegada de Meyer, cuja presença, gerando mal-entendidos e suspeitas, adia o prosseguimento da trama, ao mesmo tempo que lhe adiciona um toque de complexidade: sabemo-lo inocente em relação à heroína, não assim o matuto Pereira. O segundo ato é assinalado por outras interferências, que agem como Meyer, procrastinando o reconhecimento entre os protagonistas, que vai deflagrar a irremediável situação trágica: o rancho de Pereira é visitado por Coelho, em busca de auxílio médico, e por Garcia, o leproso, sem que Manecão compareça senão como referência nas falas de Pereira. Até que, roído de paixão, Cirino adoece e Meyer se despede, cumprida a sua missão de entomologista.

Principia o terceiro e último ato: Cirino, no rumo da casa de Antônio Cesário, padrinho de Inocência, a fim de solicitar-lhe apoio junto a Pereira, cruza por Manecão em Santana de Parnaíba, enquanto este se dirigia ao rancho de Pereira para consumar as projetadas núpcias. Aqui a simetria do enredo atinge o auge, quase cinematográfico diríamos, pois que o encontro do herói e do vilão em Santana de Parnaíba se realiza, como se de repente estivéssemos em plena Idade Média cavaleiresca, *em desconhocença* mútua. As posições se trocam, e enquanto Manecão sabe, em casa de Pereira, do seu rival, Cirino parlamenta com Antônio Cesário; ato contínuo, os dois partem, aquele para matar o outro, Cirino para aguardar a decisão de Antônio Cesário. O desenlace é por demais conhecido: a meio do caminho, defrontam-se e Manecão assassina friamente Cirino.

Coincidência plausível no ambiente da ação e na ordem evolutiva da intriga, a simetria do epílogo evidencia incomum habilidade na condução da fábula, uma vez que não deixa escapar um choque decisivo que se preparava desde as páginas iniciais: no instante em que Manecão ocupa o lugar que lhe fora destinado no triângulo dramático, era de esperar a confrontação. Mas o narrador soube fazê-lo com a economia das sanções jupiterianas, reduzindo o duelo de ambos não a um estéril embate retórico, mas aos movimentos e diálogos finais, quando a palavra perde significação e cede vez ao silêncio ou à morte.

Eis por que a simetria não patenteia apenas engenho narrativo, visando a manter o leitor suspenso da ideia de simultaneidade entre os rivais que se ignoram; é um aviso do destino habilmente manipulado pelo narrador, força cega do *fatum* que, empregando como instrumento de castigo as mãos rudes de Manecão, desaba contra quem, tangido pela irracionalidade primitiva ou inconsciência dos brutos, ousou desfeiteá-la; é a voz dos maus presságios, anunciados desde o encontro na mata, símbolo do espaço onde peregrina a alma, que fala na simetria entre os antagonistas reciprocamente anônimos: matar e morrer, nessa conjuntura trágica, obedece a um decálogo que transcende o entendimento do executor e da vítima; ao passo que um pensa que sabe porque imola o outro no altar da honra ultrajada, a vítima morre sem compreender que ofendera os deuses ao nutrir veleidades sentimentais por outra vítima inerme do destino. Os guardiões do templo da honra defendem-no da intrusão como cérberos à entrada de uma caverna que escondesse a pureza virginal de uma donzela: não forçamos nada recorrendo a figuras míticas, dado que a situação de *Inocência* pode ser vista, à luz da teoria junguiana, como uma luta de arquétipos, no recesso do Cosmos, entre as trevas da ignorância, ainda que revestidas, por momentos, da sanção do meio e dos costumes primitivos,[8] e a cristalina luz do dia, não obstante atravessada, por instantes, da insensatez dos visionários e sonhadores.

Manecão e Pereira simbolizam as trevas, o passado, o imobilismo; Cirino, a claridade, numa tensão que mostra a vitória estéril dos primeiros sobre os segundos: ao vencer, destruíram precisamente o que buscavam defender; ao perder, Cirino levava consigo o bem que desejava alcançar. A morte, com o seu mistério, assume nessa perspectiva o caráter de liberadora para os vencidos e de anátema para os vencedores: perdem estes a sua razão de viver, enquanto os outros cunham, pela morte, o alto sentido que emprestaram às próprias vidas. Fixando no tempo o sentimento que os moveu, como que Cirino e Inocência se projetam numa existência que transcende o espaço e o tempo; e cedendo ao fado, que os induzia a matar, Manecão e Pereira perderam para sempre a oportunidade de forjar uma razão mais elevada para o seu primarismo ético: invertidos os sinais da equação trágica, a morte sela, como um benefício olímpico, a mocidade idealista dos heróis, transfigurando-os em lenda, ao mesmo tempo que o remorso deve preencher o vazio de duas vidas

---

8. Miroel Silveira, "Inocência, o mito da 'jovem divina'", Suplemento Cultural de *O Estado de S. Paulo*, ano II, nº 73, 12/3/1978.

subitamente colocadas ante o nada que sucede à vingança inutilmente cega que praticaram.

Bem e Mal se enfrentam, num combate em que a morte constitui a coroa de glória, e a vida, escarmento e danação. Aqui também se observa a fuga da estereotipia romântica, que visualizava a luta do Bem e do Mal como forças estanques, identificadas com classes ou grupos sociais — Bem e Mal de posse e troca, Bem e Mal de extração burguesa — ao passo que em *Inocência* consistem em categorias *elementares*, arquetípicas, para além do plano social, uma vez que o sertão nivela todos os seres, reduzindo-os à dimensão ontológica, sem apelo, salvo ocasionalmente, às categorias de classe. Para Manecão e Pereira não importa que Cirino e Meyer sejam homens civilizados, e o Mal que parecem representar ante os dois cérberos é apenas a contraface aparente do Bem que, na verdade, simbolizam; e vice-versa.

Arquetípicas, por conseguinte, as personagens de *Inocência*, mas elaboradas sobre matrizes românticas: pelo psiquismo acionado por paixões extremas, concentradas no assassínio e no suicídio, e mesmo pela estratificação, movimentam-se no âmbito romântico. Delimitadas desde o começo e para sempre, planas, evoluem para um futuro predeterminado pelas condições ambientais e pelo caráter que ostentam. De psicologia pronta e cristalizada, não guardam surpresas, e à semelhança de tantas no universo do Romantismo, deixam-se descrever e perquirir antes e independentemente da ação que lhes permitiria expandir o *ego* imprevisível e as intenções ocultas por trás da máscara social. Nada escondem ou fingem, simplesmente por não haver planos ou relevos estabelecendo diferenças entre ser e parecer: como que talhadas em pedra inteiriça, mostram-se realmente como são, na primitividade do temperamento e da conduta. A tal ponto que a relativa dissimulação ou mentira em que navega o barco de Cirino não perturba em momento algum o sincero e fatal apelo do coração. Qual cavaleiro andante em demanda da bem-amada, prisioneira de pai cruel e prometida a infanção de maus bofes, Cirino entrega-se aos seus desígnios sem cogitar uma só vez no perigo de morte que enfrentava. Falando nele e nos demais, o mito não deixa lugar aos problemas de consciência e arrasta os seres nos quais se incorpora para a execução cega de suas prescrições transcendentais.

Não obstante — e aqui se localiza outro núcleo de dualidade, mas desta vez escancarando uma das razões pelas quais *Inocência* sobreleva as obras românticas no gênero, — as personagens de *Inocência* não se moldaram segundo um figurino ideal, nem mesmo livresco: é por mera e feliz coincidência que ostentam traços arquetípicos, calcadas que foram em pessoas vivas, que o autor conheceu em suas andanças pelo interior do Brasil, sobretudo em decorrência da Guerra do Paraguai. O próprio Taunay o diz, não com pretensões de atribuir foros de cientificidade naturalista aos retratos das personagens, mas em nome da fidelidade:

> nesse sertão, próximo já da vila de Santana de Parnaíba, foi que colhi os tipos mais salientes daquele livro, uns bons cinco anos depois de lá ter transitado. Assim na casa do sr. Manuel Coelho achei o eterno doente das solidões, a se queixar sempre da falta de médicos, a agarrar-se a quanto curandeiro avista e encontra, aceitando dele as mezinhas mais enjoativas e complicadas. (...) Concorreu, pois, ele para a fisionomia do pai de *Inocência*, Pereira, enxertado nesse caráter o de outros de mais acentuado zelo.[9]

Quanto a Tico, informa:

> à margem do rio Sucuriú, afluente volumoso do Pardo, que leva as águas ao Paraná (...) vi o anãozinho, mudo, mas um tanto gracioso, sobretudo ágil nos movimentos, que me serviu de tipo ao Tico do meu romance *Inocência*.[10]

Inocência foi inspirada numa leprosa:

> Numa vivenda bem à beira do caminho, morada de um tal João Garcia, parente próximo da dona da fazenda do Vau, foi que vi o tipo de que me lembrei, quando descrevi a heroína de *Inocência*. (...) E, levantando-lhe um maço de esplêndidos cabelos, mostrou-me o lóbulo da orelha direita tumefacto e roxeado! Toda essa radiosa e extraordinária formosura estava condenada a ser pasto da repugnante lepra! (...) Jacinta deu, pois, nascimento moral a *Inocência*; não levei, porém, a exatidão e maldade a ponto de fazer também desta uma desgraçada morfética. Não; fora demais. Do avô tirei o tipo do desconsolado leproso, repelido do rancho de Pereira, o Mineiro, e lhe conservei o nome verídico.[11]

E no tocante a Cirino:

---

9. Taunay, *Visões do Sertão*, 2ª ed., S. Paulo, Melhoramentos, s.d., p. 40.
10. *Idem, ibidem*, p. 35.
11. *Idem, ibidem*, pp. 44, 46.

Um pouco adiante, no José Roberto, encontrei um curandeiro que se intitulava doutor ou cirurgião, à vontade, e me serviu para a figura do apaixonado Cirino dos Campos, atenuando os modos insolentes, antipáticos daquele modelo, com quem entabulei, por curiosidade, conversação.[12]

Quanto ao Pereira, reproduzia praticamente o Major Taques, "representante do carrancismo de passadas épocas".[13]

Realismo autobiográfico,[14] casa-se muito bem com o realismo paisagístico de *Inocência*, minúcia que não tem fugido à crítica. Parece, contudo, que a interpretação desse realismo longe está de ser unânime. Em prefácio a *Céus e Terras do Brasil*, o filho do escritor lembra que o capítulo "O Sertão e o Sertanejo" é idêntico ao que abre *Inocência*, de modo que o autor o transcreveu *ipsis litteris* numa obra notoriamente voltada para a descrição da paisagem do Brasil. E ao fazê-lo, pretendia enfatizar o realismo do quadro que esboça logo à entrada duma narrativa fictícia. Ora, se atentarmos para as obras suscitadas pelo clima da Guerra do Paraguai e pelas viagens do autor através do *hinterland* brasileiro, desde *A Retirada da Laguna* até *Visões do Sertão*,[15] veremos que exibem a marca realista na descrição da natureza, uma vez que o processo descritivo é sempre o mesmo, seja qual for o tipo de obra em que apareça. Mais ainda, Taunay não teme transferir notações paisagísticas de uma para outra, num à vontade que, antes de traduzir tom monocórdio, aponta uma tendência inarredável para a fidelidade no desenho de seres e paisagens.

Seja como ficcionista, seja como homem de ciências, viajante, militar, etc., Taunay mostra-se invariavelmente inclinado a pintar ao vivo os figurantes dos dramas e o pano de fundo natural: retrato que deriva mais da observação, certamente transfigurada pelos recursos de fina sensibilidade, que da livre fantasia. A veracidade do traçado constituia-lhe exigência fundamental, fosse qual fosse a obra em que a inscrevia; não seria por implicar os reptos da imaginação que uma narrativa haveria

---

12. *Idem, ibidem*, p. 47.

13. *Idem, ibidem*, p. 55. Tais passagens, Taunay transcreve-as, com insignificantes modificações, nas suas *Memórias*, pp. 273 e ss. Ver ainda Wanderley Pinho, "Visconde de Taunay", *Revista do Instituto Histórico e Geográfico Brasileiro*, Rio de Janeiro, vol. CLXXXI, out.-dez. 1943, pp. 5 e ss.

14. Em *Céus e Terras do Brasil* (7ª ed., Rio de Janeiro, Liv. Francisco Alves, 1930, p. 114), Taunay refere-se aos "mimosos curruís" e em rodapé informa que se trata do "*Heliophilus taunaysii*, dedicado por Descourtilz a meu pai Félix Emílio Taunay, Barão de Taunay". Como não ver nesse fato a razão histórica da *Papilio inocentia* do bom Meyer?

15. Edição consultada de *A Retirada da Laguna*: 6ª ed., Rio de Janeiro, Garnier, 1921; e de *Histórias Brasileiras*: Rio de Janeiro, Garnier, 1874.

de compeli-lo a inventar a natureza, idealizando-a ou embelezando-a segundo padrões abstratos ou utópicos. Ao contrário do comum dos nossos românticos, Taunay cingia-se à natureza que conheceu de perto, mesmo quando o fluxo narrativo pudesse induzi-lo às liberalidades fantasiosas.

Realismo descritivo, nascia da experiência direta do autor, não de alheia inspiração, pois nem havia em nosso passado literário modelo a que pudesse arrimar-se. Aproveitando as vivências reais de homem afeiçoado, por educação e circunstâncias históricas, à positividade científica, o realismo descritivo de Taunay não pode ser posto na conta nem do realismo macediano, fruto de um talento de cronista e repórter, nem do Realismo, que faria escola entre nós a partir de 1881, com *O Mulato*. Também não parece o realismo do Brasil "pitoresco",[16] de viajantes e curiosos, obediente a padrões diversos dos de Taunay. Nem precursor dos realistas e naturalistas, como alguns críticos quiseram ver, nem filiado ao descritivismo ingênuo ou deformante dos românticos, — é o realismo-atitude, espontâneo, que a historiografia literária pode localizar já na Antiguidade clássica e de que Rabelais seria nos tempos modernos o exemplar mais acabado; realismo-atitude, que encontramos em Manuel Antônio de Almeida, ainda que com laivos polêmicos ou jocosos. Realismo que decorre de se fundirem, na cosmovisão de Taunay o homem de letras e o homem de ciências, como nenhum de nossos românticos, num consórcio raro entre nós, tradicionalmente propensos às expansões barroquizantes e aos retratos estereotipados.

Transcrevamos, à guisa de ilustração, um fragmento:

> Uma noite, em que havia luar embaciado por ligeira bruma, tomou a sua aflição tal violência que ele decidiu fugir daquele local de sofrimentos e incertezas, logo na manhã seguinte. (...)
>
> Seria uma hora depois de meia-noite.
>
> Estavam os espaços como que iluminados por essa luz serena e fixa que irradia de um globo despolido; luz fosca, branda, sem intermitências no brilho, sem cintilações, e difundida igualmente por toda a atmosfera.[17]

Se o compararmos com os cenários delineados por Alencar, Macedo ou Bernardo Guimarães, salta aos olhos o equilíbrio da passagem de

---

16. Antônio Soares Amora, *O Romantismo*, vol. II de *A Literatura Brasileira*, S. Paulo, Cultrix, 1967, p. 290.

17. Taunay, *Inocência*, 24ª ed., S. Paulo, Melhoramentos, s.d., p. 154.

Taunay, que o próprio estilo, puxado à sobriedade aticizante, evidencia: equilíbrio entre fantasia e observação, entre emotividade e rigor científico, expresso numa linguagem percorrida por uma tensão que, não obstante a sinuosidade do ritmo, jamais se rompe em qualquer sentido.

Equilíbrio, ao fim de contas, entre ciência e arte (mas não como pretendiam os realistas e naturalistas inspirados nas ideias de Taine e Claude Bernard), gerando um estilo e uma visão do mundo próximos do ensaio, não por uma qualquer tese que o romance defendesse, mas por um processo de criar ficção em que a fantasia jamais se desconecta da realidade. Ainda não adere às teorias realistas em moda no final do século XIX, mas já postula uma aliança entre a veracidade perseguida pela ciência e a imaginação desenvolvida pela arte. Nem a estrita descrição da ciência, vazada em relatórios frios e impessoais, nem a descrição transbordante, em voga no Romantismo: irrigada pelo fluxo contínuo da idealidade, como que a descrição libera o seu encanto secreto, a poesia recôndita nas coisas da natureza, mais como tonalidade, atmosfera ou sugestão, que pelo emprego sistemático de metáforas ou ritmos líricos; e vinculada à realidade como âncora de peso, a fantasia não perde o relevo que a torna verossímil, ao mesmo tempo que plasticamente variegada.

Taunay sempre divisa a realidade com um misto de subjetividade e ciência, quer quando relata fatos acontecidos, como em *A Retirada da Laguna*, onde é patente a força do escritor, repassado de emoção, quer quando se dispõe a inventar histórias, como em *Inocência*, onde, além do suporte na realidade experimentada, a descrição se caracteriza pelo verismo. Fronteiriça, a visão do mundo de Taunay como que prefigura a de Euclides da Cunha, numa oitava abaixo, ou num tom de música de câmara, em relação aos acordes sinfônicos, wagnerianos, de *Os Sertões*. Não passe sem registro que ambos se voltaram para o sertão, com o mesmo entusiasmo e tenacidade de escritor de ficção *doublé* de cientista.

Paisagista, diríamos que Taunay foi, caso pudéssemos transladar para a narrativa os parâmetros das artes plásticas, e estivéssemos perante um escritor isento de contrapontos. Com efeito, terminado o interlúdio sertanista de *Inocência* e descoberto o filão do seu talento de aquarelista, eis que retorna ele à fonte da juventude: Macedo. Ao invés de perseverar na trilha desvendada, resolve imprevistamente concentrar os dotes de paisagista em obras de viagens e de memórias ou nas *Histórias Brasileiras*, onde nem falta, para acentuar o verismo descritivista, um indício de regionalismo à Afonso Arinos ou Valdomiro Silveira, em "Juca, o Tropeiro", — destinando ao romance o aspecto menos original do seu projeto estético. Numa palavra, retoma com *Manuscrito de uma Mulher* o fio macediano e nele persiste até a derradeira obra, com modificações que somente na aparência e em pormenor alteram o quadro inicial. Recusando o veio encontrado, que lhe facultaria eventualmente realizar proezas análogas a *Inocência*, ressuscitou os temas citadinos, e com isso produziu obras menores, para atender aos reclamos das leitoras, em folhetins assinados com pseudônimo. Paradoxalmente, o homem educado à europeia que era Taunay conhecia menos a realidade urbana que a sertaneja; de onde o caráter postiço, apesar da tendência para a observação e a fluência do estilo, das narrativas posteriores a *Inocência*.

Manuscrito de uma Mulher é um romance na primeira pessoa, protagonizado pela narradora. Bastava esse fato para sugerir novidade: afinal, numa altura em que ainda a ficção constituía monopólio de escritores, não era todo o dia que um romancista se abalançava a esquadrinhar o coração feminino dum prisma não ostensivamente masculino. Todavia, a falsidade se impõe desde as primeiras linhas, não só porque é pouco admissível que uma mulher "casada e irremediavelmente infeliz"[18] relate a sua história íntima, mas também porque o faz com a desenvoltura que sabemos inexistente naqueles recuados tempos. Prevalece, por conseguinte, a fantasia, sem o contrapeso da observação, embora o ficcionista não necessitasse de muito empenho para colher ao vivo um exemplo de casamento infeliz segundo os padrões burgueses. Como se não bastasse, o "drama pungente" da heroína é previsível desde o começo, em meio a clichês, como a dualidade rico/pobre, bonito/feio, ou situações artificiais, como a heroína morar com os tios e ser visitada pelos pais, que a beijavam, abraçavam "e retiravam-se para, muitas vezes, ficarem meses inteiros sem a ver".[19] Apesar do rasgo de feminismo *avant la lettre* no fato de a mãe de Corina aconselhá-la a manter-se solteira, pois "o melhor dos homens não vale a nossa independência...",[20] e de haver uma nesga de pré-Realismo na hipocondria hereditária de Corina, — o romance nem parece do autor de *Inocência*.

Entalado na mecânica narrativa que engendrou, Taunay obriga a heroína a verdadeiras acrobacias para cumprir a sua espinhosa missão de narradora na primeira pessoa, ora forçando-a a espionar o fundo da casa onde se jogava desbragadamente, ora refugiando-a atrás de um guarda-roupa para ouvir conversas alheias. Seria cômico, à semelhança dos

---

18. *Idem, Manuscrito de uma Mulher*, 3ª ed., Rio de Janeiro, Garnier, s.d., p. 1.
19. *Idem, ibidem*, p. 10.
20. *Idem, ibidem*, pp. 62-63.

expedientes de Macedo, não fosse patético: incapaz de humor, Taunay descamba no ridículo quando, decerto sem o pretender, arrasta a protagonista a situações pueris. Decididamente, faltou-lhe vigilância quando enveredou pelo (mau) caminho sugerido por Macedo; nem se lhe pode atenuar a falta com o argumento das primícias, já que nessa quadra exibia um rico saldo credor num romance do naipe de *Inocência*.

Com mudanças de pormenor, os três romances seguintes repetem o falhanço desse incrível *Manuscrito de uma Mulher*. Escrito quase todo para o dia a dia dos folhetins de *O Globo*, *Ouro sobre Azul* é tachado pelo autor de "simples e despretensiosa narrativa (...) ligeiro romance",[21] o que denota pouco apreço pela história de encomenda, e uma consciência crítica dos limites de sua criação que se patenteará mais adiante, ao reconhecer a futilidade de suas ficções, "cujo fim não é por sem dúvida sério nem instrutivo como um Bouillet ou um tratado de agricultura, mas simplesmente dar uma pintura quanto possível, fiel, da nossa vida de sociedade, a quem portanto cabe em grande parte a censura de futilidade".[22] Na esteira de Macedo, mas procurando diversa solução para a intriga, *Ouro sobre Azul* parece anti-"*A Moreninha*": Álvaro leva o amigo Adolfo, que fizera promessa de celibato, ao conhecimento de Laura, sua prima; ao indefectível sarau seguem-se férias na fazenda do tutor da moça, que é salva por Adolfo de afogar-se (reminiscência de *O Tronco do Ipê*?); a chantagem de Pessoa de Lima sobre o tutor (afinal pai) de Laura denuncia-se com a morte daquele, e Laura e Álvaro casam-se.

Nem por afirmar Taunay que se detém no exame das personagens graças ao "drama mais psicológico, do que rico de lances dramáticos, que nos compete narrar",[23] nem por considerar Laura "em extremo nervosa" ou por lembrar que o presuntivo pai de Laura morrera louco, — estamos em face de um romance antirromântico. Epigonalmente macediano, ainda que a contragosto, tem sabor de história conhecida, não consegue tingir de mistério o desenrolar da ação, facilmente prognosticável desde os acontecimentos iniciais. E nem a descrição realista da natureza rural oferece interesse especial ao enredo; efetivamente, Taunay apenas fazia reproduzir as lições aprendidas de Macedo, em narrativa que parece obsoleta mesmo para a época do seu aparecimento, quando os ventos do Realismo já começavam a soprar.

---

21. *Idem, Ouro sobre Azul*, S. Paulo, Melhoramentos, s.d., pp. 17, 205.
22. *Idem, ibidem*, p. 99.
23. *Idem, ibidem*, p. 120.

Com *Ouro sobre Azul* principia um largo interregno, que findará em *O Encilhamento*: transcorrida quase uma vintena, Taunay volvia ao romance com uma narrativa em torno de acontecimentos candentes provocados pela crise na Bolsa em 1891-1892. Esforço patente de superação das marcas macedianas e ao mesmo tempo de atender às vozes interiores, a reclamar uma ficção baseada em experiência vivida, contém, na apreciação justa de Afonso de E. Taunay ao prefaciar a segunda edição (1923), "veracidade e observação honesta", ou nas palavras prologais de Verediano Carvalho à primeira edição,

> a síntese do comércio, das finanças, da administração política, da vida pública e da vida privada, enfim: do estado social do Brasil na menoridade da República sob a tutela do governo provisório; (...) com a verdade duma reprodução fotográfica, os painéis das cenas de 1890, 1891 e 1892, artisticamente coloridas por pseudônimos e pela amenidade da forma literária que torna tolerável e até aprazível o assunto áspero e repugnante de tais fatos.[24]

Aí, claramente definido o contorno de *O Encilhamento*: romance de atualidade, romance histórico, posto que ao redor de eventos contemporâneos ao narrador. E como tal, evidencia as fraquezas usuais em romances no gênero, somadas à falta de perspectiva... histórica, o que põe em risco a historicidade da narrativa. Primeira falha a invalidar um projeto que melhor destino teria se fosse convertido em obra ensaística ou documento historiográfico). Nessa conjuntura, o sustentáculo de qualquer narrativa oitocentista — os casos amorosos — torna-se meramente secundário, não só porque o núcleo é formado pelo Encilhamento mas também porque dele deriva: um adultério que não se consuma (entre Meneses e Laura) ou um que se descobre verídico (entre o espanhol e Laura) e um casamento feliz entre Meneses e Alice Dias, são traços débeis para suportar o dramatismo narrativo e dar-lhe consistência. O namoro, eixo da ficção romântica, respira o ligeirismo da hora, como se, refletindo o momento histórico, avançasse sobre o convencionalismo anterior. Nada mais enganoso: brinca-se muito mais do que antes em negócios de amor, enquanto se leva a sério o enriquecer a todo o custo; o amor torna-se, nessa sociedade frívola, uma futilidade a mais, cultivada como brinco de salão.

---

24. *Idem, O Encilhamento*, 4ª ed., S. Paulo, Melhoramentos, s.d., pp. 6, 9, 13.

• 678 • História da Literatura Brasileira - VOLUME I

Longe estamos do sentimento de Trajano e mesmo da heroína de *Manuscrito de uma Mulher*, para apenas falar das obras de Taunay. E tal futilidade, que recorda o universo de Eça de Queirós, sem com isso denotar influência do escritor português, pode ser um sinal a mais de realismo no circuito romanesco de Taunay: além de financeira, a crise é moral, uma vez que à frivolidade corresponde insegurança no plano ético. A decadência é do corpo social, — eis a tese, afinal de contas realista, que se depreende de *O Encilhamento*, saído numa fase em que o Realismo, tanto na Europa como no Brasil e Portugal, ia de vento em popa. Somente faltaria, para que o romance ganhasse nervos, que a questão social não fosse ventilada tão descomprometidamente: o autor limita-se a registrar os fatos sem pronunciar-se a respeito, como pedia o ideário realista.

Entretanto, o fato de ser romance *à clef* pode significar muito como tomada de posição contra os corruptos que se aproveitavam do Encilhamento para enriquecimentos ilícitos. Visão, portanto, que não se define entre o Romantismo, então ultrapassado, e o Realismo agonizante, mercê do surgimento da estética simbolista. Indícios há de que o autor procura acertar o passo com o momento histórico, acentuando não só o aspecto psíquico das reações ou referindo-se a "seios teratológicos", como também citando Zola e *Terra*, mas não se trata senão de traços irrelevantes. Na verdade, quando Taunay se adverte de que deve proceder "com todo o método, a fim de podermos mais seguros penetrar nessas sombrias espeluncas morais, cheias de escaninhos e pérfidos recantos e, espancando as trevas adrede acumuladas, levarmos alguma luz ao espírito dos leitores",[25] dá mais uma vez mostra de que, nele, o homem de ciências superava o ficcionista: o realismo, mesmo em *Inocência*, resulta de uma sensibilidade amortecida pelo hábito de raciocinar, com base nas ciências ou na História; o narrador-testemunha de *A Retirada da Laguna* transpõe para a ficção o processo "objetivo" com vistas a focalizar os problemas da Bolsa e do coração.

Seria, pois, menos prenúncio como estética que manifestação de temperamento e formação, por acaso vizinha do Realismo. Basta ver que, entrado o Realismo em 1881, nem por isso Taunay se bandeou para a nova estética: a evolução de sua prosa ficcional é no sentido de uma objetividade que nada tem a ver com a moda vigente após *O Mulato*; o seu realismo é o comum realismo que se nota em tanta ficção anterior, e até mesmo nas artes plásticas, apostadas em fixar o real como tal, sem

---

25. *Idem, ibidem*, p. 221.

expor uma tese, sem intenção ideológica de qualquer ordem. Faca de dois gumes, o cientificismo serve a Taunay para a descrição do natural, mas o desserve quando aplicado em questões históricas, como a política, a economia, etc., pois que, ambiguamente, nesses casos a sua pena escapa da literatura para invadir terrenos, de eleição mais íntima, da Ciência e da História. Na verdade, era antes de tudo um investigador científico, que por circunstâncias se permitiu a "fraqueza" de produzir literatura, dado que possuía igualmente dons de sensibilidade e conhecimentos literários de monta. Por estranho que pareça, a sua literatura envelheceu naquilo em que derivou para a Historiografia e mantém-se palpitante naquilo em que respeitou os propósitos estéticos. Sem dúvida, Taunay tinha nítida consciência do quadro social que esboça:

> E quanto é penoso termos revolvido tanto lodo, percorrendo esses nojentos escaninhos, essas asquerosas e pútridas baixuras de enorme esterquilínio moral?!
>
> Cumpria, contudo, estudar com ânimo viril todo esse dolorosíssimo momento histórico, deixando nestas páginas, repassadas de lealdade, documento bem verídico e comprobatório da degradação e dos desatinos dos homens, uma vez saídos do caminho em que seguiam, cada qual na sua órbita, o justo destino com serenidade, honra, paz e aplauso de todos, para se atirarem a fatais vertigens e tão danosas, quanto aleatórias aventuras.[26]

Mas a sua objetividade está longe da pretendida pelos realistas e naturalistas: ele inquieta-se, vibra e não dissimula, — no casamento dos heróis à Macedo com anúncios de "fúlgida aurora", ou na solução de "bom senso" de Siqueira após surpreender a mulher em flagrante adultério (abafado o escândalo, leva-a para a Europa...), — o substrato idealizadamente romântico de sua cosmovisão. Podia o acontecimento da hora conduzi-lo ao romance de tese que fazia as delícias dos sectários de Zola e Taine, mas o cerne da sua formação somente lhe permitia uma atitude realista, como se deslocasse a curiosidade pela natureza sertaneja para a paisagem social do Rio de Janeiro, com as limitações que tal mudança importava. Falho como romance, *O Encilhamento* depõe contra um ficcionista que insistiu em continuar após uma obra-prima, decerto por não resistir ao peso da glória; por outro lado, o emprego do pseudônimo, nesta e noutras obras, decerto revela que, no fundo de sua consciência, palpitava a suspeita de que já estava na hora de parar.

---

26. *Idem, ibidem*, pp. 295, 296.

Ao contrário, levou até *O Declínio* a sua forja de talento. Subintitulando-se "romance contemporâneo", parece refletir o empenho consciente de Taunay no sentido de acompanhar a moda realista, mas o resultado manifesta a hesitação entre os extremos do seu psiquismo e a sujeição, conquanto moderada, ao exemplo macediano. Lucinda, viúva de 44 anos, é a heroína. Anti-Luísa de *O Primo Basílio*, "as obras de cunho naturalista demasiado flagrante causavam-lhe tédio, nojo; atirava-as, logo às primeiras páginas, para um canto, repelindo-as da sua estante de autores prediletos",[27] como também lhe desagradavam as narrativas sentimentalonas, numa ambiguidade que, oscilando entre o Naturalismo e o Romantismo, espelha a própria indecisão do autor. Eis senão quando chega da Europa um jovem, sobrinho de Helena, amiga da protagonista, dotado da "verdadeira beleza masculina"[28] e, como se previa, apaixona-se pela viúva. Um *flashback*, narrando a experiência passional que Eduardo tivera com a mulher de um diplomata em Paris, apenas dilata o momento das declarações. Rejeitado, o moço tenta o suicídio. Comovida pelo lance, a viúva, em vez de aceitar a mão do jovem, cede-lhe um ato de amor. E os dois se separam, após Lucinda, doente, agitar-se em sonhos cruéis e envelhecer em poucos dias.

O entrecho fala por si: nem o anticlericalismo de Anselmo, apaixonado pela viúva, nem o sentimento anti-*yankee* de Eduardo (Prado?), nem a referência a Machado de Assis, Eça, Courbet e Corot — indícios de forçada observação das novidades do tempo, — nem a escorreição da forma, despojada de velhos excessos, — salva o romance do malogro. Ao pretender retratar o declínio de uma viúva, recatada até o momento de sucumbir à corte de um jovem bem apessoado, numa inverossimilhança que só a receita naturalista poderia justificar, — Taunay escrevia a página final, melancólica, do seu testamento literário. Invariavelmente macediano até o crepúsculo, nem o jogar uma viúva desfrutável nos braços de um mancebo o afasta do lugar-comum romântico; se algum intuito de progredir se observa nesse naturalismo a todo o transe, a inverossimilhança o prejudica para sempre, revelando-lhe o fundo falso e a sem-razão da procurada metamorfose.

Em idênticos limites se movem os contos de *Ao Entardecer*, título analogamente sintomático: amarrado à formação e ao temperamento, Taunay buscou em vão alterar o eixo de suas opções estéticas. Mas nem

---

27. *Idem, No Declínio*, 3ª ed., S. Paulo, Melhoramentos, s.d., p. 13.
28. *Idem, ibidem*, p. 61.

era do seu feitio o clima simbolista de "Pobre Menino!" nem o de "Ciganinha", que surgia "como que trazendo consigo ondas da luz que já ia faltando na terra, em derredor. Parecia descer do céu",[29] e que acaba casando com o Dr. Anselmo de Sá!; nem convence o "esboço psicológico" da "bela e nevrótica donzela",[30] Bettina, casada com um velho; nem o artificioso da situação de "Uma Vingança"; nem o "Rapto Original", isto é, platônico, que termina em casamento; nem o anúncio de absurdo de "O Estorvo": tentativas frustradas como narrativas breves e como adaptação ao modernismo fim-de-século. Quanto mais chegamos ao epílogo da carreira de Taunay mais avulta a grandeza de *Inocência* e mais lamentamos a insistência do autor em construir obras de ocasião, num automatismo que denuncia progressivo esmorecimento da autocrítica.

Feito o balanço, observa-se que Taunay funde, em sua cosmovisão, o ficcionista e o historiador ou homem de ciências: da mesma forma que suas obras de estrita observação ou historiográficas, como *A Retirada da Laguna*, não escamoteiam a cooperação da fantasia, as obras ficcionais timbram em recorrer a um objetivismo de intelectual virado para o real histórico. Somente falta, na primeira alternativa, que o relato científico desborde para casos individuais de amor e honra, e que, na segunda, os dados objetivos ganhem mais espaço — para que tudo quanto Taunay criou se enquadre no mesmo nicho classificatório. Indecisão, resultante das duas vertentes da mundividência do autor, permitiu-lhe, no entanto, a visão equilibrada que frutificou pelo menos em uma obra-prima do nosso Romantismo, *Inocência*, sem contar *A Retirada da Laguna*, de consulta obrigatória para os fastos da Guerra do Paraguai. Pela primeira vez na história de nossa ficção, surge um prosador *doublé* de cientista: daí a grandeza de sua obra e o lugar de honra em nossa ficção romântica, via de regra elaborada por bacharéis em Direito ou médicos fracassados.

FRANKLIN TÁVORA

João Franklin da Silveira Távora nasceu em Baturité, Ceará, a 13 de janeiro de 1842, mas fez toda a sua educação em Recife, onde se formou em Direito e alcançou elevados postos (diretor de Instrução

---

29. *Idem, Ao Entardecer*, 2ª ed., S. Paulo, Melhoramentos, s.d., p. 71.
30. *Idem, ibidem*, p. 82.

Pública e membro da Assembleia Provincial). Mudando-se para o Rio de Janeiro, ingressou na Secretaria do Império. Faleceu a 18 de agosto de 1888, deixando romances: *Os Índios do Jaguaribe* (1862), *A Casa de Palha* (1866), *O Cabeleira* (1876), *O Matuto* (1878), *Sacrifício* (1879), *Lourenço* (1881); contos: *A Trindade Maldita* (1861), *Um Casamento no Arrabalde* (1869); teatro: *Um Mistério de Família* (1861), *Três Lágrimas* (1870); crítica: *Cartas a Cincinato* (1870); folclore: *Lendas e Tradições Populares* (1878).

Duas fases tem a crítica apontado,[1] justamente, na trajetória de Franklin Távora: a primeira, de iniciação, em que os padrões românticos estabelecidos predominam, e já despontam traços que distinguiriam o escritor no crepúsculo do Romantismo. *A Trindade Maldita* é, no dizer de Sílvio Romero, "uma série de contos ultrarromânticos no estilo de *Noite na Taverna*, de Álvares de Azevedo; são tentativas dum rapaz de 18 anos". E quanto às demais obras, informa o referido historiador: *Um Mistério de Família* é "um drama bem movimentado, tendo algumas figuras bem construídas, entre outras a do protagonista Antônio Ferreira e a do fazendeiro Jerônimo; é notável como ensaio, atenta a indicada idade do autor". *Os Índios do Jaguaribe* é "romance, onde a influência de Alencar é manifesta, Távora dramatiza a colonização do Ceará; é uma obra dos vinte anos, é mera tentativa no gênero". E em *A Casa de Palha*, "volta-se desde esse pequeno romance o autor para os assuntos em que tinha de ser mestre: o estudo de nossas populações campestres".[2]

A segunda fase, encetada por *Um Casamento no Arrabalde*, gira ao redor de dois núcleos, o primeiro dos quais engloba aquela narrativa e *Sacrifício*, uma e outra ligadas como esboço e desenvolvimento da mesma história: núpcias à romântica, entre dois adolescentes, aureoladas pela trajetória de uma mulher superior, "moderna", educada em Paris e separada do marido. No esboço, é Emília, no desenvolvimento, Maurícia, mas o perfil psicológico e social permanece, com a diferença, que a extensão no tratamento da intriga e da personagem permite, de que Maurícia revela uma ambiguidade comportamental que lhe destrói a flama de mulher emancipada.

Um Casamento no Arrabalde, erroneamente rotulado de novela pela crítica, decerto sugestionada pelo número de páginas, não passa de um

---

1. Lúcia Miguel-Pereira, *Prosa de Ficção (De 1870 a 1920)*, 3ª ed., Rio de Janeiro/Brasília, José Olympio/INL, 1973, pp. 43-44.

2. Sílvio Romero, *História da Literatura Brasileira*, 5 vols., 4ª ed., Rio de Janeiro, José Olympio, 1949, vol. V, p. 95.

conto, em torno de uma banal cena de casamento, e conto sem conflito, como a servir de prelúdio a dramas ulteriores, aliás sugeridos pelo passado de Emília. Fulcro ou capítulo de narrativa futura, *Um Casamento no Arrabalde* pode valer, como assevera um crítico, pelos dados de observação e pela "descrição da festa nupcial",[3] mas sobretudo por aquilo que a desorganiza como enredo: a doutrina, notadamente política, que tanto o narrador quanto as personagens destilam. Ante um entrecho frouxo, dramaticamente invertebrado, Franklin Távora não teve outro meio senão alongá-lo por intermédio das digressões para personagens-satélites e para o debate ideológico, na forma de intromissão ostensiva do narrador ou de diálogo. Túlio, prefiguração do Ângelo de *Sacrifício*, defende ideias avançadas, certo de que

> tudo isto só há de tomar caminho quando triunfar absolutamente a democracia pura da aristocracia gasta — causa dos males que nos afligem. (...) A igualdade e a fraternidade em todo o gênero humano — eis o seu constante sonho.[4]

Secundam-no as várias interferências do narrador, como se Túlio lhe fosse *alter ego*, e o próprio caráter evoluído de Emília, que "dá a sua opinião, nem sempre puramente teórica, sobre política" e "é quase ateia".[5] Com todo o respeito pelo juízo encomiástico de Lúcia Miguel-Pereira, segundo o qual *Um Casamento no Arrabalde* é, "hoje, de seus livros, o que se lê com mais prazer",[6] a narrativa introdutória da segunda fase passou à posteridade como era desejo do autor, — "leve, fluida, sem ter pesado um momento no cérebro do leitor".[7] Franklin Távora como que experimentava o instrumento, preparava-se para construir a obra sonhada, mas faleceu sem deslindar o impasse fundamental de sua visão da realidade, já evidente nesse aguado "casamento de arrabalde".

Retomando-o anos depois, o autor desenvolveu-o no *Sacrifício*, e a emenda foi pior que o soneto, o que decerto não lhe escapou à autocrítica, uma vez que jamais o reuniu em livro. Ao invés de abandonar *Um Casamento no Arrabalde* à sua sorte, resolveu ampliá-lo, desse modo

---

3. Lúcia Miguel-Pereira, *op. cit.*, p. 41.
4. Franklin Távora, *Um Casamento no Arrabalde*, in *Novelas Brasileiras*, sel., pref. e notas de Jamil Almansur Haddad, S. Paulo, Cultrix, 1963, p. 90.
5. *Idem, ibidem*, p. 91.
6. Lúcia Miguel-Pereira, *op. cit.*, p. 45.
7. Franklin Távora, *Um Casamento no Arrabalde*, p. 111.

agravando a oscilação que se lhe observa nas obras de ficção, incluindo aquelas mais bem conseguidas. Como se de repente viessem à tona os arquétipos macedianos adormecidos no inconsciente do autor, a narrativa estrutura-se como romance, e romance do namoro, protagonizado por dois pares, a filha da heroína e seu hospedeiro, e Maurícia e Ângelo. Fatídica resolução: ao escritor faltavam os dotes adequados à sondagem nos problemas do coração. Do começo ao fim, a narrativa é uma homenagem patética à falsidade, à *gaucherie*.

Salientemos algumas, à guisa de ilustração: Maurícia fora educada em Paris, numa época em que nem mesmo os homens precisavam sair do País para completar a sua educação acadêmica. Mais ainda: graças ao talento, chamavam-na de *Pétit Brésil*!; não obstante, considerava o povo americano, "para o qual ela tinha a mais entranhável admiração", o primeiro do mundo, pois que o "seu espírito era livre, quase republicano; (...) quando chegou ao Brasil, poder-se-ia comparar com o diamante por nome *Regente*, que brilha na coroa de França, ou o *Estrela do Sul*, de que é dono o joalheiro Halphen: não tinha preço; seus dotes constituíram um tesouro inestimável".[8] E vai por aí fora o chorrilho de exageros, como se não bastasse os seus pais "empobreceram da noite para o dia, e faleceram dentro de breve tempo".[9] Pois bem, uma mulher dessa têmpera tem reações verdadeiramente surpreendentes, dúbias, como se entre o intelecto e o sentimento houvesse um abismo; aliás, parece isso mesmo que o autor pretende mostrar, desde *Um Casamento no Arrabalde*, mas procede com uma bisonhice digna de um estreante ou discípulo sonolento de Macedo. Mal apresentada a Ângelo, "ia sentindo pelo bacharel afeição que a assustava",[10] a ponto de, sobressaltada por uma visão que tivera (uma cobra? o ex-marido?), "levou a mão do bacharel ao seu peito e a apertou contra ele".[11]

Ainda que se desconte o fato de ser casada, e portanto conhecedora das intimidades passionais, não pode o leitor assistir impassível a tamanha *gaffe*, em todo o ponto contrastante com o perfil moral da personagem: nenhuma das heroínas macedianas teria tal desenvoltura pouco depois de conhecer o seu par; as próprias regras sociais do tempo reclamariam um pouco mais de cautela e dissimulação. Franklin Távora antevê o Realismo? Não parece. Antes patenteia falta de bom-senso, e

---

8. *Idem, Sacrifício, Revista Brasileira*, Rio de Janeiro, primeiro ano, 2 t., 1879, t. I, p. 30.

9. *Idem, ibidem*, p. 31.

10. *Idem, ibidem*, p. 37.

11. *Idem, ibidem*, p. 38.

mesmo de respeito às normas elementares do convívio social, quando não inépcia na armação dos caracteres e das situações: misturam-se, nitidamente, os deslizes estruturais e os de ordem psicológica, de modo que as falhas na construção repercutem a puerilidade no exame do jogo sentimental, e esta se manifesta naquelas.

Ressalvando-se a figura de Bezerra, marido de Maurícia, espécie de vilão mundano, único ser autêntico numa sociedade hipócrita, e os episódios que vive com as mestiças (Janoca e Brígida), abrindo um filão que poderia desembocar no clima de *O Cortiço*, *Sacrifício* é obra malograda, é sacrifício... para o leitor. E só não se equipara aos melodramas descabelados do Romantismo por qualquer distância que o autor mantém com a ação do romance, e certa intuição do moderno que o faz pensar às vezes na psicologia das personagens, no geral sujeitas à sua visão onisciente, como fruto da ciência em voga.

Com o seu moralismo pequeno-burguês, para não dizer de arrabalde:

> ia enfim morrer aquela beleza ainda fresca, ainda admirável, dando o grande exemplo de uma rara abnegação, depois dos maiores e mais eloquentes testemunhos de respeito ao dever conjugal. Mulheres, mirai-vos nesse espelho de aço puro. Maurícia existiu. Foi, como aqui se pinta, uma mulher que honrou o seu sexo e a família brasileira.[12]

Sacrifício nem parece do autor que pretendia, com *O Cabeleira*, instaurar a "Literatura do Norte", fundamentado embora num vago determinismo geográfico e num sentimento regionalista que seria aceitável não fosse levado ao extremo:

> As letras têm, como a política, um certo caráter geográfico; mais no Norte, porém, do que no Sul abundam os elementos para a formação de uma literatura propriamente brasileira, filha da terra.[13]

Procurando fazer a "crônica pernambucana", como a entoar o *epos* da terra de adoção, Franklin Távora achou de bom alvitre recuar no tempo, em vez de atentar para a realidade sua contemporânea, — e cometeu o engano que deitou a perder o melhor de sua faculdade narrativa. *O Cabeleira*, cujo prefácio é de 1876, centra-se em acontecimentos desenrolados um século antes, enquanto as obras restantes se passam

---

12. *Idem, ibidem*, t. II, p. 184.
13. *Idem, O Cabeleira*, S. Paulo, Melhoramentos, s.d., p. 7.

na época da Guerra dos Mascates (1710). Ficção histórica, portanto, na linha dum Herculano e dum Alencar, com as limitações inerentes a tal modalidade narrativa: ou o substrato histórico se resume a mero pano de fundo, no qual se esbate um drama amoroso, ou se torna o aspecto mais importante, evidenciando que, num caso e noutro, a pretendida conciliação entre contrários tão adversos é utopia que somente o idealismo romântico, em uníssono com o endeusamento da História, poderia gerar e explicar. Infalivelmente, caía-se num dos polos, como atestam as obras dos ficcionistas referidos.

E Franklin Távora não fugiu à regra: cônscio de que elaborava "um tímido ensaio do romance histórico",[14] pôs ênfase mais no histórico que no estético, a ponto de chamar as suas "composições literárias" de "estudos históricos",[15] fundado na ideia de que "o romancista moderno deve ser historiador, crítico, político ou filósofo".[16] Não sem indecisão, engajava-se numa linhagem que raramente gera frutos perduráveis: criou textos híbridos, que não chegam à condição de "estudos históricos", dignos de quem se confessava descer "das eminências da contemplação às planícies do positivismo",[17] nem alcançam o plano das obras literárias que resistem ao juízo do tempo.

Com o subtítulo de "crônica pernambucana", *O Matuto* gravita em torno da Guerra dos Mascates, de modo a permitir que se tenha por inadequado o seu título: logrado sai o leitor que imaginar uma narrativa protagonizada por um matuto, no caso Francisco, pois, além de ser uma dentre várias personagens, a sua história é incolor e toda ela desenvolvida no bojo da Guerra dos Mascates. Após elogiar o caráter de Francisco e a sua vida conjugal, não sem penalizar-se pela vida dos matutos, o narrador justifica-se:

> Não se pretende fazer nestas palavras a apologia da ignorância, nem a da pobreza, que são os dois maiores males da terra: o que deste rápido esboço de dous caracteres puros e respeitáveis se aspira a inferir é que o bom natural traz em si mesmo, como por instinto, a ciência da vida, e que o trabalho, ainda o mais humilde, é o primeiro meio de suprir as faltas da fortuna e vencer os defeitos da condição.[18]

---

14. *Idem, ibidem, loc. cit.*
15. *Idem, ibidem*, p. 4.
16. Citado por Aníbal Fernandes, em sua introdução a *Lourenço*, S. Paulo, Martins, 1953, p. 19.
17. Franklin Távora, *O Cabeleira*, p. 7.
18. *Idem, O Matuto*, Rio de Janeiro, Of. Gráficas do *Jornal do Brasil*, 1929, p. 27.

num rousseaunismo que, desejando-se apoiado nas ilusões positivistas do autor, apenas se mostra obsoleto, e num conservadorismo que as tiradas liberalizantes mal encobrem. A contradição estava no sangue do escritor: contraditório ao eleger a História como painel da narrativa, acabou comprometendo a solidariedade para com os matutos ao situá--los (em respeito à História?) nas hostes dos nobres, senhores de enge-nho, contra os mascates, de origem humilde e, por isso, mais próximos da plebe.

Aliás, o narrador não esconde os seus preconceitos, não só em *O Matuto* como nas demais obras: Lourenço, "pela brancura (...) era de boa origem"; Jerônimo Pais, adepto dos mascates e impulsionado por "sentimentos francamente populares (...) era um todo correto, propor-cionado e como feito de propósito para existir justamente na burguesia"; e enquanto os mascates *se* lhe afiguram uma "vara de porcos do mato", os nobres são "os sustentadores da ordem".[19] De onde o seu anticlerica-lismo resultar mais de os frades se colocarem ao lado dos mascates que de uma tese longamente amadurecida; e se recordarmos que o Pe. An-tônio, afora estar isento de tal pecha, será figura relevante na sequência de *O Matuto*, que leva o nome do seu filho, Lourenço, — fica definida a perspectiva do escritor.

E nem é preciso enfatizar a conversão paulatina de Lourenço à reli-gião católica para se compreender que o conservadorismo de Franklin Távora denota um ato falho, a ponto de insinuar que a "Literatura do Norte" não deve ser interpretada como gesto de rebeldia, nem mesmo contra a "Literatura do Sul", já que a visão imobilista lhe tira força e sen-tido: apenas se refere ao *local* da fábula, não à *intenção*, que se acreditaria engajada, romanticamente revoltada, com que o autor escolhia os temas regionalistas e sertanejos em mescla com os históricos.

Continuação de *O Matuto*, *Lourenço* exibe o mesmo quadro: a dicoto-mia anterior agrava-se, uma vez que o intuito de visualizar a Guerra dos Mascates como "o primeiro grito do novo mundo contra as metrópoles europeias"[20] não condiz com a matéria da narrativa. Se, de um lado, os nobres almejavam libertar-se de Portugal: "Senhores, até quando have-mos de ser colônia de portugueses?",[21] de outro, o narrador, que dera mostras de afeiçoar-se ao patriotismo da aristocracia de Olinda, trai-se

---

19. *Idem, ibidem*, pp. 30, 146, 148, 167.
20. *Idem, Lourenço*, p. 26.
21. *Idem, ibidem*, p. 75.

ao procurar defender-se contra a ideia de lusofobia[22] e ao preconizar ideias que hoje se diriam progressistas:

> Naqueles tempos o terror dominava todos os que não pertenciam à classe elevada do partido do governador. O povo não tinha direitos. Qualquer bandido julgava-se autorizado para apoderar-se da propriedade do pobre, e fazer dele o seu moço de recados. (...)

> Era a voz do povo que se erguia, sem floreios, em linguagem trivial, para responder à voz da nobreza vencida, mas não convencida.[23]

E como já houvesse narrado em pormenores a Guerra dos Mascates, Franklin Távora pôde concentrar-se no herói da narrativa. Entretanto, premido pela óptica adotada, obriga-o a transformar-se, por intervenção do Pe. Antônio, num matuto afidalgado e cristão. Em compensação, leva-o a protagonizar situações dramáticas em que se encontra o melhor da obra, graças não à fidelidade histórica, mas à observação da realidade coeva: Lourenço namora três mulheres seguidamente e com tal intensidade que a cena do reencontro com uma delas, Bernardina, — ardente de primitividade e como que um eco longínquo da cavalaria andante medieval, — é criação imaginária de grande vigor plástico.

Engolfado, porém, no relato histórico, o autor não teve como explorar essas clareiras de autenticidade em que, aflorando um veio novo, punha à mostra o seu talento mais genuíno: o lirismo caboclo, prenúncio do regionalismo praticado no século XX. O equívoco de Franklin Távora residiu em haver concebido a "Literatura do Norte" à luz do passado, em vez de a procurar na realidade que conhecia de perto, onde aliás encontrou os seres humanos e as paisagens que lhe inspiraram as páginas mais densas das suas narrativas. Houvesse atentado no contexto à sua volta, outra seria decerto a fisionomia do seu regionalismo programático e romanticamente otimista.

Relato de um facínora que morre nas garras da lei após converter-se por amor, *O Cabeleira*, a narrativa mais conhecida do autor, padece dos mesmos defeitos, agravados pelo moralismo, igualmente presente nas suas demais obras, fundido à História, como se a ficção tivesse compromissos pedagógicos, no sentido mais rasteiro da palavra, e não com a Be-

---

22. *Idem, ibidem*, p. 225.
23. *Idem, ibidem*, pp. 91, 160.

leza e a Ética: "desgraçadamente estas cenas não são geradas pela minha fantasia. São fatos acontecidos há pouco mais de um século."[24]

É que, ao acolher o jagunço de 1773 como tema da narrativa, Franklin Távora enfrentava não só a dívida para com o passado histórico, mas também as coerções inerentes ao assunto: circunscrito pela História e pela redundância das ações do criminoso, não teve meios senão escapar para as moralidades, com isso alargando postiçamente a narrativa e desequilibrando-a. Cangaço moralizante, como bem revelam as intromissões seguidas do narrador, julgando o herói de antemão, sem permitir que o leitor o faça baseado nas próprias atitudes da personagem. Interferências indébitas, denunciam uma concepção à Rousseau do assassino, como se pode ver no capítulo IV, de resto nada original se pensarmos em *O Índio Afonso*, de Bernardo Guimarães.

Facínora com alma infantil, ingenuamente convertido por Luisinha, o Cabeleira resulta do mesmo estereótipo que modelou Bezerra e Lourenço: o anti-herói, o vilão inconsciente do mal. Extrovertidos, impelidos por uma força maligna para o crime, ao mesmo tempo sujeitos à influência alheia, empurrados para a ação por uma espécie de automatismo dos músculos, e ainda sensíveis aos apelos idealizantes, — são típicos heróis de novela.

Na verdade, a trilogia da "Literatura do Norte" é constituída por três novelas, não em função do número de páginas mas da estrutura: *O Cabeleira* ordena-se numa sequência de células dramáticas, representadas pelo bando de jagunços, assim como *O Matuto* e *Lourenço*, que por sinal se interligam, transitando o herói e personagens secundárias de uma para outra. E se a morte do Cabeleira não implica que a novela se fechasse à continuidade, o epílogo de *Lourenço* surpreende o herói a cavalgar, no melhor estilo do *far-west*, mal rompida a manhã, na direção da fazenda do Pe. Antônio, deixando estáticos, a contemplá-lo, os pais de criação, e franqueando um prolongamento que, apesar de tudo, o autor resolve não explorar:

> Três dias depois, quando os gaios começaram a amiudar, Lourenço montou a cavalo à porta do sítio do Cajueiro. Francisco e Marcelina, de pé, do lado de fora, viram-no partir, viram-no desaparecer, ouviram ambos, com as faces inundadas de lágrimas, os últimos ruídos dos passos do cavalo, que conduzia para bem longe o melhor das esperanças, — etc.[25]

---

24. *Idem, O Cabeleira*, p. 89.
25. *Idem, Lourenço*, pp. 260-261.

E como novela histórica, a "Literatura do Norte" não fugiu à sedução do pitoresco: ainda ia longe o tempo em que o jagunço, ganhando sopros épicos, deixaria de ser mero apêndice da paisagem esturricada pelo sol. A ficção de Franklin Távora, válida pelas trilhas abertas e pelas sugestões dum regionalismo cada vez mais consciente, perde-se na própria rede que armou para apanhar os temas históricos. Indeciso entre os extremos da vocação, o autor sucumbiu ao dilema, como se intuísse os tempos novos a gestar-se na saga pernambucana do século XVIII, mas sem perceber o futuro que se lhe desenhava nos textos. Não menos antinômica é a malha estilística das novelas: o pendor para a correção lusitanizante manifesta um passo atrás em relação ao brasileirismo de Alencar, que verberou nas *Cartas a Cincinato*. É certo que pode ser posta na conta do aspecto histórico das narrativas, transcorridas no século XVIII, mas é igualmente motivo de registro que os matutos, analfabetos e broncos, falam um vernáculo que se diria bebido na leitura dos clássicos. Desse ponto de vista, Franklin Távora reflete o momento em que a xenofobia linguística dos românticos cedia vez ao equilíbrio, também presente em Taunay, que pressagia a vernaculidade do texto machadiano e de outros escritores filiados ao Realismo.

APOLINÁRIO PORTO ALEGRE

O panorama da última floração de nossa prosa romântica não ficaria completo sem uma referência ao regionalismo gaúcho. Inaugurado por José do Vale CALDRE E FIÃO (1813-1876) com *A Divina Pastora* (1847)[1] e *O Corsário* (1851), encontraria em Apolinário Porto Alegre (1844-1904) a sua figura mais importante: após estudos de Direito em S. Paulo, regressou a Porto Alegre, onde se fez professor particular e se entregou à faina jornalística e literária; envolvendo-se nas lutas republicanas, teve de exilar-se no Uruguai. Além do teatro: *Sensitiva* (1873), *Mulheres* (1873), *Epidemia Política* (1882), etc., cultivou a poesia: *Bro-*

---

1. A *Divina Pastora* constituíra, durante quase um século e meio, um enigma bibliográfico: havia saído misteriosamente de circulação. Depois de incansável procura, um único exemplar foi encontrado, em Montevidéu, em 1992, que serviu para a segunda edição, com ensaio crítico, notas e fixação do texto de Flávio Loureiro Chaves, e ensaio biográfico de Carlos Reverbel (Porto Alegre, Rede Brasil Sul de Comunicações, 1992). Com o subtítulo de "novela riograndense", a narrativa filia-se, como observa o organizador da edição, na "tradição do folhetim" (p. 10).

mélias (1874); o conto: *Paisagens* (1875); a narrativa longa: *Os Palmares* (1869), *O Vaqueano* (1872), *Feitiços de uns Beijus* (1873). Iniciando a sua carreira com *Os Palmares*, narrativa em torno de "um quilombo do Norte, aquele que por sua denodada resistência às armas do branco passou a simbolizar a altivez e heroicidade do negro",[2] tornou-se conhecido por *O Vaqueano*, embora haja quem julgue *Paisagens* de melhor qualidade, e *Feitiços de uns Beijus*, a sua "novela mais original".[3]

Tendo como pano de fundo a Revolução Farroupilha (1835), *O Vaqueano* inscreve-se na linhagem da ficção histórica, iniciada, em vernáculo, por Alexandre Herculano e continuada por Alencar e seguidores. E como tal, ressente-se dos defeitos já assinalados em outros ficcionistas que abraçaram a simbiose da História com a Literatura. Não obstante ganhe relevo apenas algumas vezes, o quadro histórico impede ao narrador manter a fluência das páginas em que o compromisso se estabelece com o plano do imaginário. E mercê do esforço de vislumbrar o painel em que a trama se desenrola, a narrativa espicha-se artificialmente: várias cenas se enfileiram, guiadas por um empenho digressivo, mais preocupado com o pitoresco histórico e localista que com o drama vivido por José de Avençal, o Vaqueano. Tais inchaços conferem aparência de novela à narrativa, mas na verdade trata-se de um conto, visto que, isolada a situação dramática de José de Avençal e Rosita, tudo o mais constitui aderência perfeitamente dispensável.

Aliás, a crítica já apontou a universalidade da *vendetta* que norteia a narrativa,[4] assim evidenciando ser o cenário histórico mero pretexto para emprestar autenticidade à fabulação, ou para estadear sentimentos regionalistas, um e outro legítimos se não atentassem contra o eixo dramático, afinal de contas o que mais importa numa narrativa. Embaraçado no propósito histórico e regionalista, o autor reduz o caso dramático a um lance fugaz (capítulo XVII),[5] em que o sentimento amoroso de José de Avençal e Rosita, núcleo da intriga, se apresenta como fato consumado. De onde a precariedade da psicologia dos heróis; ainda que pintados ao natural, mal deixam adivinhar o estofo épico que os anima.

---

2. Guilhermino Cesar, *História da Literatura do Rio Grande do Sul*, 2ª ed., Porto Alegre, Globo, 1971, p. 203.

3. Augusto Meyer, "O Regionalismo na Prosa de Ficção. Grupo Gaúcho", *A Literatura no Brasil* (dir. de Afrânio Coutinho), 3 vols., Rio de Janeiro, Sul Americana/S. José, 1955-1959, vol. II, p. 218.

4. Lúcia Miguel-Pereira, *Prosa de Ficção (De 1870 a 1920)*, 3ª ed., Rio de Janeiro/Brasília, José Olympio/INL, 1973, p. 36.

5. Apolinário Porto Alegre, *O Vaqueano*, in *Novelas Brasileiras*, sel., pref. e notas de Jamil Almansur Haddad, S. Paulo, Cultrix, 1963.

Rosita, esboço e prenúncio de Ana Terra, e o Vaqueano, espécie de Robin Hood dos pampas, vivem uma situação que, lembrando a de *Inocência*, remonta a *Romeu e Julieta*: nem falta o suicídio dos heróis, cada um a seu modo, Rosita com "uma adaga cravada no coração",[6] e José de Avençal, em plena guerra, dinamitando a casamata em que se abrigava, a fim de retardar a marcha dos legalistas; nem falta que o narrador mencione a semelhança: "Culto grandioso e sublime de dois corações que se amam, de Romeu e Julieta, malgrado os ódios de raça!".[7]

Saga dos pampas, como as obras de Franklin Távora procuraram ser a do Norte, *O Vaqueano*, em parte pela influência de Alencar, em parte refletindo o gosto pela cor local, caracteriza-se por um estilo em que, a par de regionalismos conscientes, se observam traços de lirismo, sobretudo na descrição da natureza: esta, considerada irmã da alma, inspira um ritmo poético, que se diria apoiado em segmentos métricos a modo de unidades versificatórias:

> O sol cambava. O raio do crepúsculo, círio que vela um ataúde, lambia a face da Terra. Expressão de agonia, lampejo precursor da morte, ia deitar-se o pai da natureza.
>
> Quem então o visse, diria que buscava o leito de descanso, numa sepultura imensa como ele próprio, as profundezas do infinito. O cenário sobre que pairamos, não recendia menos tristeza.[8]

Provável influxo de *Iracema*, a nota lírica em *O Vaqueano*, ao ajustar-se bem ao drama central e à própria visão dos pampas, parece o aspecto mais relevante da obra, notadamente por implicar uma aliança que se tornaria moda no regionalismo moderno.

Para terminar o quadro aberto pelo *O Vaqueano* e demais obras de Apolinário Porto Alegre, ainda "convém citar (...) as novelas *A Mãe de Ouro*, de Alberto Cunha (1873) e *O Patuá*, de Carlos Jansen (1879)",[9] e *Os Farrapos* (1877), de Oliveira Belo, que "é já um sinal de realismo à vista. Realismo epidérmico, se quiserem, mas não romantismo tardio".[10]

---

6. *Idem, ibidem*, p. 189.

7. *Idem, ibidem*, p. 187.

8. *Idem, ibidem*, p. 124.

9. Augusto Meyer, *op. cit.*, p. 218. Guilhermino Cesar (*op. cit.*, p. 319) dá como título da narrativa de Alberto Cunha, que usava o pseudônimo de Vítor Valpírio, o seguinte: *Mãe de Ouro*; e como data de publicação, 1874. E ainda informa que *Patuá* (sem artigo) se publicou nos tomos I e III da *Revista Brasileira*, saídos em 1879-1880 (*op. cit.*, p. 324).

10. Guilhermino Cesar, *op. cit.*, p. 323.*

BIBLIOGRAFIA

I. Obras Gerais

AMORA, Antônio Soares — *História da Literatura Brasileira*, 8ª ed., S. Paulo, Saraiva, 1974.

AZEVEDO, Fernando de — *A Cultura Brasileira*, 3 vols., 3ª ed., S. Paulo, Melhoramentos, 1958.

BOSI, Alfredo — *História Concisa da Literatura Brasileira*, 3ª ed., S. Paulo, Cultrix, 1981.

CANDIDO, Antonio — *Formação da Literatura Brasileira*, 2 vols., S. Paulo, Martins, 1959.

CASTELLO, José Aderaldo — *A Literatura Brasileira*, 2 vols., S. Paulo, EDUSP, 1999.

CARVALHO, Ronald de — *Pequena História da Literatura Brasileira*, 11ª ed., Rio de Janeiro, Briguiet, 1958.

COUTINHO, Afrânio (dir.) — *A Literatura no Brasil*, 3 vols., Rio de Janeiro, Sul-Americana/S. José, 1955-1959; 2ª ed., 6 vols., Rio de Janeiro, Sul-Americana, 1968-1971.

LIMA, Alceu Amoroso — *Introdução à Literatura Brasileira*, Rio de Janeiro, Agir, 1956.

LIMA, Alceu Amoroso — *Quadro Sintético da Literatura Brasileira*, Rio de Janeiro, Agir, 1956.

MARTINS, Wilson — *História da Inteligência Brasileira*, 7 vols., S. Paulo, Cultrix/EDUSP, 1976-1979.

MERQUIOR, José Guilherme — *De Anchieta a Euclides. Breve História da Literatura Brasileira — I*, Rio de Janeiro, José Olympio, 1977.

MOTA, Artur — *História da Literatura Brasileira*, 2 vols., S. Paulo, Nacional, 1930; vol. III, S. Paulo, Academia Paulista de Letras, 1978.

ROMERO, Sílvio — *História da Literatura Brasileira*, 4ª ed., 5 vols., Rio de Janeiro, José Olympio, 1949.

SODRÉ, Nelson Werneck — *História da Literatura Brasileira*, 4ª ed., Rio de Janeiro, Civilização Brasileira, 1964.

VERÍSSIMO, José — *História da Literatura Brasileira*, 3ª ed., Rio de Janeiro, José Olympio, 1954.

II. Dicionários, Bibliografias

BLAKE, A. V. Sacramento — *Dicionário Bibliográfico Brasileiro*, 7 vols., Rio de Janeiro, Nacional, 1883-1902.

BROCA, Brito e SOUSA, J. Galante de — *Introdução ao Estudo da Literatura Brasileira*, Rio de Janeiro, INL, 1963.

CARPEAUX, Otto Maria — *Pequena Bibliografia Crítica da Literatura Brasileira*, 4ª ed., Rio de Janeiro, Edições de Ouro, 1968.

COELHO, Jacinto do Prado (dir.) — *Dicionário das Literaturas Portuguesa, Galega e Brasileira*, 2ª ed., Porto, Figueirinhas, 1970.

LUFT, Celso Pedro — *Dicionário da Literatura Portuguesa e Brasileira*, Porto Alegre, Globo, 1967.

MENESES, Raimundo de (dir.) — *Dicionário Literário Brasileiro*, 5 vols., S. Paulo, Saraiva, 1969.

MORAIS, Rubens Borba de — *Bibliografia Brasileira do Período Colonial*, S. Paulo, Instituto de Estudos Brasileiros, Universidade de S. Paulo, 1969.

MORAIS, Rubens Borba de e BERRIEN, William — *Manual Bibliográfico de Estudos Brasileiros*, Rio de Janeiro, Sousa, 1949.

PAES, José Paulo e MOISÉS, Massaud (dir.) — *Pequeno Dicionário de Literatura Brasileira*, 5ª ed., S. Paulo, Cultrix, 1998.

SILVA, Inocêncio Francisco da — *Dicionário Bibliográfico Português*, 22 vols., Lisboa, Imprensa Nacional, 1858-1923.

III. Origens

ABREU, João Capistrano de — *Capítulos de História Colonial*, 4ª ed., Rio de Janeiro, Briguiet, 1954.

ANDRADE, Almir de — *Formação da Sociologia Brasileira*, vol. I, Rio de Janeiro, José Olympio, 1941.

BOSI, Alfredo — *Dialética da Colonização*, 3ª ed., S. Paulo, Companhia das Letras, 1998.

CASTELLO, José Aderaldo — *Manifestações Literárias da Era Colonial*, vol. I de *A Literatura Brasileira*, 2ª ed., S. Paulo, Cultrix, 1965.

FRANCO, Afonso Arinos de Melo — *Mar de Sargaços*, S. Paulo, Martins, 1944.

FURTADO, Celso — *Formação Econômica do Brasil*, Rio de Janeiro, Fundo de Cultura, 1959.

HOLANDA, Sérgio Buarque de — *Raízes do Brasil*, 5ª ed., Rio de Janeiro, José Olympio, 1969.

HOLANDA, Sérgio Buarque de — *Visão do Paraíso*, Rio de Janeiro, José Olympio, 1959.

HOLANDA, Sérgio Buarque de (dir.) — *História Geral da Civilização Brasileira*, t. I, S. Paulo, Difusão Europeia do Livro, 1960.

LEITE, Serafim — *História da Companhia de Jesus no Brasil*, 10 vols., Lisboa/Rio de Janeiro, Portugália/INL, 1938-1950.

LIMA, Manuel de Oliveira — *Aspectos da Literatura Colonial Brasileira*, Leipzig, F. A. Brockhaus, 1896.

PRADO JÚNIOR, Caio — *A Formação do Brasil Contemporâneo. Colônia*, S. Paulo, Brasiliense, 1942.

JOSÉ DE ANCHIETA

AZEVEDO FILHO, Leodegário A. de — *A Poética de Anchieta*, Rio de Janeiro, Gernasa, 1962.

AZEVEDO FILHO, Leodegário A. de — *Anchieta, a Idade Média e o Barroco*, Rio de Janeiro, Gernasa, 1966.

MAGALDI, Sábato — *Panorama do Teatro Brasileiro*, Rio de Janeiro, MEC/DAC/FUNARTE/SNT [1980].

MARTINS, Maria de Lourdes de Paula — *Anchieta*, S. Paulo, Assunção, 1946.

PORTELA, Eduardo — prefácio a *José de Anchieta*, Rio de Janeiro, Agir, 1959 (Col. "Nossos Clássicos").

SPINA, Segismundo — *Da Idade Média e Outras Idades*, S. Paulo, Conselho Estadual de Cultura, 1964.

MANUEL DA NÓBREGA

LEITE, Serafim — prefácio a Manuel da Nóbrega, *Diálogo sobre a Conversão do Gentio*, Lisboa, 1954. (Publs., do IV Centenário da Fundação de S. Paulo.)

PERO DE MAGALHÃES DE GÂNDAVO

ABREU, João Capistrano de — *Ensaios e Estudos*, 2ª série, Rio de Janeiro, Briguiet, 1932.

MATOS, Luís de — "Pero de Magalhães de Gândavo e o *Tratado da Província do Brasil*", *Boletim Internacional de Bibliografia Luso-Brasileira*, Lisboa, Fundação Calouste Gulbenkian, vol. III, nº 4, out.-dez. 1962.

PEREIRA FILHO, Emanuel — prefácio a Pero de Magalhães de Gândavo, *Tratado da Província do Brasil*, Rio de Janeiro, INL, 1965.

IV. Barroco

ABREU, João Capistrano de — *Ensaios e Estudos*, 1ª série, Rio de Janeiro, Briguiet, 1931.

ÁVILA, Affonso — *O Lúdico e as Projeções do Mundo Barroco*, S. Paulo, Perspectiva, 1971.

ÁVILA, Affonso — *Resíduos Seiscentistas em Minas*, 2 vols., Belo Horizonte, Centro de Estudos Mineiros, 1967.

CASTELLO, José Aderaldo — *Manifestações Literárias da Era Colonial*, vol. I de *A Literatura Brasileira*, 2ª ed., S. Paulo, Cultrix, 1965.

COUTINHO, Afrânio — *Aspectos da Literatura Barroca*, Rio de Janeiro, s.c.p., 1950.

LIMA, Manuel de Oliveira — *Aspectos da Literatura Colonial Brasileira*, Leipzig, F. A. Brockhaus, 1896.

MACHADO, Lourival Gomes — *O Barroco Mineiro*, S. Paulo, Perspectiva, 1969.

RAMOS, Péricles Eugênio da Silva — *Poesia Barroca*, S. Paulo, Melhoramentos, 1967.

BENTO TEIXEIRA

ALVES, Luiz Roberto — *Confissão, Poesia e Inquisição*, S. Paulo, Ática, 1982.

AMORA, Antônio Soares — "A *Prosopopeia*, de Bento Teixeira, à Luz da Moderna Camonologia", sep. da *Miscelânea de Estudos em Honra do Prof. Hernâni Cidade*, Lisboa, 1957.

MELLO, José Antônio Gonsalves de — *Estudos Pernambucanos*, Recife, Universidade Federal de Pernambuco, 1960.

MOTA, Fernando de Oliveira — prefácio a Afonso Luiz Piloto e Bento Teixeira, *Naufrágio & Prosopopea*, Recife, Universidade Federal de Pernambuco, 1969.

MOTA, Otoniel — "Bento Teixeira e a *Prosopopeia*", *Revista da Academia Paulista de Letras*, S. Paulo, vol. I, nº 1, 1937.

SIQUEIRA, Sonia Aparecida — O Cristão-Novo Bento Teixeira: Criptojudaísmo no Brasil Colônia, *Revista de História*, USP, nº 90, vol. XLIV abr.-jun. 1972, pp. 395-467.

SOUSA, J. Galante de — *Em Torno de Bento Teixeira*, Instituto de Estudos Brasileiros, Universidade de S. Paulo, 1973.

VERÍSSIMO, José — *Estudos de Literatura Brasileira*, 4ª série, Belo Horizonte/S. Paulo, Itatiaia/EDUSP, 1977.

GREGÓRIO DE MATOS

ARARIPE JÚNIOR, Tristão de Alencar — "Gregório de Matos", *in Obra Crítica*, vol. II, Rio de Janeiro, Casa de Rui Barbosa, 1960.

CAMPOS, Haroldo de — *O Sequestro do Barroco na Formação da Literatura Brasileira: o Caso Gregório de Matos*, Salvador, Bahia, Fundação Casa de Jorge Amado, 1989.

CHOCIAY, Rogério — *Os Metros do Boca: Teoria do Verso em Gregório de Matos*, S. Paulo, Ed. da UNESP, 1993.

ESPÍNOLA, Adriano — *As Artes de Enganar. Um Estudo das Máscaras Poéticas e Biográficas de Gregório de Matos*, Rio de Janeiro, Topbooks, 2000.

GOMES, Eugênio — *Visões e Revisões*, Rio de Janeiro, INL, 1958.

GOMES, João Carlos Teixeira — *Gregório de Matos, O Boca de Brasa*. Um Estudo de Plágio e Criação Intertextual, Petrópolis, Vozes, 1985.

HANSEN, João Adolfo — *A Sátira e o Engenho: Gregório de Matos e a Bahia do Século XVII*, S. Paulo, Companhia das Letras, 1989.

JÚLIO, Sílvio — *Reações na Literatura Brasileira*, Rio de Janeiro, Antunes, 1938.

PAES, José Paulo — *Mistério em Casa*, S. Paulo, Conselho Estadual de Cultura, 1961.

PERES, Fernando da Rocha — *Gregório de Matos e Guerra: Uma Re-Visão Biográfica*, Salvador — Bahia, Ed. Macunaíma, 1983.

SALES, Fritz Teixeira de — *Poesia e Protesto em Gregório de Matos*, Belo Horizonte, Interlivros, 1975.

SPINA, Segismundo — *Gregório de Matos*, S. Paulo, Assunção, 1946.

TOPA, Francisco — *Edição Crítica da Obra Poética de Gregório de Matos*, 4 vols., Porto, Ed. do Autor, 1999.

VÁRIOS AUTORES — prefácios a Gregório de Matos, *Obras*, 6 vols., Rio de Janeiro, Publs. da Academia Brasileira de Letras, 1923-1933.

VÁRIOS AUTORES — estudos em *Obras Completas de Gregório de Matos* (org. de James Amado), 7 vols., Bahia, Janaína, 1969.

MANUEL BOTELHO DE OLIVEIRA

CALMON, Pedro — *História da Literatura Baiana*, 2ª ed., Rio de Janeiro, José Olympio, 1949.

LOPES, Hélio — *Letras de Minas e Outros Ensaios*, S. Paulo, EDUSP, 1997.

MARQUES, Xavier — prefácio a Manuel Botelho de Oliveira, *Música do Parnaso*, Publs. da Academia Brasileira de Letras, 1929.

VERÍSSIMO, José — *Estudos de Literatura Brasileira*, 6ª série, Belo Horizonte/S. Paulo, Itatiaia/EDUSP, 1977.

AMBRÓSIO FERNANDES BRANDÃO

ABREU, João Capistrano de e CORTESÃO, Jaime — prefácios a Ambrósio Fernandes Brandão, *Diálogos das Grandezas do Brasil*, Rio de Janeiro, Dois Mundos, 1943.

LEÃO, Múcio — "Notícia sobre os *Diálogos das Grandezas do Brasil*", *Autores e Livros*, Rio de Janeiro, nº 6 e 7, 15/3/1949 e 1/4/1949.

MELO, José Antônio Gonsalves de — *Estudos Pernambucanos*, Recife, Universidade Federal de Pernambuco, 1960.

ANDRÉ JOÃO ANTONIL

CANABRAVA, Alice Piffer — prefácio a André João Antonil, *Cultura e Opulência do Brasil*, S. Paulo, Nacional, 1967.

MANSUY, Andrée — "Sur la Destruction de l'Édition Princeps de *Cultura e Opulência do Brasil*", *Bulletin des Études Portugaises*, nouvelle série, Lisboa, t. XXVII, 1966.

PAES, José Paulo — *Mistério em Casa*, S. Paulo, Conselho Estadual de Cultura, 1961.

TAUNAY, Afonso de E. — prefácio a Antonil, *Cultura e Opulência do Brasil*, S. Paulo, Melhoramentos, 1923.

FREI VICENTE DO SALVADOR

ABREU, João Capistrano de e LEITE, Aureliano — prefácios a Frei Vicente do Salvador, *História do Brasil*, 5ª ed., S. Paulo, Melhoramentos, 1965.

CALMON, Pedro — *História da Literatura Baiana*, 2ª ed., Rio de Janeiro, José Olympio, 1949.

WILLEKE, Frei Venâncio — "Frei Vicente do Salvador", *Revista de História*, S. Paulo, vol. XXVI, nº 54, abr.-jun. 1963.

FREI MANUEL CALADO

MELO, José Antônio Gonsalves de — *Frei Manuel Calado do Salvador*, Recife, Universidade do Recife, 1954.

MONTENEGRO, Olívio — "*O Valeroso Lucideno*", *Diário de Pernambuco*, Recife, 6/6/1948.

PEDRO TAQUES

TAUNAY, Afonso de E. — prefácio a Pedro Taques, *Nobiliarquia Paulistana*, S. Paulo, Martins, 1954.

FREI GASPAR DA MADRE DE DEUS

TAUNAY, Afonso de E. — prefácio a Frei Gaspar da Madre de Deus, *Memórias para a História da Capitania de S. Vicente*, S. Paulo, Melhoramentos, 1920.

PE. ANTÔNIO VIEIRA

AMORA, Antônio Soares — *Vieira*, S. Paulo, Assunção, 1946.

AZEVEDO, João Lúcio de — *História de Antônio Vieira*, 2ª ed., Lisboa, Clássica, 1931.

CANTEL, Raymond — *Les Sermons de Vieira*, Paris, Ed. Hispano-Americanas, 1959.

CIDADE, Hernâni — *Pe. Antônio Vieira*, Lisboa, Arcádia, s.d.

CIDADE, Hernâni e Antônio Sérgio — prefácios a Pe. Antônio Vieira, *Obras Escolhidas*, 12 vols., Lisboa, Sá da Costa, 1951-1954.

SARAIVA, Antônio José — *O Discurso Engenhoso*, S. Paulo, Perspectiva, 1980.

NUNO MARQUES PEREIRA

VÁRIOS AUTORES — estudos em Nuno Marques Pereira, *Compêndio Narrativo do Peregrino da América*, 2 vols., 6ª ed., Rio de Janeiro, Publs. da Academia Brasileira de Letras, 1939.

ACADEMIAS

ÁVILA, Affonso — *Resíduos Seiscentistas em Minas*, 2 vols., Belo Horizonte, Centro de Estudos Mineiros, 1967.

ÁVILA, Affonso — *O Lúdico e as Projeções do Mundo Barroco*, 2ª ed., S. Paulo, Perspectiva, 1980.

BRAGA, Teófilo — *Arcádia Lusitana*, Porto, Chardron, 1899.

CALMON, Pedro — *História da Literatura Baiana*, 2ª ed., Rio de Janeiro, José Olympio, 1949.

CASTELLO, José Aderaldo (org.) — *O Movimento Academicista no Brasil 1641-1820/1822*, 3 vols., S. Paulo, Conselho Estadual de Cultura, 1969-1978.

FIGUEIREDO, Fidelino de — *História da Literatura Clássica*, 3ª ed., S. Paulo, Anchieta, 1946.

FLEUISS, Max — *Páginas Brasileiras*, Rio de Janeiro, Imprensa Nacional, 1919.

LAMEGO, Alberto — *A Academia Brasílica dos Renascidos*, Paris/Bruxelas, Gaudio, 1923.

PINHEIRO, Cônego Fernandes — *Estudos Históricos*, 2ª ed., Rio de Janeiro/Brasília, Cátedra/INL, 1980.

V. Arcadismo

BRAGA, Teófilo — *Filinto Elísio e os Dissidentes da Arcádia. A Arcádia Brasileira*, Porto, Chardron, 1901.

CASTELLO, José Aderaldo — *Manifestações Literárias da Era Colonial,* vol. I de *A Literatura* Brasileira, 2ª ed., S. Paulo, Cultrix, 1965.

DUTRA, Waltensir e CUNHA, Fausto — *Biografia Crítica das Letras Mineiras*, Rio de Janeiro, INL, 1956.

HOLANDA, Sérgio Buarque de — *Capítulos de Literatura Colonial*, S. Paulo, Brasiliense, 1991.

INAMA, Carla — *Metastasio e I Poeti Arcadi Brasiliani*, S. Paulo, Boletim 231 da Faculdade de Filosofia, Ciências e Letras da Universidade de S. Paulo, 1961.

LIMA, Manuel de Oliveira — *Aspectos da Literatura Colonial Brasileira*, Leipzig, F. A. Brockhaus, 1896.

LIMA, Manuel de Oliveira — *D. João VI no Brasil*, 2ª ed., 3 vols., Rio de Janeiro, José Olympio, 1945.

MARTINS, Heitor — *Neoclassicismo. Uma Visão Temática*, Brasília, Academia Brasiliense de Letras, 1982.

OLIVEIRA, Martins de — *História da Literatura Mineira*, Belo Horizonte, Itatiaia, 1958.

RAMOS, Péricles Eugênio da Silva — *Poesia do Ouro*, S. Paulo, Melhoramentos, 1964.

TEIXEIRA, Ivan — *Mecenato Pombalino e Poesia Neoclássica. Basílio da Gama e a Poética do Encômio*, S. Paulo, EDUSP, 1999.

VÁRIOS AUTORES — estudos em *A Poesia dos Inconfidentes*, org. de Domício Proença Filho, Rio de Janeiro, Nova Aguilar, 1996.

CLÁUDIO MANUEL DA COSTA

AMORA, Antônio Soares — prefácio a Cláudio Manuel da Costa, *Obras*, Lisboa, Bertrand, 1959.

FRANCO, Caio de Melo — *O Inconfidente Cláudio Manuel da Costa*, Rio de Janeiro, Schmidt, 1931.

HOLANDA, Sérgio Buarque de — *Capítulos de Literatura Colonial*, S. Paulo, Brasiliense, 1991.

LOPES, Edward — *Metamorfoses*, S. Paulo, UNESP, 1997.

LOPES, Hélio — *Cláudio, o Lírico de Nise*, S. Paulo, Liv. Fernando Pessoa, 1975.

LOPES, Hélio — *Introdução ao Poema Vila Rica*, Muriaé, Ed. do Autor, 1985.

LOPES, Hélio — *Letras de Minas e Outros Ensaios*, S. Paulo, EDUSP, 1997.

RAMOS, Péricles Eugênio da Silva — prefácio a *Poemas de Cláudio Manuel da Costa*, S. Paulo, Cultrix, 1966.

RIBEIRO, João — prefácio a Cláudio Manuel da Costa, *Obras Poéticas*, 2 vols., Rio de Janeiro, Garnier, 1903.

TOMÁS ANTÔNIO GONZAGA

ARARIPE JÚNIOR, Tristão de Alencar — "Dirceu", in *Obra Crítica*, vol. II, Rio de Janeiro, Casa de Rui Barbosa, 1960.

BRANDÃO, Tomás — *Marília de Dirceu*, Belo Horizonte, Guimarães Simões d'Almeida e Filho, 1932.

FURTADO, Joaci Pereira — *Uma República de Leitores* — *História e Memória na Recepção das "Cartas Chilenas" (1845-1989)*, S. Paulo, Hucitec, 1997.

GOMES, Eugênio — *Visões e Revisões*, Rio de Janeiro, INL, 1958.

GONÇALVES, Adelto — *Tomás Antônio Gonzaga. Um Poeta do Iluminismo*, Rio de Janeiro, Nova Fronteira, 2000.

LAPA, M. Rodrigues — prefácio a Tomás Antônio Gonzaga, *Obras Completas*, 2 vols., Rio de Janeiro, INL, 1957.

LAPA, M. Rodrigues — *As "Cartas Chilenas". Um Problema Histórico e Filológico*, Rio de Janeiro, INL, 1958.

LUCAS, Fábio — *Poesia e Prosa no Brasil*, Belo Horizonte, Interlivros, 1976.

LUCAS, Fábio — *Luzes e Trevas. Minas Gerais no Século XVIII*, Belo Horizonte, Ed. UFMG, 1998.

SILVA, Domingos Carvalho da — *Gonzaga e Outros Poetas*, Rio de Janeiro, Orfeu, 1970.

SILVA, Domingos Carvalho da — "Introdução a *Marília de Dirceu*", *Revista de Poesia e Crítica*, Brasília, ano II, nº 3, jul. 1977.

ALVARENGA PEIXOTO

LAPA, M. Rodrigues — *Vida e Obra de Alvarenga Peixoto*, Rio de Janeiro, INL, 1960.

SILVA, Domingos Carvalho da — *Gonzaga e Outros Poetas*, Rio de Janeiro, Orfeu, 1970.

SILVA, Joaquim Norberto de Sousa e — prefácio a Alvarenga Peixoto, *Obras Poéticas*, Rio de Janeiro, Garnier, 1865.

TOPA, Francisco — *Quatro Poetas Brasileiros do Período Colonial* — Estudos sobre Gregório de Matos, Basílio da Gama, Alvarenga Peixoto e Silva Alvarenga, Porto, Ed. do Autor, 1998.

SILVA ALVARENGA

FRANCO, Afonso Arinos de Melo — prefácio a Silva Alvarenga, *Glaura*, Rio de Janeiro, INL, 1944.

HOUAISS, Antônio — prefácio a *Silva Alvarenga*, Rio de Janeiro, Agir, 1958 (Col. "Nossos Clássicos").

HOUAISS, Antônio — *Seis Poetas e um Problema*, Rio de Janeiro, MEC, 1960.

LUCAS, Fábio — *Luzes e Trevas. Minas Gerais no Século XVIII*, Belo Horizonte, Ed. UFMG, 1998.

SALES, Fritz Teixeira de — *Silva Alvarenga*, Brasília, Coordenada Editora de Brasília, 1973.

SILVA, Joaquim Norberto de Sousa e — prefácio a Silva Alvarenga, *Obras Poéticas*, 2 vols., Rio de Janeiro, Garnier, 1864.

TOPA, Francisco — "Dois Estudos sobre Silva Alvarenga", *Línguas e Literaturas*, Revista da Faculdade de Letras do Porto, Porto, vol. XIV, 1997.

TOPA, Francisco — *Para uma Edição Crítica da Obra do Árcade Silva Alvarenga*, Porto, Ed. do Autor, 1998.

TOPA, Francisco — *Quatro Poetas Brasileiros do Período Colonial* — Estudos sobre Gregório de Matos, Basílio da Gama, Alvarenga Peixoto e Silva Alvarenga, Porto, Ed. do Autor, 1998.

BASÍLIO DA GAMA

CANDIDO, Antonio — *Vários Escritos*, S. Paulo, Duas Cidades, 1970.

CHAVES, Vânia Pinheiro — *"O Uraguai" e a Fundação da Literatura Brasileira*, Campinas, UNICAMP, 1997.

GOMES, Eugênio — Visões e Revisões, Rio de Janeiro, INL, 1958.

HOLANDA, Sérgio Buarque de — *O Espírito e a Letra. Estudo de Crítica Literária*, 2 vols., S. Paulo, Companhia das Letras, 1996.

PEIXOTO, Afrânio — prefácio a *O Uraguai*, Rio de Janeiro, Publs. da Academia Brasileira de Letras, 1941.

TEIXEIRA, Ivan — estudo em *Obras Poéticas de Basílio da Gama*, S. Paulo, EDUSP, 1996.

TEIXEIRA, Ivan — *Mecenato Pombalino e Poesia Neoclássica. Basílio da Gama e a Poética do Encômio*, S. Paulo, EDUSP/FAPESP, 1999.

TOPA, Francisco — "Basílio da Gama: A Obra por Vir", *Línguas e Literaturas*, Porto, Faculdade de Letras do Porto, vol. XIV, 1997. (sep.)

TOPA, Francisco — *Quatro Poetas Brasileiros do Período Colonial* — Estudos sobre Gregório de Matos, Basílio da Gama, Alvarenga Peixoto e Silva Alvarenga, Porto, Ed. do Autor, 1998.

VERÍSSIMO, José — prefácio a Basílio da Gama, *Obras Poéticas*, Rio de Janeiro, Garnier, 1902.

VÁRIOS AUTORES — "Bicentenário de *O Uraguai*", supl. lit. de *Minas Gerais*, Belo Horizonte, 20/12/1969.

SANTA RITA DURÃO

BRAGA, Teófilo — *Filinto Elísio e os Dissidentes da Arcádia. A Arcádia Brasileira*, Porto, Chardron, 1901.

CANDIDO, Antonio — *Literatura e Sociedade*, S. Paulo, Nacional, 1965.

CIDADE, Hernâni — prefácio a *Santa Rita Durão*, Rio de Janeiro, Agir, 1958.

VERÍSSIMO, José — *Estudos de Literatura Brasileira*, 2ª série, Belo Horizonte/S. Paulo, Itatiaia/EDUSP, 1977.

VIEGAS, Artur — *O Poeta Santa Rita Durão*, Paris, Bruxelas, Gaudio, 1914.

SOUSA CALDAS

EULÁLIO, Alexandre — prefácio a "Cartas de Abdir a Irzerumo", *Revista do Livro*, Rio de Janeiro, nº 25, mar. 1964.

JOSÉ BONIFÁCIO

AMORA, Antônio Soares — *Classicismo e Romantismo*, S. Paulo, Conselho Estadual de Cultura, 1966.

HOLANDA, Sérgio Buarque de — prefácio a *Poesias de Américo Elísio*, Rio de Janeiro, INL, 1946.

HIPÓLITO JOSÉ DA COSTA

DOURADO, Mecenas — *Hipólito da Costa e o Correio Brasiliense*, 2 vols., Rio de Janeiro, Biblioteca do Exército, 1957.
RIZZINI, Carlos — *Hipólito da Costa e o Correio Brasiliense*, S. Paulo, Nacional, 1957.

MONTE ALVERNE

COSTA, João Cruz — *Contribuição à História das Ideias no Brasil*, Rio de Janeiro, José Olympio, 1956.
LOPES, Hélio — *Letras de Minas e Outros Ensaios*, S. Paulo, EDUSP, 1997.
LOPES, Frei Roberto B. — *Monte Alverne, Pregador Imperial*, Petrópolis, Vozes, 1958.

VI. Romantismo

ABREU, J. Capistrano de — *Ensaios e Estudos*, 1ª série, Rio de Janeiro, Sociedade Capistrano de Abreu, 1931.
AMORA, Antônio Soares — *O Romantismo*, vol. II de *A Literatura Brasileira*, S. Paulo, Cultrix, 1967.
BEVILÁQUA, Clóvis — *Épocas e Individualidades*, Recife, Quintas, 1889.
BROCA, Brito — *Românticos, Pré-Românticos, Ultrarromânticos*, S. Paulo/Brasília, Polis/INL, 1979.
CAMPOS, Antônio Sales — *Origens e Evolução dos Temas da Primeira Geração de Poetas Brasileiros*, S. Paulo, 1945 (tese).
CASTELLO, José Aderaldo — *A Introdução do Romantismo no Brasil*, S. Paulo, Duplicadora Universitária, 1950.
CUNHA, Fausto — *O Romantismo no Brasil. De Castro Alves a Sousândrade*, Rio de Janeiro, Paz e Terra, 1971.
CUNHA, Fausto — *Romantismo e Modernidade na Poesia*, Rio de Janeiro, Cátedra, 1988.
HADDAD, Jamil Almansur — *O Romantismo Brasileiro e as Sociedades Secretas do Tempo*, S. Paulo, Siqueira, 1945.
HOLANDA, Sérgio Buarque de (org.) — *História Geral da Civilização Brasileira*, t. II, S. Paulo, Difel, 1960-1972.

MOTA FILHO, Cândido — *Introdução ao Estudo do Pensamento Nacional (O Romantismo)*, S. Paulo, Hélios, 1926.

PARANHOS, Haroldo — *História do Romantismo no Brasil*, 2 vols., S. Paulo, Cultura Brasileira, 1937-1938.

RAMOS, Péricles Eugênio da Silva (org.) — *Poesia Romântica*, S. Paulo, Melhoramentos, 1965.

RAMOS, Péricles Eugênio da Silva — *O Verso Romântico*, S. Paulo, Comissão Estadual de Cultura, 1959.

VERÍSSIMO, José — *Estudos de Literatura Brasileira*, 2ª série, Belo Horizonte/S. Paulo, Itatiaia/EDUSP, 1977.

GONÇALVES DE MAGALHÃES

BARROS, Roque Spencer Maciel de — *A Significação Educativa do Romantismo Brasileiro: Gonçalves de Magalhães*, S. Paulo, Grijalbo/EDUSP, 1973.

CASTELLO, José Aderaldo (org.) — *Gonçalves de Magalhães*, S. Paulo, Assunção, 1946.

CASTELLO, José Aderaldo (org.) — *A Polêmica sobre "A Confederação dos Tamoios"*, S. Paulo, Faculdade de Filosofia, Ciências e Letras, Universidade de S. Paulo, 1953.

CASTELLO, José Aderaldo — *Gonçalves de Magalhães*, Rio de Janeiro, Agir, 1961 (col. "Nossos Clássicos").

MACHADO, Alcântara — *Gonçalves de Magalhães ou O Romântico Arrependido*, S. Paulo, Acadêmica, 1936.

GONÇALVES DIAS

ACKERMANN, Fritz — *A Obra Poética de Gonçalves Dias*. tr. brasileira, S. Paulo, Departamento de Cultura, 1940.

BANDEIRA, Manuel — *Gonçalves Dias. Esboço Biográfico*, Rio de Janeiro, Pongetti, 1952.

GARCIA, Othon Moacir — *Luz e Calor no Lirismo de Gonçalves Dias*, Rio de Janeiro, S. José, 1957.

GOMES, Eugênio — *Visões e Revisões*, Rio de Janeiro, INL, 1958.

HOUAISS, Antônio — *Seis Poetas e Um Problema*, Rio de Janeiro, MEC, 1960.

MIGUEL-PEREIRA, Lúcia — *A Vida de Gonçalves Dias*, Rio de Janeiro, José Olympio, 1943.

MONTELLO, Josué — *Gonçalves Dias. Ensaio Biobibliográfico*, Rio de Janeiro, Publ. da Academia Brasileira de Letras, 1942.

CASIMIRO DE ABREU

ANDRADE, Carlos Drummond de — *Confissões de Minas*, Rio de Janeiro, Améric-Edit., 1945.

ANDRADE, Mário de — *O Aleijadinho e Álvares de Azevedo*, Rio de Janeiro, Acadêmica, 1935.

BRUZZI, Nilo — *Casimiro de Abreu*, Rio de Janeiro, Aurora, 1949.

MAUL, Carlos — *Casimiro de Abreu, Poeta do Amor*, Rio de Janeiro, Coelho Branco, 1939.

ARAÚJO PORTO ALEGRE

ANTUNES, De Paranhos — *O Pintor do Romantismo. Vida e Obra de Manuel de Araújo Porto Alegre*, Rio de Janeiro, Zélio Valverde, 1945.

CÉSAR, Guilhermino e Ângelo GUIDO — *Araújo Porto Alegre. Dois Estudos*, Porto Alegre, Secretaria de Educação e Cultura, 1957.

LOBO, Hélio — *Manuel de Araújo Porto Alegre. Ensaio Biobibliográfico*, Rio de Janeiro, A.B.C., 1938.

MAGALHÃES, Basílio de — *Manuel de Araújo Porto Alegre*, Rio de Janeiro, Imprensa Nacional, 1917.

MACIEL MONTEIRO

BROCA, Brito — "A Lenda de Maciel Monteiro", *Letras e Artes*, supl. lit. de *A Manhã*, Rio de Janeiro, 24/5/1953.

CASTELLO, José Aderaldo — prefácio a *Poesia de Maciel Monteiro*, S. Paulo, Conselho Estadual de Cultura, 1962.

TEIXEIRA E SOUSA

HOLANDA, Aurélio Buarque de — "Teixeira e Sousa", *O Romance Brasileiro*, Rio de Janeiro, O Cruzeiro, 1952.

LINHARES, Temístocles — *História Crítica do Romance Brasileiro*, 3 vols., S. Paulo/Belo Horizonte, EDUSP/Itatiaia, 1987.

JOAQUIM MANUEL DE MACEDO

HADDAD, Jamil Almansur — prefácio a *Memórias da Rua do Ouvidor*, S. Paulo, Nacional, 1952.

LINHARES, Temístocles — "Macedo e o Romance Brasileiro", *Revista do Livro*, Rio de Janeiro, nº 10, jun. 1958, nº 14, jun. 1959.

MAGALDI, Sábato — *Panorama do Teatro Brasileiro*, Rio de Janeiro, MEC/DAC/FUNARTE/SNT [1980].

MOTA, Artur — "Macedo", *Revista da Academia Brasileira de Letras*, nº 113, maio 1931.

JOSÉ DE ALENCAR

ARARIPE JÚNIOR, Tristão de — *Obra Crítica*, 3 vols., Rio de Janeiro, Casa de Rui Barbosa, 1958-1963, vol. I.

BROCA, Brito — *Ensaios da Mão Canhestra*, S. Paulo/Brasília, Polis/INL, 1981.

CASTELLO, José Aderaldo (org.) — *A Polemica sobre "A Confederação dos Tamoios"*, Faculdade de Filosofia, Ciências e Letras, Universidade de S. Paulo, 1953.

FARIA, João Roberto — *José de Alencar e o Teatro*, S. Paulo, Perspectiva/EDUSP, 1987.

FREIXIEIRO, Fábio — *José de Alencar: Os Bastidores e a Posteridade*, Rio de Janeiro, Museu Histórico Nacional, 1977.

FREYRE, Gilberto — *Reinterpretação de José de Alencar*, Rio de Janeiro, MEC, 1955.

GOMES, Eugênio — *Aspectos do Romance Brasileiro*, Bahia, Progresso, 1958.

LEÃO, Múcio — *José de Alencar. Ensaio Biobibliográfico*, Rio de Janeiro, Publs. da Academia Brasileira de Letras, 1955.

LINHARES, Temístocles — *História Crítica do Romance Brasileiro*, 3 vols., S. Paulo/Belo Horizonte/EDUSP/Itatiaia, 1987.

MARCO, Valéria De — *O Império da Cortesã, Lucíola*, S. Paulo, Martins, 1987.

MARCO, Valéria De — *A Perda das Ilusões: o Romance Histórico de José de Alencar*, Campinas, UNICAMP, 1993.

MELO, Gladstone Chaves de — prefácio a *O Tronco do Ipê*, Rio de Janeiro, José Olympio, 1951.

MEYER, Augusto — *A Chave e a Máscara*, Rio de Janeiro, O Cruzeiro, 1964.

MONTENEGRO, Olívio — *O Romance Brasileiro*, Rio de Janeiro, José Olympio, 1938.

MARTINS PENA

ARÊAS, Vilma — Na *Tapera de Santa Cruz*, S. Paulo, Martins Fontes, 1987.

MAGALDI, Sábato — *Panorama do Teatro Brasileiro*, MEC/DAC/FUNARTE/SNT [1980].

MAGALHÃES JÚNIOR, Raimundo — *Martins Pena e Sua Época*, 2ª ed., S. Paulo, Lisa/MEC, 1972.

ROMERO, Sílvio — *Vida e Obra de Martins Pena*, Porto, Lello, 1901.

VERÍSSIMO, José — *Estudos de Literatura Brasileira*, 1ª série, Belo Horizonte/S. Paulo, Itatiaia/EDUSP, 1977.

QORPO-SANTO

AGUIAR, Flávio — *Os Homens Precários*, Porto Alegre, A Nação/Instituto Estadual do Livro, 1975.

CÉSAR, Guilhermino — prefácio a *Teatro Completo* de Qorpo-Santo, Rio de Janeiro, MEC/SEAC/FUNARTE/SNT, 1980.

PIGNATARI, Décio — *Contracomunicação*, S. Paulo, Perspectiva, 1971.

ÁLVARES DE AZEVEDO

ALMEIDA, Pires de — *A Escola Byroniana no Brasil*, S. Paulo, Comissão Estadual de Cultura, 1962.

ALVES, Cilaine — *O Belo e o Disforme: Álvares de Azevedo e a Ironia Romântica*, S. Paulo, EDUSP, 1998.

ANDRADE, Mário de — *O Aleijadinho e Álvares de Azevedo*, Rio de Janeiro, Acadêmica, 1935.

FARIA, Maria Alice de Oliveira — *Astarte e a Espiral — Um Confronto entre Álvares de Azevedo e Alfredo de Musset*, S. Paulo, Conselho Estadual de Cultura, 1973.

GOMES, Eugênio — *Visões e Revisões*, Rio de Janeiro, INL, 1958.

MAGALHÃES JÚNIOR, Raimundo — *Poesia e Vida de Álvares de Azevedo*, S. Paulo, Américas, 1962.

PIRES, Homero — *Álvares de Azevedo*, Rio de Janeiro, Publs. da Academia Brasileira de Letras, 1931.

RAMOS, Péricles Eugênio da Silva — prefácio a *Poesias Completas* de Álvares de Azevedo, S. Paulo, Saraiva, 1957.

VÁRIOS AUTORES — "Dossiê Álvares de Azevedo", rev. *Poesia*, Rio de Janeiro, ano 6, nº 9, mar. 1998.

FAGUNDES VARELA

ANDRADE, Carlos Drummond de — *Confissões de Minas*, Rio de Janeiro, Améric-Edit, 1945.

BARROS, Frederico Pessoa de — *Poesia e Vida de Fagundes Varela*, S. Paulo, Américas, 1965.

CAVALHEIRO, Edgard — *Fagundes Varela*, 3ª ed., S. Paulo, Martins, 1956.

CAVALHEIRO, Edgard — prefácio a *Fagundes Varela*, Rio de Janeiro, Agir, 1957 (col. "Nossos Clássicos").

GUERRA, E. Carrera — prefácio a *Poesias Completas* de Fagundes Varela, S. Paulo, Nacional, 1957.

HOLANDA, Sérgio Buarque de — *Cobra de Vidro*, S. Paulo, Martins, 1944.

JUNQUEIRA FREIRE

CORREA, Roberto Alvim — prefácio a *Obras* de Junqueira Freire, 3 vols., Rio de Janeiro, Zélio Valverde, 1944.

CORREA, Roberto Alvim — *O Mito de Prometeu*, Rio de Janeiro, Agir, 1951.

GROSSMANN, Judith — estudo em *Obra Poética* de Junqueira Freire, 2 vols., Salvador, Janaína, 1970.

PIRES, Homero — *Junqueira Freire*, Rio de Janeiro, A Ordem, 1929.

PIRES, Homero — *Junqueira Freire*, Rio de Janeiro, Publs. da Academia Brasileira de Letras, 1931.

LAURINDO RABELO

VÁRIOS AUTORES — estudos em *Obras Completas de Laurindo Rabelo*, S. Paulo, Nacional, 1946.

BERNARDO GUIMARÃES

ALPHONSUS, João — "Bernardo Guimarães, Romancista Regionalista", in *O Romance Brasileiro*, Aurélio Buarque de Holanda (coord.), Rio de Janeiro, O Cruzeiro, 1952.

DUTRA, Waltensir e CUNHA, Fausto — *Biografia Crítica das Letras Mineiras*, Rio de Janeiro 1956.

LINHARES, Temístocles — *História Crítica do Romance Brasileiro*, 3 vols., S. Paulo/Belo Horizonte, EDUSP/Itatiaia, 1987.

MAGALHÃES, Basílio de — *Bernardo Guimarães*, Rio de Janeiro, Anuário do Brasil, 1926.

VERÍSSIMO, José — *Estudos de Literatura Brasileira*, 2ª série, Belo Horizonte/S. Paulo, Itatiaia/EDUSP, 1977.

MANUEL ANTONIO DE ALMEIDA

ANDRADE, Mário de — *Aspectos da Literatura Brasileira*, S. Paulo, Martins, s.d.

FRIEIRO, Eduardo — "*Do Lazarillo de Tormes* ao Filho do Leonardo Pataca", *Kriterion*, Belo Horizonte, nº 27-28, jan-jun. 1954.

GOMES, Eugênio — *Aspectos do Romance Brasileiro*, Bahia, Progresso, 1958.

LINHARES, Temístocles — *História Crítica do Romance Brasileiro*, 3 vols., S. Paulo/Belo Horizonte, EDUSP/Itatiaia, 1987.

REBELO, Marques — *Vida e Obra de Manuel Antônio de Almeida*, Rio de Janeiro, INL, 1943.

VERÍSSIMO, José — *Estudos Brasileiros*, vol. II, Rio de Janeiro, Laemmert, 1894.

CASTRO ALVES

ANDRADE, Mário de — *Aspectos da Literatura Brasileira*, S. Paulo, Martins, s.d.

BARROS, Frederico Pessoa de — *Poesia e Vida de Castro Alves*, S. Paulo, Américas, 1962.

CALMON, Pedro — *A vida de Castro Alves*, 2ª ed., Rio de Janeiro, José Olympio, 1956.

HADDAD, Jamil Almansur — *Revisão de Castro Alves*, 3 vols, S. Paulo, Saraiva, 1953.

LIMA, Heitor Ferreira — *Castro Alves e sua Época*, S. Paulo, Saraiva, 1971.

PÁDUA, Antônio de — *Aspectos Estilísticos da Poesia de Castro Alves*, Rio de Janeiro, S. José, 1972.

PEIXOTO, Afrânio — *Castro Alves, o Poeta e o Poema*, 6ª ed., S. Paulo, Nacional, 1976.

PROENÇA, M. Cavalcanti — *Augusto dos Anjos e Outros Ensaios*, Rio de Janeiro, José Olympio, 1959.

SAYERS, Raymond S. — *O Negro na Literatura Brasileira*, tr. brasileira, Rio de Janeiro, O Cruzeiro, 1958.

SILVA, Domingos Carvalho da — *A Presença do Condor*, Brasília, Clube de Poesia, 1974.

SOUSÂNDRADE

CAMPOS, Augusto e Haroldo de — *Re-Visão de Sousândrade*, S. Paulo, Invenção, 1964.

LIMA, Luís Costa — "O Campo Visual de uma Experiência Antecipadora", apenso a *Re-Visão de Sousândrade*.

LOBO, Luiza — *Tradição e Ruptura: "O Guesa" de Sousândrade*, S. Luís, Sioge, 1979.

LOBO, Luiza — *Épica e Modernidade em Sousândrade*, Rio de Janeiro/S. Paulo, Presença/EDUSP, 1986.

LOBO, Luiza — *Crítica sem Juízo*, Rio de Janeiro, Francisco Alves, 1993.

WILLIAMS, Frederick G. — *Sousândrade: Vida e Obra*, tr. brasileira, S. Luís, Sioge, 1976.

TOBIAS BARRETO

BRANDÃO, Otávio — *Os Intelectuais Progressistas*, Rio de Janeiro, Organização Simões, 1956.

LIMA, Hermes — *Tobias Barreto, A Época e o Homem*, S. Paulo, Nacional, 1939.

MERCADANTE, Paulo e PAIM, Antônio — *Tobias Barreto na Cultura Brasileira*, S. Paulo, Grijalbo/EDUSP, 1972.

JUVENAL GALENO

ARARIPE JÚNIOR, Tristão de — *Obra Crítica*, vol. I, Rio de Janeiro, Casa de Rui Barbosa, 1958.

AZEVEDO, Sânzio de — *Aspectos da Literatura Cearense*, Fortaleza, Univ. Federal do Ceará, 1982.

BEZERRA, João Clímaco — prefácio a *Poesia* de Juvenal Galeno, Rio de Janeiro, Agir, 1959 (col. "Nossos Clássicos").

NARCISA AMÁLIA

RAMALHO, Christina — *Um Espelho para Narcisa, Reflexos de uma Voz Romântica*, Rio de Janeiro, Elo Ed, 1999.

REIS, Antônio Simões dos — *Narcisa Amália*, Rio de Janeiro, Organização Simões, 1949.

TAUNAY

BEZERRA, Alcides — *O Visconde de Taunay, Vida e Obra*, Rio de Janeiro, Arquivo Nacional, 1937.

BROCA, Brito — *Machado de Assis e a Política e Outros Estudos*, Rio de Janeiro, Organização Simões, 1957.

CORREA, Roberto Alvim — *O Mito de Prometeu*, Rio de Janeiro, Agir, 1951.

MIGUEL-PEREIRA, Lúcia — *Prosa de Ficção (De 1870 a 1920)*, 5ª ed., Rio de Janeiro/Brasília, José Olympio/INL, 1973.

SERPA, Phocion — *Visconde de Taunay, Ensaio Biobibliográfico*, Rio de Janeiro, Publs. da Academia Brasileira de Letras, 1952.

FRANKLIN TÁVORA

AGUIAR, Claudio — *Franklin Távora e o seu Tempo*, Cotia, Ateliê Ed., 1998.

LINHARES, Temístocles — *História Crítica do Romance Brasileiro*, 3 vols., S. Paulo/Belo Horizonte, EDUSP/Itatiaia, 1987.

MIGUEL-PEREIRA, Lúcia — *Prosa de Ficção (De 1870 a 1920)*, 3ª ed., Rio de Janeiro/Brasília, José Olympio/INL, 1973.

MOTA, Artur — "Franklin Távora", *Revista da Academia Brasileira de Letras*, Rio de Janeiro, nº 87, mar. 1929.

VERÍSSIMO, José — *Estudos de Literatura Brasileira*, 5ª série, Belo Horizonte/ S. Paulo, Itatiaia/EDUSP, 1977.

ÍNDICE DE NOMES

ABREU, CASIMIRO José Marques DE, 361, 400, 416-424, 429, 481, 518, 531, 532, 542, 573, 620, 644, 652, 655

ABREU, João CAPISTRANO DE, 35, 61, 62, 63, 68, 150-153, 165, 173-177, 178, 180, 200, 209, 512

ACKERMANN, Fritz, 410

AGOSTINHO, Santo, 324, 411

AIRES, Matias, 247, 253

ALBUQUERQUE, José Pires de Carvalho de, 257, 367

ALCÂNTARA MACHADO d'Oliveira, ANTONIO Castilho DE, 403, 404

ALEGRE, Apolinário José Gomes PORTO, 370, 391, 662, 690-692

ALEGRE, M. J. de ARAÚJO PORTO, 400, 425, 427, 428, 480, 513

ALEMÁN, Mateo, 594

ALENCAR, Heron de, 432

ALENCAR, JOSÉ Martiniano DE, 396, 400, 426, 430, 438, 441, 443, 452, 453, 455, 456, 464-477, 478, 480, 481, 484, 490, 491, 493-498, 514, 574, 577, 584, 597, 604, 607, 662, 673, 682, 686, 690, 691, 692

ALENCAR, Mário de, 494

ALENCASTRO, João de, 125

ALMEIDA, João de, 231

ALMEIDA, Manuel Antônio de, 443, 505, 574, 589, 588-602, 662, 673

ALMEIDA, Pe. Teodoro de, 432

ALMEIDA, Pires de, 514, 515, 561

ALONSO, Dámaso, 47

ALVARENGA, Lucas José de, 432

ALVARENGA, Manuel Inácio da SILVA, 272, 273, 277, 303-314

ÁLVARES, Antônio, 96

ÁLVARES, Gonçalo, 41, 43

ÁLVARES, Nuno, 151

ALVES, Antônio Frederico de CASTRO, 386, 431, 481, 512, 531, 538, 602, 604, 605, 606, 607-623, 624, 627, 628, 643, 674-652, 654, 658, 661

ALVES, Serafim José, 442

AMADO, James, 105, 106, 107

AMADO, Jorge, 19, 25, 601

AMÁLIA de Oliveira Campos, NARCISA, 537, 643, 657

AMÁLIA, Maria, 314

AMARAL, José Maria do, 429

AMARAL, Prudêncio do, 148

AMBRÓSIO, S., 253

AMORA, Antônio Soares, 98, 391, 394, 401, 425, 483, 673
ANACREONTE, 310, 346
ANCHIETA, João de, 44
ANCHIETA, Pe. José de, 36, 37, 38, 44-60, 62, 93, 165, 168, 178, 547
ANDRADA, Francisco de Paula Freire de, 299
ANDRADA, Gomes Freire de, 213, 257, 258, 318-321
ANDRADE, Almir de, 38, 66,
ANDRADE, Carlos Drummond de, 19
ANDRADE, MÁRIO Raul DE Morais, 34, 420, 590, 592
ANDRADE, Oswald de, 34
ANDREONI, João Antônio, v. ANTO-NIL, André João
ANJOS, AUGUSTO de Carvalho Ro-drigues DOS, 560
ANTONIL, André João, 64, 150, 164-172, 173, 193, 194
ANVERES, Lourenço de, 159
AQUINO, Tomás de, 169
ARANHA, Bento de Figueiredo Ten-reiro, 333
ARARIPE JÚNIOR, Tristão de Alen-car, 109, 117, 165, 166, 291, 466, 468, 473, 474
ARAÚJO, Ferreira de, 352
ARAÚJO, José de Sousa Azevedo Pi-zarro e, 371
ARAÚJO, José Gomes de, 279
ARISTÓTELES, 178, 246, 308, 309, 370, 384
ARRAIS, Amador, 42, 155, 497
ASSIS, Joaquim Maria MACHADO DE, 455, 456, 461, 484, 605, 607, 662, 680
ATAÍDE, Manuel da Costa, 271
AURÉLIO, Marco, 363
AVERRÓIS, 155

ÁVILA, Afonso, 271
ÁVILA, Dionísio de, 121
AZEVEDO, ALUÍSIO Tancredo Gon-çalves, 602, 605, 662
AZEVEDO, Aroldo de, 85
AZEVEDO, Fernando de, 91, 93, 393
AZEVEDO, Gaspar Teixeira de, v. DEUS, Frei Gaspar da Madre de,
AZEVEDO, João Lúcio de, 222, 257
AZEVEDO, Manuel Antônio ÁLVA-RES DE, 386, 394, 398, 481, 512, 514, 516-530, 531, 532, 559, 561, 562, 564, 569, 575, 621, 625, 646, 648, 652, 655, 682
AZEVEDO, Moreira de, 310
AZEVEDO, Vicente de Paulo Vicente de, 530-531
AZURARA, Gomes Eanes de, 64

BACKER, Aloys, 165
BACKER, Charles, 165
BALZAC, Honoré de, 433, 467, 472
BANDEIRA Filho, MANUEL Carneiro de Souza, 416, 424, 643, 645
BARBACENA, Visconde de, 273, 288, 299
BARBOSA, Domingos Caldas, 294
BARBOSA, Domingos Vidal de, 273
BARBOSA, Francisco Vilela, 333
BARBOSA, Januário da Cunha, 341, 352
BARBOSA, Jerônimo da Cunha, 297
BARRETO de Meneses, TOBIAS, 603, 604, 606, 643-645, 649
BARRETO, Francisco MONIZ, 431
BARRETO, Luís PEREIRA, 604
BARRETO, Manuel Teles, 60, 175
BARROS, Cristóvão de, 66
BARROS, Domingos Borges de, 333, 340, 347, 348-351
BARROS, João de, 30, 71, 178, 183, 190, 197

BARZUN, Jacques, 376
BAUDELAIRE, CHARLES Pierre, 111, 125, 511, 520, 543, 560, 659-661
BECKETT, Samuel, 506
BELIARTE, Marçal, 37, 53, 92
BELLO, José Maria, 602
BERNARD, Claude, 346, 674
BERNARDES, Manuel, 163, 229, 235
BERNARDO, S., 50
BEZERRA, Agostinho, 213
BEZERRA, João Clímaco, 654
BIELFELD, 272
BILAC, OLAVO Brás Martins dos Guimarães, 284, 623
BIVAR, Silva, 352
BLÁSQUES, Antônio, 38
BOBADELA, Conde de, 284, 498
BOCAGE, Manuel Maria de Barbosa du, 268, 288, 301, 518, 558, 571, 643
BOCAIÚVA, QUINTINO de Souza Ferreira, 481, 501, 602
BOCCHERINI, Luigi, 271
BODMER, Johann Jakob, 381
BOESCH, Bruno, 381
BOILEAU, Nicholas, 334, 390
BOLSWERT, Boetius de, 238
BONIFÁCIO de Andrada e Silva (o Moço), José, 561, 566-568
BONIFÁCIO, José (v. ELÍSIO, Américo), 333, 334, 345-348
BOSCH, Hieronymus, 189, 210
BOSI, Alfredo, 566
BOUGOINC, Simon, 237
BOUILLET, M. N., 676
BOUTERWEK, Friederich, 17, 397
BRAGA, GENTIL Homem de Almeida, 653, 656
BRAGA, Osvaldo Melo, 571
BRAGA, Teófilo, 55
BRAGANÇA, Duque de, 160

BRANCO, Camilo Castelo, 341, 387, 437, 566
BRANDÃO, Ambrósio Fernandes, 96, 150-158, 169, 193
BRANDÃO, Diogo, 190
BRANDÃO, Joaquim Inácio de Seixas, 266
BRAUDEL, Charles, 86
BRITO, Bernardo Gomes de, 96
BRITO, Domingos d'Abreu, 66
BRITO, Francisco de PAULA, 433, 442
BROCA, José BRITO, 514
BROCHADO, Belchior da Cunha, 112
BROCKES, B. H., 381
BRUNETIÈRE, Vincent de Paul Marie, FERDINAND, 385
BUENO, Amador, 439
BULHÕES, Manuel da Madre de Deus, 213
BUNYAN, John, 238
BURLAMAQUI, Jean Jacques, 272
BYRON, George Gordon, 387, 514, 515, 517, 524, 527, 528, 575, 608, 655

CABANYES, 386
CABRAL, Alfredo do VALE, 106, 432
CABRAL, Pedro Álvares, 257, 437
CAEIRO, Alberto, 280
CAETANO dos Santos, JOÃO, 478, 479, 513
CAIRU, Visconde de, 274, 370-371
CALADO, Manuel, 179, 181-185, 190
CALASÃS, PEDRO Luziense de Bittencourt, 561, 573
CALCATERRA, Carlo, 266, 267, 270
CALDAS, Antônio Pereira de SOUSA, 277, 333, 335-342, 402

CALMON, PEDRO Moniz de Bittencourt, 86, 88, 91, 92, 241, 248,
249, 396
CALVINO [Cauvin, Jean], 52
CAMARÃO, Felipe, 184, 367
CAMINHA, Pero Vaz de, 20, 29, 31,
32, 34, 64, 103, 139, 140, 161,
193, 260, 329, 437
CAMÕES, Luís Vaz de, 21, 68, 94, 97,
98, 100, 101, 102, 108, 110, 125,
126, 128, 130, 131, 133, 134, 146,
147, 183, 190, 210, 250, 262, 268,
276, 282, 284, 286, 287, 291, 296,
304, 316, 317, 326, 331, 411, 429,
565, 567, 604, 630, 635
CAMPOS, Augusto de, 632, 633
CAMPOS, HAROLDO Browne DE,
632, 633
CAMPOS, J. L. de, 232, 233
CANABRAVA, Alice Piffer, 166, 167,
169, 170, 171
CANDIDO de Melo e Souza, ANTO-
NIO, 94, 258, 396
CANDISH, Thomas, 66
CANECA, Joaquim do Amor Divino
(Frei), 275
CANTEL, Raymond, 215
CARDER, Peter, 66
CARDIM, Fernão, 38, 45, 60-64
CARDOSO, Armando, 45, 51, 52, 55
CARDOSO, José da Cunha, 254
CARLOS, Francisco de São, 277, 333,
340, 342-345
CARNEIRO, Diogo Gomes, 150, 158-
164
CARNEIRO, Levi, 396
CARPEAUX, Otto Maria, 24, 325,
607
CARVALHO, Feliciano Coelho de, 66
CARVALHO, Ronald de, 215
CARVALHO, Tristão Barbosa de, 243
CARVALHO, Verediano, 677

CARVALHO, VICENTE Augusto DE,
21, 350, 405, 544
CASAL, Aires do, 70
CASCUDO, Luís da CÂMARA, 474-
475
CASTELLO, José Aderaldo, 19, 22,
34, 95, 102, 147, 192, 209, 254,
255, 258, 261, 262, 286, 394, 396,
397, 428, 474
CASTRO, Antônio de, 96
CASTRO, Caetano de Melo de, 195
CASTRO, Gabriel Pereira de, 130,
131
CASTRO, Rodrigo José de Meneses e,
299
CAVALHEIRO, Edgard, 424, 528, 529,
530, 531, 533, 537, 643
CELSO, Afonso, 140
CERVANTES Saavedra, MIGUEL DE,
121, 243, 432, 471, 523
CÉSAR da Silva, GUILHERMINO, 17,
506, 658, 691, 692
CEVA, Tommaso, 267
CHAMPFORT, Sébastien Roch Nicho-
las, 346
CHATEAUBRIAND, François René,
388, 432, 469, 577
CHOPIN, Frédéric, 385
CÍCERO, 178
CIDADE, Hernâni, 30, 160, 215, 224,
225, 227, 326, 329
COARACY, José Alves Visconti, 530
COELHO, Duarte de Albuquerque,
99, 103, 104
COELHO, JACINTO Almeida DO
PRADO, 436
COELHO, Jorge de Albuquerque, 96,
97, 99, 101, 103, 104
COLOMBO, Cristóvão, 426, 427
COMTE, Isidore Marie AUGUSTE
François Xavier, 604

CONDILLAC, Etienne Bonnot, Abbé, 350, 364

COOPER, James Fenimore, 469

CORDEIRO, Xavier, 566

COROT, Jean-Baptiste Camille, 680

CORREA, Roberto Alvim, 549, 550

CORREIA, Diogo Álvares, 325, 326, 327

CORTESÃO, Jaime, 31

COSTA, Antônio Ribeiro da, 261

COSTA, Cláudio Manuel da, 79, 148, 265, 266, 268, 272, 273, 277-288, 294, 301, 303, 429

COSTA, Duarte da, 39, 44

COSTA, Hipólito José da, 352-357

COSTA, João Batista Regueira, 610

COSTA, João CRUZ, 36, 604

COSTA, Manoel Fernandes da, 235

COSTA, Rodrigo da, 147

COURBET, Jean Désire Gustave, 680

COUSIN, Victor, 364

COUTINHO, Afrânio, 19, 22, 80, 131, 140, 396, 432, 478, 573, 592, 643, 644, 691

COUTINHO, Antônio Luís da Câmara, 112

COUTINHO, Azeredo, 391

COUTINHO, Rodrigo de Sousa, 352

COUTO, Diogo do, 178

COUTO, Domingos do Loreto, 207-212, 257

COUTO, Ribeiro, 18

CRISÓLOGO, S. Pedro, 253

CROMWELL, 392

CRUZ E SOUSA, João da, 405, 640

CRUZ, Dilermando, 575

CUNHA, Celso, 96

CUNHA, EUCLIDES Rodrigues Pimenta DA, 674

CUNHA, FAUSTO Fernandes da, 573, 613, 620, 633, 644, 657

CUNHA, FÉLIX Xavier DA, 561

D'ALEMBERT, Jean Le Rond, 172

DAMASCENO dos Santos, DARCI, 434, 482

DARIO, 55

DEBRET, J. B., 274

DENIS, Jean FERDINAND, 17

DESCARTES, René, 347, 378

DESLANDES, Valentim da Costa, 147

DEUS, Gaspar da Madre de, 202-204, 257

DIAS, Antônio de Sousa, 336

DIAS, Antônio GONÇALVES, 361, 367, 398, 399, 400, 405-416, 417, 422, 423, 424, 426, 429, 454, 465, 466, 469, 479, 491, 492, 513, 518, 531, 532, 538, 541, 558, 622, 656

DIAS, Henrique, 183

DIAS, José Sebastião da Silva, 334

DIDEROT, Denis, 383

DIGULLEVILLE, Guillaume de, 237

DÓRIA, FRANKLIN Américo de Meneses, 550, 573, 652

DOURADO, Mecenas, 352, 353, 357

DOUTEL, Francisco Pinto, 151

DRYDEN, John, 378

DUMAS FILHO, Alexandre, 467, 494, 496

DUMAS, Alexandre, 435, 478

DURÃO, Frei José de SANTA RITA, 257, 277, 286, 324-332, 427

DUTRA E MELO, Antônio Francisco, 430

DUVAL, Carlos, 96

EIRÓ, PAULO Francisco de Sales Chagas, 643, 646-648

ELÍSIO, Américo (v. BONIFÁCIO, José), 346, 347, 348

ELÍSIO, Filinto, 348

ENCARNAÇÃO, Gaspar da, 278

ERCILLA, y Zúñiga, Alonso de, 317

ESCHWEGE, Guilherme von, 274

ESPRONCEDA y Delgado, José de, 514

FARIA, Alberto, 266

FARIA, Francisco de, 213

FELIPE II, 84

FELIPE IV, 214

FERNANDES, Aníbal, 686

FERNANDES, Duarte, 66

FERRAZ, Baltazar, 66

FERREIRA, CARLOS Augusto, 658-661

FERREIRA, Gaspar, 184

FERREIRA, Silvestre Pinheiro, 370, 391

FERREZ, M., 274

FERREZ, Z., 274

FIÃO, José Antônio do Vale CALDRE E, 690

FIELDING, Henry, 432

FIGUEIREDO, Caetano de Brito, 254, 255

FIGUEIREDO, Fidelino de, 100, 259, 316, 326

FILGUEIRAS, Maria, 482

FLEUISS, Max, 255

FONSECA, Antônio Isidoro da, 89

FONSECA, Antônio José Vitorino Borges da, 200

FONSECA, João da, 243

FONSECA, Luís da, 45

FONSECA, Mariano José Pereira da (v. MARICÁ, Marquês de), 273, 357

FORJAZ, Joana Isabel de Lencastre, 298

FOURIER, Francisco Marie Charles, 389, 665

FRADE, José Bernardo da Silva, 273

FRANÇA, Afonso Barbosa da, 127

FRANÇA, Eduardo D'Oliveira, 86, 87

FRANCA, Gonçalo Soares da, 95, 147, 148, 254, 255

FRANCA, João Álvares Soares da, 213

FRANÇA, LUÍS PAULINO de Oliveira Pinto da, 333

FRANCO JÚNIOR, Hilário, 62

FRANCO, Afonso Arinos de Melo, 34, 259, 304, 674

FRANCO, Caio de Melo, 278, 287

FRANCO, Francisco de Melo, 277, 333-335

FREIRE, LAUDELINO Oliveira, 158, 163, 206, 227, 228, 230, 231, 561

FREIRE, Luís José JUNQUEIRA, 549-560, 571

FREITAS, Almeida, 561

FREYRE, Gilberto, 86, 88

FRIEIRO, Eduardo, 272, 592

FUBINI, Mário, 270

FURST, Lilian R., 376, 377, 385

GALENO da Costa e Silva, JUVENAL, 606, 643, 653-655, 656

GALVÃO de Carvalho, TRAJANO, 653, 656

GALVÃO, Ramiz, 278

GAMA, José BASÍLIO DA, 21, 266, 277, 286, 297, 298, 305, 308, 314-324, 325, 328, 330, 331, 427, 538

GAMA, Luís de Siqueira da, 254

GAMA, LUÍS Gonzaga Pinto da, 643

GAMA, Miguel do Sacramento LOPES, 433

GAMA, Vasco da, 318

GÂNDAVO, Pero de Magalhães de, 66, 67-69, 71, 76, 177, 178

GARÇÃO-STOCKLER, Francisco de Borja, 315, 336, 337, 340, 341

GARCIA, Miguel, 36

GARCIA, Rodolfo, 60, 62, 129, 151, 154, 241

Índice de nomes • 719 •

GARRET, João Batista da Silva Leitão de ALMEIDA, 17, 294, 296, 321, 341, 397, 401, 408, 422, 428, 429, 436, 437, 450, 459, 480, 493, 496, 507, 566, 627

GEOFFROY, Julien Louis, 433

GESSNER, Salomon, 381

GÓES, Fernando, 645

GOETHE, Johann Wolfgang von, 382, 621

GÓIS, Damião de, 197

GOMES, Eugênio, 105, 140, 592, 607, 608, 609, 619

GOMES, João Carlos Teixeira, 109

GÔNGORA [y Argote], Luís de, 82, 108, 109, 110, 119, 122, 123, 130, 134, 261

GONSALVES, José A., 646

GONZAGA, Tomás Antônio, 268, 272, 273, 277, 278, 288-296, 302, 333, 402, 405

GOTTSCHED, Johann Christoph, 381

GOUVEIA, Cristóvão de, 60, 61

GOYA y Lucientes, Francisco José de, 600

GRÃ, Luís da, 38, 44

GRACIÁN, Baltasar, 82

GRAVINA, Gianvincenzo, 267

GUERRA, E. Carrera, 530, 531, 547

GUILHERME, Manuel, 166

GUIMARÃES, BERNARDO Joaquim da Silva, 514, 515, 561, 562, 563-566, 574-588, 589, 597, 604, 616, 662, 673, 689

GUIMARÃES, Francisco PINHEIRO, 481

GUIMARÃES, Vicente Pereira de CARVALHO, 433

GUIMARAENS Filho, ALPHONSUS DE, 563, 575

GUIMARAENS, Alphonsus de, 21, 51

GUSMÃO, Alexandre de, 149, 236-240, 243, 345, 358

GUSMÃO, Bartolomeu Lourenço de, 92, 481

GUSMÃO, Luísa Francisca de, 231

HADDAD, Jamil Almansur, 514, 540, 659, 683, 691

HATZFFELD, Helmut, 121, 122, 212

HAZARD, PAUL Gustave Marie Camille, 377

HEGEL, Georg Wilhelm Friedrich, 640

HELIODORA, Bárbara, 297, 299

HELLER, 381

HENRIQUE (Cardeal), Dom, 67

HENRIQUE (Infante), Dom, 39

HENRIQUE II, 327

HENRIQUES, Afonso, 250

HERCULANO de Carvalho e Araújo, ALEXANDRE, 321, 436, 437, 450, 467, 471, 564, 584, 585, 686, 691

HERDER, Johann Gottfried, 381

HERRERA, Fernando de, 178

HERVEY, 402

HESÍODO, 346

HOFFMANN, E. T. A., 528

HOLANDA, Aurélio Buarque de, 442, 448

HOLANDA, Sérgio Buarque de, 32, 34, 35, 107, 271, 392, 393, 401, 477, 603

HÖLDERLIN, Friedrich, 387

HOMEM, Torres, 391, 400

HOMERO, 183, 190, 317, 323, 398, 402

HORÁCIO, 37, 98, 268, 308, 384, 406

HUGO, VÍTOR Marie, 388, 389, 391, 435, 533, 649

HUIZINGA, J., 387

HUME, David, 380

HURD, Richard, 379

ILHA, Frei Manuel DA, 174
INAMA, Carla, 278, 309
IONESCO, Eugene, 506, 511
IRIARTE, Tomás, 346
ISABEL (Infanta), Dona, 107, 146
ITAPARICA, Manuel de Santa Maria, 73, 95, 143-145, 146, 329
IVO, Pedro, 397, 516, 526

JABOATÃO, Antônio de Santa Maria, 70, 173, 204-207, 255
JÁCOME, Diogo, 38, 59
JANSEN, Carlos, 692
JARRY, Alfred, 506
JESUS, Ruperto de, 213
JESUS, Tomé de, 42, 155
JOANA, Dona, 298
JOÃO III, Dom, 36, 39, 73
JOÃO IV, Dom, 92, 160, 162, 214, 222, 224, 253
JOÃO VI, Dom, 265, 266, 274, 275, 342, 351, 352, 399, 432
JOHNSON, Samuel, 380
JOSÉ I, Dom, 297, 298, 299, 303, 307, 314, 315
JÚLIO, Sílvio, 105
JUNQUEIRO, Abílio Manuel de GUERRA, 559

KEATS, John, 386
KIERKEGAARD, Sören Aabye, 386, 516
KLEIST, Ewald Christian von, 381, 387
KLINGER, Friedrich Maximilian von, 382
KLOPSTOCK, Friedrich Gottlieb, 341, 381, 402
KNIVET, Antonie, 66

LA BRUYÈRE, Jean de, 358
LAINEZ, Diogo, 50, 57
LAMARTINE, Alphonse Marie Louis de Prat de, 524
LAMEGO, Alberto, 256, 257, 260, 278
LAMENNAIS, Félicité Robert de, 540
LANCASTER, James, 66
LANGE, Curt, 271
LAPA, M. Rodrigues, 266, 288, 289, 294, 297
LARRA, Mariano José de, 387
LAVOISIER, Antoine Laurent, 361
LAVRADIO, Marquês de, 299
LEAL, Alexandre Teófilo de Carvalho, 415
LEAL, Antônio Duarte GOMES, 547
LEAL, Antônio Henriques, 398, 409
LEAL, José da Silva MENDES, 566
LEÃO, Honório Hermeto CARNEI-RO, 435
LEDO, Gonçalves, 352
LEIBNIZ, Gottfried Wilhelm Von, 347, 380, 381
LEITÃO, Antônio Gonçalves, 200
LEITE, Serafim, 35, 36, 37, 39, 41, 42, 43, 45, 53, 92, 93, 164, 231, 236
LEME, Pedro Taques de Almeida Paes, 200
LEMOS, Mécia de, 173
LEMOS, Miguel, 604
LENAU, Nikolaus Niembsch von Strehlenau, 387
LERMONTOV, Mikhail Iurievitch, 387
LÉRY, Jean de, 65, 66
LESSA, Aureliano José, 514, 561-563, 575
LESSA, Francisco, 561
LESSA, Joaquim, 561
LESSING, Gotthold Ephraim, 381
LIMA, Alceu Amoroso, 22, 93

Índice de nomes • 721 •

LIMA, Antônio AUGUSTO de, 566

LIMA, HERMAN de Castro, 441

LIMA, João de Brito e, 95, 147, 254

LIMA, JORGE Mateus DE, 640, 656

LIMA, José Inácio de Abreu e, 17

LIMA, M. de Oliveira, 87, 88, 259, 274

LISBOA, Antônio Francisco, 271

LISBOA, Baltazar da Silva, 371

LISBOA, João Soares, 352

LISBOA, José Antônio, 274

LISBOA, José da Silva, v. CAIRU, Visconde de, 370

LISLE, Leconte de, 657

LISTER, Christopher, 66

LLERENA, Mência Dias de Clavijo y, 44

LOBO, Elias Álvares, 494

LOBO, Francisco Rodrigues, 243

LOCKE, John, 335, 347, 364, 370, 378, 380

LONGFELLOW, Henry Wordsworth, 652, 656

LOPES, Cândido Martins, 439

LOPES, Fernão, 57, 177, 185, 187, 189, 205

LOPES, Hélio, 213, 394

LOPES, Roberto, 365

LOURENÇO, Bartolomeu, 92

LOVEJOY, Arthur O., 376

LOYOLA, S. Inácio de, 92

LUCANO, 155

LUCENA, Vasco Fernandes de, 180

LUCRÉCIO, 308

LUDOLFO DA SAXÔNIA, 50

LUÍS Pereira de Souza, PEDRO, 606, 648, 649, 650

LUÍS, Afonso, 96

LUÍS, Antônio, 107

LYLY, John, 83

MABLY, Abade, 272

MACEDO, Joaquim Manuel de, 315, 434, 441, 443, 452, 453, 454-464, 480, 481, 484, 494, 495, 497, 498-504, 514, 574, 597, 598, 604, 662, 664, 667, 673, 674, 676, 679, 684

MACHADO, Diogo Barbosa, 146, 147, 227

MACHADO, Inácio Barbosa, 254

MACHADO, Lourival Gomes, 289

MACPHERSON, James, 379, 380

MAGALDI, Sábato, 54, 56, 59, 142, 481, 490

MAGALHÃES, Basílio de, 514, 575

MAGALHÃES, Domingos de, 603

MAGALHÃES, Domingos José GONÇALVES DE, 17, 321, 364, 391, 392, 396, 400-405, 408, 409, 410, 425, 426, 434, 438-439, 464, 478, 479, 513, 568

MAGALHÃES, José Vieira COUTO DE, 515

MAGALHÃES, JR., Raimundo, 435, 485

MAGNE, Augusto, 589

MAGNO, Alexandre, 190, 278

MALHERBE, François de, 559

MANESCAL, Miguel, 129

MANSUY, Andrée, 166

MANUEL I, Dom, 32, 34

MAQUIAVEL (Machiavelli, Niccoló), 166

MARCIAL, 37

MARIA I, Dona, 289, 299, 314, 357

MARIA, João de Santa, 227

MARIALVA, Marquês de, 134

MARICÁ, Marquês de, 273, 357-364, 448

MARINHO, Joaquim SALDANHA, 602

MARINHO, Terezinha, 589

MARINO, Giambattista, 83, 130

MARIVAUX, Pierre Carlet de Chamblainde, 383
MARIZ, Pedro de, 70, 178
MARQUES, Rodrigues, 656
MARRECA, Antônio de OLIVEIRA, 566
MARTINS, Antônio Coimbra, 432
MARTINS, Heitor, 105, 107, 140, 192
MARTINS, Maria de Lourdes de Paula, 44, 46, 49, 53
MARTINS, Mário, 237, 240
MARTINS, Wilson, 166, 363, 396, 397, 398, 574, 592, 605, 643, 662
MARTIUS, Carl Friedrich Philipp von, 274
MARX, Karl Heinrich, 540
MASCARENHAS, José, 257, 259
MASCARENHAS, Juliana de Sousa, 288
MATOS e Guerra, GREGÓRIO DE, 20, 21, 48, 59, 79, 92, 94, 95, 104-129, 130, 135, 139, 140, 145, 146, 212, 215, 227, 251, 601, 645
MATOS, Eusébio de, 95, 146, 213, 227-230, 231, 233, 251
MATOS, João Xavier de, 315
MATOS, Luís de, 45, 68
MAWE, John, 274
MAYER, Janaína Amado, 549
MÉDICIS, Catarina de, 327
MEIRELES, Cecília, 18
MELO, Carlos Correia de Toledo e, 273
MELO, Francisco Manuel de, 130, 163, 184
MELO, José Alexandre Teixeira de, 561, 572-573
MELO, José Antônio Gonsalves de, 181
MELO, José Mascarenhas Pacheco Pereira de, 255-256
MELO, José Rodrigues de, 148

MELO, Nuno Álvares Pereira de, 130, 138
MENDES, Manuel ODORICO, 398
MENDES, Raimundo TEIXEIRA, 604
MENDONÇA, Luís Antônio Furtado de, 273, 299
MENDONÇA, SALVADOR de Meneses Drummond Furtado DE, 602, 656
MENESES, AGRÁRIO de Souza, 481
MENESES, Antônio de Sousa de, 112
MENESES, José Joaquim Viegas de, 89
MENESES, José Luís de, 287
MENESES, Luís da Cunha, 288, 296
MENESES, Rodrigo José de, 299
MENESES, Vasco Fernandes César de, 254
MESQUITA, José Joaquim Emérico Lobo de, 271
METASTASIO, Pietro, 268, 278
MEYER JR., Augusto, 691, 692
MIGUEL-PEREIRA, Lúcia, 662, 682, 683, 691
MILTON, John, 341, 380
MIRALES, José, 200, 255, 257
MIRANDA, José Américo, 227, 394, 561
MOIO, João Peres de, 187
MOLIÈRE (Jean-Baptiste Poquelin), 487
MOMIGLIANO, Attilio, 270
MONCALLERO, G. L, 266, 270
MONIZ, Egas, 367
MONTALBÁN, Juan Pérez de, 142
MONTALBODDO, Francesco de, 34
MONTE ALVERNE, Francisco José de Carvalho, 364-371
MONTEIRO, Antônio Peregrino MACIEL, 428-429
MONTEIRO, Cândido Borges, 403
MONTEIRO, Clóvis, 105, 316

Índice de nomes • 723 •

MONTEIRO, Jaci, 516
MONTELO, JOSUÉ de Souza, 592
MONTEMOR, Jorge de, 37, 130, 131
MONTES, José Ares, 109
MONTESQUIEU (Charles de Secondat, barão de la Brède e de), 272, 347, 358, 381
MONTIGNY, Grandjean de, 723
MOOG, Viana, 22
MORAIS FILHO, Melo, 590
MORAIS, E. Vilhena de, 45
MORAIS, Manuel de, 199, 200, 436
MORAIS, Rubens Borba de, 172, 200, 231, 257, 258, 262, 304, 324, 325
MOREAU, Pierre, 376
MORELLY, 272
MÖSER, Justus, 381
MOTA, Artur, 95, 148, 149, 163, 186, 197, 198, 199, 200, 215, 231
MOTA, Carlos Guilherme, 513
MOTA, Fernando de Oliveira, 96
MOURA, Cristóvão de, 69
MOZART, Wolfgang Amadeus, 271
MUSSET, Louis Charles Alfred de, 422

NABUCO de Araújo, JOAQUIM Aurélio Barreto, 396
NASCENTES, Antenor de Veras, 310
NASSAU, Maurício de, 88
NATIVIDADE, José da, 213
NAVARRO, João de Aspilcueta, 38
NERVAL, Gérard Labrunie de, 387
NETO, Coelho (Henrique Maximiniano), 645
NETO, Conde de Vila Verde, 147
NETO, Serafim da Silva, 93
NEWTON, Isaac, 347, 380
NIEREMBERG, João Eusébio, 159
NIZA, Marquês de, 514
NÓBREGA, Manuel da, 38-43, 56, 59, 62, 159

NOGUEIRA, Almeida, 515, 516
NOGUEIRA, Mateus, 41, 42, 43
NORBERTO de Souza e Silva, JOAQUIM, v. SILVA, Joaquim Norberto de Sousa e
NORONHA, José Feliciano de Castilho Barreto e, 150
NOVALIS, Friedrich, 386
NUNES, Feliciano Joaquim de Sousa, 149
NUNES, Leonardo, 38

OLIVEIRA, Alberto de, 149
OLIVEIRA, Antônio Rodrigues Veloso de, 356
OLIVEIRA, Diogo Luís de, 175
OLIVEIRA, Gonçalo de, 58
OLIVEIRA, Henrique Valente d', 158
OLIVEIRA, João Franco de, 112
OLIVEIRA, Manuel Botelho de, 73, 95, 129-142, 144, 145, 146, 251, 329, 405
ORTA, Teresa Margarida da Silva e, 431
OSSIAN, 346, 379, 380, 568
OTAVIANO de Almeida Rosa, FRANCISCO, 514, 561, 562, 568
OTTONI, José Elói, 333
OVÍDIO, 37, 50, 112

PAES, José Paulo, 47, 49, 117, 166
PAIM, Antônio, 604
PAIVA, Manuel de, 59
PALAFOX, João de, 243
PALHA, João Rodrigues, 173
PALHA, Vicente Rodrigues, v. SALVADOR, Vicente do
PALHARES, VITORIANO José Marinho, 651
PALLARDÓ, F. Garrido, 377

PARANAPIACABA, Barão de (João Cardoso de Meneses e Souza), 561, 569-570

PARANHOS, HAROLDO de Freitas, 325, 342, 351, 424

PASCAL, Blaise, 358

PAULA, Francisco de, 273

PAZ, Octavio, 638

PEDRO I, Dom, 17, 18, 275, 356, 650

PEDRO II, Dom, 107, 120, 147, 192, 275, 364, 464, 480, 512, 537, 603, 661

PEDROSA, Xavier, 186

PEIXOTO, Afrânio, 44, 45, 61, 100, 106, 107, 125, 151, 241, 316, 322, 349, 612

PEIXOTO, Almir Câmara de Matos, 439

PEIXOTO, Alvarenga, 272, 277, 297-303

PELLICO, Sílvio, 149

PENA, Luís Carlos MARTINS, 433, 434, 478, 480, 481-493, 494, 495, 497, 498, 504, 508, 514, 600

PERCY, Thomas, 379, 380

PEREIRA FILHO, Emanuel, 67

PEREIRA JÚNIOR, João Batista da Silva, 520

PEREIRA, Bartolomeu Simões, 49

PEREIRA, Leonis, 67, 68

PEREIRA, Nuno Marques, 241-253, 345, 358, 431

PEREIRA, Paulo Roberto, 34, 45

PEREIRA, Teodomiro Alves, 530

PERES, Fernando da Rocha, 105

PESSOA, FERNANDO Antônio Nogueira, 280, 281, 291, 407

PETÖFI, Sándor, 387

PETRARCA, Francesco, 110, 268, 323, 324

PIAVE, Francesco Maria, 588

PICARD, Roger, 388

PIEDADE, Antônio da, 213

PIMENTEL, Antônio de Serpa, 566

PINA, Mateus da Encarnação, 213

PÍNDARO, 333, 346, 380

PINDEMONTE, Ippolito, 657

PINHEIRO, Joaquim Caetano Fernandes, 342, 397

PINHEIRO, Péricles da Silva, 199

PINHEIRO, Xavier, 568

PINHO, Wanderley, 672

PINTO, Fernão Mendes, 238

PINTO, Frei Heitor, 155, 243, 497

PIRES, Antônio, 38

PIRES, Francisco, 38, 59

PITA, Sebastião da Rocha, 95, 192-199, 202, 204, 207, 211, 254, 255, 260, 326, 329, 330, 475, 638

PLACER, Xavier, 80

PLATÃO, 245, 460, 637

PLAUTO, 37

PLEYEL, Ignace, 271

PLUTARCO, 189, 246

POMBAL, Marquês de, 90, 149, 260, 286, 298, 299, 303, 307, 314, 315, 317, 318, 320, 321, 322, 328, 329

POMPEIA, Raul d'Ávila, 605, 662

PONTES, Sebastião do Vale, 213

POPE, Alexander, 378, 379

PORPORA, Nicoló, 272

PORTELA, Eduardo, 45

PORTUGAL, Afonso de, 158

POVOS, Maria de, 105, 123

PRADIER, C. S., 274

PRADO JR., Caio, 393, 603

PRADO, Décio de Almeida, 478

PTOLOMEU, 155

PUCHKINE, Aleksandr Sergueievitch, 387

PURCHAS, Samuel, 60

QORPO-SANTO (José Joaquim de Campos Leão), 480, 481, 505-512
QUEIROGA, Antônio Augusto, 394
QUEIRÓS, José Maria EÇA DE, 678, 680
QUENTAL, ANTERO Tarquínio DE, 341
QUEVEDO, Francisco Gómez de, 108, 119, 246, 251

RABELAIS, François, 210, 212, 597, 673
RABELO, LAURINDO José da Silva, 512, 561, 570-572
RAMOS, Antônio César, 590, 591, 592
RAMOS, Domingos, 213
RAMOS, Frederico José da Silva, 401, 425, 518, 530
RAMOS, Graciliano, 19
RAMOS, Inácio, 213
RAMOS, Péricles Eugênio da Silva, 424, 518, 523, 569, 573, 643, 653, 656
RAMSAY, Allan, 378
RAVASCO, Bernardo Vieira, 95, 146, 198
RAYNAL, Abade, 272
RÉAL, 272
REBÊLO, Marques (Edi Dias da Cruz), 588, 590
REIMAR, Flávio, 656
REIS, Ângelo dos, 213
REIS, Antônio Simões dos, 657
REIS, Francisco SOTERO DOS, 17-18, 398
REIS, João Gualberto Ferreira dos Santos, 148
REIS, Silvério dos, 273, 615-616
REMÉDIOS, Mendes dos, 324
RENUCHINO, João Batista, 158

RESENDE, Garcia de, 261
RIBEIRO JR., José, 513
RIBEIRO, Francisco Bernardino, 394, 430-431
RIBEIRO, João, 22, 105, 278, 284, 285, 334, 335
RIBEIRO, Joaquim, 22
RIBEIRO, Lourenço, 115
RIBEIRO, Manuel Joaquim, 333
RIBEIRO, Vaughan, JÚLIO César, 605, 660, 662
RICHARDSON, Samuel, 379
RIMBAUD, Jean Nicholas Arthur, 417
RIZZINI, Carlos, 88, 352, 353, 354
ROCHA PITA, Sebastião da, v. PITA, Sebastião da Rocha
ROCHA, Francisco Gomes da, 271
ROCHA, José Monteiro da, 335
ROCHA, Justiniano José da, 394, 433, 434-436, 441, 452
ROCHA, Manuel Ribeiro da, 355
ROCHEFOUCAULD, François de La, 198, 234, 253, 358, 428, 462
RODRIGUES, Inácio, 213
RODRIGUES, Marques, 653
RODRIGUES, Salvador, 59
RODRIGUES, Vicente, 38
ROLIM, José da Silva e Oliveira, 273
ROMERO, SÍLVIO Vasconcelos da Silveira Ramos, 18, 19, 96, 102, 176, 201, 215, 332, 363, 424, 429, 430, 472, 501, 504, 517, 568, 570, 571, 573, 603, 643, 653, 656, 657, 682
RÓNAI, Paulo, 105
ROSA, João GUIMARÃES, 583
ROSÁRIO, José Manuel do, 430
ROUSSEAU, Jean Jacques, 34, 210, 272, 337, 347, 383, 389, 578, 689
ROUSSET, Jean, 122
ROZWADOWSKA, Condessa Rafaela de, 588

S. TOMÁS, Domingos de, 215, 246

SÁ, Antônio de, 213, 228, 230-235

SÁ, Manuel Tavares de Sequeira e, 258

SÁ, Mem de, 45, 46, 52, 65, 173

SÁ, Salvador Correia de, 92

SÁ, Simão Pereira de, 200

SÁ-CARNEIRO, Mário de, 633

SACHINO, Francesco, 178

SAINT-HILAIRE, August de, 274

SAINT-SIMON, Conde de (Claude Henri de Rouvroy), 389

SALDANHA, José da Natividade, 333

SALVADOR, José Gonçalves, 184

SALVADOR, Vicente do, 58, 70, 85, 163, 173-181, 195

SAMPAIO, Francisco Leite de BITTEN-COURT, 655-656

SAMPAIO, Jorge de, 223

SAND, George (Aurore Dupin), 385

SANTANA, José Pereira de, 200

SANTIAGO, Bento Dias de, 150, 151

SANTIAGO, Diogo Lopes de, 186-191

SANTOS, Estêvão dos, 227, 230

SANTOS, Felipe dos, 194, 195

SANTOS, Francisco QUIRINO DOS, 656, 660

SANTOS, Luís Gonçalves dos, 371

SATÚRNIO, Glauceste, 268

SCALZO, Nilo, 566

SCHILLER, Johann Christoph Friedrich von, 382

SCHMIDEL, Ulrich, 66

SCHMIDT, Afonso, 646

SCLIAR, Moacyr, 25

SCOTT, Walter, 450, 469, 471, 473

SEABRA, BRUNO Henrique de Almeida, 643, 655

SEBASTIÃO, Dom, 30, 103, 104

SEGISMUNDO, Fernando, 355

SEGURO, Visconde de PORTO, v. VARNHAGEN, Francisco Adolfo

SEIXAS, Maria Joaquina Doroteia de, 288, 289, 290, 291, 294

SÊNECA, 245

SÉRGIO, Antônio, 215, 218, 226

SERPA, Silvestre de Oliveira, 260

SERRA Sobrinho, JOAQUIM Maria, 656-657

SERRÃO, Gregório, 59

SHAFTESBURY, Anthony Ashley Cooper, 378

SHAKESPEARE, William, 382, 490, 523

SHELLEY, Percy Bysshe, 386

SILVA RIO, João José de Souza e, 433, 434

SILVA, Antônio Diniz da Cruz e, 334

SILVA, Cons. Luís Moutinho de Lima Álvares e, 403

SILVA, Domingos Carvalho da, 289, 297, 299

SILVA, Firmino Rodrigues, 430, 433

SILVA, J. M. da Costa e, 310

SILVA, João Manuel PEREIRA DA, 341, 391, 398, 433, 434, 436-437, 452

SILVA, Joaquim Norberto de Sousa e, 273, 297, 303, 346, 398, 431, 434, 439-441, 481, 513, 518, 570

SILVA, Josino do Nascimento, 433

SILVA, Luís Vieira da, 273

SILVA, M. Nogueira da, 575

SILVA, Maria Beatriz Nizza da, 432

SILVA, Mário Camarinha da, 316, 320

SILVA, Pedro da, 184

SILVA, Rebelo da, 437

SILVEIRA, (Álvaro Ferdinando de) Sousa da, 357, 401, 417

SILVEIRA, Miroel, 669

SILVEIRA, Valdomiro, 674

SIQUEIRA, Sônia A., 86

SISMONDI, Simonde de, 17, 397

Índice de nomes • 727 •

SOARES, Antônio Joaquim de MACE-
DO, 656
SOARES, Francisco, 63
SOARES, Sebastião Ferreira, 393
SOBRINHO, Barbosa Lima, 433, 434,
435
SÓCRATES, 243, 246
SODRÉ, Nelson Werneck, 355, 395,
396
SOLANO, Manuel Álvares, 258
SOLEDADE, Eusébio da, 227
SOUSA, Antônio Caetano de, 195,
204
SOUSA, Francisco Muniz de, 112
SOUSA, Gabriel Soares de, 66, 69-75
SOUSA, Gaspar de, 175
SOUSA, Herculano Marcos INGLÊS
DE, 584, 604, 662
SOUSA, J. Galante de, 481
SOUSA, João Coelho de, 69
SOUSA, Luís de Vasconcelos e, 163,
299, 303, 306, 307, 480, 487, 493,
496
SOUSA, Martim Afonso de, 75
SOUSA, Pero Lopes de, 66, 75-76
SOUSA, Tomé de, 36, 38, 39, 41, 175
SOUSÂNDRADE (Joaquim de Sou-
sa Andrade), 505, 547, 604, 606,
613, 624-643, 644
SPENLÉ, Jean-Edouard, 381
SPINA, Segismundo, 105
SPIX, Johan Baptist von, 274
STADEN, Hans, 66
STAËL, Madame de (Germaine Necker
Stael-Holstein), 383
STAGNELIUS, Erik Johan, 386
STUDART, Guilherme, 165
SUSSEX, Duque de, 352
SWIFT, Jonathan, 432

TAINE, Hippolyte, 674, 679
TAQUES, Pedro, 200-202

TASSO, Torquato, 130, 131, 317
TATI, Miécio, 530
TAUNAY, Afonso de E., 63, 92, 165,
200, 201, 202, 274
TAUNAY, Alfredo Maria Adriano
d'Escragnolle, VISCONDE DE,
396, 453, 456, 574, 604, 662,
663-681
TAUNAY, C. A., 391
TAUNAY, Félix Emílio, Barão de, 672
TAUNAY, N. A., 274
TÁVORA, João FRANKLIN da Silvei-
ra, 396, 574, 604, 662, 681-690
TEIXEIRA E SOUSA, Antônio Gon-
çalves, 434, 441-454, 481
TEIXEIRA, Bento, 79, 87, 94, 95-104,
110, 130, 144, 145, 146, 150, 208,
211
TEIXEIRA, MÚCIO Cévola Lopes,
657
TELES, Domingos da Silva, 257
TELES, Gilberto Mendonça, 399
TEÓCRITO, 268
TEODÓSIO (Príncipe), Dom, 182, 214
TERÊNCIO, 37
TERESA, Francisco Xavier de Santa,
213
THEODOR, Erwin, 383
THÉVET, André, 65
THOMSON, James, 378, 381
TIEGHEM, Paul Van, 375, 376, 377,
379, 381, 384, 385, 388, 390, 515
TIEGHEM, Philippe Edouard Léon
Van, 383, 606
TINOCO, Diogo Grasson, 148
TOLENTINO de Almeida, NICOLAU,
601, 645
TOPA, Francisco, 105, 114, 115, 123,
127, 128
TORRE, Guillermo de, 385
TRAVASSOS, Simão, 178
TREVISAN, Dalton, 25

TRISTÃO, Manuel, 60
TURGOT, Jacques Annes Robert, 272

VALADARES, Conde de, 277, 287
VALE, Ana Amélia Ferreira do, 406
VALE, Leonardo do, 38
VALERIANO, 55
VALPÍRIO, Vítor (Alberto Cunha), 692
VARELA, Luís Nicolau FAGUNDES, 350, 405, 520, 530-548, 561, 620, 622, 627
VARNHAGEN, Francisco Adolfo de, 60, 70, 71, 72, 75, 95, 106, 129, 146, 147, 150, 227, 228, 241, 245, 325, 333, 398, 431, 434, 437-438, 513
VASCONCELOS, José Leite de, 150, 241
VASCONCELOS, Simão de, 44, 45, 51, 70, 231
VATTEL, Emmerich de, 272
VAUVERNAGUES, Marquês de, 358
VAZ, Lopes, 66
VEIGA, Evaristo da, 352
VEIGA, Luís Francisco da, 434, 482
VELÁSQUEZ, Diego Rodríguez de Silva y, 121
VERDE, José Joaquim CESÁRIO, 661
VERÍSSIMO Dias de Matos, JOSÉ, 23, 156, 157, 176, 201, 202, 215, 314, 315, 321, 322, 327, 342, 363, 368, 399, 473, 483, 496, 559, 596, 604, 611
VERNEY, Luís Antônio, 326, 334
VIANA, Hélio, 352, 395, 432
VICENTE, Gil, 47, 50, 53, 55, 237, 483, 484, 601
VICO, Gianbattista, 196
VIEGAS, Artur, 257
VIEIRA, Antônio, 41, 42, 59, 120, 138, 146, 149, 157, 163, 164, 165, 171, 184, 191, 198, 209, 211, 213-227,

228, 229, 230, 231, 233, 235, 244, 245, 246, 249, 252, 365, 366, 367, 369, 370
VIEIRA, João Fernandes, 182, 184, 189, 190, 191
VIGNY, Alfred, Conde de, 656
VILHENA, Leonor Josefa de, 147, 192
VILLEGAGNON, Nicolau Durand de, 65
VILLEGAS, Esteban Manoel, 346
VILLON, François, 111, 125
VIRGÍLIO Marão, Públio, 50, 52, 110, 268, 346, 380, 398
VOLNEY, Constantin François de Chasseboeuf (Conde de), 272
VOLTAIRE (François Marie Arouet), 272, 285, 347, 381, 398, 432, 585
VOSSLER, Karl, 227

WALTON, Joseph, 379
WALTON, Thomas, 379
WEHRLI, Max, 381
WEISBACH, Werner, 81
WELLEK, René, 376
WIED-NEUWIED, Maximiliano de, 274
WIELAND, Christoph Martin, 381
WILLEKE, Venâncio, 173, 174, 178
WITHRINGTON, Robert, 66
WITTGENSTEIN, Ludwig, 426
WOLF, Ferdinand, 397, 480
WOLFF, C., 380
WÖLFFLIN, Heinrich, 81

XAVIER, Joaquim José da Silva, 273

YOUNG, Edward, 346, 349, 379, 402

ZOLA, Émile, 678, 679
ZORRILLA, Francisco de Rojas, 142